Kants Werke

VIII

Kants Werke

Akademie-Textausgabe

Unveränderter photomechanischer Abdruck des Textes der von der Preußischen Akademie der Wissenschaften 1902 begonnenen Ausgabe von Kants gesammelten Schriften

Band VIII

Abhandlungen nach 1781

Walter de Gruyter & Co.

Berlin 1968

Unveränderter photomechanischer Abdruck von „Kants gesammelte Schriften. Herausgegeben von der Königlich Preußischen Akademie der Wissenschaften“, Band VIII, Berlin 1912/23

ISBN 3 11 001441 6

Umschlagentwurf: Rudolf Hübler, Berlin.
Printed in Germany

Inhaltsübersicht des Bandes

1782

1783

1784

1785

1786

1788

1790

1791

1793

Anzeige
des
Lambert'schen Briefwechsels.

Nachricht.

Das zu seiner Zeit in dieser Zeitung angekündigte Unternehmen des Herren Joh. Bernoulli, des berühmten Lamberts hinterlassene Schriften auf Subscription herauszugeben, ist mit der bewährten Sorgfalt jenes verdienstvollen Gelehrten so eilig betrieben worden, daß nun schon (seit dem Dec. 1781) der erste Band des Lambert'schen Briefwechsel in Berlin herausgekommen ist.

In einer zweiten Nachricht macht Herr Bernoulli bekannt: daß diesem ersten Theile des Briefwechsels der erste Band philosophischer und philologischer Abhandlungen und auf diesen der zweite des Briefwechsels etwa gegen Ende des Märzes 1783 folgen solle, bis dahin nur der Pränumerationspreis von ein Dukaten auf alle drei Bände zusammen angenommen wird. Nach diesem Termine wird eben so viel auf die drei folgende Bände, nämlich den IIten der philosophischen Abhandlungen und den IIIten und IVten des Briefwechsels Vorschuß entrichtet. Wiewohl, da bei der großen Thätigkeit und Zuverlässigkeit des Herausgebers die Pränumeranten keine Bedenklichkeit haben können, sie unserer Meinung nach kürzer verfahren würden, wenn sie sogleich auf alle sechs Bände (wofern sie sonst eine etwas größere Summe ohne Ungelegenheit auf einmal missen können) die zwei Dukaten pränumeriren wollten.

Aus dem ersten Bande des Briefwechsels, den wir vor uns liegen haben, sieht man schon: was man sich von dem weit umfassenden Geiste des großen Mannes und seiner unbeschreiblichen Wirksamkeit in den folgenden Theilen zu versprechen habe. Seine Scharfsinnigkeit, das Mangelhafte in allen Wissenschaften auszuspähen, Entwürfe und Versuche zu Ergänzung desselben meisterhaft zu ersinnen, sein Vorhaben, den verunarteten Geschmack des Zeitalters (vornehmlich in demjenigen Volke, das im vorigen Jahrhundert durch Gelehrsamkeit und Erfindung glänzte, jetzt aber auf schale Spielwerke des Witzes, oder bloßes Copiren theils veralteter, theils wenigstens nur fremder Producte verfallen ist) umzustimmen, kann vielleicht kräftiger wie irgend etwas anderes dazu mitwirken, den beinahe erlöschenden Eifer der Gelehrten zur Ausbreitung nützlicher und gründlicher

Wissenschaft aufs neue zu beleben, und sie veranlassen, dasjenige auszuzuführen, was Lambert anfing, nämlich eine Conföderation zu errichten, die mit vereinigten Kräften der überhandnehmenden Barbarei entgegen arbeite und zum Theil durch Verbesserung gewisser bisher noch fehlerhaften Methoden Gründlichkeit in Wissenschaften wiederum in Gang 5
bringe.

Gelegentlich wird noch gemeldet: daß von der Bernoulli'schen Sammlung kurzer Reisebeschreibungen und anderer zur Erweiterung der Länder- und Menschenkenntniß dienenden Nachrichten, mit Kupfern, der 5te Band, als der erste des zweiten Jahr- 10
ganges, so eben die Presse verlassen habe, und daß die 4 Bände des ersten Jahrganges für den Preis von ein Dukaten nur dann gelassen werden, wenn zugleich und noch vor der Hälfte des Märzmonats auch für die vier folgende die Pränumeration mit ein Dukaten bezahlt wird.

Die Wagner- und Dengel'sche Buchhandlung nimmt bis zur 15
Hälfte des nächsten Märzmonats auf beide genannte Werke Pränumeration an und wird solche den Interessenten so zeitig als möglich zustellen.

Nachricht an Ärzte.

Nachricht an Ärzte.

Die merkwürdige und wundersame Epidemie, die nur so eben bei uns nachgelassen hat, ist in Ansehung ihrer Symptomen und dawider dienlicher Heilmittel zwar eigentlich nur ein Gegenstand für Ärzte; aber ihre Ausbreitung und Wanderschaft durch große Länder erregt doch auch 5 die Befremdung und Nachforschung desjenigen, der diese sonderbare Erscheinung blos aus dem Gesichtspunkte eines physischen Geographen ansieht. In diesem Betracht wird man es nicht für einen Eingriff in fremdes Geschäfte halten, wenn ich Ärzten von erweiterten Begriffen zumuthe, dem Gange dieser Krankheit, die nicht durch die Luftbeschaffenheit, sondern 10 durch bloße Ansteckung sich auszubreiten scheint, so weit als möglich nachzuspüren. Die Gemeinschaft, darin sich Europa mit allen Welttheilen durch Schiffe sowohl als Caravanen gesetzt hat, verschleppt viele Krankheiten in der ganzen Welt herum, so wie man mit vieler Wahrscheinlichkeit glaubt, daß der russische Landhandel nach China ein paar Arten schäd- 15 licher Insecten aus dem entferntesten Osten in ihr Land übergebracht habe, die sich mit der Zeit wohl weiter verbreiten dürften. Unsere Epidemie fing nach öffentlichen Nachrichten in Petersburg an, von da sie an der Küste der Ostsee schrittweise fortging, ohne dazwischen liegende Örter zu überspringen, bis sie zu uns kam und nach und über Westpreußen 20 und Danzig weiter westwärts zog, fast so wie nach Russels Beschreibung die Pest von Aleppo, ob jene gleich mit dieser schrecklichen Seuche in Ansehung der Schädlichkeit in gar keine Vergleichung kommt. Briefe aus Petersburg machten sie uns unter dem Namen der Influenza bekannt, und es scheint, sie sei dieselbe Krankheit, die im Jahre 1775 in 25 London herrschte, und welche die damalige Briefe von daher gleichfalls Influenza nannten. Damit aber beide Epidemien von Sachverständigen verglichen werden können, füge ich hier die Übersetzung einer Nachricht des berühmten (nunmehr verstorbenen) D. Fothergill bei, so wie sie mir von einem Freunde mitgetheilt worden. I. Kant. 30

Aus dem Gentelman's Magazine February 1776.

Beschreibung einer epidemischen Krankheit, wie sie in London ist beobachtet worden.

Im Anfang des vorigen Monats hörte ich in vielen Häusern, daß beinahe alle Dienstboten krank wären; daß sie Schnupfen, Husten, schlimme Hälse und verschiedene andere Zufälle hätten. — In Zeit von 8 Tagen wurden die Klagen 35 darüber allgemeiner. Wenige Dienstboten blieben frei davon. Besonders die vom

männlichen Geschlecht, die am meisten ausgehen mußten, viele Mägde gleichfalls, und auch Leute von höherem Stande wurden davon angegriffen. Auch Kinder blieben nicht gänzlich frei. Die Krankheit, die bishero sich selbst überlassen war, oder wobei höchstens die gewöhnliche Hausmittel bei Verkältungen waren gebraucht
5 worden, erregte endlich die Aufmerksamkeit der Facultät, und während einer Zeit von beinahe 3 Wochen wurden alle Ärzte damit beschäftiget. Die meisten von den Patienten, die ich gesehen habe, wurden angegriffen (und oft so plötzlich, daß sie es sogleich merkten) mit einem Schwindel oder geringen Schmerzen im Kopf, einem rohen Halse und Gefühl von Kälte über den ganzen Körper, besonders in den
10 Extremitäten; — ein Husten folgte bald darauf, Schnupfen, wäßrichte Augen, Übligkeiten, öfterer Trieb zum Uriniren, und einige bekamen einen Durchfall, — mehr oder weniger fieberhafte Hitze; Unruhe, worauf Brustschmerzen und Schmerzen in allen Gliedern bald folgten; nur in verschiedenem Grade. — Viele konnten während dieser Symptomen noch ihren Geschäften nachgehen; andere mußten ihre
15 Zimmer und nicht wenige ihre Bett n hüten. — — Die Zunge war jederzeit feucht, die Haut selten außerordentlich heiß oder trocken; der Puls oft voll, ging schnell und stärker, als man bei einer solchen Beschaffenheit der Haut vermuthet haben würde. — Viele wurden durch einen Durchlauf angegriffen. Die natürlichen Stuhlgänge waren jederzeit schwarz oder dunkelgelb, und eben so waren die meisten, die
20 durch purgirende Mittel zuwege gebracht wurden. — — In wenigen Tagen ließ die Krankheit nach bis auf den Husten, der am längsten anhielt und bei Anfang der Nacht den Patienten sehr incommodirte. Gegen Morgen stellte sich gemeinhin der Schweiß ein mit leichtem Auswurf. Diejenigen, so zu Anfangs starkes Laufen aus der Nase und dem Schlunde hatten, und 1 oder 2 Nächte darauf starke
25 natürliche Stuhlgänge von schwarzer gallichter Art, viel und hochgefärbten Urin ließen und von selbst viel schwitzten, — wurden am ersten gesund.

In vielen Fällen war es nöthig, wegen der Beschaffenheit des Pulses und Heftigkeit des Hustens etwas Blut zu lassen; das Blut war gemeinhin zähe und sahe einem plätten Kuchen von gelben Talg ähnlich, welcher in einem tief gelben
30 Serum schwamm. — Es fanden sich wenige Fälle, wo der Leim die Tassen ähnliche Form annahm, die bei den ächten hitzigen Krankheiten gewöhnlich angetroffen wird.

Durch warme, verdünnende, kühlende Getränke, gelinde schweißtreibende und wiederholte gelinde Reinigungsmittel wurde die Krankheit bei sonst gesunden Leuten bald gehoben; zuweilen waren Wiederholungen des Aderlassens nöthig; zuweilen wurden
35 spanische Fliegen mit Nutzen wider den Husten gebraucht, welcher immer am längsten anhielt. Nach den nöthigen Ausleerungen thaten Anodyna gemeinhin gute Wirkung.

In vielen Fällen nahm die Krankheit gegen das Ende das Ansehen eines intermittirenden Fiebers an; die Fieberrinde hat es aber nicht allezeit heben können. Die Symptomen, wie es sich oft bei gallichten Krankheiten ereignet, wurden zu-
40 weilen durch diese Arzneimittel noch übler. Einige Dosen von irgend einem gelinden Abführungsmittel haben es aber gemeinhin gänzlich gehoben.

Viele Leute, die die Krankheit nicht achteten und dabei umher gingen, bekamen oft neue Verkältungen, welche die gefährlichsten Fieber hervorbrachten, und einige starben rasend.

Alte Leute, die das Asthma hatten, haben auch durchgängig sehr dabei gelitten; ein peripneumonisches Fieber stellte sich allmählig ein und endigte sich oft mit dem Tode des Patienten. Mit denjenigen, so noch davon kamen, ging es sehr langsam, und das Mediciniren war mit Schwierigkeiten verknüpft. — Es zeigte sich auch, daß wenige Leute ohne Anfälle von dieser Krankheit abkamen, und daß andere Krankheiten, womit viele sonst schon behaftet waren, dadurch schlimmer wurden. — Es verursachte auch den Tod vieler sehr jungen Kinder durch Husten und Durchfälle.

Es ist indessen vielleicht niemalen eine epidemische Krankheit in dieser Stadt gewesen, womit so viele Leute in so kurzer Zeit behaftet worden, und dennoch so wenige gestorben. — Obgleich Versuche, um die Ursachen von epidemischen Krankheiten zu bestimmen, gemeinhin mehr Scheinbarkeit als Gründlichkeit haben, so möchte es dennoch nicht übel sein, einige Facta zu berühren, die mir aufgefallen sind. — Vielleicht haben andere noch mehr Beobachtungen gemacht, die werth wären, aufbehalten zu werden!

Während des größten Theils des Sommers, in dem Theile des Landes, wo ich mich aufhielt (Cheshire), hatte die Luft die gleichförmigste Temperatur, die ich jemals bemerkt habe. — In einer Zeit von 2 Monaten stieg das Quecksilber im (Fahrenheit'schen) Thermometer einmal bis 68 Gr. und fiel einmal auf 56. Nur während einer Zeit von 6 Wochen blieb es Tag und Nacht zwischen 60 und 66. — Das Barometer hat auch wenig variirt. — Das Wetter war in der Zeit sehr veränderlich mit einer Hauptneigung zur Nässe, und obgleich es während 6 Wochen beinahe einen Tag um den andern regnete, so war dennoch im ganzen keine ungewöhnliche Quantität Regen gefallen. Es versank beim Fallen in die Erde und machte den Boden sehr weich und kothig — hat aber die Bäche selten aufgeschwollen oder Überschwemmungen verursacht. —

Während dieser Zeit empfanden auch Pferde und Hunde die Krankheit, besonders die, so gut gehalten wurden. Die Pferde hatten heftige Husten, viele Hitze, verloren den Appetit, und es dauerte lange, ehe sie sich erholten. Ich habe nicht gehört, daß viele davon gestorben wären; verschiedene Hunde aber starben. — Dieser kleine Bericht von der neulichen Epidemie wird der Facultät dieser Stadt zu ihrer reiferen Überlegung empfohlen, mit Bitte, wenn ihre Bemerkungen nicht mit dieser Erzählung übereinstimmen, ihre Beobachtungen bekannt zu machen, da die Sache noch im frischen Andenken ist, damit eine so genaue Nachricht als möglich von dieser Krankheit unseren Nachkommen hinterlassen werden möge. —

Wenn die Herren Ärzte auf dem Lande, denen diese Nachricht zu Händen kommt, so gütig sein wollten und die Zeit anzeigen, in welcher diese Epidemie sich in ihrer Nachbarschaft eingefunden hat, und in welchem Stücke sie nicht mit der vorstehenden Beschreibung übereinstimmt, es sei in den Symptomen oder der Art der Cur, so werden sie dadurch denselben guten Zweck befördern. Die vereinigte Bemerkungen einer ganzen Facultät müssen nothwendig die eines einzigen Gliedes, wenn er noch so emsig um das Beste seiner Profession bemühet ist, unendlich übertreffen. —

London den 6. December 1775.

Sig. John Fothergill.

Recension

von

Schulz's

Versuch einer Anleitung zur Sittenlehre

für alle Menschen ohne Unterschied der Religion.

1. Theil.

Versuch einer Anleitung zur Sittenlehre für alle Menschen, ohne Unterschied der Religion, nebst einem Anhange von den Todesstrafen. Erster Theil. Berlin 1783, bei Stahlbaum.

Dieser erste Theil soll nur als Einleitung zu einem neuen moralischen System die psychologische Grundsätze, auf die in der Folge gebauet werden 5 soll, von der Stelle, die der Mensch in der Stufenleiter der Wesen einnimmt, von seiner empfindenden, denkenden und durch Willen thätigen Natur, von Freiheit und Nothwendigkeit, vom Leben, dem Tode und einem künftigen Leben vor Augen stellen; ein Werk, das durch seine Freimüthigkeit und noch mehr durch die aus den vielen sehr auffallenden 10 Paradoxen dennoch hervorleuchtende gute Absicht des selbstdenkenden Herrn Verfassers bei jedem Leser ungeduldige Erwartungen erregen muß, wie doch eine auf dergleichen Prämissen gegründete Sittenlehre ausfallen werde.

Recensent wird erstlich den Gang der Gedanken des Herrn Verfassers kürzlich verfolgen und zum Schlusse sein Urtheil über das Ganze beifügen. 15

Gleich zu Anfange wird der Begriff der Lebenskraft so erweitert, daß er auf alle Geschöpfe ohne Unterschied geht, nämlich blos als der Inbegriff aller in einem Geschöpfe vorhandenen und zu seiner Natur gehörigen Kräfte. Daraus folgt denn ein Gesetz der Stätigkeit aller Wesen, wo auf der großen Stufenleiter ein jedes seinen Neben- 20 mann über sich und unter sich hat, doch so, daß jede Gattung von Geschöpfen zwischen Grenzen steht, die diese nicht überschreiten können, so lange sie Mitglieder derselben Gattung bleiben. Daher giebt es eigentlich nichts Lebloses, sondern nur ein kleineres Leben, und die Gattungen unterscheiden sich nur durch Grade der Lebenskraft. Seele, als ein vom 25 Körper unterschiedenes Wesen, ist ein bloßes Geschöpf der Einbildung; der erhabenste Seraph und der Baum sind beide künstliche Maschinen. So viel von der Natur der Seele.

Ein ähnlicher stufenartiger Zusammenhang findet sich in allem Erkenntnisse. Irrthum und Wahrheit sind nicht der Species nach unter- 30 schieden, sondern nur wie das Kleinere vom Größeren, kein absoluter Irrthum findet statt, sondern jedes Erkenntniß, zu der Zeit, da es beim Menschen entsteht, ist für ihn wahr. Zurechtweisung ist nur Hinzuthuung der Vorstellungen, die vordem noch fehlten, und vormalige Wahrheit wird in der Folge durch den bloßen Fortgang der Erkenntniß in Irrthum verwandelt. Unsere Erkenntniß ist gegen die eines Engels lauter Irrthum. Die Vernunft kann nicht irren; jeder Kraft ist ihr Gleis vorgezeichnet. Die Verurtheilung der Vernunft durch sich selbst geschieht auch nicht alsdann, wenn man urtheilt, sondern hinterher, wenn man schon auf einer andern Stelle ist und mehr Kenntnisse erworben hat. Ich soll nicht sagen: ein Kind irrt, sondern: es versteht's noch nicht so gut, als er's künftig verstehen wird, es ist ein kleineres Urtheil. Weisheit und Thorheit, Wissenschaft und Unwissenheit verdienen also nicht Lob, nicht Tadel; sie sind blos als allmählige Fortschritte der Natur anzusehen, in Ansehung deren ich nicht frei bin. — Was den Willen betrifft, so sind alle Neigungen und Triebe in einem einzigen, nämlich der Selbstliebe, enthalten, in Ansehung deren aber jeder Mensch seine besondere Stimmung hat, die doch auch von einer allgemeinen Stimmung niemals abweichen kann. Die Selbstliebe wird jedesmal durch alle Empfindungen zusammen bestimmt, doch so, daß entweder die dunklere, oder die deutlichere daran den größten Antheil haben. Es giebt also keinen freien Willen, sondern dieser steht unter dem strengen Gesetze der Nothwendigkeit; doch wenn die Selbstliebe durch gar keine deutliche Vorstellungen, sondern blos durch Empfindung bestimmt wird, so nennt man dieses unfreie Handlungen. Alle Reue ist nichtig und ungereimt; denn der Verbrecher beurtheilt seine That nicht aus seiner vorigen, sondern gegenwärtigen Stimmung, die zwar freilich, wenn sie damals statt gefunden hätte, die That würde verhindert haben, wovon aber fälschlich vorausgesetzt wird, daß sie solche auch hätte verhindern sollen, da sie im vorigen Zustande wirklich nicht anzutreffen war. Die Reue ist blos eine mißverstandene Vorstellung, wie man künftig besser handeln könne, und in der That hat die Natur hiebei keine andere Absicht als den Zweck der Besserung. Auflösung der Schwierigkeit, wie Gott der Urheber der Sünde sein könne. Tugend und Laster sind nicht wesentlich unterschieden. (Hier ist also wiederum der sonst angenommene specifische Unterschied in bloßen Unterschied den Graden nach verwandelt.) Tugend ohne Laster kann nicht bestehen, und diese sind nur Gelegenheitsgründe besser zu werden (also eine Stufe höher zu kommen). Die Menschen können sich über das, was sie Tugend nennen, nicht vergleichen, außer über die, ohne welche keine menschliche Wohlfahrt möglich ist, d. i. die allgemeine

Tugend; aber von dieser abzuweichen ist dem Menschen schlechterdings unmöglich, und der, so davon abweicht, ist nicht lasterhaft, sondern aberwitzig. Der Mensch, der ein allgemeines Laster beginge, würde wider die Selbstliebe handeln, welches unmöglich ist. Folglich ist die Bahn der allgemeinen Tugend so eben, so gerade und an beiden Seiten so verzäunt, 5 daß alle Menschen schlechterdings drauf bleiben müssen. Es ist nichts als die besondre Stimmung jedes Menschen, welche unter ihnen hierin einen Unterschied macht; wenn sie ihre Standorte verwechselten, so würde einer eben so handeln wie der andere. Moralisch gut oder böse bedeuten nichts weiter, als einen höhern oder niedrigern Grad von Vollkommenheit. 10 Menschen sind in Vergleichung gegen Engel und diese gegen Gott lasterhaft. Daher, weil keine Freiheit ist, alle rächende Strafen ungerecht sind, vornehmlich Todesstrafen, an deren Stelle nichts als Erstattung und Besserung, keinesweges aber bloße Warnung die Absicht der Strafgesetze ausmachen müsse. Lob wegen einer ersprießlichen That ertheilen, zeigt 15 wenig Menschenkenntniß an; der Mensch war eben so gut dazu bestimmt und aufgezogen, als der Mordbrenner ein Haus anzuzünden. Lob hat nur die Absicht, um den Urheber und andre zu ähnlichen guten Thaten aufzumuntern.

Diese Lehre von der Nothwendigkeit nennt der Herr Verf. eine 20 selige Lehre und behauptet, daß durch sie die Sittenlehre allererst ihren eigentlichen Werth erhalte, wobei er gelegentlich anmerkt: daß bei Verbrechen gewisse Lehrer, die es so leicht vormalen, sich mit Gott zu versöhnen, in Anspruch genommen werden sollten. Man kann die gute Absicht unseres Verfassers hiebei nicht verkennen. Er will die blos büßende 25 und fruchtlose Reue, die doch so oft als an sich versöhnend empfohlen wird, weggeschafft wissen und an deren Statt feste Entschließungen zum besseren Lebenswandel eingeführt haben; er sucht die Weisheit und Gütigkeit Gottes durch den Fortschritt aller seiner Geschöpfe zur Vollkommenheit und ewigen Glückseligkeit, obgleich auf verschiedenen Wegen, zu vertheidigen, 30 die Religion vom müßigen Glauben zur That zurück zu führen, endlich auch die bürgerliche Strafen menschlicher und für das besondere sowohl als gemeine Beste ersprießlicher zu machen. Auch wird die Kühnheit seiner speculativen Behauptungen demjenigen nicht so schreckhaft auffallen, dem bekannt ist, was Priestley, ein eben so sehr wegen seiner Frömmigkeit als Ein- 35 sicht hochgeachteter englischer Gottesgelehrte, mit unserem Verf. einstimmig behauptet, ja noch mit mehr Kühnheit ausgedrückt hat, und was nun schon mehrere Geistliche dieses Landes, obgleich weit unter ihm an Talenten, ihm ohne Zurückhaltung nachsprechen; ja was nur neuerlich Herr Prof. Ehlers von der Freiheit des Willens für einen Begriff gab, nämlich als einem Vermögen des denkenden Wesens, seiner jedesmaligen Ideenlage 5 gemäß zu handeln.

Gleichwohl wird jeder unbefangene und vornehmlich in dieser Art von Speculation genugsam geübte Leser nicht unbemerkt lassen: daß der allgemeine Fatalism, der in diesem Werke das vornehmste, alle Moral afficirende, gewaltsame Princip ist, da er alles menschliche Thun und Lassen 10 in bloßes Marionettenspiel verwandelt, den Begriff von Verbindlichkeit gänzlich aufhebe, daß dagegen das Sollen oder der Imperativ, der das praktische Gesetz vom Naturgesetz unterscheidet, uns auch in der Idee gänzlich außerhalb der Naturkette setze, indem er, ohne unseren Willen als frei zu denken, unmöglich und ungereimt ist, vielmehr uns alsdann nichts 15 übrig bleibt, als abzuwarten und zu beobachten, was Gott vermittelst der Natururſachen in uns für Entschließungen wirken werde, nicht aber was wir von selbst als Urheber thun können und sollen; woraus denn die gröbste Schwärmerei entspringen muß, die allen Einfluß der gesunden Vernunft aufhebt, deren Rechte gleichwohl der Herr Verf. aufrecht zu 20 erhalten bemüht gewesen. — Der praktische Begriff der Freiheit hat in der That mit dem speculativen, der den Metaphysikern gänzlich überlassen bleibt, gar nichts zu thun. Denn woher mir ursprünglich der Zustand, in welchem ich jetzt handeln soll, gekommen sei, kann mir ganz gleichgültig sein; ich frage nur, was ich nun zu thun habe, und da ist die Freiheit eine noth- 25 wendige praktische Voraussetzung und eine Idee, unter der ich allein Gebote der Vernunft als gültig ansehen kann. Selbst der hartnäckigste Sceptiker gesteht, daß, wenn es zum Handeln kommt, alle sophistische Bedenklichkeiten wegen eines allgemein-täuschenden Scheins wegfallen müssen. Eben so muß der entschlossenste Fatalist, der es ist, so lange er sich der bloßen 30 Speculation ergiebt, dennoch, so bald es ihm um Weisheit und Pflicht zu thun ist, jederzeit so handeln, als ob er frei wäre, und diese Idee bringt auch wirklich die damit einstimmige That hervor und kann sie auch allein hervorbringen. Es ist schwer, den Menschen ganz abzulegen. Der Herr Verf., nachdem er jedes Menschen Handlung, so abgeschmackt sie auch 35 andern erscheinen mag, aus dem Grunde seiner besonderen Stimmung gerechtfertigt hatte, sagt S. 137: „Ich will alles, schlechterdings und ohne Ausnahme alles, was mich zeitlich und ewig glücklich machen kann, verloren haben (ein vermessener Ausdruck), wenn du nicht eben so abgeschmackt gehandelt hättest als der andere, wenn du nur in seinem Standorte gewesen wärest." Allein da doch nach seinen eigenen Behauptungen die größte Überzeugung in einem Zeitpunkte davor nicht sichern kann, daß nicht in einem anderen Zeitpunkte, wenn das Erkenntniß weiter fortgerückt 5 ist, die vorige Wahrheit hintennach Irrthum werde: wie würde es da mit jener äußerst gewagten Betheurung aussehen? Er hat aber im Grunde seiner Seele, obgleich er es sich selbst nicht gestehen wollte, voraus gesetzt: daß der Verstand nach objectiven Gründen, die jederzeit gültig sind, sein Urtheil zu bestimmen das Vermögen habe und nicht unter dem Mechanism 10 der blos subjectiv bestimmenden Ursachen, die sich in der Folge ändern können, stehe; mithin nahm er immer Freiheit zu denken an, ohne welche es keine Vernunft giebt. Eben so muß er auch Freiheit des Willens im Handeln voraus setzen, ohne welche es keine Sitten giebt, wenn er in seinem, wie ich nicht zweifle, rechtschaffenen Lebenswandel den ewigen Gesetzen der Pflicht 15 gemäß verfahren und nicht ein Spiel seiner Instincte und Neigungen sein will, ob er schon zu gleicher Zeit sich selbst diese Freiheit abspricht, weil er seine praktische Grundsätze mit den speculativen sonst nicht in Einstimmung zu bringen vermag, woran aber, wenn es auch niemanden gelänge, in der That nicht viel verloren sein würde. 20

Idee

zu einer

allgemeinen Geschichte

in weltbürgerlicher Absicht.*)

*) Eine Stelle unter den kurzen Anzeigen des zwölften Stücks der Gothaischen Gel. Zeit. d. J., die ohne Zweifel aus meiner Unterredung mit einem durchreisenden Gelehrten genommen worden, nöthigt mir diese Erläuterung ab, ohne die jene keinen begreiflichen Sinn haben würde.

Was man sich auch in metaphysischer Absicht für einen Begriff von der Freiheit des Willens machen mag: so sind doch die Erscheinungen desselben, die menschlichen Handlungen, eben so wohl als jede andere Naturbegebenheit nach allgemeinen Naturgesetzen bestimmt. Die Geschichte, welche sich mit der Erzählung dieser Erscheinungen beschäftigt, so tief auch deren Ursachen verborgen sein mögen, läßt dennoch von sich hoffen: daß, wenn sie das Spiel der Freiheit des menschlichen Willens im Großen betrachtet, sie einen regelmäßigen Gang derselben entdecken könne; und daß auf die Art, was an einzelnen Subjecten verwickelt und regellos in die Augen fällt, an der ganzen Gattung doch als eine stetig fortgehende, obgleich langsame Entwickelung der ursprünglichen Anlagen derselben werde erkannt werden können. So scheinen die Ehen, die daher kommenden Geburten und das Sterben, da der freie Wille der Menschen auf sie so großen Einfluß hat, keiner Regel unterworfen zu sein, nach welcher man die Zahl derselben zum voraus durch Rechnung bestimmen könne; und doch beweisen die jährlichen Tafeln derselben in großen Ländern, daß sie eben so wohl nach beständigen Naturgesetzen geschehen, als die so unbeständigen Witterungen, deren Eräugniß man einzeln nicht vorher bestimmen kann, die aber im Ganzen nicht ermangeln den Wachsthum der Pflanzen, den Lauf der Ströme und andere Naturanstalten in einem gleichförmigen, ununterbrochenen Gange zu erhalten. Einzelne Menschen und selbst ganze Völker denken wenig daran, daß, indem sie, ein jedes nach seinem Sinne und einer oft wider den andern, ihre eigene Absicht verfolgen, sie unbemerkt an der Naturabsicht, die ihnen selbst unbekannt ist, als an einem Leitfaden fortgehen und an derselben Beförderung arbeiten, an welcher, selbst wenn sie ihnen bekannt würde, ihnen doch wenig gelegen sein würde.

Da die Menschen in ihren Bestrebungen nicht bloß instinctmäßig wie Thiere und doch auch nicht wie vernünftige Weltbürger nach einem verabredeten Plane im Ganzen verfahren: so scheint auch keine planmäßige Geschichte (wie etwa von den Bienen oder den Bibern) von ihnen möglich zu sein. Man kann sich eines gewissen Unwillens nicht erwehren, wenn man ihr Thun und Lassen auf der großen Weltbühne aufgestellt sieht und bei hin und wieder anscheinender Weisheit im Einzelnen doch endlich alles im Großen aus Thorheit, kindischer Eitelkeit, oft auch aus kindischer Bosheit und Zerstörungssucht zusammengewebt findet: wobei man am Ende nicht weiß, was man sich von unserer auf ihre Vorzüge so eingebildeten Gattung für einen Begriff machen soll. Es ist hier keine Auskunft für den Philosophen, als daß, da er bei Menschen und ihrem Spiele im Großen gar keine vernünftige *eigene Absicht* voraussetzen kann, er versuche, ob er nicht eine *Naturabsicht* in diesem widersinnigen Gange menschlicher Dinge entdecken könne; aus welcher von Geschöpfen, die ohne eigenen Plan verfahren, dennoch eine Geschichte nach einem bestimmten Plane der Natur möglich sei. — Wir wollen sehen, ob es uns gelingen werde, einen Leitfaden zu einer solchen Geschichte zu finden, und wollen es dann der Natur überlassen, den Mann hervorzubringen, der im Stande ist, sie darnach abzufassen. So brachte sie einen *Kepler* hervor, der die eccentrischen Bahnen der Planeten auf eine unerwartete Weise bestimmten Gesetzen unterwarf, und einen *Newton*, der diese Gesetze aus einer allgemeinen Naturursache erklärte.

Erster Satz.

Alle Naturanlagen eines Geschöpfes sind bestimmt, sich einmal vollständig und zweckmäßig auszuwickeln. Bei allen Thieren bestätigt dieses die äußere sowohl, als innere oder zergliedernde Beobachtung. Ein Organ, das nicht gebraucht werden soll, eine Anordnung, die ihren Zweck nicht erreicht, ist ein Widerspruch in der teleologischen Naturlehre. Denn wenn wir von jenem Grundsatze abgehen, so haben wir nicht mehr eine gesetzmäßige, sondern eine zwecklos spielende Natur; und das trostlose Ungefähr tritt an die Stelle des Leitfadens der Vernunft.

Zweiter Satz.

Am Menschen (als dem einzigen vernünftigen Geschöpf auf Erden) *sollten sich diejenigen Naturanlagen, die auf den Gebrauch seiner Vernunft abgezielt sind, nur in der Gattung, nicht aber im Individuum vollständig entwickeln.* Die Vernunft in einem Geschöpfe ist ein Vermögen, die Regeln und Absichten des Gebrauchs aller seiner Kräfte weit über den Naturinstinct zu erweitern, und kennt keine Grenzen ihrer Entwürfe. Sie wirkt aber selbst nicht instinctmäßig, sondern bedarf Versuche, Übung und Unterricht, um von einer Stufe der Einsicht zur andern allmählig fortzuschreiten. Daher würde ein jeder Mensch unmäßig lange leben müssen, um zu lernen, wie er von allen 5 seinen Naturanlagen einen vollständigen Gebrauch machen solle; oder wenn die Natur seine Lebensfrist nur kurz angesetzt hat (wie es wirklich geschehen ist), so bedarf sie einer vielleicht unabsehlichen Reihe von Zeugungen, deren eine der andern ihre Aufklärung überliefert, um endlich ihre Keime in unserer Gattung zu derjenigen Stufe der Entwickelung zu 10 treiben, welche ihrer Absicht vollständig angemessen ist. Und dieser Zeitpunkt muß wenigstens in der Idee des Menschen das Ziel seiner Bestrebungen sein, weil sonst die Naturanlagen größtentheils als vergeblich und zwecklos angesehen werden müßten; welches alle praktische Principien aufheben und dadurch die Natur, deren Weisheit in Beurtheilung aller übri- 15 gen Anstalten sonst zum Grundsatze dienen muß, am Menschen allein eines kindischen Spiels verdächtig machen würde.

Dritter Satz.

Die Natur hat gewollt: daß der Mensch alles, was über die mechanische Anordnung seines thierischen Daseins geht, gänz- 20 lich aus sich selbst herausbringe und keiner anderen Glückseligkeit oder Vollkommenheit theilhaftig werde, als die er sich selbst frei von Instinct, durch eigene Vernunft, verschafft hat. Die Natur thut nämlich nichts überflüssig und ist im Gebrauche der Mittel zu ihren Zwecken nicht verschwenderisch. Da sie dem Menschen Vernunft 25 und darauf sich gründende Freiheit des Willens gab, so war das schon eine klare Anzeige ihrer Absicht in Ansehung seiner Ausstattung. Er sollte nämlich nun nicht durch Instinct geleitet, oder durch anerschaffene Kenntniß versorgt und unterrichtet sein; er sollte vielmehr alles aus sich selbst herausbringen. Die Erfindung seiner Nahrungsmittel, seiner Bedeckung, seiner 30 äußeren Sicherheit und Vertheidigung (wozu sie ihm weder die Hörner des Stiers, noch die Klauen des Löwen, noch das Gebiß des Hundes, sondern bloß Hände gab), alle Ergötzlichkeit, die das Leben angenehm machen kann, selbst seine Einsicht und Klugheit und sogar die Gutartigkeit seines Willens sollten gänzlich sein eigen Werk sein. Sie scheint sich hier in ihrer 35 größten Sparsamkeit selbst gefallen zu haben und ihre thierische Ausstattung so knapp, so genau auf das höchste Bedürfniß einer anfänglichen Existenz abgemessen zu haben, als wollte sie: der Mensch sollte, wenn er sich aus der größten Rohigkeit dereinst zur größten Geschicklichkeit, innerer Vollkommenheit der Denkungsart und (so viel es auf Erden möglich ist) dadurch zur Glückseligkeit empor gearbeitet haben würde, hievon das Verdienst ganz allein haben und es sich selbst nur verdanken dürfen; gleich als habe sie es mehr auf seine vernünftige Selbstschätzung, als auf ein Wohlbefinden angelegt. Denn in diesem Gange der menschlichen Angelegenheit ist ein ganzes Heer von Mühseligkeiten, die den Menschen erwarten. Es scheint aber der Natur darum gar nicht zu thun gewesen zu sein, daß er wohl lebe; sondern daß er sich so weit hervorarbeite, um sich durch sein Verhalten des Lebens und des Wohlbefindens würdig zu machen. Befremdend bleibt es immer hiebei: daß die ältern Generationen nur scheinen um der späteren willen ihr mühseliges Geschäfte zu treiben, um nämlich diesen eine Stufe zu bereiten, von der diese das Bauwerk, welches die Natur zur Absicht hat, höher bringen könnten; und daß doch nur die spätesten das Glück haben sollen, in dem Gebäude zu wohnen, woran eine lange Reihe ihrer Vorfahren (zwar freilich ohne ihre Absicht) gearbeitet hatten, ohne doch selbst an dem Glück, das sie vorbereiteten, Antheil nehmen zu können. Allein so räthselhaft dieses auch ist, so nothwendig ist es doch zugleich, wenn man einmal annimmt: eine Thiergattung soll Vernunft haben und als Klasse vernünftiger Wesen, die insgesammt sterben, deren Gattung aber unsterblich ist, dennoch zu einer Vollständigkeit der Entwickelung ihrer Anlagen gelangen.

Vierter Satz.

Das Mittel, dessen sich die Natur bedient, die Entwickelung aller ihrer Anlagen zu Stande zu bringen, ist der Antagonism derselben in der Gesellschaft, so fern dieser doch am Ende die Ursache einer gesetzmäßigen Ordnung derselben wird. Ich verstehe hier unter dem Antagonism die ungesellige Geselligkeit der Menschen, d. i. den Hang derselben in Gesellschaft zu treten, der doch mit einem durchgängigen Widerstande, welcher diese Gesellschaft beständig zu trennen droht, verbunden ist. Hiezu liegt die Anlage offenbar in der menschlichen Natur. Der Mensch hat eine Neigung sich zu vergesellschaften: weil er in einem solchen Zustande sich mehr als Mensch, d. i.

die Entwickelung seiner Naturanlagen, fühlt. Er hat aber auch einen großen Hang sich zu vereinzelnen (isoliren): weil er in sich zugleich die ungesellige Eigenschaft antrifft, alles bloß nach seinem Sinne richten zu wollen, und daher allerwärts Widerstand erwartet, so wie er von sich
5 selbst weiß, daß er seinerseits zum Widerstande gegen andere geneigt ist. Dieser Widerstand ist es nun, welcher alle Kräfte des Menschen erweckt, ihn dahin bringt seinen Hang zur Faulheit zu überwinden und, getrieben durch Ehrsucht, Herrschsucht oder Habsucht, sich einen Rang unter seinen Mitgenossen zu verschaffen, die er nicht wohl leiden, von denen er aber auch
10 nicht lassen kann. Da geschehen nun die ersten wahren Schritte aus der Rohigkeit zur Cultur, die eigentlich in dem gesellschaftlichen Werth des Menschen besteht; da werden alle Talente nach und nach entwickelt, der Geschmack gebildet und selbst durch fortgesetzte Aufklärung der Anfang zur Gründung einer Denkungsart gemacht, welche die grobe Naturanlage
15 zur sittlichen Unterscheidung mit der Zeit in bestimmte praktische Principien und so eine pathologisch-abgedrungene Zusammenstimmung zu einer Gesellschaft endlich in ein moralisches Ganze verwandeln kann. Ohne jene an sich zwar eben nicht liebenswürdige Eigenschaften der Ungeselligkeit, woraus der Widerstand entspringt, den jeder bei seinen selbst-
20 süchtigen Anmaßungen nothwendig antreffen muß, würden in einem arkadischen Schäferleben bei vollkommener Eintracht, Genügsamkeit und Wechselliebe alle Talente auf ewig in ihren Keimen verborgen bleiben: die Menschen, gutartig wie die Schafe, die sie weiden, würden ihrem Dasein kaum einen größeren Werth verschaffen, als dieses ihr Hausvieh hat; sie
25 würden das Leere der Schöpfung in Ansehung ihres Zwecks, als vernünftige Natur, nicht ausfüllen. Dank sei also der Natur für die Unvertragsamkeit, für die mißgünstig wetteifernde Eitelkeit, für die nicht zu befriedigende Begierde zum Haben oder auch zum Herrschen! Ohne sie würden alle vortreffliche Naturanlagen in der Menschheit ewig unentwickelt schlummern. Der
30 Mensch will Eintracht; aber die Natur weiß besser, was für seine Gattung gut ist: sie will Zwietracht. Er will gemächlich und vergnügt leben; die Natur will aber, er soll aus der Lässigkeit und unthätigen Genügsamkeit hinaus sich in Arbeit und Mühseligkeiten stürzen, um dagegen auch Mittel auszufinden, sich klüglich wiederum aus den letztern heraus zu ziehen.
35 Die natürlichen Triebfedern dazu, die Quellen der Ungeselligkeit und des durchgängigen Widerstandes, woraus so viele Übel entspringen, die aber doch auch wieder zur neuen Anspannung der Kräfte, mithin zu mehrerer

Entwickelung der Naturanlagen antreiben, verrathen also wohl die Anordnung eines weisen Schöpfers; und nicht etwa die Hand eines bösartigen Geistes, der in seine herrliche Anstalt gepfuscht oder sie neidischer Weise verderbt habe.

Fünfter Satz. 5

Das größte Problem für die Menschengattung, zu dessen Auflösung die Natur ihn zwingt, ist die Erreichung einer allgemein das Recht verwaltenden **bürgerlichen Gesellschaft.** Da nur in der Gesellschaft und zwar derjenigen, die die größte Freiheit, mithin einen durchgängigen Antagonism ihrer Glieder und doch die genauste 10 Bestimmung und Sicherung der Grenzen dieser Freiheit hat, damit sie mit der Freiheit anderer bestehen könne, — da nur in ihr die höchste Absicht der Natur, nämlich die Entwickelung aller ihrer Anlagen, in der Menschheit erreicht werden kann, die Natur auch will, daß sie diesen so wie alle Zwecke ihrer Bestimmung sich selbst verschaffen solle: so muß eine 15 Gesellschaft, in welcher Freiheit unter äußeren Gesetzen im größtmöglichen Grade mit unwiderstehlicher Gewalt verbunden angetroffen wird, d. i. eine vollkommen gerechte bürgerliche Verfassung, die höchste Aufgabe der Natur für die Menschengattung sein, weil die Natur nur vermittelst der Auflösung und Vollziehung derselben ihre übrigen Ab- 20 sichten mit unserer Gattung erreichen kann. In diesen Zustand des Zwanges zu treten, zwingt den sonst für ungebundene Freiheit so sehr eingenommenen Menschen die Noth; und zwar die größte unter allen, nämlich die, welche sich Menschen unter einander selbst zufügen, deren Neigungen es machen, daß sie in wilder Freiheit nicht lange neben einander bestehen können. 25 Allein in einem solchen Gehege, als bürgerliche Vereinigung ist, thun eben dieselben Neigungen hernach die beste Wirkung: so wie Bäume in einem Walde eben dadurch, daß ein jeder dem andern Luft und Sonne zu benehmen sucht, einander nöthigen beides über sich zu suchen und dadurch einen schönen geraden Wuchs bekommen; statt daß die, welche in Freiheit 30 und von einander abgesondert ihre Äste nach Wohlgefallen treiben, krüppelig, schief und krumm wachsen. Alle Cultur und Kunst, welche die Menschheit ziert, die schönste gesellschaftliche Ordnung sind Früchte der Ungeselligkeit, die durch sich selbst genöthigt wird sich zu discipliniren und so durch abgedrungene Kunst die Keime der Natur vollständig zu entwickeln. 35

Sechster Satz.

Dieses Problem ist zugleich das schwerste und das, welches von der Menschengattung am spätesten aufgelöset wird. Die Schwierigkeit, welche auch die bloße Idee dieser Aufgabe schon vor Augen
5 legt, ist diese: der Mensch ist ein Thier, das, wenn es unter andern seiner Gattung lebt, einen Herrn nöthig hat. Denn er mißbraucht gewiß seine Freiheit in Ansehung anderer Seinesgleichen; und ob er gleich als vernünftiges Geschöpf ein Gesetz wünscht, welches der Freiheit Aller Schranken setze: so verleitet ihn doch seine selbstsüchtige thierische Neigung, wo er
10 darf, sich selbst auszunehmen. Er bedarf also einen Herrn, der ihm den eigenen Willen breche und ihn nöthige, einem allgemeingültigen Willen, dabei jeder frei sein kann, zu gehorchen. Wo nimmt er aber diesen Herrn her? Nirgend anders als aus der Menschengattung. Aber dieser ist eben so wohl ein Thier, das einen Herrn nöthig hat. Er mag es also anfangen,
15 wie er will; so ist nicht abzusehen, wie er sich ein Oberhaupt der öffentlichen Gerechtigkeit verschaffen könne, das selbst gerecht sei; er mag dieses nun in einer einzelnen Person, oder in einer Gesellschaft vieler dazu auserlesenen Personen suchen. Denn jeder derselben wird immer seine Freiheit mißbrauchen, wenn er keinen über sich hat, der nach den Gesetzen über ihn
20 Gewalt ausübt. Das höchste Oberhaupt soll aber gerecht für sich selbst und doch ein Mensch sein. Diese Aufgabe ist daher die schwerste unter allen; ja ihre vollkommene Auflösung ist unmöglich: aus so krummem Holze, als woraus der Mensch gemacht ist, kann nichts ganz Gerades gezimmert werden. Nur die Annäherung zu dieser Idee ist uns von der Natur
25 auferlegt*). Daß sie auch diejenige sei, welche am spätesten ins Werk gerichtet wird, folgt überdem auch daraus: daß hiezu richtige Begriffe von der Natur einer möglichen Verfassung, große durch viel Weltläufe geübte Erfahrenheit und über das alles ein zur Annehmung derselben vorbereiteter guter Wille erfordert wird; drei solche Stücke aber sich sehr schwer
30 und, wenn es geschieht, nur sehr spät, nach viel vergeblichen Versuchen, einmal zusammen finden können.

---

*) Die Rolle des Menschen ist also sehr künstlich. Wie es mit den Einwohnern anderer Planeten und ihrer Natur beschaffen sei, wissen wir nicht; wenn wir aber diesen Auftrag der Natur gut ausrichten, so können wir uns wohl schmeicheln, daß
35 wir unter unseren Nachbaren im Weltgebäude einen nicht geringen Rang behaupten dürften. Vielleicht mag bei diesen ein jedes Individuum seine Bestimmung in seinem Leben völlig erreichen. Bei uns ist es anders; nur die Gattung kann dieses hoffen.

Siebenter Satz.

Das Problem der Errichtung einer vollkommnen bürgerlichen Verfassung ist von dem Problem eines gesetzmäßigen **äußeren Staatenverhältnisses** abhängig und kann ohne das letztere nicht aufgelöset werden. Was hilfts, an einer gesetzmäßigen bürgerlichen Verfassung unter einzelnen Menschen, d. i. an der Anordnung eines gemeinen Wesens, zu arbeiten? Dieselbe Ungeselligkeit, welche die Menschen hiezu nöthigte, ist wieder die Ursache, daß ein jedes gemeine Wesen in äußerem Verhältnisse, d. i. als ein Staat in Beziehung auf Staaten, in ungebundener Freiheit steht, und folglich einer von dem andern eben die Übel erwarten muß, die die einzelnen Menschen drückten und sie zwangen in einen gesetzmäßigen bürgerlichen Zustand zu treten. Die Natur hat also die Unvertragsamkeit der Menschen, selbst der großen Gesellschaften und Staatskörper dieser Art Geschöpfe wieder zu einem Mittel gebraucht, um in dem unvermeidlichen Antagonism derselben einen Zustand der Ruhe und Sicherheit auszufinden; d. i. sie treibt durch die Kriege, durch die überspannte und niemals nachlassende Zurüstung zu denselben, durch die Noth, die dadurch endlich ein jeder Staat selbst mitten im Frieden innerlich fühlen muß, zu anfänglich unvollkommenen Versuchen, endlich aber nach vielen Verwüstungen, Umkippungen und selbst durchgängiger innerer Erschöpfung ihrer Kräfte zu dem, was ihnen die Vernunft auch ohne so viel traurige Erfahrung hätte sagen können, nämlich: aus dem gesetzlosen Zustande der Wilden hinaus zu gehen und in einen Völkerbund zu treten; wo jeder, auch der kleinste Staat seine Sicherheit und Rechte nicht von eigener Macht, oder eigener rechtlichen Beurtheilung, sondern allein von diesem großen Völkerbunde (Foedus Amphictyonum), von einer vereinigten Macht und von der Entscheidung nach Gesetzen des vereinigten Willens erwarten könnte. So schwärmerisch diese Idee auch zu sein scheint und als eine solche an einem Abbé von St. Pierre oder Rousseau verlacht worden (vielleicht, weil sie solche in der Ausführung zu nahe glaubten): so ist es doch der unvermeidliche Ausgang der Noth, worein sich Menschen einander versetzen, die die Staaten zu eben der Entschließung (so schwer es ihnen auch eingeht) zwingen muß, wozu der wilde Mensch eben so ungern gezwungen ward, nämlich: seine brutale Freiheit aufzugeben und in einer gesetzmäßigen Verfassung Ruhe und Sicherheit zu suchen. — Alle Kriege sind demnach so viel Versuche (zwar nicht in der Absicht der Menschen, aber doch in der

Absicht der Natur), neue Verhältnisse der Staaten zu Stande zu bringen und durch Zerstörung, wenigstens Zerstückelung aller neue Körper zu bilden, die sich aber wieder entweder in sich selbst oder neben einander nicht erhalten können und daher neue, ähnliche Revolutionen erleiden müssen; bis
5 endlich einmal theils durch die bestmögliche Anordnung der bürgerlichen Verfassung innerlich, theils durch eine gemeinschaftliche Verabredung und Gesetzgebung äußerlich ein Zustand errichtet wird, der, einem bürgerlichen gemeinen Wesen ähnlich, so wie ein Automat sich selbst erhalten kann.

Ob man es nun von einem epikurischen Zusammenlauf wirkender
10 Ursachen erwarten solle, daß die Staaten, so wie die kleinen Stäubchen der Materie durch ihren ungefähren Zusammenstoß allerlei Bildungen versuchen, die durch neuen Anstoß wieder zerstört werden, bis endlich einmal von ungefähr eine solche Bildung gelingt, die sich in ihrer Form erhalten kann (ein Glückszufall, der sich wohl schwerlich jemals zutragen
15 wird!); oder ob man vielmehr annehmen solle, die Natur verfolge hier einen regelmäßigen Gang, unsere Gattung von der unteren Stufe der Thierheit an allmählig bis zur höchsten Stufe der Menschheit und zwar durch eigene, obzwar dem Menschen abgedrungene Kunst zu führen, und entwickele in dieser scheinbarlich wilden Anordnung ganz regelmäßig
20 jene ursprüngliche Anlagen; oder ob man lieber will, daß aus allen diesen Wirkungen und Gegenwirkungen der Menschen im Großen überall nichts, wenigstens nichts Kluges herauskomme, daß es bleiben werde, wie es von jeher gewesen ist, und man daher nicht voraus sagen könne, ob nicht die Zwietracht, die unserer Gattung so natürlich ist, am Ende für
25 uns eine Hölle von Übeln in einem noch so gesitteten Zustande vorbereite, indem sie vielleicht diesen Zustand selbst und alle bisherigen Fortschritte in der Cultur durch barbarische Verwüstung wieder vernichten werde (ein Schicksal, wofür man unter der Regierung des blinden Ungefährs nicht stehen kann, mit welcher gesetzlose Freiheit in der That einerlei ist, wenn
30 man ihr nicht einen ingeheim an Weisheit geknüpften Leitfaden der Natur unterlegt!), das läuft ungefähr auf die Frage hinaus: ob es wohl vernünftig sei, Zweckmäßigkeit der Naturanstalt in Theilen und doch Zwecklosigkeit im Ganzen anzunehmen. Was also der zwecklose Zustand der Wilden that, daß er nämlich alle Naturanlagen in unserer
35 Gattung zurück hielt, aber endlich durch die Übel, worin er diese versetzte, sie nöthigte, aus diesem Zustande hinaus und in eine bürgerliche Verfassung zu treten, in welcher alle jene Keime entwickelt werden können,

das thut auch die barbarische Freiheit der schon gestifteten Staaten, nämlich: daß durch die Verwendung aller Kräfte der gemeinen Wesen auf Rüstungen gegen einander, durch die Verwüstungen, die der Krieg anrichtet, noch mehr aber durch die Nothwendigkeit sich beständig in Bereitschaft dazu zu erhalten zwar die völlige Entwickelung der Naturanlagen in ihrem Fortgange gehemmt wird, dagegen aber auch die Übel, die daraus entspringen, unsere Gattung nöthigen, zu dem an sich heilsamen Widerstande vieler Staaten neben einander, der aus ihrer Freiheit entspringt, ein Gesetz des Gleichgewichts auszufinden und eine vereinigte Gewalt, die demselben Nachdruck giebt, mithin einen weltbürgerlichen Zustand der öffentlichen Staatssicherheit einzuführen, der nicht ohne alle *Gefahr* sei, damit die Kräfte der Menschheit nicht einschlafen, aber doch auch nicht ohne ein Princip der *Gleichheit* ihrer wechselseitigen *Wirkung* und *Gegenwirkung*, damit sie einander nicht zerstören. Ehe dieser letzte Schritt (nämlich die Staatenverbindung) geschehen, also fast nur auf der Hälfte ihrer Ausbildung, erduldet die menschliche Natur die härtesten Übel unter dem betrüglichen Anschein äußerer Wohlfahrt; und *Rousseau* hatte so Unrecht nicht, wenn er den Zustand der Wilden vorzog, so bald man nämlich diese letzte Stufe, die unsere Gattung noch zu ersteigen hat, wegläßt. Wir sind im hohen Grade durch Kunst und Wissenschaft *cultivirt*. Wir sind *civilisirt* bis zum Überlästigen zu allerlei gesellschaftlicher Artigkeit und Anständigkeit. Aber uns für schon *moralisirt* zu halten, daran fehlt noch sehr viel. Denn die Idee der Moralität gehört noch zur Cultur; der Gebrauch dieser Idee aber, welcher nur auf das Sittenähnliche in der Ehrliebe und der äußeren Anständigkeit hinausläuft, macht blos die Civilisirung aus. So lange aber Staaten alle ihre Kräfte auf ihre eiteln und gewaltsamen Erweiterungsabsichten verwenden und so die langsame Bemühung der inneren Bildung der Denkungsart ihrer Bürger unaufhörlich hemmen, ihnen selbst auch alle Unterstützung in dieser Absicht entziehen, ist nichts von dieser Art zu erwarten: weil dazu eine lange innere Bearbeitung jedes gemeinen Wesens zur Bildung seiner Bürger erfordert wird. Alles Gute aber, das nicht auf moralisch-gute Gesinnung gepfropft ist, ist nichts als lauter Schein und schimmerndes Elend. In diesem Zustande wird wohl das menschliche Geschlecht verbleiben, bis es sich auf die Art, wie ich gesagt habe, aus dem chaotischen Zustande seiner Staatsverhältnisse herausgearbeitet haben wird.

Achter Satz.

Man kann die Geschichte der Menschengattung im Großen als die Vollziehung eines verborgenen Plans der Natur ansehen, um eine innerlich- und **zu diesem Zwecke** auch äußerlich-
5 vollkommene Staatsverfassung zu Stande zu bringen, als den einzigen Zustand, in welchem sie alle ihre Anlagen in der Menschheit völlig entwickeln kann. Der Satz ist eine Folgerung aus dem vorigen. Man sieht: die Philosophie könne auch ihren Chiliasmus haben; aber einen solchen, zu dessen Herbeiführung ihre Idee, obgleich
10 nur sehr von weitem, selbst beförderlich werden kann, der also nichts weniger als schwärmerisch ist. Es kommt nur darauf an, ob die Erfahrung etwas von einem solchen Gange der Naturabsicht entdecke. Ich sage: etwas Weniges; denn dieser Kreislauf scheint so lange Zeit zu erfordern, bis er sich schließt, daß man aus dem kleinen Theil, den die Menschheit
15 in dieser Absicht zurückgelegt hat, nur eben so unsicher die Gestalt ihrer Bahn und das Verhältniß der Theile zum Ganzen bestimmen kann, als aus allen bisherigen Himmelsbeobachtungen den Lauf, den unsere Sonne sammt dem ganzen Heere ihrer Trabanten im großen Fixsternensystem nimmt; obgleich doch aus dem allgemeinen Grunde der systematischen Ver-
20 fassung des Weltbaues und aus dem Wenigen, was man beobachtet hat, zuverlässig genug, um auf die Wirklichkeit eines solchen Kreislaufes zu schließen. Indessen bringt es die menschliche Natur so mit sich: selbst in Ansehung der allerentferntesten Epoche, die unsere Gattung treffen soll, nicht gleichgültig zu sein, wenn sie nur mit Sicherheit erwartet werden
25 kann. Vornehmlich kann es in unserem Falle um desto weniger geschehen, da es scheint, wir könnten durch unsere eigene vernünftige Veranstaltung diesen für unsere Nachkommen so erfreulichen Zeitpunkt schneller herbeiführen. Um deswillen werden uns selbst die schwachen Spuren der Annäherung desselben sehr wichtig. Jetzt sind die Staaten schon in einem so
30 künstlichen Verhältnisse gegen einander, daß keiner in der inneren Cultur nachlassen kann, ohne gegen die andern an Macht und Einfluß zu verlieren; also ist, wo nicht der Fortschritt, dennoch die Erhaltung dieses Zwecks der Natur selbst durch die ehrsüchtigen Absichten derselben ziemlich gesichert. Ferner: bürgerliche Freiheit kann jetzt auch nicht sehr wohl angetastet wer-
35 den, ohne den Nachtheil davon in allen Gewerben, vornehmlich dem Handel, dadurch aber auch die Abnahme der Kräfte des Staats im äußeren Ver-

hältnisse zu fühlen. Diese Freiheit geht aber allmählig weiter. Wenn man den Bürger hindert, seine Wohlfahrt auf alle ihm selbst belibiege Art, die nur mit der Freiheit anderer zusammen bestehen kann, zu suchen: so hemmt man die Lebhaftigkeit des durchgängigen Betriebes und hiemit wiederum die Kräfte des Ganzen. Daher wird die persönliche Einschränkung in seinem Thun und Lassen immer mehr aufgehoben, die allgemeine Freiheit der Religion nachgegeben; und so entspringt allmählig mit unterlaufendem Wahne und Grillen Aufklärung, als ein großes Gut, welches das menschliche Geschlecht sogar von der selbstsüchtigen Vergrößerungsabsicht seiner Beherrscher ziehen muß, wenn sie nur ihren eigenen Vortheil verstehen. Diese Aufklärung aber und mit ihr auch ein gewisser Herzensantheil, den der aufgeklärte Mensch am Guten, das er vollkommen begreift, zu nehmen nicht vermeiden kann, muß nach und nach bis zu den Thronen hinauf gehen und selbst auf ihre Regierungsgrundsätze Einfluß haben. Obgleich z. B. unsere Weltregierer zu öffentlichen Erziehungsanstalten und überhaupt zu allem, was das Weltbeste betrifft, für jetzt kein Geld übrig haben, weil alles auf den künftigen Krieg schon zum Voraus verrechnet ist: so werden sie doch ihren eigenen Vortheil darin finden, die obzwar schwachen und langsamen eigenen Bemühungen ihres Volks in diesem Stücke wenigstens nicht zu hindern. Endlich wird selbst der Krieg allmählig nicht allein ein so künstliches, im Ausgange von beiden Seiten so unsicheres, sondern auch durch die Nachwehen, die der Staat in einer immer anwachsenden Schuldenlast (einer neuen Erfindung) fühlt, deren Tilgung unabsehlich wird, ein so bedenkliches Unternehmen, dabei der Einfluß, den jede Staatserschütterung in unserem durch seine Gewerbe so sehr verketteten Welttheil auf alle andere Staaten thut, so merklich: daß sich diese, durch ihre eigene Gefahr gedrungen, obgleich ohne gesetzliches Ansehen, zu Schiedsrichtern anbieten und so alles von weitem zu einem künftigen großen Staatskörper anschicken, wovon die Vorwelt kein Beispiel aufzuzeigen hat. Obgleich dieser Staatskörper für jetzt nur noch sehr im rohen Entwurfe dasteht, so fängt sich dennoch gleichsam schon ein Gefühl in allen Gliedern, deren jedem an der Erhaltung des Ganzen gelegen ist, an zu regen; und dieses giebt Hoffnung, daß nach manchen Revolutionen der Umbildung endlich das, was die Natur zur höchsten Absicht hat, ein allgemeiner weltbürgerlicher Zustand, als der Schooß, worin alle ursprüngliche Anlagen der Menschengattung entwickelt werden, dereinst einmal zu Stande kommen werde.

Neunter Satz.

Ein philosophischer Versuch, die allgemeine Weltgeschichte nach einem Plane der Natur, der auf die vollkommene bürgerliche Vereinigung in der Menschengattung abziele, zu bear-
5 beiten, muß als möglich und selbst für diese Naturabsicht beförderlich angesehen werden. Es ist zwar ein befremdlicher und dem Anscheine nach ungereimter Anschlag, nach einer Idee, wie der Weltlauf gehen müßte, wenn er gewissen vernünftigen Zwecken angemessen sein sollte, eine Geschichte abfassen zu wollen; es scheint, in einer solchen Absicht
10 könne nur ein Roman zu Stande kommen. Wenn man indessen annehmen darf: daß die Natur selbst im Spiele der menschlichen Freiheit nicht ohne Plan und Endabsicht verfahre, so könnte diese Idee doch wohl brauchbar werden; und ob wir gleich zu kurzsichtig sind, den geheimen Mechanism ihrer Veranstaltung durchzuschauen, so dürfte diese Idee uns
15 doch zum Leitfaden dienen, ein sonst planloses Aggregat menschlicher Handlungen wenigstens im Großen als ein System darzustellen. Denn wenn man von der griechischen Geschichte — als derjenigen, wodurch uns jede andere ältere oder gleichzeitige aufbehalten worden, wenigstens beglaubigt werden muß*) — anhebt; wenn man derselben Einfluß auf
20 die Bildung und Mißbildung des Staatskörpers des römischen Volks, das den griechischen Staat verschlang, und des letzteren Einfluß auf die Barbaren, die jenen wiederum zerstörten, bis auf unsere Zeit verfolgt; dabei aber die Staatengeschichte anderer Völker, so wie deren Kenntniß durch eben diese aufgeklärten Nationen allmählig zu uns gelangt ist,
25 episodisch hinzuthut: so wird man einen regelmäßigen Gang der Verbesserung der Staatsverfassung in unserem Welttheile (der wahrscheinlicher Weise allen anderen dereinst Gesetze geben wird) entdecken. Indem man

---

*) Nur ein gelehrtes Publicum, das von seinem Anfange an bis zu uns ununterbrochen fortgedauert hat, kann die alte Geschichte beglaubigen. Über dasselbe
30 hinaus ist alles terra incognita; und die Geschichte der Völker, die außer demselben lebten, kann nur von der Zeit angefangen werden, da sie darin eintraten. Dies geschah mit dem jüdischen Volk zur Zeit der Ptolemäer durch die griechische Bibelübersetzung, ohne welche man ihren isolirten Nachrichten wenig Glauben beimessen würde. Von da (wenn dieser Anfang vorerst gehörig ausgemittelt worden)
35 kann man aufwärts ihren Erzählungen nachgehen. Und so mit allen übrigen Völkern. Das erste Blatt im Thucydides (sagt Hume) ist der einzige Anfang aller wahren Geschichte.

ferner allenthalben nur auf die bürgerliche Verfassung und deren Gesetze und auf das Staatsverhältniß Acht hat, in so fern beide durch das Gute, welches sie enthielten, eine Zeitlang dazu dienten, Völker (mit ihnen auch Künste und Wissenschaften) empor zu heben und zu verherrlichen, durch das Fehlerhafte aber, das ihnen anhing, sie wiederum zu stürzen, so doch, 5 daß immer ein Keim der Aufklärung übrig blieb, der, durch jede Revolution mehr entwickelt, eine folgende noch höhere Stufe der Verbesserung vorbereitete: so wird sich, wie ich glaube, ein Leitfaden entdecken, der nicht bloß zur Erklärung des so verworrenen Spiels menschlicher Dinge, oder zur politischen Wahrsagerkunst künftiger Staatsveränderungen dienen kann 10 (ein Nutzen, den man schon sonst aus der Geschichte der Menschen, wenn man sie gleich als unzusammenhängende Wirkung einer regellosen Freiheit ansah, gezogen hat!); sondern es wird (was man, ohne einen Naturplan vorauszusetzen, nicht mit Grunde hoffen kann) eine tröstende Aussicht in die Zukunft eröffnet werden, in welcher die Menschengattung in weiter 15 Ferne vorgestellt wird, wie sie sich endlich doch zu dem Zustande empor arbeitet, in welchem alle Keime, die die Natur in sie legte, völlig können entwickelt und ihre Bestimmung hier auf Erden kann erfüllt werden. Eine solche Rechtfertigung der Natur — oder besser der Vorsehung — ist kein unwichtiger Bewegungsgrund, einen besonderen Gesichtspunkt der 20 Weltbetrachtung zu wählen. Denn was hilfts, die Herrlichkeit und Weisheit der Schöpfung im vernunftlosen Naturreiche zu preisen und der Betrachtung zu empfehlen, wenn der Theil des großen Schauplatzes der obersten Weisheit, der von allem diesem den Zweck enthält, — die Geschichte des menschlichen Geschlechts — ein unaufhörlicher Einwurf dagegen bleiben soll, 25 dessen Anblick uns nöthigt unsere Augen von ihm mit Unwillen wegzuwenden und, indem wir verzweifeln jemals darin eine vollendete vernünftige Absicht anzutreffen, uns dahin bringt, sie nur in einer andern Welt zu hoffen?

Daß ich mit dieser Idee einer Weltgeschichte, die gewissermaßen einen Leitfaden a priori hat, die Bearbeitung der eigentlichen bloß empirisch 30 abgefaßten Historie verdrängen wollte: wäre Mißdeutung meiner Absicht; es ist nur ein Gedanke von dem, was ein philosophischer Kopf (der übrigens sehr geschichtskundig sein müßte) noch aus einem anderen Standpunkte versuchen könnte. Überdem muß die sonst rühmliche Umständlichkeit, mit der man jetzt die Geschichte seiner Zeit abfaßt, doch einen jeden 35 natürlicher Weise auf die Bedenklichkeit bringen: wie es unsere späten Nachkommen anfangen werden, die Last von Geschichte, die wir ihnen nach

einigen Jahrhunderten hinterlassen möchten, zu fassen. Ohne Zweifel werden sie die der ältesten Zeit, von der ihnen die Urkunden längst erloschen sein dürften, nur aus dem Gesichtspunkte dessen, was sie interessirt, nämlich desjenigen, was Völker und Regierungen in weltbürgerlicher Absicht
5 geleistet oder geschadet haben, schätzen. Hierauf aber Rücksicht zu nehmen, imgleichen auf die Ehrbegierde der Staatsoberhäupter sowohl als ihrer Diener, um sie auf das einzige Mittel zu richten, das ihr rühmliches Andenken auf die späteste Zeit bringen kann: das kann noch überdem einen kleinen Bewegungsgrund zum Versuche einer solchen philosophischen Ge-
10 schichte abgeben.

Beantwortung der Frage:

Was ist Aufklärung?

Aufklärung ist der Ausgang des Menschen aus seiner selbst verschuldeten Unmündigkeit. Unmündigkeit ist das Unvermögen, sich seines Verstandes ohne Leitung eines anderen zu bedienen. Selbstverschuldet ist diese Unmündigkeit, wenn die Ursache derselben nicht am Mangel des Verstandes, sondern der Entschließung und des Muthes liegt, sich seiner ohne Leitung eines andern zu bedienen. Sapere aude! Habe Muth dich deines eigenen Verstandes zu bedienen! ist also der Wahlspruch der Aufklärung.

Faulheit und Feigheit sind die Ursachen, warum ein so großer Theil der Menschen, nachdem sie die Natur längst von fremder Leitung frei gesprochen (naturaliter maiorennes), dennoch gerne zeitlebens unmündig bleiben; und warum es Anderen so leicht wird, sich zu deren Vormündern aufzuwerfen. Es ist so bequem, unmündig zu sein. Habe ich ein Buch, das für mich Verstand hat, einen Seelsorger, der für mich Gewissen hat, einen Arzt, der für mich die Diät beurtheilt, u. s. w., so brauche ich mich ja nicht selbst zu bemühen. Ich habe nicht nöthig zu denken, wenn ich nur bezahlen kann; andere werden das verdrießliche Geschäft schon für mich übernehmen. Daß der bei weitem größte Theil der Menschen (darunter das ganze schöne Geschlecht) den Schritt zur Mündigkeit, außer dem daß er beschwerlich ist, auch für sehr gefährlich halte: dafür sorgen schon jene Vormünder, die die Oberaufsicht über sie gütigst auf sich genommen haben. Nachdem sie ihr Hausvieh zuerst dumm gemacht haben und sorgfältig verhüteten, daß diese ruhigen Geschöpfe ja keinen Schritt außer dem Gängelwagen, darin sie sie einsperrten, wagen durften, so zeigen sie ihnen nachher die Gefahr, die ihnen droht, wenn sie es versuchen allein zu gehen. Nun ist diese Gefahr zwar eben so groß nicht, denn sie würden durch einigemal Fallen wohl endlich gehen lernen; allein ein Beispiel von der Art macht doch schüchtern und schreckt gemeiniglich von allen ferneren Versuchen ab.

Es ist also für jeden einzelnen Menschen schwer, sich aus der ihm beinahe zur Natur gewordenen Unmündigkeit herauszuarbeiten. Er hat 5 sie sogar lieb gewonnen und ist vor der Hand wirklich unfähig, sich seines eigenen Verstandes zu bedienen, weil man ihn niemals den Versuch davon machen ließ. Satzungen und Formeln, diese mechanischen Werkzeuge eines vernünftigen Gebrauchs oder vielmehr Mißbrauchs seiner Naturgaben, sind die Fußschellen einer immerwährenden Unmündigkeit. Wer sie auch 10 abwürfe, würde dennoch auch über den schmalsten Graben einen nur unsicheren Sprung thun, weil er zu dergleichen freier Bewegung nicht gewöhnt ist. Daher giebt es nur Wenige, denen es gelungen ist, durch eigene Bearbeitung ihres Geistes sich aus der Unmündigkeit heraus zu wickeln und dennoch einen sicheren Gang zu thun. 15

Daß aber ein Publicum sich selbst aufkläre, ist eher möglich; ja es ist, wenn man ihm nur Freiheit läßt, beinahe unausbleiblich. Denn da werden sich immer einige Selbstdenkende sogar unter den eingesetzten Vormündern des großen Haufens finden, welche, nachdem sie das Joch der Unmündigkeit selbst abgeworfen haben, den Geist einer vernünftigen 20 Schätzung des eigenen Werths und des Berufs jedes Menschen selbst zu denken um sich verbreiten werden. Besonders ist hiebei: daß das Publicum, welches zuvor von ihnen unter dieses Joch gebracht worden, sie hernach selbst zwingt darunter zu bleiben, wenn es von einigen seiner Vormünder, die selbst aller Aufklärung unfähig sind, dazu aufgewiegelt 25 worden; so schädlich ist es Vorurtheile zu pflanzen, weil sie sich zuletzt an denen selbst rächen, die oder deren Vorgänger ihre Urheber gewesen sind. Daher kann ein Publicum nur langsam zur Aufklärung gelangen. Durch eine Revolution wird vielleicht wohl ein Abfall von persönlichem Despotism und gewinnsüchtiger oder herrschsüchtiger Bedrückung, aber niemals wahre 30 Reform der Denkungsart zu Stande kommen; sondern neue Vorurtheile werden eben sowohl als die alten zum Leitbande des gedankenlosen großen Haufens dienen.

Zu dieser Aufklärung aber wird nichts erfordert als *Freiheit*; und zwar die unschädlichste unter allem, was nur Freiheit heißen mag, nämlich 35 die: von seiner Vernunft in allen Stücken *öffentlichen Gebrauch* zu machen. Nun höre ich aber von allen Seiten rufen: *räsonnirt nicht!*

Der Offizier sagt: räsonnirt nicht, sondern exercirt! Der Finanzrath: räsonnirt nicht, sondern bezahlt! Der Geistliche: räsonnirt nicht, sondern glaubt! (Nur ein einziger Herr in der Welt sagt: *räsonnirt*, so viel ihr wollt, und worüber ihr wollt; *aber gehorcht!*) Hier ist überall Einschränkung der Freiheit. Welche Einschränkung aber ist der Aufklärung hinderlich? welche nicht, sondern ihr wohl gar beförderlich? — Ich antworte: der *öffentliche* Gebrauch seiner Vernunft muß jederzeit frei sein, und der allein kann Aufklärung unter Menschen zu Stande bringen; der *Privatgebrauch* derselben aber darf öfters sehr enge eingeschränkt sein, ohne doch darum den Fortschritt der Aufklärung sonderlich zu hindern. Ich verstehe aber unter dem öffentlichen Gebrauche seiner eigenen Vernunft denjenigen, den jemand *als Gelehrter* von ihr vor dem ganzen Publicum der *Leserwelt* macht. Den Privatgebrauch nenne ich denjenigen, den er in einem gewissen ihm anvertrauten *bürgerlichen* Posten oder Amte von seiner Vernunft machen darf. Nun ist zu manchen Geschäften, die in das Interesse des gemeinen Wesens laufen, ein gewisser Mechanism nothwendig, vermittelst dessen einige Glieder des gemeinen Wesens sich bloß passiv verhalten müssen, um durch eine künstliche Einhelligkeit von der Regierung zu öffentlichen Zwecken gerichtet, oder wenigstens von der Zerstörung dieser Zwecke abgehalten zu werden. Hier ist es nun freilich nicht erlaubt, zu räsonniren; sondern man muß gehorchen. So fern sich aber dieser Theil der Maschine zugleich als Glied eines ganzen gemeinen Wesens, ja sogar der Weltbürgergesellschaft ansieht, mithin in der Qualität eines Gelehrten, der sich an ein Publicum im eigentlichen Verstande durch Schriften wendet: kann er allerdings räsonniren, ohne daß dadurch die Geschäfte leiden, zu denen er zum Theile als passives Glied angesetzt ist. So würde es sehr verderblich sein, wenn ein Offizier, dem von seinen Oberen etwas anbefohlen wird, im Dienste über die Zweckmäßigkeit oder Nützlichkeit dieses Befehls laut vernünfteln wollte; er muß gehorchen. Es kann ihm aber billigermaßen nicht verwehrt werden, als Gelehrter über die Fehler im Kriegesdienste Anmerkungen zu machen und diese seinem Publicum zur Beurtheilung vorzulegen. Der Bürger kann sich nicht weigern, die ihm auferlegten Abgaben zu leisten; sogar kann ein vorwitziger Tadel solcher Auflagen, wenn sie von ihm geleistet werden sollen, als ein Skandal (das allgemeine Widersetzlichkeiten veranlassen könnte) bestraft werden. Eben derselbe handelt demungeachtet der Pflicht eines Bürgers nicht entgegen, wenn er als Gelehrter wider die Unschicklichkeit oder auch Ungerechtigkeit solcher Ausschreibungen öffentlich seine Gedanken äußert. Eben so ist ein Geistlicher verbunden, seinen Katechismusschülern und seiner Gemeine nach dem Symbol der Kirche, der er dient, seinen Vortrag zu thun; denn er ist auf diese Bedingung angenommen worden. Aber als Gelehrter hat er volle Freiheit, ja sogar den Beruf dazu, alle seine sorgfältig geprüften und wohlmeinenden Gedanken über das Fehlerhafte in jenem Symbol und Vorschläge wegen besserer Einrichtung des Religions- und Kirchenwesens dem Publicum mitzutheilen. Es ist hiebei auch nichts, was dem Gewissen zur Last gelegt werden könnte. Denn was er zu Folge seines Amts als Geschäftträger der Kirche lehrt, das stellt er als etwas vor, in Ansehung dessen er nicht freie Gewalt hat nach eigenem Gutdünken zu lehren, sondern das er nach Vorschrift und im Namen eines andern vorzutragen angestellt ist. Er wird sagen: unsere Kirche lehrt dieses oder jenes; das sind die Beweisgründe, deren sie sich bedient. Er zieht alsdann allen praktischen Nutzen für seine Gemeinde aus Satzungen, die er selbst nicht mit voller Überzeugung unterschreiben würde, zu deren Vortrag er sich gleichwohl anheischig machen kann, weil es doch nicht ganz unmöglich ist, daß darin Wahrheit verborgen läge, auf alle Fälle aber wenigstens doch nichts der innern Religion Widersprechendes darin angetroffen wird. Denn glaubte er das letztere darin zu finden, so würde er sein Amt mit Gewissen nicht verwalten können; er müßte es niederlegen. Der Gebrauch also, den ein angestellter Lehrer von seiner Vernunft vor seiner Gemeinde macht, ist bloß ein *Privatgebrauch*: weil diese immer nur eine häusliche, obzwar noch so große Versammlung ist; und in Ansehung dessen ist er als Priester nicht frei und darf es auch nicht sein, weil er einen fremden Auftrag ausrichtet. Dagegen als Gelehrter, der durch Schriften zum eigentlichen Publicum, nämlich der Welt, spricht, mithin der Geistliche im *öffentlichen Gebrauche* seiner Vernunft genießt einer uneingeschränkten Freiheit, sich seiner eigenen Vernunft zu bedienen und in seiner eigenen Person zu sprechen. Denn daß die Vormünder des Volks (in geistlichen Dingen) selbst wieder unmündig sein sollen, ist eine Ungereimtheit, die auf Verewigung der Ungereimtheiten hinausläuft.

Aber sollte nicht eine Gesellschaft von Geistlichen, etwa eine Kirchenversammlung, oder eine ehrwürdige Classis (wie sie sich unter den Holländern selbst nennt), berechtigt sein, sich eidlich unter einander auf ein gewisses unveränderliches Symbol zu verpflichten, um so eine unaufhörliche Obervormundschaft über jedes ihrer Glieder und vermittelst ihrer über das

Volk zu führen und diese sogar zu verewigen? Ich sage: das ist ganz unmöglich. Ein solcher Contract, der auf immer alle weitere Aufklärung vom Menschengeschlechte abzuhalten geschlossen würde, ist schlechterdings null und nichtig; und sollte er auch durch die oberste Gewalt, durch Reichstage und die feierlichsten Friedensschlüsse bestätigt sein. Ein Zeitalter kann sich nicht verbünden und darauf verschwören, das folgende in einen Zustand zu setzen, darin es ihm unmöglich werden muß, seine (vornehmlich so sehr angelegentliche) Erkenntnisse zu erweitern, von Irrthümern zu reinigen und überhaupt in der Aufklärung weiter zu schreiten. Das wäre ein Verbrechen wider die menschliche Natur, deren ursprüngliche Bestimmung gerade in diesem Fortschreiten besteht; und die Nachkommen sind also vollkommen dazu berechtigt, jene Beschlüsse, als unbefugter und frevelhafter Weise genommen, zu verwerfen. Der Probirstein alles dessen, was über ein Volk als Gesetz beschlossen werden kann, liegt in der Frage: ob ein Volk sich selbst wohl ein solches Gesetz auferlegen könnte. Nun wäre dieses wohl gleichsam in der Erwartung eines bessern auf eine bestimmte kurze Zeit möglich, um eine gewisse Ordnung einzuführen: indem man es zugleich jedem der Bürger, vornehmlich dem Geistlichen frei ließe, in der Qualität eines Gelehrten öffentlich, d. i. durch Schriften, über das Fehlerhafte der dermaligen Einrichtung seine Anmerkungen zu machen, indessen die eingeführte Ordnung noch immer fortdauerte, bis die Einsicht in die Beschaffenheit dieser Sachen öffentlich so weit gekommen und bewährt worden, daß sie durch Vereinigung ihrer Stimmen (wenn gleich nicht aller) einen Vorschlag vor den Thron bringen könnte, um diejenigen Gemeinden in Schutz zu nehmen, die sich etwa nach ihren Begriffen der besseren Einsicht zu einer veränderten Religionseinrichtung geeinigt hätten, ohne doch diejenigen zu hindern, die es beim Alten wollten bewenden lassen. Aber auf eine beharrliche, von Niemanden öffentlich zu bezweifelnde Religionsverfassung auch nur binnen der Lebensdauer eines Menschen sich zu einigen und dadurch einen Zeitraum in dem Fortgange der Menschheit zur Verbesserung gleichsam zu vernichten und fruchtlos, dadurch aber wohl gar der Nachkommenschaft nachtheilig zu machen, ist schlechterdings unerlaubt. Ein Mensch kann zwar für seine Person und auch alsdann nur auf einige Zeit in dem, was ihm zu wissen obliegt, die Aufklärung aufschieben; aber auf sie Verzicht zu thun, es sei für seine Person, mehr aber noch für die Nachkommenschaft, heißt die heiligen Rechte der Menschheit verletzen und mit Füßen treten. Was aber nicht einmal ein Volk über sich selbst beschließen darf, das darf noch weniger ein Monarch über das Volk beschließen; denn sein gesetzgebendes Ansehen beruht eben darauf, daß er den gesammten Volkswillen in dem seinigen vereinigt. Wenn er nur darauf sieht, daß alle wahre oder vermeinte Verbesserung mit der bürgerlichen Ordnung zusammen bestehe: so kann er seine Unterthanen übrigens nur selbst machen lassen, was sie um ihres Seelenheils willen zu thun nöthig finden; das geht ihn nichts an, wohl aber zu verhüten, daß nicht einer den andern gewaltthätig hindere, an der Bestimmung und Beförderung desselben nach allem seinem Vermögen zu arbeiten. Es thut selbst seiner Majestät Abbruch, wenn er sich hierin mischt, indem er die Schriften, wodurch seine Unterthanen ihre Einsichten ins Reine zu bringen suchen, seiner Regierungsaufsicht würdigt, sowohl wenn er dieses aus eigener höchsten Einsicht thut, wo er sich dem Vorwurfe aussetzt: Caesar non est supra Grammaticos, als auch und noch weit mehr, wenn er seine oberste Gewalt so weit erniedrigt, den geistlichen Despotism einiger Tyrannen in seinem Staate gegen seine übrigen Unterthanen zu unterstützen.

Wenn denn nun gefragt wird: Leben wir jetzt in einem *aufgeklärten* Zeitalter? so ist die Antwort: Nein, aber wohl in einem Zeitalter der *Aufklärung*. Daß die Menschen, wie die Sachen jetzt stehen, im Ganzen genommen, schon im Stande wären, oder darin auch nur gesetzt werden könnten, in Religionsdingen sich ihres eigenen Verstandes ohne Leitung eines Andern sicher und gut zu bedienen, daran fehlt noch sehr viel. Allein daß jetzt ihnen doch das Feld geöffnet wird, sich dahin frei zu bearbeiten, und die Hindernisse der allgemeinen Aufklärung, oder des Ausganges aus ihrer selbst verschuldeten Unmündigkeit allmählig weniger werden, davon haben wir doch deutliche Anzeigen. In diesem Betracht ist dieses Zeitalter das Zeitalter der Aufklärung, oder das Jahrhundert *Friederichs*.

Ein Fürst, der es seiner nicht unwürdig findet, zu sagen: daß er es für *Pflicht* halte, in Religionsdingen den Menschen nichts vorzuschreiben, sondern ihnen darin volle Freiheit zu lassen, der also selbst den hochmüthigen Namen der *Toleranz* von sich ablehnt, ist selbst aufgeklärt und verdient von der dankbaren Welt und Nachwelt als derjenige gepriesen zu werden, der zuerst das menschliche Geschlecht der Unmündigkeit wenigstens von Seiten der Regierung entschlug und Jedem frei ließ, sich in allem, was Gewissensangelegenheit ist, seiner eigenen Vernunft zu bedienen. Unter ihm dürfen verehrungswürdige Geistliche unbeschadet ihrer Amtspflicht ihre vom angenommenen Symbol hier oder da abweichenden Urtheile und Einsichten in der Qualität der Gelehrten frei und öffentlich der Welt zur Prüfung darlegen; noch mehr aber jeder andere, der durch keine Amtspflicht eingeschränkt ist. Dieser Geist der Freiheit breitet sich auch außerhalb aus, selbst da, wo er mit äußeren Hindernissen 5 einer sich selbst mißverstehenden Regierung zu ringen hat. Denn es leuchtet dieser doch ein Beispiel vor, daß bei Freiheit für die öffentliche Ruhe und Einigkeit des gemeinen Wesens nicht das Mindeste zu besorgen sei. Die Menschen arbeiten sich von selbst nach und nach aus der Rohigkeit heraus, wenn man nur nicht absichtlich künstelt, um sie darin zu erhalten.

10 Ich habe den Hauptpunkt der Aufklärung, die des Ausganges der Menschen aus ihrer selbst verschuldeten Unmündigkeit, vorzüglich in Religionssachen gesetzt: weil in Ansehung der Künste und Wissenschaften unsere Beherrscher kein Interesse haben, den Vormund über ihre Unterthanen zu spielen; überdem auch jene Unmündigkeit, so wie die schädlichste, 15 also auch die entehrendste unter allen ist. Aber die Denkungsart eines Staatsoberhaupts, der die erstere begünstigt, geht noch weiter und sieht ein: daß selbst in Ansehung seiner Gesetzgebung es ohne Gefahr sei, seinen Unterthanen zu erlauben, von ihrer eigenen Vernunft öffentlichen Gebrauch zu machen und ihre Gedanken über eine bessere Abfassung der- 20 selben sogar mit einer freimüthigen Kritik der schon gegebenen der Welt öffentlich vorzulegen; davon wir ein glänzendes Beispiel haben, wodurch noch kein Monarch demjenigen vorging, welchen wir verehren.

Aber auch nur derjenige, der, selbst aufgeklärt, sich nicht vor Schatten fürchtet, zugleich aber ein wohldisciplinirtes zahlreiches Heer zum Bürgen 25 der öffentlichen Ruhe zur Hand hat, kann das sagen, was ein Freistaat nicht wagen darf: räsonnirt, so viel ihr wollt, und worüber ihr wollt; nur gehorcht! So zeigt sich hier ein befremdlicher, nicht erwarteter Gang menschlicher Dinge; so wie auch sonst, wenn man ihn im Großen betrachtet, darin fast alles paradox ist. Ein größerer Grad bürgerlicher Frei- 30 heit scheint der Freiheit des Geistes des Volks vortheilhaft und setzt ihr doch unübersteigliche Schranken; ein Grad weniger von jener verschafft hingegen diesem Raum, sich nach allem seinem Vermögen auszubreiten. Wenn denn die Natur unter dieser harten Hülle den Keim, für den sie am zärtlichsten sorgt, nämlich den Hang und Beruf zum freien Denken, ausgewickelt hat: 35 so wirkt dieser allmählig zurück auf die Sinnesart des Volks (wodurch dieses der Freiheit zu handeln nach und nach fähiger wird) und endlich auch sogar auf die Grundsätze der Regierung, die es ihr selbst zuträglich findet, den Menschen, der nun mehr als Maschine ist, seiner Würde gemäß zu behandeln.*)

Königsberg in Preußen, den 30. Septemb. 1784.

---

*) In den Büsching'schen wöchentlichen Nachrichten vom 13. Sept. lese ich heute den 30sten eben dess. die Anzeige der Berlinischen Monatsschrift von diesem Monat, 5 worin des Herrn Mendelssohn Beantwortung eben derselben Frage angeführt wird. Mir ist sie noch nicht zu Händen gekommen; sonst würde sie die gegenwärtige zurückgehalten haben, die jetzt nur zum Versuche da stehen mag, wiefern der Zufall Einstimmigkeit der Gedanken zuwege bringen könne.

Recensionen

von

J. G. Herders

Ideen zur Philosophie der Geschichte der Menschheit.

Theil 1. 2.

I.

Ideen zur Philosophie der Geschichte der Menschheit von Joh. Gottfr. Herder. Quem te Deus esse iussit et humana qua parte locatus es in re disce. Erster Theil. S. 318. 4. Riga und Leipzig bei Hartknoch 1784.

5 Der Geist unsers sinnreichen und beredten Verfassers zeigt in dieser Schrift seine schon anerkannte Eigenthümlichkeit. Sie dürfte also wohl eben so wenig, als manche andere aus seiner Feder geflossene nach dem gewöhnlichen Maßstabe beurtheilt werden können. Es ist, als ob sein Genie nicht etwa blos die Ideen aus dem weiten Felde der Wissenschaften 10 und Künste sammelte, um sie mit andern der Mittheilung fähigen zu vermehren, sondern als verwandelte er sie (um ihm den Ausdruck abzuborgen) nach einem gewissen Gesetze der Assimilation auf eine ihm eigene Weise in seine specifische Denkungsart, wodurch sie von denjenigen, dadurch sich andere Seelen nähren und wachsen (S. 292), merklich unterschieden und 15 der Mittheilung weniger fähig werden. Daher möchte wohl, was ihm Philosophie der Geschichte der Menschheit heißt, etwas ganz Anderes sein, als was man gewöhnlich unter diesem Namen versteht: nicht etwa eine logische Pünktlichkeit in Bestimmung der Begriffe, oder sorgfältige Unterscheidung und Bewährung der Grundsätze, sondern ein sich nicht lange 20 verweilender, viel umfassender Blick, eine in Auffindung von Analogien fertige Sagacität, im Gebrauche derselben aber kühne Einbildungskraft, verbunden mit der Geschicklichkeit, für seinen immer in dunkeler Ferne gehaltenen Gegenstand durch Gefühle und Empfindungen einzunehmen, die als Wirkungen von einem großen Gehalte der Gedanken, oder als viel- 25 bedeutende Winke mehr von sich vermuthen lassen, als kalte Beurtheilung wohl gerade zu in denselben antreffen würde. Da indessen Freiheit im Denken (die hier in großem Maße angetroffen wird), von einem fruchtbaren Kopfe ausgeübt, immer Stoff zum Denken giebt, so wollen wir von den Ideen desselben, soweit es uns glücken will, die wichtigsten und ihm 30 eigenthümlichsten auszuheben suchen und in seinem eigenen Ausdrucke darstellen, zuletzt aber einige Anmerkungen über das Ganze hinzufügen.

Unser Verfasser hebt damit an, die Aussicht zu erweitern, um dem Menschen seine Stelle unter den übrigen Planetenbewohnern unserer Sonnenwelt anzuweisen, und schließt aus dem mittleren, nicht unvortheilhaften Stande des Weltkörpers, den er bewohnt, auf einen bloß „mittelmäßigen Erdverstand und eine noch viel zweideutigere Menschentugend, darauf er hier zu rechnen habe, die aber doch — da unsere Gedanken und Kräfte offenbar nur aus unserer Erdorganisation keimen und sich so lange zu verändern und verwandeln streben, bis sie etwa zur Reinigkeit und Feinheit gediehen sind, die diese unsere Schöpfung gewähren kann, und, wenn Analogie unsere Führerin sein darf, es auf anderen Sternen nicht anders sein werde — vermuthen lassen, daß der Mensch mit den Bewohnern der letzteren Ein Ziel haben werde, um endlich nicht allein einen Wandelgang auf mehr als einen Stern anzutreten, sondern vielleicht gar zum Umgange mit allen zur Reife gekommenen Geschöpfen so vieler und verschiedener Schwesterwelten zu gelangen." Von da geht die Betrachtung zu den Revolutionen, welche der Erzeugung der Menschen vorher gingen. „Ehe unsere Luft, unser Wasser, unsere Erde hervorgebracht werden konnte, waren mancherlei einander auflösende, niederschlagende Stamina nöthig; und die vielfachen Gattungen der Erde, der Gesteine, der Krystallisationen, sogar der Organisation in Muscheln, Pflanzen, Thieren, zuletzt im Menschen, wie viel Auflösungen und Revolutionen des Einen in das Andere setzten die nicht voraus? Er, der Sohn aller Elemente und Wesen, ihr auserlesenster Inbegriff und gleichsam die Blüthe der Erdschöpfung, konnte nichts anders als das letzte Schooßkind der Natur sein, zu dessen Bildung und Empfang viel Entwickelungen und Revolutionen vorhergehen mußten."

In der Kugelgestalt der Erde findet er einen Gegenstand des Erstaunens über die Einheit, die sie bei aller erdenklichen Mannigfaltigkeit veranlaßt. „Wer, der diese Figur je beherzigt hätte, wäre hingegangen, zu einem Wortglauben in Philosophie und Religion zu bekehren, oder dafür mit dumpfem, aber heiligem Eifer zu morden?" Eben so giebt ihm die Schiefe der Ekliptik Anlaß zur Betrachtung der Menschenbestimmung: „Unter unserer schräge gehenden Sonne ist alles Thun der Menschen Jahresperiode." Die nähere Kenntniß des Luftkreises, selbst der Einfluß der Himmelskörper auf denselben, wenn er näher gekannt sein wird, scheint ihm auf die Geschichte der Menschheit einen großen Einfluß zu versprechen. In dem Abschnitt von der Vertheilung des Landes und der Meere wird

der Erdbau als ein Erklärungsgrund der Verschiedenheit der Völkergeschichte aufgeführt. „Asien ist so zusammenhängend an Sitten und Gebräuchen, als es dem Boden nach in einem fortgestreckt ist; das kleine Rothe Meer scheidet dagegen schon die Sitten, der kleine Persische Meerbusen
5 noch mehr; aber die vielen Seen, Gebirge und Flüsse von Amerika und das feste Land hatten nicht ohne Grund so große Ausbreitung im gemäßigten Himmelsstriche, und das Bauwerk des alten Continents ist mit Absicht auf den ersten Wohnsitz der Menschen anders als in der neuen Welt von der Natur eingerichtet worden." Das zweite Buch beschäftigt sich mit den
10 Organisationen auf der Erde und fängt von dem Granit an, auf den Licht, Wärme, eine grobe Luft und Wasser wirkten und vielleicht den Kiesel zur Kalkerde beförderten, in der sich die ersten Lebendigen des Meeres, die Schalengeschöpfe, bildeten. Die Vegetation nimmt ferner ihren Anfang. — Vergleichung der Ausbildung des Menschen mit der der Pflanzen und der
15 Geschlechtsliebe des erstern mit dem Blühen der letztern. Nutzen des Pflanzenreichs in Ansehung des Menschen. Thierreich. Veränderung der Thiere und des Menschen nach den Klimaten. Die der alten Welt sind unvollkommen. „Die Classen der Geschöpfe erweitern sich, je mehr sie sich vom Menschen entfernen, je näher ihm, desto weniger werden ihrer. — In
20 allen ist eine Hauptform, ein ähnlicher Knochenbau. — Diese Übergänge machen es nicht unwahrscheinlich, daß in den Seegeschöpfen, Pflanzen, ja vielleicht gar in den todt genannten Wesen eine und dieselbe Anlage der Organisation, nur unendlich roher und verworrner herrschen möge. Im Blick des ewigen Wesens, der alles in einem Zusammenhange
25 sieht, hat vielleicht die Gestalt des Eistheilchens, wie es sich erzeugt, und der Schneeflocke, die sich in ihr bildet, noch immer ein analoges Verhältniß mit der Bildung des Embryo im Mutterleibe. — Der Mensch ist ein Mittelgeschöpf unter den Thieren, das ist, die ausgebreiteteste Form, in der sich alle Züge aller Gattungen um ihn her im feinsten Inbegriff
30 sammeln. — Aus Luft und Wasser sehe ich gleichsam die Thiere aus Höhen und Tiefen zu Menschen kommen und Schritt vor Schritt sich seiner Gestalt nähern." Dieses Buch schließt: „Freue dich deines Standes, o Mensch, und studire dich, edles Mittelgeschöpf, in allem, was um dich lebt!"

Das dritte Buch vergleicht den Bau der Pflanzen und Thiere mit
35 der Organisation der Menschen. Wir können ihm hier, da er die Betrachtungen der Naturbeschreiber zu seiner Absicht nutzt, nicht folgen; nur einige Resultate: „Durch solche und solche Organen erzeugt sich das Geschöpf

aus dem todten Pflanzenleben lebendigen Reiz, und aus der Summe dieses, durch feine Canäle geläutert, das Medium der Empfindung. Das Resultat der Reize wird Trieb, das Resultat der Empfindung Gedanke, ein ewiger Fortgang von organischer Schöpfung, der in jedes lebendige Geschöpf gelegt ward." Der Verfasser rechnet nicht auf Keime, 5 sondern eine organische Kraft, so bei Pflanzen als Thieren. Er sagt: „So wie die Pflanze selbst organisch Leben ist, ist auch der Polyp organisch Leben. Es sind daher viele organische Kräfte, die der Vegetation, der Muskelreize, der Empfindung. Je mehr und feinere Nerven, je größer das Gehirn, desto verständiger wird die Gattung. Thierseele ist die 10 Summe aller in einer Organisation wirkenden Kräfte," und der Instinct nicht eine besondere Naturkraft, sondern die Richtung, die die Natur jenen sämmtlichen Kräften durch ihre Temperatur gab. Je mehr das eine organische Principium der Natur, das wir jetzt bildend (im Stein), jetzt treibend (in Pflanzen), jetzt empfindend, jetzt künstlich bauend 15 nennen und im Grunde nur eine und dieselbe organische Kraft ist, in mehr Werkzeuge und verschiedentliche Glieder vertheilt ist, je mehr es in denselben eine eigene Welt hat, — desto mehr verschwindet der Instinct, und ein eigner freier Gebrauch der Sinne und Glieder (wie etwa beim Menschen) fängt an. Endlich kommt der Autor zu dem wesentlichen Natur- 20 unterschiede des Menschen. „Der aufrechte Gang des Menschen ist ihm einzig natürlich, ja er ist die Organisation zum ganzen Beruf seiner Gattung und sein unterscheidender Charakter."

Nicht weil er zur Vernunft bestimmt war, ward ihm zum Gebrauch seiner Gliedmaßen nach der Vernunft die aufrechte Stellung angewiesen, 25 sondern er bekam Vernunft durch die aufrechte Stellung, als die natürliche Wirkung eben derselben Anstalt, die nöthig war, um ihn blos aufrecht gehen zu lassen. „Lasset uns bei diesem heiligen Kunstwerk, der Wohlthat, durch die unser Geschlecht ein Menschengeschlecht ward, mit dankbaren Blicken verweilen, mit Verwunderung, weil wir sehen, welche neue Organisation 30 von Kräften in der aufrechten Gestalt der Menschheit anfange, und wie allein durch sie der Mensch ein Mensch ward!"

Im vierten Buch führt der Hr. Verf. diesen Punkt weiter aus: „Was fehlt dem menschenähnlichen Geschöpfe (dem Affen), daß er kein Mensch ward," — und wodurch ward dieser es? Durch die Formung 35 des Kopfs zur aufrechten Gestalt, durch innere und äußere Organisation zum perpendiculären Schwerpnnkt; — der Affe hat alle Theile des

Gehirns, die der Mensch hat; er hat sie aber nach der Gestalt seines Schädels in einer zurückgedrückten Lage, und diese hatte er, weil sein Kopf unter einem andern Winkel geformt und er nicht zum aufrechten Gange gemacht war. Sofort wirkten alle organische Kräfte anders, — „blick also
5 gen Himmel, o Mensch, und erfreue dich schaudernd deines unermeßlichen Vorzugs, den der Schöpfer der Welt an ein so einfaches Principium, deine aufrechte Gestalt, knüpfte. — Über die Erde und Kräuter erhoben, herrscht der Geruch nicht mehr, sondern das Auge. — Mit dem aufgerichteten Gange wurde der Mensch ein Kunstgeschöpf, er bekam freie und künstliche
10 Hände, — nur im aufrechten Gange findet wahre menschliche Sprache statt. — Theoretisch und praktisch ist Vernunft nichts als etwas Vernommenes, gelernte Proportion und Richtung der Ideen und Kräfte, zu welcher der Mensch nach seiner Organisation und Lebensweise gebildet worden." Und nun Freiheit. „Der Mensch ist der erste Freigelassene der
15 Schöpfung, er steht aufrecht." Die Scham: „Sie mußte sich bei aufrechter Gestalt bald entwickeln." Seine Natur ist keiner sonderlichen Varietät unterworfen. „Wodurch dieses? Durch seine aufrechte Gestalt, durch nichts anders. — Er ist zur Humanität gebildet; Friedlichkeit, Geschlechtsliebe, Sympathie, Mutterliebe, eine Sprosse der Humanität seiner aufgerichteten
20 Bildung — die Regel der Gerechtigkeit und Wahrheit gründet sich auf die aufrechte Gestalt des Menschen selbst, diese bildet ihn auch zur Wohlanständigkeit; Religion ist die höchste Humanität. Das gebückte Thier empfindet dunkel; den Menschen erhob Gott, daß er, selbst ohne daß er es weiß und will, Ursachen der Dinge nachspähe und dich finde, du großer Zu-
25 sammenhang aller Dinge. Religion aber bringt Hoffnung und Glaube an Unsterblichkeit hervor." Von dieser letztern redet das fünfte Buch. „Vom Stein zu Krystallen, von diesen zu Metallen, von diesen zur Pflanzenschöpfung, von da zum Thier, endlich zum Menschen sahen wir die Form der Organisation steigen, mit ihr auch die Kräfte und Triebe des Geschöpfs
30 vielartiger werden und sich endlich alle in der Gestalt des Menschen, so fern diese sie fassen konnte, vereinigen. —"

„Durch diese Reihe von Wesen bemerkten wir eine Ähnlichkeit der Hauptform, die sich immer mehr der Menschengestalt nahete — eben so sahen wir auch die Kräfte und Triebe sich ihm nähern. — Bei jedem Ge-
35 schöpf war nach dem Zweck der Natur, den es zu befördern hatte, auch seine Lebensdauer eingerichtet. — Je organisirter ein Geschöpf ist, desto mehr ist sein Bau zusammengesetzt aus den niedrigen Reichen. Der Mensch

ist ein Compendium der Welt: Kalk, Erde, Salze, Säuren, Öl und Wasser, Kräfte der Vegetation, der Reize, der Empfindung sind in ihm organisch vereinigt. — Hiedurch werden wir darauf gestoßen, auch ein unsichtbares Reich der Kräfte anzunehmen, das in eben demselben genauen Zusammenhange und Übergange steht, und eine aufsteigende Reihe von un- 5 sichtbaren Kräften, wie im sichtbaren Reiche der Schöpfung. — Dieses thut alles für die Unsterblichkeit der Seele und nicht diese allein, sondern für die Fortdauer aller wirkenden und lebendigen Kräfte der Weltschöpfung. Kraft kann nicht untergehen, das Werkzeug kann wohl zerrüttet werden. Was der Allbelebende ins Leben rief, das lebet; was wirkt, 10 wirkt in seinem ewigen Zusammenhange ewig." Diese Principien werden nicht auseinander gesetzt, „weil hie dazu der Ort nicht ist." Indessen „sehen wir in der Materie so viel geistähnliche Kräfte, daß ein völliger Gegensatz und Widerspruch dieser beiden allerdings sehr verschiedenen Wesen, des Geistes und der Materie, wo nicht selbst widersprechend, doch wenig- 15 stens ganz unerwiesen scheint." — „Präformirte Keime hat kein Auge gesehen. Wenn man von einer Epigenesis redet, so spricht man uneigentlich, als ob die Glieder von außen zuwüchsen. Bildung (genesis) ists, eine Wirkung innerer Kräfte, denen die Natur eine Masse vorbereitet hatte, die sie sich zubilden, in der sie sich sichtbar machen sollten. Nicht 20 unsere vernünftige Seele ists, die den Leib bildete, sondern der Finger der Gottheit, organische Kraft." Nun heißt es: „1. Kraft und Organ sind zwar innigst verbunden, nicht aber eins und eben dasselbe. 2. Jede Kraft wirkt ihrem Organ harmonisch, denn sie hat sich dasselbe zur Offenbarung ihres Wesens nur zugebildet und sich assimilirt. 3. Wenn die Hülle 25 wegfällt, so bleibt die Kraft, die voraus, obwohl in einem niedrigen Zustande und ebenfalls organisch, dennoch vor dieser Hülle schon existirte." Darauf sagt der Verfasser zu den Materialisten: „Lasset es sein, daß unsere Seele mit allen Kräften der Materie, des Reizes, der Bewegung, des Lebens ursprünglich einerlei sei und nur auf einer höhern Stufe, in einer 30 ausgebildetern feinern Organisation wirke; hat man denn je auch nur eine Kraft der Bewegung und des Reizes untergehen sehen, und sind diese niedern Kräfte mit ihren Organen Eins und dasselbe?" Von dem Zusammenhange desselben heißt es, daß er nur Fortschreitung sein könne. Das Menschengeschlecht kann man als den großen Zusammenfluß niederer 35 organischen Kräfte ansehen, die in ihm zur Bildung der Humanität keimen sollten."

Daß die Menschen-Organisation in einem Reiche geistiger Kräfte geschehe, wird so gezeigt: „Der Gedanke ist ganz ein ander Ding, als was ihr der Sinn zuführt; alle Erfahrungen über ihren Ursprung sind Beläge von Wirkung eines zwar organischen, aber dennoch eigenmächtigen,
5 nach Gesetzen geistiger Verbindung wirkenden Wesens. 2. Wie der Leib durch Speise zunimmt, so der Geist durch Ideen; ja wir bemerken bei ihm eben die Gesetze der Assimilation, des Wachsthums und der Hervorbringung. Kurz es wird in uns ein innerer geistiger Mensch gebildet, der seiner eigenen Natur ist und den Körper nur als Werkzeug braucht. — Das hellere
10 Bewußtsein, dieser große Vorzug der menschlichen Seele, ist derselben auf eine geistige Weise durch die Humanität erst zugebildet worden u. s. w.", mit einem Worte, wenn wir es recht verstehen: Die Seele ist aus geistigen nach und nach hinzu kommenden Kräften allererst geworden. — „Unsere Humanität ist nur Vorübung, die Knospe zu einer zukünftigen Blume.
15 Die Natur wirft Schritt vor Schritt das Unedle weg, bauet dagegen das Geistige an, führet das Feine noch feiner aus, und so können wir von ihrer Künstlerhand hoffen, daß auch unsere Knospe der Humanität in jenem Dasein in ihrer eigentlichen, wahren, göttlichen Menschengestalt erscheinen werde."

20 Den Beschluß macht der Satz: „Der jetzige Zustand des Menschen ist wahrscheinlich das verbindende Mittelglied zweier Welten. — Wenn der Mensch die Kette der Erdorganisationen als ihr höchstes und letztes Glied schließt, so fängt er auch eben dadurch die Kette einer höhern Gattung von Geschöpfen als ihr niedrigstes Glied an, und so ist er wahrscheinlich der
25 Mittelring zwischen zwei in einander greifenden Systemen der Schöpfung. — Er stellet uns zwei Welten auf einmal dar, und das macht die anscheinende Duplicität seines Wesens. — Das Leben ist ein Kampf und die Blume der reinen, unsterblichen Humanität eine schwer errungene Krone. — Unsere Brüder der höhern Stufe lieben uns daher gewiß mehr,
30 als wir sie suchen und lieben können; denn sie sehen unsern Zustand klärer, — und sie erziehen an uns vielleicht ihres Glücks Theilnehmer. — Es läßt sich nicht wohl vorstellen: daß der künftige Zustand dem jetzigen so ganz unmittheilbar sein sollte, als das Thier im Menschen gern glauben möchte, — so scheint ohne höhere Anleitung die Sprache und erste Wissen-
35 schaft unerklärlich. — Auch in spätern Zeiten sind die größten Wirkungen auf der Erde durch unerklärliche Umstände entstanden, — selbst Krankheiten waren oft Werkzeuge dazu, wenn das Organ für den gewöhnlichen

Kreis des Erdlebens unbrauchbar geworden; so daß es natürlich scheint, daß die innere rastlose Kraft vielleicht Eindrücke empfange, deren eine ungestörte Organisation nicht fähig war. — Doch soll der Mensch sich nicht in seinen künftigen Zustand hineinschauen, sondern sich hineinglauben." (Wie aber, wenn er einmal glaubt, daß er sich hineinschauen könne, kann man ihm verwehren, daß er nicht bisweilen von diesem Vermögen Gebrauch zu machen suche?) — „So viel ist gewiß, daß in jeder seiner Kräfte eine Unendlichkeit liegt; auch die Kräfte des Weltalls scheinen in der Seele verborgen, und sie bedarf nur einer Organisation, oder einer Reihe von Organisationen, diese in Thätigkeit und Übung setzen zu dürfen. — Wie also die Blume da stand und in aufgerichteter Gestalt das Reich der unterirdischen, noch unbelebten Schöpfung schloß, — so steht über allen zur Erde Gebückten (Thieren) der Mensch wieder aufrecht da. Mit erhabenem Blick und aufgehobenen Händen stehet er da, als ein Sohn des Hauses den Ruf seines Vaters erwartend."

Beilage.

Die Idee und Endabsicht dieses ersten Theils (eines, wie es der Anschein giebt, auf viele Bände angelegten Werks) besteht in folgendem. Es soll mit Vermeidung aller metaphysischen Untersuchungen die geistige Natur der menschlichen Seele, ihre Beharrlichkeit und Fortschritte in der Vollkommenheit aus der Analogie mit den Naturbildungen der Materie vornehmlich in ihrer Organisation bewiesen werden. Zu diesem Behuf werden geistige Kräfte, zu welchen Materie nur den Bauzeug ausmacht, ein gewisses unsichtbares Reich der Schöpfung, angenommen, welches die belebende Kraft enthalte, die alles organisirt, und zwar so, daß das Schema der Vollkommenheit dieser Organisation der Mensch sei, welchem sich alle Erdgeschöpfe von der niedrigsten Stufe an nähern, bis endlich durch nichts als diese vollendete Organisation, deren Bedingung vornehmlich der aufrechte Gang des Thiers sei, der Mensch ward, dessen Tod nimmermehr den schon vorher umständlich an allen Arten von Geschöpfen gezeigten Fortgang und Steigerung der Organisationen endigen könne, sondern vielmehr einen Überschritt der Natur zu noch mehr verfeinerten Operationen erwarten lasse, um ihn dadurch zu künftigen noch höhern Stufen des Lebens und so fortan ins Unendliche zu fördern und zu erheben. Recensent muß gestehen: daß er diese Schlußfolge aus der Analogie der Natur, wenn

er gleich jene continuirliche Gradation ihrer Geschöpfe sammt der Regel derselben, nämlich der Annäherung zum Menschen, einräumen wollte, doch
nicht einsehe. Denn es sind da *verschiedene Wesen*, welche die mancherlei Stufen der immer vollkommneren Organisation besetzen. Also würde
nach einer solchen Analogie nur geschlossen werden können: daß irgend
anderswo, etwa in einem andern Planeten, wiederum Geschöpfe sein
dürften, die die nächst höhere Stufe der Organisation über den Menschen
behaupteten, nicht aber daß *dasselbe Individuum* hiezu gelange. Bei
den aus Maden oder Raupen sich entwickelnden fliegenden Thierchen ist
hier eine ganz eigene und von dem gewöhnlichen Verfahren der Natur
verschiedene Anstalt, und doch auch da folgt die Palingenesie nicht auf den
Tod, sondern nur auf den *Puppenzustand*. Dagegen hier gewiesen
werden müßte: daß die Natur Thiere selbst nach ihrer Verwesung oder Ver-
brennung aus ihrer Asche in specifisch vollkommenerer Organisation auf-
steigen lasse, damit man nach der Analogie dieses auch vom Menschen, der
hier in Asche verwandelt wird, schließen könne. Es ist also zwischen der
Stufenerhebung eben desselben Menschen zu einer vollkommneren Organisation in einem andern Leben und der Stufenleiter, welche man sich unter
ganz verschiedenen Arten und Individuen eines Naturreichs denken mag,
nicht die mindeste Ähnlichkeit. Hier läßt uns die Natur nichts anders
sehen, als daß sie die Individuen der völligen Zerstörung überlasse und
nur die Art erhalte; dort aber verlangt man zu wissen, ob auch das
Individuum vom Menschen seine Zerstörung hier auf Erden überleben
werde, welches vielleicht aus moralischen, oder, wenn man will, metaphysischen Gründen, niemals aber nach irgend einer Analogie der sichtbaren
Erzeugung geschlossen werden kann. Was nun aber jenes unsichtbare
Reich wirksamer und selbstständiger Kräfte anlangt, so ist nicht wohl abzusehen, warum der Verfasser, nachdem er geglaubt hat aus den organischen
Erzeugungen auf dessen Existenz sicher schließen zu können, nicht lieber
das denkende Princip im Menschen dahin unmittelbar, als blos geistige
Natur, übergehen ließ, ohne solches durch das Bauwerk der Organisation
aus dem Chaos herauszuheben; es müßte denn sein, daß er diese geistigen
Kräfte für ganz etwas anders als die menschliche Seele hielt und diese
nicht als besondere Substanz, sondern blos als Effect einer auf Materie
einwirkenden und sie belebenden unsichtbaren allgemeinen Natur ansähe,
welche Meinung wir doch ihm beizulegen billig Bedenken tragen. Allein
was soll man überhaupt von der Hypothese unsichtbarer, die Organisation

bewirkender Kräfte, mithin von dem Anschlage, das, *was man nicht begreift*, aus demjenigen erklären zu wollen, *was man noch weniger begreift*, denken? Von jenem können wir doch wenigstens die Gesetze durch Erfahrung kennen lernen, obgleich freilich die Ursachen derselben unbekannt bleiben; von diesem ist uns sogar alle Erfahrung benommen, und was kann der Philosoph nun hier zur Rechtfertigung seines Vorgebens anführen, als die bloße Verzweifelung den Aufschluß in irgend einer Kenntniß der Natur zu finden und den abgedrungenen Entschluß sie im fruchtbaren Felde der Dichtungskraft zu suchen? Auch ist dieses immer Metaphysik, ja sogar sehr dogmatische, so sehr sie auch unser Schriftsteller, weil es die Mode so will, von sich ablehnt.

Was indessen die Stufenleiter der Organisationen betrifft, so darf man es ihm nicht so sehr zum Vorwurf anrechnen, wenn sie zu seiner weit über diese Welt hinausreichenden Absicht nicht hat zulangen wollen; denn ihr Gebrauch in Ansehung der Naturreiche hier auf Erden führt eben sowohl auf nichts. Die Kleinheit der Unterschiede, wenn man die Gattungen ihrer *Ähnlichkeit* nach an einander paßt, ist bei so großer Mannigfaltigkeit eine nothwendige Folge eben dieser Mannigfaltigkeit. Nur eine *Verwandtschaft* unter ihnen, da entweder eine Gattung aus der andern und alle aus einer einzigen Originalgattung oder etwa aus einem einzigen erzeugenden Mutterschooße entsprungen wären, würde auf *Ideen* führen, die aber so ungeheuer sind, daß die Vernunft vor ihnen zurückbebt, dergleichen man unserm Verf., ohne ungerecht zu sein, nicht beimessen darf. Was den Beitrag desselben zur vergleichenden Anatomie durch alle Thiergattungen bis herab zur Pflanze betrifft, so mögen die, so die Naturbeschreibung bearbeiten, selbst urtheilen, wiefern die Anweisung, die er hier zu neuen Beobachtungen giebt, ihnen nutzen könne, und ob sie wohl überhaupt einigen Grund habe. Aber die Einheit der organischen Kraft (S. 141), die als selbstbildend in Ansehung der Mannigfaltigkeit aller organischen Geschöpfe und nachher nach Verschiedenheit dieser Organen durch sie auf verschiedene Art wirkend den ganzen Unterschied ihrer mancherlei Gattungen und Arten ausmache, ist eine Idee, die ganz außer dem Felde der beobachtenden Naturlehre liegt und zur blos speculativen Philosophie gehört, darin sie denn auch, wenn sie Eingang fände, große Verwüstungen unter den angenommenen Begriffen anrichten würde. Allein bestimmen zu wollen, welche Organisirung des Kopfs äußerlich in seiner Figur und innerlich in Ansehung seines Gehirns mit der Anlage zum aufrechten Gange nothwendig verbunden sei, noch mehr aber, wie eine blos auf diesen Zweck gerichtete Organisation den Grund des Vernunftvermögens enthalte, dessen das Thier dadurch theilhaftig wird, das übersteigt offenbar alle menschliche Vernunft, sie mag nun am physiologischen Leitfaden 5 tappen, oder am metaphysischen fliegen wollen.

Durch diese Erinnerungen soll indessen diesem so gedankenvollen Werke nicht alles Verdienst benommen werden. Ein vorzügliches darin ist (um hier nicht so mancher eben so schön gesagten, als edel und wahr gedachten Reflexionen zu gedenken) der Muth, mit welchem sein Verfasser 10 die alle Philosophie so oft verengenden Bedenklichkeiten seines Standes in Ansehung bloßer Versuche der Vernunft, wieweit sie für sich selbst wohl gelangen könne, zu überwinden gewußt hat, worin wir ihm viele Nachfolger wünschen. Überdem trägt die geheimnißvolle Dunkelheit, in welche die Natur selbst ihre Geschäfte der Organisation und der Classenver- 15 theilung ihrer Geschöpfe einhüllte, einen Theil der Schuld wegen der Dunkelheit und Ungewißheit, die diesem ersten Theile einer philosophischen Menschengeschichte anhängen, der dazu angelegt war, um die äußersten Enden derselben, den Punkt, von dem sie anhob, und den, da sie sich über die Erdgeschichte hinaus im Unendlichen verliert, wo möglich an 20 einander zu knüpfen; welcher Versuch zwar kühn, aber doch dem Forschungstriebe unserer Vernunft natürlich und selbst bei nicht völlig gelingender Ausführung nicht unrühmlich ist. Desto mehr aber ist zu wünschen, daß unser geistvoller Verfasser in der Fortsetzung des Werks, da er einen festen Boden vor sich finden wird, seinem lebhaften Genie einigen Zwang 25 auflege, und daß Philosophie, deren Besorgung mehr im Beschneiden als Treiben üppiger Schößlinge besteht, ihn nicht durch Winke, sondern bestimmte Begriffe, nicht durch gemuthmaßte, sondern beobachtete Gesetze, nicht vermittelst einer, es sei durch Metaphysik, oder durch Gefühle, beflügelten Einbildungskraft, sondern durch eine im Entwurfe ausgebreitete, 30 aber in der Ausübung behutsame Vernunft zur Vollendung seines Unternehmens leiten möge.

II.

Erinnerungen des Recensenten der Herderschen Ideen zu einer Philosophie der Geschichte der Menschheit (Nro. 4) und Beil. der Allg. Lit.-Zeit.) über ein im Februar des Teutschen Merkur gegen diese Recension gerichtetes Schreiben.

Im Februar des T. M., Seite 148, tritt unter dem Namen eines Pfarrers ein Vertheidiger des Buchs des Herrn Herder gegen den vermeintlichen Angriff in unserer A.L.-Z. auf. Es wäre unbillig den Namen eines geachteten Autors in den Streit zwischen Recensenten und Antirecensenten mit zu verwickeln; daher wollen wir hier nur unsere Verfahrungsart in Bekanntmachung und Beurtheilung gedachten Werks als 10 den Maximen der Sorgfalt, Unparteilichkeit und Mäßigung, die diese Zeitung sich zur Richtschnur genommen hat, gemäß rechtfertigen. Der Pfarrer zankt in seinem Schreiben viel mit einem Metaphysiker, den er in Gedanken hat, und der, wie er ihn sich vorstellt, für alle Belehrung durch Erfahrungswege, oder, wo diese die Sache nicht vollenden, für Schlüsse 15 nach der Analogie der Natur gänzlich verdorben ist und alles seinem Leisten scholastischer unfruchtbarer Abstractionen anpassen will. Der Recensent kann sich diesen Zank recht wohl gefallen lassen, denn er ist hierin mit dem Pfarrer völlig einerlei Meinung, und die Recension ist selbst der beste Beweis davon. Da er aber die Materialien zu einer Anthropologie ziem- 20 lich zu kennen glaubt, imgleichen auch etwas von der Methode ihres Gebrauchs, um eine Geschichte der Menschheit im Ganzen ihrer Bestimmung zu versuchen: so ist er überzeugt, daß sie weder in der Metaphysik, noch im Naturaliencabinet durch Vergleichung des Skelets des Menschen mit dem von andern Thiergattungen aufgesucht werden müssen; am wenigsten aber 25 die letztere gar auf seine Bestimmung für eine andere Welt führe; sondern daß sie allein in seinen Handlungen gefunden werden können, dadurch er seinen Charakter offenbart; auch ist er überredet, daß Herr Herder nicht einmal die Absicht gehabt habe, im ersten Theile seines Werks (der nur eine Aufstellung des Menschen als Thiers im allgemeinen Natur- 30 system und also einen Prodromus der künftigen Ideen enthält) die wirklichen Materialien zur Menschengeschichte zu liefern, sondern nur Gedanken, die den Physiologen aufmerksam machen können, seine Nachforschungen, die er gemeiniglich nur auf die mechanische Absicht des thierischen Baues

richtet, wo möglich weiter und bis zu der für den Gebrauch der Vernunft an diesem Geschöpfe zweckmäßigen Organisation auszudehnen; wiewohl er ihnen hierin mehr Gewicht, als sie je bekommen können, beigelegt hat. Auch ist nicht nöthig, daß der, so der letzteren Meinung ist, (wie der Pfarrer
5 S. 161 fordert) beweise: daß die menschliche Vernunft bei einer andern Form der Organisation auch nur möglich wäre, denn das kann eben so wenig jemals eingesehen werden, als daß sie bei der gegenwärtigen Form allein möglich sei. Der vernünftige Gebrauch der Erfahrung hat auch seine Grenzen. Diese kann zwar lehren, daß etwas so oder so be-
10 schaffen sei, niemals aber daß es gar nicht anders sein könne; auch kann keine Analogie diese unermeßliche Kluft zwischen dem Zufälligen und Nothwendigen ausfüllen. In der Recension wurde gesagt: „Die Kleinheit der Unterschiede, wenn man die Gattungen ihrer Ähnlichkeit nach an einander paßt, ist bei so großer Mannigfaltigkeit eine nothwendige
15 Folge eben dieser Mannigfaltigkeit. Nur eine Verwandtschaft unter ihnen, da entweder eine Gattung aus der andern oder alle aus einer einzigen Originalgattung und etwa aus einem einzigen erzeugenden Mutterschooße entsprungen wären, würde auf Ideen führen, die aber so ungeheuer sind, daß die Vernunft vor ihnen zurück bebt, dergleichen man
20 unserm Verfasser, ohne ungerecht zu sein, nicht beimessen darf.“ Diese Worte verführten den Pfarrer zu glauben, als sei in der Recension des Werks metaphysische Orthodoxie, mithin Intoleranz anzutreffen; und er setzt hinzu: „Die gesunde ihrer Freiheit überlassene Vernunft bebt auch vor keiner Idee zurück.“ Es ist aber nichts
25 von allem dem zu fürchten, was er wähnt. Es ist blos der Horror vacui der allgemeinen Menschenvernunft, nämlich da zurück zu beben, wo man auf eine Idee stößt, bei der sich gar nichts denken läßt, und in dieser Absicht möchte wohl der ontologische Codex dem theologischen und zwar gerade der Toleranz wegen zum Kanon dienen. Der Pfarrer findet
30 überdem das dem Buche beigelegte Verdienst der Freiheit im Denken viel zu gemein für einen so berühmten Verfasser. Ohne Zweifel meint er, es sei daselbst von der äußeren Freiheit die Rede, die, weil sie von Ort und Zeit abhängt, in der That gar kein Verdienst ist. Allein die Recension hatte jene innere Freiheit, nämlich die von den Fesseln gewohnter und
35 durch die allgemeine Meinung bestärkter Begriffe und Denkungsarten, vor Augen; eine Freiheit, die so gar nicht gemein ist, daß selbst die, so sich blos zur Philosophie bekennen, nur selten sich zu ihr haben empor

arbeiten können. Was er an der Recension tadelt: „daß sie Stellen, welche die Resultate ausdrücken, nicht aber zugleich die, so sie vorbereiten, aushebt," möchte wohl ein unvermeidliches Übel für die ganze Autorschaft sein, welches bei allem dem immer doch noch erträglicher ist, als mit Aushebung einer oder andern Stelle blos über- 5 haupt zu rühmen, oder zu verurtheilen. Es bleibt also bei dem mit aller billigen Achtung und selbst mit Theilnehmung an dem Ruhme, noch mehr aber an dem Nachruhme des Verfassers gefällten Urtheile über das gedachte Werk, welches mithin ganz anders lautet als das, was der Pfarrer ihm S. 161 (nicht sehr gewissenhaft) unterschiebt, daß das Buch 10 nicht geleistet habe, was sein Titel versprach. Denn der Titel versprach gar nicht, schon im ersten Bande, der nur allgemeine physiologische Vorübungen enthält, das zu leisten, was von den folgenden (die, so viel man urtheilen kann, die eigentliche Anthropologie enthalten werden) er- wartet wird, und die Erinnerung war nicht überflüssig: in dieser die Frei- 15 heit einzuschränken, die in jenen wohl Nachsicht verdienen möchte. Übrigens kommt es jetzt nur auf den Verfasser selbst an, dasjenige zu leisten, was der Titel versprach, welches man denn auch von seinen Talenten und seiner Gelehrsamkeit zu hoffen Ursache hat.

III. 20

Riga und Leipzig bei Hartknoch. Ideen zur Philosophie der Geschichte der Menschheit von Johann Gottfried Herder. Zweiter Theil. 344 S. 8°. 1785.

Dieser Theil, der bis zum zehnten Buche fortrückt, beschreibt zuerst in sechs Abschnitten des sechsten Buchs die Organisation der Völker in der Nähe des Nordpols und um den asiatischen Rücken der Erde, des Erdstrichs 25 schön gebildeter Völker und der afrikanischen Nationen, der Menschen in den Inseln des heißen Erdstrichs und der Amerikaner. Der Verfasser be- schließt die Beschreibung mit dem Wunsche einer Sammlung von neuen Abbildungen der Nationen, wozu Niebuhr, Parkinson, Cook, Höst, Georgi u. a. schon Anfänge geliefert haben. „Es wäre ein schönes Geschenk, wenn 30 Jemand, der es kann, die hie und da zerstreueten treuen Gemälde der Verschiedenheit unsers Geschlechts sammelte und damit den Grund zu einer sprechenden Naturlehre und Physiognomik der Menschheit legte. Philosophischer könnte die Kunst schwerlich angewendet werden und eine anthropologische Karte, wie Zimmermann eine zoologische versucht hat, auf der nichts angedeutet werden müßte, als was Diversität der Menschheit ist, diese aber auch in allen Erscheinungen und Rücksichten, eine solche würde das philanthropische Werk krönen."

5 Das siebente Buch betrachtet vorerst die Sätze, daß bei so verschiedenen Formen dennoch das Menschengeschlecht überall nur eine Gattung sei, und daß dies eine Geschlecht sich überall auf der Erde klimatisirt habe. Hiernächst werden die Wirkungen des Klima auf die Bildung des Menschen an Körper und Seele beleuchtet. Der Verfasser bemerkt scharfsinnig, daß noch 10 viele Vorarbeiten fehlen, ehe wir an eine physiologisch-pathologische, geschweige an eine Klimatologie aller menschlichen Denk- und Empfindungskräfte kommen können, und daß es unmöglich sei, das Chaos von Ursachen und Folgen, welches hier Höhe und Tiefe des Erdstrichs, Beschaffenheit desselben und seiner Producte, Speisen und Getränke, Lebensweise, Ar-15 beiten, Kleidung, gewohnte Stellungen sogar, Vergnügen und Künste nebst andern Umständen zusammen ausmachen, zu einer Welt zu ordnen, in der jedem Dinge, jeder einzelnen Gegend sein Recht geschehe, und keines zu viel oder zu wenig erhalte. Mit rühmlicher Bescheidenheit kündigt er daher auch die S. 99 folgenden allgemeinen Anmerkungen S. 92 nur als 20 Probleme an. Sie sind unter folgenden Hauptsätzen enthalten. 1. Durch allerlei Ursachen wird auf der Erde eine klimatische Gemeinschaft befördert, die zum Leben der Lebendigen gehört. 2. Das bewohnbare Land unsrer Erde ist in Gegenden zusammengedrängt, wo die meisten lebendigen Wesen in der ihnen genügsamsten Form wirken; diese Lage der Welttheile hat 25 Einfluß auf ihrer aller Klima. 3. Durch den Bau der Erde an die Gebürge ward nicht nur für das große Mancherlei der Lebendigen das Klima derselben zahllos verändert, sondern auch die Ausbreitung des Menschengeschlechts verhütet, wie sie verhütet werden kann. Im vierten Abschnitt dieses Buchs behauptet der Verfasser, die genetische Kraft sei die Mutter 30 aller Bildungen auf der Erde, der das Klima nur freundlich oder feindlich zuwirke, und beschließt mit einigen Anmerkungen über den Zwist der Genesis und des Klima, wo er unter andern auch eine physisch-geographische Geschichte der Abstammung und Verartung unsers Geschlechts nach Klimaten und Zeiten wünscht.

35 Im achten Buche verfolgt Hr. H. den Gebrauch der menschlichen Sinne, die Einbildungskraft des Menschen, seinen praktischen Verstand, seine Triebe und Glückseligkeit und erläutert den Einfluß der Tradition,

der Meinungen, der Übung und Gewohnheit durch Beispiele verschiedener Nationen.

Das neunte beschäftigt sich mit der Abhängigkeit des Menschen von andern in der Entwickelung seiner Fähigkeiten, mit der Sprache als Mittel zur Bildung der Menschen, mit der Erfindung der Künste und Wissen- 5 schaften durch Nachahmung, Vernunft und Sprache, mit den Regierungen als festgestellten Ordnungen unter den Menschen meistens aus ererbten Traditionen: und schließt mit Bemerkungen über die Religion und die älteste Tradition.

Das zehnte enthält größtentheils das Resultat der Gedanken, die 10 der Verf. schon anderwärts vorgetragen; indem es außer den Betrachtungen über den ersten Wohnsitz der Menschen und die asiatischen Traditionen über die Schöpfung der Erde und des Menschengeschlechts das Wesentlichste der Hypothese über die mosaische Schöpfungsgeschichte aus der Schrift: Älteste Urkunde des Menschengeschlechts wiederholt. 15

Diese trockene Anzeige soll auch bei diesem Theile nur Ankündigung des Inhalts, nicht Darstellung des Geistes von diesem Werke sein; sie soll einladen, es zu lesen, nicht die Lectüre desselben ersetzen oder unnöthig machen.

Das sechste und siebente Buch enthalten fast größtentheils nur Aus- 20 züge aus Völkerbeschreibungen; freilich mit geschickter Wahl ausgesucht, meisterhaft disponirt und allerwärts mit eignen sinnreichen Beurtheilungen begleitet; aber eben darum desto weniger eines ausführlichen Auszugs fähig. Es gehört auch hier nicht zu unsrer Absicht, so manche schöne Stellen voll dichterischer Beredsamkeit auszuheben oder zu zergliedern, 25 die jedem Leser von Empfindung sich selbst anpreisen werden. Aber eben so wenig wollen wir hier untersuchen, ob nicht der poetische Geist, der den Ausdruck belebt, auch zuweilen in die Philosophie des Verfassers eingedrungen; ob nicht hie und da Synonymen für Erklärungen und Allegorien für Wahrheiten gelten; ob nicht statt nachbarlicher Übergänge aus dem 30 Gebiete der philosophischen in den Bezirk der poetischen Sprache zuweilen die Grenzen und Besitzungen von beiden völlig verrückt seien; und ob an manchen Orten das Gewebe von kühnen Metaphern, poetischen Bildern, mythologischen Anspielungen nicht eher dazu diene, den Körper der Gedanken wie unter einer Vertugade zu verstecken, als ihn wie unter einem 35 durchscheinenden Gewande angenehm hervorschimmern zu lassen. Wir überlassen es Kritikern der schönen philosophischen Schreibart, oder der letzten

Hand des Verfassers selbst, z. B. zu untersuchen, obs nicht etwa besser gesagt sei: nicht nur Tag und Nacht und Wechsel der Jahreszeiten verändern das Klima, als S. 99: „Nicht nur Tag und Nacht und der Reihentanz abwechselnder Jahreszeiten verändern das Klima"; ob S. 100 an eine naturhistorische Beschreibung dieser Veränderungen folgendes in einer dithyrambischen Ode ungezweifelt schöne Bild sich passend anschließe: „Um den Thron Jupiters tanzen ihre (der Erde) „Horen einen Reihentanz, und was sich unter ihren Füßen bildet, ist „zwar nur eine unvollkommne Vollkommenheit, weil alles auf die Ver„einigung verschiedenartiger Dinge gebauet ist, aber durch eine innere „Liebe und Vermählung mit einander wird allenthalben das Kind der „Natur geboren, sinnliche Regelmäßigkeit und Schönheit"; oder ob nicht für den Übergang von Bemerkungen der Reisebeschreiber über die Organisation verschiedner Völker und über das Klima zu einer Sammlung daraus abgezogner Gemeinsätze folgende Wendung, mit der das achte Buch anhebt, zu episch sei: „Wie einem, der von den Wellen des Meeres eine Schiff„fahrt in die Luft thun soll, so ist mir, da ich jetzt nach den Bildungen „und Naturkräften der Menschheit auf ihren Geist komme und die ver„änderlichen Eigenschaften desselben auf unserm weiten Erdenrunde aus „fremden, mangelhaften und zum Theil unsichern Nachrichten zu erforschen „wage." Auch untersuchen wir nicht, ob nicht der Strom seiner Beredsamkeit ihn hie oder da in Widersprüche verwickele, ob z. B., wenn S. 248 angeführt wird, daß Erfinder oft mehr den Nutzen ihres Fundes der Nachwelt überlassen mußten, als für sich selbst erfanden, nicht hier ein neues Beispiel zur Bestätigung des Satzes liege, daß die Naturanlagen des Menschen, die sich auf den Gebrauch seiner Vernunft beziehn, nur in der Gattung, nicht aber im Individuum vollständig entwickelt werden sollten, welchem Satze er doch mit einigen daraus fließenden, wiewohl nicht ganz richtig gefaßten, S. 206 beinahe eine Beleidigung der Naturmajestät (welches andere in Prosa Gotteslästerung nennen) schuld zu geben geneigt ist; dies alles müssen wir hier, der Schranken, die uns gesetzt sind, eingedenk, unberührt lassen.

Eines hätte Recensent sowohl unserm Verf. als jedem andern philosophischen Unternehmer einer allgemeinen Naturgeschichte des Menschen gewünscht: nämlich daß ein historisch-kritischer Kopf ihnen insgesammt vorgearbeitet hätte, der aus der unermeßlichen Menge von Völkerbeschreibungen oder Reiseerzählungen und allen ihren muthmaßlich zur menschlichen Natur gehörigen Nachrichten vornehmlich diejenigen ausgehoben hätte, darin sie einander widersprechen, und sie (doch mit beigefügten Erinnerungen wegen der Glaubwürdigkeit jedes Erzählers) neben einander gestellt hätte; denn so würde niemand sich so dreist auf einseitige Nachrichten fußen, ohne vorher die Berichte anderer genau abgewogen zu haben. Jetzt aber kann man aus einer Menge von Länderbeschreibungen, wenn man will, beweisen, daß Amerikaner, Tibetaner und andere ächte mongolische Völker keinen Bart haben, aber auch, wem es besser gefällt, daß sie insgesammt von Natur bärtig sind und sich diesen nur ausrupfen; daß Amerikaner und Neger eine in Geistesanlagen unter die übrigen Glieder der Menschengattung gesunkene Race sind, andererseits aber nach eben so scheinbaren Nachrichten, daß sie hierin, was ihre Naturanlage betrifft, jedem andern Weltbewohner gleich zu schätzen sind, mithin dem Philosophen die Wahl bleibe, ob er Naturverschiedenheiten annehmen, oder alles nach dem Grundsatze tout comme chez nous beurtheilen will, dadurch denn alle seine über eine so wankende Grundlage errichtete Systeme den Anschein baufälliger Hypothesen bekommen müssen. Der Eintheilung der Menschengattung in Racen ist unser Verfasser nicht günstig, vornehmlich derjenigen nicht, welche sich auf anerbende Farben gründet, vermuthlich weil der Begriff einer Race ihm noch nicht deutlich bestimmt ist. In des siebenten Buches dritter Nummer nennt er die Ursache der klimatischen Verschiedenheit der Menschen eine genetische Kraft. Rec. macht sich von der Bedeutung dieses Ausdrucks im Sinne des Verf. diesen Begriff. Er will einerseits das Evolutionssystem, andererseits aber auch den blos mechanischen Einfluß äußerer Ursachen als untaugliche Erläuterungsgründe abweisen und nimmt ein innerlich nach Verschiedenheit der äußeren Umstände sich selbst diesen angemessen modificirendes Lebensprincip als die Ursache derselben an, worin ihm Recensent völlig beitritt, nur mit dem Vorbehalt, daß, wenn die von innen organisirende Ursache durch ihre Natur etwa nur auf eine gewisse Zahl und Grad von Verschiedenheiten der Ausbildung ihres Geschöpfs eingeschränkt wäre (nach deren Ausrichtung sie nicht weiter frei wäre, um bei veränderten Umständen nach einem anderen Typus zu bilden), man diese Naturbestimmung der bildenden Natur auch wohl Keime oder ursprüngliche Anlagen nennen könnte, ohne darum die erstern als uranfänglich eingelegte und sich nur gelegentlich aus einander faltende Maschinen und Knospen (wie im Evolutionssystem) anzusehen, sondern wie bloße, weiter nicht erklärliche Einschränkungen eines sich selbst bildenden Vermögens, welches letztere wir eben so wenig erklären oder begreiflich machen können.

Mit dem achten Buche fängt ein neuer Gedankengang an, der bis zum Schlusse dieses Theils fortwährt und den Ursprung der Bildung des
5 Menschen als eines vernünftigen und sittlichen Geschöpfs, mithin den Anfang aller Cultur enthält, welcher nach dem Sinn des Verfassers nicht in dem eigenen Vermögen der Menschengattung, sondern gänzlich außer ihm in einer Belehrung und Unterweisung von andern Naturen zu suchen sei, von da anhebend alles Fortschreiten in der Cultur nichts als weitere Mit-
10 theilung und zufälliges Wuchern mit einer ursprünglichen Tradition sei, welcher und nicht ihm selbst der Mensch alle seine Annäherung zur Weisheit zuzuschreiben habe. Da Recensent, wenn er einen Fuß außerhalb der Natur und dem Erkenntnißweg der Vernunft setzt, sich nicht weiter zu helfen weiß, da er in gelehrter Sprachforschung und Kenntniß
15 oder Beurtheilung alter Urkunden gar nicht bewandert ist, mithin die daselbst erzählten und dadurch zugleich bewährten Facta philosophisch zu nutzen gar nicht versteht: so bescheidet er sich von selbst, daß er hier kein Urtheil habe. Indessen läßt sich von der weitläuftigen Belesenheit und von der besondern Gabe des Verfassers, zerstreute Data unter einen Ge-
20 sichtspunkt zu fassen, wahrscheinlich zum voraus vermuthen, daß wir wenigstens über den Gang menschlicher Dinge, so fern er dazu dienen kann, den Charakter der Gattung und wo möglich selbst gewisse classische Verschiedenheiten derselben näher kennen zu lernen, viel Schönes werden zu lesen bekommen, welches auch für denjenigen, der über den ersten Anfang
25 aller menschlichen Cultur anderer Meinung wäre, belehrend sein kann. Der Verfasser drückt die Grundlage der seinigen (S. 338—339 sammt der Anmerkung) kürzlich so aus: „Diese (mosaische) lehrende Geschichte erzählt: daß die ersten geschaffenen Menschen mit den unterweisenden Elohim im Umgange gewesen, daß sie unter Anleitung derselben durch Kenntniß der
30 Thiere sich Sprache und herrschende Vernunft erworben, und da der Mensch ihnen auch auf eine verbotene Art in Erkenntniß des Bösen gleich werden wollen, er diese mit seinem Schaden erlangt und von nun an einen anderen Ort eingenommen, eine neue, künstlichere Lebensart angefangen habe. Wollte die Gottheit also, daß der Mensch Vernunft und Vorsicht
35 übte: so mußte sie sich seiner auch mit Vernunft und Vorsicht annehmen. — Wie nun aber die Elohim sich der Menschen angenommen, d. i. sie gelehrt, gewarnt und unterrichtet haben? Wenn es nicht eben so kühn ist hierüber

zu fragen, als zu antworten: so soll uns an einem anderen Ort die Tradition selbst darüber Aufschluß geben."

In einer unbefahrenen Wüste muß einem Denker gleich Reisenden frei stehen, seinen Weg nach Gutdünken zu wählen; man muß abwarten, wie es ihm gelingt, und ob er, nachdem er sein Ziel erreicht hat, wohlbehalten 5 wieder zu Hause, d. i. im Sitze der Vernunft, zur rechten Zeit eintreffe und sich also auch Nachfolger versprechen könne. Um deswillen hat Recensent über den eigenen von dem Verfasser eingeschlagenen Gedankenweg nichts zu sagen, nur glaubt er berechtigt zu sein, einige auf diesem Wege von ihm angefochtene Sätze in Schutz zu nehmen, weil ihm jene Freiheit, 10 sich seine Bahn selbst vorzuzeichnen, auch zustehen muß. Es heißt nämlich S. 260: „Ein zwar leichter, aber böser Grundsatz wäre es zur Philosophie der Menschengeschichte: der Mensch sei ein Thier, das einen Herrn nöthig habe und von diesem Herren oder der Verbindung derselben das Glück seiner Endbestimmung erwarte." Leicht mag er immer sein, darum 15 weil ihn die Erfahrung aller Zeiten und an allen Völkern bestätigt, aber böse? S. 205 wird gesagt: „Gütig dachte die Vorsehung, daß sie den Kunstendzwecken großer Gesellschaften die leichtere Glückseligkeit einzelner Menschen vorzog und jene kostbare Staatsmaschinen, so viel sie konnte, für die Zeit sparte." Ganz recht, aber allererst die Glückseligkeit eines Thiers, 20 dann die eines Kindes, eines Jünglings, endlich die eines Mannes. In allen Epochen der Menschheit, so wie auch zu derselben Zeit in allen Ständen findet eine Glückseligkeit statt, die gerade den Begriffen und der Gewohnheit des Geschöpfs an die Umstände, darin es geboren und erwachsen ist, angemessen ist; ja es ist sogar, was diesen Punkt be- 25 trifft, nicht einmal eine Vergleichung des Grades derselben und ein Vorzug einer Menschenclasse oder einer Generation vor der andern anzugeben möglich. Wie, wenn aber nicht dieses Schattenbild der Glückseligkeit, welches sich ein jeder selbst macht, sondern die dadurch ins Spiel gesetzte immer fortgehende und wachsende Thätigkeit und Cultur, deren 30 größtmöglicher Grad nur das Product einer nach Begriffen des Menschenrechts geordneten Staatsverfassung, folglich ein Werk der Menschen selbst sein kann, der eigentliche Zweck der Vorsehung wäre? so würde nach S. 206 „jeder einzelne Mensch das Maß seiner Glückseligkeit in sich haben", ohne im Genusse derselben irgend einem der nachfolgenden Glieder nach- 35 zustehen; was aber den Werth nicht ihres Zustandes, wenn sie existiren, sondern ihrer Existenz selber, d. i. warum sie eigentlich daseien, betrifft,

so würde sich nur hier allein eine weise Absicht im Ganzen offenbaren. Meint der Herr Verfasser wohl: daß, wenn die glücklichen Einwohner von Otaheite, niemals von gesittetern Nationen besucht, in ihrer ruhigen Indolenz auch tausende von Jahrhunderten durch zu leben bestimmt wären, man
5 eine befriedigende Antwort auf die Frage geben könnte, warum sie denn gar existiren und ob es nicht eben so gut gewesen wäre, daß diese Insel mit glücklichen Schafen und Rindern, als mit im bloßen Genusse glücklichen Menschen besetzt gewesen wäre? Jener Grundsatz ist also nicht so böse, als der Herr Verfasser meint. — Es mag ihn wohl ein böser Mann
10 gesagt haben. — Ein zweiter in Schutz zu nehmender Satz wäre dieser. S. 212 heißt es: „Wenn jemand sagte: daß nicht der einzelne Mensch, sondern das Geschlecht erzogen werde, so spräche er für mich unverständlich, da Geschlecht und Gattung nur allgemeine Begriffe sind, außer in so fern sie in einzelnen Wesen existiren. — Als wenn ich von der Thier-
15 heit, der Steinheit, der Metallheit im Allgemeinen spräche und sie mit den herrlichsten, aber in einzelnen Individuen einander widersprechenden Attributen auszierte! — Auf diesem Wege der Averroischen Philosophie soll unsere Philosophie der Geschichte nicht wandeln". Freilich, wer da sagte: Kein einziges Pferd hat Hörner, aber die Pferdegattung ist doch
20 gehörnt, der würde eine platte Ungereimtheit sagen. Denn Gattung bedeutet alsdann nichts weiter, als das Merkmal, worin gerade alle Individuen unter einander übereinstimmen müssen. Wenn aber Menschengattung das Ganze einer ins Unendliche (Unbestimmbare) gehenden Reihe von Zeugungen bedeutet (wie dieser Sinn denn ganz gewöhnlich ist), und
25 es wird angenommen, daß diese Reihe der Linie ihrer Bestimmung, die ihr zur Seite läuft, sich unaufhörlich nähere, so ist es kein Widerspruch zu sagen: daß sie in allen ihren Theilen dieser asymptotisch sei und doch im Ganzen mit ihr zusammen komme, mit anderen Worten, daß kein Glied aller Zeugungen des Menschengeschlechts, sondern nur die Gattung ihre
30 Bestimmung völlig erreiche. Der Mathematiker kann hierüber Erläuterung geben; der Philosoph würde sagen: die Bestimmung des menschlichen Geschlechts im Ganzen ist unaufhörliches Fortschreiten, und die Vollendung derselben ist eine bloße, aber in aller Absicht sehr nützliche Idee von dem Ziele, worauf wir der Absicht der Vorsehung gemäß unsere
35 Bestrebungen zu richten haben. Doch diese Irrung in der angeführten polemischen Stelle ist nur eine Kleinigkeit. Wichtiger ist der Schluß derselben: „Auf diesem Wege der Averroischen Philosophie (heißt es) soll

unsere Philosophie der Geschichte nicht wandeln." Daraus läßt sich schließen, daß unser Verfasser, dem so oft alles, was man bisher für Philosophie ausgegeben, mißfällig gewesen, nun einmal nicht in einer unfruchtbaren Worterklärung, sondern durch That und Beispiel in diesem ausführlichen Werke ein Muster der ächten Art zu philosophiren der Welt 5 darlegen werde.

Über die

Vulkane im Monde.

Im Gentleman's Magazine, 1784, befindet sich gleich zu Anfang ein Sendschreiben des russischen Staatsraths Hrn. Aepinus an Hrn. Pallas über eine Nachricht, die Hr. Magellan der Kaiserl. Akademie der Wissenschaften in Petersburg mitgetheilt hat, betreffend einen vom Hrn. Herschel am 4. Mai 1783 entdeckten Vulkan im Monde. Diese Neuigkeit interessirte Hrn. Aepinus, wie er sagt, um desto mehr, weil sie seiner Meinung nach die Richtigkeit seiner Muthmaßung über den vulkanischen Ursprung der Unebenheiten der Mondsfläche beweise, die er im Jahr 1778 gefaßt und 1781 in Berlin durch den Druck bekannt gemacht hat*); und worin sich, wie er mit Vergnügen gesteht, drei Naturforscher einander ohne Mittheilung begegnet haben: er selbst, Hr. Aepinus in Petersburg, Hr. Prof. Beccaria zu Turin und Hr. Prof. Lichtenberg in Göttingen. Indessen da durch den Ritter Hamilton die Aufmerksamkeit auf vulkanische Kratere in allen Ländern so allgemein gerichtet worden: so sei jene Muthmaßung mit einer überständig reifen Frucht zu vergleichen, die in die Hände des ersten besten fallen müssen, der zufällig den Baum anrührte. Um endlich durch Ansprüche auf die Ehre der ersten Vermuthung unter Zeitgenossen keinen Zwist zu erregen, führt er den berühmten Robert Hooke als den ersten Urheber derselben an, in dessen Mikrographie (gedruckt 1655) im 20sten Kapitel er grade die nämlichen Ideen angetroffen habe. Sic redit ad Dominum —

Herrn Herschels Entdeckung hat, als Bestätigung der zweideutigen Beobachtungen des Neffen des Hrn. Beccaria und des Don Ulloa, allerdings einen großen Werth und führt auf Ähnlichkeiten des Mondes (wahrscheinlich auch anderer Weltkörper) mit unserer Erde, die sonst nur für gewagte Muthmaßungen hätten gelten können. Allein die Muthmaßung des Hrn. Aepinus bestätigt sie (wie ich dafür halte) nicht. Es bleibt unerachtet aller Ähnlichkeit der ringförmigen Mondsflecken mit Krateren

---

*) Von der Ungleichheit des Monds; im 2ten Bande der Abh. der Gesellschaft naturforschender Freunde.

von Vulkanen dennoch so ein erheblicher Unterschied zwischen beiden, und dagegen zeigt sich eine so treffende Ähnlichkeit derselben mit anderen kreisförmigen Zügen *unvulkanischer Gebirge* oder Landesrücken auf unserer Erde, daß eher eine andere, obzwar nur gewissermaßen mit jener analogische, Muthmaßung über die Bildung der Weltkörper dadurch bestätigt sein möchte.

Die den Krateren ähnlichen ringförmigen Erhöhungen im Monde machen allerdings einen Ursprung durch *Eruptionen* wahrscheinlich. Wir finden aber auf unserer Erde zweierlei kreisförmige Erhöhungen: deren die einen durchgängig nur von so kleinem Umfange sind, daß sie, vom Monde aus beobachtet, durch gar kein Teleskop könnten unterschieden werden, und von diesen zeigen die Materien, woraus sie bestehen, ihren Ursprung aus vulkanischen Eruptionen. Andere dagegen befassen ganze Länder oder Provinzen von vielen hundert Quadratmeilen Inhalt innerhalb eines mit höhern oder minder hohen Gebirgen besetzten und sich kreisförmig herumziehenden Landrückens. Diese würden allein vom Monde aus und zwar von derselben Größe, als wir jene kreisförmigen Flecken im Monde erblicken, gesehen werden können, wofern nur Ähnlichkeit ihrer Bekleidung (durch Wald oder andere Gewächse) die Unterscheidung derselben in so großer Ferne nicht etwa verhinderte. Diese lassen also auch *Eruptionen* vermuthen, durch die sie entstanden sein mögen, die aber nach dem Zeugniß der Materien, woraus sie bestehen, *keineswegesvulkanische* haben sein können. — Der Krater des Vesuvs hat in seinem obersten Umkreise (nach *della Torre*) 5624 Pariser Fuß und also etwa 500 rheinländische Ruthen und im Durchmesser beinahe 160 derselben; ein solcher aber könnte gewiß durch kein Teleskop im Monde erkannt werden*). Dagegen hat der kraterähnliche Flecken *Tycho* im Monde nah an dreißig deutsche Meilen im Durchmesser und könnte mit dem Königreich Böhmen,

*) Aber seine feurige Eruption selbst könnte in der Mondsnacht gleichwohl gesehen werden. In dem oben angeführten Briefe wird zu der Beobachtung des Neffen des Hrn. Beccaria und des Don Ulloa die Anmerkung gemacht, daß beide Vulkane von entsetzlichem Umfange gewesen sein müßten, weil Hr. *Herschel* den seinigen durch ein ohne Vergleich größeres Teleskop nur so eben und zwar unter allen Mitzuschauern nur allein hat bemerken können. Allein bei selbstleuchtenden Materien kommt es nicht so sehr auf den Umfang als die Reinigkeit des Feuers an, um deutlich gesehen zu werden; und von den Vulkanen ist es bekannt, daß ihre Flammen bisweilen helles, bisweilen im Rauche gedämpftes Licht um sich verbreiten. —

der ihm nahe Flecken Klavius aber an Größe mit dem Markgrafthum
Mähren verglichen werden. Nun sind diese Länder auf der Erde eben auch
kraterähnlich von Gebirgen eingefaßt, von welchen eben so, als von dem
Tycho sich Bergketten gleichsam im Sterne verbreiten. Wenn aber unsere
5 durch Landrücken eingeschlossene kraterförmige Bassins (die insgesammt
Sammlungsplätze der Gewässer für die Ströme abgeben und womit das
feste Land überall bedeckt ist) dem Monde den ähnlichen Anblick doch nicht
verschaffen sollten — wie es in der That auch nur von einigen zu vermuthen
ist —: so würde dieses nur dem zufälligen Umstande zuzuschreiben sein:
10 daß die Mondsatmosphäre (deren Wirklichkeit durch die Herschelsche
Entdeckung, weil Feuer daselbst brennt, bewiesen ist) bei weitem nicht so
hoch reichen kann, als die unsrige (wie die unmerkliche Strahlenbrechung
am Rande dieses Trabanten es beweiset), mithin die Bergrücken des
Mondes über die Gränze der Vegetation hinausreichen; bei uns hingegen
15 die Bergrücken ihrem größten Theile nach mit Gewächsen bedeckt sind und
daher gegen die Fläche des eingeschlossenen Bassins freilich nicht sonderlich abstechen können.

Wir haben also auf der Erde zweierlei kraterähnliche Bildungen der
Landesfläche: eine, die vulkanischen Ursprungs sind, und die 160 Ruthen
20 im Durchmesser, mithin etwa 20000 Quadratruthen in der Fläche befassen;
andere, die keinesweges vulkanischen Ursprungs sind und gegen 1000
Quadratmeilen, mithin wohl 200000mal mehr in ihrem Flächeninhalte
haben. Mit welcher wollen wir nun jene ringförmigen Erhöhungen auf
dem Monde (deren keine beobachtete weniger als eine deutsche Meile,
25 einige wohl dreißig im Durchmesser haben) vergleichen? — Ich denke:
nach der Analogie zu urtheilen, nur mit den letztern, welche nicht vulkanisch
sind. Denn die Gestalt macht es nicht allein aus; der ungeheure Unterschied der Größe muß auch in Anschlag gebracht werden. Alsdann aber
hat Hrn. Herschels Beobachtung zwar die Idee von Vulkanen im Monde
30 bestätigt, aber nur von solchen, deren Krater weder von ihm noch von
jemand anders gesehen worden ist, noch gesehen werden kann; hingegen
hat sie nicht die Meinung bestätigt, daß die sichtbaren ringförmigen Con-
figurationen auf der Mondsfläche vulkanische Kraters wären. Denn das
sind sie (wenn man hier nach der Analogie mit ähnlichen großen Bassins
35 auf der Erde urtheilen soll) aller Wahrscheinlichkeit nach nicht. Man
müßte also nur sagen: da der Mond in Ansehung der kraterähnlichen
Bassins mit denen, die auf der Erde die Sammlungsbecken der Gewässer

für Ströme ausmachen, aber nicht vulkanisch sind, so viel Ähnlichkeit hat: so könne man vermuthen, daß er auch in Ansehung der auf der Erde befindlichen vulkanischen Kraters ähnlich gebildet sei. Zwar können wir diese letztern im Monde nicht sehen; aber es sind doch in der Mondsnacht selbst leuchtende Punkte, als Beweise eines Feuers auf demselben, wahrgenommen worden, die sich am besten aus dieser nach der Analogie zu vermuthenden Ursache erklären lassen*).

Diese kleine Zweideutigkeit in der Folgerung obgedachter berühmter Männer nun bei Seite gesetzt, — welcher Ursache kann man denn die auf der Erdfläche so durchgängig anzutreffenden nichtvulkanischen Kraters, nämlich die Bassins zu Strömen, zuschreiben? Eruptionen müssen hier natürlicher Weise zum Grunde gelegt werden; aber vulkanisch konnten sie nicht sein, weil die Gebirge, welche den Rand derselben ausmachen, keine Materien solcher Art enthalten, sondern aus einer wässerichten Mischung entstanden zu sein scheinen. Ich denke: daß, wenn man sich die Erde ursprünglich als ein im Wasser aufgelösetes Chaos vorstellt, die ersten Eruptionen, die allerwärts, selbst aus der größten Tiefe entspringen mußten, atmosphärisch (im eigentlichen Sinn des Worts) gewesen sein werden. Denn man kann sehr wohl annehmen: daß unser Luftmeer (Aërosphäre), das sich jetzt über der Erdfläche befindet, vorher mit den übrigen Materien der Erdmasse in einem Chaos vermischt gewesen; daß es zusammt vielen andern elastischen Dünsten aus der erhitzten Kugel gleichsam in großen Blasen ausgebrochen; in dieser Ebullition (davon kein Theil der Erdfläche frei war) die Materien, welche die ursprünglichen Gebirge ausmachen, kraterförmig ausgeworfen und dadurch die Grundlage zu allen Bassins der Ströme, womit als den Maschen eines Netzes das ganze feste Land durchwirkt ist, gelegt habe. Jene Ränder, da sie aus Materie, die im Wasser erweicht war, bestanden, mußten ihr Auflösungswasser allmählig fahren lassen, welches beim Ablaufen die Einschnitte ausspülte, wodurch sich jene Ränder, die jetzt gebirgig und sägeförmig sind, von den vulkanischen, die einen fortgehenden Rücken vorstellen, unterscheiden. Diese uranfänglichen Gebirge bestehen nun, nachdem andere Materien, die sich nicht so

---

*) Beccaria hielt die aus den ringförmigen Mondserhöhungen strahlenweise auslaufenden Rücken für Lavaströme; aber der ganz ungeheure Unterschied derselben von denen, die aus den Vulkanen unserer Erde fließen, in Ansehung ihrer Größe widerlegt diese Meinung und macht es wahrscheinlich: daß sie Bergketten sind, die so wie die auf unserer Erde aus einem Hauptstamm der Gebirge strahlenweise auslaufen.

geschwinde krystallisirten oder verhärteten, z. B. Hornstein und ursprünglicher Kalk, davon geschieden worden, aus Granit; auf welchen, da die Ebullition an demselben Orte immer schwächer, mithin niedriger ward, sich die letztern als ausgewaschene Materien in stufenartiger Ordnung 5 nach ihrer mindern Schwere oder Auflösungsfähigkeit im Wasser niederließen. Also war die erste bildende Ursache der Unebenheiten der Oberfläche eine atmosphärische Ebullition, die ich aber lieber chaotisch nennen möchte, um den ersten Anfang derselben zu bezeichnen.

Auf diese, muß man sich vorstellen, hat eine pelagische Alluvion 10 nach und nach Materien, die größtentheils schon Meergeschöpfe enthielten, geschichtet. Denn jene chaotische Kraters, wo deren eine Menge gleichsam gruppirt war, bildeten weit ausgebreitete Erhöhungen über andere Gegenden, woselbst die Ebullition nicht so heftig gewesen war. Aus jenen ward Land mit seinen Gebirgen, aus diesen Seegrund. Indem nun das 15 überflüssige Krystallisationswasser aus jenen Bassins ihre Ränder durchwusch, und ein Bassin sein Wasser in das andere, alle aber zu dem niedrigen Theil der sich eben formenden Erdfläche (nämlich dem Meere) ablaufen ließ: so bildete es die Pässe für die künftigen Ströme, welche man noch mit Verwunderung zwischen steilen Felswänden, denen sie jetzt nichts an- 20 haben können, durchgehen und das Meer suchen sieht. Dieses wäre also die Gestalt des Skelets von der Erdoberfläche, sofern sie aus Granit besteht, der unter allen Flötzschichten fortgeht, welche die folgenden pelagischen Alluvionen auf jenen aufgesetzt haben. Aber eben darum mußte die Gestalt der Länder selbst da, wo die neuern Schichten den in der Tiefe befindlichen 25 alten Granit ganz bedecken, doch auch kraterförmig werden, weil ihr Grundlager so gebildet war. Daher kann man auf einer Karte (worauf keine Gebirge gezeichnet sind) die Landrücken ziehen, wenn man durch die Quellen der Ströme, die einem großen Flusse zufallen, eine fortgehende Linie zeichnet, die jederzeit einen Kreis als Bassin des Stromes ein- 30 schließen wird.

Da das Becken des Meeres vermuthlich immer mehr vertieft wurde und alle aus obigen Bassins ablaufende Wasser nach sich zog: so wurden nun dadurch die Flußbetten und der ganze jetzige Bau des Landes erzeugt, der die Vereinigung der Wasser aus so vielen Bassins in einen Kanal 35 möglich macht. Denn es ist nichts natürlicher, als daß das Bette, worin ein Strom jetzt das Wasser von großen Ländern abführt, eben von demjenigen Wasser und dem Rückzuge desselben ausgespült worden, zu welchem es jetzt abfließt, nämlich vom Meere und dessen uralten Alluvionen. Unter einem allgemeinen Ocean, wie Buffon will, und durch Seeströme im Grunde desselben läßt sich eine Wegwaschung nach einer solchen Regel gar nicht denken: weil unter dem Wasser kein Abfluß nach der Abschüssigkeit des Bodens, die doch hier das Wesentlichste ausmacht, möglich ist*).

Die vulkanischen Eruptionen scheinen die spätesten gewesen zu sein, nämlich nachdem die Erde schon auf ihrer Oberfläche fest geworden war. Sie haben auch nicht das Land mit seinem hydraulisch regelmäßigen Bauwerk zum Ablauf der Ströme, sondern etwa nur einzelne Berge gebildet, die in Vergleichung mit dem Gebäude des ganzen festen Landes und seiner Gebirge nur eine Kleinigkeit sind.

Der Nutzen nun, den der Gedanke obgedachter berühmter Männer haben kann, und den die Herschelsche Entdeckung, obzwar nur indirect, bestätigt, ist in Ansehung der Kosmogonie von Erheblichkeit: daß nämlich die Weltkörper ziemlich auf ähnliche Art ihre erste Bildung empfangen haben. Sie waren insgesammt anfänglich in flüssigem Zustande; das beweiset ihre kugelrunde und, wo sie sich beobachten läßt, auch nach Maßgabe der Achsendrehung und der Schwere auf ihrer Oberfläche abgeplattete Gestalt. Ohne Wärme aber giebts keine Flüssigkeit. Woher kam nun diese ursprüngliche Wärme? Sie mit Buffon von der Sonnenglut, wovon alle planetische Kugeln nur abgestoßene Brocken wären, abzuleiten, ist nur ein Behelf auf kurze Zeit; denn woher kam die Wärme der Sonne? Wenn man annimmt (welches auch aus andern Gründen sehr wahrscheinlich ist), daß der Urstoff aller Weltkörper in dem ganzen weiten Raume, worin sie sich jetzt bewegen, Anfangs dunstförmig verbreitet gewesen, und sich daraus nach Gesetzen zuerst der chemischen, hernach und vornehmlich der kosmologischen Attraction gebildet haben: so geben Crawfords Entdeckungen einen Wink, mit der Bildung der Weltkörper zugleich die Erzeugung so großer Grade der Hitze, als man selbst will, begreiflich zu machen. Denn wenn das Element der Wärme für sich im Weltraum allerwärts gleichförmig ausgebreitet ist, sich aber nur an verschiedene

*) Der Lauf der Ströme scheint mir der eigentliche Schlüssel der Erdtheorie zu sein. Denn dazu wird erfordert: daß das Land erstlich durch Landrücken gleichsam in Teiche abgetheilt sei; zweitens, daß der Boden, auf welchem diese Teiche ihr Wasser einander mittheilen, um es endlich in einem Kanal abzuführen, von dem Wasser selbst gebauet und geformt worden, welches sich nach und nach von den höheren Bassins bis zum niedrigsten zurückzog, nämlich vom Meere.

Materien in dem Maße hängt, als sie es verschiedentlich anziehen; wenn, wie er beweiset, dunstförmig ausgebreitete Materien weit mehr Elementarwärme in sich fassen und auch zu einer dunstförmigen Verbreitung bedürfen, als sie halten können, sobald sie in den Zustand dichter Massen übergehen,
5 d. i. sich zu Weltkugeln vereinigen: so müssen diese Kugeln ein Übermaß von Warmmaterie über das natürliche Gleichgewicht mit der Warmmaterie im Raume, worin sie sich befinden, enthalten; d. i. ihre relative Wärme in Ansehung des Weltraums wird angewachsen sein. (So verliert vitriolsaure Luft, wenn sie das Eis berührt, auf einmal ihren dunstartigen Zu-
10 stand, und dadurch vermehrt sich die Wärme in solchem Maße, daß das Eis im Augenblick schmilzt.) Wie groß der Anwachs sein möge, darüber haben wir keine Eröffnung; doch scheint das Maß der ursprünglichen Verdünnung der Grad der nachmaligen Verdichtung und die Kürze der Zeit derselben hier in Anschlag zu kommen. Da die letztere nun auf den Grad der An-
15 ziehung, die den zerstreuten Stoff vereinigte, diese aber auf die Quantität der Materie des sich bildenden Weltkörpers ankommt: so mußte die Größe der Erhitzung der letzteren auch proportionirlich sein. Auf die Weise würden wir einsehen, warum der Centralkörper (als die größte Masse in jedem Weltsystem) auch die größte Hitze haben und allerwärts eine Sonne
20 sein könne; imgleichen mit einiger Wahrscheinlichkeit vermuthen, daß die höhern Planeten, weil sie theils meistens größer sind, theils aus verdünnterem Stoffe gebildet worden als die niedrigern, mehr innere Wärme als diese haben können, welche sie auch (da sie von der Sonne beinahe nur Licht genug zum Sehen bekommen) zu bedürfen scheinen. Auch würde
25 uns die gebirgichte Bildung der Oberflächen der Weltkörper, auf welche unsere Beobachtung reicht, der Erde, des Mondes und der Venus, aus atmosphärischen Eruptionen ihrer ursprünglich erhitzten chaotisch-flüssigen Masse als ein ziemlich allgemeines Gesetz erscheinen. Endlich würden die vulkanischen Eruptionen aus der Erde, dem Monde und sogar der Sonne
30 (deren Kraters Wilson in den Flecken derselben sah, indem er ihre Erscheinungen, wie Huygens die des Saturnringes sinnreich untereinander verglich) ein allgemeines Princip der Ableitung und Erklärung bekommen.

Wollte man hier den Tadel, den ich oben in Buffons Erklärungs-
35 art fand, auf mich zurückschieben und fragen: woher kam denn die erste Bewegung jener Atomen im Weltraume? so würde ich antworten: daß ich mich dadurch nicht anheischig gemacht habe, die erste aller Naturver-

änderungen anzugeben, welches in der That unmöglich ist. Dennoch aber halte ich es für unzulässig, bei einer Naturbeschaffenheit, z. B. der Hitze der Sonne, die mit Erscheinungen, deren Ursache wir nach sonst bekannten Gesetzen wenigstens muthmaßen können, Ähnlichkeit hat, stehen zu bleiben und verzweifelter Weise die unmittelbare göttliche Anordnung zum Er- 5 klärungsgrunde herbei zu rufen. Diese letzte muß zwar, wenn von Natur im Ganzen die Rede ist, unvermeidlich unsere Nachfrage beschließen; aber bei jeder Epoche der Natur, da keine derselben in einer Sinnenwelt als die schlechthin erste angegeben werden kann, sind wir darum von der Verbindlichkeit nicht befreit, unter den Weltursachen zu suchen, so weit es uns 10 nur möglich ist, und ihre Kette nach uns bekannten Gesetzen, so lange sie aneinander hängt, zu verfolgen.

Von der Unrechtmäßigkeit des Büchernachdrucks.

Diejenigen, welche den Verlag eines Buchs als den Gebrauch des Eigenthums an einem Exemplare (es mag nun als Manuscript vom Verfasser, oder als Abdruck desselben von einem schon vorhandenen Verleger auf den Besitzer gekommen sein) ansehen und alsdann doch durch
5 den Vorbehalt gewisser Rechte, es sei des Verfassers, oder des von ihm eingesetzten Verlegers, den Gebrauch noch dahin einschränken wollen, daß es unerlaubt sei, es nachzudrucken, — können damit niemals zum Zwecke kommen. Denn das Eigenthum des Verfassers an seinen Gedanken (wenn man gleich einräumt, daß ein solches nach äußern Rechten statt finde)
10 bleibt ihm ungeachtet des Nachdrucks; und da nicht einmal füglich eine ausdrückliche Einwilligung der Käufer eines Buchs zu einer solchen Einschränkung ihres Eigenthums statt finden kann*), wie viel weniger wird eine bloß präsumirte zur Verbindlichkeit derselben zureichen?

Ich glaube aber Ursache zu haben, den Verlag nicht als das Verkehr
15 mit einer Waare in seinem eigenen Namen, sondern als die Führung eines Geschäftes im Namen eines andern, nämlich des Verfassers, anzusehen und auf diese Weise die Unrechtmäßigkeit des Nachdruckens leicht und deutlich darstellen zu können. Mein Argument ist in einem Vernunftschlusse enthalten, der das Recht des Verlegers beweiset; dem ein
20 zweiter folgt, welcher den Anspruch des Nachdruckers widerlegen soll.

I.

Deduction des Rechts des Verlegers gegen den Nachdrucker.

Wer ein Geschäft eines andern in dessen Namen und dennoch wider den Willen desselben treibt, ist gehalten,

25 *) Würde es wohl ein Verleger wagen, jeden bei dem Ankaufe seines Verlagswerks an die Bedingung zu binden, wegen Veruntreuung eines fremden ihm anvertrauten Guts angeklagt zu werden, wenn mit seinem Vorsatz, oder auch durch seine Unvorsichtigkeit das Exemplar, das er verkauft, zum Nachdrucke gebraucht würde? Schwerlich würde jemand dazu einwilligen: weil er sich dadurch allerlei Beschwerlich-
30 keit der Nachforschung und Verantwortung aussetzen würde. Der Verlag würde jenem also auf dem Halse bleiben.

diesem oder seinem Bevollmächtigten allen Nutzen, der ihm daraus erwachsen möchte, abzutreten und allen Schaden zu vergüten, der jenem oder diesem daraus entspringt.

Nun ist der Nachdrucker ein solcher, der ein Geschäft eines andern (des Autors) u. s. w. Also ist er gehalten, diesem oder seinem Bevollmächtigten (dem Verleger) u. s. w. 5

Beweis des Obersatzes.

Da der sich eindringende Geschäftträger unerlaubter Weise im Namen eines andern handelt, so hat er keinen Anspruch auf den Vortheil, der aus diesem Geschäfte entspringt; sondern der, in dessen Namen er das 10 Geschäft führt, oder ein anderer Bevollmächtigter, welchem jener es anvertrauet hat, besitzt das Recht, diesen Vortheil als die Frucht seines Eigenthums sich zuzueignen. Weil ferner dieser Geschäftträger dem Rechte des Besitzers durch unbefugte Einmischung in fremde Geschäfte Abbruch thut, so muß er nothwendig allen Schaden vergüten. Dieses liegt ohne 15 Zweifel in den Elementarbegriffen des Naturrechts.

Beweis des Untersatzes.

Der erste Punkt des Untersatzes ist: daß der Verleger durch den Verlag das Geschäft eines andern treibe. — Hier kommt alles auf den Begriff eines Buchs oder einer Schrift überhaupt, als einer Arbeit 20 des Verfassers, und auf den Begriff des Verlegers überhaupt (er sei bevollmächtigt oder nicht) an: ob nämlich ein Buch eine Waare sei, die der Autor, es sei mittelbar oder vermittelst eines andern, mit dem Publicum verkehren, also mit oder ohne Vorbehalt gewisser Rechte veräußern kann; oder ob es vielmehr ein bloßer Gebrauch seiner Kräfte (opera) 25 sei, den er andern zwar verwilligen (concedere), niemals aber veräußern (alienare) kann; ferner: ob der Verleger sein Geschäft in seinem Namen, oder ein fremdes Geschäft im Namen eines andern treibe.

In einem Buche als Schrift redet der Autor zu seinem Leser; und der, welcher sie gedruckt hat, redet durch seine Exemplare nicht für sich 30 selbst, sondern ganz und gar im Namen des Verfassers. Er stellt ihn als redend öffentlich auf und vermittelt nur die Überbringung dieser Rede ans Publicum. Das Exemplar dieser Rede, es sei in der Handschrift oder im Druck, mag gehören, wem es wolle; so ist doch, dieses für sich zu brauchen, oder damit Verkehr zu treiben, ein Geschäft, das jeder Eigen- 35

thümer desselben in seinem eigenen Namen und nach Belieben treiben kann. Allein jemand öffentlich reden zu lassen, seine Rede als solche ins Publicum zu bringen, das heißt, in jenes Namen reden und gleichsam zum Publicum sagen: „Durch mich läßt ein Schriftsteller euch dieses
5 oder jenes buchstäblich hinterbringen, lehren u. s. w. Ich verantworte nichts, selbst nicht die Freiheit, die jener sich nimmt, öffentlich durch mich zu reden; ich bin nur der Vermittler der Gelangung an euch;" das ist ohne Zweifel ein Geschäft, welches man nur im Namen eines andern, niemals in seinem eigenen (als Verleger) verrichten kann. Dieser schafft
10 zwar in seinem eigenen Namen das stumme Werkzeug der Überbringung einer Rede des Autors ans Publicum*) an; aber daß er gedachte Rede durch den Druck ins Publicum bringt, mithin daß er sich als denjenigen zeigt, durch den der Autor zu diesem redet, das kann er nur im Namen des andern thun.

15 Der zweite Punkt des Untersatzes ist: daß der Nachdrucker nicht allein ohne alle Erlaubniß des Eigenthümers das Geschäft (des Autors), sondern es sogar wider seinen Willen übernehme. Denn da er nur darum Nachdrucker ist, weil er einem andern, der zum Verlage vom Autor selbst bevollmächtigt ist, in sein Geschäft greift: so fragt sich, ob der
20 Autor noch einem andern dieselbe Befugniß ertheilen und dazu einwilligen könne. Es ist aber klar: daß, weil alsdann jeder von beiden, der erste Verleger und der sich nachher des Verlags anmaßende (der Nachdrucker), des Autors Geschäft mit einem und demselben ganzen Publicum führen würde, die Bearbeitung des einen die des andern unnütz und für jeden der-
25 selben verderblich machen müsse; mithin ein Vertrag des Autors mit einem Verleger mit dem Vorbehalt, noch außer diesem einem andern den Verlag seines Werks erlauben zu dürfen, unmöglich sei; folglich der Autor die Erlaubniß dazu keinem andern (als Nachdrucker) zu ertheilen befugt gewesen, diese also vom letztern auch nicht einmal hat präsumirt werden

30 *) Ein Buch ist das Werkzeug der Überbringung einer Rede ans Publicum, nicht bloß der Gedanken, wie etwa Gemälde, symbolische Vorstellung irgend einer Idee oder Begebenheit. Daran liegt hier das Wesentlichste, daß es keine Sache ist, die dadurch überbracht wird, sondern eine opera, nämlich Rede, und zwar buchstäblich. Dadurch, daß es ein stummes Werkzeug genannt wird, unterscheide ich es von dem,
35 was die Rede durch einen Laut überbringt, wie z. B. ein Sprachrohr, ja selbst der Mund anderer ist.

dürfen; folglich der Nachdruck ein gänzlich wider den erlaubten Willen des Eigenthümers und dennoch ein in dessen Namen unternommenes Geschäft sei.

* *
*

Aus diesem Grunde folgt auch, daß nicht der Autor, sondern sein bevollmächtigter Verleger lädirt werde. Denn weil jener sein Recht wegen 5 Verwaltung seines Geschäftes mit dem Publicum dem Verleger gänzlich und ohne Vorbehalt, darüber noch anderweitig zu disponiren, überlassen hat: so ist dieser allein Eigenthümer dieser Geschäftführung, und der Nachdrucker thut dem Verleger Abbruch an seinem Rechte, nicht dem Verfasser. 10

* *
*

Weil aber dieses Recht der Führung eines Geschäftes, welches mit pünktlicher Genauigkeit eben so gut auch von einem andern geführt werden kann, — wenn nichts besonders darüber verabredet worden, für sich nicht als unveräußerlich (ius personalissimum) anzusehen ist: so hat der Verleger Befugniß, sein Verlagsrecht auch einem andern zu überlassen, 15 weil er Eigenthümer der Vollmacht ist; und da hiezu der Verfasser einwilligen muß, so ist der, welcher aus der zweiten Hand das Geschäft übernimmt, nicht Nachdrucker, sondern rechtmäßig bevollmächtigter Verleger, d. i. ein solcher, dem der vom Autor eingesetzte Verleger seine Vollmacht abgetreten hat. 20

II.

Widerlegung des vorgeschützten Rechts des Nachdruckers gegen den Verleger.

Es bleibt noch die Frage zu beantworten übrig: ob nicht dadurch, daß der Verleger das Werk seines Autors im Publicum veräußert, mit- 25 hin aus dem Eigenthum des Exemplars die Bewilligung des Verlegers (mithin auch des Autors, der ihm dazu Vollmacht gab) zu jedem beliebigen Gebrauche desselben, folglich auch zum Nachdrucke von selbst fließe, so unangenehm solcher jenem auch sein möge. Denn es hat jenen vielleicht der Vortheil angelockt, das Geschäft des Verlegers auf diese Gefahr zu über- 30 nehmen, ohne den Käufer durch einen ausdrücklichen Vertrag davon auszuschließen, weil dieses sein Geschäft rückgängig gemacht haben möchte. —

Daß nun das Eigenthum des Exemplars dieses Recht nicht verschaffe, beweise ich durch folgenden Vernunftschluß:

Ein persönliches bejahendes Recht auf einen andern kann aus dem Eigenthum einer Sache allein niemals ge-
5 folgert werden.

Nun ist das Recht zum Verlage ein persönliches bejahendes Recht.

Folglich kann es aus dem Eigenthum einer Sache (des Exemplars) allein niemals gefolgert werden.

10 Beweis des Obersatzes.

Mit dem Eigenthum einer Sache ist zwar das verneinende Recht verbunden, jedermann zu widerstehen, der mich im beliebigen Gebrauch derselben hindern wollte; aber ein bejahendes Recht auf eine Person, von ihr zu fordern, daß sie etwas leisten oder mir worin zu
15 Diensten sein solle, kann aus dem bloßen Eigenthum keiner Sache fließen. Zwar ließe sich dieses letztere durch eine besondere Verabredung dem Vertrage, wodurch ich ein Eigenthum von jemand erwerbe, beifügen; z. B. daß, wenn ich eine Waare kaufe, der Verkäufer sie auch postfrei an einen gewissen Ort hinschicken solle. Aber alsdann folgt das
20 Recht auf die Person, etwas für mich zu thun, nicht aus dem bloßen Eigenthum meiner erkauften Sache, sondern aus einem besondern Vertrage.

Beweis des Untersatzes.

Worüber jemand in seinem eigenen Namen nach Belieben disponiren kann, daran hat er ein Recht in der Sache. Was er aber nur
25 im Namen eines Andern verrichten darf, dies Geschäft treibt er so, daß der Andere dadurch, als ob es von ihm selbst geführt wäre, verbindlich gemacht wird. (Quod quis facit per alium, ipse fecisse putandus est.) Also ist mein Recht zur Führung eines Geschäftes im Namen eines andern ein persönliches bejahendes Recht, nämlich den Autor des Geschäftes zu
30 nöthigen, daß er etwas prästire, nämlich für alles stehe, was er durch mich thun läßt, oder wozu er sich durch mich verbindlich macht. Der Verlag ist nun eine Rede ans Publicum (durch den Druck) im Namen des

Verfassers, folglich ein Geschäft im Namen eines andern. Also ist das Recht dazu ein Recht des Verlegers an eine Person: nicht bloß sich im beliebigen Gebrauche seines Eigenthums gegen ihn zu vertheidigen; sondern ihn zu nöthigen, daß er ein gewisses Geschäft, welches der Verleger auf seinem Namen führt, für sein eigenes erkenne und verantworte, — mithin 5 ein persönliches bejahendes Recht.

* * *

Das Exemplar, wornach der Verleger drucken läßt, ist ein Werk des Autors (opus) und gehört dem Verleger, nachdem er es im Manuscript oder gedruckt erhandelt hat, gänzlich zu, um alles damit zu thun, was er will, und was in seinem eigenen Namen gethan werden kann; denn 10 das ist ein Erforderniß des vollständigen Rechtes an einer Sache, d. i. des Eigenthums. Der Gebrauch aber, den er davon nicht anders als nur im Namen eines Andern (nämlich des Verfassers) machen kann, ist ein Geschäft (opera), das dieser Andere durch den Eigenthümer des Exemplars treibt, wozu außer dem Eigenthum noch ein besonderer Vertrag 15 erfordert wird.

Nun ist der Buchverlag ein Geschäft, das nur im Namen eines andern (nämlich des Verfassers) geführt werden darf (welchen Verfasser der Verleger als durch sich zum Publicum redend aufführt); also kann das Recht dazu nicht zu den Rechten gehören, die dem Eigenthum eines 20 Exemplars anhängen, sondern kann nur durch einen besondern Vertrag mit dem Verfasser rechtmäßig werden. Wer ohne einen solchen Vertrag mit dem Verfasser (oder, wenn dieser schon einem andern als eigentlichen Verleger dieses Recht eingewilligt hat, ohne Vertrag mit diesem) verlegt, ist der Nachdrucker, welcher also den eigentlichen Verleger lädirt und ihm 25 allen Nachtheil ersetzen muß.

Allgemeine Anmerkung.

Daß der Verleger sein Geschäft des Verlegers nicht bloß in seinem eigenen Namen, sondern im Namen eines andern*) (nämlich des Verfassers)

*) Wenn der Verleger auch zugleich Verfasser ist, so sind beide Geschäfte doch 30 verschieden; und er verlegt in der Qualität eines Handelsmannes, was er in der Qualität eines Gelehrten geschrieben hat. Allein wir können diesen Fall bei Seite setzen und unsere Erörterung nur auf den, da der Verleger nicht zugleich Verfasser ist, einschränken: es wird nachher leicht sein, die Folgerung auch auf den ersten Fall auszudehnen. 35

führe und ohne dessen Einwilligung gar nicht führen könne: bestätigt sich aus gewissen Verbindlichkeiten, die demselben nach allgemeinem Geständnisse anhängen. Wäre der Verfasser, nachdem er seine Handschrift dem Verleger zum Drucke übergeben und dieser sich dazu verbindlich gemacht hat,
5 gestorben: so steht es dem letztern nicht frei, sie als sein Eigenthum zu unterdrücken; sondern das Publicum hat in Ermangelung der Erben ein Recht, ihn zum Verlage zu nöthigen, oder die Handschrift an einen andern, der sich zum Verlage anbietet, abzutreten. Denn einmal war es ein Geschäft, das der Autor durch ihn mit dem Publicum treiben wollte, und wozu er sich als
10 Geschäftträger erbot. Das Publicum hatte auch nicht nöthig, dieses Versprechen des Verfassers zu wissen, noch es zu acceptiren; es erlangt dieses Recht an den Verleger (etwas zu prästiren) durchs Gesetz allein. Denn jener besitzt die Handschrift nur unter der Bedingung, sie zu einem Geschäfte des Autors mit dem Publicum zu gebrauchen; diese Verbindlich-
15 keit gegen das Publicum aber bleibt, wenn gleich die gegen den Verfasser durch dessen Tod aufgehört hat. Hier wird nicht ein Recht des Publicums an der Handschrift, sondern an einem Geschäfte mit dem Autor zum Grunde gelegt. Wenn der Verleger das Werk des Autors nach dem Tode desselben verstümmelt oder verfälscht herausgäbe, oder es an einer für die Nachfrage
20 nöthigen Zahl Exemplare mangeln ließe; so würde das Publicum Befugniß haben, ihn zu mehrerer Richtigkeit oder Vergrößerung des Verlags zu nöthigen, widrigenfalls aber diesen anderweitig zu besorgen. Welches alles nicht statt finden könnte, wenn das Recht des Verlegers nicht von einem Geschäfte, das er zwischen dem Autor und dem Publicum *im*
25 *Namen des erstern* führt, abgeleitet würde.

Dieser Verbindlichkeit des Verlegers, die man vermuthlich zugestehen wird, muß aber auch ein darauf gegründetes Recht entsprechen, nämlich das Recht zu allem dem, ohne welches jene Verbindlichkeit nicht erfüllt werden könnte. Dieses ist: daß er das Verlagsrecht ausschließlich ausübe,
30 weil anderer Concurrenz zu seinem Geschäfte die Führung desselben für ihn praktisch unmöglich machen würde.

Kunstwerke als Sachen können dagegen nach einem Exemplar derselben, welches man rechtmäßig erworben hat, nachgeahmt, abgeformt und die Copien derselben öffentlich verkehrt werden, ohne daß es der Ein-
35 willigung des Urhebers ihres Originals, oder derer, welcher er sich als Werkmeister seiner Ideen bedient hat, bedürfe. Eine Zeichnung, die jemand entworfen, oder durch einen andern hat in Kupfer stechen, oder in

Stein, Metall, oder Gips ausführen lassen, kann von dem, der diese Producte kauft, abgedruckt oder abgegossen und so öffentlich verkehrt werden; so wie alles, was jemand mit seiner Sache in *seinem eignen Namen* verrichten kann, der Einwilligung eines andern nicht bedarf. Lipperts Daktyliothek kann von jedem Besitzer derselben, der es versteht, nachgeahmt und zum Verkauf ausgestellt werden, ohne daß der Erfinder derselben über Eingriffe in seine Geschäfte klagen könne. Denn sie ist ein Werk (opus, nicht opera alterius), welches ein jeder, der es besitzt, ohne einmal den Namen des Urhebers zu nennen, veräußern, mithin auch nachmachen und auf seinen eigenen Namen als das seinige zum öffentlichen Verkehr brauchen kann. Die Schrift aber eines andern ist die *Rede* einer Person (opera); und der, welcher sie verlegt, kann nur im Namen dieses andern zum Publicum reden und von sich nichts weiter sagen, als daß der Verfasser durch ihn (Impensis Bibliopolae) folgende Rede ans Publicum halte. Denn es ist ein Widerspruch: eine Rede in *seinem Namen* zu halten, die doch nach seiner eigenen Anzeige und gemäß der Nachfrage des Publicums die *Rede eines andern* sein soll. Der Grund also, warum alle Kunstwerke anderer zum öffentlichen Vertrieb nachgemacht, Bücher aber, die schon ihre eingesetzte Verleger haben, nicht nachgedruckt werden dürfen, liegt darin: daß die erstern *Werke* (opera), die zweiten *Handlungen* (operae) sind, davon jene als für sich selbst existirende Dinge, diese aber nur in einer Person ihr Dasein haben können. Folglich kommen diese letztern der Person des Verfassers ausschließlich zu*); und derselbe hat daran ein unveräußerliches Recht (ius personalissimum) durch jeden andern immer *selbst* zu reden, d. i. daß niemand dieselbe Rede zum Publicum anders, als in seines (des Urhebers) Namen halten darf. Wenn man indessen das Buch eines andern so verändert (abkürzt oder vermehrt oder umarbeitet), daß man sogar Unrecht thun würde, wenn man es nunmehr auf den Namen

*) Der Autor und der Eigenthümer des Exemplars können beide mit gleichem Rechte von demselben sagen: es ist mein Buch! aber in verschiedenem Sinne. Der erstere nimmt das Buch als Schrift oder Rede; der zweite bloß als das stumme Instrument der Überbringung der Rede an ihn oder das Publicum, d. i. als Exemplar. Dieses Recht des Verfassers ist aber kein Recht in der Sache, nämlich dem Exemplar (denn der Eigenthümer kann es vor des Verfassers Augen verbrennen), sondern ein angebornes Recht in seiner eignen Person, nämlich zu verhindern, daß ein anderer ihn nicht ohne seine Einwilligung zum Publicum reden lasse, welche Einwilligung gar nicht präsumirt werden kann, weil er sie schon einem andern ausschließlich ertheilt hat.

des Autors des Originals ausgeben würde: so ist die Umarbeitung in dem eigenen Namen des Herausgebers kein Nachdruck und also nicht unerlaubt. Denn hier treibt ein anderer Autor durch seinen Verleger ein anderes Geschäft als der erstere und greift diesem also in sein Geschäfte mit
5 dem Publicum nicht ein; er stellt nicht jenen Autor als durch ihn redend vor, sondern einen andern. Auch kann die Übersetzung in eine andere Sprache nicht für Nachdruck genommen werden; denn sie ist nicht dieselbe Rede des Verfassers, obgleich die Gedanken genau dieselben sein mögen.

Wenn die hier zum Grunde gelegte Idee eines Bücherverlages über-
10 haupt wohlgefaßt und (wie ich mir schmeichle, daß es möglich sei) mit der erforderlichen Eleganz der römischen Rechtsgelehrsamkeit bearbeitet würde: so könnte die Klage gegen den Nachdrucker wohl vor die Gerichte gebracht werden, ohne daß es nöthig wäre, zuerst um ein neues Gesetz deshalb anzuhalten.

Bestimmung des Begriffs

einer

Menschenrace.

Die Kenntnisse, welche die neuen Reisen über die Mannigfaltigkeiten in der Menschengattung verbreiten, haben bisher mehr dazu beigetragen, den Verstand über diesen Punkt zur Nachforschung zu reizen, als ihn zu befriedigen. Es liegt gar viel daran, den Begriff, welchen man durch Be-
5 obachtung aufklären will, vorher selbst wohl bestimmt zu haben, ehe man seinetwegen die Erfahrung befragt; denn man findet in ihr, was man bedarf, nur alsdann, wenn man vorher weiß, wornach man suchen soll. Es wird viel von den verschiedenen Menschenracen gesprochen. Einige verstehen darunter wohl gar verschiedene Arten von Menschen; Andere
10 dagegen schränken sich zwar auf eine engere Bedeutung ein, scheinen aber diesen Unterschied nicht viel erheblicher zu finden, als den, welchen Menschen dadurch unter sich machen, daß sie sich bemalen oder bekleiden. Meine Absicht ist jetzt nur, diesen Begriff einer Race, wenn es deren in der Menschen-gattung giebt, genau zu bestimmen; die Erklärung des Ursprungs der wirk-
15 lich vorhandenen, die man dieser Benennung fähig hält, ist nur Neben-werk, womit man es halten kann, wie man will. Und doch sehe ich, daß übrigens scharfsinnige Männer in der Beurtheilung dessen, was vor einigen Jahren lediglich in jener Absicht gesagt wurde*), auf diese Nebensache, nämlich die hypothetische Anwendung des Princips, ihr Augenmerk allein
20 richteten, das Princip selbst aber, worauf doch alles ankommt, nur mit leichter Hand berührten. Ein Schicksal, welches mehreren Nachforschungen, die auf Principien zurückkehren, widerfährt; und welches daher alles Streiten und Rechtfertigen in speculativen Dingen widerrathen, dagegen aber das Näherbestimmen und Aufklären des Mißverstandenen allein als
25 rathsam anpreisen kann.

I.

Nur das, was in einer Thiergattung anerbt, kann zu einem Klassen-Unterschiede in derselben berechtigen.

Der Mohr (Mauritanier), der, in seinem Vaterlande von Luft und
30 Sonne braun gebrannt, sich von dem Deutschen oder Schweden durch die

---

*) Man sehe Engels Philosophen für die Welt, Th. II. S. 125f.

Hautfarbe so sehr unterscheidet, und der französische oder englische Kreole in Westindien, welcher, wie von einer Krankheit kaum wieder genesen, bleich und erschöpft aussieht, können um deswillen eben so wenig zu verschiedenen Klassen der Menschengattung gezählt werden, als der spanische Bauer von la Mancha, der schwarz wie ein Schulmeister gekleidet einher geht, weil die Schafe seiner Provinz durchgehends schwarze Wolle haben. Denn wenn der Mohr in Zimmern und der Kreole in Europa aufgewachsen ist, so sind beide von den Bewohnern unsers Welttheils nicht zu unterscheiden.

Der Missionar Demanet giebt sich das Ansehen, als ob er, weil er sich in Senegambia einige Zeit aufgehalten, von der Schwärze der Neger allein recht urtheilen könne, und spricht seinen Landsleuten, den Franzosen, alles Urtheil hierüber ab. Ich hingegen behaupte, daß man in Frankreich von der Farbe der Neger, die sich dort lange aufgehalten haben, noch besser aber derer, die da geboren sind, in so fern man darnach den Klassenunterschied derselben von andern Menschen bestimmen will, weit richtiger urtheilen könne, als in dem Vaterlande der Schwarzen selbst. Denn das, was in Afrika der Haut des Negers die Sonne eindrückte und also ihm nur zufällig ist, muß in Frankreich wegfallen und allein die Schwärze übrig bleiben, die ihm durch seine Geburt zu Theil ward, die er weiter fortpflanzt, und die daher allein zu einem Klassenunterschiede gebraucht werden kann. Von der eigentlichen Farbe der Südseeinsulaner kann man sich nach allen bisherigen Beschreibungen noch keinen sicheren Begriff machen. Denn ob einigen von ihnen gleich die Mahagoniholz-Farbe zugeschrieben wird, so weiß ich doch nicht, wie viel von diesem Braun einer bloßen Färbung durch Sonne und Luft und wieviel davon der Geburt zuzuschreiben sei. Ein Kind, von einem solchen Paare in Europa gezeugt, würde allein die ihnen von Natur eigene Hautfarbe ohne Zweideutigkeit entdecken. Aus einer Stelle in der Reise Carterets (der freilich auf seinem Seezuge wenig Land betreten, dennoch aber verschiedene Insulaner auf ihren Canots gesehen hatte) schließe ich: daß die Bewohner der meisten Inseln Weiße sein müssen. Denn auf Frevill-Eiland (in der Nähe der zu den indischen Gewässern gezählten Inseln) sah er, wie er sagt, zuerst das wahre Gelb der indischen Hautfarbe. Ob die Bildung der Köpfe auf Malikolo der Natur oder der Künstelei zuzuschreiben sei, oder wie weit sich die natürliche Hautfarbe der Kaffern von der der Negern unterscheide, und andere charakteristische Eigenschaften mehr, ob sie erblich und von der Natur selbst in der Geburt, oder nur zufällig eingedrückt seien, wird sich daher noch lange nicht auf entscheidende Art ausmachen lassen.

II.

5 Man kann in Ansehung der Hautfarbe vier Klassenunterschiede der Menschen annehmen.

Wir kennen mit Gewißheit nicht mehr erbliche Unterschiede der Hautfarbe, als die: der Weißen, der gelben Indianer, der Neger und der kupferfarbig-rothen Amerikaner. Merkwürdig ist: daß diese 10 Charaktere sich erstlich darum zur Klasseneintheilung der Menschengattung vorzüglich zu schicken scheinen, weil jede dieser Klassen in Ansehung ihres Aufenthalts so ziemlich isolirt (d. i. von den übrigen abgesondert, an sich aber vereinigt) ist; die Klasse der Weißen vom Cap Finisterrä über Nordcap, den Obstrom, die kleine Bucharei, Persien, das 15 Glückliche Arabien, Abessinien, die nördliche Gränze der Wüste Sara bis zum Weißen Vorgebirge in Afrika oder der Mündung des Senegal; die der Schwarzen von da bis Capo Negro und mit Ausschließung der Kaffern zurück nach Abessinien; die der Gelben im eigentlichen Hindostan bis Cap Komorein (ein Halbschlag von ihnen ist auf der andern Halb- 20 insel Indiens und einigen nahe gelegenen Inseln); die der Kupferrothen in einem ganz abgesonderten Welttheile, nämlich Amerika. Der zweite Grund, weswegen dieser Charakter sich vorzüglich zur Klasseneintheilung schickt, obgleich ein Farbenunterschied manchem sehr unbedeutend vorkommen möchte, ist: daß die Absonderung durch Ausdünstung das 25 wichtigste Stück der Vorsorge der Natur sein muß, so fern das Geschöpf — in allerlei Himmels- und Erdstrich, wo es durch Luft und Sonne sehr verschiedentlich afficirt wird, versetzt — auf eine am wenigsten der Kunst bedürftige Art ausdauren soll, und daß die Haut, als Organ jener Absonderung betrachtet, die Spur dieser Verschiedenheit des Naturcharakters 30 an sich trägt, welche zur Eintheilung der Menschengattung in sichtbarlich verschiedene Klassen berechtigt. — Übrigens bitte ich, den bisweilen bestrittenen erblichen Unterschied der Hautfarbe so lange einzuräumen, bis sich zu dessen Bestätigung in der Folge Anlaß finden wird; imgleichen zu erlauben, daß ich annehme: es gebe keine erbliche Volkscharaktere in

Ansehung dieser Naturliverei mehr, als die genannten vier; lediglich aus dem Grunde, weil sich jene Zahl beweisen, außer ihr aber keine andere mit Gewißheit darthun läßt.

III.

In der Klasse der Weißen ist außer dem, was zur Menschengattung überhaupt gehört, keine andere charakteristische Eigenschaft nothwendig erblich; und so auch in den übrigen. 5

Unter uns Weißen giebt es viele erbliche Beschaffenheiten, die nicht zum Charakter der Gattung gehören, worin sich Familien, ja gar Völker von einander unterscheiden; aber auch keine einzige derselben artet unausbleiblich an, sondern die, welche damit behaftet sind, zeugen mit andern von der Klasse der Weißen auch Kinder, denen diese unterscheidende Beschaffenheit mangelt. So ist der Unterschied der blonden Farbe in Dänemark, hingegen in Spanien (noch mehr aber in Asien an den Völkern, die zu den Weißen gezählt werden) die brunette Hautfarbe (mit ihrer Folge, der Augen- und Haarfarbe) herrschend. Es kann sogar in einem abgesonderten Volk diese letzte Farbe ohne Ausnahme anerben (wie bei den Sinesern, denen blaue Augen lächerlich vorkommen): weil in denselben kein Blonder angetroffen wird, der seine Farbe in die Zeugung bringen könnte. Allein wenn von diesen Brunetten einer eine blonde Frau hat, so zeugt er brunette oder auch blonde Kinder, nachdem sie auf die eine oder andere Seite ausschlagen; und so auch umgekehrt. In gewissen Familien liegt erbliche Schwindsucht, Schiefwerden, Wahnsinn u. s. w.; aber keines von diesen unzählbaren erblichen Übeln ist unausbleiblich erblich. Denn ob es gleich besser wäre, solche Verbindungen durch einige auf den Familienschlag gerichtete Aufmerksamkeit beim Heirathen sorgfältig zu vermeiden, so habe ich doch mehrmals selbst wahrgenommen: daß ein gesunder Mann mit einer schwindsüchtigen Frau ein Kind zeugte, das in allen Gesichtszügen ihm ähnelte und dabei gesund, und außerdem ein anderes, das der Mutter ähnlich sah und wie sie schwindsüchtig war. Eben so finde ich in der Ehe eines Vernünftigen mit einer Frau, die nur aus einer Familie, worin Wahnsinn erblich, selbst aber vernünftig war, unter verschiedenen klugen nur ein wahnsinniges Kind. Hier ist Nachartung; aber sie ist in dem, worin beide Eltern verschieden sind, nicht unausbleiblich. — Eben diese Regel kann man auch mit Zuversicht bei den übrigen Klassen zum Grunde legen. Neger, Indianer oder Amerikaner haben auch ihre persönliche oder Familien- oder provinzielle Verschiedenheiten; aber keine derselben wird in Vermischung mit denen, die von derselben Klasse sind, seine respective Eigenthümlichkeit unausbleiblich in die Zeugung bringen und fortpflanzen.

IV.

In der Vermischung jener genannten vier Klassen mit einander artet der Charakter einer jeden unausbleiblich an.

Der Weiße mit der Negerin und umgekehrt geben den Mulatten, mit der Indianerin den gelben und mit dem Amerikaner den rothen Mestizen; der Amerikaner mit dem Neger den schwarzen Karaiben und umgekehrt. (Die Vermischung des Indiers mit dem Neger hat man noch nicht versucht.) Der Charakter der Klassen artet in ungleichartigen Vermischungen unausbleiblich an, und es giebt hievon gar keine Ausnahme; wo man deren aber angeführt findet, da liegt ein Mißverstand zum Grunde, indem man einen Albino oder Kakerlak (beides Mißgeburten) für Weiße gehalten hat. Dieses Anarten ist nun jederzeit beiderseitig, niemals bloß einseitig an einem und demselben Kinde. Der weiße Vater drückt ihm den Charakter seiner Klasse und die schwarze Mutter den ihrigen ein. Es muß also jederzeit ein Mittelschlag oder Bastard entspringen, welche Blendlingsart in mehr oder weniger Gliedern der Zeugung mit einer und derselben Klasse allmählig erlöschen, wenn sie sich aber auf ihres gleichen einschränkt, sich ohne Ausnahme ferner fortpflanzen und verewigen wird.

V.

Betrachtung über das Gesetz der nothwendig halbschlächtigen Zeugung.

Es ist immer ein sehr merkwürdiges Phänomen: daß, da es so manche, zum Theil wichtige und sogar familienweise erbliche Charaktere in der Menschengattung giebt, sich doch kein einziger innerhalb einer durch bloße Hautfarbe charakterisirten Menschenklasse findet, der nothwendig anerbt; daß dieser letztere Charakter hingegen, so geringfügig er auch scheinen mag, doch sowohl innerhalb dieser Klasse, als auch in der Vermischung derselben mit einer der drei übrigen allgemein und unausbleiblich anartet. Vielleicht läßt sich aus diesem seltsamen Phänomen etwas über die Ursachen des Anartens solcher Eigenschaften, die nicht wesentlich zur Gattung gehören, bloß aus dem Umstande, daß sie unausbleiblich sind, muthmaßen. 5

Zuerst: was dazu beitrage, daß überhaupt etwas, das nicht zum Wesen der Gattung gehört, anerben könne, a priori auszumachen, ist ein mißliches Unternehmen; und in dieser Dunkelheit der Erkenntnißquellen ist die Freiheit der Hypothesen so uneingeschränkt, daß es nur Schade um alle Mühe und Arbeit ist, sich desfalls mit Widerlegungen zu befassen, 10 indem ein jeder in solchen Fällen seinem Kopfe folgt. Ich meines Theils sehe in solchen Fällen nur auf die besondere Vernunftmaxime, wovon ein jeder ausgeht, und nach welcher er gemeiniglich auch Facta aufzutreiben weiß, die jene begünstigen; und suche nachher die meinige auf, die mich gegen alle jene Erklärungen ungläubig macht, ehe ich mir noch die Gegen- 15 gründe deutlich zu machen weiß. Wenn ich nun meine Maxime bewährt, dem Vernunftgebrauch in der Naturwissenschaft genau angemessen und zur consequenten Denkungsart allein tauglich befinde: so folge ich ihr, ohne mich an jene vorgeblichen Facta zu kehren, die ihre Glaubhaftigkeit und Zulänglichkeit zur angenommenen Hypothese fast allein von jener 20 einmal gewählten Maxime entlehnen, denen man überdem ohne Mühe hundert andere Facta entgegensetzen kann. Das Anerben durch die Wirkung der Einbildungskraft schwangerer Frauen, oder auch wohl der Stuten in Marställen; das Ausrupfen des Barts ganzer Völkerschaften, so wie das Stutzen der Schwänze an englischen Pferden, wodurch die 25 Natur genöthigt werde, aus ihren Zeugungen ein Product, worauf sie uranfänglich organisirt war, nachgerade weg zu lassen; die geplätschten Nasen, welche anfänglich von Eltern an neugebornen Kindern gekünstelt, in der Folge von der Natur in ihre zeugende Kraft aufgenommen wären: diese und andre Erklärungsgründe würden wohl schwerlich durch die zu ihrem 30 Behuf angeführten Facta, denen man weit besser bewährte entgegensetzen kann, in Credit kommen, wenn sie nicht von der sonst ganz richtigen Maxime der Vernunft ihre Empfehlung bekämen, nämlich dieser: eher alles im Muthmaßen aus gegebenen Erscheinungen zu wagen, als zu deren Behuf besondere erste Naturkräfte oder anerschaffene Anlagen anzu- 35 nehmen (nach dem Grundsatze: principia praeter necessitatem non sunt multiplicanda). Allein mir steht eine andere Maxime entgegen, welche jene von der Ersparung entbehrlicher Principien einschränkt, nämlich: daß in der ganzen organischen Natur bei allen Veränderungen einzelner Geschöpfe die Species derselben sich unverändert erhalten (nach der Formel der Schulen: quaelibet natura est conservatrix sui). Nun ist es klar: daß, 5 wenn der Zauberkraft der Einbildung, oder der Künstelei der Menschen an thierischen Körpern ein Vermögen zugestanden würde, die Zeugungskraft selbst abzuändern, das uranfängliche Modell der Natur umzuformen, oder durch Zusätze zu verunstalten, die gleichwohl nachher beharrlich in den folgenden Zeugungen aufbehalten würden, man gar nicht mehr wissen 10 würde, von welchem Originale die Natur ausgegangen sei, oder wie weit es mit der Abänderung desselben gehen könne, und, da der Menschen Einbildung keine Gränzen erkennt, in welche Fratzengestalt die Gattungen und Arten zuletzt noch verwildern dürften. Dieser Erwägung gemäß nehme ich es mir zum Grundsatze: gar keinen in das Zeugungsgeschäft der 15 Natur pfuschenden Einfluß der Einbildungskraft gelten zu lassen und kein Vermögen der Menschen, durch äußere Künstelei Abänderungen in dem alten Original der Gattungen oder Arten zu bewirken, solche in die Zeugungskraft zu bringen und erblich zu machen. Denn lasse ich auch nur Einen Fall dieser Art zu, so ist es, als ob ich auch nur eine einzige Ge-20 spenstergeschichte oder Zauberei einräumte. Die Schranken der Vernunft sind dann einmal durchbrochen, und der Wahn drängt sich bei Tausenden durch dieselbe Lücke durch. Es ist auch keine Gefahr, daß ich bei diesem Entschlusse mich vorsetzlich gegen wirkliche Erfahrungen blind oder, welches einerlei ist, verstockt ungläubig machen würde. Denn alle dergleichen 25 abenteuerliche Eräugnisse tragen ohne Unterschied das Kennzeichen an sich, daß sie gar kein *Experiment* verstatten, sondern nur durch Aufhaschung zufälliger Wahrnehmungen bewiesen sein wollen. Was aber von der Art ist, daß es, ob es gleich des Experiments gar wohl fähig ist, dennoch kein einziges aushält, oder ihm mit allerlei Vorwand beständig ausweicht: das 30 ist nichts als Wahn und Erdichtung. Dies sind meine Gründe, warum ich einer Erklärungsart nicht beitreten kann, die dem schwärmerischen Hange zur magischen Kunst, welcher jede, auch die kleinste Bemäntelung erwünscht kommt, im Grunde Vorschub thut: daß nämlich das Anarten, selbst auch nur das zufällige, welches nicht immer gelingt, jemals die Wirkung 35 einer anderen Ursache, als der in der Gattung selbst liegenden Keime und Anlagen sein könne.

Wenn ich aber gleich aus zufälligen Eindrücken entspringende und dennoch erblich werdende Charaktere einräumen wollte: so würde es doch unmöglich sein, dadurch zu erklären, wie jene vier Farbenunterschiede unter allen anerbenden die einzigen sind, die unausbleiblich anarten. Was kann anders die Ursache hievon sein, als daß sie in den Keimen des uns 5 unbekannten ursprünglichen Stammes der Menschengattung und zwar als solche Naturanlagen gelegen haben müssen, die zur Erhaltung der Gattung wenigstens in der ersten Epoche ihrer Fortpflanzung nothwendig gehörten und daher in den folgenden Zeugungen unausbleiblich vorkommen mußten? 10

Wir werden also gedrungen anzunehmen: daß es einmal verschiedene Stämme von Menschen gegeben habe, ungefähr in den Wohnsitzen, worin wir sie jetzt antreffen, die, damit sich die Gattung erhielte, von der Natur ihren verschiedenen Weltstrichen genau angemessen, mithin auch verschiedentlich organisirt waren; wovon die viererlei Hautfarbe das 15 äußere Kennzeichen ist. Diese wird nun einem jeden Stamme nicht allein in seinem Wohnsitze nothwendig anerben, sondern, wenn sich die Menschengattung schon genugsam gestärkt hat (es sei, daß nur nach und nach die völlige Entwickelung zu Stande gekommen, oder durch allmähligen Gebrauch der Vernunft die Kunst der Natur hat Beihülfe leisten können), 20 sich auch in jedem anderen Erdstriche in allen Zeugungen eben derselben Klasse unvermindert erhalten. Denn dieser Charakter hängt der Zeugungskraft nothwendig an, weil er zur Erhaltung der Art erforderlich war. — Wären diese Stämme aber ursprünglich, so ließe es sich gar nicht erklären und begreifen, warum nun in der wechselseitigen Vermischung der- 25 selben unter einander der Charakter ihrer Verschiedenheit gerade unausbleiblich anarte, wie es doch wirklich geschieht. Denn die Natur hat einem jeden Stamm seinen Charakter ursprünglich in Beziehung auf sein Klima und zur Angemessenheit mit demselben gegeben. Die Organisation des einen hat also einen ganz anderen Zweck, als die des anderen; und daß 30 dem ungeachtet die Zeugungskräfte beider selbst in diesem Punkte ihrer charakteristischen Verschiedenheit so zusammen passen sollten, daß daraus ein Mittelschlag nicht bloß entspringen könne, sondern sogar unausbleiblich erfolgen müsse: das läßt sich bei der Verschiedenheit ursprünglicher Stämme gar nicht begreifen. Nur alsdann, wenn man annimmt, daß in 35 den Keimen eines einzigen ersten Stammes die Anlagen zu aller dieser klassischen Verschiedenheit nothwendig haben liegen müssen, damit er zu allmähliger Bevölkerung der verschiedenen Weltstriche tauglich sei, läßt sich verstehen: warum, wenn diese Anlagen sich gelegentlich und diesem gemäß auch verschiedentlich auswickelten, verschiedene Klassen von Menschen entstehen, die auch ihren bestimmten Charakter in der Folge nothwendig in die Zeugung mit jeder andern Klasse bringen mußten, weil er zur Möglichkeit ihrer eigenen Existenz, mithin auch der Möglichkeit der Fortpflanzung der Art gehörte und von der nothwendigen ersten Anlage in der Stammgattung abgeleitet war. Von solchen unausbleiblich und zwar selbst in der Vermischung mit anderen Klassen dennoch halbschlächtig anerbenden Eigenschaften ist man also genöthigt, auf diese ihre Ableitung von einem einigen Stamme zu schließen, weil ohne diesen die Nothwendigkeit des Anartens nicht begreiflich wäre.

VI.

Nur das, was in dem Klassenunterschiede der Menschengattung unausbleiblich anerbt, kann zu der Benennung einer besondern Menschenrace berechtigen.

Eigenschaften, die der Gattung selbst wesentlich angehören, mithin allen Menschen als solchen gemein sind, sind zwar unausbleiblich erblich; aber weil darin kein Unterschied der Menschen liegt, so wird auf sie in der Eintheilung der Racen nicht Rücksicht genommen. Physische Charaktere, wodurch sich Menschen (ohne Unterschied des Geschlechts) von einander unterscheiden, und zwar nur die, welche erblich sind, kommen in Betracht (s. § III), um eine Eintheilung der Gattung in Klassen darauf zu gründen. Diese Klassen sind aber nur alsdann Racen zu nennen, wenn jene Charaktere unausbleiblich (sowohl in ebenderselben Klasse, als in Vermischung mit jeder anderen) anarten. Der Begriff einer Race enthält also erstlich den Begriff eines gemeinschaftlichen Stammes, zweitens nothwendig erbliche Charaktere des klassischen Unterschiedes der Abkömmlinge desselben von einander. Durch das letztere werden sichere Unterscheidungsgründe festgesetzt, wornach wir die Gattung in Klassen eintheilen können, die dann wegen des ersteren Punkts, nämlich der Einheit des Stammes, keinesweges Arten, sondern nur Racen heißen müssen. Die Klasse der Weißen ist nicht als besondere Art in der Menschen-

gattung von der der Schwarzen unterschieden; und es giebt gar keine verschiedene Arten von Menschen. Dadurch würde die Einheit des Stammes, woraus sie hätten entspringen können, abgeleugnet; wozu man, wie aus der unausbleiblichen Anerbung ihrer klassischen Charaktere bewiesen worden, keinen Grund, vielmehr einen sehr wichtigen zum Gegen- 5
theil hat.*)

Der Begriff einer Race ist also: der Klassenunterschied der Thiere eines und desselben Stammes, so fern er unausbleiblich erblich ist.

Das ist die Bestimmung, die ich in dieser Abhandlung zur eigent- 10
lichen Absicht habe; das Übrige kann man als zur Nebenabsicht gehörig, oder bloße Zuthat ansehen und es annehmen oder verwerfen. Nur das erstere halte ich für bewiesen und überdem zur Nachforschung in der Naturgeschichte als Princip brauchbar, weil es eines Experiments fähig ist, welches die Anwendung jenes Begriffs sicher leiten kann, der ohne 15
jenes schwankend und unsicher sein würde. — Wenn verschiedentlich gestaltete Menschen in die Umstände gesetzt werden, sich zu vermischen, so giebt es, wenn die Zeugung halbschlächtig ist, schon eine starke Vermuthung, sie möchten wohl zu verschiedenen Racen gehören; ist aber dieses Product ihrer Vermischung jederzeit halbschlächtig, so wird jene Ver- 20
muthung zur Gewißheit. Dagegen wenn auch nur eine einzige Zeugung keinen Mittelschlag darstellt, so kann man gewiß sein, daß beide Eltern von derselben Gattung, so verschieden sie auch aussehen mögen, dennoch zu einer und derselben Race gehören.

Ich habe nur vier Racen der Menschengattung angenommen: nicht 25
als ob ich ganz gewiß wäre, es gebe nirgend eine Spur von noch mehreren;

*) Anfänglich, wenn man bloß die Charaktere der Vergleichung (der Ähnlichkeit oder Unähnlichkeit nach) vor Augen hat, erhält man Klassen von Geschöpfen unter einer Gattung. Sieht man ferner auf ihre Abstammung, so muß sich zeigen, ob jene Klassen eben so viel verschiedene Arten, oder nur Racen seien. Der Wolf, der Fuchs, 30
der Jakal, die Hyäne und der Haushund sind so viel Klassen vierfüßiger Thiere. Nimmt man an: daß jede derselben eine besondere Abstammung bedurft habe, so sind es so viel Arten; räumt man aber ein, daß sie auch von einem Stamme haben entspringen können, so sind sie nur Racen desselben. Art und Gattung sind in der **Naturgeschichte** (in der es nur um die Erzeugung und den Abstamm zu thun ist) an 35
sich nicht unterschieden. In der **Naturbeschreibung**, da es bloß auf Vergleichung der Merkmale ankommt, findet dieser Unterschied allein statt. Was hier Art heißt, muß dort öfter nur Race genannt werden.

sondern weil bloß an diesen das, was ich zum Charakter einer Race fordere, nämlich die halbschlächtige Zeugung, ausgemacht, bei keiner anderen Menschenklasse aber genugsam bewiesen ist. So sagt Herr Pallas in seiner Beschreibung der mongolischen Völkerschaften: daß die erste Zeugung
5 von einem Russen mit einer Frau der letzteren Völkerschaft (einer Burätin) schon sofort schöne Kinder gebe; er merkt aber nicht an, ob gar keine Spur des kalmückischen Ursprungs an denselben anzutreffen sei. Ein merkwürdiger Umstand, wenn die Vermengung eines Mongolen mit einem Europäer die charakteristischen Züge des erstern gänzlich auslöschen sollte, die doch in der
10 Vermengung mit südlichern Völkerschaften (vermuthlich mit Indianern) an den Sinesen, Avanern, Malaien u. s. w. mehr oder weniger kenntlich noch immer anzutreffen sind. Allein die mongolische Eigenthümlichkeit betrifft eigentlich die Gestalt, nicht die Farbe, von welcher allein die bisherige Erfahrung eine unausbleibliche Anartung als den Charakter
15 einer Race gelehrt hat. Man kann auch nicht mit Gewißheit ausmachen, ob die Kafferngestalt der Papuas und der ihnen ähnlichen verschiedenen Inselbewohner des Stillen Meeres eine besondere Race anzeige, weil man das Product aus ihrer Vermischung mit Weißen noch nicht kennt; denn von den Negern sind sie durch ihren buschichten, obzwar gekräuselten
20 Bart hinreichend unterschieden.

Anmerkung.

Gegenwärtige Theorie, welche gewisse ursprüngliche, in dem ersten und gemeinschaftlichen Menschenstamm auf die jetzt vorhandenen Racenunterschiede ganz eigentlich angelegte Keime annimmt, beruht gänz-
25 lich auf der **Unausbleiblichkeit** ihrer Anartung, die bei den vier genannten Racen durch alle Erfahrung bestätigt wird. Wer diesen Erklärungsgrund für unnöthige Vervielfältigung der Principien in der Naturgeschichte hält und glaubt, man könne dergleichen specielle Naturanlagen gar wohl entbehren und, indem man den ersten Elternstamm als weiß annimmt, die
30 übrigen sogenannten Racen aus den in der Folge durch Luft und Sonne auf die spätern Nachkömmlinge geschehenen Eindrücken erklären: der hat alsdann noch nichts bewiesen, wenn er anführt: daß manche andere Eigenthümlichkeit bloß aus dem langen Wohnsitze eines Volkes in eben demselben Landstriche auch wohl endlich erblich geworden sei und einen physi-
35 schen Volkscharakter ausmache. Er muß von der Unausbleiblichkeit der Anartung solcher Eigenthümlichkeiten und zwar nicht in demselben

Volke, sondern in der Vermischung mit jedem andern (das darin von ihm abweicht), so daß die Zeugung ohne Ausnahme halbschlächtig ausfalle, ein Beispiel anführen. Dieses ist er aber nicht im Stande zu leisten. Denn es findet sich von keinem andern Charakter als dem, dessen wir erwähnt haben, und wovon der Anfang über alle Geschichte hinausgeht, 5 ein Beispiel zu diesem Behuf. Wollte er lieber verschiedene erste Menschenstämme mit dergleichen erblichen Charakteren annehmen: so würde **erstlich** dadurch der Philosophie wenig gerathen sein, die alsdann zu verschiedenen Geschöpfen ihre Zuflucht nehmen müßte und selbst dabei doch immer die Einheit der Gattung einbüßte. Denn Thiere, deren Ver- 10 schiedenheit so groß ist, daß zu deren Existenz eben so viel verschiedene Erschaffungen nöthig wären, können wohl zu einer Nominalgattung (um sie nach gewissen Ähnlichkeiten zu klassificiren), aber niemals zu einer Realgattung, als zu welcher durchaus wenigstens die Möglichkeit der Abstammung von einem einzigen Paar erfordert wird, gehören. Die 15 letztere aber zu finden, ist eigentlich ein Geschäft der Naturgeschichte; mit der ersteren kann sich der Naturbeschreiber begnügen. Aber auch alsdann würde **zweitens** doch immer die sonderbare Übereinstimmung der Zeugungskräfte zweier verschiedenen Gattungen, die, da sie in Ansehung ihres Ursprungs einander ganz fremd sind, dennoch mit einander frucht- 20 bar vermischt werden können, ganz umsonst und ohne einen anderen Grund, als daß es der Natur so gefallen, angenommen werden. Will man, um dieses letztere zu beweisen, Thiere anführen, bei denen dieses ungeachtet der Verschiedenheit ihres ersten Stammes dennoch geschehe: so wird ein jeder in solchen Fällen die letztere Voraussetzung leugnen und vielmehr 25 eben daraus, daß eine solche fruchtbare Vermischung statt findet, auf die Einheit des Stammes schließen, wie aus der Vermischung der Hunde und Füchse u. s. w. Die unausbleibliche Anartung beiderseitiger Eigenthümlichkeiten der Eltern ist also der einzig wahre und zugleich hin- reichende Probirstein der Verschiedenheit der Racen, wozu sie gehören, und 30 ein Beweis der Einheit des Stammes, woraus sie entsprungen sind: nämlich der in diesem Stamm gelegten, sich in der Folge der Zeugungen entwickelnden ursprünglichen Keime, ohne welche jene erblichen Mannig- faltigkeiten nicht würden entstanden sein und vornehmlich nicht hätten nothwendig erblich werden können. 35

Das Zweckmäßige in einer Organisation ist doch der allgemeine Grund, woraus wir auf ursprünglich in die Natur eines Geschöpfs in

dieser Absicht gelegte Zurüstung und, wenn dieser Zweck nur späterhin zu erreichen war, auf anerschaffene Keime schließen. Nun ist dieses Zweckmäßige zwar an der Eigenthümlichkeit keiner Race so deutlich zu beweisen möglich, als an der Negerrace; allein das Beispiel, das von dieser allein
5 hergenommen worden, berechtigt uns auch, nach der Analogie eben dergleichen von den übrigen wenigstens zu vermuthen. Man weiß nämlich jetzt: daß das Menschenblut bloß dadurch, daß es mit Phlogiston überladen wird, schwarz werde (wie an der unteren Seite eines Blutkuchens zu sehen ist). Nun giebt schon der starke und durch keine Reinlichkeit zu ver-
10 meidende Geruch der Neger Anlaß zu vermuthen, daß ihre Haut sehr viel Phlogiston aus dem Blute wegschaffe, und daß die Natur diese Haut so organisirt haben müsse, daß das Blut sich bei ihnen in weit größerem Maße durch sie dephlogistisiren könne, als es bei uns geschieht, wo das letztere am meisten ein Geschäft der Lunge ist. Allein die ächten Neger
15 wohnen auch in Landstrichen, worin die Luft durch dicke Wälder und sumpfichte bewachsene Gegenden so phlogistisirt wird, daß nach Lind's Berichte Todesgefahr für die englischen Matrosen dabei ist, auch nur auf einen Tag den Gambiastrom hinauf zu fahren, um daselbst Fleisch einzukaufen. Also war es eine von der Natur sehr weislich getroffene Anstalt,
20 ihre Haut so zu organisiren, daß das Blut, da es durch die Lunge noch lange nicht Phlogiston genug wegschafft, sich durch jene bei weitem stärker als bei uns dephlogistisiren könne. Es mußte also in die Enden der Arterien sehr viel Phlogiston hinschaffen, mithin an diesem Orte, das ist unter der Haut selbst, damit überladen sein und also schwarz durchscheinen,
25 wenn es gleich im Innern des Körpers roth genug ist. Überdem ist die Verschiedenheit der Organisation der Negerhaut von der unsrigen selbst nach dem Gefühle schon merklich. — Was aber die Zweckmäßigkeit der Organisation der andern Racen, so wie sie sich aus der Farbe schließen läßt, betrifft: so kann man sie freilich wohl nicht mit gleicher Wahrschein-
30 lichkeit darthun; aber es fehlt doch auch nicht ganz an Erklärungsgründen der Hautfarbe, welche jene Vermuthung der Zweckmäßigkeit unterstützen können. Wenn der Abt Fontana in dem, was er gegen den Ritter Landriani behauptet, nämlich: daß die fixe Luft, die bei jedem Ausathmen aus der Lunge gestoßen wird, nicht aus der Atmosphäre niederge-
35 schlagen, sondern aus dem Blute selbst gekommen sei, recht hat: so könnte wohl eine Menschenrace ein mit dieser Luftsäure überladenes Blut haben, welche die Lungen allein nicht fortschaffen könnten, und wozu die Haut-

gefäße noch das ihrige beitragen müßten (freilich nicht in Luftgestalt, sondern mit anderem ausgedünstetem Stoffe verbunden). Auf diesem Fall würde gedachte Luftsäure den Eisentheilchen im Blute die röthliche Rostfarbe geben, welche die Haut der Amerikaner unterscheidet; und die Anartung dieser Hautbeschaffenheit kann ihre Nothwendigkeit daher be- 5 kommen haben, daß die jetzigen Bewohner dieses Welttheils aus dem Nordosten von Asien, mithin nur an den Küsten und vielleicht gar nur über das Eis des Eismeeres in ihre jetzigen Wohnsitze haben gelangen können. Das Wasser dieser Meere aber muß in seinem continuirlichen Gefrieren auch continuirlich eine ungeheure Menge fixer Luft fahren lassen, 10 mit welcher also die Atmosphäre dort vermuthlich mehr überladen sein wird, als irgend anderwärts; für deren Wegschaffung daher (da sie, eingeathmet, die fixe Luft aus den Lungen nicht hinreichend wegnimmt) die Natur zum Voraus in der Organisation der Haut gesorgt haben mag. Man will in der That auch weit weniger Empfindlichkeit an der Haut der ursprüng- 15 lichen Amerikaner wahrgenommen haben, welches eine Folge jener Organisation sein könnte, die sich nachher, wenn sie sich einmal zum Racenunterschiede entwickelt hat, auch in wärmeren Klimaten erhält. Zur Ausübung ihres Geschäftes kann es aber auch in diesen an Stoffe nicht fehlen; denn alle Nahrungsmittel enthalten eine Menge fixer Luft in sich, 20 die durchs Blut eingenommen und durch den gedachten Weg fortgeschafft werden kann. — Das flüchtige Alkali ist noch ein Stoff, den die Natur aus dem Blute wegschaffen muß; auf welche Absonderung sie gleichfalls gewisse Keime zur besonderen Organisation der Haut für diejenigen Ab- kömmlinge des ersten Stammes angelegt haben mag, die in der ersten 25 Zeit der Auswickelung der Menschheit ihren Aufenthalt in einem trockenen und heißen Landstriche finden würden, der ihr Blut vorzüglich zu über- mäßiger Erzeugung jenes Stoffes fähig machte. Die kalten Hände der Indier, ob sie gleich mit Schweiß bedeckt sind, scheinen eine von der unsrigen verschiedene Organisation zu bestätigen. — Doch es ist wenig Trost für die 30 Philosophie in Erkünstelung von Hypothesen. Sie sind indessen dazu gut, um allenfalls einem Gegner, der, wenn er gegen den Hauptsatz nichts Tüchtiges einzuwenden weiß, darüber frohlockt, daß das angenommene Princip nicht einmal die Möglichkeit der Phänomene begreiflich machen könne, — sein Hypothesenspiel mit einem gleichen, wenigstens eben so 35 scheinbaren zu vergelten.

Man mag aber ein System annehmen, welches man wolle; so ist doch
so viel gewiß, daß die jetzt vorhandenen Racen, wenn alle Vermischung
derselben unter einander verhütet würde, nicht mehr erlöschen können.
Die unter uns befindlichen Zigeuner, von denen erwiesen ist, daß sie
5 ihrem Abstamme nach Indier sind, geben davon den deutlichsten
Beweis. Man kann ihrer Anwesenheit in Europa weit über dreihundert
Jahre nachspüren; und noch sind sie nicht im mindesten von der Gestalt
ihrer Vorfahren ausgeartet. Die am Gambia in Neger ausgeartet sein
sollende Portugiesen sind Abkömmlinge von Weißen, die sich mit
10 Schwarzen verbastert haben; denn wo steht es berichtet, und wie ist es
auch nur wahrscheinlich, daß die ersten hieher gekommenen Portugiesen
eben so viel weiße Weiber mitgebracht hätten, diese auch alle lange genug
am Leben geblieben, oder durch andere Weiße ersetzt wären, um einen
reinen Abstamm von Weißen in einem fremden Welttheile zu gründen?
15 Dagegen sind bessere Nachrichten davon: daß König Johann II., der von
1481 bis 1495 regierte, da ihm alle nach St. Thomas abgeschickte
Colonisten ausstarben, diese Insel durch lauter getaufte Judenkinder (mit
portugiesisch-christlichem Gewissen) bevölkerte, von welchen, so viel man
weiß, die gegenwärtigen Weißen auf derselben abstammen. Die Neger-
20 kreolen in Nordamerika, die Holländer auf Java bleiben ihrer Race getreu.
Die Schminke, die die Sonne auf ihrer Haut hinzuthut, eine kühlere Luft
aber wieder wegnimmt, muß man nur nicht mit der der Race eigenen
Farbe verwechseln; denn jene erbt doch niemals an. Also müssen sich die
Keime, die ursprünglich in den Stamm der Menschengattung zu Erzeugung
25 der Racen gelegt waren, schon in der ältesten Zeit nach dem Bedürfniß
des Klima, wenn der Aufenthalt lange daurete, entwickelt haben; und
nachdem eine dieser Anlagen bei einem Volke entwickelt war, so löschte sie
alle übrigen gänzlich aus. Daher kann man auch nicht annehmen, daß
eine in gewisser Proportion vorgehende Mischung verschiedener Racen
30 auch noch jetzt die Gestalt des Menschenstammes aufs neue herstellen
könne. Denn sonst würden die Blendlinge, die aus dieser ungleichartigen
Begattung erzeugt werden, sich auch noch jetzt (wie ehemals der erste
Stamm) von selbst in ihren Zeugungen bei ihrer Verpflanzung in verschiedenen Klimaten wiederum in ihre ursprüngliche Farben zersetzen,
35 welches zu vermuthen man durch keine bisherige Erfahrung berechtigt
wird: weil alle diese Bastarderzeugungen in ihrer eigenen weiteren Fortpflanzung sich eben so beharrlich erhalten, als die Racen, aus deren

Vermischung sie entsprungen sind. Wie also die Gestalt des ersten Menschenstammes (der Hautbeschaffenheit nach) beschaffen gewesen sein möge, ist daher jetzt unmöglich zu errathen; selbst der Charakter der Weißen ist nur die Entwickelung einer der ursprünglichen Anlagen, die nebst den übrigen in jenem anzutreffen waren. 5

Muthmaßlicher
Anfang der Menschengeschichte.

Im *Fortgange* einer Geschichte Muthmaßungen *einzustreuen*, um Lücken in den Nachrichten auszufüllen, ist wohl erlaubt: weil das Vorhergehende als entfernte Ursache und das Nachfolgende als Wirkung eine ziemlich sichere Leitung zur Entdeckung der Mittelursachen abgeben kann, um den Übergang begreiflich zu machen. Allein eine Geschichte ganz und gar aus Muthmaßungen *entstehen* zu lassen, scheint nicht viel besser, als den Entwurf zu einem Roman zu machen. Auch würde sie nicht den Namen einer *muthmaßlichen Geschichte*, sondern einer bloßen *Erdichtung* führen können. — Gleichwohl kann das, was im Fortgange der Geschichte menschlicher Handlungen nicht gewagt werden darf, doch wohl über den *ersten Anfang* derselben, so fern ihn die *Natur* macht, durch Muthmaßung versucht werden. Denn dieser darf nicht erdichtet, sondern kann von der Erfahrung hergenommen werden, wenn man voraussetzt, daß diese im ersten Anfange nicht besser oder schlechter gewesen, als wir sie jetzt antreffen: eine Voraussetzung, die der Analogie der Natur gemäß ist und nichts Gewagtes bei sich führt. Eine Geschichte der ersten Entwickelung der Freiheit aus ihrer ursprünglichen Anlage in der Natur des Menschen ist daher ganz etwas anderes, als die Geschichte der Freiheit in ihrem Fortgange, die nur auf Nachrichten gegründet werden kann.

Gleichwohl, da Muthmaßungen ihre Ansprüche auf Beistimmung nicht zu hoch treiben dürfen, sondern sich allenfalls nur als eine der Einbildungskraft in Begleitung der Vernunft zur Erholung und Gesundheit des Gemüths vergönnte Bewegung, nicht aber für ein ernsthaftes Geschäft ankündigen müssen: so können sie sich auch nicht mit derjenigen Geschichte messen, die über eben dieselbe Begebenheit als wirkliche Nachricht aufgestellt und geglaubt wird, deren Prüfung auf ganz andern Gründen, als bloßer Naturphilosophie beruht. Eben darum, und da ich hier eine bloße Lustreise wage, darf ich mir wohl die Gunst versprechen, daß es mir erlaubt sei, mich einer heiligen Urkunde dazu als Karte zu bedienen und mir zugleich einzubilden, als ob mein Zug, den ich auf den Flügeln der Einbildungskraft, obgleich nicht ohne einen durch Vernunft an Erfahrung geknüpften Leitfaden, thue, gerade dieselbe Linie treffe, die jene historisch vorgezeichnet enthält. Der Leser wird die Blätter jener Urkunde (1. Mose Kap. II—VI) aufschlagen und Schritt vor Schritt nachsehen, ob der Weg, den Philosophie nach Begriffen nimmt, mit dem, welchen die Geschichte angiebt, 5 zusammentreffe.

Will man nicht in Muthmaßungen schwärmen, so muß der Anfang von dem gemacht werden, was keiner Ableitung aus vorhergehenden Natururſachen durch menschliche Vernunft fähig ist, also: mit der Existenz des Menschen; und zwar in seiner ausgebildeten Größe, weil er der 10 mütterlichen Beihülfe entbehren muß; in einem Paare, damit er seine Art fortpflanze; und auch nur einem einzigen Paare, damit nicht sofort der Krieg entspringe, wenn die Menschen einander nahe und doch einander fremd wären, oder auch damit die Natur nicht beschuldigt werde, sie habe durch die Verschiedenheit der Abstammung es an der schicklichsten 15 Veranstaltung zur Geselligkeit, als dem größten Zwecke der menschlichen Bestimmung, fehlen lassen; denn die Einheit der Familie, woraus alle Menschen abstammen sollten, war ohne Zweifel hiezu die beste Anordnung. Ich setze dieses Paar in einen wider den Anfall der Raubthiere gesicherten und mit allen Mitteln der Nahrung von der Natur reichlich versehenen 20 Platz, also gleichsam in einen Garten unter einem jederzeit milden Himmelsstriche. Und was noch mehr ist, ich betrachte es nur, nachdem es schon einen mächtigen Schritt in der Geschicklichkeit gethan hat, sich seiner Kräfte zu bedienen, und fange also nicht von der gänzlichen Rohigkeit seiner Natur an; denn es könnten der Muthmaßungen für den Leser 25 leicht zu viel, der Wahrscheinlichkeiten aber zu wenig werden, wenn ich diese Lücke, die vermuthlich einen großen Zeitraum begreift, auszufüllen unternehmen wollte. Der erste Mensch konnte also stehen und gehen; er konnte sprechen (1. B. Mose Kap. II, V. 20),*) ja reden, d. i. nach zusammenhängenden Begriffen sprechen (V. 23), mithin denken. Lauter 30 Geschicklichkeiten, die er alle selbst erwerben mußte (denn wären sie anerschaffen, so würden sie auch anerben, welches aber der Erfahrung wider-

*) Der Trieb sich mitzutheilen muß den Menschen, der noch allein ist, gegen lebende Wesen außer ihm, vornehmlich diejenigen, die einen Laut geben, welchen er nachahmen und der nachher zum Namen dienen kann, zuerst zur Kund- 35 machung seiner Existenz bewogen haben. Eine ähnliche Wirkung dieses Triebes sieht man auch noch an Kindern und an gedankenlosen Leuten, die durch Schnarren,

streitet); mit denen ich ihn aber jetzt schon als versehen annehme, um bloß die Entwickelung des Sittlichen in seinem Thun und Lassen, welches jene Geschicklichkeit nothwendig voraussetzt, in Betrachtung zu ziehen.

Der Instinct, diese Stimme Gottes, der alle Thiere gehorchen, 5 mußte den Neuling anfänglich allein leiten. Dieser erlaubte ihm einige Dinge zur Nahrung, andere verbot er ihm (III, 2. 3). — Es ist aber nicht nöthig, einen besondern jetzt verlorenen Instinct zu diesem Behuf anzunehmen; es konnte bloß der Sinn des Geruchs und dessen Verwandtschaft mit dem Organ des Geschmacks, dieses letzteren bekannte Sympathie 10 aber mit den Werkzeugen der Verdauung und also gleichsam das Vermögen der Vorempfindung der Tauglichkeit oder Untauglichkeit einer Speise zum Genusse, dergleichen man auch noch jetzt wahrnimmt, gewesen sein. Sogar darf man diesen Sinn im ersten Paare nicht schärfer, als er jetzt ist, annehmen; denn es ist bekannt genug, welcher Unterschied in der 15 Wahrnehmungskraft zwischen den bloß mit ihren Sinnen und den zugleich mit ihren Gedanken beschäftigten, dadurch aber von ihren Empfindungen abgewandten Menschen angetroffen werde.

So lange der unerfahrne Mensch diesem Rufe der Natur gehorchte, so befand er sich gut dabei. Allein die Vernunft fing bald an sich zu 20 regen und suchte durch Vergleichung des Genossenen mit dem, was ihm ein anderer Sinn als der, woran der Instinct gebunden war, etwa der Sinn des Gesichts, als dem sonst Genossenen ähnlich vorstellte, seine Kenntniß der Nahrungsmittel über die Schranken des Instincts zu erweitern (III, 6). Dieser Versuch hätte zufälligerweise noch gut genug 25 ausfallen können, obgleich der Instinct nicht anrieth, wenn er nur nicht widersprach. Allein es ist eine Eigenschaft der Vernunft, daß sie Begierden mit Beihülfe der Einbildungskraft nicht allein ohne einen darauf gerichteten Naturtrieb, sondern sogar wider denselben erkünsteln kann, welche im Anfange den Namen der Lüsternheit bekommen, wodurch aber nach und 30 nach ein ganzer Schwarm entbehrlicher, ja sogar naturwidriger Neigungen unter der Benennung der Üppigkeit ausgeheckt wird. Die Veranlassung, von dem Naturtriebe abtrünnig zu werden, durfte nur eine Kleinigkeit sein; allein der Erfolg des ersten Versuchs, nämlich sich seiner Vernunft

---

Schreien, Pfeifen, Singen und andere lärmende Unterhaltungen (oft auch der- 35 gleichen Andachten) den denkenden Theil des gemeinen Wesens stören. Denn ich sehe keinen andern Bewegungsgrund hiezu, als daß sie ihre Existenz weit und breit um sich kund machen wollen.

als eines Vermögens bewußt zu werden, das sich über die Schranken, worin alle Thiere gehalten werden, erweitern kann, war sehr wichtig und für die Lebensart entscheidend. Wenn es also auch nur eine Frucht gewesen wäre, deren Anblick durch die Ähnlichkeit mit anderen annehmlichen, die man sonst gekostet hatte, zum Versuche einladete; wenn dazu noch etwa 5 das Beispiel eines Thieres kam, dessen Natur ein solcher Genuß angemessen, so wie er im Gegentheil dem Menschen nachtheilig war, daß folglich in diesem ein sich dawider setzender natürlicher Instinct war: so konnte dieses schon der Vernunft die erste Veranlassung geben, mit der Stimme der Natur zu chikaniren (III, 1) und trotz ihrem Widerspruch 10 den ersten Versuch von einer freien Wahl zu machen, der als der erste wahrscheinlicherweise nicht der Erwartung gemäß ausfiel. Der Schade mochte nun gleich so unbedeutend gewesen sein, als man will, so gingen dem Menschen hierüber doch die Augen auf (V. 7). Er entdeckte in sich ein Vermögen, sich selbst eine Lebensweise auszuwählen und nicht gleich 15 anderen Thieren an eine einzige gebunden zu sein. Auf das augenblickliche Wohlgefallen, das ihm dieser bemerkte Vorzug erwecken mochte, mußte doch sofort Angst und Bangigkeit folgen: wie er, der noch kein Ding nach seinen verborgenen Eigenschaften und entfernten Wirkungen kannte, mit seinem neu entdeckten Vermögen zu Werke gehen sollte. Er stand gleich- 20 sam am Rande eines Abgrundes; denn aus einzelnen Gegenständen seiner Begierde, die ihm bisher der Instinct angewiesen hatte, war ihm eine Unendlichkeit derselben eröffnet, in deren Wahl er sich noch gar nicht zu finden wußte; und aus diesem einmal gekosteten Stande der Freiheit war es ihm gleichwohl jetzt unmöglich, in den der Dienstbarkeit (unter der 25 Herrschaft des Instincts) wieder zurück zu kehren.

Nächst dem Instinct zur Nahrung, durch welchen die Natur jedes Individuum erhält, ist der Instinct zum Geschlecht, wodurch sie für die Erhaltung jeder Art sorgt, der vorzüglichste. Die einmal rege gewordene Vernunft säumte nun nicht, ihren Einfluß auch an diesem zu be- 30 weisen. Der Mensch fand bald: daß der Reiz des Geschlechts, der bei den Thieren bloß auf einem vorübergehenden, größtentheils periodischen Antriebe beruht, für ihn der Verlängerung und sogar Vermehrung durch die Einbildungskraft fähig sei, welche ihr Geschäft zwar mit mehr Mäßigung, aber zugleich dauerhafter und gleichförmiger treibt, je mehr 35 der Gegenstand den Sinnen entzogen wird, und daß dadurch der Überdruß verhütet werde, den die Sättigung einer bloß thierischen Begierde

bei sich führt. Das Feigenblatt (V. 7) war also das Product einer weit größeren Äußerung der Vernunft, als sie in der ersteren Stufe ihrer Entwickelung bewiesen hatte. Denn eine Neigung dadurch inniglicher und dauerhafter zu machen, daß man ihren Gegenstand den Sinnen entzieht,
5 zeigt schon das Bewußtsein einiger Herrschaft der Vernunft über Antriebe und nicht bloß, wie der erstere Schritt ein Vermögen ihnen im kleineren oder größeren Umfange Dienste zu leisten. Weigerung war das Kunststück, um von bloß empfundenen zu idealischen Reizen, von der bloß thierischen Begierde allmählig zur Liebe und mit dieser vom Gefühl des
10 bloß Angenehmen zum Geschmack für Schönheit anfänglich nur an Menschen, dann aber auch an der Natur überzuführen. Die Sittsamkeit, eine Neigung durch guten Anstand (Verhehlung dessen, was Geringschätzung erregen könnte) Andern Achtung gegen uns einzuflößen, als die eigentliche Grundlage aller wahren Geselligkeit, gab überdem den ersten Wink zur
15 Ausbildung des Menschen als eines sittlichen Geschöpfs. — Ein kleiner Anfang, der aber Epoche macht, indem er der Denkungsart eine ganz neue Richtung giebt, ist wichtiger, als die ganze unabsehliche Reihe von darauf folgenden Erweiterungen der Cultur.

Der dritte Schritt der Vernunft, nachdem sie sich in die ersten un-
20 mittelbar empfundenen Bedürfnisse gemischt hatte, war die überlegte Erwartung des Künftigen. Dieses Vermögen, nicht bloß den gegenwärtigen Lebensaugenblick zu genießen, sondern die kommende, oft sehr entfernte Zeit sich gegenwärtig zu machen, ist das entscheidendste Kennzeichen des menschlichen Vorzuges, um seiner Bestimmung gemäß sich zu
25 entfernten Zwecken vorzubereiten, — aber auch zugleich der unversiegendste Quell von Sorgen und Bekümmernissen, die die ungewisse Zukunft erregt, und welcher alle Thiere überhoben sind (V. 13—19). Der Mann, der sich und eine Gattin sammt künftigen Kindern zu ernähren hatte, sah die immer wachsende Mühseligkeit seiner Arbeit; das Weib sah die Beschwer-
30 lichkeiten, denen die Natur ihr Geschlecht unterworfen hatte, und noch obenein diejenigen, welche der mächtigere Mann ihr auferlegen würde, voraus. Beide sahen nach einem mühseligen Leben noch im Hintergrunde des Gemäldes das, was zwar alle Thiere unvermeidlich trifft, ohne sie doch zu bekümmern, nämlich den Tod, mit Furcht voraus und schienen
35 sich den Gebrauch der Vernunft, die ihnen alle diese Übel verursacht, zu verweisen und zum Verbrechen zu machen. In ihrer Nachkommenschaft zu leben, die es vielleicht besser haben, oder auch wohl als Glieder einer

Familie ihre Beschwerden erleichtern könnten, war vielleicht die einzige tröstende Aussicht, die sie aufrichtete (V. 16—20).

Der vierte und letzte Schritt, den die den Menschen über die Gesellschaft mit Thieren gänzlich erhebende Vernunft that, war: daß er (wiewohl nur dunkel) begriff, er sei eigentlich der Zweck der Natur, und 5 nichts, was auf Erden lebt, könne hierin einen Mitwerber gegen ihn abgeben. Das erstemal, daß er zum Schafe sagte: den Pelz, den du trägst, hat dir die Natur nicht für dich, sondern für mich gegeben, ihm ihn abzog und sich selbst anlegte (V. 21): ward er eines Vorrechtes inne, welches er vermöge seiner Natur über alle Thiere hatte, die 10 er nun nicht mehr als seine Mitgenossen an der Schöpfung, sondern als seinem Willen überlassene Mittel und Werkzeuge zu Erreichung seiner beliebigen Absichten ansah. Diese Vorstellung schließt (wiewohl dunkel) den Gedanken des Gegensatzes ein: daß er so etwas zu keinem Menschen sagen dürfe, sondern diesen als gleichen Theilnehmer an den Geschenken 15 der Natur anzusehen habe; eine Vorbereitung von weitem zu den Einschränkungen, die die Vernunft künftig dem Willen in Ansehung seines Mitmenschen auferlegen sollte, und welche weit mehr als Zuneigung und Liebe zu Errichtung der Gesellschaft nothwendig ist.

Und so war der Mensch in eine Gleichheit mit allen vernünftigen Wesen, von welchem Range sie auch sein mögen, getreten (III, 22): 20 nämlich in Ansehung des Anspruchs selbst Zweck zu sein, von jedem anderen auch als ein solcher geschätzt und von keinem bloß als Mittel zu anderen Zwecken gebraucht zu werden. Hierin und nicht in der Vernunft, wie sie bloß als ein Werkzeug zu Befriedigung der mancherlei Neigungen be- 25 trachtet wird, steckt der Grund der so unbeschränkten Gleichheit des Menschen selbst mit höheren Wesen, die ihm an Naturgaben sonst über alle Vergleichung vorgehen möchten, deren keines aber darum ein Recht hat, über ihn nach bloßem Belieben zu schalten und zu walten. Dieser Schritt ist daher zugleich mit Entlassung desselben aus dem Mutterschooße der 30 Natur verbunden: eine Veränderung, die zwar ehrend, aber zugleich sehr gefahrvoll ist, indem sie ihn aus dem harmlosen und sicheren Zustande der Kindespflege, gleichsam aus einem Garten, der ihn ohne seine Mühe versorgte, heraustrieb (V. 23) und ihn in die weite Welt stieß, wo so viel Sorgen, Mühe und unbekannte Übel auf ihn warten. Künftig wird ihm 35 die Mühseligkeit des Lebens öfter den Wunsch nach einem Paradiese, dem Geschöpfe seiner Einbildungskraft, wo er in ruhiger Unthätigkeit und be-

ständigem Frieden sein Dasein verträumen oder vertändeln könne, ab-
locken. Aber es lagert sich zwischen ihm und jenem eingebildeten Sitz der
Wonne die rastlose und zur Entwickelung der in ihn gelegten Fähigkeiten
unwiderstehlich treibende Vernunft und erlaubt es nicht, in den Stand
5 der Rohigkeit und Einfalt zurück zu kehren, aus dem sie ihn gezogen
hatte (V. 24). Sie treibt ihn an, die Mühe, die er haßt, dennoch geduldig
über sich zu nehmen, dem Flitterwerk, das er verachtet, nachzulaufen und
den Tod selbst, vor dem ihn grauet, über alle jene Kleinigkeiten, deren
Verlust er noch mehr scheuet, zu vergessen.

10 ## Anmerkung.

Aus dieser Darstellung der ersten Menschengeschichte ergiebt sich: daß
der Ausgang des Menschen aus dem ihm durch die Vernunft als erster
Aufenthalt seiner Gattung vorgestellten Paradiese nicht anders, als der
Übergang aus der Rohigkeit eines bloß thierischen Geschöpfes in die
15 Menschheit, aus dem Gängelwagen des Instincts zur Leitung der Vernunft, mit einem Worte, aus der Vormundschaft der Natur in den Stand
der Freiheit gewesen sei. Ob der Mensch durch diese Veränderung gewonnen oder verloren habe, kann nun nicht mehr die Frage sein, wenn
man auf die Bestimmung seiner Gattung sieht, die in nichts als im
20 Fortschreiten zur Vollkommenheit besteht, so fehlerhaft auch die ersten
selbst in einer langen Reihe ihrer Glieder nach einander folgenden Versuche, zu diesem Ziele durchzudringen, ausfallen mögen. — Indessen ist
dieser Gang, der für die Gattung ein Fortschritt vom Schlechteren zum
Besseren ist, nicht eben das Nämliche für das Individuum. Ehe die Ver-
25 nunft erwachte, war noch kein Gebot oder Verbot und also noch keine
Übertretung; als sie aber ihr Geschäft anfing und, schwach wie sie ist, mit
der Thierheit und deren ganzen Stärke ins Gemenge kam, so mußten
Übel und, was ärger ist, bei cultivirterer Vernunft Laster entspringen, die
dem Stande der Unwissenheit, mithin der Unschuld ganz fremd waren.
30 Der erste Schritt also aus diesem Stande war auf der sittlichen Seite
ein Fall; auf der physischen waren eine Menge nie gekannter Übel des
Lebens die Folge dieses Falls, mithin Strafe. Die Geschichte der Natur
fängt also vom Guten an, denn sie ist das Werk Gottes; die Geschichte
der Freiheit vom Bösen, denn sie ist Menschenwerk. Für das In-
35 dividuum, welches im Gebrauche seiner Freiheit bloß auf sich selbst sieht,
war bei einer solchen Veränderung Verlust; für die Natur, die ihren

Zweck mit dem Menschen auf die Gattung richtet, war sie Gewinn. Jenes hat daher Ursache, alle Übel, die es erduldet, und alles Böse, das es verübt, seiner eigenen Schuld zuzuschreiben, zugleich aber auch als ein Glied des Ganzen (einer Gattung) die Weisheit und Zweckmäßigkeit der Anordnung zu bewundern und zu preisen. — Auf diese Weise kann man auch die so oft gemißdeuteten, dem Scheine nach einander widerstreitenden Behauptungen des berühmten *J. J. Rousseau* unter sich und mit der Vernunft in Einstimmung bringen. In seiner Schrift *über den Einfluß der Wissenschaften* und der *über die Ungleichheit der Menschen* zeigt er ganz richtig den unvermeidlichen Widerstreit der Cultur mit der Natur des menschlichen Geschlechts, als einer *physischen* Gattung, in welcher jedes Individuum seine Bestimmung ganz erreichen sollte; in seinem *Emil* aber, seinem *gesellschaftlichen Contracte* und anderen Schriften sucht er wieder das schwerere Problem aufzulösen: wie die Cultur fortgehen müsse, um die Anlagen der Menschheit als einer *sittlichen* Gattung zu ihrer Bestimmung gehörig zu entwickeln, so daß diese jener als Naturgattung nicht mehr widerstreite. Aus welchem Widerstreit (da die Cultur nach wahren Principien *der Erziehung* zum Menschen und Bürger zugleich vielleicht noch nicht recht angefangen, viel weniger vollendet ist) alle wahre Übel entspringen, die das menschliche Leben drücken, und alle Laster, die es verunehren*); indessen daß die

---

*) Um nur einige Beispiele dieses Widerstreits zwischen der Bestrebung der Menschheit zu ihrer sittlichen Bestimmung einerseits und der unveränderlichen Befolgung der für den rohen und thierischen Zustand in ihrer Natur gelegten Gesetze andererseits beizubringen, führe ich folgendes an.

Die Epoche der Mündigkeit, d. i. des Triebes sowohl als Vermögens, seine Art zu erzeugen, hat die Natur auf das Alter von etwa 16 bis 17 Jahren festgesetzt: ein Alter, in welchem der Jüngling im rohen Naturstande buchstäblich ein Mann wird; denn er hat alsdann das Vermögen sich selbst zu erhalten, seine Art zu erzeugen und auch diese sammt seinem Weibe zu erhalten. Die Einfalt der Bedürfnisse macht ihm dieses leicht. Im cultivirten Zustande hingegen gehören zum letzteren viele Erwerbmittel sowohl an Geschicklichkeit, als auch an günstigen äußern Umständen, so daß diese Epoche bürgerlich wenigstens im Durchschnitte um 10 Jahre weiter hinausgerückt wird. Die Natur hat indessen ihren Zeitpunkt der Reife nicht zugleich mit dem Fortschritte der gesellschaftlichen Verfeinerung verändert, sondern befolgt hartnäckig ihr Gesetz, welches sie auf die Erhaltung der Menschengattung als Thiergattung gestellt hat. Hieraus entspringt nun dem Naturzwecke durch die Sitten und diesen durch jenen ein unvermeidlicher

Anreize zu den letzteren, denen man desfalls Schuld giebt, an sich gut und als Naturanlagen zweckmäßig sind, diese Anlagen aber, da sie auf den bloßen Naturzustand gestellt waren, durch die fortgehende Cultur Abbruch leiden und dieser dagegen Abbruch thun, bis vollkommene Kunst wieder

---

Abbruch. Denn der Naturmensch ist in einem gewissen Alter schon Mann, wenn der bürgerliche Mensch (der doch nicht aufhört Naturmensch zu sein) nur Jüngling, ja wohl gar nur Kind ist; denn so kann man denjenigen wohl nennen, der seiner Jahre wegen (im bürgerlichen Zustande) sich nicht einmal selbst, viel weniger seine Art erhalten kann, ob er gleich den Trieb und das Vermögen, mithin den Ruf der Natur für sich hat, sie zu erzeugen. Denn die Natur hat gewiß nicht Instincte und Vermögen in lebende Geschöpfe gelegt, damit sie solche bekämpfen und unterdrücken sollten. Also war die Anlage derselben auf den gesitteten Zustand gar nicht gestellt, sondern bloß auf die Erhaltung der Menschengattung als Thiergattung; und der civilisirte Zustand kommt also mit dem letzteren in unvermeidlichen Widerstreit, den nur eine vollkommene bürgerliche Verfassung (das äußerste Ziel der Cultur) heben könnte, da jetzt jener Zwischenraum gewöhnlicherweise mit Lastern und ihrer Folge, dem mannigfaltigen menschlichen Elende, besetzt wird.

Ein anderes Beispiel zum Beweise der Wahrheit des Satzes: daß die Natur in uns zwei Anlagen zu zwei verschiedenen Zwecken, nämlich der Menschheit als Thiergattung und eben derselben als sittlicher Gattung, gegründet habe, ist das: Ars longa, vita brevis des Hippokrates. Wissenschaften und Künste könnten durch einen Kopf, der für sie gemacht ist, wenn er einmal zur rechten Reife des Urtheils durch lange Übung und erworbene Erkenntniß gelangt ist, viel weiter gebracht werden, als ganze Generationen von Gelehrten nach einander es leisten mögen, wenn jener nur mit der nämlichen jugendlichen Kraft des Geistes die Zeit, die diesen Generationen zusammen verliehen ist, durchlebte. Nun hat die Natur ihre Entschließung wegen der Lebensdauer des Menschen offenbar aus einem anderen Gesichtspunkte, als dem der Beförderung der Wissenschaften genommen. Denn wenn der glücklichste Kopf am Rande der größten Entdeckungen steht, die er von seiner Geschicklichkeit und Erfahrenheit hoffen darf, so tritt das Alter ein; er wird stumpf und muß es einer zweiten Generation (die wieder vom A B C anfängt und die ganze Strecke, die schon zurückgelegt war, nochmals durchwandern muß) überlassen, noch eine Spanne im Fortschritte der Cultur hinzuzuthun. Der Gang der Menschengattung zur Erreichung ihrer ganzen Bestimmung scheint daher unaufhörlich unterbrochen und in continuirlicher Gefahr zu sein, in die alte Rohigkeit zurückzufallen; und der griechische Philosoph klagte nicht ganz ohne Grund: *es ist Schade, daß man alsdann sterben muß, wenn man eben angefangen hat einzusehen, wie man eigentlich hätte leben sollen.*

Ein drittes Beispiel mag die *Ungleichheit* unter den Menschen und zwar nicht die der Naturgaben oder Glücksgüter, sondern des allgemeinen *Menschenrechts* derselben sein: eine Ungleichheit, über die *Rousseau* mit vieler Wahrheit

Natur wird: als welches das letzte Ziel der sittlichen Bestimmung der Menschengattung ist.

Beschluß der Geschichte.

Der Anfang der folgenden Periode war: daß der Mensch aus dem Zeitabschnitte der Gemächlichkeit und des Friedens in den der *Arbeit* und der *Zwietracht*, als das Vorspiel der Vereinigung in Gesellschaft, überging. Hier müssen wir wiederum einen großen Sprung thun und ihn auf einmal in den Besitz gezähmter Thiere und der Gewächse, die er selbst durch Säen oder Pflanzen zu seiner Nahrung vervielfältigen konnte, versetzen (IV, 2), obwohl es mit dem Übergange aus dem wilden Jägerleben in den ersten und aus dem unstäten Wurzelgraben oder Fruchtsammlen in den zweiten Zustand langsam genug zugegangen sein mag. Hier mußte nun der Zwist zwischen bis dahin friedlich neben einander lebenden Menschen schon anfangen, dessen Folge die Trennung derer von verschiedener Lebensart und ihre Zerstreuung auf der Erde war. Das *Hirtenleben* ist nicht allein gemächlich, sondern giebt auch, weil es in einem weit und breit unbewohnten Boden an Futter nicht mangeln kann, den sichersten Unterhalt. Dagegen ist der *Ackerbau* oder die Pflanzung sehr mühsam, vom Unbestande der Witterung abhängend, mithin unsicher, erfordert auch bleibende Behausung, Eigenthum des Bodens und hinreichende Gewalt, ihn zu vertheidigen; der Hirte aber haßt dieses Eigenthum, welches seine Freiheit der Weiden einschränkt. Was das erste betrifft, so konnte der Ackersmann den Hirten als vom Himmel mehr begünstigt zu beneiden scheinen (V. 4); in der That aber wurde ihm der letztere, so lange er in seiner Nachbarschaft blieb, sehr lästig; denn das weidende

---

klagt, die aber von der Cultur nicht abzusondern ist, so lange sie gleichsam planlos fortgeht (welches eine lange Zeit hindurch gleichfalls unvermeidlich ist), und zu welcher die Natur den Menschen gewiß nicht bestimmt hatte, da sie ihm Freiheit gab und Vernunft, diese Freiheit durch nichts als ihre eigene allgemeine und zwar äußere Gesetzmäßigkeit, welche das *bürgerliche Recht* heißt, einzuschränken. Der Mensch sollte sich aus der Rohigkeit seiner Naturanlagen selbst herausarbeiten und, indem er sich über sie erhebt, dennoch Acht haben, daß er nicht wider sie verstoße; eine Geschicklichkeit, die er nur spät und nach vielen mißlingenden Versuchen erwarten kann, binnen welcher Zwischenzeit die Menschheit unter den Übeln seufzt, die sie sich aus Unerfahrenheit selbst anthut.

Vieh schont seine Pflanzungen nicht. Da es nun jenem nach dem Schaden, den er angerichtet hat, ein Leichtes ist, sich mit seiner Heerde weit weg zu machen und sich aller Schadloshaltung zu entziehen, weil er nichts hinterläßt, was er nicht eben so gut allenthalben wieder fände: so war es wohl
5 der Ackersmann, der gegen solche Beeinträchtigungen, die der andere nicht für unerlaubt hielt, Gewalt brauchen und (da die Veranlassung dazu niemals ganz aufhören konnte), wenn er nicht der Früchte seines langen Fleißes verlustig gehen wollte, sich endlich so weit, als es ihm möglich war, von denen, die das Hirtenleben trieben, *entfernen* mußte (V. 16).
10 Diese Scheidung macht die dritte Epoche.

Ein Boden, von dessen Bearbeitung und Bepflanzung (vornehmlich mit Bäumen) der Unterhalt abhängt, erfordert bleibende Behausungen; und die Vertheidigung desselben gegen alle Verletzungen bedarf einer Menge einander Beistand leistender Menschen. Mithin konnten die Men-
15 schen bei dieser Lebensart sich nicht mehr familienweise zerstreuen, sondern mußten zusammen halten und Dorfschaften (uneigentlich *Städte* genannt) errichten, um ihr Eigenthum gegen wilde Jäger oder Horden herumschweifender Hirten zu schützen. Die ersten Bedürfnisse des Lebens, deren Anschaffung eine *verschiedene Lebensart* erfordert (V. 20), konnten
20 nun gegen einander *vertauscht* werden. Daraus mußte *Cultur* entspringen und der Anfang der *Kunst*, des Zeitvertreibes sowohl als des Fleißes (V. 21. 22); was aber das Vornehmste ist, auch einige Anstalt zur bürgerlichen Verfassung und öffentlicher Gerechtigkeit, zuerst freilich nur in Ansehung der größten Gewaltthätigkeiten, deren Rächung nun nicht
25 mehr wie im wilden Zustande Einzelnen, sondern einer gesetzmäßigen Macht, die das Ganze zusammenhielt, d. i. einer Art von Regierung überlassen war, über welche selbst keine Ausübung der Gewalt statt fand (V. 23, 24). — Von dieser ersten und rohen Anlage konnte sich nun nach und nach alle menschliche Kunst, unter welcher die der *Geselligkeit*
30 *und bürgerlichen Sicherheit* die ersprießlichste ist, allmählich entwickeln, das menschliche Geschlecht sich vermehren und aus einem Mittelpunkte wie Bienenstöcke durch Aussendung schon gebildeter Colonisten überall verbreiten. Mit dieser Epoche fing auch die *Ungleichheit* unter Menschen, diese reiche Quelle so vieles Bösen, aber auch alles Guten, an
35 und nahm fernerhin zu.

So lange nun noch die nomadischen Hirtenvölker, welche allein Gott für ihren Herrn erkennen, die Städtebewohner und Ackerleute, welche einen Menschen (Obrigkeit) zum Herrn haben (VI, 4)*), umschwärmten und als abgesagte Feinde alles Landeigenthums diese anfeindeten und von diesen wieder gehaßt wurden, war zwar continuirlicher Krieg zwischen beiden, wenigstens unaufhörliche Kriegsgefahr, und beiderseitige Völker konnten daher im Inneren wenigstens des unschätzbaren Guts der Freiheit 5 froh werden — (denn Kriegsgefahr ist auch noch jetzt das einzige, was den Despotismus mäßigt: weil Reichthum dazu erfordert wird, daß ein Staat jetzt eine Macht sei, ohne Freiheit aber keine Betriebsamkeit, die Reichthum hervorbringen könnte, statt findet. In einem armen Volke muß an dessen Stelle große Theilnehmung an der Erhaltung des gemeinen 10 Wesens angetroffen werden, welche wiederum nicht anders, als wenn es sich darin frei fühlt, möglich ist). — Mit der Zeit aber mußte denn doch der anhebende Luxus der Städtebewohner, vornehmlich aber die Kunst zu gefallen, wodurch die städtischen Weiber die schmutzigen Dirnen der Wüsten verdunkelten, eine mächtige Lockspeise für jene Hirten sein 15 (V. 2), in Verbindung mit diesen zu treten und sich in das glänzende Elend der Städte ziehen zu lassen. Da denn durch Zusammenschmelzung zweier sonst einander feindseligen Völkerschaften mit dem Ende aller Kriegsgefahr zugleich das Ende aller Freiheit, also der Despotismus mächtiger Tyrannen einerseits, bei kaum noch angefangener Cultur aber seelenlose 20 Üppigkeit in verworfenster Sklaverei, mit allen Lastern des rohen Zustandes vermischt, andrerseits das menschliche Geschlecht von dem ihm durch die Natur vorgezeichneten Fortgange der Ausbildung seiner Anlagen zum Guten unwiderstehlich abbrachte; und es dadurch selbst seiner Existenz, als einer über die Erde zu herrschen, nicht viehisch zu genießen und sklavisch 25 zu dienen bestimmten Gattung, unwürdig machte (V. 17).

Schluß-Anmerkung.

Der denkende Mensch fühlt einen Kummer, der wohl gar Sittenverderbniß werden kann, von welchem der Gedankenlose nichts weiß: nämlich Unzufriedenheit mit der Vorsehung, die den Weltlauf im Ganzen 30

---

*) Die arabischen Beduinen nennen sich noch Kinder eines ehemaligen Schechs, des Stifters ihres Stammes (als Beni Haled u. d. gl.). Dieser ist keinesweges Herr über sie und kann nach seinem Kopfe keine Gewalt an ihnen ausüben. Denn in einem Hirtenvolke, da niemand liegendes Eigenthum hat, welches er zurücklassen müßte, kann jede Familie, der es da mißfällt, 35 sich sehr leicht vom Stamme absondern, um einen andern zu verstärken.

regiert, wenn er die Übel überschlägt, die das menschliche Geschlecht so sehr und (wie es scheint) ohne Hoffnung eines Bessern drücken. Es ist aber von der größten Wichtigkeit: *mit der Vorsehung zufrieden zu sein* (ob sie uns gleich auf unserer Erdenwelt eine so mühsame Bahn vorgezeichnet hat): theils um unter den Mühseligkeiten immer noch Muth zu fassen, theils um, indem wir die Schuld davon aufs Schicksal schieben, nicht unsere eigene, die vielleicht die einzige Ursache aller dieser Übel sein mag, darüber aus dem Auge zu setzen und in der Selbstbesserung die Hülfe dagegen zu versäumen.

Man muß gestehen: daß die größten Übel, welche gesittete Völker drücken, uns vom *Kriege* und zwar nicht so sehr von dem, der wirklich oder gewesen ist, als von der nie nachlassenden und sogar unaufhörlich vermehrten *Zurüstung* zum künftigen zugezogen werden. Hiezu werden alle Kräfte des Staats, alle Früchte seiner Cultur, die zu einer noch größeren Cultur gebraucht werden könnten, verwandt; der Freiheit wird an so viel Orten mächtiger Abbruch gethan und die mütterliche Vorsorge des Staats für einzelne Glieder in eine unerbittliche Härte der Forderungen verwandelt, indeß diese doch auch durch die Besorgniß äußerer Gefahr gerechtfertigt wird. Allein würde wohl diese Cultur, würde die enge Verbindung der Stände des gemeinen Wesens zur wechselseitigen Beförderung ihres Wohlstandes, würde die Bevölkerung, ja sogar der Grad der Freiheit, der, obgleich unter sehr einschränkenden Gesetzen, noch übrig ist, wohl angetroffen werden, wenn jener immer gefürchtete Krieg selbst den Oberhäuptern der Staaten diese *Achtung für die Menschheit* nicht abnöthigte? Man sehe nur *Sina* an, welches seiner Lage nach wohl etwa einmal einen unvorhergesehenen Überfall, aber keinen mächtigen Feind zu fürchten hat, und in welchem daher alle Spur von Freiheit vertilgt ist. — Auf der Stufe der Cultur also, worauf das menschliche Geschlecht noch steht, ist der Krieg ein unentbehrliches Mittel, diese noch weiter zu bringen; und nur nach einer (Gott weiß wann) vollendeten Cultur würde ein immerwährender Friede für uns heilsam und auch durch jene allein möglich sein. Also sind wir, was diesen Punkt betrifft, an den Übeln doch wohl selbst schuld, über die wir so bittere Klagen erheben; und die heilige Urkunde hat ganz recht, die Zusammenschmelzung der Völker in eine Gesellschaft und ihre völlige Befreiung von äußerer Gefahr, da ihre Cultur kaum angefangen hatte, als eine Hemmung aller ferneren Cultur und eine Versenkung in unheilbares Verderbniß vorzustellen.

Die zweite Unzufriedenheit der Menschen trifft die Ordnung der Natur in Ansehung der Kürze des Lebens. Man muß sich zwar nur schlecht auf die Schätzung des Werths desselben verstehen, wenn man noch wünschen kann, daß es länger währen solle, als es wirklich dauret; denn das wäre doch nur eine Verlängerung eines mit lauter Mühseligkeiten beständig ringenden Spiels. Aber man mag es einer kindischen Urtheilskraft allenfalls nicht verdenken, daß sie den Tod fürchtet, ohne das Leben zu lieben, und, indem es ihr schwer wird, ihr Dasein jeden einzelnen Tag mit leidlicher Zufriedenheit durchzubringen, dennoch der Tage niemals genug hat, diese Plage zu wiederholen. Wenn man aber nur bedenkt, wie viel Sorge um die Mittel zur Hinbringung eines so kurzen Lebens uns quält, wie viel Ungerechtigkeit auf Hoffnung eines künftigen, obzwar so wenig daurenden Genusses ausgeübt wird, so muß man vernünftiger Weise glauben: daß, wenn die Menschen in eine Lebensdauer von 800 und mehr Jahren hinaussehen könnten, der Vater vor seinem Sohne, ein Bruder vor dem anderen, oder ein Freund neben dem anderen kaum seines Lebens mehr sicher sein würde, und daß die Laster eines so lange lebenden Menschengeschlechts zu einer Höhe steigen müßten, wodurch sie keines bessern Schicksals würdig sein würden, als in einer allgemeinen Überschwemmung von der Erde vertilgt zu werden (V. 12. 13).

Der dritte Wunsch, oder vielmehr die leere Sehnsucht (denn man ist sich bewußt, daß das Gewünschte uns niemals zu Theil werden kann) ist das Schattenbild des von Dichtern so gepriesenen goldenen Zeitalters: wo eine Entledigung von allem eingebildeten Bedürfnisse, das uns die Üppigkeit aufladet, sein soll, eine Genügsamkeit mit dem bloßen Bedarf der Natur, eine durchgängige Gleichheit der Menschen, ein immerwährender Friede unter ihnen, mit einem Worte der reine Genuß eines sorgenfreien, in Faulheit verträumten oder mit kindischem Spiel vertändelten Lebens: — eine Sehnsucht, die die Robinsone und die Reisen nach den Südseeinseln so reizend macht, überhaupt aber den Überdruß beweiset, den der denkende Mensch am civilisirten Leben fühlt, wenn er dessen Werth lediglich im Genusse sucht und das Gegengewicht der Faulheit dabei in Anschlag bringt, wenn etwa die Vernunft ihn erinnert, dem Leben durch Handlungen einen Werth zu geben. Die Nichtigkeit dieses Wunsches zur Rückkehr in jene Zeit der Einfalt und Unschuld wird hinreichend gezeigt, wenn man durch die obige Vorstellung des ursprünglichen Zustandes belehrt wird: der Mensch könne sich darin nicht erhalten, darum weil er ihm nicht genügt; noch weniger sei er geneigt, jemals wieder in denselben zurückzukehren; so daß er also den gegenwärtigen Zustand der Mühseligkeiten doch immer sich selbst und seiner eigenen Wahl beizumessen habe.

5 Es ist also dem Menschen eine solche Darstellung seiner Geschichte ersprießlich und dienlich zur Lehre und zur Besserung, die ihm zeigt: daß er der Vorsehung wegen der Übel, die ihn drücken, keine Schuld geben müsse; daß er seine eigene Vergehung auch nicht einem ursprünglichen Verbrechen seiner Stammeltern zuzuschreiben berechtigt sei, wodurch etwa 10 ein Hang zu ähnlichen Übertretungen in der Nachkommenschaft erblich geworden wäre (denn willkürliche Handlungen können nichts Anerbendes bei sich führen); sondern daß er das von jenen Geschehene mit vollem Rechte als von ihm selbst gethan anerkennen und sich also von allen Übeln, die aus dem Mißbrauche seiner Vernunft entspringen, die Schuld gänzlich 15 selbst beizumessen habe, indem er sich sehr wohl bewußt werden kann, er würde sich in denselben Umständen gerade eben so verhalten und den ersten Gebrauch der Vernunft damit gemacht haben, sie (selbst wider den Wink der Natur) zu mißbrauchen. Die eigentlichen physischen Übel, wenn jener Punkt wegen der moralischen berichtigt ist, können alsdann in der 20 Gegenrechnung von Verdienst und Schuld schwerlich einen Überschuß zu unserem Vortheil austragen.

Und so ist der Ausschlag einer durch Philosophie versuchten ältesten Menschengeschichte: Zufriedenheit mit der Vorsehung und dem Gange menschlicher Dinge im Ganzen, der nicht vom Guten anhebend zum Bösen 25 fortgeht, sondern sich vom Schlechtern zum Besseren allmählig entwickelt; zu welchem Fortschritte denn ein jeder an seinem Theile, so viel in seinen Kräften steht, beizutragen durch die Natur selbst berufen ist.

Recension
von
Gottlieb Hufeland's
Versuch über den Grundsatz des Naturrechts.

Versuch über den Grundsatz des Naturrechts — nebst einem Anhange, von Gottlieb Hufeland, der Weltweisheit u. beider Rechte Doctor. Leipzig bei G. J. Göschen 1785.

In Wissenschaften, deren Gegenstand durch lauter Vernunftbegriffe
5 gedacht werden muß, wie die es sind, welche die praktische Weltweisheit ausmachen, nicht blos zu den ersten Grundbegriffen und Grundsätzen zurückgehen, sondern, weil es diesen leicht an Zulässigkeit und objectiver Realität fehlen könnte, die selbst durch ihre Zulänglichkeit für einzelne vorkommende Fälle noch nicht hinreichend bewiesen ist, ihre Quellen in dem
10 Vernunftvermögen selbst aufsuchen, ist ein rühmliches Unternehmen, welchem sich Herr Hufeland hier in Ansehung des Naturrechts unterzogen hat. Er stellt in zehn Abschnitten den Gegenstand des Naturrechts, die Entwickelung des Begriffs vom Recht, die nothwendigen Eigenschaften des Grundsatzes desselben, dann die verschiedenen Systeme hierüber und die
15 Prüfung derselben, jene mit historischer Ausführlichkeit, diese mit kritischer Genauigkeit dar, wo man die Grundsätze eines Grotius, Hobbes, Pufendorf, Thomasius, Heinrich und Sam. von Cocceji, Wolff, Gundling, Beyer, Treuer, Köhler, Claproth, Schmauß, Achenwall, Sulzer, Feder, Eberhard, Platner, Mendelssohn, Garve, Höpfner, Ulrich, Zöllner, Hamann, Selle,
20 Flatt, Schlettwein antrifft und nicht leicht einen vermissen wird, welches dem, welcher gerne das Ganze alles bisher in diesem Fache Geschehenen übersehen und die allgemeine Musterung desselben anstellen möchte, eine angenehme Erleichterung ist. Er sucht die Ursachen dieser Verschiedenheit in Grundsätzen auf; setzt darauf die formalen Bedingungen des
25 Naturrechts fest, leitet den Grundsatz desselben in einer von ihm selbst ausgedachten Theorie ab, bestimmt die Verbindlichkeit im Naturrecht näher und vollendet dieses Werk durch die daraus gezogenen Folgerungen; dem im Anhange noch einige besondere Anwendungen jener Begriffe und Grundsätze beigefügt sind.

30 In einer so großen Mannigfaltigkeit der Materien über einzelne Punkte Anmerkungen zu machen, würde eben so weitschweifig, als unzweckmäßig sein. Es mag also genug sein, den Grundsatz der Errichtung eines

eigenen Systems, der dieses Werk charakterisirt, vom achten Abschnitte an auszuheben und seine Quelle sowohl als die Bestimmung anzuzeigen. Der Verfasser hält nämlich Principien, die blos die Form des freien Willens unangesehen alles Objects bestimmen, nicht für hinreichend zum praktischen Gesetze und also, um Verbindlichkeit davon abzuleiten. Daher 5 sucht er zu jenen formalen Regeln eine Materie, d. i. ein Object, welches als der höchste Zweck eines vernünftigen Wesens, den ihm die Natur der Dinge vorschreibt, als ein Postulat angenommen werden könne, und setzt es in der Vervollkommnung desselben. Daher der oberste praktische Grundsatz: Befördere die Vollkommenheit aller empfindenden, vorzüglich 10 der vernünftigen Wesen, — also auch deine eigene; woraus denn der Satz: Verhindere die Verminderung derselben an andern, — vorzüglich an dir selbst (so fern andere davon die Ursache sein möchten), welches letztere einen Widerstand, mithin einen Zwang offenbar in sich schließt.

Das Eigenthümliche des Systems unsers Verfassers besteht nun 15 darin, daß er den Grund alles Naturrechts und aller Befugniß in einer vorhergehenden natürlichen Verbindlichkeit setzt, und daß der Mensch darum befugt sei andere zu zwingen, weil er hiezu (nach dem letzten Theile des Grundsatzes) verbunden ist; anders, glaubt er, könne die Befugniß zum Zwange nicht erklärt werden. Ob er nun gleich die ganze Wissenschaft 20 natürlicher Rechte auf Verbindlichkeiten gründet, so warnt er doch, darunter nicht die Verbindlichkeit anderer, unserm Recht eine Gnüge zu leisten, zu verstehen (Hobbes merkt schon an, daß, wo der Zwang unsere Ansprüche begleitet, keine Verbindlichkeit anderer, sich diesem Zwange zu unterwerfen, mehr gedacht werden könne). Hieraus schließt er, daß die Lehre von den Ver- 25 bindlichkeiten im Naturrecht überflüssig sei und oft mißleiten könne. Hierin tritt Recensent dem Verfasser gerne bei. Denn die Frage ist hier nur, unter welchen Bedingungen ich den Zwang ausüben könne, ohne den allgemeinen Grundsätzen des Rechts zu widerstreiten; ob der andere nach eben denselben Grundsätzen sich passiv verhalten oder reagiren dürfe, ist seine 30 Sache zu untersuchen, so lange nämlich alles im Naturzustande betrachtet wird, denn im bürgerlichen ist dem Richterspruche, der das Recht dem einen Theil zuerkennt, jederzeit eine Verbindlichkeit des Gegners correspondirend. Auch hat diese Bemerkung im Naturrecht ihren großen Nutzen, um den eigentlichen Rechtsgrund nicht durch Einmengung ethischer Fragen zu ver- 35 wirren. Allein daß die Befugniß zu zwingen sogar eine Verbindlichkeit dazu, welche uns von der Natur selbst auferlegt sei, durchaus zum Grunde

haben müsse, das scheint Recensenten nicht klar zu sein; vornehmlich weil der Grund mehr enthält, als zu jener Folge nöthig ist. Denn daraus scheint zu folgen, daß man von seinem Rechte sogar nichts nachlassen könne, wozu uns ein Zwang erlaubt ist, weil diese Erlaubniß auf einer
5 innern Verbindlichkeit beruht, sich durchaus und mithin allenfalls mit Gewalt die uns gestrittene Vollkommenheit zu erringen. Es scheint auch: daß nach dem angenommenen Richtmaße der Befugniß die Beurtheilung dessen, wozu ich ein Recht habe, selbst in den gemeinsten Fällen des Lebens so künstlich ausfallen müsse, daß selbst der geübteste Verstand sich in con-
10 tinuirlicher Verlegenheit, wo nicht gar in der Unmöglichkeit befinden würde, mit Gewißheit auszumachen, wie weit sich sein Recht erstrecke. — Von dem Rechte zum Ersatz behauptet der Verfasser, daß es im bloßen Natur- zustande als Zwangsrecht nicht Statt finde, doch gesteht er, daß er es bloß darum aufgebe, weil er es nicht beweisen zu können glaubt. In eben
15 demselben Zustande räumt er auch keine Zurechnung ein, weil da kein Richter angetroffen wird. — Einige Fingerzeige zur Anwendung giebt der Herr Verfasser im Anhange: wo er von der ersten Erwer- bung, von der durch Verträge, dem Staats- und Völkerrechte handelt und zuletzt eine neue nothwendige Wissenschaft vorschlägt, welche die
20 Lücke zwischen dem Natur- und positiven Rechte ausfüllen könne. Man kann nicht in Abrede ziehen, daß in diesem Werke viel Neues, Tiefge- dachtes und zugleich Wahres enthalten sei, überall aber etwas, das zur Entdeckung des Kriterii der Wahrheit in Sätzen des Naturrechts und der Grenzbestimmung des eigenthümlichen Bodens desselben vorbereitet und
25 Anleitung giebt. Doch rechnet Recensent noch sehr auf den fortgesetzten Gebrauch, den der Herr Verfasser noch künftig in seinen Lehrstunden von seinem Grundsatze machen wird. Denn diese Art von Experiment ist in keiner Art von Erkenntniß aus bloßen Begriffen nöthiger und dabei doch zugleich so thunlich, als in Fragen über das Recht, das auf bloßer Ver-
30 nunft beruht; niemand aber kann dergleichen Versuch mannigfaltiger und ausführlicher anstellen als der, welcher sein angenommenes Princip an so viel Folgerungen, als ihm das ganze System, das er öfters durchgehen muß, darbietet, zu prüfen Gelegenheit hat. Es wäre unschicklich, Einwürfe wider eine Schrift aufzustellen, die sich auf das besondere System gründen,
35 das sich der Recensent über eben denselben Gegenstand gemacht hat; seine Befugniß erstreckt sich nicht weiter, als nur auf die Prüfung der Zusam- menstimmung der vorgetragenen Sätze unter einander, oder mit solchen

Wahrheiten, die er als vom Verfasser zugestanden annehmen kann. Daher können wir nichts weiter hinzufügen, als daß gegenwärtige Schrift den lebhaften und forschenden Geist des Verfassers, von welchem sich in der Folge viel erwarten läßt, beweise, und eine ähnliche Bearbeitung, in dieser sowohl als in andern Vernunftwissenschaften die Principien sorgfältig 5
zu berichtigen, dem Geschmacke und vielleicht auch dem Berufe dieses Zeitalters angemessen und daher allgemein anzupreisen sei.

Was heißt:

Sich im Denken orientiren?

Wir mögen unsre Begriffe noch so hoch anlegen und dabei noch so sehr von der Sinnlichkeit abstrahiren, so hängen ihnen doch noch immer bildliche Vorstellungen an, deren eigentliche Bestimmung es ist, sie, die sonst nicht von der Erfahrung abgeleitet sind, zum Erfahrungsgebrauche tauglich zu machen. Denn wie wollten wir auch unseren Begriffen Sinn und Bedeutung verschaffen, wenn ihnen nicht irgend eine Anschauung (welche zuletzt immer ein Beispiel aus irgend einer möglichen Erfahrung sein muß) untergelegt würde? Wenn wir hernach von dieser concreten Verstandeshandlung die Beimischung des Bildes, zuerst der zufälligen Wahrnehmung durch Sinne, dann sogar die reine sinnliche Anschauung überhaupt weglassen: so bleibt jener reine Verstandesbegriff übrig, dessen Umfang nun erweitert ist und eine Regel des Denkens überhaupt enthält. Auf solche Weise ist selbst die allgemeine Logik zu Stande gekommen; und manche heuristische Methode zu denken liegt in dem Erfahrungsgebrauche unseres Verstandes und der Vernunft vielleicht noch verborgen, welche, wenn wir sie behutsam aus jener Erfahrung herauszuziehen verständen, die Philosophie wohl mit mancher nützlichen Maxime selbst im abstracten Denken bereichern könnte.

Von dieser Art ist der Grundsatz, zu dem der sel. Mendelssohn, so viel ich weiß, nur in seinen letzten Schriften (den Morgenstunden S. 164—65 und dem Briefe an Lessings Freunde S. 33 und 67) sich ausdrücklich bekannte; nämlich die Maxime der Nothwendigkeit, im speculativen Gebrauche der Vernunft (welchem er sonst in Ansehung der Erkenntniß übersinnlicher Gegenstände sehr viel, sogar bis zur Evidenz der Demonstration, zutraute) durch ein gewisses Leitungsmittel, welches er bald den Gemeinsinn (Morgenstunden), bald die gesunde Vernunft, bald den schlichten Menschenverstand (an Lessings Freunde) nannte, sich zu **orientiren.** Wer hätte denken sollen, daß dieses Geständniß nicht allein seiner vortheilhaften Meinung von der Macht des speculativen Vernunftgebrauchs in Sachen der Theologie so verderblich werden sollte (welches in der That unvermeidlich war); sondern daß selbst die gemeine gesunde Vernunft bei der Zweideutigkeit, worin er die Ausübung dieses Vermögens im Gegensatze mit der Speculation ließ, in Gefahr gerathen würde, zum Grundsatze der Schwärmerei und der gänzlichen Entthronung der Vernunft zu dienen? Und doch geschah dieses in der Mendelssohn- und Jacobi'schen Streitigkeit vornehmlich durch die nicht unbedeuten- 5 den Schlüsse des scharfsinnigen Verfassers der Resultate*); wiewohl ich keinem von beiden die Absicht, eine so verderbliche Denkungsart in Gang zu bringen, beilegen will, sondern des letzteren Unternehmung lieber als argumentum ad hominem ansehe, dessen man sich zur bloßen Gegenwehr zu bedienen wohl berechtigt ist, um die Blöße, die der Gegner giebt, zu 10 dessen Nachtheil zu benutzen. Andererseits werde ich zeigen: daß es in der That bloß die Vernunft, nicht ein vorgeblicher geheimer Wahrheitssinn, keine überschwengliche Anschauung unter dem Namen des Glaubens, worauf Tradition oder Offenbarung ohne Einstimmung der Vernunft gepfropft werden kann, sondern, wie Mendelssohn standhaft und mit gerechtem 15 Eifer behauptete, bloß die eigentliche reine Menschenvernunft sei, wodurch er es nöthig fand und anpries, sich zu orientiren; obzwar freilich hiebei der hohe Anspruch des speculativen Vermögens derselben, vornehmlich ihr allein gebietendes Ansehen (durch Demonstration) wegfallen und ihr, so fern sie speculativ ist, nichts weiter als das Geschäft der Reinigung des 20 gemeinen Vernunftbegriffs von Widersprüchen und die Vertheidigung gegen ihre eigenen sophistischen Angriffe auf die Maximen einer gesunden Vernunft übrig gelassen werden muß. — Der erweiterte und genauer bestimmte Begriff des Sichorientirens kann uns behülflich sein, die Maxime der gesunden Vernunft in ihren Bearbeitungen zur Erkennt- 25 niß übersinnlicher Gegenstände deutlich darzustellen.

Sich orientiren heißt in der eigentlichen Bedeutung des Worts: aus einer gegebenen Weltgegend (in deren vier wir den Horizont eintheilen) die übrigen, namentlich den Aufgang zu finden. Sehe ich nun die Sonne am Himmel und weiß, daß es nun die Mittagszeit ist, so weiß ich Süden, 30 Westen, Norden und Osten zu finden. Zu diesem Behuf bedarf ich aber durchaus das Gefühl eines Unterschiedes an meinem eigenen Subject, nämlich der rechten und linken Hand. Ich nenne es ein Gefühl: weil

*) Jacobi, Briefe über die Lehre des Spinoza. Breslau 1785. — Jacobi wider Mendelssohns Beschuldigung betreffend die Briefe über die Lehre des 35 Spinoza. Leipzig 1786. — Die Resultate der Jacobischen und Mendelssohnschen Philosophie, kritisch untersucht von einem Freiwilligen. Ebendas.

diese zwei Seiten äußerlich in der Anschauung keinen merklichen Unterschied zeigen. Ohne dieses Vermögen: in der Beschreibung eines Cirkels, ohne an ihm irgend eine Verschiedenheit der Gegenstände zu bedürfen, doch die Bewegung von der Linken zur Rechten von der in entgegenge-
5 setzter Richtung zu unterscheiden und dadurch eine Verschiedenheit in der Lage der Gegenstände a priori zu bestimmen, würde ich nicht wissen, ob ich Westen dem Südpunkte des Horizonts zur Rechten oder zur Linken setzen und so den Kreis durch Norden und Osten bis wieder zu Süden vollenden sollte. Also orientire ich mich *geographisch* bei allen ob-
10 jectiven Datis am Himmel doch nur durch einen *subjectiven* Unterscheidungsgrund; und wenn in einem Tage durch ein Wunder alle Sternbilder zwar übrigens dieselbe Gestalt und eben dieselbe Stellung gegen einander behielten, nur daß die Richtung derselben, die sonst östlich war, jetzt westlich geworden wäre, so würde in der nächsten sternhellen Nacht
15 zwar kein menschliches Auge die geringste Veränderung bemerken, und selbst der Astronom, wenn er bloß auf das, was er sieht, und nicht zugleich, was er fühlt, Acht gäbe, würde sich unvermeidlich *desorientiren*. So aber kommt ihm ganz natürlich das zwar durch die Natur angelegte, aber durch öftere Ausübung gewohnte Unterscheidungsvermögen durchs
20 Gefühl der rechten und linken Hand zu Hülfe; und er wird, wenn er nur den Polarstern ins Auge nimmt, nicht allein die vorgegangene Veränderung bemerken, sondern sich auch ungeachtet derselben *orientiren* können.

Diesen geographischen Begriff des Verfahrens sich zu orientiren kann ich nun erweitern und darunter verstehen: sich in einem gegebenen Raum
25 überhaupt, mithin bloß *mathematisch* orientiren. Im Finstern orientire ich mich in einem mir bekannten Zimmer, wenn ich nur einen einzigen Gegenstand, dessen Stelle ich im Gedächtniß habe, anfassen kann. Aber hier hilft mir offenbar nichts als das Bestimmungsvermögen der Lagen nach einem *subjectiven* Unterscheidungsgrunde: denn die Objecte, deren
30 Stelle ich finden soll, sehe ich gar nicht; und hätte jemand mir zum Spaße alle Gegenstände zwar in derselben Ordnung unter einander, aber links gesetzt, was vorher rechts war, so würde ich mich in einem Zimmer, wo sonst alle Wände ganz gleich wären, gar nicht finden können. So aber orientire ich mich bald durch das bloße Gefühl eines Unterschiedes meiner
35 zwei Seiten, der rechten und der linken. Eben das geschieht, wenn ich zur Nachtzeit auf mir sonst bekannten Straßen, in denen ich jetzt kein Haus unterscheide, gehen und mich gehörig wenden soll.

Endlich kann ich diesen Begriff noch mehr erweitern, da er denn in dem Vermögen bestände, sich nicht bloß im Raume, d. i. mathematisch, sondern überhaupt im *Denken*, d. i. *logisch*, zu orientiren. Man kann nach der Analogie leicht errathen, daß dieses ein Geschäft der reinen Vernunft sein werde, ihren Gebrauch zu lenken, wenn sie, von bekannten Gegenständen (der Erfahrung) ausgehend, sich über alle Grenzen der Erfahrung erweitern will und ganz und gar kein Object der Anschauung, sondern bloß Raum für dieselbe findet; da sie alsdann gar nicht mehr im Stande ist, nach objectiven Gründen der Erkenntniß, sondern lediglich nach einem subjectiven Unterscheidungsgrunde in der Bestimmung ihres eigenen Urtheilsvermögens ihre Urtheile unter eine bestimmte Maxime zu bringen*). Dies subjective Mittel, das alsdann noch übrig bleibt, ist kein anderes, als das Gefühl des der Vernunft eigenen **Bedürfnisses**. Man kann vor allem Irrthum gesichert bleiben, wenn man sich da nicht unterfängt zu urtheilen, wo man nicht so viel weiß, als zu einem bestimmenden Urtheile erforderlich ist. Also ist Unwissenheit an sich die Ursache zwar der Schranken, aber nicht der Irrthümer in unserer Erkenntniß. Aber wo es nicht so willkürlich ist, ob man über etwas bestimmt urtheilen wolle oder nicht, wo ein wirkliches *Bedürfniß* und wohl gar ein solches, welches der Vernunft an sich selbst anhängt, das Urtheilen nothwendig macht, und gleichwohl Mangel des Wissens in Ansehung der zum Urtheil erforderlichen Stücke uns einschränkt: da ist eine Maxime nöthig, wornach wir unser Urtheil fällen; denn die Vernunft will einmal befriedigt sein. Wenn denn vorher schon ausgemacht ist, daß es hier keine Anschauung vom Objecte, nicht einmal etwas mit diesem Gleichartiges geben könne, wodurch wir unseren erweiterten Begriffen den ihnen angemessenen Gegenstand darstellen und diese also ihrer realen Möglichkeit wegen sichern könnten: so wird für uns nichts weiter zu thun übrig sein, als zuerst den Begriff, mit welchem wir uns über alle mögliche Erfahrung hinaus wagen wollen, wohl zu prüfen, ob er auch von Widersprüchen frei sei; und dann wenigstens das *Verhältniß* des Gegenstandes zu den Gegenständen der Erfahrung unter reine Verstandesbegriffe zu bringen, wodurch wir ihn noch gar nicht versinnlichen, aber doch etwas Übersinnliches wenigstens tauglich zum Erfahrungsgebrauche

*) Sich im Denken überhaupt *orientiren*, heißt also: sich bei der Unzulänglichkeit der objectiven Principien der Vernunft im Fürwahrhalten nach einem subjectiven Princip derselben bestimmen.

unserer Vernunft denken; denn ohne diese Vorsicht würden wir von einem solchen Begriffe gar keinen Gebrauch machen können, sondern schwärmen, anstatt zu denken.

Allein hiedurch, nämlich durch den bloßen Begriff, ist doch noch nichts in Ansehung der Existenz dieses Gegenstandes und der wirklichen Verknüpfung desselben mit der Welt (dem Inbegriffe aller Gegenstände möglicher Erfahrung) ausgerichtet. Nun aber tritt *das Recht des Bedürfnisses* der Vernunft ein, als eines subjectiven Grundes etwas vorauszusetzen und anzunehmen, was sie durch objective Gründe zu wissen sich nicht anmaßen darf; und folglich sich im Denken, im unermeßlichen und für uns mit dicker Nacht erfüllten Raume des Übersinnlichen, lediglich durch ihr eigenes Bedürfniß zu *orientiren*.

Es läßt sich manches Übersinnliche denken (denn Gegenstände der Sinne füllen doch nicht das ganze Feld aller Möglichkeit aus), wo die Vernunft gleichwohl kein Bedürfniß fühlt, sich bis zu demselben zu erweitern, viel weniger dessen Dasein anzunehmen. Die Vernunft findet an den Ursachen in der Welt, welche sich den Sinnen offenbaren (oder wenigstens von derselben Art sind, als die, so sich ihnen offenbaren), Beschäftigung genug, um nicht den Einfluß reiner geistiger Naturwesen zu deren Behuf nöthig zu haben, deren Annehmung vielmehr ihrem Gebrauche nachtheilig sein würde. Denn da wir von den Gesetzen, nach welchen solche Wesen wirken mögen, nichts, von jenen aber, nämlich den Gegenständen der Sinne, vieles wissen, wenigstens noch zu erfahren hoffen können: so würde durch solche Voraussetzung dem Gebrauche der Vernunft vielmehr Abbruch geschehen. Es ist also gar kein Bedürfniß, es ist vielmehr bloßer Vorwitz, der auf nichts als Träumerei ausläuft, darnach zu forschen, oder mit Hirngespinsten der Art zu spielen. Ganz anders ist es mit dem Begriffe von einem ersten *Urwesen*, als oberster Intelligenz und zugleich als dem höchsten Gute, bewandt. Denn nicht allein, daß unsere Vernunft schon ein Bedürfniß fühlt, den *Begriff* des Uneingeschränkten dem Begriffe alles Eingeschränkten, mithin aller anderen Dinge*) zum Grunde zu

*) Da die Vernunft zur Möglichkeit aller Dinge Realität als gegeben vorauszusetzen bedarf und die Verschiedenheit der Dinge durch ihnen anhängende Negationen nur als Schranken betrachtet: so sieht sie sich genöthigt, eine einzige Möglichkeit, nämlich die des uneingeschränkten Wesens, als ursprünglich zum Grunde zu legen, alle anderen aber als abgeleitet zu betrachten. Da auch die durchgängige Möglichkeit eines jeden Dinges durchaus im Ganzen aller Existenz ange-

legen; so geht dieses Bedürfniß auch auf die Voraussetzung des *Daseins* desselben, ohne welche sie sich von der Zufälligkeit der Existenz der Dinge in der Welt, am wenigsten aber von der Zweckmäßigkeit und Ordnung, die man in so bewunderungswürdigem Grade (im Kleinen, weil es uns nahe ist, noch mehr wie im Großen) allenthalben antrifft, gar keinen befriedigenden Grund angeben kann. Ohne einen verständigen Urheber anzunehmen, läßt sich, ohne in lauter Ungereimtheiten zu verfallen, wenigstens *kein verständlicher Grund* davon angeben; und ob wir gleich die Unmöglichkeit einer solchen Zweckmäßigkeit ohne eine erste *verständige Ursache* nicht *beweisen* können (denn alsdann hätten wir hinreichende objective Gründe dieser Behauptung und bedürften es nicht, uns auf den

---

troffen werden muß, wenigstens der Grundsatz der durchgängigen Bestimmung die Unterscheidung des Möglichen vom Wirklichen unserer Vernunft nur auf solche Art möglich macht: so finden wir einen subjectiven Grund der Nothwendigkeit, d. i. ein Bedürfniß unserer Vernunft selbst, aller Möglichkeit das Dasein eines allerrealsten (höchsten) Wesens zum Grunde zu legen. So entspringt nun der *Cartesianische* Beweis vom Dasein Gottes, indem subjective Gründe etwas für den Gebrauch der Vernunft (der im Grunde immer nur ein Erfahrungsgebrauch bleibt) voraus zu setzen für objectiv — mithin *Bedürfniß* für *Einsicht* — gehalten werden. So ist es mit diesem, so ist es mit allen Beweisen des würdigen *Mendelssohn* in seinen Morgenstunden bewandt. Sie leisten nichts zum Behuf einer Demonstration. Darum sind sie aber keinesweges unnütz. Denn nicht zu erwähnen, welchen schönen Anlaß diese überaus scharfsinnigen Entwickelungen der subjectiven Bedingungen des Gebrauchs unserer Vernunft zu der vollständigen Erkenntniß dieses unsers Vermögens geben, als zu welchem Behuf sie bleibende Beispiele sind: so ist das Fürwahrhalten aus subjectiven Gründen des Gebrauchs der Vernunft, wenn uns objective mangeln und wir dennoch zu urtheilen genöthigt sind, immer noch von großer Wichtigkeit; nur müssen wir das, was nur abgenöthigte *Voraussetzung* ist, nicht für *freie Einsicht* ausgeben, um dem Gegner, mit dem wir uns aufs *Dogmatisiren* eingelassen haben, nicht ohne Noth Schwächen darzubieten, deren er sich zu unserem Nachtheil bedienen kann. Mendelssohn dachte wohl nicht daran, daß das *Dogmatisiren* mit der reinen Vernunft im Felde des Übersinnlichen der gerade Weg zur philosophischen Schwärmerei sei, und daß nur Kritik eben desselben Vernunftvermögens diesem Übel gründlich abhelfen könne. Zwar kann die Disciplin der scholastischen Methode (der Wolffischen z. B., die er darum auch anrieth), da alle Begriffe durch Definitionen bestimmt und alle Schritte durch Grundsätze gerechtfertigt werden müssen, diesen Unfug wirklich eine Zeit lang hemmen, aber keinesweges gänzlich abhalten. Denn mit welchem Rechte will man der Vernunft, der es einmal in jenem Felde seinem eigenen Geständnisse nach so wohl gelungen ist, verwehren, in eben demselben noch weiter zu gehen? und wo ist dann die Gränze, wo sie stehen bleiben muß?

subjectiven zu berufen): so bleibt bei diesem Mangel der Einsicht doch ein genugsamer subjectiver Grund der *Annehmung* derselben darin, daß die Vernunft es *bedarf*: etwas, was ihr verständlich ist, voraus zu setzen, um diese gegebene Erscheinung daraus zu erklären, da alles, womit sie sonst nur einen Begriff verbinden kann, diesem Bedürfnisse nicht abhilft.

Man kann aber das Bedürfniß der Vernunft als zwiefach ansehen: *erstlich* in ihrem *theoretischen*, *zweitens* in ihrem *praktischen* Gebrauch. Das erste Bedürfniß habe ich eben angeführt; aber man sieht wohl, daß es nur bedingt sei, d. i. wir müssen die Existenz Gottes annehmen, wenn wir über die ersten Ursachen alles Zufälligen vornehmlich in der Ordnung der wirklich in der Welt gelegten Zwecke *urtheilen wollen*. Weit wichtiger ist das Bedürfniß der Vernunft in ihrem praktischen Gebrauche, weil es unbedingt ist, und wir die Existenz Gottes voraus zu setzen nicht bloß alsdann genöthigt werden, wenn wir urtheilen *wollen*, sondern weil wir *urtheilen müssen*. Denn der reine praktische Gebrauch der Vernunft besteht in der Vorschrift der moralischen Gesetze. Sie führen aber alle auf die Idee des *höchsten Gutes*, was in der Welt möglich ist, so fern es allein durch *Freiheit* möglich ist: die *Sittlichkeit*; von der anderen Seite auch auf das, was nicht bloß auf menschliche Freiheit, sondern auch auf die *Natur* ankommt, nämlich auf die größte *Glückseligkeit*, so fern sie in Proportion der ersten ausgetheilt ist. Nun *bedarf* die Vernunft, ein solches *abhängiges* höchste Gut und zum Behuf desselben eine oberste Intelligenz als höchstes *unabhängiges* Gut anzunehmen: zwar nicht um davon das verbindende Ansehen der moralischen Gesetze, oder die Triebfeder zu ihrer Beobachtung abzuleiten (denn sie würden keinen moralischen Werth haben, wenn ihr Bewegungsgrund von etwas anderem, als von dem Gesetz allein, das für sich apodiktisch gewiß ist, abgeleitet würde); sondern nur um dem Begriffe vom höchsten Gut objective Realität zu geben, d. i. zu verhindern, daß es zusammt der ganzen Sittlichkeit nicht bloß für ein bloßes Ideal gehalten werde, wenn dasjenige nirgend existirte, dessen Idee die Moralität unzertrennlich begleitet.

Es ist also nicht *Erkenntniß*, sondern gefühltes*) *Bedürfniß* der Vernunft, wodurch sich *Mendelssohn* (ohne sein Wissen) im speculativen Denken orientirte. Und da dieses Leitungsmittel nicht ein ob-

*) Die Vernunft fühlt nicht; sie sieht ihren Mangel ein und wirkt durch den *Erkenntnißtrieb* das Gefühl des Bedürfnisses. Es ist hiemit, wie mit dem

jectives Princip der Vernunft, ein Grundsatz der Einsichten, sondern ein bloß subjectives (d. i. eine Maxime) des ihr durch ihre Schranken allein erlaubten Gebrauchs, ein Folgesatz des Bedürfnisses, ist und für sich allein den ganzen Bestimmungsgrund unsers Urtheils über das Dasein des höchsten Wesens ausmacht, von dem es nur ein zufälliger Gebrauch ist 5 sich in den speculativen Versuchen über denselben Gegenstand zu orientiren: so fehlte er hierin allerdings, daß er dieser Speculation dennoch so viel Vermögen zutraute, für sich allein auf dem Wege der Demonstration alles auszurichten. Die Nothwendigkeit des ersteren Mittels konnte nur Statt finden, wenn die Unzulänglichkeit des letzteren völlig zugestanden war: 10 ein Geständniß, zu welchem ihn seine Scharfsinnigkeit doch zuletzt würde gebracht haben, wenn mit einer längeren Lebensdauer ihm auch die den Jugendjahren mehr eigene Gewandtheit des Geistes, alte, gewohnte Denkungsart nach Veränderung des Zustandes der Wissenschaften leicht umzuändern, wäre vergönnt gewesen. Indessen bleibt ihm doch das Ver- 15 dienst, daß er darauf bestand: den letzten Probirstein der Zulässigkeit eines Urtheils hier wie allerwärts nirgend, als allein in der Vernunft zu suchen, sie mochte nun durch Einsicht oder bloßes Bedürfniß und die Maxime ihrer eigenen Zuträglichkeit in der Wahl ihrer Sätze geleitet werden. Er nannte die Vernunft in ihrem letzteren Gebrauche die 20 gemeine Menschenvernunft; denn dieser ist ihr eigenes Interesse jederzeit zuerst vor Augen, indeß man aus dem natürlichen Geleise schon muß getreten sein, um jenes zu vergessen und müßig unter Begriffen in objectiver Rücksicht zu spähen, um bloß sein Wissen, es mag nöthig sein oder nicht, zu erweitern.

Da aber der Ausdruck: Ausspruch der gesunden Vernunft, 25 in vorliegender Frage immer noch zweideutig ist und entweder, wie ihn selbst Mendelssohn mißverstand, für ein Urtheil aus Vernunfteinsicht, oder, wie ihn der Verfasser der Resultate zu nehmen scheint, ein Urtheil aus Vernunfteingebung genommen werden kann: so wird nöthig sein, dieser Quelle der Beurtheilung eine andere Benennung zu geben, 30 und keine ist ihr angemessener, als die eines **Vernunftglaubens**. Ein jeder Glaube, selbst der historische muß zwar vernünftig sein (denn der letzte Probirstein der Wahrheit ist immer die Vernunft); allein ein

moralischen Gefühl bewandt, welches kein moralisches Gesetz verursacht, denn dieses entspringt gänzlich aus der Vernunft; sondern durch moralische Gesetze, mithin 35 durch die Vernunft verursacht oder gewirkt wird, indem der rege und doch freie Wille bestimmter Gründe bedarf.

Vernunftglaube ist der, welcher sich auf keine andere Data gründet als die, so in der reinen Vernunft enthalten sind. Aller Glaube ist nun ein subjectiv zureichendes, objectiv aber mit Bewußtsein unzureichendes Fürwahrhalten; also wird er dem Wissen entgegengesetzt. Andrerseits, wenn aus objectiven, obzwar mit Bewußtsein unzureichenden, Gründen etwas für wahr gehalten, mithin bloß gemeint wird: so kann dieses Meinen doch durch allmählige Ergänzung in derselben Art von Gründen endlich ein Wissen werden. Dagegen wenn die Gründe des Fürwahrhaltens ihrer Art nach gar nicht objectiv gültig sind, so kann der Glaube durch keinen Gebrauch der Vernunft jemals ein Wissen werden. Der historische Glaube z. B. von dem Tode eines großen Mannes, den einige Briefe berichten, kann ein Wissen werden, wenn die Obrigkeit des Orts denselben, sein Begräbniß, Testament u. s. w. meldet. Daß daher etwas historisch bloß auf Zeugnisse für wahr gehalten, d. i. geglaubt wird, z. B. daß eine Stadt Rom in der Welt sei, und doch derjenige, der niemals da gewesen, sagen kann: ich weiß, und nicht bloß: ich glaube, es existire ein Rom, das steht ganz wohl beisammen. Dagegen kann der reine Vernunftglaube durch alle natürliche Data der Vernunft und Erfahrung niemals in ein Wissen verwandelt werden, weil der Grund des Fürwahrhaltens hier bloß subjectiv, nämlich ein nothwendiges Bedürfniß der Vernunft, ist (und, so lange wir Menschen sind, immer bleiben wird), das Dasein eines höchsten Wesens nur vorauszusetzen, nicht zu demonstriren. Dieses Bedürfniß der Vernunft zu ihrem sie befriedigenden theoretischen Gebrauche würde nichts anders als reine Vernunfthypothese sein, d. i. eine Meinung, die aus subjectiven Gründen zum Fürwahrhalten zureichend wäre: darum, weil man gegebene Wirkungen zu erklären niemals einen andern als diesen Grund erwarten kann, und die Vernunft doch einen Erklärungsgrund bedarf. Dagegen der Vernunftglaube, der auf dem Bedürfniß ihres Gebrauchs in praktischer Absicht beruht, ein Postulat der Vernunft heißen könnte: nicht als ob es eine Einsicht wäre, welche aller logischen Forderung zur Gewißheit Genüge thäte, sondern weil dieses Fürwahrhalten (wenn in dem Menschen alles nur moralisch gut bestellt ist) dem Grade nach keinem Wissen nachsteht*), ob es gleich der Art nach davon völlig unterschieden ist.

---

*) Zur Festigkeit des Glaubens gehört das Bewußtsein seiner Unveränderlichkeit. Nun kann ich völlig gewiß sein, daß mir niemand den Satz:

Ein reiner Vernunftglaube ist also der Wegweiser oder Compaß, wodurch der speculative Denker sich auf seinen Vernunftstreifereien im Felde übersinnlicher Gegenstände orientiren, der Mensch von gemeiner, doch (moralisch) gesunder Vernunft aber seinen Weg sowohl in theoretischer als praktischer Absicht dem ganzen Zwecke seiner Bestimmung völlig angemessen vorzeichnen kann; und dieser Vernunftglaube ist es auch, der jedem anderen Glauben, ja jeder Offenbarung zum Grunde gelegt werden muß.

Der Begriff von Gott und selbst die Überzeugung von seinem Dasein kann nur allein in der Vernunft angetroffen werden, von ihr allein ausgehen und weder durch Eingebung, noch durch eine ertheilte Nachricht von noch so großer Autorität zuerst in uns kommen. Widerfährt mir eine unmittelbare Anschauung von einer solchen Art, als sie mir die Natur, so weit ich sie kenne, gar nicht liefern kann: so muß doch ein Begriff von Gott zur Richtschnur dienen, ob diese Erscheinung auch mit allem dem übereinstimme, was zu dem Charakteristischen einer Gottheit erforderlich ist. Ob ich gleich nun gar nicht einsehe, wie es möglich sei, daß irgend eine Erscheinung dasjenige auch nur der Qualität nach darstelle, was sich immer nur denken, niemals aber anschauen läßt: so ist doch wenigstens so viel klar, daß, um nur zu urtheilen, ob das Gott sei, was mir erscheint, was auf mein Gefühl innerlich oder äußerlich wirkt, ich ihn an meinen Vernunftbegriff von Gott halten und darnach prüfen müsse, nicht ob er diesem adäquat sei, sondern bloß ob er ihm nicht widerspreche. Eben so: wenn auch bei allem, wodurch er sich mir unmittelbar entdeckte, nichts angetroffen würde, was jenem Begriffe widerspräche: so würde dennoch diese Erscheinung, Anschauung, unmittelbare Offenbarung, oder wie man sonst eine solche Darstellung nennen will, das Dasein eines Wesens niemals beweisen, dessen Begriff (wenn er nicht unsicher bestimmt und daher der Beimischung alles möglichen Wahnes unterworfen werden soll) Unendlichkeit der Größe nach zur Unterscheidung von allem Geschöpfe fordert, welchem Begriffe aber gar keine Erfahrung oder Anschauung adäquat sein, mithin auch niemals das Dasein eines solchen Wesens

Es ist ein Gott, werde widerlegen können; denn wo will er diese Einsicht hernehmen? Also ist es mit dem Vernunftglauben nicht so, wie mit dem historischen bewandt, bei dem es immer noch möglich ist, daß Beweise zum Gegentheil aufgefunden würden, und wo man sich immer noch vorbehalten muß, seine Meinung zu ändern, wenn sich unsere Kenntniß der Sachen erweitern sollte.

unzweideutig beweisen kann. Vom Dasein des höchsten Wesens kann also niemand durch irgend eine Anschauung zuerst überzeugt werden; der Vernunftglaube muß vorhergehen, und alsdann könnten allenfalls gewisse Erscheinungen oder Eröffnungen Anlaß zur Untersuchung geben, ob wir 5 das, was zu uns spricht oder sich uns darstellt, wohl befugt sind für eine Gottheit zu halten, und nach Befinden jenen Glauben bestätigen.

Wenn also der Vernunft in Sachen, welche übersinnliche Gegenstände betreffen, als das Dasein Gottes und die künftige Welt, das ihr zustehende Recht zuerst zu sprechen bestritten wird: so ist aller Schwärmerei, Aber- 10 glauben, ja selbst der Atheisterei eine weite Pforte geöffnet. Und doch scheint in der Jacobischen und Mendelssohnischen Streitigkeit alles auf diesen Umsturz, ich weiß nicht recht, ob bloß der Vernunfteinsicht und des Wissens (durch vermeinte Stärke in der Speculation), oder auch sogar des Vernunftglaubens, und dagegen auf die Errichtung eines 15 andern Glaubens, den sich ein jeder nach seinem Belieben machen kann, angelegt. Man sollte beinahe auf das letztere schließen, wenn man den Spinozistischen Begriff von Gott als den einzigen mit allen Grundsätzen der Vernunft stimmigen*) und dennoch verwerflichen Begriff auf-

---

*) Es ist kaum zu begreifen, wie gedachte Gelehrte in der Kritik der 20 reinen Vernunft Vorschub zum Spinozism finden konnten. Die Kritik beschneidet dem Dogmatism gänzlich die Flügel in Ansehung der Erkenntniß übersinnlicher Gegenstände, und der Spinozism ist hierin so dogmatisch, daß er sogar mit dem Mathematiker in Ansehung der Strenge des Beweises wetteifert. Die Kritik beweiset: daß die Tafel der reinen Verstandesbegriffe alle Materialien des 25 reinen Denkens enthalten müsse; der Spinozism spricht von Gedanken, die doch selbst denken, und also von einem Accidens, das doch zugleich für sich als Subject existirt: ein Begriff, der sich im menschlichen Verstande gar nicht findet und sich auch in ihn nicht bringen läßt. Die Kritik zeigt: es reiche noch lange nicht zur Behauptung der Möglichkeit eines selbst gedachten Wesens zu, daß in seinem Begriffe nichts Wider- 30 sprechendes sei (wiewohl es alsdann nöthigenfalls allerdings erlaubt bleibt, diese Möglichkeit anzunehmen); der Spinozism giebt aber vor, die Unmöglichkeit eines Wesens einzusehen, dessen Idee aus lauter reinen Verstandesbegriffen besteht, wovon man nur alle Bedingungen der Sinnlichkeit abgesondert hat, worin also niemals ein Widerspruch angetroffen werden kann, und vermag doch diese über alle Gränzen gehende Anmaßung 35 durch gar nichts zu unterstützen. Eben um dieser willen führt der Spinozism gerade zur Schwärmerei. Dagegen giebt es kein einziges sicheres Mittel alle Schwärmerei mit der Wurzel auszurotten, als jene Gränzbestimmung des reinen Vernunftvermögens. — Eben so findet ein anderer Gelehrter in der Kritik d. r. Vernunft eine Skepsis, obgleich die Kritik eben darauf hinausgeht, etwas Gewisses und Be-

gestellt sieht. Denn ob es sich gleich mit dem Vernunftglauben ganz wohl verträgt, einzuräumen: daß speculative Vernunft selbst nicht einmal die *Möglichkeit* eines Wesens, wie wir uns Gott denken müssen, einzusehen im Stande sei: so kann es doch mit gar keinem Glauben und überall mit keinem Fürwahrhalten eines Daseins zusammen bestehen, daß Vernunft gar die *Unmöglichkeit* eines Gegenstandes einsehen und dennoch aus anderen Quellen die Wirklichkeit desselben erkennen könnte.

Männer von Geistesfähigkeiten und von erweiterten Gesinnungen! Ich verehre Eure Talente und liebe Euer Menschengefühl. Aber habt Ihr auch wohl überlegt, was Ihr thut, und wo es mit Euren Angriffen auf die Vernunft hinaus will? Ohne Zweifel wollt Ihr, daß *Freiheit zu denken* ungekränkt erhalten werde; denn ohne diese würde es selbst mit Euren freien Schwüngen des Genies bald ein Ende haben. Wir wollen sehen, was aus dieser Denkfreiheit natürlicher Weise werden müsse, wenn ein solches Verfahren, als Ihr beginnt, überhand nimmt.

Der Freiheit zu denken ist **erstlich** der *bürgerliche Zwang* entgegengesetzt. Zwar sagt man: die Freiheit zu *sprechen* oder zu *schreiben* könne uns zwar durch obere Gewalt, aber die Freiheit zu *denken* durch sie gar nicht genommen werden. Allein wie viel und mit welcher Richtigkeit würden wir wohl *denken*, wenn wir nicht gleichsam in Gemeinschaft mit andern, denen wir unsere und die uns ihre Gedanken *mittheilen*, dächten! Also kann man wohl sagen, daß diejenige äußere Gewalt, welche die Freiheit, seine Gedanken öffentlich *mitzutheilen*, den Menschen entreißt, ihnen auch die Freiheit zu *denken* nehme: das einzige Kleinod, das uns bei allen bürgerlichen Lasten noch übrig bleibt, und wodurch allein wider alle Übel dieses Zustandes noch Rath geschafft werden kann.

Zweitens wird die Freiheit zu denken auch in der Bedeutung genommen, daß ihr der *Gewissenszwang* entgegengesetzt ist; wo ohne

---

stimmtes in Ansehung des Umfanges unserer Erkenntniß a priori fest zu setzen. Imgleichen eine *Dialektik* in den kritischen Untersuchungen, welche doch darauf angelegt sind, die unvermeidliche Dialektik, womit die allerwärts dogmatisch geführte reine Vernunft sich selbst verfängt und verwickelt, aufzulösen und auf immer zu vertilgen. Die Neuplatoniker, die sich Eklektiker nannten, weil sie ihre eigenen Grillen allenthalben in älteren Autoren zu finden wußten, wenn sie solche vorher hineingetragen hatten, verfuhren gerade eben so; es geschieht also in so fern nichts Neues unter der Sonne.

alle äußere Gewalt in Sachen der Religion sich Bürger über andere zu Vormündern aufwerfen und statt Argument durch vorgeschriebene, mit ängstlicher Furcht vor der Gefahr einer eigenen Untersuchung begleitete Glaubensformeln alle Prüfung der Vernunft durch frühen Ein-
5 druck auf die Gemüther zu verbannen wissen.

Drittens bedeutet auch Freiheit im Denken die Unterwerfung der Vernunft unter keine andere Gesetze als: die sie sich selbst giebt; und ihr Gegentheil ist die Maxime eines **gesetzlosen Gebrauchs** der Vernunft (um dadurch, wie das Genie wähnt, weiter zu sehen, als unter der Ein-
10 schränkung durch Gesetze). Die Folge davon ist natürlicher Weise diese: daß, wenn die Vernunft dem Gesetze nicht unterworfen sein will, das sie sich selbst giebt, sie sich unter das Joch der Gesetze beugen muß, die ihr ein anderer giebt; denn ohne irgend ein Gesetz kann gar nichts, selbst nicht der größte Unsinn sein Spiel lange treiben. Also ist die unvermeidliche Folge der erklär-
15 ten Gesetzlosigkeit im Denken (einer Befreiung von den Einschränkungen durch die Vernunft) diese: daß Freiheit zu denken zuletzt dadurch eingebüßt und, weil nicht etwa Unglück, sondern wahrer Übermuth daran schuld ist, im eigentlichen Sinne des Worts verscherzt wird.

Der Gang der Dinge ist ungefähr dieser. Zuerst gefällt sich das
20 Genie sehr in seinem kühnen Schwunge, da es den Faden, woran es sonst die Vernunft lenkte, abgestreift hat. Es bezaubert bald auch Andere durch Machtsprüche und große Erwartungen und scheint sich selbst nunmehr auf einen Thron gesetzt zu haben, den langsame, schwerfällige Vernunft so schlecht zierte; wobei es gleichwohl immer die Sprache derselben führt.
25 Die alsdann angenommene Maxime der Ungültigkeit einer zu oberst gesetzgebenden Vernunft nennen wir gemeine Menschen **Schwärmerei**; jene Günstlinge der gütigen Natur aber Erleuchtung. Weil indessen bald eine Sprachverwirrung unter diesen selbst entspringen muß, indem, da Vernunft allein für jedermann gültig gebieten kann, jetzt jeder seiner Ein-
30 gebung folgt: so müssen zuletzt aus inneren Eingebungen durch äußere Zeugnisse bewährte Facta, aus Traditionen, die anfänglich selbst gewählt waren, mit der Zeit aufgedrungene Urkunden, mit einem Worte die gänzliche Unterwerfung der Vernunft unter Facta, d. i. der **Aberglaube**, entspringen, weil dieser sich doch wenigstens in eine gesetzliche Form
35 und dadurch in einen Ruhestand bringen läßt.

Weil gleichwohl die menschliche Vernunft immer noch nach Freiheit strebt: so muß, wenn sie einmal die Fesseln zerbricht, ihr erster Gebrauch einer lange entwöhnten Freiheit in Mißbrauch und vermessenes Zutrauen auf Unabhängigkeit ihres Vermögens von aller Einschränkung ausarten, in eine Überredung von der Alleinherrschaft der speculativen Vernunft, die nichts annimmt, als was sich durch objective Gründe und dogmatische Überzeugung rechtfertigen kann, alles übrige aber kühn weg- 5 läugnet. Die Maxime der Unabhängigkeit der Vernunft von ihrem eigenen Bedürfniß (Verzichtthuung auf Vernunftglauben) heißt nun **Unglaube**: nicht ein historischer; denn den kann man sich gar nicht als vorsetzlich, mithin auch nicht als zurechnungsfähig denken (weil jeder einem Factum, welches nur hinreichend bewährt ist, eben so gut als einer 10 mathematischen Demonstration glauben muß, er mag wollen oder nicht); sondern ein Vernunftunglaube, ein mißlicher Zustand des menschlichen Gemüths, der den moralischen Gesetzen zuerst alle Kraft der Triebfedern auf das Herz, mit der Zeit sogar ihnen selbst alle Autorität benimmt und die Denkungsart veranlaßt, die man **Freigeisterei** nennt, 15 d. i. den Grundsatz, gar keine Pflicht mehr zu erkennen. Hier mengt sich nun die Obrigkeit ins Spiel, damit nicht selbst bürgerliche Angelegenheiten in die größte Unordnung kommen; und da das behendeste und doch nachdrücklichste Mittel ihr gerade das beste ist, so hebt sie die Freiheit zu denken gar auf und unterwirft dieses gleich anderen Gewerben den Lan- 20 desverordnungen. Und so zerstört Freiheit im Denken, wenn sie sogar unabhängig von Gesetzen der Vernunft verfahren will, endlich sich selbst.

Freunde des Menschengeschlechts und dessen, was ihm am heiligsten ist! Nehmt an, was Euch nach sorgfältiger und aufrichtiger Prüfung am glaubwürdigsten scheint, es mögen nun Facta, es mögen Vernunftgründe 25 sein; nur streitet der Vernunft nicht das, was sie zum höchsten Gut auf Erden macht, nämlich das Vorrecht ab, der letzte Probirstein der Wahrheit*) zu sein. Widrigenfalls werdet Ihr, dieser Freiheit unwürdig, sie

*) Selbstdenken heißt den obersten Probirstein der Wahrheit in sich selbst (d. i. in seiner eigenen Vernunft) suchen; und die Maxime, jederzeit selbst zu denken, 30 ist die **Aufklärung**. Dazu gehört nun eben so viel nicht, als sich diejenigen einbilden, welche die Aufklärung in Kenntnisse setzen: da sie vielmehr ein negativer Grundsatz im Gebrauche seines Erkenntnißvermögens ist, und öfter der, so an Kenntnissen überaus reich ist, im Gebrauche derselben am wenigsten aufgeklärt ist. Sich seiner eigenen Vernunft bedienen, will nichts weiter sagen, als bei 35 allem dem, was man annehmen soll, sich selbst fragen: ob man es wohl thunlich finde, den Grund, warum man etwas annimmt, oder auch die Regel, die aus dem,

auch sicherlich einbüßen und dieses Unglück noch dazu dem übrigen, schuldlosen Theile über den Hals ziehen, der sonst wohl gesinnt gewesen wäre, sich seiner Freiheit *gesetzmäßig* und dadurch auch zweckmäßig *zum* Weltbesten zu bedienen!

---

5 was man annimmt, folgt, zum allgemeinen Grundsatze seines Vernunftgebrauchs zu machen. Diese Probe kann ein jeder mit sich selbst anstellen; und er wird Aberglauben und Schwärmerei bei dieser Prüfung alsbald verschwinden sehen, wenn er gleich bei weitem die Kenntnisse nicht hat, beide aus objectiven Gründen zu widerlegen. Denn er bedient sich blos der Maxime der *Selbsterhaltung* der 10 Vernunft. Aufklärung *in einzelnen Subjecten* durch Erziehung zu gründen, ist also gar leicht; man muß nur früh anfangen, die jungen Köpfe zu dieser Reflexion zu gewöhnen. Ein *Zeitalter* aber aufzuklären, ist sehr langwierig; denn es finden sich viel äußere Hindernisse, welche jene Erziehungsart theils verbieten, theils erschweren.

Einige Bemerkungen

zu

Ludwig Heinrich Jakob's

Prüfung der Mendelssohn'schen Morgenstunden.

Wenn man die letzte Mendelssohn'sche von ihm selbst herausgegebene Schrift liest und das nicht im mindesten geschwächte Vertrauen dieses versuchten Philosophen auf die demonstrative Beweisart des wichtigsten aller Sätze der reinen Vernunft darin wahrnimmt, so geräth man
5 in Versuchung, die engen Grenzen, welche scrupulöse Kritik diesem Erkenntnißvermögen setzt, wohl für ungegründete Bedenklichkeit zu halten und durch die That alle Einwürfe gegen die Möglichkeit einer solchen Unternehmung für widerlegt anzusehen. Nun scheint es zwar einer guten und der menschlichen Vernunft unentbehrlichen Sache zum wenigsten nicht
10 nachtheilig zu sein, daß sie allenfalls auf Vermuthungen gegründet werde, die einer oder der andere für förmliche Beweise halten mag; denn man muß am Ende doch auf denselben Satz, es sei durch welchen Weg es wolle, kommen, weil Vernunft ihr selbst ohne denselben niemals völlig Gnüge leisten kann. Allein es tritt hier eine wichtige Bedenklichkeit in Ansehung
15 des Weges ein, den man einschlägt. Denn räumt man der reinen Vernunft in ihrem speculativen Gebrauch einmal das Vermögen ein, sich über die Grenzen des Sinnlichen hinaus durch Einsichten zu erweitern, so ist es nicht mehr möglich, sie bloß auf diesen Gegenstand einzuschränken; und nicht genug, daß sie alsdann für alle Schwärmerei ein weites Feld
20 geöffnet findet, so traut sie sich auch zu, selbst über die Möglichkeit eines höchsten Wesens (nach demjenigen Begriffe, den die Religion braucht) durch Vernünfteleien zu entscheiden — wie wir davon an Spinoza und selbst zu unserer Zeit Beispiele antreffen — und so durch angemaßten Dogmatismus jenen Satz mit eben der Kühnheit zu stürzen, mit welcher
25 man ihn errichten zu können sich gerühmt hat; statt dessen, wenn diesem in Ansehung des Übersinnlichen durch strenge Kritik die Flügel beschnitten werden, jener Glaube in einer praktisch-wohlgegründeten, theoretisch aber unwiderleglichen Voraussetzung völlig gesichert sein kann. Daher ist eine

Widerlegung jener Anmaßungen, so gut sie auch gemeint sein mögen, der Sache selbst, weit gefehlt nachtheilig zu sein, vielmehr sehr beförderlich, ja unumgänglich nöthig.

Diese hat nun der Herr Verfasser des gegenwärtigen Werks übernommen, und nachdem er mir ein kleines Probestück desselben mitgetheilt 5 hat, welches von seinem Talent der Einsicht sowohl als Popularität zeugt, mache ich mir ein Vergnügen, diese Schrift mit einigen Betrachtungen, welche in diese Materie einschlagen, zu begleiten.

In den Morgenstunden bedient sich der scharfsinnige Mendelssohn, um dem beschwerlichen Geschäfte der Entscheidung des Streits der 10 reinen Vernunft mit ihr selbst durch vollständige Kritik dieses ihres Vermögens überhoben zu sein, zweier Kunststücke, deren sich auch wohl sonst bequeme Richter zu bedienen pflegen, nämlich den Streit entweder gütlich beizulegen, oder ihn als für gar keinen Gerichtshof gehörig abzuweisen. 15

Die erste Maxime steht S. 214 erste Auflage: Sie wissen, wie sehr ich geneigt bin, alle Streitigkeiten der philosophischen Schulen für bloße Wortstreitigkeiten zu erklären, oder doch wenigstens ursprünglich von Wortstreitigkeiten herzuleiten; und dieser Maxime bedient er sich fast durch alle polemische 20 Artikel des ganzen Werks. Ich bin hingegen einer ganz entgegengesetzten Meinung und behaupte, daß in Dingen, worüber man, vornehmlich in der Philosophie, eine geraume Zeit hindurch gestritten hat, niemals eine Wortstreitigkeit zum Grunde gelegen habe, sondern immer eine wahrhafte Streitigkeit über Sachen. Denn obgleich in jeder Sprache 25 einige Worte in mehrerer und verschiedener Bedeutung gebraucht werden, so kann es doch gar nicht lange währen, bis die, so sich im Gebrauche desselben anfangs veruneinigt haben, den Mißverstand bemerken und sich an deren Statt anderer bedienen: daß es also am Ende eben so wenig wahre Homonyma als Synonyma giebt. So suchte Mendelssohn den 30 alten Streit über Freiheit und Naturnothwendigkeit in Bestimmungen des Willens (Berl. M. S. Jul. 1783) auf bloßen Wortstreit zurück zu führen, weil das Wort müssen in zweierlei verschiedener Bedeutung (theils bloß objectiver, theils subjectiver) gebraucht wird; aber es ist (um mit Humen zu reden), als ob er den Durchbruch des Oceans mit 35 einem Strohwisch stopfen wollte. Denn schon längst haben Philosophen diesen leicht mißbrauchten Ausdruck verlassen und die Streitfrage auf die

Formel gebracht, die jene allgemeiner ausdrückt: ob die Begebenheiten in der Welt (worunter auch unsere willkürlichen Handlungen gehören) in der Reihe der vorhergehenden wirkenden Ursachen bestimmt seien, oder nicht; und da ist es offenbar nicht mehr Wortstreit, sondern ein wichtiger,
5 durch dogmatische Metaphysik niemals zu entscheidender Streit. Dieses Kunststücks bedient sich der subtile Mann nun fast allenthalben in seinen Morgenstunden, wo es mit der Auflösung der Schwierigkeiten nicht recht fort will; es ist aber zu besorgen: daß, indem er künstelt allenthalben Logomachie zu ergrübeln, er selbst dagegen in Logodädalie verfalle,
10 über welche der Philosophie nichts Nachtheiligeres widerfahren kann.

Die zweite Maxime geht darauf hinaus, die Nachforschung der reinen Vernunft auf einer gewissen Stufe (die lange noch nicht die höchste ist) dem Scheine nach gesetzmäßig zu hemmen und dem Frager kurz und gut den Mund zu stopfen. In den Morgenstunden Seite 116 heißt es:
15 „Wenn ich euch sage, was ein Ding wirkt oder leidet, so fragt nicht weiter, was es ist! Wenn ich euch sage, was ihr euch von einem Dinge für einen Begriff zu machen habt: so hat die fernere Frage, was dieses Ding an sich selbst sei, weiter keinen Verstand" 2c. Wenn ich doch aber (wie in den metaphysischen Anfangsgründen der Naturwissenschaft gezeigt worden)
20 einsehe, daß wir von der körperlichen Natur nichts anders erkennen, als den Raum (der noch gar nichts Existirendes, sondern bloß die Bedingung zu Örtern außerhalb einander, mithin zu bloßen äußeren Verhältnissen ist), das Ding im Raume außerdem, daß auch Raum in ihm (d. i. es selbst ausgedehnt) ist, keine andere Wirkung als Bewegung (Veränderung
25 des Orts, mithin bloßer Verhältnisse), folglich keine andere Kraft oder leidende Eigenschaft als bewegende Kraft und Beweglichkeit (Veränderung äußerer Verhältnisse) zu erkennen giebt: so mag mir Mendelssohn, oder jeder andere an seiner Stelle doch sagen, ob ich glauben könne, ein Ding nach dem, was es ist, zu erkennen, wenn ich weiter nichts von ihm weiß,
30 als daß es Etwas sei, das in äußeren Verhältnissen ist, in welchem selbst äußere Verhältnisse sind, daß jene an ihm und durch dasselbe an anderen verändert werden können, so daß der Grund dazu (bewegende Kraft) in denselben liegt, mit einem Worte, ob, da ich nichts als Beziehungen von Etwas kenne auf etwas Anderes, davon ich gleichfalls nur äußere Be-
35 ziehungen wissen kann, ohne daß mir irgend etwas Inneres gegeben ist oder gegeben werden kann, ob ich da sagen könne, ich habe einen Begriff vom Dinge an sich, und ob nicht die Frage ganz rechtmäßig sei: was denn

das Ding, das in allen diesen Verhältnissen das Subject ist, an sich selbst sei. Eben dieses läßt sich auch gar wohl an dem Erfahrungsbegriff unserer Seele darthun, daß er bloße Erscheinungen des inneren Sinnes enthalte und noch nicht den bestimmten Begriff des Subjects selbst; allein es würde mich hier in zu große Weitläuftigkeit führen. 5

Freilich, wenn wir Wirkungen eines Dinges kennten, die in der That Eigenschaften eines Dinges an sich selbst sein können, so dürften wir nicht ferner fragen, was das Ding noch außer diesen Eigenschaften an sich sei; denn es ist alsdann gerade das, was durch jene Eigenschaften gegeben ist. Nun wird man fordern, ich solle doch dergleichen Eigenschaften 10 und wirkende Kräfte angeben, damit man sie und durch sie Dinge an sich von bloßen Erscheinungen unterscheiden könne. Ich antworte: dieses ist schon längst und zwar von euch selbst geschehen.

Besinnet euch nur, wie ihr den Begriff von Gott, als höchster Intelligenz, zu Stande bringt. Ihr denkt euch in ihm lauter wahre Realität, 15 d. i. etwas, das nicht bloß (wie man gemeiniglich dafür hält) den Negationen entgegen gesetzt wird, sondern auch und vornehmlich den Realitäten in der Erscheinung (realitas Phaenomenon), dergleichen alle sind, die uns durch Sinne gegeben werden müssen und eben darum realitas apparens (wiewohl nicht mit einem ganz schicklichen Ausdrucke) 20 genannt werden. Nun vermindert alle diese Realitäten (Verstand, Wille, Seligkeit, Macht rc.) dem Grade nach, so bleiben sie doch der Art (Qualität) nach immer dieselben, so habt ihr Eigenschaften der Dinge an sich selbst, die ihr auch auf andere Dinge außer Gott anwenden könnt. Keine andere könnt ihr euch denken, und alles Übrige ist nur Realität in 25 der Erscheinung (Eigenschaft eines Dinges als Gegenstandes der Sinne), wodurch ihr niemals ein Ding denkt, wie es an sich selbst ist. Es scheint zwar befremdlich, daß wir unsere Begriffe von Dingen an sich selbst nur dadurch gehörig bestimmen können, daß wir alle Realität zuerst auf den Begriff von Gott reduciren und so, wie er darin statt findet, allererst auch 30 auf andere Dinge als Dinge an sich anwenden sollen. Allein jenes ist lediglich das Scheidungsmittel alles Sinnlichen und der Erscheinung von dem, was durch den Verstand, als zu Sachen an sich selbst gehörig, betrachtet werden kann. — Also kann nach allen Kenntnissen, die wir immer nur durch Erfahrung von Sachen haben mögen, die Frage: was denn ihre Objecte 35 als Dinge an sich selbst sein mögen? ganz und gar nicht für sinnleer gehalten werden.

Die Sachen der Metaphysik stehen jetzt auf einem solchen Fuße, die Acten zu Entscheidung ihrer Streitigkeiten liegen beinahe schon zum Spruche fertig, so daß es nur noch ein wenig Geduld und Unparteilichkeit im Urtheile bedarf, um es vielleicht zu erleben, daß sie endlich 5 einmal ins Reine werden gebracht werden.

Königsberg den 4. August 1786.

J. Kant.

Über den
Gebrauch teleologischer Principien
in der Philosophie.

Wenn man unter *Natur* den Inbegriff von allem versteht, was nach Gesetzen bestimmt existirt, die Welt (als eigentlich sogenannte Natur) mit ihrer obersten Ursache zusammengenommen, so kann es die Naturforschung (die im ersten Falle Physik, im zweiten Metaphysik heißt) auf zwei Wegen versuchen, entweder auf dem blos *theoretischen*, oder auf dem *teleologischen* Wege, auf dem letztern aber, als *Physik*, nur solche Zwecke, die uns durch Erfahrung bekannt werden können, als *Metaphysik* dagegen ihrem Berufe angemessen nur einen Zweck, der durch reine Vernunft fest steht, zu ihrer Absicht gebrauchen. Ich habe anderwärts gezeigt, daß die Vernunft in der Metaphysik auf dem theoretischen Naturwege (in Ansehung der Erkenntniß Gottes) ihre *ganze* Absicht nicht nach Wunsch erreichen könne, und ihr also nur noch der teleologische übrig sei; so doch, daß nicht die Naturzwecke, die nur auf Beweisgründen der Erfahrung beruhen, sondern ein a priori durch reine praktische Vernunft bestimmt gegebener Zweck (in der Idee des höchsten Guts) den Mangel der unzulänglichen Theorie ergänzen müsse. Eine ähnliche Befugniß, ja Bedürfniß, von einem teleologischen Princip auszugehen, wo uns die Theorie verläßt, habe ich in einem kleinen Versuche über die Menschenracen zu beweisen gesucht. Beide Fälle aber enthalten eine Forderung, der der Verstand sich ungern unterwirft, und die Anlaß genug zum Mißverstande geben kann.

Mit Recht ruft die Vernunft in aller Naturuntersuchung zuerst nach Theorie und nur später nach Zweckbestimmung. Den Mangel der erstern kann keine Teleologie noch praktische Zweckmäßigkeit ersetzen. Wir bleiben immer unwissend in Ansehung der wirkenden Ursachen, wenn wir gleich die Angemessenheit unserer Voraussetzung mit Endursachen, es sei der Natur oder unsers Willens, noch so einleuchtend machen können. Am meisten scheint diese Klage da gegründet zu sein, wo (wie in jenem metaphysischen Falle) sogar praktische Gesetze vorangehen müssen, um den Zweck allererst anzugeben, dem zum Behuf ich den Begriff einer Ursache zu bestimmen gedenke, der auf solche Art die Natur des Gegenstandes gar nichts anzugehen, sondern blos eine Beschäftigung mit unsern eignen Absichten und Bedürfnissen zu sein scheint.

Es hält allemal schwer, sich in Principien zu einigen, in solchen Fällen, wo die Vernunft ein doppeltes, sich wechselseitig einschränkendes Interesse hat. Aber es ist sogar schwer sich über die Principien dieser Art auch nur zu verstehen, weil sie die Methode zu denken vor der Bestimmung des Objects betreffen, und einander widerstreitende Ansprüche der Vernunft den Gesichtspunkt zweideutig machen, aus dem man seinen Gegenstand zu betrachten hat. In der gegenwärtigen Zeitschrift sind zwei meiner Versuche über zweierlei sehr verschiedene Gegenstände und von sehr ungleicher Erheblichkeit einer scharfsinnigen Prüfung unterworfen worden. In einer bin ich nicht verstanden worden, ob ich es zwar erwartete, in der andern aber über alle Erwartung wohl verstanden worden; beides von Männern von vorzüglichem Talente, jugendlicher Kraft und aufblühendem Ruhme. In jener gerieth ich in Verdacht, als wollte ich eine Frage der physischen Naturforschung durch Urkunden der Religion beantworten: in der andern wurde ich von dem Verdachte befreiet, als wollte ich durch den Beweis der Unzulänglichkeit einer metaphysischen Naturforschung der Religion Abbruch thun. In beiden gründet sich die Schwierigkeit verstanden zu werden auf der noch nicht genug ins Licht gestellten Befugniß, sich, wo theoretische Erkenntnißquellen nicht zulangen, des teleologischen Princips bedienen zu dürfen, doch mit einer solchen Beschränkung seines Gebrauchs, daß der theoretisch-speculativen Nachforschung das Recht des Vortritts gesichert wird, um zuerst ihr ganzes Vermögen daran zu versuchen (wobei in der metaphysischen von der reinen Vernunft mit Recht gefordert wird, daß sie dieses und überhaupt ihre Anmaßung über irgend etwas zu entscheiden vorher rechtfertige, dabei aber ihren Vermögenszustand vollständig aufdecke, um auf Zutrauen rechnen zu dürfen), ingleichen daß im Fortgange diese Freiheit ihr jederzeit unbenommen bleibe. Ein großer Theil der Mißhelligkeit beruht hier auf der Besorgniß des Abbruchs, womit die Freiheit des Vernunftgebrauchs bedroht werde; wenn diese gehoben wird, so glaube ich die Hindernisse der Einhelligkeit leicht wegräumen zu können.

Wider eine in der Berl. M. S. November 1785 eingerückte Erläuterung meiner vorlängst geäußerten Meinung über den Begriff und den Ursprung der Menschenracen trägt der Herr Geheimerath Georg Forster im Teutschen Merkur October und November 1786 Einwürfe vor,

die, wie mich dünkt, blos aus dem Mißverstande des Princips, wovon ich ausgehe, herrühren. Zwar findet es der berühmte Mann gleich anfangs mißlich, vorher ein Princip festzusetzen, nach welchem sich der Naturforscher sogar im Suchen und Beobachten solle leiten lassen, und vor-
5 nehmlich ein solches, was die Beobachtung auf eine dadurch zu befördernde Naturgeschichte zum Unterschiede von der bloßen Naturbeschreibung richtete, so wie diese Unterscheidung selbst unstatthaft. Allein diese Mißhelligkeit läßt sich leicht heben.

Was die erste Bedenklichkeit betrifft, so ist wohl ungezweifelt gewiß,
10 daß durch bloßes empirisches Herumtappen ohne ein leitendes Princip, wornach man zu suchen habe, nichts Zweckmäßiges jemals würde gefunden werden; denn Erfahrung methodisch anstellen, heißt allein beobachten. Ich danke für den blos empirischen Reisenden und seine Erzählung, vornehmlich wenn es um eine zusammenhängende Erkenntniß zu thun ist,
15 daraus die Vernunft etwas zum Behuf einer Theorie machen soll. Gemeiniglich antwortet er, wenn man wonach frägt: ich hätte das wohl bemerken können, wenn ich gewußt hätte, daß man darnach fragen würde. Folgt doch Herr F. selbst der Leitung des Linneischen Princips der Beharrlichkeit des Charakters der Befruchtungstheile an Gewächsen, ohne welches
20 die systematische Naturbeschreibung des Pflanzenreichs nicht so rühmlich würde geordnet und erweitert worden sein. Daß manche so unvorsichtig sind, ihre Ideen in die Beobachtung selbst hineinzutragen, (und, wie es auch wohl dem großen Naturkenner selbst widerfuhr, die Ähnlichkeit jener Charaktere gewissen Beispielen zufolge für eine Anzeige der Ähnlichkeit der
25 Kräfte der Pflanzen zu halten), ist leider sehr wahr, so wie die Lection für rasche Vernünftler (die uns beide vermuthlich nichts angeht) ganz wohl gegründet; allein dieser Mißbrauch kann die Gültigkeit der Regel doch nicht aufheben.

Was aber den bezweifelten, ja gar schlechthin verworfenen Unter-
30 schied zwischen Naturbeschreibung und Naturgeschichte betrifft, so würde, wenn man unter der letzteren eine Erzählung von Naturbegebenheiten, wohin keine menschliche Vernunft reicht, z. B. das erste Entstehen der Pflanzen und Thiere, verstehen wollte, eine solche freilich, wie Hr. F. sagt, eine Wissenschaft für Götter, die gegenwärtig, oder selbst Urheber waren,
35 und nicht für Menschen sein. Allein nur den Zusammenhang gewisser jetziger Beschaffenheiten der Naturdinge mit ihren Ursachen in der ältern Zeit nach Wirkungsgesetzen, die wir nicht erdichten, sondern aus den

Kräften der Natur, wie sie sich uns jetzt darbietet, ableiten, nur blos so weit zurück verfolgen, als es die Analogie erlaubt, das wäre Naturgeschichte und zwar eine solche, die nicht allein möglich, sondern auch z. B. in den Erdtheorien (worunter des berühmten Linné seine auch ihren Platz findet) von gründlichen Naturforschern häufig genug versucht worden ist, sie mögen nun viel oder wenig damit ausgerichtet haben. Auch gehört selbst des Herrn F. Muthmaßung vom ersten Ursprunge des Negers gewiß nicht zur Naturbeschreibung, sondern nur zur Naturgeschichte. Dieser Unterschied ist in der Sachen Beschaffenheit gelegen, und ich verlange dadurch nichts Neues, sondern blos die sorgfältige Absonderung des einen Geschäftes vom andern, weil sie ganz heterogen sind, und, wenn die eine (die Naturbeschreibung) als Wissenschaft in der ganzen Pracht eines großen Systems erscheint, die andere (die Naturgeschichte) nur Bruchstücke, oder wankende Hypothesen aufzeigen kann. Durch diese Absonderung und Darstellung der zweiten, als einer eigenen, wenn gleich für jetzt (vielleicht auch auf immer) mehr im Schattenrisse als im Werk ausführbaren Wissenschaft (in welcher für die meisten Fragen ein Vacat angezeichnet gefunden werden möchte), hoffe ich das zu bewirken, daß man sich nicht mit vermeintlicher Einsicht auf die eine etwas zu gute thue, was eigentlich blos der andern angehört, und den Umfang der wirklichen Erkenntnisse in der Naturgeschichte (denn einige derselben besitzt man), zugleich auch die in der Vernunft selbst liegende Schranken derselben sammt den Principien, wonach sie auf die bestmögliche Art zu erweitern wäre, bestimmter kennen lerne. Man muß mir diese Peinlichkeit zu gute halten, da ich so manches Unheil aus der Sorglosigkeit, die Grenzen der Wissenschaften in einander laufen zu lassen, in anderen Fällen erfahren und nicht eben zu jedermanns Wohlgefallen angezeigt habe; überdem hiebei völlig überzeugt worden bin, daß durch die bloße Scheidung des Ungleichartigen, welches man vorher im Gemenge genommen hatte, den Wissenschaften oft ein ganz neues Licht aufgehe, wobei zwar manche Armseligkeit aufgedeckt wird, die sich vorher hinter fremdartigen Kenntnissen verstecken konnte, aber auch viele ächte Quellen der Erkenntniß eröffnet werden, wo man sie gar nicht hätte vermuthen sollen. Die größte Schwierigkeit bei dieser vermeintlichen Neuerung liegt blos im Namen. Das Wort Geschichte in der Bedeutung, da es einerlei mit dem griechischen Historia (Erzählung, Beschreibung) ausdrückt, ist schon zu sehr und zu lange im Gebrauche, als daß man sich leicht gefallen lassen sollte, ihm

eine andere Bedeutung, welche die Naturforschung des Ursprungs bezeichnen kann, zuzugestehen; zumal da es auch nicht ohne Schwierigkeit ist, ihm in der letzteren einen andern anpassenden technischen Ausdruck auszufinden*). Doch die Sprachschwierigkeit im Unterscheiden kann den
5 Unterschied der Sachen nicht aufheben. Vermuthlich ist eben dergleichen Mißhelligkeit wegen einer, obwohl unvermeidlichen Abweichung von classischen Ausdrücken auch bei dem Begriffe einer Race die Ursache der Veruneinigung über die Sache selbst gewesen. Es ist uns hier widerfahren, was Sterne bei Gelegenheit eines physiognomischen Streits, der nach
10 seinen launichten Einfällen alle Facultäten der straßburgischen Universität in Aufruhr versetzte, sagt: Die Logiker würden die Sache entschieden haben, wären sie nur nicht auf eine Definition gestoßen. Was ist eine Race? Das Wort steht gar nicht in einem System der Naturbeschreibung, vermuthlich ist also auch das Ding selber überall nicht in der
15 Natur. Allein der Begriff, den dieser Ausdruck bezeichnet, ist doch in der Vernunft eines jeden Beobachters der Natur gar wohl gegründet, der zu einer sich vererbenden Eigenthümlichkeit verschiedener vermischt zeugenden Thiere, die nicht in dem Begriffe ihrer Gattung liegt, eine Gemeinschaft der Ursache und zwar einer in dem Stamme der Gattung selbst ursprüng-
20 lich gelegenen Ursache denkt. Daß dieses Wort nicht in der Naturbeschreibung (sondern an dessen Statt das der Varietät) vorkommt, kann ihn nicht abhalten, es in Absicht auf Naturgeschichte nöthig zu finden. Nur muß er es freilich zu diesem Behuf deutlich bestimmen; und dieses wollen wir hier versuchen.

25 Der Name einer Race, als radicaler Eigenthümlichkeit, die auf einen gemeinschaftlichen Abstamm Anzeige giebt und zugleich mehrere solche beharrliche forterbende Charaktere nicht allein derselben Thiergattung, sondern auch desselben Stammes zuläßt, ist nicht unschicklich ausgedacht. Ich würde ihn durch Abartung (progenies *classifica*) übersetzen, um eine Race
30 von der Ausartung (degeneratio s. progenies *specifica*)**) zu unter-

*) Ich würde für die Naturbeschreibung das Wort Physiographie, für Naturgeschichte aber Physiogonie in Vorschlag bringen.

**) Die Benennungen der classes und ordines drücken ganz unzweideutig eine blos logische Absonderung aus, die die Vernunft unter ihren Begriffen zum Be-
35 huf der bloßen Vergleichung macht: genera und species aber können auch die physische Absonderung bedeuten, die die Natur selbst unter ihren Geschöpfen in Ansehung ihrer Erzeugung macht. Der Charakter der Race kann also hinreichen,

scheiden, die man nicht einräumen kann, weil sie dem Gesetz der Natur (in der Erhaltung ihrer Species in unveränderlicher Form) zuwider läuft. Das Wort progenies zeigt an, daß es nicht ursprüngliche, durch so vielerlei Stämme als Species derselben Gattung ausgetheilte, sondern sich allererst in der Folge der Zeugungen entwickelnde Charaktere, mithin nicht verschiedene Arten, sondern Abartungen, aber doch so bestimmt und beharrlich sind, daß sie zu einem Classenunterschiede berechtigen.

Nach diesen Vorbegriffen würde die Menschengattung (nach dem allgemeinen Kennzeichen derselben in der Naturbeschreibung genommen) in einem System der Naturgeschichte in **Stamm** (oder Stämme), **Racen** oder Abartungen (progenies classificae) und verschiedenen **Menschenschlag** (varietates nativae) abgetheilt werden können, welche letztere nicht unausbleibliche, nach einem anzugebenden Gesetze sich vererbende, also auch nicht zu einer Classeneintheilung hinreichende Kennzeichen enthalten. Alles dieses ist aber so lange bloße Idee von der Art, wie die größte Mannigfaltigkeit in der Zeugung mit der größten Einheit der Abstammung von der Vernunft zu vereinigen sei. Ob es wirklich eine solche Verwandtschaft in der Menschengattung gebe, müssen die Beobachtungen, welche die Einheit der Abstammung kenntlich machen, entscheiden. Und hier sieht man deutlich: daß man durch ein bestimmtes Princip geleitet werden müsse, um blos zu beobachten, d. i. auf dasjenige Acht zu geben, was Anzeige auf die Abstammung, nicht blos die Charakteren-Ähnlichkeit geben könne, weil wir es alsdann mit einer Aufgabe der Naturgeschichte, nicht der Naturbeschreibung und blos methodischen Benennung zu thun haben. Hat jemand nicht nach jenem Princip seine Nachforschung angestellt, so muß er noch einmal suchen; denn von selbst wird sich ihm das nicht darbieten, was er bedarf, um, ob es eine reale oder bloße Nominalverwandtschaft unter den Geschöpfen gebe, auszumachen.

Von der Verschiedenheit des ursprünglichen Stammes kann es keine sichere Kennzeichen geben, als die Unmöglichkeit durch Vermischung zweier erblich verschiedenen Menschenabtheilungen fruchtbare Nachkommen-

---

um Geschöpfe darnach zu classificiren, aber nicht um eine besondere Species daraus zu machen, weil diese auch eine absonderliche Abstammung bedeuten könnte, welche wir unter dem Namen einer Race nicht verstanden wissen wollen. Es versteht sich von selbst, daß wir hier das Wort Classe nicht in der ausgedehnten Bedeutung nehmen, als es im Linnéischen System genommen wird; wir brauchen es aber auch zur Eintheilung in ganz anderer Absicht.

schaft zu gewinnen. Gelingt dieses aber, so ist die noch so große Verschiedenheit der Gestalt keine Hinderniß eine gemeinschaftliche Abstammung derselben wenigstens möglich zu finden; denn so wie sie sich unerachtet dieser Verschiedenheit doch durch Zeugung in ein Product, das beider Charaktere enthält, *vereinigen* können: so haben sie sich aus einem Stamme, der die Anlagen zur Entwicklung beider Charaktere ursprünglich in sich verbarg, durch Zeugung in so viel Racen *theilen* können; und die Vernunft wird ohne Noth nicht von zwei Principien ausgehen, wenn sie mit einem auslangen kann. Das sichere Kennzeichen erblicher Eigenthümlichkeiten aber, als der Merkmale eben so vieler Racen, ist schon angeführt worden. Jetzt ist noch etwas von den erblichen *Varietäten* anzumerken, welche zur Benennung eines oder andern Menschenschlags (Familien- und Volksschlags) Anlaß geben.

Eine Varietät ist die erbliche Eigenthümlichkeit, die nicht klassifisch ist, weil sie sich nicht unausbleiblich fortpflanzt; denn eine solche Beharrlichkeit des erblichen Charakters wird erfordert, um selbst für die Naturbeschreibung nur zur Classeneintheilung zu berechtigen. Eine Gestalt, die in der Fortpflanzung *nur bisweilen* den Charakter der nächsten Eltern und zwar mehrentheils nur einseitig (Vater oder Mutter nachartend) reproducirt, ist kein Merkmal, daran man den Abstamm von beiden Eltern kennen kann, z. B. den Unterschied der Blonden und Brunetten. Eben so ist die Race oder Abartung eine *unausbleibliche* erbliche Eigenthümlichkeit, die zwar zur Classeneintheilung berechtigt, aber doch nicht specifisch ist, weil die unausbleiblich halbschlächtige Nachartung (also das *Zusammenschmelzen* der Charaktere ihrer Unterscheidung) es wenigstens nicht als unmöglich urtheilen läßt, ihre angeerbte Verschiedenheit auch in ihrem Stamme uranfänglich, als in bloßen Anlagen *vereinigt* und nur in der Fortpflanzung allmählig entwickelt und *geschieden*, anzusehen. Denn man kann ein Thiergeschlecht nicht zu einer besondern Species machen, wenn es mit einem anderen zu einem und demselben Zeugungssystem der Natur gehört. Also würde in der Naturgeschichte Gattung und Species einerlei, nämlich die nicht mit einem gemeinschaftlichen Abstamme vereinbare Erbeigenthümlichkeit, bedeuten. Diejenige aber, die damit zusammen bestehen kann, ist entweder nothwendig erblich, oder nicht. Im erstern Fall macht es den Charakter der *Race*, im andern der *Varietät* aus.

Von dem, was in der Menschengattung *Varietät* genannt werden kann, merke ich hier nun an, daß man auch in Ansehung dieser die Natur nicht als in voller Freiheit bildend, sondern eben sowohl, als bei den Racen-Charakteren, sie nur als entwickelnd und auf dieselbe durch ursprüngliche Anlagen vorausbestimmt anzusehen habe: weil auch in *dieser* Zweckmäßigkeit und derselben gemäße Abgemessenheit angetroffen wird, die kein Werk des Zufalls sein kann. Was schon Lord *Shaftsbury* anmerkte, nämlich, daß in jedem Menschengesichte eine gewisse Originalität (gleichsam ein wirkliches Dessein) angetroffen werde, welche das Individuum als zu besonderen Zwecken, die es nicht mit anderen gemein hat, bestimmt auszeichnet, obzwar diese Zeichen zu entziffern über unser Vermögen geht, das kann ein jeder Portraitmaler, der über seine Kunst denkt, bestätigen. Man sieht einem nach dem Leben gemalten und wohlausgedrückten Bilde die Wahrheit an, d. i. daß es nicht aus der Einbildung genommen ist. Worin besteht aber diese Wahrheit? Ohne Zweifel in einer bestimmten Proportion eines der vielen Theile des Gesichts zu allen anderen, um einen individuellen Charakter, der einen dunkel vorgestellten Zweck enthält, auszudrücken. Kein Theil des Gesichts, wenn er uns auch unproportionirt scheint, kann in der Schilderei mit Beibehaltung der übrigen abgeändert werden, ohne dem Kennerauge, ob er gleich das Original nicht gesehen hat, in Vergleichung mit dem von der Natur copirten Porträt, sofort merklich zu machen, welches von beiden die lautere Natur und welches Erdichtung enthalte. Die Varietät unter Menschen von eben derselben Race ist aller Wahrscheinlichkeit nach eben so zweckmäßig in dem ursprünglichen Stamme belegen gewesen, um die größte Mannigfaltigkeit zum Behuf unendlich verschiedener Zwecke, als der Racenunterschied, um die Tauglichkeit zu weniger, aber wesentlichern Zwecken zu gründen und in der Folge zu entwickeln; wobei doch der Unterschied obwaltet, daß die letztern Anlagen, nachdem sie sich einmal entwickelt haben (welches schon in der ältesten Zeit geschehen sein muß), keine neue Formen dieser Art weiter entstehen, noch auch die alte erlöschen lassen; dagegen die erstere wenigstens unserer Kenntniß nach eine an neuen Charakteren (äußeren sowohl als innern) unerschöpfliche Natur anzuzeigen scheinen.

In Ansehung der Varietäten scheint die Natur die *Zusammenschmelzung* zu verhüten, weil sie ihrem Zwecke, nämlich der Mannigfaltigkeit der Charaktere, entgegen ist; dagegen sie, was die Racenunterschiede betrifft, dieselbe (nämlich Zusammenschmelzung) wenigstens verstattet, wenn gleich nicht begünstigt, weil dadurch das Geschöpf für mehrere

Klimate tauglich wird, obgleich keinem derselben in dem Grade angemessen, als die erste Anartung an dasselbe es gemacht hatte. Denn was die gemeine Meinung betrifft, nach welcher Kinder (von unserer Classe der Weißen) die Kennzeichen, die zur Varietät gehören (als Statur, Ge-
5 sichtsbildung, Hautfarbe, selbst manche Gebrechen, innere sowohl als äußere) von ihren Eltern auf die Halbscheid ererben sollen (wie man sagt: das hat das Kind vom Vater, das hat es von der Mutter), so kann ich nach genauer Aufmerksamkeit auf den Familienschlag ihr nicht beitreten. Sie arten, wenn gleich nicht Vater oder Mutter nach, doch entweder in
10 des einen oder der andern Familie unvermischt ein; und obzwar der Abscheu wider die Vermischungen der zu nahe Verwandten wohl großentheils moralische Ursachen haben, ingleichen die Unfruchtbarkeit derselben nicht genug bewiesen sein mag: so giebt doch seine weite Ausbreitung selbst bis zu rohen Völkern Anlaß zur Vermuthung, daß der Grund
15 dazu auf entfernte Art in der Natur selbst gelegen sei, welche nicht will, daß immer die alten Formen wieder reproducirt werden, sondern alle Mannigfaltigkeit herausgebracht werden soll, die sie in die ursprüngliche Keime des Menschenstamms gelegt hatte. Ein gewisser Grad der Gleichförmigkeit, der sich in einem Familien- oder sogar Volksschlage
20 hervorfindet, darf auch nicht der halbschlächtigen Anartung ihrer Charaktere (welche meiner Meinung nach in Ansehung der Varietäten gar nicht statt findet) zugeschrieben werden. Denn das Übergewicht der Zeugungskraft des einen oder andern Theils verehlichter Personen, da bisweilen fast alle Kinder in den väterlichen, oder alle in den mütterlichen Stamm
25 einschlagen, kann bei der anfänglich großen Verschiedenheit der Charaktere durch Wirkung und Gegenwirkung, nämlich dadurch daß die Nachartungen auf der einen Seite immer seltener werden, die Mannigfaltigkeit vermindern und eine gewisse Gleichförmigkeit (die nur fremden Augen sichtbar ist) hervorbringen. Doch das ist nur meine beiläufige Meinung, die
30 ich dem beliebigen Urtheile des Lesers Preis gebe. Wichtiger ist, daß bei andern Thieren fast alles, was man an ihnen Varietät nennen möchte (wie die Größe, die Hautbeschaffenheit rc.), halbschlächtig anartet, und dieses, wenn man den Menschen wie billig nach der Analogie mit Thieren (in Absicht auf die Fortpflanzung) betrachtet, einen Einwurf wider meinen
35 Unterschied der Racen von Varietäten zu enthalten scheint. Um hierüber zu urtheilen, muß man schon einen höheren Standpunkt der Erklärung dieser Natureinrichtung nehmen, nämlich den, daß vernunftlose Thiere,

deren Existenz blos als Mittel einen Werth haben kann, darum zu verschiedenem Gebrauche verschiedentlich schon in der Anlage (wie die verschiedenen Hunderacen, die nach *Buffon* von dem gemeinschaftlichen Stamme des Schäferhundes abzuleiten sind) ausgerüstet sein mußten; dagegen die größere Einhelligkeit des Zwecks in der Menschengattung so große Verschiedenheit anartender Naturformen nicht erheischte; die nothwendig anartende also nur auf die Erhaltung der Species in einigen wenigen von einander vorzüglich unterschiedenen Klimaten angelegt sein durften. Jedoch da ich nur den Begriff der *Racen* habe vertheidigen wollen, so habe ich nicht nöthig, mich wegen des Erklärungsgrundes der Varietäten zu verbürgen.

Nach Aufhebung dieser Sprachuneinigkeit, die öfters an einem Zwiste mehr schuld ist, als die in Principien, hoffe ich nun weniger Hinderniß wider die Behauptung meiner Erklärungsart anzutreffen. Herr F. ist darin mit mir einstimmig, daß er wenigstens eine erbliche Eigenthümlichkeit unter den verschiedenen Menschengestalten, nämlich die der *Neger* und der übrigen Menschen, groß genug findet, um sie nicht für bloßes Naturspiel und Wirkung zufälliger Eindrücke zu halten, sondern dazu ursprünglich dem Stamme einverleibte Anlagen und specifische Natureinrichtung fordert. Diese Einhelligkeit unserer Begriffe ist schon wichtig und macht auch in Ansehung der beiderseitigen Erklärungsprincipien Annäherung möglich; anstatt daß die gemeine seichte Vorstellungsart alle Unterschiede unserer Gattung auf gleichen Fuß, nämlich den des Zufalls, zu nehmen und sie noch immer entstehen und vergehen zu lassen, wie äußere Umstände es fügen, alle Untersuchungen dieser Art für überflüssig und hiemit selbst die Beharrlichkeit der Species in derselben zweckmäßigen Form für nichtig erklärt. Zwei Verschiedenheiten unserer Begriffe bleiben nur noch, die aber nicht so weit aus einander sind, um eine nie beizulegende Mißhelligkeit nothwendig zu machen: die **erste** ist, daß gedachte erbliche Eigenthümlichkeiten, nämlich die der *Neger* zum Unterschiede von allen andern Menschen, die einzigen sind, welche für ursprünglich eingepflanzt gehalten zu werden verdienen sollen; da ich hingegen noch mehrere (die der *Indier* und *Amerikaner*, zu der der *Weißen* hinzugezählt) zur vollständigen classifischen Eintheilung eben sowohl berechtigt zu sein urtheile: die **zweite** Abweichung, welche aber nicht sowohl die Beobachtung (Naturbeschreibung) als die anzunehmende Theorie (Naturgeschichte) betrifft, ist: daß Hr. F. zum Behuf der Erklärung dieser Charaktere zwei ursprüngliche Stämme nöthig findet; da nach meiner Meinung (der ich sie mit Hrn. F. gleichfalls für ursprüngliche Charaktere halte) es möglich und dabei der philosophischen Erklärungsart angemessener ist, sie als Entwickelung in einem Stamme eingepflanzter zweckmäßiger erster Anlagen anzusehen; welches denn auch keine so große Zwistigkeit ist, daß die Vernunft sich nicht hierüber ebenfalls die Hand böte, wenn man bedenkt, daß der physische erste Ursprung organischer Wesen uns beiden und überhaupt der Menschenvernunft unergründlich bleibt, eben so wohl als das halbschlächtige Anarten in der Fortpflanzung derselben. Da das System der gleich anfangs getrennten und in zweierlei Stämmen isolirten, gleichwohl aber nachher in der Vermischung der vorher abgesonderten einträchtig wieder zusammenschmelzenden Keime nicht die mindeste Erleichterung für die Begreiflichkeit durch Vernunft mehr verschafft, als das der in einem und demselben Stamme ursprünglich eingepflanzten verschiedenen, sich in der Folge zweckmäßig für die erste allgemeine Bevölkerung entwickelnden Keime; und die letztere Hypothese dabei doch den Vorzug der Ersparniß verschiedener Localschöpfungen bei sich führt; da ohnedem an Ersparniß teleologischer Erklärungsgründe, um sie durch physische zu ersetzen, bei organisirten Wesen in dem, was die Erhaltung ihrer Art angeht, gar nicht zu denken ist, und die letztere Erklärungsart also der Naturforschung keine neue Last auflegt über die, welche sie ohnedem niemals los werden kann, nämlich hierin lediglich dem Princip der Zwecke zu folgen; da auch Hr. F. eigentlich nur durch die Entdeckungen seines Freundes, des berühmten und philosophischen Zergliederers Hrn. Sömmering, bestimmt worden, den Unterschied der Neger von andern Menschen erheblicher zu finden, als es denen wohl gefallen möchte, die gern alle erbliche Charaktere in einander verwischen und sie als bloße zufällige Schattirungen ansehen möchten, und dieser vortreffliche Mann sich für die vollkommene Zweckmäßigkeit der Negerbildung in Betreff seines Mutterlandes erklärt*), indessen daß doch in dem Knochenbau des Kopfs

*) Sömmering über die körperliche Verschiedenheit des Negers vom Europäer. S. 79. „Man findet am Bau des Negers Eigenschaften, die ihn für sein Klima zum vollkommensten, vielleicht zum vollkommenern Geschöpf, als den Europäer machen.“ Der vortreffliche Mann bezweifelt (in derselben Schrift § 44) D. Schott's Meinung von der zu besserer Herauslassung schädlicher Materien geschickter organisirten Haut der Negern. Allein wenn man Lind's (von den Krankheiten der Europäer &c.) Nachrichten über die Schädlichkeit der durch sumpfichte Waldungen

eine begreiflichere Angemessenheit mit seinem Boden eben nicht abzusehen ist, als in der Organisation der Haut, diesem großen Absonderungswerkzeuge alles dessen, was aus dem Blute abgeführt werden soll, — folglich er diese von der ganzen übrigen ausgezeichneten Natureinrichtung derselben (wovon die Hautbeschaffenheit ein wichtiges Stück ist) zu verstehen scheint 5 und jene nur zum deutlichsten Wahrzeichen derselben für den Anatomiker aufstellt: so wird Hr. F. hoffentlich, wenn bewiesen ist, daß es noch andere sich eben so beharrlich vererbende, nach den Abstufungen des Klima gar nicht in einander fließende, sondern scharf abgeschnittene Eigenthümlichkeiten in weniger Zahl giebt, ob sie gleich ins Fach der Zergliederungs- 10 kunst nicht einschlagen, — nicht abgeneigt sein, ihnen einen gleichen Anspruch auf besondere ursprüngliche, zweckmäßig dem Stamme eingepflanzte Keime zuzugestehen. Ob aber der Stämme darum mehrere, oder nur Ein gemeinschaftlicher anzunehmen nöthig sei, darüber würden wir hoffentlich zuletzt noch wohl einig werden können. 15

Es würden also nur die Schwierigkeiten zu heben sein, die Hrn. F. abhalten, meiner Meinung nicht sowohl in Ansehung des Princips, als vielmehr der Schwierigkeit es allen Fällen der Anwendung gehörig anzupassen, beizutreten. In dem ersten Abschnitte seiner Abhandlung, October 1786, S. 70, führt Hr. F. eine Farbenleiter der Haut durch von den 20 Bewohnern des nördlichen Europa über Spanien, Ägypten, Arabien, Abyssinien bis zum Äquator, von da aber wieder in umgekehrter Abstufung mit der Fortrückung in die temperirte südliche Zone über die Länder der Kaffern und Hottentotten (seiner Meinung nach) mit einer dem Klima der Länder so proportionirten Gradfolge der braunen bis ins 25 Schwarze und wiederum zurück (wobei er, wiewohl ohne Beweis, annimmt, daß aus Nigritien hervorgegangene Colonien, die sich gegen die Spitze von Afrika gezogen, allmählig blos durch die Wirkung des Klima in Kaffern und Hottentotten verwandelt sind), daß es ihn Wunder nimmt, wie man noch hierüber hat wegsehen können. Man muß sich 30 aber billig noch mehr wundern, wie man über das bestimmt genug und mit Grunde allein für entscheidend zu haltende Kennzeichen der unausbleiblichen halbschlächtigen Zeugung, darauf hier doch alles ankommt, hat

---

phlogisticirten Luft um den Gambiastrom, welche den englischen Matrosen so geschwinde tödtlich wird, in der gleichwohl die Neger als in ihrem Elemente leben, 35 damit verbindet, so bekommt jene Meinung doch viele Wahrscheinlichkeit.

wegsehen können. Denn weder der nordlichste Europäer in der Vermischung mit denen von spanischem Blute, noch der Mauritanier oder Araber (vermuthlich auch der mit ihm nahe verwandte Habessinier) in Vermischung mit circassischen Weibern sind diesem Gesetze im mindesten unterworfen. Man hat auch nicht Ursache ihre Farbe, nachdem das, was die Sonne ihres Landes jedem Individuum der letzteren eindrückt, bei Seite gesetzt worden, für etwas anderes als die Brünette unter dem weißen Menschenschlag zu urtheilen. Was aber das Negerähnliche der Kaffern und im mindern Grade der Hottentotten in demselben Welttheile betrifft, welche vermuthlich den Versuch der halbschlächtigen Zeugung bestehen würden: so ist im höchsten Grade wahrscheinlich, daß diese nichts anders als Bastarderzeugungen eines Negervolks mit den von der ältesten Zeit her diese Küste besuchenden Arabern sein mögen. Denn woher findet sich nicht dergleichen angebliche Farbenleiter auch auf der Westküste von Afrika, wo vielmehr die Natur vom brunetten Araber oder Mauritanier zu den schwärzesten Negern am Senegal einen plötzlichen Sprung macht, ohne vorher die Mittelstraße der Kaffern durchgegangen zu sein? Hiemit fällt auch der Seite 74 vorgeschlagene und zum voraus entschiedene Probeversuch weg, der die Verwerflichkeit meines Princips beweisen soll, nämlich daß der schwarzbraune Habessinier, mit einer Kafferin vermischt, der Farbe nach keinen Mittelschlag geben würde, weil beider Farbe einerlei, nämlich schwarzbraun, ist. Denn nimmt Hr. F. an, daß die braune Farbe des Habessiniers in der Tiefe, wie sie die Kaffern haben, ihm angeboren sei und zwar so, daß sie in vermischter Zeugung mit einer Weißen nothwendig eine Mittelfarbe geben müßte: so würde der Versuch freilich so ausschlagen, wie Hr. F. will; er würde aber auch nichts gegen mich beweisen, weil die Verschiedenheit der Racen doch nicht nach dem beurtheilt wird, was an ihnen einerlei, sondern was an ihnen verschieden ist. Man würde nur sagen können, daß es auch tiefbraune Racen gäbe, die sich vom Neger oder seinem Abstamme in andern Merkmalen (zum Beispiel dem Knochenbau) unterscheiden; denn in Ansehung deren allein würde die Zeugung einen Blendling geben, und meine Farbenliste würde nur um Eine vermehrt werden. Ist aber die tiefe Farbe, die der in seinem Lande erwachsene Habessinier an sich trägt, nicht angeerbt, sondern nur etwa wie die eines Spaniers, der in demselben Lande von klein auf erzogen wäre: so würde seine Naturfarbe ohne Zweifel mit der der Kaffern einen Mittelschlag der Zeugung geben, der aber, weil der zufällige Anstrich durch die

Sonne hinzukommt, verdeckt werden und ein gleichartiger Schlag (der Farbe nach) zu sein scheinen würde. Also beweiset dieser projectirte Versuch nichts wider die Tauglichkeit der nothwendig-erblichen Hautfarbe zu einer Racenunterscheidung, sondern nur die Schwierigkeit, dieselbe, so fern sie angeboren ist, an Orten richtig bestimmen zu können, wo die Sonne sie noch mit zufälliger Schminke überdeckt, und bestätigt die Rechtmäßigkeit meiner Forderung, Zeugungen von denselben Eltern im Auslande zu diesem Behuf vorzuziehen.

Von den letzteren haben wir nun ein entscheidendes Beispiel an der indischen Hautfarbe eines seit einigen Jahrhunderten in unsern nordischen Ländern sich fortpflanzenden Völkchens, nämlich den Zigeunern. Daß sie ein indisches Volk sind, beweiset ihre Sprache unabhängig von ihrer Hautfarbe. Aber diese zu erhalten ist die Natur so hartnäckig geblieben, daß, ob man zwar ihre Anwesenheit in Europa bis auf zwölf Generationen zurück verfolgen kann, sie noch immer so vollständig zum Vorschein kommt, daß, wenn sie in Indien aufwüchsen, zwischen ihnen und den dortigen Landeseingebornen allem Vermuthen nach gar kein Unterschied angetroffen werden würde. Hier nun zu sagen, daß man noch 12 mal 12 Generationen warten müsse, bis die nordische Luft ihre anerbende Farbe völlig ausgebleicht haben würde, hieße den Nachforscher mit dilatorischen Antworten hinhalten und Ausflüchte suchen. Ihre Farbe aber für bloße Varietät ausgeben, wie etwa die des brünetten Spaniers gegen den Dänen heißt das Gepräge der Natur bezweifeln. Denn sie zeugen mit unseren alten Eingebornen unausbleiblich halbschlächtige Kinder, welchem Gesetze die Race der Weißen in Ansehung keiner einzigen ihrer charakteristischen Varietäten unterworfen ist.

Aber Seite 155—156 tritt das wichtigste Gegenargument auf, wodurch im Falle, daß es gegründet wäre, bewiesen werden würde, daß, wenn man mir auch meine ursprünglichen Anlagen einräumte, die Angemessenheit der Menschen zu ihren Mutterländern bei ihrer Verbreitung über die Erdfläche damit doch nicht bestehen könne. Es ließe sich, sagt Hr. F., allenfalls noch vertheidigen, daß gerade diejenigen Menschen, deren Anlage sich für dieses oder jenes Klima paßt, da oder dort durch eine weise Fügung der Vorsehung geboren würden: aber, fährt er fort, wie ist denn eben diese Vorsehung so kurzsichtig geworden, nicht auf eine zweite Verpflanzung zu denken, wo jener Keim, der nur für Ein Klima taugte, ganz zwecklos geworden wäre.

Was den ersten Punkt betrifft, so erinnere man sich, daß ich jene erste Anlagen nicht als *unter verschiedene Menschen vertheilt* — denn sonst wären es so viel verschiedene *Stämme* geworden, — sondern im ersten Menschenpaare als *vereinigt* angenommen hatte; und so paßten ihre Abkömmlinge, an denen noch die *ganze* ursprüngliche Anlage für alle künftige Abartungen ungeschieden ist, zu allen Klimaten (in Potentia), nämlich so, daß sich derjenige Keim, der sie demjenigen Erdstriche, in welchen sie oder ihre frühe Nachkommen gerathen würden, angemessen machen würde, daselbst entwickeln könnte. Also bedurfte es nicht einer besonderen weisen Fügung, sie in solche Örter zu bringen, wo ihre Anlagen paßten; sondern wo sie zufälliger Weise hinkamen und lange Zeit ihre Generation fortsetzten, da entwickelte sich der für diese Erdgegend in ihrer Organisation befindliche, sie einem solchen Klima angemessen machende Keim. Die Entwickelung der Anlagen richtete sich nach den Örtern, und nicht, wie es Hr. F. mißversteht, mußten etwa die Örter nach den schon entwickelten Anlagen ausgesucht werden. Dieses alles versteht sich aber nur von der ältesten Zeit, welche lange gnug (zur allmähligen Erdbevölkerung) gewährt haben mag, um allererst einem Volke, das eine bleibende Stelle hatte, die zur Entwickelung seiner derselben angemessenen Anlagen erforderliche Einflüsse des Klima und Bodens zu verschaffen. Aber nun fährt er fort: Wie ist nun derselbe Verstand, der hier so richtig ausrechnete, welche Länder und welche Keime zusammen treffen sollten (sie *mußten* nach dem Vorigen *immer* zusammentreffen, wenn man auch will, daß sie nicht ein Verstand, sondern nur dieselbe Natur, die die Organisation der Thiere so durchgängig zweckmäßig innerlich eingerichtet hatte, auch für ihre Erhaltung eben so sorgfältig ausgerüstet habe), auf einmal so kurzsichtig geworden, daß er nicht auch den Fall *einer zweiten Verpflanzung* vorausgesehen? Dadurch wird ja die angeborne Eigenthümlichkeit, die nur für Ein Klima taugt, gänzlich zwecklos u. s. w.

Was nun diesen zweiten Punkt des Einwurfs betrifft, so räume ich ein, daß jener Verstand, oder, wenn man lieber will, jene von selbst zweckmäßig wirkende Natur nach schon entwickelten Keimen auf Verpflanzung in der That gar nicht Rücksicht getragen, ohne doch deshalb der Unweisheit und Kurzsichtigkeit beschuldigt werden zu dürfen. Sie hat vielmehr durch ihre veranstaltete Angemessenheit zum Klima die Verwechselung desselben, vornehmlich des warmen mit dem kältern, verhindert. Denn eben diese übele Anpassung des neuen Himmelsstrichs zu dem schon angearteten Naturell der Bewohner des alten hält sie von selbst davon ab. Und wo haben Indier oder Neger sich in nordlichen Gegenden auszubreiten gesucht? — Die aber dahin vertrieben sind, haben in ihrer Nachkommenschaft (wie die creolischen Neger oder Indier unter dem Namen der Zigeuner) niemals einen zu ansässigen Landanbauern oder Handarbeitern tauglichen Schlag abgeben wollen*). 5

---

*) Die letztere Bemerkung wird hier nicht als beweisend angeführt, ist aber doch nicht unerheblich. In Hrn. Sprengels Beiträgen, 5tem Theile, S. 287—292, führt ein sachkundiger Mann gegen Ramsays Wunsch, alle Negersklaven als freie Arbeiter zu brauchen, an: daß unter den vielen tausend freigelassenen Negern, 10 die man in Amerika und in England antrifft, er kein Beispiel kenne, daß irgend einer ein Geschäfte treibe, was man eigentlich Arbeit nennen kann, vielmehr daß sie ein leichtes Handwerk, welches sie vormals als Sklaven zu treiben gezwungen waren, alsbald aufgeben, wenn sie in Freiheit kommen, um dafür Höker, elende Gastwirthe, Livereibediente, auf den Fischzug oder Jagd Ausgehende, mit einem 15 Worte Umtreiber zu werden. Eben das findet man auch an den Zigeunern unter uns. Derselbe Verfasser bemerkt hiebei: daß nicht etwa das nordliche Klima sie zur Arbeit ungeneigt mache; denn sie halten, wenn sie hinter dem Wagen ihrer Herrschaften, oder in den ärgsten Winternächten in den kalten Eingängen der Theater (in England) warten müssen, doch lieber aus, als Dreschen, Graben, Lasten 20 tragen u. s. w. Sollte man hieraus nicht schließen: daß es außer dem Vermögen zu arbeiten noch einen unmittelbaren, von aller Anlockung unabhängigen Trieb zur Thätigkeit (vornehmlich der anhaltenden, die man Emsigkeit nennt) gebe, der mit gewissen Naturanlagen besonders verwebt ist, und daß Indier sowohl als Neger nicht mehr von diesem Antriebe in andere Klimaten mitbringen 25 und vererben, als sie für ihre Erhaltung in ihrem alten Mutterlande bedurften und von der Natur empfangen hatten, und daß diese innere Anlage eben so wenig erlösche, als die äußerlich sichtbare. Die weit mindern Bedürfnisse aber in jenen Ländern und die wenige Mühe, die es erfordert, sich auch nur diese zu verschaffen, erfordern keine größern Anlagen zur Thätigkeit. — Hier will ich noch etwas aus 30 Marsdens gründlicher Beschreibung von Sumatra (Siehe Sprengels Beiträge, 6ter Theil, S. 198—199) anführen. „Die Farbe ihrer (der Rejangs) Haut ist gewöhnlich gelb ohne die Beimischung von Roth, welche die Kupferfarbe hervorbringt. Sie sind beinahe durchgängig etwas heller von Farbe als die Mestizen in andern Gegenden von Indien. — Die weiße Farbe der Einwohner von Sumatra in Ver- 35 gleichung mit andern Völkern eben des Himmelsstrichs ist meines Erachtens ein starker Beweis, daß die Farbe der Haut keinesweges unmittelbar von dem Klima abhängt. (Eben das sagt er von dort gebornen Kindern der Europäer und Negern in der zweiten Generation und vermuthet, daß die dunklere Farbe der Europäer, die sich hier lange aufgehalten haben, eine Folge der vielen Gallenkrankheiten 40 sei, denen dort alle ausgesetzt sind.) — Hier muß ich noch bemerken, daß die Hände

Aber eben das, was Hr. F. für eine unüberwindliche Schwierigkeit gegen mein Princip hält, wirft in einer gewissen Anwendung das vortheilhafteste Licht auf dieselbe und löset Schwierigkeiten, wider die keine andere Theorie etwas vermag. Ich nehme an, daß so viele Generationen von der Zeit des Anfangs der Menschengattung über die allmählige Entwickelung der zur völligen Anartung an ein Klima in ihr befindlichen Anlagen erforderlich gewesen, daß darüber die großentheils durch gewaltsame Naturrevolutionen erzwungene Verbreitung derselben über den beträchtlichsten Theil der Erde, mit kümmerlicher Vermehrung der Art, hat geschehen können. Wenn nun auch durch diese Ursachen ein Völkchen der alten Welt aus südlichern Gegenden in die nordlichern getrieben worden: so muß die Anartung — die, um den vorigen angemessen zu werden, vielleicht noch nicht vollendet war, — allmählig in Stillstand gesetzt, dagegen einer entgegengesetzten Entwickelung der Anlagen, nämlich für das nordliche Klima, Platz gemacht haben. Setzet nun, dieser Menschenschlag hätte sich nordostwärts immer weiter bis nach Amerika herübergezogen — eine Meinung, die geständlich die größte Wahrscheinlichkeit hat —, so wären, ehe er sich in diesem Welttheile wiederum beträchtlich nach Süden verbreiten konnte, seine Naturanlagen schon so weit entwickelt, als es möglich ist, und diese Entwickelung, nun als vollendet, müßte alle fernere Anartung an ein neues Klima unmöglich gemacht haben. Nun wäre also eine Race gegründet, die bei ihrem Fortrücken nach Süden für alle Klimaten immer einerlei, in der That also keinem gehörig angemessen ist, weil die südliche Anartung vor ihrem Ausgange in der Hälfte ihrer Entwickelung unterbrochen, durch die ans nordliche Klima abgewechselt und so der beharrliche Zustand dieses Menschenhaufens gegründet worden. In der That versichert Don Ulloa (ein vorzüglich wichtiger Zeuge, der die Einwohner von Amerika in beiden Hemisphären kannte) die charakteristische Gestalt der Bewohner dieses Welttheils durchgängig sehr ähnlich befunden zu haben (was die Farbe betrifft, so beschreibt sie einer der neuern Seereisenden, dessen Namen ich jetzt nicht mit Sicherheit nennen kann, wie Eisenrost, mit Öl vermischt). Daß aber ihr Naturell zu keiner völligen Angemessenheit mit irgend einem Klima gelangt ist, läßt sich auch daraus abnehmen, daß schwerlich ein

der Eingebornen und der Mestizen unerachtet des heißen Klimas gewöhnlich kalt sind" (ein wichtiger Umstand, der Anzeige giebt, daß die eigenthümliche Hautbeschaffenheit von keinen oberflächlichen äußeren Ursachen herrühren müsse).

anderer Grund angegeben werden kann, warum diese Race, zu schwach für schwere Arbeit, zu gleichgültig für emsige und unfähig zu aller Cultur, wozu sich doch in der Naheit Beispiel und Aufmunterung genug findet, noch tief unter dem Neger selbst steht, welcher doch die niedrigste unter allen übrigen Stufen einnimmt, die wir als Racenverschiedenheiten genannt haben. 5

Nun halte man alle andere mögliche Hypothesen an dies Phänomen! Wenn man nicht die von Hrn. F. schon in Vorschlag gebrachte besondere Schöpfung des Negers mit einer zweiten, nämlich des Amerikaners, vermehren will, so bleibt keine andere Antwort übrig, als daß Amerika zu 10 kalt, oder zu neu sei, um die Abartung der Neger oder gelben Indier jemals hervorzubringen, oder in so kurzer Zeit, als es bevölkert ist, schon hervorgebracht zu haben. Die erste Behauptung ist, was das heiße Klima dieses Welttheils betrifft, jetzt genugsam widerlegt; und was die zweite betrifft, daß nämlich, wenn man nur noch einige Jahrtausende zu warten 15 Geduld hätte, sich die Neger (wenigstens der erblichen Hautfarbe nach) wohl dereinst hier auch durch den allmähligen Sonneneinfluß hervorfinden würden: so müßte man erst gewiß sein, daß Sonne und Luft solche Einpfropfungen verrichten können, um sich durch einen so ins weite gestellten, immer nach Belieben weiter hinaus zu rückenden, blos vermutheten Erfolg 20 nur gegen Einwürfe zu vertheidigen; wie viel weniger kann, da jenes selbst noch gar sehr bezweifelt wird, eine bloß beliebige Vermuthung den Thatsachen entgegen gestellt werden!

Eine wichtige Bestätigung der Ableitung der unausbleiblich erblichen Verschiedenheiten durch Entwickelung ursprünglich und zweckmäßig 25 in einem Menschenstamme für die Erhaltung der Art zusammenbefindlicher Anlagen ist: daß die daraus entwickelten Racen nicht sporadisch (in allen Welttheilen, in einerlei Klima, auf gleiche Art) verbreitet, sondern cykladisch in vereinigten Haufen, die sich innerhalb der Grenzlinie eines Landes, worin jede derselben sich hat bilden können, vertheilt angetroffen 30 werden. So ist die reine Abstammung der Gelbfarbigen innerhalb den Grenzen von Hindostan eingeschlossen, und das nicht weit davon entfernte Arabien, welches großentheils gleichen Himmelsstrich einnimmt, enthält nichts davon; beide aber enthalten keine Neger, die nur in Afrika zwischen dem Senegal und Capo Negro (und so weiter im Inwendigen dieses 35 Welttheils) zu finden sind; indessen das ganze Amerika weder die einen noch die andern, ja gar keinen Racencharakter der alten Welt (die Eskimos ausgenommen, die nach verschiedenen sowohl von ihrer Gestalt, als selbst ihrem Talent hergenommenen Charakteren spätere Ankömmlinge aus einem der alten Welttheile zu sein scheinen). Jede dieser Racen ist gleichsam isolirt, und da sie bei dem gleichen Klima doch von einander und 5 zwar durch einen dem Zeugungsvermögen einer jeden derselben unabtrennlich anhängenden Charakter sich unterscheiden: so machen sie die Meinung von dem Ursprunge der letzteren als Wirkungen des Klima sehr unwahrscheinlich, bestätigen dagegen die Vermuthung einer zwar durchgängigen Zeugungsverwandtschaft durch Einheit der Abstammung, 10 aber zugleich die von einer in ihnen selbst, nicht blos im Klima liegenden Ursache des classifischen Unterschiedes derselben, welcher lange Zeit erfordert haben muß, um seine Wirkung angemessen dem Orte der Fortpflanzung zu thun, und nachdem diese einmal zu Stande gekommen, durch keine Versetzungen neue Abartungen mehr möglich werden läßt, welche denn 15 für nichts anders, als eine sich allmählig zweckmäßig entwickelnde, in den Stamm gelegte, auf eine gewisse Zahl nach den Hauptverschiedenheiten der Lufteinflüsse eingeschränkte, ursprüngliche Anlage gehalten werden kann. Diesem Beweisgrunde scheint die in den zu Südasien und so weiter ostwärts zum Stillen Ocean gehörigen Inseln zerstreute Race der 20 Papuas, welche ich mit Capt. Forrester Kaffern genannt habe (weil er vermuthlich theils in der Hautfarbe, theils in dem Kopf- und Barthaare, welche sie der Eigenschaft der Neger zuwider zu ansehnlichem Umfange auskämmen können, Ursache gefunden, sie nicht Neger zu nennen), Abbruch zu thun. Aber die daneben anzutreffende wundersame Zerstreu- 25 ung noch anderer Racen, nämlich der Haraforas und gewisser mehr dem reinen indischen Stamme ähnlicher Menschen, macht es wieder gut, weil es auch den Beweis für die Wirkung des Klima auf ihre Erbeigenschaft schwächt, indem diese in einem und demselben Himmelsstriche doch so ungleichartig ausfällt. Daher man auch mit gutem Grunde sie nicht für 30 Aborigines, sondern durch wer weiß welche Ursache (vielleicht eine mächtige Erdrevolution, die von Westen nach Osten gewirkt haben muß) aus ihren Sitzen vertriebene Fremdlinge (jene Papuas etwa aus Madagaskar) zu halten wahrscheinlich findet. Mit den Einwohnern von Frevilleiland, von denen ich Carterets Nachricht aus dem Gedächtnisse (vielleicht unrichtig) 35 anführte, mag es also beschaffen sein, wie es wolle, so wird man die Beweisthümer der Entwickelung der Racenunterschiede in dem vermuthlichen Wohnsitze ihres Stammes auf dem Continent und nicht auf den Inseln, die allem Ansehen nach allererst nach längst vollendeter Wirkung der Natur bevölkert worden, zu suchen haben.

Soviel zur Vertheidigung meines Begriffs von der Ableitung der erblichen Mannigfaltigkeit organischer Geschöpfe einer und derselben Naturgattung (species naturalis, so fern sie durch ihr Zeugungsvermögen in Verbindung stehen und von Einem Stamme entsprossen sein*) können) zum Unterschiede von der Schulgattung (species artificialis, so fern sie unter einem gemeinschaftlichen Merkmale der bloßen Vergleichung stehen), davon die erstere zur Naturgeschichte, die zweite zur Naturbeschreibung gehört. Jetzt noch etwas über das eigne System des Hrn. F. von dem Ursprunge desselben. Darin sind wir beide einig, daß alles in einer Naturwissenschaft natürlich müsse erklärt werden, weil es sonst zu dieser Wissenschaft nicht gehören würde. Diesem Grundsatze bin ich so sorgfältig gefolgt, daß auch ein scharfsinniger Mann (Hr. O.C.R. Büsching in der Recension meiner obgedachten Schrift) wegen der Ausdrücke von Absichten, von Weisheit und Vorsorge ꝛc. der Natur mich zu einem Naturalisten, doch mit dem Beisatze von eigner Art macht, weil ich in Verhandlungen, welche die bloße Naturkenntnisse und, wieweit diese reichen, angehen (wo es ganz schicklich ist, sich teleologisch auszudrücken), es nicht rathsam finde eine theologische Sprache zu führen; um jeder Erkenntnißart ihre Grenzen ganz sorgfältig zu bezeichnen.

Allein ebenderselbe Grundsatz, daß alles in der Naturwissenschaft natürlich erklärt werden müsse, bezeichnet zugleich die Grenzen derselben.

---

*) Zu einem und demselben Stamme zu gehören bedeutet nicht sofort von einem einzelnen ursprünglichen Paare erzeugt zu sein; es will nur soviel sagen: die Mannigfaltigkeiten, die jetzt in einer gewissen Thiergattung anzutreffen sind, dürfen darum nicht als so viel ursprüngliche Verschiedenheiten angesehen werden. Wenn nun der erste Menschenstamm aus noch so viel Personen (beiderlei Geschlechts), die aber alle gleichartig waren, bestand, so kann ich eben so gut die jetzigen Menschen von einem einzigen Paare, als von vielen derselben ableiten. Hr. F. hält mich im Verdacht, daß ich das letztere als ein Factum und zwar zufolge einer Autorität behaupten wolle; allein es ist nur die Idee, die ganz natürlich aus der Theorie folgt. Was aber die Schwierigkeit betrifft, daß wegen der reißenden Thiere das menschliche Geschlecht mit seinem Anfange von einem einzigen Paare schlecht gesichert gewesen sein würde, so kann ihm diese keine sonderliche Mühe machen. Denn seine allgebärende Erde durfte dieselbe nur später als die Menschen hervorgebracht haben.

Denn man ist zu ihrer äußersten Grenze gelangt, wenn man den letzten unter allen Erklärungsgründen braucht, der noch durch Erfahrung bewährt werden kann. Wo diese aufhören, und man mit selbst erdachten Kräften der Materie nach unerhörten und keiner Belege fähigen Gesetzen
5 es anfangen muß, da ist man schon über die Naturwissenschaft hinaus, ob man gleich noch immer Naturdinge als Ursachen nennt, zugleich aber ihnen Kräfte beilegt, deren Existenz durch nichts bewiesen, ja sogar ihre Möglichkeit mit der Vernunft schwerlich vereinigt werden kann. Weil der Begriff eines organisirten Wesens es schon bei sich führt, daß es
10 eine Materie sei, in der Alles wechselseitig als Zweck und Mittel auf einander in Beziehung steht, und dies sogar nur als System von Endursachen gedacht werden kann, mithin die Möglichkeit desselben nur teleologische, keinesweges aber physisch-mechanische Erklärungsart wenigstens der menschlichen Vernunft übrig läßt: so kann in der Physik nicht
15 nachgefragt werden, woher denn alle Organisirung selbst ursprünglich herkomme. Die Beantwortung dieser Frage würde, wenn sie überhaupt für uns zugänglich ist, offenbar außer der Naturwissenschaft in der Metaphysik liegen. Ich meinerseits leite alle Organisation von organischen Wesen (durch Zeugung) ab und spätere Formen (dieser Art Naturdinge)
20 nach Gesetzen der allmähligen Entwickelung von ursprünglichen Anlagen (dergleichen sich bei den Verpflanzungen der Gewächse häufig antreffen lassen), die in der Organisation ihres Stammes anzutreffen waren. Wie dieser Stamm selbst entstanden sei, diese Aufgabe liegt gänzlich über die Grenzen aller dem Menschen möglichen Physik hinaus, innerhalb denen
25 ich doch glaubte mich halten zu müssen.

Ich fürchte daher für Hrn. F.'s System nichts von einem Ketzergerichte (denn das würde sich hier eben so wohl eine Gerichtsbarkeit außer seinem Gebiete anmaßen), auch stimme ich erforderlichen Falles auf eine philosophische Jury (S. 166) von bloßen Naturforschern und glaube doch kaum,
30 daß ihr Ausspruch für ihn günstig ausfallen dürfte. „Die kreißende Erde (S. 80), welche Thiere und Pflanzen ohne Zeugung von ihres gleichen aus ihrem weichen, vom Meeresschlamme befruchteten Mutterschooße entspringen ließ, die darauf gegründete Localzeugungen organischer Gattungen, da Afrika seine Menschen (die Neger), Asien die seinige
35 (alle übrige) hervorbrachte (S. 158), die davon abgeleitete Verwandtschaft Aller in einer unmerklichen Abstufung vom Menschen zum Wallfische (S. 77) und so weiter hinab (vermuthlich bis zu Moosen und Flechten,

nicht blos im Vergleichungssystem, sondern im Erzeugungssystem aus gemeinschaftlichem Stamme) gehenden Naturkette*) organischer Wesen" — diese würden zwar nicht machen, daß der Naturforscher davor, als vor einem Ungeheuer (S. 75), zurückbebte (denn es ist ein Spiel, womit sich wohl mancher irgend einmal unterhalten hat, das er aber, weil damit 5 nichts ausgerichtet wird, wieder aufgab), er würde aber doch davon durch die Betrachtung zurückgescheucht werden, daß er sich hiedurch unvermerkt von dem fruchtbaren Boden der Naturforschung in die Wüste der Metaphysik verirre. Zudem kenne ich noch eine eben nicht (S. 75) unmännliche Furcht, nämlich vor allem zurückzubeben, was die Vernunft von ihren 10 ersten Grundsätzen abspannt und ihr es erlaubt macht, in grenzlosen Einbildungen herumzuschweifen. Vielleicht hat Hr. F. auch hiedurch nur irgend einem Hypermetaphysiker (denn dergleichen giebts auch, die nämlich die Elementarbegriffe nicht kennen, die sie auch zu verachten sich anstellen und doch heroisch auf Eroberungen ausgehen) einen Gefallen thun 15 und Stoff für dessen Phantasie geben wollen, um sich hernach hierüber zu belustigen.

Wahre Metaphysik kennt die Grenzen der menschlichen Vernunft und unter anderen diesen ihren Erbfehler, den sie nie verläugnen kann: daß sie schlechterdings keine Grundkräfte a priori erdenken kann und darf 20 (weil sie alsdann lauter leere Begriffe aushecken würde), sondern nichts weiter thun kann, als die, so ihr die Erfahrung lehrt (so fern sie nur dem Anscheine nach verschieden, im Grunde aber identisch sind), auf die kleinstmögliche Zahl zurück zu führen und die dazu gehörige Grundkraft, wenns die Physik gilt, in der Welt, wenn es aber die Metaphysik angeht (näm- 25 lich die nicht weiter abhängige anzugeben), allenfalls außer der Welt zu suchen. Von einer Grundkraft aber (da wir sie nicht anders als durch die Beziehung einer Ursache auf eine Wirkung kennen) können wir keinen andern Begriff geben und keine Benennung dafür ausfinden, als der von der Wirkung hergenommen ist und gerade nur diese Beziehung ausdrückt**). 30

*) Über diese vornehmlich durch Bonnet sehr beliebt gewordene Idee verdient des Hrn. Prof. Blumenbach Erinnerung (Handbuch der Naturgeschichte 1779. Vorrede § 7) gelesen zu werden. Dieser einsehende Mann legt auch den Bildungstrieb, durch den er so viel Licht in die Lehre der Zeugungen gebracht hat, nicht der unorganischen Materie, sondern nur den Gliedern organisirter Wesen bei. 35

**) Z. B. die Einbildung im Menschen ist eine Wirkung, die wir mit andern Wirkungen des Gemüths nicht als einerlei erkennen. Die Kraft, die sich

Nun ist der Begriff eines organisirten Wesens dieser: daß es ein materielles Wesen sei, welches nur durch die Beziehung alles dessen, was in ihm enthalten ist, auf einander als Zweck und Mittel möglich ist (wie auch wirklich jeder Anatomiker als Physiolog von diesem Begriffe ausgeht). Eine
5 Grundkraft, durch die eine Organisation gewirkt würde, muß also als eine nach Zwecken wirkende Ursache gedacht werden und zwar so, daß diese Zwecke der Möglichkeit der Wirkung zum Grunde gelegt werden müssen. Wir kennen aber dergleichen Kräfte ihrem Bestimmungsgrunde nach durch Erfahrung nur in uns selbst, nämlich an unserem Verstande und
10 Willen, als einer Ursache der Möglichkeit gewisser ganz nach Zwecken eingerichteter Producte, nämlich der Kunstwerke. Verstand und Wille sind bei uns Grundkräfte, deren der letztere, so fern er durch den erstern bestimmt wird, ein Vermögen ist, Etwas gemäß einer Idee, die Zweck genannt wird, hervorzubringen. Unabhängig von aller Erfahrung aber
15 sollen wir uns keine neue Grundkraft erdenken, dergleichen doch diejenige sein würde, die in einem Wesen zweckmäßig wirkte, ohne doch den Bestimmungsgrund in einer Idee zu haben. Also ist der Begriff von dem Vermögen eines Wesens aus sich selbst zweckmäßig, aber ohne Zweck und Absicht, die in ihm oder seiner Ursache lägen, zu wirken — als eine be-
20 sondere Grundkraft, von der die Erfahrung kein Beispiel giebt — völlig erdichtet und leer, d. i. ohne die mindeste Gewährleistung, daß ihr überhaupt

darauf bezieht, kann daher nicht anders als Einbildungskraft (als Grundkraft) genannt werden. Eben so sind unter dem Titel der bewegenden Kräfte Zurückstoßungs- und Anziehungskraft Grundkräfte. Zu der Einheit der Substanz haben
25 verschiedene geglaubt eine einige Grundkraft annehmen zu müssen und haben sogar gemeint sie zu erkennen, indem sie blos den gemeinschaftlichen Titel verschiedener Grundkräfte nannten, z. B. die einzige Grundkraft der Seele sei Vorstellungskraft der Welt; gleich als ob ich sagte: die einzige Grundkraft der Materie ist bewegende Kraft, weil Zurückstoßung und Anziehung beide unter dem gemein-
30 schaftlichen Begriffe der Bewegung stehen. Man verlangt aber zu wissen, ob sie auch von dieser abgeleitet werden können, welches unmöglich ist. Denn die niedrigern Begriffe können nach dem, was sie Verschiedenes haben, von dem höheren niemals abgeleitet werden; und was die Einheit der Substanz betrifft, von der es scheint, daß sie die Einheit der Grundkraft schon in ihrem Begriffe bei sich führe,
35 so beruht diese Täuschung auf einer unrichtigen Definition der Kraft. Denn diese ist nicht das, was den Grund der Wirklichkeit der Accidenzen enthält (das ist die Substanz), sondern ist blos das Verhältniß der Substanz zu den Accidenzen, so fern sie den Grund ihrer Wirklichkeit enthält. Es können aber der Substanz (unbeschadet ihrer Einheit) verschiedene Verhältnisse gar wohl beigelegt werden.

irgend ein Object correspondiren könne. Es mag also die Ursache organisirter Wesen in der Welt oder außer der Welt anzutreffen sein, so müssen wir entweder aller Bestimmung ihrer Ursache entsagen, oder ein intelligentes Wesen uns dazu denken; nicht als ob wir (wie der sel. Mendelssohn mit andern glaubte) einsähen, daß eine solche Wirkung aus einer 5 andern Ursache unmöglich sei: sondern weil wir, um eine andere Ursache mit Ausschließung der Endursachen zum Grunde zu legen, uns eine Grundkraft erdichten müßten, wozu die Vernunft durchaus keine Befugniß hat, weil es ihr alsdann keine Mühe machen würde, alles, was sie will und wie sie will, zu erklären. 10

* *
*

Und nun die Summe von allem diesem gezogen! Zwecke haben eine gerade Beziehung auf die Vernunft, sie mag nun fremde, oder unsere eigene sein. Allein um sie auch in fremder Vernunft zu setzen, müssen wir unsere eigene wenigstens als ein Analogon derselben zum Grunde legen: weil sie ohne diese gar nicht vorgestellt werden können. Nun sind die Zwecke entweder 15 Zwecke der Natur, oder der Freiheit. Daß es in der Natur Zwecke geben müsse, kann kein Mensch a priori einsehen; dagegen er a priori ganz wohl einsehen kann, daß es darin eine Verknüpfung der Ursachen und Wirkungen geben müsse. Folglich ist der Gebrauch des teleologischen Princips in Ansehung der Natur jederzeit empirisch bedingt. Eben so würde es mit 20 den Zwecken der Freiheit bewandt sein, wenn dieser vorher die Gegenstände des Wollens durch die Natur (in Bedürfnissen und Neigungen) als Bestimmungsgründe gegeben werden müßten, um blos vermittelst der Vergleichung derselben unter einander und mit ihrer Summe dasjenige durch Vernunft zu bestimmen, was wir uns zum Zwecke machen. Allein 25 die Kritik der praktischen Vernunft zeigt, daß es reine praktische Principien gebe, wodurch die Vernunft a priori bestimmt wird, und die also a priori den Zweck derselben angeben. Wenn also der Gebrauch des teleologischen Princips zu Erklärungen der Natur darum, weil es auf empirische Bedingungen eingeschränkt ist, den Urgrund der zweckmäßigen 30 Verbindung niemals vollständig und für alle Zwecke bestimmt gnug angeben kann: so muß man dieses dagegen von einer reinen Zweckslehre (welche keine andere als die der Freiheit sein kann) erwarten, deren Princip a priori die Beziehung einer Vernunft überhaupt auf das Ganze aller Zwecke enthält und nur praktisch sein kann. Weil aber eine reine praktische 35

Teleologie, d. i. eine Moral, ihre Zwecke in der Welt wirklich zu machen bestimmt ist, so wird sie deren Möglichkeit in derselben, sowohl was die darin gegebene Endursachen betrifft, als auch die Angemessenheit der obersten Weltursache zu einem Ganzen aller Zwecke als Wirkung, mithin sowohl die natürliche Teleologie, als auch die Möglichkeit einer Natur überhaupt, d. i. die Transscendental-Philosophie, nicht verabsäumen dürfen, um der praktischen reinen Zweckslehre objective Realität in Absicht auf die Möglichkeit des Objects in der Ausübung, nämlich die des Zwecks, den sie als in der Welt zu bewirken vorschreibt, zu sichern.

In beider Rücksicht hat nun der Verfasser der Briefe über die K. Philosophie sein Talent, Einsicht und ruhmwürdige Denkungsart jene zu allgemein nothwendigen Zwecken nützlich anzuwenden musterhaft bewiesen; und ob es zwar eine Zumuthung an den vortrefflichen Herausgeber gegenwärtiger Zeitschrift ist, welche der Bescheidenheit zu nahe zu treten scheint, habe ich doch nicht ermangeln können, ihn um die Erlaubniß zu bitten, meine Anerkennung des Verdienstes des ungenannten und mir bis nur vor kurzem unbekannten Verfassers jener Briefe um die gemeinschaftliche Sache einer nach festen Grundsätzen geführten sowohl speculativen als praktischen Vernunft, so fern ich einen Beitrag dazu zu thun bemüht gewesen, in seine Zeitschrift einrücken zu dürfen. Das Talent einer lichtvollen, sogar anmuthigen Darstellung trockener abgezogener Lehren ohne Verlust ihrer Gründlichkeit ist so selten (am wenigsten dem Alter beschieden) und gleichwohl so nützlich, ich will nicht sagen blos zur Empfehlung, sondern selbst zur Klarheit der Einsicht, der Verständlichkeit und damit verknüpften Überzeugung, — daß ich mich verbunden halte, demjenigen Manne, der meine Arbeiten, welchen ich diese Erleichterung nicht verschaffen konnte, auf solche Weise ergänzte, meinen Dank öffentlich abzustatten.

Ich will bei dieser Gelegenheit nur noch mit Wenigem den Vorwurf entdeckter vorgeblicher Widersprüche in einem Werke von ziemlichem Umfange, ehe man es im Ganzen wohl gefaßt hat, berühren. Sie schwinden insgesammt von selbst, wenn man sie in der Verbindung mit dem Übrigen betrachtet. In der Leipz. gel. Zeitung 1787 No. 94 wird das, was in der Kritik ꝛc. Auflage 1787 in der Einleitung S. 3. Z. 7 steht, mit dem, was bald darauf S. 5. Z. 1 und 2 angetroffen wird, als im geraden Widerspruche stehend angegeben; denn in der ersteren Stelle hatte ich gesagt: von den Erkenntnissen a priori heißen diejenige rein, denen gar nichts Empirisches beigemischt ist, und als ein Beispiel des Gegentheils den Satz angeführt: alles Veränderliche hat eine Ursache. Dagegen führe ich S. 5 eben diesen Satz zum Beispiel einer reinen Erkenntniß a priori, d. i. einer solchen, die von nichts Empirischem abhängig ist, an; — zweierlei Bedeutungen des Worts rein, von denen ich aber im ganzen Werke es nur mit der letzteren zu thun habe. Freilich hätte ich den Mißverstand durch ein Beispiel der erstern Art Sätze verhüten können: Alles Zufällige hat eine Ursache. Denn hier ist gar nichts Empirisches beigemischt. Wer besinnt sich aber auf alle Veranlassungen zum Mißverstande? — Eben das ist mir mit einer Note zur Vorrede der metaph. Anfangsg. d. Nat.-W. S. XVI—XVII widerfahren, da ich die Deduction der Kategorien zwar für wichtig, aber nicht für äußerst nothwendig ausgebe, letzteres aber in der Kritik doch geflissentlich behaupte. Aber man sieht leicht, daß sie dort nur zu einer negativen Absicht, nämlich um zu beweisen, es könne vermittelst ihrer allein (ohne sinnliche Anschauung) gar kein Erkenntniß der Dinge zu Stande kommen, in Betrachtung gezogen wurden, da es denn schon klar wird, wenn man auch nur die **Exposition** der Kategorien (als blos auf Objecte überhaupt angewandte logische Functionen) zur Hand nimmt. Weil wir aber von ihnen doch einen Gebrauch machen, darin sie zur Erkenntniß der Objecte (der Erfahrung) wirklich gehören, so mußte nun auch die Möglichkeit einer objectiven Gültigkeit solcher Begriffe a priori in Beziehung aufs Empirische besonders bewiesen werden, damit sie nicht gar ohne Bedeutung, oder auch nicht empirisch entsprungen zu sein geurtheilt würden; und das war die positive Absicht, in Ansehung deren die Deduction allerdings unentbehrlich nothwendig ist.

Ich erfahre eben jetzt, daß der Verfasser obbenannter Briefe, Herr Rath Reinhold, seit kurzem Professor der Philosophie in Jena sei; ein Zuwachs, der dieser berühmten Universität nicht anders als sehr vortheilhaft sein kann.

I. Kant.

Über eine Entdeckung,

nach der

alle neue Kritik der reinen Vernunft
durch eine ältere
entbehrlich gemacht werden soll,

von

Immanuel Kant.

Herr Eberhard hat die Entdeckung gemacht, daß, wie sein phil. Magazin, erster Band S. 289, besagt, „die Leibnizische Philosophie eben so wohl eine Vernunftkritik enthalte, als die neuerliche, wobei sie dennoch einen auf genaue Zergliederung der Erkenntnißvermögen ge-
5 gründeten Dogmatism einführe, mithin alles Wahre der letzteren, überdem aber noch mehr in einer gegründeten Erweiterung des Gebiets des Verstandes enthalte." Wie es nun zugegangen sei, daß man diese Sachen in der Philosophie des großen Mannes und ihrer Tochter, der Wolffischen, nicht schon längst gesehen hat, erklärt er zwar nicht; allein wie viele für
10 neu gehaltene Entdeckungen sehen jetzt nicht geschickte Ausleger ganz klar in den Alten, nachdem ihnen gezeigt worden, wornach sie sehen sollen!

Allein mit dem Fehlschlagen des Anspruchs auf Neuigkeit möchte es noch hingehen, wenn nur die ältere Kritik in ihrem Ausgange nicht das gerade Widerspiel der neuen enthielte; denn in diesem Falle würde das
15 argumentum ad verecundiam (wie es Locke nennt), dessen sich auch Herr Eberhard aus Furcht, seine eigene möchten nicht zulangen, klüglich (bisweilen auch wie S. 298 mit Wortverdrehungen) bedient, der Aufnahme der letztern ein großes Hinderniß sein. Allein es ist mit dem Widerlegen reiner Vernunftsätze durch Bücher (die doch selbst aus keinen
20 anderen Quellen geschöpft sein konnten, als denen, welchen wir eben so nahe sind, als ihre Verfasser) eine mißliche Sache. Herr Eberhard konnte, so scharfsichtig er auch ist, doch für diesmal vielleicht nicht recht gesehen haben. Überdem spricht er bisweilen (wie S. 381 und 393 die Anmerk.) so, als ob er sich für Leibnizen eben nicht verbürgen wolle. Am besten ist
25 es also: wir lassen diesen berühmten Mann aus dem Spiel und nehmen die Sätze, die Herr Eberhard auf dessen Namen schreibt und zu Waffen wider die Kritik braucht, für seine eigene Behauptungen; denn sonst gerathen wir in die schlimme Lage, daß die Streiche, die er in fremdem Namen führt, uns, diejenigen aber, wodurch wir sie wie billig erwiedern,
30 einen großen Mann treffen möchten, welches uns nur bei den Verehrern desselben Haß zuziehen dürfte.

Das erste, worauf wir in diesem Streithandel zu sehen haben, ist nach dem Beispiele der Juristen in der Führung eines Processes das Formale. Hierüber erklärt sich Hr. Eberhard S. 255 auf folgende Art: „Nach der Einrichtung, die diese Zeitschrift mit sich bringt, ist es sehr wohl erlaubt: daß wir unsere Tagereisen nach Belieben abbrechen und wieder fortsetzen, daß wir vorwärts und rückwärts gehen und nach allen Richtungen ausbeugen können." — Nun kann man wohl einräumen: daß ein Magazin in seinen verschiedenen Abtheilungen und Verschlägen gar verschiedene Sachen enthalte (so wie auch in diesem auf eine Abhandlung über die logische Wahrheit unmittelbar ein Beitrag zur Geschichte der Bärte, auf diesen ein Gedicht folgt); allein daß in einer und derselben Abtheilung ungleichartige Dinge durch einander gemengt werden, oder das Hinterste zu vorderst und das Unterste zu oberst gebracht werde, vornehmlich wenn es, wie hier der Fall ist, die Gegeneinanderstellung zweier Systeme betrifft, wird Hr. Eberhard schwerlich durch die Eigenthümlichkeit eines Magazins (welches alsdann eine Gerüllkammer sein würde) rechtfertigen können: in der That ist er auch weit entfernt so zu urtheilen.

Diese vorgeblich kunstlose Zusammenstellung der Sätze ist in der That sehr planmäßig angelegt, um den Leser, ehe noch der Probirstein der Wahrheit ausgemacht ist und er also noch keinen hat, für Sätze, die einer scharfen Prüfung bedürfen, zum voraus einzunehmen und nachher die Gültigkeit des Probirsteins, der hintennach gewählt wird, nicht, wie es doch sein sollte, aus seiner eigenen Beschaffenheit, sondern durch jene Sätze, an denen er die Probe hält (nicht die an ihm die Probe halten), zu beweisen. Es ist ein künstliches ὕστερον πρότερον, welches absichtlich dazu helfen soll, der Nachforschung der Elemente unserer Erkenntniß a priori und des Grundes ihrer Gültigkeit in Ansehung der Objecte vor aller Erfahrung, mithin der Deduction ihrer objectiven Realität (als langwierigen und schweren Bemühungen) mit guter Manier auszuweichen und wo möglich durch einen Federzug die Kritik zu vernichten, zugleich aber für einen unbegrenzten Dogmatism der reinen Vernunft Platz zu machen. Denn bekanntlich fängt die Kritik des reinen Verstandes von dieser Nachforschung an, welche die Auflösung der allgemeinen Frage zum Zwecke hat: wie sind synthetische Sätze a priori möglich? und nur nach einer mühvollen Erörterung aller dazu erforderlichen Bedingungen kann sie zu dem entscheidenden Schlußsatze gelangen: daß keinem Begriffe seine objective Realität anders gesichert werden könne, als so fern er in einer

ihm correspondirenden Anschauung (die für uns jederzeit sinnlich ist) dargestellt werden kann, mithin über die Grenze der Sinnlichkeit, folglich auch der möglichen Erfahrung hinaus es schlechterdings keine Erkenntniß, d. i. keine Begriffe, von denen man sicher ist, daß sie nicht leer sind, geben
5 könne. — Das Magazin fängt von der Widerlegung dieses Satzes durch den Beweis des Gegentheils an: nämlich daß es allerdings Erweiterung der Erkenntniß über Gegenstände der Sinne hinaus gebe, und endigt mit der Untersuchung, wie dergleichen durch synthetische Sätze a priori möglich sei.

10 Eigentlich besteht also die Handlung des ersten Bandes des Eberhardschen Magazins aus zwei Acten. Im ersten soll die objective Realität unserer Begriffe des Nichtsinnlichen dargethan, im andern die Aufgabe, wie synthetische Sätze a priori möglich sind, aufgelöset werden. Denn was den Satz des zureichenden Grundes anlangt, den er schon S. 163—166
15 vorträgt, so steht er da, um die Realität des Begriffes vom Grunde in diesem synthetischen Grundsatze auszumachen; er gehört aber nach der eigenen Erklärung des Verfassers, S. 316, auch zu der Nummer von den synthetischen und analytischen Urtheilen, wo über die Möglichkeit synthetischer Grundsätze allererst etwas ausgemacht werden soll. Alles übrige,
20 vorher oder dazwischen hin und her Geredete besteht aus Hinweisungen auf künftige, aus Berufungen auf vorhergehende Beweise, Anführung von Leibnizens und anderer Behauptungen, aus Angriffen der Ausdrücke, gemeiniglich Verdrehungen ihres Sinnes u. d. g.; recht nach dem Rathe, den Quintilian dem Redner in Ansehung seiner Argumente giebt, um
25 seine Zuhörer zu überlisten: Si non possunt valere, quia magna sunt, valebunt, quia multa sunt. — Singula levia sunt et communia, universa tamen nocent; etiamsi non ut fulmine, tamen ut grandine; welche nur in einem Nachtrage in Erwägung gezogen zu werden verdienen. Es ist schlimm mit einem Autor zu thun zu haben, der keine Ordnung kennt, noch
30 schlimmer aber mit dem, der eine Unordnung erkünstelt, um seichte oder falsche Sätze unbemerkt durchschlüpfen zu lassen.

Erster Abschnitt.

Über die objective Realität derjenigen Begriffe, denen keine correspondirende sinnliche Anschauung gegeben werden kann,

nach Herrn Eberhard.

Zu dieser Unternehmung schreitet Herr Eberhard S. 157—158 mit einer Feierlichkeit, die der Wichtigkeit derselben angemessen ist: spricht von seinen langen, von aller Vorliebe freien Bemühungen um eine Wissenschaft (die Metaphysik), die er als ein Reich betrachtet, von welchem, wenn es Noth thäte, ein beträchtliches Stück könne verlassen werden und doch immer noch ein weit beträchtlicheres Land übrig bleiben würde; spricht von Blumen und Früchten, die die unbestrittenen fruchtbaren Felder der Ontologie verheißen*), und muntert auf, auch in Ansehung der bestrittenen, der Kosmologie, die Hände nicht sinken zu lassen; denn, sagt er, „wir können an ihrer Erweiterung immer fortarbeiten, wir können sie immer mit neuen Wahrheiten zu bereichern suchen, ohne uns auf die transscendentale Gültigkeit dieser Wahrheiten (das soll hier so viel bedeuten, als die objective Realität ihrer Begriffe) vor der Hand einzulassen", und nun setzt er hinzu: „Auf diese Art haben selbst die Mathematiker die Zeichnung ganzer Wissenschaften vollendet, ohne von der Realität des Gegenstandes derselben mit einem Worte Erwähnung zu thun." Er will, der Leser solle hierauf ja recht aufmerksam sein, indem er sagt: „Das läßt sich mit einem merkwürdigen Beispiele belegen, mit einem Beispiele, das zu treffend und zu lehrreich ist, als daß ich es nicht sollte hier anführen dürfen." Ja wohl lehrreich; denn niemals ist wohl ein treffenderes Beispiel zur Warnung gegeben worden, sich ja nicht auf Beweisgründe aus

*) Das sind aber gerade diejenigen, deren Begriffe und Grundsätze, als Ansprüche auf eine Erkenntniß der Dinge überhaupt, bestritten und auf das sehr verengte Feld der Gegenstände möglicher Erfahrung eingeschränkt worden. Sich nun vor der Hand auf die den titulum possessionis betreffende Frage nicht einlassen zu wollen, verräth auf der Stelle einen Kunstgriff, dem Richter den eigentlichen Punkt des Streits aus den Augen zu rücken.

Wissenschaften, die man nicht versteht, selbst nicht auf den Ausspruch anderer berühmten Männer, die davon blos Bericht geben, zu berufen: weil zu erwarten ist, daß man diese auch nicht verstehe. Denn kräftiger konnte Herr Eberhard sich selbst und sein eben jetzt angekündigtes Vorhaben nicht
5 widerlegen, als eben durch das dem Borelli nachgesagte Urtheil über des Apollonius Conica.

Apollonius construirt zuerst den Begriff eines Kegels, d. i. er stellt ihn a priori in der Anschauung dar (das ist nun die erste Handlung wodurch der Geometer die objective Realität seines Begriffs zum voraus
10 darthut). Er schneidet ihn nach einer bestimmten Regel, z. B. parallel mit einer Seite des Triangels, der die Basis des Kegels (conus rectus) durch die Spitze desselben rechtwinklig schneidet, und beweiset an der Anschauung a priori die Eigenschaften der krummen Linie, welche durch jenen Schnitt auf der Oberfläche dieses Kegels erzeugt wird, und bringt
15 so einen Begriff des Verhältnisses, in welchem die Ordinaten derselben zum Parameter stehen, heraus, welcher Begriff, nämlich (in diesem Falle) der Parabel, dadurch in der Anschauung a priori gegeben, mithin seine objective Realität, d. i. die Möglichkeit, daß es ein Ding von den genannten Eigenschaften geben könne, auf keine andere Weise, als daß
20 man ihm die correspondirende Anschauung unterlegt, bewiesen wird. — Herr Eberhard wollte beweisen: daß man seine Erkenntniß gar wohl erweitern und sie mit neuen Wahrheiten bereichern könne, ohne sich vorher darauf einzulassen, ob sie nicht mit einem Begriffe umgehe, der vielleicht ganz leer ist und gar keinen Gegenstand haben kann, (eine Behauptung,
25 die dem gesunden Menschenverstande geradezu widerstreitet) und schlug sich zur Bestätigung seiner Meinung an den Mathematiker. Unglücklicher konnte er sich nicht adressiren. — Das Unglück aber kam daher, daß er den Apollonius selbst nicht kannte und den Borelli, der über das Verfahren der alten Geometer reflectirt, nicht verstand. Dieser spricht von
30 der mechanischen Construction der Begriffe von Kegelschnitten (außer dem Cirkel) und sagt: daß die Mathematiker die Eigenschaften der letztern lehren, ohne der erstern Erwähnung zu thun; eine zwar wahre, aber sehr unerhebliche Anmerkung; denn die Anweisung, eine Parabel nach Vorschrift der Theorie zu zeichnen, ist nur für den Künstler, nicht für den
35 Geometer*). Herr Eberhard hätte aus der Stelle, die er selbst aus der

*) Um den Ausdruck der Construction der Begriffe, von der die Kritik der reinen Vernunft vielfältig redet und dadurch das Verfahren der Vernunft in der

Anmerkung des Borelli anführt und sogar unterstrichen hat, sich hievon belehren können. Es heißt da: Subjectum enim *definitum* assumi potest, ut affectiones variae de eo demonstrentur, licet praemissa non sit ars subjectum ipsum efformandum delineandi. Es wäre aber höchst ungereimt vorzugeben, er wolle damit sagen: der Geometer erwartete allererst von dieser mechanischen Construction den Beweis der Möglichkeit einer solchen Linie, mithin die objective Realität seines Begriffs. Den Neueren könnte man eher einen Vorwurf dieser Art machen: nicht daß sie die Eigenschaften einer krummen Linie aus der Definition derselben, ohne doch wegen der Möglichkeit ihres Objects gesichert zu sein, ableiteten (denn sie sind mit derselben sich zugleich der reinen, blos schematischen Construction vollkommen bewußt und bringen auch die mechanische nach derselben, wenn es erfordert wird, zu Stande), sondern daß sie sich eine solche Linie (z. B. die Parabel durch die Formel $ax=y^2$) willkürlich denken und nicht nach dem Beispiele der alten Geometer sie zuvor als im Schnitte des Kegels gegeben herausbringen, welches der Eleganz der Geometrie gemäßer sein würde, um deren willen man mehrmals angerathen hat, über der so erfindungsreichen analytischen Methode die synthetische der Alten nicht so ganz zu verabsäumen.

Nach dem Beispiele also nicht der Mathematiker, sondern jenes künstlichen Mannes, der aus Sand einen Strick drehen konnte, geht Herr Eberhard auf folgende Art zu Werke.

Mathematik von dem in der Philosophie zuerst genau unterschieden hat, wider Mißbrauch zu sichern, mag folgendes dienen. In allgemeiner Bedeutung kann alle Darstellung eines Begriffs durch die (selbstthätige) Hervorbringung einer ihm correspondirenden Anschauung Construction heißen. Geschieht sie durch die bloße Einbildungskraft einem Begriffe a priori gemäß, so heißt sie die reine (dergleichen der Mathematiker allen seinen Demonstrationen zum Grunde legen muß; daher er an einem Cirkel, den er mit seinem Stabe im Sande beschreibt, so unregelmäßig er auch ausfalle, die Eigenschaften eines Cirkels überhaupt so vollkommen beweisen kann, als ob ihn der beste Künstler im Kupferstiche gezeichnet hätte). Wird sie aber an irgend einer Materie ausgeübt, so würde sie die empirische Construction heißen können. Die erstere kann auch die schematische, die zweite die technische genannt werden. Die letztere und wirklich nur uneigentlich so genannte Construction (weil sie nicht zur Wissenschaft, sondern zur Kunst gehört und durch Instrumente verrichtet wird) ist nun entweder die geometrische durch Cirkel und Lineal, oder die mechanische, wozu andere Werkzeuge nöthig sind, wie zum Beispiel die Zeichnung der übrigen Kegelschnitte außer dem Cirkel.

Er hatte schon im 1sten Stück seines Magazins die Principien der Form der Erkenntniß, welche der Satz des Widerspruchs und des zureichenden Grundes sein sollen, von denen der Materie derselben (nach ihm Vorstellung und Ausdehnung), deren Princip er in dem Einfachen setzt, 5 woraus sie bestehen, unterschieden, und jetzt sucht er, da ihm niemand die transscendentale Gültigkeit des Satzes des Widerspruchs streitet, erstlich die des Satzes vom zureichenden Grunde und hiemit die objective Realität des letztern Begriffs, zweitens auch die Realität des Begriffs von einfachen Wesen darzuthun, ohne, wie die Kritik verlangt, sie durch eine 10 correspondirende Anschauung belegen zu dürfen. Denn was wahr ist, davon darf nicht allererst gefragt werden, ob es möglich sei, und so fern hat die Logik den Grundsatz: ab esse ad posse valet consequentia, mit der Metaphysik gemein, oder leiht ihr vielmehr denselben. — Dieser Eintheilung gemäß wollen wir nun auch unsere Prüfung eintheilen.

---

15 A.

Beweis der objectiven Realität des Begriffs vom zureichenden Grunde

nach Herrn Eberhard.

Zuerst ist wohl zu bemerken: daß Herr Eberhard den Satz des zu- 20 reichenden Grundes blos zu den formalen Principien der Erkenntniß gezählt wissen will und dann doch S. 160 es als eine Frage ansieht, welche durch die Kritik veranlaßt werde: „ob er auch transscendentale Gültigkeit habe" (überhaupt ein transscendentales Princip sei). Herr Eberhard muß entweder gar keinen Begriff vom Unterschiede eines logischen 25 (formalen) und transscendentalen (materiellen) Princips der Erkenntniß haben, oder, welches wahrscheinlicher ist, dieses ist eine von seinen künstlichen Wendungen, um statt dessen, wovon die Frage ist, etwas anderes unterzuschieben, wornach kein Mensch frägt.

Ein jeder Satz muß einen Grund haben, ist das logische (for- 30 male) Princip der Erkenntniß, welches dem Satze des Widerspruchs nicht beigesellt, sondern untergeordnet ist*). Ein jedes Ding muß seinen

*) Die Kritik hat den Unterschied zwischen problematischen und assertorischen Urtheilen angemerkt. Ein assertorisches Urtheil ist ein Satz. Die Logiker

Grund haben, ist das transscendentale (materielle) Princip, welches kein Mensch aus dem Satze des Widerspruchs (und überhaupt aus bloßen Begriffen ohne Beziehung auf sinnliche Anschauung) jemals bewiesen hat, noch beweisen wird. Es ist ja offenbar genug und in der Kritik unzählige mal gesagt worden, daß ein transscendentales Princip über die Objecte 5 und ihre Möglichkeit etwas a priori bestimmen müsse, mithin nicht, wie die logischen Principien thun (indem sie von allem, was die Möglichkeit des Objects betrifft, gänzlich abstrahiren), blos die formalen Bedingungen der Urtheile betreffe. Aber Herr Eberhard wollte S. 163 seinen Satz unter der Formel: **Alles** hat einen Grund, durchsetzen, und indem er (wie 10 aus dem von ihm daselbst angeführten Beispiel zu ersehen ist) den in der That materiellen Grundsatz der Causalität vermittelst des Satzes des Widerspruchs einschleichen lassen wollte, bedient er sich des Worts **Alles** und hütet sich wohl zu sagen: **ein jedes Ding**, weil es da gar zu sehr in die Augen gefallen wäre, daß es nicht ein formaler und logischer, sondern 15 materialer und transscendentaler Grundsatz der Erkenntniß sei, der schon in der Logik (wie jeder Grundsatz, der auf dem Satze des Widerspruchs beruht) seinen Platz haben kann.

Daß er aber darauf dringt, diesen transscendentalen Grundsatz ja aus dem Satze des Widerspruchs zu beweisen, das thut er gleichfalls nicht 20 ohne reife Überlegung und mit einer Absicht, die er doch dem Leser gern verbergen möchte. Er will den Begriff des Grundes (mit ihm auch unvermerkt den Begriff der Causalität) für alle Dinge überhaupt geltend machen, d. i. seine objective Realität beweisen, ohne diese blos auf Gegenstände der Sinne einzuschränken, und so der Bedingung ausweichen, welche 25

---

thun gar nicht recht daran, daß sie einen Satz durch ein **mit Worten** ausgedrücktes Urtheil definiren; denn wir müssen uns auch zu Urtheilen, die wir nicht für Sätze ausgeben, in Gedanken der Worte bedienen. In dem bedingten Satze: Wenn ein Körper einfach ist, so ist er unveränderlich, ist ein Verhältniß zweier Urtheile, deren keines ein Satz ist, sondern nur die Consequenz des letzteren (des consequens) 30 aus dem ersteren (antecedens) macht den Satz aus. Das Urtheil: Einige Körper sind einfach, mag immer widersprechend sein, es kann gleichwohl doch aufgestellt werden, um zu sehen, was daraus folgte, wenn es als Assertion, d. i. als Satz, ausgesagt würde. Das assertorische Urtheil: Ein jeder Körper ist theilbar, sagt mehr als das blos problematische (man denke sich, ein jeder Körper sei theilbar 2c.) 35 und steht unter dem allgemeinen logischen Princip der Sätze, nämlich ein jeder Satz muß **gegründet** (nicht ein blos mögliches Urtheil) sein, welches aus dem Satze des Widerspruchs folgt, weil jener sonst kein Satz sein würde.

die Kritik hinzufügt, daß er nämlich noch einer Anschauung bedürfe, wodurch diese Realität allererst erweislich sei. Nun ist klar, daß der Satz des Widerspruchs ein Princip ist, welches von allem überhaupt gilt, was wir nur denken mögen, es mag ein sinnlicher Gegenstand sein und ihm
5 eine mögliche Anschauung zukommen, oder nicht: weil er vom Denken überhaupt ohne Rücksicht auf ein Object gilt. Was also mit diesem Princip nicht bestehen kann, ist offenbar nichts (gar nicht einmal ein Gedanke). Wollte er also die objective Realität des Begriffs vom Grunde einführen, ohne sich doch durch die Einschränkung auf Gegenstände sinnlicher An-
10 schauung binden zu lassen, so mußte er das Princip, was vom Denken überhaupt gilt, dazu brauchen, den Begriff des Grundes, diesen aber auch so stellen, daß er, ob er zwar in der That blos logische Bedeutung hat, dabei doch schiene die Realgründe (mithin den der Causalität) unter sich zu befassen. Er hat aber dem Leser mehr treuherzigen Glauben zuge-
15 traut, als sich bei ihm auch bei der mittelmäßigsten Urtheilskraft voraus setzen läßt.

Allein wie es bei Listen zuzugehen pflegt, so hat sich Herr Eberhard durch die seinige selbst verwickelt. Vorher hatte er die ganze Metaphysik an zwei Thürangeln gehangen: den Satz des Widerspruchs und den des
20 zureichenden Grundes; und er bleibt durchgängig bei dieser seiner Behauptung, indem er Leibnizen (nämlich nach der Art, wie er ihn auslegt) zu Folge den ersten durch den zweiten zum Behuf der Metaphysik ergänzen zu müssen vorgiebt. Nun sagt er S. 163: „Die allgemeine Wahrheit des Satzes des zureichenden Grundes kann nur aus diesem (dem
25 Satze des Widerspruchs) demonstrirt werden", welches er denn gleich darauf muthig unternimmt. So hängt ja aber alsdann die ganze Metaphysik wiederum nur an einem Angel, da es vorher zwei sein sollten; denn die bloße Folgerung aus einem Princip, ohne daß im mindesten eine neue Bedingung der Anwendung hinzukäme, sondern in der ganzen Allge-
30 meinheit desselben, ist ja kein neues Princip, welches die Mangelhaftigkeit des vorigen ergänzte!

Ehe Herr Eberhard aber diesen Beweis des Satzes vom zureichenden Grunde (mit ihm eigentlich die objective Realität des Begriffs einer Ursache, ohne doch etwas mehr als den Satz des Widerspruchs zu bedürfen)
35 aufstellt, spannt er die Erwartung des Lesers durch einen gewissen Pomp der Eintheilung S. 161—162 und zwar wiederum durch Vergleichung seiner Methode mit der der Mathematiker, welche ihm aber jederzeit ver-

unglückt. Euklides selbst soll „unter seinen Axiomen Sätze haben, die wohl noch eines Beweises bedürfen, die aber ohne Beweis vorgetragen werden." Nun setzt er, indem er vom Mathematiker redet, hinzu: „So bald man ihm eines von seinen Axiomen leugnet: so fallen freilich auch alle Lehrsätze, die von dem selben abhängen. Das ist aber ein so seltener Fall, daß er nicht glaubt ihm die unverwickelte Leichtigkeit seines Vortrages und die schönen Verhältnisse seines Lehrgebäudes aufopfern zu müssen. Die Philosophie muß gefälliger sein." Es giebt also doch jetzt auch eine licentia geometrica, so wie es längst eine licentia poetica gegeben hat. Wenn doch die gefällige Philosophie (im Beweisen, wie gleich darauf gesagt wird) auch so gefällig gewesen wäre, ein Beispiel aus dem Euklid anzuführen, wo er einen Satz, der mathematisch erweislich ist, als Axiom aufstelle; denn was blos philosophisch (aus Begriffen) bewiesen werden kann, z. B. das Ganze ist größer als sein Theil, davon gehört der Beweis nicht in die Mathematik, wenn ihre Lehrart nach aller Strenge eingerichtet ist.

Nun folgt die verheißene Demonstration. Es ist gut, daß sie nicht weitläuftig ist; um desto mehr fällt ihre Bündigkeit in die Augen. Wir wollen sie also ganz hersetzen. „Alles hat entweder einen Grund, oder nicht alles hat einen Grund. Im letztern Falle könnte also etwas möglich und denkbar sein, dessen Grund nichts wäre. — Wenn aber von zwei entgegengesetzten Dingen Eines ohne zureichenden Grund sein könnte: so könnte auch das Andere von den beiden Entgegengesetzten ohne zureichenden Grund sein. Wenn z. B. eine Portion Luft sich gegen Osten bewegen und also der Wind gegen Osten wehen könnte, ohne daß im Osten die Luft wärmer und verdünnter wäre, so würde diese Portion Luft sich eben so gut gegen Westen bewegen können, als gegen Osten; dieselbe Luft würde sich also zugleich nach zwei entgegengesetzten Richtungen bewegen können, nach Osten und Westen zu, und also gegen Osten und nicht gegen Osten, d. i. es könnte etwas zugleich sein und nicht sein, welches widersprechend und unmöglich ist."

Dieser Beweis, durch den sich der Philosoph für die Gründlichkeit noch gefälliger bezeigen soll, als selbst der Mathematiker, hat alle Eigenschaften, die ein Beweis haben muß, um in der Logik zum Beispiele zu dienen, — wie man nicht beweisen soll. — Denn erstlich ist der zu beweisende Satz zweideutig gestellt, so daß man aus ihm einen logischen, oder auch transscendentalen Grundsatz machen kann, weil das Wort Alles ein jedes

Urtheil, welches wir als Satz irgend wovon fällen, oder auch ein jedes Ding bedeuten kann. Wird er in der ersten Bedeutung genommen (da er so lauten müßte: ein jeder Satz hat seinen Grund), so ist er nicht allein allgemein wahr, sondern auch unmittelbar aus dem Satze des Widerspruchs gefolgert; dieses würde aber, wenn unter Alles ein jedes Ding verstanden würde, eine ganz andere Beweisart erfordern.

Zweitens fehlt dem Beweise Einheit. Er besteht aus zwei Beweisen. Der erste ist der bekannte Baumgartensche Beweis, auf den sich jetzt wohl niemand mehr berufen wird, und der da, wo ich den Gedanken-Strich gezogen habe, völlig zu Ende ist, außer daß die Schlußformel fehlt (welches sich widerspricht), die aber ein jeder hinzudenken muß. Unmittelbar hierauf folgt ein anderer Beweis, der durch das Wort aber als ein bloßer Fortgang in der Kette der Schlüsse, um zum Schlußsatze des ersteren zu gelangen, vorgetragen wird und doch, wenn man das Wort aber wegläßt, allein einen für sich bestehenden Beweis ausmacht; wie er denn auch mehr bedarf, um in dem Satze, daß etwas ohne Grund sei, einen Widerspruch zu finden, als der erstere, welcher ihn unmittelbar in diesem Satze selbst fand: da dieser hingegen noch den Satz hinzusetzen muß, daß nämlich alsdann auch das Gegentheil dieses Dinges ohne Grund sein würde, um einen Widerspruch herauszukünsteln, folglich ganz anders als der Baumgartensche Beweis geführt wird, der doch von ihm ein Glied sein sollte.

Drittens ist die neue Wendung, die Herr Eberhard seinem Beweise zu geben gedachte, S. 164 sehr verunglückt; denn der Vernunftschluß, durch den dieser sich wendet, geht auf vier Füßen. — Er lautet, wenn man ihn in syllogistische Form bringt, so:

Ein Wind, der sich ohne Grund nach Osten bewegt, konnte sich (statt dessen) eben so gut nach Westen bewegen:

Nun bewegt sich (wie der Gegner des Satzes des zureichenden Grundes vorgiebt) der Wind ohne Grund nach Osten.

Folglich kann er sich zugleich nach Osten und Westen bewegen (welches sich widerspricht). Daß ich mit völligem Fug und Recht in den Obersatz die Worte: statt dessen, einschalte, ist klar; denn ohne diese Einschränkung im Sinne zu haben, kann niemand den Obersatz einräumen. Wenn jemand eine gewisse Summe auf einen Glückswurf setzt und gewinnt, so kann der, welcher ihm das Spiel abrathen will, gar wohl sagen: er hätte eben so gut einen Fehler werfen und so viel verlieren können, aber nur anstatt des Treffers, nicht Fehler und Treffer in demselben Wurfe zugleich. Der Künstler, der aus einem Stück Holz einen Gott schnitzte, konnte eben so gut (statt dessen) eine Bank daraus machen; aber daraus folgt nicht, daß er beides zugleich daraus machen konnte.

Viertens ist der Satz selber in der unbeschränkten Allgemeinheit, wie er da steht, wenn er von Sachen gelten soll, offenbar falsch; denn nach 5 demselben würde es schlechterdings nichts Unbedingtes geben; dieser Ungemächlichkeit aber dadurch ausweichen zu wollen, daß man vom Urwesen sagt, es habe zwar auch einen Grund seines Daseins, aber der liege in ihm selber, ist ein Widerspruch: weil der Grund des Daseins eines Dinges als Realgrund jederzeit von diesem Dinge unterschieden sein und dieses 10 alsdann nothwendig als von einem anderen abhängig gedacht werden muß. Von einem Satze kann ich wohl sagen, er habe den Grund (den logischen) seiner Wahrheit in sich selbst, weil der Begriff des Subjects etwas anderes, als der des Prädicats ist und von diesem den Grund enthalten kann; dagegen, wenn ich von dem Dasein eines Dinges keinen 15 anderen Grund anzunehmen erlaube, als dieses Ding selber, so will ich damit sagen, es habe weiter keinen realen Grund.

Herr Eberhard hat also nichts von dem zu Stande gebracht, was er in Absicht auf den Begriff der Causalität bewirken wollte, nämlich diese Kategorie und muthmaßlich mit ihr auch die übrigen von Dingen über- 20 haupt geltend zu machen, ohne seine Gültigkeit und Gebrauch zum Erkenntniß der Dinge auf Gegenstände der Erfahrung einzuschränken, und hat sich vergeblich zu diesem Zwecke des souverainen Grundsatzes des Widerspruchs bedient. Die Behauptung der Kritik steht immer fest: daß keine Kategorie die mindeste Erkenntniß enthalte, oder hervorbringen könne, 25 wenn ihr nicht eine correspondirende Anschauung, die für uns Menschen immer sinnlich ist, gegeben werden kann, mithin mit ihrem Gebrauch in Absicht auf theoretische Erkenntniß der Dinge niemals über die Grenze aller möglichen Erfahrung hinaus reichen könne.

B. 30

Beweis der objectiven Realität des Begriffs vom Einfachen an Erfahrungsgegenständen

nach Herrn Eberhard.

Vorher hatte Herr Eberhard von einem Verstandesbegriffe, der auch auf Gegenstände der Sinne angewandt werden kann (dem der Causalität), 35

aber doch als einem solchen geredet, der, auch ohne auf Gegenstände der Sinne eingeschränkt zu sein, von Dingen überhaupt gelten könne, und so die objective Realität wenigstens einer Kategorie, nämlich der Ursache, unabhängig von Bedingungen der Anschauung zu beweisen vermeint.
5 Jetzt geht er S. 169—173 einen Schritt weiter und will selbst einem Begriffe von dem, was geständlich gar nicht Gegenstand der Sinne sein kann, nämlich dem eines einfachen Wesens, die objective Realität sichern und so den Zugang zu den von ihm gepriesenen fruchtbaren Feldern der rationalen Psychologie und Theologie, von dem sie das Medusenhaupt
10 der Kritik zurück schrecken wollte, frei eröffnen. Sein Beweis S. 169—170 lautet so:

„Die concrete*) Zeit, oder die Zeit, die wir empfinden (sollte wohl heißen: in der wir etwas empfinden), ist nichts anders, als die Succession

---

*) Der Ausdruck einer abstracten Zeit S. 170 im Gegensatz des hier vor-
15 kommenden der concreten Zeit ist ganz unrichtig und muß billig niemals, vornehmlich wo es auf die größte logische Pünktlichkeit ankommt, zugelassen werden, wenn dieser Mißbrauch gleich selbst durch die neueren Logiker authorisirt worden. Man abstrahirt nicht einen Begriff als gemeinsames Merkmal, sondern man abstrahirt in dem Gebrauche eines Begriffs von der Verschiedenheit desjenigen, was
20 unter ihm enthalten ist. Die Chemiker sind allein im Besitz, etwas zu abstrahiren, wenn sie eine Flüssigkeit von anderen Materien ausheben, um sie besonders zu haben; der Philosoph abstrahirt von demjenigen, worauf er in einem gewissen Gebrauche des Begriffs nicht Rücksicht nehmen will. Wer Erziehungsregeln entwerfen will, kann es thun so, daß er entweder blos den Begriff eines Kindes in abstracto,
25 oder eines bürgerlichen Kindes (in concreto) zum Grunde legt, ohne von dem Unterschiede des abstracten und concreten Kindes zu reden. Die Unterschiede von abstract und concret gehen nur den Gebrauch der Begriffe, nicht die Begriffe selbst an. Die Vernachlässigung dieser scholastischen Pünktlichkeit verfälscht öfters das Urtheil über einen Gegenstand. Wenn ich sage: die abstracte Zeit oder Raum
30 haben diese oder jene Eigenschaften, so läßt es, als ob Zeit und Raum an den Gegenständen der Sinne, so wie die rothe Farbe an Rosen, dem Zinnober u. s. w. zuerst gegeben und nur logisch daraus extrahirt würden. Sage ich aber: an Zeit und Raum, in abstracto betrachtet, d. i. vor allen empirischen Bedingungen, sind diese oder jene Eigenschaften zu bemerken, so behalte ich es mir wenigstens noch
35 offen, diese auch als unabhängig von der Erfahrung (a priori) erkennbar anzusehen, welches mir, wenn ich die Zeit als einen von dieser blos abstrahirten Begriff ansehe, nicht frei steht. Ich kann im ersteren Falle von der reinen Zeit und Raume zum Unterschiede der empirisch bestimmten durch Grundsätze a priori urtheilen, wenigstens zu urtheilen versuchen, indem ich von allem Empirischen ab-
40 strahire, welches mir im zweiten Falle, wenn ich diese Begriffe selber (wie man

unserer Vorstellungen; denn auch die Succession in der Bewegung läßt sich auf die Succession der Vorstellungen zurückbringen. Die concrete Zeit ist also etwas Zusammengesetztes, ihre einfache Elemente sind Vorstellungen. Da alle endliche Dinge in einem beständigen Flusse sind (woher weiß er dieses a priori von allen *endlichen* Dingen und nicht blos von Erscheinungen zu sagen?): so können diese Elemente nie *empfunden* werden, der innere Sinn kann sie nie abgesondert empfinden; sie werden immer mit etwas empfunden, das vorhergeht und nachfolgt. Da ferner der Fluß der Veränderungen aller endlichen Dinge ein *stetiger* (dieses Wort ist von ihm selbst angestrichen), ununterbrochener Fluß ist: so ist kein *empfindbarer* Theil der Zeit der kleinste, oder ein völlig einfacher. Die einfachen Elemente der concreten Zeit liegen also *völlig* außerhalb der Sphäre der Sinnlichkeit. — Über diese Sphäre der Sinnlichkeit erhebt sich nun aber der Verstand, indem er das *unbildliche* Einfache entdeckt, ohne welches das Bild der Sinnlichkeit auch in Ansehung der Zeit nicht möglich ist. Er erkennt also, daß zu dem Bilde der Zeit zuvörderst etwas Objectives gehöre, diese untheilbaren Elementarvorstellungen, welche zugleich mit den subjectiven Gründen, die in den Schranken des endlichen Geistes liegen, für die Sinnlichkeit das Bild der concreten Zeit geben. Denn vermöge dieser Schranken können diese Vorstellungen nicht zugleich sein, und vermöge eben dieser Schranken können sie in dem Bilde nicht unterschieden werden." Seite 171 heißt es vom Raume: „Die vielseitige Gleichartigkeit der anderen Form der Anschauung, des Raums, mit der Zeit überhebt uns der Mühe, von der Zergliederung derselben alles das zu wiederholen, was sie mit der Zergliederung der Zeit gemein hat, — die ersten Elemente des Zusammengesetzten, mit welchem der Raum zugleich da ist, sind eben so wohl, wie die Elemente der Zeit einfach und außer dem Gebiete der Sinnlichkeit; sie sind Verstandeswesen, unbildlich, sie können unter keiner sinnlichen Form angeschauet werden; sie sind aber dem ungeachtet wahre Gegenstände; das Alles haben sie mit den Elementen der Zeit gemein."

Herr Eberhard hat seine Beweise, wenn gleich nicht mit besonders glücklicher logischen Bündigkeit, doch allemal mit reifer Überlegung und

---

sagt) nur von der Erfahrung abstrahirt habe (wie im obigen Beispiele von der rothen Farbe), verwehrt ist. — So müssen sich die, welche mit ihrem Scheinwissen der genauen Prüfung gern entgehen wollen, hinter Ausdrücke verstecken, welche das Einschleichen desselben unbemerkt machen können.

Gewandtheit zu seiner Absicht gewählt, und wiewohl er aus leicht zu errathenden Ursachen diese eben nicht entdeckt, so ist es doch nicht schwer und für die Beurtheilung derselben nicht überflüssig, den Plan derselben ans Licht zu bringen. Er will die objective Realität des Begriffs von ein-
5 fachen Wesen, als reiner Verstandeswesen, beweisen und sucht sie in den Elementen desjenigen, was Gegenstand der Sinne ist; ein dem Ansehen nach unüberlegter und seiner Absicht widersprechender Anschlag. Allein er hatte seine gute Gründe dazu. Hätte er seinen Beweis allgemein aus bloßen Begriffen führen wollen, wie gewöhnlicher Weise der
10 Satz bewiesen wird, daß die Urgründe des Zusammengesetzten nothwendig im Einfachen gesucht werden müssen, so würde man ihm dieses eingeräumt, aber zugleich hinzugesetzt haben: daß dieses zwar von unseren Ideen, wenn wir uns Dinge an sich selbst denken wollen, von denen wir aber nicht die mindeste Kenntniß bekommen können, keinesweges aber von Gegenstän-
15 den der Sinne (den Erscheinungen) gelte, welche allein die für uns erkennbaren Objecte sind, mithin die objective Realität jenes Begriffs gar nicht bewiesen sei. Er mußte also selbst wider Willen jene Verstandeswesen in Gegenständen der Sinne suchen. Wie war da nun herauszukommen? Er mußte dem Begriffe des Nichtsinnlichen durch eine Wendung, die er
20 den Leser nicht recht merken läßt, eine andere Bedeutung geben als die, welche nicht allein die Kritik, sondern überhaupt jedermann damit zu verbinden pflegt. Bald heißt es, es sei dasjenige an der sinnlichen Vorstellung, was nicht mehr mit Bewußtsein empfunden wird, wovon aber doch der Verstand erkennt, daß es dasei, so wie die kleinen Theile der
25 Körper, oder auch der Bestimmungen unseres Vorstellungsvermögens, die man abgesondert sich nicht klar vorstellt: bald aber (hauptsächlich wenn es darauf ankommt, daß jene kleine Theile präcis als einfach gedacht werden sollen), es sei das Unbildliche, wovon kein Bild möglich ist, was unter keiner sinnlichen Form S. 171 (nämlich einem Bilde) vorgestellt werden
30 kann. — Wenn jemals einem Schriftsteller Verfälschung eines Begriffs (nicht Verwechselung, die auch unvorsetzlich sein kann) mit Recht ist vorgeworfen worden, so ist es in diesem Falle. Denn unter dem Nichtsinnlichen wird allerwärts in der Kritik nur das verstanden, was gar nicht, auch nicht dem mindesten Theile nach, in einer sinnlichen Anschauung enthalten
35 sein kann, und es ist eine absichtliche Berückung des ungeübten Lesers, ihm etwas am Sinnenobjecte dafür unterzuschieben, weil sich von ihm kein Bild (worunter eine Anschauung, die ein Mannigfaltiges in gewissen

Verhältnissen, mithin eine Gestalt in sich enthält, verstanden wird) geben läßt. Hat diese (nicht sehr feine) Täuschung bei ihm angeschlagen, so glaubt er, das Eigentlich-Einfache, was der Verstand sich an Dingen denkt, die blos in der Idee angetroffen werden, sei ihm nun (ohne daß er den Widerspruch bemerkt) an Gegenständen der Sinne gewiesen und so die objective Realität dieses Begriffs an einer Anschauung dargethan worden. — Jetzt wollen wir den Beweis in ausführlichere Prüfung ziehen.

Der Beweis gründet sich auf zwei Angaben: erstlich, daß die concrete Zeit und Raum aus einfachen Elementen bestehen: zweitens, daß diese Elemente gleichwohl nichts Sinnliches, sondern Verstandeswesen sind. Diese Angaben sind zugleich eben so viel Unrichtigkeiten, die erste, weil sie der Mathematik, die zweite, weil sie sich selbst widerspricht.

Was die erste Unrichtigkeit betrifft, so können wir dabei kurz sein. Obgleich Herr Eberhard mit den Mathematikern (ungeachtet seiner öfteren Anführung derselben) in keiner sonderlichen Bekanntschaft zu stehen scheint, so wird er doch wohl den Beweis, den Keil in seiner introductio in veram physicam durch die bloße Durchschneidung einer geraden Linie von unendlich vielen andern führt, verständlich finden und daraus ersehen: daß es keine einfache Elemente derselben geben könne nach dem bloßen Grundsatze der Geometrie: daß durch zwei gegebene Punkte nicht mehr als eine gerade Linie gehen könne. Diese Beweisart kann noch auf vielfache Art variirt werden und begreift zugleich den Beweis der Unmöglichkeit einfache Theile in der Zeit anzunehmen, wenn man die Bewegung eines Punkts in einer Linie zum Grunde legt. — Nun kann man hier nicht die Ausflucht suchen, die concrete Zeit und der concrete Raum sei demjenigen nicht unterworfen, was die Mathematik von ihrem abstracten Raume (und Zeit) als einem Wesen der Einbildung beweiset. Denn nicht allein daß auf diese Art die Physik in sehr vielen Fällen (z. B. in den Gesetzen des Falles der Körper) besorgt werden müßte in Irrthum zu gerathen, wenn sie den apodiktischen Lehren der Geometrie genau folgt, so läßt sich eben so apodiktisch beweisen, daß ein jedes Ding im Raume, eine jede Veränderung in der Zeit, so bald sie einen Theil des Raumes oder der Zeit einnehmen, grade in so viel Dinge und in so viel Veränderungen getheilt werden, als in die der Raum oder die Zeit, welche sie einnahmen, getheilt werden. Um auch das Paradoxe zu heben, welches man hiebei fühlt (indem die Vernunft, welche allem Zusammengesetzten zuletzt das Einfache zum Grunde zu legen bedarf, sich daher dem, was die Mathematik an der sinnlichen Anschauung beweiset, widersetzt), kann und muß man einräumen, daß Raum und Zeit bloße Gedankendinge und Wesen der Einbildungskraft sind, nicht welche durch die letztere gedichtet werden, sondern welche sie allen ihren Zusammensetzungen und Dichtungen zum Grunde legen 5 muß, weil sie die wesentliche Form unserer Sinnlichkeit und der Receptivität der Anschauungen sind, dadurch uns überhaupt Gegenstände gegeben werden, und deren allgemeine Bedingungen nothwendig zugleich Bedingungen a priori der Möglichkeit aller Objecte der Sinne als Erscheinungen sein und mit diesen also übereinstimmen müssen. Das Ein- 10 fache also in der Zeitfolge wie im Raum ist schlechterdings unmöglich, und wenn Leibniz zuweilen sich so ausgedrückt hat, daß man seine Lehre vom einfachen Wesen bisweilen so auslegen konnte, als ob er die Materie daraus zusammengesetzt wissen wollte, so ist es billiger, ihn, so lange es mit seinen Ausdrücken vereinbar ist, so zu verstehen, als ob er unter dem 15 Einfachen nicht einen Theil der Materie, sondern den ganz über alles Sinnliche hinausliegenden uns völlig unerkennbaren Grund der Erscheinung, die wir Materie nennen, meine (welcher allenfalls auch ein einfaches Wesen sein mag, wenn die Materie, welche die Erscheinung ausmacht, ein Zusammengesetztes ist), oder, läßt es sich damit nicht vereinigen, 20 man selbst von Leibnizens Ausspruche abgehen müsse. Denn er ist nicht der erste, wird auch nicht der letzte große Mann sein, der sich diese Freiheit anderer im Untersuchen gefallen lassen muß.

Die zweite Unrichtigkeit betrifft einen so offenbaren Widerspruch, daß Herr Eberhard ihn nothwendig bemerkt haben muß, aber ihn so gut, 25 wie er konnte, verklebt und übertüncht hat, um ihn unmerklich zu machen: nämlich daß das Ganze einer empirischen Anschauung innerhalb, die einfachen Elemente derselben Anschauung aber völlig außerhalb der Sphäre der Sinnlichkeit liegen. Er will nämlich nicht, daß man das Einfache als Grund zu den Anschauungen im Raume und der Zeit hinzu vernünftele 30 (wodurch er sich der Kritik zu sehr genähert haben würde), sondern an den Elementarvorstellungen der sinnlichen Anschauung selbst (obzwar ohne klares Bewußtsein) antreffe, und verlangt, daß das Zusammengesetzte aus denselben ein Sinnenwesen, die Theile desselben aber keine Gegenstände der Sinne, sondern Verstandswesen sein sollen. „Den Elementen 35 der concreten Zeit (und so auch eines solchen Raumes) fehlt dieses Anschauende nicht" sagt er S. 170; gleichwohl „können sie (S. 171) unter keiner sinnlichen Form angeschauet werden."

Zuerst, was bewegte Herrn Eberhard zu einer solchen seltsamen und als ungereimt in die Augen fallenden Verwickelung? Er sah selbst ein, daß, ohne einem Begriffe eine correspondirende Anschauung zu geben, seine objective Realität völlig unausgemacht sei. Da er nun die letztere gewissen Vernunftbegriffen, wie hier dem Begriffe eines einfachen Wesens, 5 sichern wollte und zwar so, daß dieses nicht etwa ein Object würde, von dem (wie die Kritik behauptet) weiter schlechterdings kein Erkenntniß möglich sei, in welchem Falle jene Anschauung, zu deren Möglichkeit jenes übersinnliche Object gedacht wird, für bloße Erscheinung gelten müßte, welches er der Kritik gleichfalls nicht einräumen wollte, so mußte er die 10 sinnliche Anschauung aus Theilen zusammensetzen, die nicht sinnlich sind, welches ein offenbarer Widerspruch ist*).

Wie hilft sich aber Herr Eberhard aus dieser Schwierigkeit? Das Mittel dazu ist ein bloßes Spiel mit Worten, die durch ihren Doppelsinn einen Augenblick hinhalten sollen. Ein nicht-empfindbarer Theil ist 15 völlig außerhalb der Sphäre der Sinnlichkeit; nicht-empfindbar aber ist, was nie abgesondert empfunden werden kann, und dieses ist das Einfache in Dingen sowohl als unseren Vorstellungen. Das zweite Wort, welches aus den Theilen einer Sinnenvorstellung oder ihres Gegenstandes Verstandeswesen machen soll, ist das unbildliche Einfache. Dieser Ausdruck scheint 20 ihm am besten zu gefallen; denn er braucht ihn in der Folge am häufigsten. Nicht empfindbar sein und doch einen Theil vom Empfindbaren ausmachen, schien ihm selbst zu auffallend-widersprechend, um dadurch den Begriff des Nichtsinnlichen in die sinnliche Anschauung zu spielen.

Ein nicht empfindbarer Theil bedeutet hier einen Theil einer empi- 25 rischen Anschauung, d. i. dessen Vorstellung man sich nicht bewußt ist. Herr Eberhard will mit der Sprache nicht heraus; denn hätte er die letztere

*) Man muß hier wohl bemerken, daß er jetzt die Sinnlichkeit nicht in der bloßen Verworrenheit der Vorstellungen gesetzt haben will, sondern zugleich darin, daß ein Object den Sinnen gegeben sei (S. 299), gerade als ob er dadurch etwas 30 zu seinem Vortheil ausgerichtet hätte. S. 170 hatte er die Vorstellung der Zeit zur Sinnlichkeit gerechnet, weil ihre einfache Theile wegen der Schranken des endlichen Geistes nicht unterschieden werden können (jene Vorstellung also verworren ist). Nachher (S. 299) will er doch diesen Begriff etwas enger machen, damit er den gegründeten Einwürfen dawider ausweichen könne, und setzt jene Bedingung 35 hinzu, die ihm gerade die nachtheiligste ist, weil er einfache Wesen als Verstandeswesen beweisen wollte und so in seine eigene Behauptung einen Widerspruch hineinbringt.

Erklärung davon gegeben, so würde er zugestanden haben, daß bei ihm Sinnlichkeit nichts anders als der Zustand verworrener Vorstellungen in einem Mannigfaltigen der Anschauung sei, welcher Rüge der Kritik er aber ausweichen will. Wird dagegen das Wort empfindbar in eigentlicher Bedeu-
5 tung gebraucht, so ist offenbar: daß, wenn kein einfacher Theil eines Gegenstandes der Sinne empfindbar ist, dieser als das Ganze selbst auch gar nicht empfunden werden könne, und umgekehrt, wenn etwas ein Gegenstand der Sinne und der Empfindung ist, alle einfache Theile es eben sowohl sein müssen, obgleich an ihnen die Klarheit der Vorstellung mangeln
10 mag: daß aber diese Dunkelheit der Theilvorstellungen eines Ganzen, so fern der Verstand nur einsieht, daß sie gleichwohl in demselben und seiner Anschauung enthalten sein müssen, sie nicht über die Sphäre der Sinnlichkeit hinausversetzen und zu Verstandeswesen machen könne. Newtons kleine Blättchen, daraus die Farbetheilchen der Körper bestehen, hat noch
15 kein Mikroskop entdecken können, sondern der Verstand erkennt (oder vermuthet) nicht allein ihr Dasein, sondern auch daß sie wirklich in unserer empirischen Anschauung, obzwar ohne Bewußtsein, vorgestellt werden. Darum sie aber für gar nicht-empfindbar und nun weiter für Verstandeswesen auszugeben, ist niemanden von seinen Anhängern in den Sinn ge-
20 kommen; nun ist aber zwischen so kleinen Theilen und gänzlich einfachen Theilen weiter kein Unterschied, als in dem Grade der Verminderung. Alle Theile müssen nothwendig Gegenstände der Sinne sein, wenn das Ganze es sein soll.

Daß aber von einem einfachen Theile kein **Bild** stattfindet, ob er
25 zwar selbst ein Theil von einem Bilde, d. i. von einer sinnlichen Anschauung, ist, kann ihn nicht in die Sphäre des Übersinnlichen erheben. Einfache Wesen müssen allerdings (wie die Kritik zeigt) über die Grenze des Sinnlichen erhoben gedacht und ihrem Begriffe kann kein Bild, d. i. irgend eine Anschauung, correspondirend gegeben werden; aber alsdann
30 kann man sie auch nicht als Theile zum Sinnlichen zählen. Werden sie aber doch (wider alle Beweise der Mathematik) dazu gezählt, so folgt daraus, daß ihnen kein Bild correspondirt, gar nicht, daß ihre Vorstellung etwas Übersinnliches sei; denn sie ist einfache Empfindung, mithin Element der Sinnlichkeit, und der Verstand hat sich dadurch nicht mehr
35 über die Sinnlichkeit erhoben, als wenn er sie zusammengesetzt gedacht hätte. Denn der letztere Begriff, von dem der erstere nur die Negation ist, ist eben sowohl ein Verstandesbegriff. Nur alsdann hätte er sich

über die Sinnlichkeit erhoben, wenn er das Einfache gänzlich aus der sinnlichen Anschauung und ihren Gegenständen verbannt und mit der ins Unendliche gehenden Theilbarkeit der Materie (wie die Mathematik gebietet) sich eine Aussicht in eine Welt im Kleinen eröffnet, eben aus der Unzulänglichkeit eines solchen inneren Erklärungsgrundes des sinnlichen 5 Zusammengesetzten aber (dem es wegen des gänzlichen Mangels des Einfachen in der Theilung an Vollständigkeit fehlt) auf ein solches außer dem ganzen Felde der sinnlichen Anschauung geschlossen hätte, welches also nicht als ein Theil in derselben, sondern als der uns unbekannte blos in der Idee befindliche Grund zu derselben gedacht wird; wobei aber 10 freilich das Geständniß, welches Herrn Eberhard so schwer ankommt, von diesem übersinnlichen Einfachen nicht das mindeste Erkenntniß haben zu können, unvermeidlich gewesen wäre.

In der That herrscht, um diesem Geständnisse auszuweichen, in dem vorgeblichen Beweise eine seltsame Doppelsprache. Die Stelle, wo es heißt: 15 „Der Fluß der Veränderungen aller endlichen Dinge ist ein stetiger, ununterbrochener Fluß — kein empfindbarer Theil ist der kleinste, oder ein völlig einfacher," lautet so, als ob sie der Mathematiker dictirt hätte. Gleich darauf aber sind doch in eben denselben Veränderungen einfache Theile, die aber nur der Verstand erkennt, weil sie nicht empfindbar sind. 20 Sind sie aber einmal darin, so ist ja jene lex continui des Flusses der Veränderungen falsch, und sie geschehen ruckweise, und daß sie nicht, wie Herr Eberhard sich fälschlich ausdrückt, empfunden, d. i. mit Bewußtsein wahrgenommen werden, hebt die specifische Eigenschaft derselben, als Theile zur bloßen empirischen Sinnenanschauung zu gehören, gar nicht 25 auf. Sollte Herr Eberhard wohl von der Stetigkeit einen bestimmten Begriff haben?

Mit einem Worte: Die Kritik hatte behauptet: daß, ohne einem Begriffe die correspondirende Anschauung zu geben, seine objective Realität niemals erhelle. Herr Eberhard wollte das Gegentheil beweisen und be- 30 zieht sich auf etwas, was zwar notorisch falsch ist, nämlich daß der Verstand an Dingen als Gegenständen der Anschauung in Zeit und Raum das Einfache erkenne, welches wir ihm aber einräumen wollen. Aber alsdann hat er ja die Forderung der Kritik nicht widerlegt, sondern sie nach seiner Art erfüllt. Denn jene verlangte ja nichts mehr, als 35 daß die objective Realität an der Anschauung bewiesen würde, dadurch aber wird dem Begriffe eine correspondirende Anschauung gegeben, welches gerade das ist, was sie forderte und er widerlegen wollte.

Ich würde mich bei einer so klaren Sache nicht lange verweilen, wenn sie nicht einen unwidersprechlichen Beweis bei sich führte, wie ganz und
5 gar nicht Herr Eberhard den Sinn der Kritik in der Unterscheidung des Sinnlichen und Nichtsinnlichen der Gegenstände eingesehen, oder, wenn er lieber will, daß er sie mißgedeutet hat.

C.

Methode, vom Sinnlichen zum Nichtsinnlichen aufzusteigen,

10 nach Herrn Eberhard.

Die Folgerung aus obigen Beweisen, vornehmlich dem letzteren, die Herr Eberhard zieht, ist S. 262 diese: „So wäre also die Wahrheit, daß Raum und Zeit zugleich subjective und objective Gründe haben, — völlig apodiktisch erwiesen. Es wäre bewiesen, daß ihre letzten objectiven
15 Gründe Dinge an sich sind." Nun wird ein jeder Leser der Kritik gestehen, daß dieses gerade meine eigene Behauptungen sind, Herr Eberhard also mit seinen apodiktischen Beweisen (wie sehr sie es sind, kann man aus dem obigen ersehen) nichts wider die Kritik behauptet habe. Aber daß diese objective Gründe, nämlich die Dinge an sich, nicht im Raume und
20 der Zeit zu suchen sind, sondern in demjenigen, was die Kritik das außer- oder übersinnliche Substrat derselben (Noumenon) nennt, das war meine Behauptung, von der Herr Eberhard das Gegentheil beweisen wollte, aber niemals, auch hier nicht im Schlußresultate mit der rechten Sprache heraus will.

25 S. 258, No. 3 und 4 sagt Herr Eberhard: „Raum und Zeit haben außer den subjectiven auch objective Gründe, und diese objective Gründe sind keine Erscheinungen, sondern wahre, erkennbare Dinge"; S. 259: „Ihre letzten Gründe sind Dinge an sich", welches alles die Kritik buchstäblich und wiederholentlich gleichfalls behauptet. Wie ging es denn zu, daß
30 Herr Eberhard, der sonst scharf genug zu seinem Vortheil sieht, für diesmal ihm zum Nachtheil nicht sah? Wir haben es mit einem künstlichen Manne zu thun, der etwas nicht sieht, weil er es nicht sehen lassen will. Er wollte eigentlich, daß der Leser nicht sehen möchte, daß seine objective

Gründe, die nicht Erscheinungen sein sollen, sondern Dinge an sich, blos *Theile* (einfache) der Erscheinungen sind: denn da würde man die Untauglichkeit einer solchen Erklärungsart sofort bemerkt haben. Er bedient sich also des Worts *Gründe*: weil Theile doch auch Gründe der Möglichkeit eines Zusammengesetzten sind, und da führt er mit der Kritik einerlei Sprache, nämlich von den letzten Gründen, die nicht Erscheinungen sind. Hätte er aber aufrichtig von Theilen der Erscheinungen, die doch selbst nicht Erscheinungen sind, von einem Sinnlichen, dessen Theile doch nichtsinnlich sind, gesprochen, so wäre die Ungereimtheit (selbst wenn man die Voraussetzung einfacher Theile einräumte) in die Augen gefallen. So aber deckt das Wort Grund alles dieses; denn der unbehutsame Leser glaubt darunter etwas zu verstehen, was von jenen Anschauungen ganz verschieden ist, wie die Kritik will, und überredet sich ein Vermögen der Erkenntniß des Übersinnlichen durch den Verstand selbst an den Gegenständen der Sinne bewiesen zu finden.

Es kommt vornehmlich in der Beurtheilung dieser Täuschung darauf an, daß der Leser sich dessen wohl erinnere, was über die Eberhard'sche Deduction von Raum und Zeit und so auch der Sinnenerkenntniß überhaupt von uns gesagt worden. Nach ihm ist etwas nur so lange Sinnenerkenntniß und das Object derselben Erscheinung, als die Vorstellung desselben Theile enthält, die nicht, wie er sich ausdrückt, *empfindbar* sind, d. i. in der Anschauung mit Bewußtsein wahrgenommen werden. Sie hört flugs auf sinnlich zu sein, und der Gegenstand wird nicht mehr als Erscheinung, sondern als Ding an sich selbst erkannt, mit einem Worte, es ist nunmehr das Noumenon, so bald der Verstand die ersten *Gründe* der Erscheinung, welche nach ihm dieser ihre eigene Theile sein sollen, einsieht und entdeckt. Es ist also zwischen einem Dinge als Phänomen und der Vorstellung des ihm zum Grunde liegenden Noumens kein anderer Unterschied, als zwischen einem Haufen Menschen, die ich in großer Ferne sehe, und eben demselben, wenn ich ihm so nahe bin, daß ich die einzelnen zählen kann; nur daß er behauptet, wir *könnten ihm nie so nahe kommen*, welches aber keinen Unterschied in den Sachen, sondern nur in dem Grade unseres Wahrnehmungsvermögens, welches hiebei der Art nach immer dasselbe bleibt, ausmacht. Wenn dieses wirklich der Unterschied ist, den die Kritik in ihrer Ästhetik mit so großem Aufwande zwischen der Erkenntniß der Dinge als Erscheinungen und dem Begriffe von ihnen nach dem, was sie als Dinge an sich selbst sind, macht, so wäre diese Unterscheidung eine bloße Kinderei gewesen, und selbst eine weitläuftige Widerlegung derselben würde keinen besseren Namen verdienen. Nun aber zeigt die Kritik (um nur ein einziges Beispiel unter vielen anzuführen), daß es in der Körperwelt, als dem Inbegriffe aller Gegenstände äußerer 5 Sinne, zwar allerwärts zusammengesetzte Dinge gebe, das Einfache aber in ihr gar nicht angetroffen werde. Zugleich aber beweiset sie, daß die Vernunft, wenn sie sich ein Zusammengesetztes aus Substanzen, als Ding an sich (ohne es auf die besondere Beschaffenheit unserer Sinne zu beziehen), denkt, es schlechterdings als aus einfachen Substanzen bestehend 10 denken müsse. Nach demjenigen, was die Anschauung der Gegenstände im Raume nothwendig bei sich führt, kann und soll die Vernunft kein Einfaches denken, welches in ihnen wäre, woraus folgt: daß, wenn unsere Sinne auch ins Unendliche geschärft würden, es doch für sie gänzlich unmöglich bleiben müßte, dem Einfachen auch nur näher zu kommen, viel 15 weniger endlich darauf zu stoßen, weil es in ihnen gar nicht angetroffen wird; da alsdann kein Ausweg übrig bleibt, als zu gestehen: daß die Körper gar nicht Dinge an sich selbst und ihre Sinnenvorstellung, die wir mit dem Namen der körperlichen Dinge belegen, nichts als die Erscheinung von irgend etwas sei, was als Ding an sich selbst allein das 20 Einfache*) enthalten kann, für uns aber gänzlich unerkennbar bleibt, weil die Anschauung, unter der es uns allein gegeben wird, nicht seine Eigen-

*) Ein Object sich als einfach vorstellen, ist ein blos negativer Begriff, der der Vernunft unvermeidlich ist, weil er allein das Unbedingte zu allem Zusammengesetzten (als einem Dinge, nicht der bloßen Form) enthält, dessen Mög- 25 lichkeit jederzeit bedingt ist. Dieser Begriff ist also kein erweiterndes Erkenntnißstück, sondern bezeichnet blos ein Etwas, sofern es von den Sinnenobjecten (die alle eine Zusammensetzung enthalten) unterschieden werden soll. Wenn ich nun sage: das, was der Möglichkeit des Zusammengesetzten zum Grunde liegt, was also allein als nicht zusammengesetzt gedacht werden kann, ist das Noumen (denn 30 im Sinnlichen ist es nicht zu finden), so sage ich damit nicht: es liege dem Körper als Erscheinung ein Aggregat von so viel einfachen Wesen als reinen Verstandeswesen zum Grunde; sondern, ob das Übersinnliche, was jener Erscheinung als Substrat unterliegt, als Ding an sich auch zusammengesetzt oder einfach sei, davon kann niemand im mindesten etwas wissen, und es ist eine ganz mißver- 35 standene Vorstellung der Lehre von Gegenständen der Sinne, als bloßen Erscheinungen, denen man etwas Nicht-Sinnliches unterlegen muß, wenn man sich einbildet oder andern einzubilden sucht, hiedurch werde gemeint, das übersinnliche Substrat der Materie werde eben so nach seinen Monaden getheilt, wie ich die Materie selbst theile; denn da würde ja die Monas (die nur die Idee einer nicht

schaften, die ihm für sich selbst zukommen, sondern nur die subjectiven Bedingungen unserer Sinnlichkeit an die Hand giebt, unter denen wir allein von ihnen eine anschauliche Vorstellung erhalten können. — Nach der Kritik ist also alles in einer Erscheinung selbst wiederum Erscheinung, so weit der Verstand sie immer in ihre Theile auflösen und die Wirklichkeit der Theile, zu deren klarer Wahrnehmung die Sinne nicht mehr zulangen, beweisen mag; nach Herrn Eberhard aber hören sie alsdann sofort auf Erscheinungen zu sein und sind die Sache selbst.

Weil es dem Leser vielleicht unglaublich vorkommen möchte, daß Herr Eberhard eine so handgreifliche Mißdeutung des Begriffs vom Sinnlichen, den die Kritik, welche er widerlegen wollte, gegeben hat, willkürlich begangen, oder selbst einen so schalen und in der Metaphysik gänzlich zwecklosen Begriff vom Unterschiede der Sinnenwesen von Verstandeswesen, als die bloße logische Form der Vorstellungsart ist, aufgestellt haben sollte: so wollen wir ihn über das, was er meint, sich selbst erklären lassen.

Nachdem sich nämlich Herr Eberhard S. 271—272 viel unnöthige Mühe gegeben hat, zu beweisen, woran niemand je gezweifelt hat, und nebenbei wie natürlich sich auch verwundert, daß so etwas vom kritischen Idealism hat übersehen werden können, daß die objective Realität eines Begriffs, die im Einzelnen nur an Gegenständen der Erfahrung bewiesen werden kann, doch unstreitig auch im Allgemeinen, d. i. überhaupt von Dingen, erweislich und ein solcher Begriff nicht ohne irgend eine objective Realität sei (wiewohl der Schluß falsch ist, daß diese Realität dadurch auch für Begriffe von Dingen, die nicht Gegenstand der Erfahrung sein können, bewiesen werde), so fährt er so fort: „Ich muß hier ein Beispiel gebrauchen, von dessen passender Anwendbarkeit wir uns erst weiter unten werden überzeugen können. Die Sinnen und die Einbildungskraft des Menschen in seinem gegenwärtigen Zustande können sich von einem Tausendeck kein genaues Bild machen; d. i. ein Bild, wodurch sie es z. B. von einem Neunhundert-Und-Neun-Und-Neunzigeck unterscheiden könnten. Allein so bald ich weiß, daß eine Figur ein Tausendeck ist: so kann mein Verstand ihr verschiedene Prädicate beilegen u. s. w. Wie läßt es sich also beweisen, daß der Verstand von einem Dinge an sich deswegen gar nichts

---

wiederum bedingten Bedingung des Zusammengesetzten ist) in den Raum versetzt, wo sie aufhört ein Noumen zu sein und wiederum selbst zusammengesetzt ist.

weder bejahen, noch verneinen könne, weil sich die Einbildungskraft kein Bild von demselben machen kann, oder weil wir nicht alle die Bestimmungen kennen, die zu seiner Individualität gehören?" In der Folge, nämlich S. 291—292, erklärt er sich über den Unterschied, den die Kritik zwischen
5 der Sinnlichkeit in logischer und in transscendentaler Bedeutung macht, so: „Die Gegenstände des Verstandes sind unbildliche, der Sinnlichkeit hingegen bildliche Gegenstände" und führt nun aus Leibnizen*) ein Beispiel von der Ewigkeit, von der wir uns kein Bild, aber wohl eine Verstandesidee machen können, zugleich aber auch das vom obgedachten Chiligone
10 an, von welchem er sagt: „Die Sinne und die Einbildungskraft des Menschen können sich in seinem gegenwärtigen Zustande kein genaues Bild, wodurch sie es von einem Neunhundert-Neun-Und-Neunzigeck unterscheiden, machen."

Nun, einen kläreren Beweis, ich will nicht sagen, von willkürlicher
15 Mißdeutung der Kritik, denn um dadurch zu täuschen, ist sie bei weitem nicht scheinbar genug, sondern einer gänzlichen Unkunde der Frage, worauf es ankommt, kann man nicht verlangen, als den hier Herr Eberhard giebt. Ein Fünfeck ist nach ihm noch ein Sinnenwesen, aber ein Tausendeck schon ein bloßes Verstandeswesen, etwas Nicht-Sinnliches (oder wie er
20 sich ausdrückt, Unbildliches). Ich besorge, ein Neuneck werde schon über dem halben Wege vom Sinnlichen zum Übersinnlichen hinausliegen; denn wenn man die Seiten nicht mit Fingern nachzählt, kann man schwerlich durch bloßes Übersehen die Zahl derselben bestimmen. Die Frage war: ob wir von dem, welchem keine correspondirende Anschauung gegeben
25 werden kann, ein Erkenntniß zu bekommen hoffen können. Das wurde von der Kritik in Ansehung dessen, was kein Gegenstand der Sinne sein kann, verneint: weil wir zu der objectiven Realität des Begriffs immer einer Anschauung bedürfen, die unsrige aber, selbst die in der Mathe-

---

*) Der Leser wird gut thun, nicht sofort alles, was Herr Eberhard aus
30 Leibnizens Lehre folgert, auf dieses seine Rechnung zu schreiben. Leibniz wollte den Empirism des Locke widerlegen. Dieser Absicht waren dergleichen Beispiele, als die mathematischen sind, gar wohl angemessen, um zu beweisen, daß die letzteren Erkenntnisse viel weiter reichen, als empirisch-erworbene Begriffe leisten können, und dadurch den Ursprung der ersteren a priori gegen Lockes Angriffe zu
35 vertheidigen. Daß die Gegenstände dadurch aufhören bloße Objecte der sinnlichen Anschauung zu sein und eine andere Art Wesen als zum Grunde liegend vorausſetzen, konnte ihm gar nicht in die Gedanken kommen zu behaupten.

matik gegebene nur sinnlich ist. Herr Eberhard bejaht dagegen diese Frage und führt unglücklicherweise — den Mathematiker, der alles jederzeit in der Anschauung demonstrirt, an, als ob dieser, ohne seinem Begriffe eine genau correspondirende Anschauung in der Einbildungskraft zu geben, den Gegenstand desselben durch den Verstand gar wohl mit verschiedenen Prädicaten belegen und ihn also auch ohne jene Bedingung erkennen könne. Wenn nun Archimedes ein Sechs-Und-Neunzigeck um den Cirkel und auch ein dergleiches in demselben beschrieb, um, daß und wie viel der Cirkel kleiner sei als das erste und größer als das zweite, zu beweisen: legte er da seinem Begriffe von dem genannten regulären Vieleck eine Anschauung unter, oder nicht? Er legte sie unvermeidlich zum Grunde, aber nicht indem er dasselbe wirklich zeichnete (welches ein unnöthiges und ungereimtes Ansinnen wäre), sondern indem er die Regel der Construction seines Begriffs, mithin sein Vermögen, die Größe desselben so nahe der des Objects selbst, als er wollte, zu bestimmen und also dieses dem Begriffe gemäß in der Anschauung zu geben, kannte und so die Realität der Regel selbst und hiemit auch dieses Begriffs für den Gebrauch der Einbildungskraft bewies. Hätte man ihm aufgegeben auszufinden, wie aus Monaden ein Ganzes zusammengesetzt sein könne: so würde er, weil er wußte, daß er dergleichen Vernunftwesen nicht im Raume zu suchen habe, gestanden haben, daß man davon gar nichts zu sagen vermöge, weil es übersinnliche Wesen sind, die nur in Gedanken, niemals aber als solche in der Anschauung vorkommen können. — Herr Eberhard aber will die letztern, so fern sie nur entweder für den Grad der Schärfe unserer Sinne zu klein, oder die Vielheit derselben in einer gegebenen anschaulichen Vorstellung für den dermaligen Grad der Einbildungskraft und sein Fassungsvermögen zu groß ist, für nichtsinnliche Gegenstände gehalten wissen, von denen wir vieles sollen durch den Verstand erkennen können; wobei wir ihn denn auch lassen wollen: weil ein solcher Begriff vom Nichtsinnlichen mit dem, welchen die Kritik davon giebt, nichts Ähnliches hat und, da er schon im Ausdrucke einen Widerspruch bei sich führt, wohl schwerlich Nachfolger haben wird.

Man sieht aus dem bisherigen deutlich: Herr Eberhard sucht den Stoff zu aller Erkenntniß in den Sinnen, woran er auch nicht Unrecht thut. Er will aber doch auch diesen Stoff zum Erkenntniß des Übersinnlichen verarbeiten. Zur Brücke, dahin herüber zu kommen, dient ihm der Satz des zureichenden Grundes, den er nicht allein in seiner unbeschränkten

Allgemeinheit annimmt, wo er aber eine ganz andere Art der Unterscheidung des Sinnlichen vom Intellectuellen erfordert, als er wohl einräumen will, sondern auch seiner Formel nach vorsichtig vom Satze der Causalität unterscheidet, weil er sich dadurch in seiner eigenen Absicht im
5 Wege sein würde*). Aber es ist mit dieser Brücke nicht genug; denn am jenseitigen Ufer kann man mit keinen Materialien der Sinnesvorstellung bauen. Nun bedient er sich dieser zwar, weil es ihm (wie jedem Menschen) an anderen mangelt; aber das Einfache, was er vorher als Theil der Sinnenvorstellung aufgefunden zu haben glaubt, wäscht und reinigt er dadurch
10 von diesem Makel, daß er es in die Materie hineindemonstrirt zu haben sich berühmt, da es in der Sinnenvorstellung durch bloße Wahrnehmung nie wäre aufgefunden worden. Nun ist aber doch diese Partialvorstellung (das Einfache) einmal in der Materie, als Gegenstande der Sinne, seinem Vorgeben nach wirklich; und da bleibt jener Demonstration unbeschadet
15 immer der kleine Scrupel, wie man einem Begriffe, den man nur an einem Sinnengegenstande bewiesen hat, seine Realität sichern soll, wenn er ein Wesen bedeuten soll, das gar kein Gegenstand der Sinne (auch nicht ein homogener Theil eines solchen) sein kann. Denn es ist einmal ungewiß, ob, wenn man dem Einfachen alle die Eigenschaften nimmt, wodurch es ein
20 Theil der Materie sein kann, überhaupt irgend etwas übrig bleibe, was ein mögliches Ding heißen könne. Folglich hätte er durch jene Demonstration die objective Realität des Einfachen, als Theils der Materie, mithin als eines lediglich zur Sinnenanschauung und einer an sich möglichen Erfahrung gehörigen Objects, keinesweges aber als für einen jeden Gegen-

25 *) Der Satz: Alle Dinge haben ihren Grund, oder mit anderen Worten, alles existirt nur als Folge, d. i. abhängig seiner Bestimmung nach von etwas anderem, gilt ohne Ausnahme von allen Dingen als Erscheinungen im Raume und Zeit, aber keinesweges von Dingen an sich selbst, um derenwillen Herr Eberhard dem Satze eigentlich jene Allgemeinheit gegeben hatte. Ihn aber als Grundsatz der Causa-
30 lität so allgemein auszudrücken: Alles Existirende hat eine Ursache, d. i. existirt nur als Wirkung, wäre noch weniger in seinen Kram tauglich gewesen: weil er eben vorhatte, die Realität des Begriffs von einem Urwesen zu beweisen, welches weiter von keiner Ursache abhängig ist. So sieht man sich genöthigt sich hinter Ausdrücken zu verbergen, die sich nach Belieben drehen lassen; wie er denn S. 259 das Wort Grund so
35 braucht, daß man verleitet wird zu glauben, er habe etwas von den Empfindungen Unterschiedenes im Sinne, da er doch für diesmal blos die Theilempfindungen versteht, welche man im logischen Betracht auch wohl Gründe der Möglichkeit eines Ganzen zu nennen pflegt.

stand, selbst den übersinnlichen außer derselben bewiesen, welches doch gerade das war, wornach gefragt wurde.

In allem, was nun von S. 263—306 folgt und zur Bestätigung des Obigen dienen soll, ist nun, wie man leicht voraussehen kann, nichts anders als Verdrehung der Sätze der Kritik, vornehmlich aber Mißdeutung und Verwechselung logischer Sätze, die blos die Form des Denkens (ohne irgend einen Gegenstand in Betrachtung zu ziehen) betreffen, mit transscendentalen (welche die Art, wie der Verstand jene ganz rein, und ohne eine andere Quelle als sich selbst zu bedürfen, zur Erkenntniß der Dinge a priori braucht) anzutreffen. Zu der ersten gehört unter vielen anderen die Übersetzung der Schlüsse in der Kritik in eine syllogistische Form S. 270. Er sagt, ich schlösse so: „Alle Vorstellungen, die keine Erscheinungen sind, sind leer von Formen sinnlicher Anschauung (ein unschicklicher Ausdruck, der nirgend in der Kritik vorkommt, aber stehen bleiben mag). — Alle Vorstellungen von Dingen an sich sind Vorstellungen, die keine Erscheinungen sind (auch dieses ist wider den Gebrauch der Kritik ausgedrückt, da es heißt: sie sind Vorstellungen von Dingen, die keine Erscheinungen sind). — Also sind sie schlechterdings leer." Hier sind vier Hauptbegriffe und ich hätte, wie er sagt, schließen müssen: „Also sind diese Vorstellungen leer von den Formen der sinnlichen Anschauung."

Nun ist das letztere wirklich der Schlußsatz, den man allein aus der Kritik ziehen kann, und den ersteren hat Herr Eberhard nur hinzugedichtet. Aber nun folgen nach der Kritik folgende Episyllogismen darauf, durch welche am Ende doch jener Schlußsatz herauskommt. Nämlich: Vorstellungen, die von den Formen sinnlicher Anschauung leer sind, sind leer von aller Anschauung (denn alle unsere Anschauung ist sinnlich). — Nun sind die Vorstellungen von Dingen an sich leer von u. s. w. — Also sind sie leer von aller Anschauung. Und endlich: Vorstellungen, die von aller Anschauung leer sind (denen als Begriffen keine correspondirende Anschauung gegeben werden kann), sind schlechterdings leer (ohne Erkenntniß ihres Objects). — Nun sind Vorstellungen von Dingen, die keine Erscheinungen sind, von aller Anschauung leer. — Also sind sie (an Erkenntniß) schlechterdings leer.

Was soll man hier an Herrn Eberhard bezweifeln: die Einsicht oder die Aufrichtigkeit?

Von seiner gänzlichen Verkennung des wahren Sinnes der Kritik und von der Grundlosigkeit dessen, was er an die Stelle desselben zum Behuf eines besseren Systems setzen zu können vorgiebt, können hier nur einige Beläge gegeben werden; denn selbst der entschlossenste Streit-
5 genosse des Herrn Eberhards würde über der Arbeit ermüden, die Momente seiner Einwendungen und Gegenbehauptungen in einen mit sich selbst stimmenden Zusammenhang zu bringen.

Nachdem er S. 275 gefragt hat: „Wer (was) giebt der Sinnlichkeit ihren Stoff, nämlich die Empfindungen?" so glaubt er wider die Kritik
10 abgesprochen zu haben, indem er S. 276 sagt: „Wir mögen wählen, welches wir wollen — so kommen wir auf Dinge an sich." Nun ist ja das eben die beständige Behauptung der Kritik; nur daß sie diesen Grund des Stoffes sinnlicher Vorstellungen nicht selbst wiederum in Dingen, als Gegenständen der Sinne, sondern in etwas Übersinnlichem setzt, was jenen zum
15 Grunde liegt und wovon wir kein Erkenntniß haben können. Sie sagt: Die Gegenstände als Dinge an sich geben den Stoff zu empirischen Anschauungen (sie enthalten den Grund, das Vorstellungsvermögen seiner Sinnlichkeit gemäß zu bestimmen), aber sie sind nicht der Stoff derselben.

Gleich darauf wird gefragt, wie der Verstand nun jenen Stoff (er
20 mag gegeben sein, woher er wolle) bearbeite. Die Kritik bewies in der transscendentalen Logik: daß dieses durch Subsumtion der sinnlichen (reinen oder empirischen) Anschauungen unter die Kategorien geschehe, welche Begriffe von Dingen überhaupt gänzlich im reinen Verstande a priori gegründet sein müssen. Dagegen deckt Herr Eberhard S. 276—279
25 sein System auf, dadurch daß er sagt: „Wir können keine allgemeine Begriffe haben, die wir nicht von den Dingen, die wir durch die Sinnen wahrgenommen, oder von denen, deren wir uns in unserer eigenen Seele bewußt sind, abgezogen haben," welche Absonderung von dem Einzelnen er dann in demselben Absatze genau bestimmt. Dieses ist der erste Actus
30 des Verstandes. Der zweite besteht S. 279 darin: daß er aus jenem sublimirten Stoffe wiederum Begriffe zusammensetzt. Vermittelst der Abstraction gelangte also der Verstand (von den Vorstellungen der Sinne) bis zu den Kategorien, und nun steigt er von da und den wesentlichen Stücken der Dinge zu den Attributen derselben. So, heißt es S. 278,
35 „erhält also der Verstand mit Hülfe der Vernunft neue zusammengesetzte Begriffe; so wie er selbst durch die Abstraction zu immer allgemeineren

und einfacheren *Hinaufsteigt*, bis zu den Begriffen des *Möglichen* und *Gegründeten*" u. s. w.

Dieses Hinaufsteigen (wenn nämlich das ein Hinaufsteigen heißen kann, was nur ein Abstrahiren von dem Empirischen in dem Erfahrungsgebrauche des Verstandes ist, da dann das Intellectuelle, was wir selbst nach der Naturbeschaffenheit unseres Verstandes vorher a priori hineingelegt haben, nämlich die Kategorie, übrig bleibt) ist nur *logisch*, nämlich zu allgemeineren Regeln, deren Gebrauch aber nur immer innerhalb dem Umfange möglicher Erfahrung bleibt, weil von dem Verstandesgebrauch in derselben jene Regeln eben abstrahirt sind, wo den Kategorien eine correspondirende sinnliche Anschauung gegeben wird. — Zum wahren *realen* Hinaufsteigen, nämlich zu einer anderen Gattung Wesen, als überhaupt den Sinnen, selbst den vollkommensten, gegeben werden können, würde eine andere Art von Anschauung, die wir intellectuell genannt haben (weil, was zum Erkenntniß gehört und nicht sinnlich ist, keinen anderen Namen und Bedeutung haben kann), erfordert werden, bei der wir aber der Kategorien nicht allein nicht mehr bedürften, sondern die auch bei einer solchen Beschaffenheit des Verstandes schlechterdings keinen Gebrauch haben würden. Wer uns nur einen solchen anschauenden Verstand eingeben, oder, liegt er etwa verborgenerweise in uns, ihn uns kennen lehren möchte?

Aber hiezu weiß nun Herr Eberhard auch Rath. Denn „es giebt nach S. 280—281 auch *Anschauungen, die nicht sinnlich sind*, (aber auch nicht Anschauungen des Verstandes) — eine andere Anschauung als die sinnliche in Raum und Zeit". — „Die ersten Elemente der concreten Zeit und die ersten Elemente des concreten Raums sind keine Erscheinungen (Objecte sinnlicher Anschauung) mehr." Also sind sie die wahren Dinge, die *Dinge an sich*. Diese nichtsinnliche Anschauung unterscheidet er von der sinnlichen S. 299 dadurch, daß sie diejenige sei, in welcher etwas „durch die *Sinnen undeutlich* oder verworren vorgestellt wird", und den Verstand will er S. 295 durch das „Vermögen deutlicher Erkenntniß" definirt haben. — Also besteht der Unterschied seiner nicht-sinnlichen Anschauung von der sinnlichen darin, daß die einfachen Theile im concreten Raume und der Zeit in der sinnlichen verworren, in der nicht-sinnlichen aber deutlich vorgestellt werden. Natürlicher Weise wird auf diese Art die Forderung der Kritik in Absicht auf die objective Realität des Begriffs von einfachen Wesen erfüllt, indem ihm eine correspondirende (nur nicht sinnliche) Anschauung gegeben wird.

Das war nun ein *Hinaufsteigen*, um *desto tiefer* zu fallen. Denn waren jene einfache Wesen in die Anschauung selbst hinein vernünftelt, so waren ihre Vorstellungen, als in der empirischen Anschauung enthaltene Theile, bewiesen, und die Anschauung blieb auch bei ihnen, was sie in Ansehung des Ganzen war, nämlich sinnlich. Das Bewußtsein einer Vorstellung macht keinen Unterschied in der specifischen Beschaffenheit derselben; denn es kann mit allen Vorstellungen verbunden werden. Das Bewußtsein einer empirischen Anschauung heißt Wahrnehmung. Daß also jene vorgebliche einfache Theile nicht *wahrgenommen* werden, macht nicht den mindesten Unterschied von ihrer Beschaffenheit als sinnlicher Anschauungen, um etwa, wenn unsere Sinne geschärft, zugleich auch die Einbildungskraft, das Mannigfaltige ihrer Anschauung mit Bewußtsein aufzufassen, noch so sehr erweitert würde, an ihnen vermöge der Deutlichkeit*)

*) Denn es giebt auch eine *Deutlichkeit* in der Anschauung, also auch der Vorstellung des Einzelnen, nicht blos der Dinge im Allgemeinen (S. 295), welche *ästhetisch* genannt werden kann, die von der *logischen*, durch Begriffe, ganz unterschieden ist (so wie die, wenn ein *neuholländischer* Wilder zuerst ein Haus zu sehen bekäme und ihm nahe genug wäre, um alle Theile desselben zu unterscheiden, ohne doch den mindesten Begriff davon zu haben), aber freilich in einem logischen Handbuch nicht enthalten sein kann; weswegen es auch gar nicht zuläßig ist, statt der Definition der Kritik, da Verstand als *Vermögen der Erkenntniß durch Begriffe* erklärt wird, wie er verlangt, das Vermögen *deutlicher* Erkenntniß zu diesem Behuf anzunehmen. Vornehmlich aber ist die erstere Erklärung darum die einzige angemessene, weil der Verstand dadurch auch als transscendentales Vermögen ursprünglich aus ihm allein entspringender Begriffe (der Kategorien) bezeichnet wird, da die zweite hingegen blos das logische Vermögen, allenfalls auch den Vorstellungen der Sinne Deutlichkeit und Allgemeinheit durch bloße klare Vorstellung und Absonderung ihrer Merkmale zu verschaffen, anzeigt. Es ist aber Herrn Eberhard daran sehr gelegen, den wichtigsten kritischen Untersuchungen dadurch auszuweichen, daß er seinen Definitionen zweideutige Merkmale unterlegt. Dahin gehört auch der Ausdruck (S. 295 und anderwärts) einer Erkenntniß der *allgemeinen Dinge*; ein ganz verwerflicher scholastischer Ausdruck, der den Streit der Nominalisten und Realisten wieder erwecken kann, und der, ob er zwar in manchen metaphysischen Compendien steht, doch schlechterdings nicht in die Transscendentalphilosophie, sondern lediglich in die Logik gehört, indem er keinen Unterschied in der Beschaffenheit der Dinge, sondern nur des Gebrauchs der Begriffe, ob sie im Allgemeinen oder aufs Einzelne angewandt werden, anzeigt. Indessen dient dieser Ausdruck doch neben dem des *Unbildlichen*, um den Leser einen Augenblick hinzuhalten, als ob dadurch eine besondere Art von Objecten, z. B. die einfachen Elemente, gedacht würden.

dieser Vorstellung etwas Nichtsinnliches wahrzunehmen. — Hiebei wird vielleicht dem Leser einfallen, zu fragen: warum, wenn Herr Eberhard nun einmal beim Erheben über die Sphäre der Sinnlichkeit (S. 169) ist, er doch den Ausdruck des Nichtsinnlichen immer braucht und nicht vielmehr den des Übersinnlichen. Allein das geschieht auch mit gutem Vorbedacht. Denn bei dem letzteren würde es gar zu sehr in die Augen gefallen sein, daß er es nicht aus der sinnlichen Anschauung, eben darum weil sie sinnlich ist, herausklauben konnte. Nichtsinnlich aber bezeichnet einen bloßen Mangel (z. B. des Bewußtseins von etwas in der Vorstellung eines Gegenstandes der Sinne), und der Leser wird es nicht sofort inne, daß ihm dadurch eine Vorstellung von wirklichen Gegenständen einer anderen Art in die Hand gespielt werden soll. Eben so ist es mit dem, wovon wir nachher reden wollen, dem Ausdrucke Allgemeine Dinge (statt allgemeiner Prädicate der Dinge), bewandt, wodurch der Leser glaubt eine besondere Gattung von Wesen verstehen zu müssen, oder dem Ausdrucke nicht-identischer (statt synthetischer) Urtheile. Es gehört viel Kunst in der Wahl unbestimmter Ausdrücke dazu, um Armseligkeiten dem Leser für bedeutende Dinge zu verkaufen.

Wenn also Herr Eberhard den Leibnizisch-Wolffischen Begriff der Sinnlichkeit der Anschauung recht ausgelegt hat: daß sie blos in der Verworrenheit des Mannigfaltigen der Vorstellungen in derselben bestehe, indessen daß diese doch die Dinge an sich selbst vorstellen, deren deutliches Erkenntniß aber auf dem Verstande (der die einfachen Theile in jener Anschauung erkennt) beruhe, so hat ja die Kritik jener Philosophie nichts angedichtet und fälschlich aufgebürdet, und es bleibt nur noch übrig auszumachen, ob sie auch Recht habe, zu sagen: dieser Standpunkt, den die letztere genommen hat, um die Sinnlichkeit (als ein besonderes Vermögen der Receptivität) zu charakterisiren, sei unrichtig*). Er bestätigt die Richtigkeit dieser der Leibnizischen Philosophie in der Kritik beigelegten Bedeutung des Begriffs der Sinnlichkeit S. 303 dadurch: daß er den

*) Herr Eberhard schilt und ereifert sich auch auf eine belustigende Art S. 298 über die Vermessenheit eines solchen Tadels (dem er obenein einen falschen Ausdruck unterschiebt). Wenn es jemanden einfiele den Cicero zu tadeln, daß er nicht gut Latein geschrieben habe: so würde irgend ein Scioppius (ein bekannter grammatischer Eiferer) ihn ziemlich unsanft, aber doch mit Recht in seine Schranken weisen; denn was gut Latein sei, können wir nur aus dem Cicero (und seinen Zeitgenossen) lernen. Wenn jemand aber einen Fehler in Plato's oder Leibnizens Philosophie anzutreffen glaubte, so wäre der Eifer darüber, daß

subjectiven Grund der Erscheinungen als verworrener Vorstellungen im Unvermögen setzt, alle Merkmale (Theilvorstellungen der Sinnenanschauung) zu unterscheiden, und indem er S. 377 die Kritik tadelt, daß sie diesen nicht angegeben habe, sagt er: er bestehe in den Schranken des 5 Subjects. Daß außer diesen subjectiven Gründen der logischen Form der Anschauung die Erscheinungen auch objective haben, behauptet die Kritik selbst, und darin wird sie Leibnizen nicht widerstreiten. Aber daß, wenn diese objective Gründe (die einfachen Elemente) als Theile in den Erscheinungen selbst liegen und blos der Verworrenheit wegen nicht als solche 10 wahrgenommen, sondern nur hineindemonstrirt werden können, sie sinnliche und doch nicht blos sinnliche, sondern um der letztern Ursache willen auch intellectuelle Anschauungen heißen sollen, das ist ein offenbarer Widerspruch, und so kann Leibnizens Begriff von der Sinnlichkeit und den Erscheinungen nicht ausgelegt werden, und Herr Eberhard hat entweder eine 15 ganz unrichtige Auslegung von dessen Meinung gegeben, oder diese muß ohne Bedenken verworfen werden. Eins von beiden: Entweder die Anschauung ist dem Objecte nach ganz intellectuell, d. i. wir schauen die Dinge an, wie sie an sich sind, und alsdann besteht die Sinnlichkeit lediglich in der Verworrenheit, die von einer solchen vielbefassenden Anschauung unzertrenn- 20 lich ist: oder sie ist nicht intellectuell, wir verstehen darunter nur die Art, wie wir von einem an sich selbst uns ganz unbekannten Object afficirt werden, und da besteht die Sinnlichkeit so gar nicht in der Verworrenheit, daß vielmehr ihre Anschauung immerhin auch den höchsten Grad der Deutlichkeit haben möchte und, wofern in ihr einfache Theile stecken, sich 25 auch auf dieser ihre klare Unterscheidung erstrecken könnte, dennoch aber nicht im Mindesten etwas mehr als bloße Erscheinung enthalten würde. Beides zusammen kann in einem und demselben Begriffe der Sinnlichkeit nicht gedacht werden. Also die Sinnlichkeit, wie Herr Eberhard Leibnizen den Begriff derselben beilegt, unterscheidet sich von der Verstandeserkenntniß 30 entweder blos durch die logische Form (die Verworrenheit), indessen daß sie dem Inhalte nach lauter Verstandesvorstellungen von Dingen an sich enthält, oder sie unterscheidet sich von dieser auch transscendental, d. i. dem Ursprung und Inhalte nach, indem sie gar nichts von der Beschaffenheit

---

sogar an Leibnizen etwas zu tadeln sein sollte, lächerlich. Denn was philo- 35 sophisch-richtig sei, kann und muß keiner aus Leibnizen lernen, sondern der Probirstein, der dem einen so nahe liegt wie dem anderen, ist die gemeinschaftliche Menschenvernunft, und es giebt keinen klassischen Autor der Philosophie.

der Objecte an sich, sondern blos die Art, wie das Subject afficirt wird, enthält, sie möchte übrigens so deutlich sein, als sie wollte. Im letzteren Falle ist das die Behauptung der Kritik, welcher man die erstere Meinung nicht entgegensetzen kann, ohne die Sinnlichkeit lediglich in der Verworrenheit der Vorstellungen zu setzen, welche die gegebene Anschauung enthält. 5

Man kann den unendlichen Unterschied zwischen der Theorie der Sinnlichkeit, als einer besonderen Anschauungsart, welche ihre a priori nach allgemeinen Principien bestimmbare Form hat, und derjenigen, welche diese Anschauung als blos empirische Apprehension der Dinge an 10 sich selbst annimmt, die sich nur durch die Undeutlichkeit der Vorstellung von einer intellectuellen Anschauung (als sinnliche Anschauung) auszeichne, nicht besser darlegen, als es Herr Eberhard wider seinen Willen thut. Aus dem Unvermögen, der Ohnmacht und den Schranken der Vorstellungskraft (lauter Ausdrücke, deren sich Herr Eberhard selbst bedient) 15 kann man nämlich keine Erweiterungen des Erkenntnisses, keine positive Bestimmungen der Objecte herleiten. Das gegebene Princip muß selbst etwas Positives sein, welches zu solchen Sätzen das Substrat ausmacht, aber freilich nur blos subjectiv und nur in so fern von Objecten gültig, als diese nur für Erscheinungen gelten. Wenn wir Herrn Eberhard seine ein- 20 fache Theile der Gegenstände sinnlicher Anschauung schenken und zugeben, daß er ihre Verbindung nach seinem Satze des Grundes auf die beste Art, wie er kann, verständlich mache, wie und durch welche Schlüsse will er nun die Vorstellung des Raums: daß er als vollständiger Raum drei Abmessungen habe, imgleichen von seinen dreierlei Grenzen, davon zwei selbst 25 noch Räume, der dritte, nämlich der Punkt, die Grenze aller Grenze ist, aus seinen Begriffen von Monaden und der Verbindung derselben durch Kräfte herausbekommen? Oder in Ansehung der Objecte des inneren Sinnes, wie will er die diesem zum Grunde liegende Bedingung, die Zeit, als Größe, aber nur von einer Abmessung, und als stetige Größe (so wie 30 auch der Raum ist) aus seinen einfachen Theilen, die seiner Meinung nach der Sinn zwar, nur nicht abgesondert wahrnimmt, der Verstand dagegen hinzudenkt, herausvernünfteln und aus den Schranken, der Undeutlichkeit, und mithin bloßen Mängeln ein so positives Erkenntniß, welches die Bedingungen der sich unter allen am meisten a priori erweiternden 35 Wissenschaften (Geometrie und allgemeine Naturlehre) enthält, herleiten? Er muß alle diese Eigenschaften für falsch und blos hinzugedichtet an-

nehmen (wie sie denn auch jenen einfachen Theilen, die er annimmt, gerade widersprechen), oder er muß die objective Realität derselben nicht in den Dingen an sich, sondern in ihnen als Erscheinungen suchen, d. i. indem er die Form ihrer Vorstellung (als Objecten der sinnlichen An-
5 schauung) im Subjecte und in der Receptivität desselben sucht, einer unmittelbaren Vorstellung gegebener Gegenstände empfänglich zu sein, welche Form nun a priori (auch bevor die Gegenstände gegeben sind) die Möglichkeit eines mannigfaltigen Erkenntnisses der Bedingungen, unter denen allein den Sinnen Objecte vorkommen können, begreiflich macht.
10 Hiemit vergleiche man nun, was Herr Eberhard S. 377 sagt: „Was der subjective Grund bei den Erscheinungen sei, hat Herr K. nicht bestimmt. — Es sind die Schranken des Subjects“ (das ist nun seine Bestimmung). Man lese und urtheile.

Ob ich „unter der Form der sinnlichen Anschauung die Schranken
15 der Erkenntnißkraft verstehe, wodurch das Mannigfaltige zu dem Bilde der Zeit und des Raums wird, oder diese Bilder im Allgemeinen selbst,“ darüber ist Herr Eberhard (S. 391) ungewiß. — „Wer sie sich selbst ursprünglich, nicht in ihren Gründen anerschaffen denkt, der denkt sich eine qualitatem occultam. Nimmt er aber eine von den beiden obigen Er-
20 klärungen an, so ist seine Theorie entweder ganz, oder zum Theil in der Leibnizischen Theorie enthalten.“ S. 378 verlangt er über jene Form der Erscheinung eine Belehrung, „sie mag, sagt er, sanft oder rauh sein“. Ihm selbst beliebt es in diesem Abschnitte den letztern Ton vorzüglich anzunehmen. Ich will bei dem ersteren bleiben, der demjenigen geziemt, welcher
25 überwiegende Gründe auf seiner Seite hat.

Die Kritik erlaubt schlechterdings keine anerschaffene oder angeborne Vorstellungen; alle insgesammt, sie mögen zur Anschauung oder zu Verstandesbegriffen gehören, nimmt sie als erworben an. Es giebt aber auch eine ursprüngliche Erwerbung (wie die Lehrer des Naturrechts sich aus-
30 drücken), folglich auch dessen, was vorher gar noch nicht existirt, mithin keiner Sache vor dieser Handlung angehört hat. Dergleichen ist, wie die Kritik behauptet, erstlich die Form der Dinge im Raum und der Zeit, zweitens die synthetische Einheit des Mannigfaltigen in Begriffen; denn keine von beiden nimmt unser Erkenntnißvermögen von den Objecten,
35 als in ihnen an sich selbst gegeben, her, sondern bringt sie aus sich selbst a priori zu Stande. Es muß aber doch ein Grund dazu im Subjecte sein, der es möglich macht, daß die gedachten Vorstellungen so und nicht anders

entstehen und noch dazu auf Objecte, die noch nicht gegeben sind, bezogen werden können, und dieser Grund wenigstens ist angeboren. (Da Herr Eberhard selbst anmerkt, daß, um zu dem Ausdrucke anerschaffen berechtigt zu sein, man das Dasein Gottes schon als bewiesen voraussetzen müsse, warum bedient er sich desselben dann in einer Kritik, welche mit der ersten Grundlage aller Erkenntniß zu thun hat, und nicht des alten Ausdrucks der angebornen?) Herr Eberhard sagt S. 390: „Die Gründe der allgemeinen, noch unbestimmten Bilder von Raum und Zeit, und mit ihnen ist die Seele erschaffen", ist aber auf der folgenden Seite wieder zweifelhaft, ob ich unter der Form der Anschauung (sollte heißen: dem Grunde aller Formen der Anschauung) die Schranken der Erkenntnißkraft, oder jene Bilder selbst verstehe. Wie er das erstere auch nur auf zweifelhafte Art hat vermuthen können, läßt sich gar nicht begreifen, da er sich doch bewußt sein muß, daß er jene Erklärungsart der Sinnlichkeit im Gegensatze mit der Kritik durchsetzen wollte: das zweite aber, nämlich daß er zweifelhaft ist, ob ich nicht die unbestimmten Bilder von Zeit und Raum selbst verstehe, läßt sich wohl erklären, aber nicht billigen. Denn wo habe ich jemals die Anschauungen von Raum und Zeit, in welchen allererst Bilder möglich sind, selbst Bilder genannt (die jederzeit einen Begriff voraussetzen, davon sie die Darstellung sind, z. B. das unbestimmte Bild für den Begriff eines Triangels, dazu weder das Verhältniß der Seiten noch die Winkel gegeben sind)? Er hat sich in das trügliche Spielwerk, statt sinnlich den Ausdruck bildlich zu brauchen, so hinein gedacht, daß er ihn allenthalben begleitet. Der Grund der Möglichkeit der sinnlichen Anschauung ist keines von beiden, weder Schranke des Erkenntnißvermögens, noch Bild; es ist die bloße eigenthümliche Receptivität des Gemüths, wenn es von etwas (in der Empfindung) afficirt wird, seiner subjectiven Beschaffenheit gemäß eine Vorstellung zu bekommen. Dieser erste formale Grund z. B. der Möglichkeit einer Raumesanschauung ist allein angeboren, nicht die Raumvorstellung selbst. Denn es bedarf immer Eindrücke, um das Erkenntnißvermögen zuerst zu der Vorstellung eines Objects (die jederzeit eine eigene Handlung ist) zu bestimmen. So entspringt die formale Anschauung, die man Raum nennt, als ursprünglich erworbene Vorstellung (der Form äußerer Gegenstände überhaupt), deren Grund gleichwohl (als bloße Receptivität) angeboren ist, und deren Erwerbung lange vor dem bestimmten Begriffe von Dingen, die dieser Form gemäß sind, vorhergeht; die Erwerbung der letzteren ist acquisitio derivativa, indem sie schon allgemeine transscendentale Verstandesbegriffe voraussetzt, die eben so wohl nicht angeboren*), sondern erworben sind, deren acquisitio aber wie jene des Raumes, eben so wohl originaria ist und nichts Angebornes, als die subjectiven Bedingungen der Spontaneität des 5 Denkens (Gemäßheit mit der Einheit der Apperception) voraussetzt. Über diese Bedeutung des Grundes der Möglichkeit einer reinen sinnlichen Anschauung kann niemand zweifelhaft sein als der, welcher die Kritik etwa mit Hülfe eines Wörterbuchs durchstreift, aber nicht durchdacht hat.

Wie gar wenig Herr Eberhard die Kritik in ihren klärsten Sätzen ver-10 stehe, oder auch wie er sie vorsetzlich mißverstehe, davon kann folgendes zum Beispiele dienen.

In der Kritik wurde gesagt: daß die bloße Kategorie der Substanz (so wie jede andere) schlechterdings nichts weiter, als die logische Function, in Ansehung deren ein Object als bestimmt gedacht wird, enthalte, und 15 also dadurch allein gar kein Erkenntniß des Gegenstandes, auch nur durch das mindeste (synthetische) Prädicat, wofern wir ihm nicht eine sinnliche Anschauung unterlegen, erzeugt werde; woraus denn mit Recht gefolgert wurde, daß, da wir ohne Kategorien gar nicht von Dingen urtheilen können, vom Übersinnlichen schlechterdings kein Erkenntniß (es 20 versteht sich hiebei immer in theoretischer Beziehung) möglich sei. Herr Eberhard giebt S. 384—385 vor, dieses Erkenntniß der reinen Kategorie der Substanz auch ohne Beihülfe der sinnlichen Anschauung verschaffen zu können: „Es ist die Kraft, welche die Accidenzen wirkt." Nun ist ja aber die Kraft selber wiederum nichts anders als eine Kategorie (oder das 25 Prädicabile derselben), nämlich die der Ursache, von der ich gleichfalls behauptet habe, daß von ihr die objective Gültigkeit ohne ihr untergelegte sinnliche Anschauung eben so wenig könne bewiesen werden, als von der des Begriffs einer Substanz. Nun gründet er S. 385 diesen Beweis auch wirklich auf Darstellung der Accidenzen, mithin auch der Kraft, 30 als ihrem Grunde, in der sinnlichen (inneren) Anschauung. Denn er bezieht den Begriff der Ursache wirklich auf eine Folge von Zuständen des Gemüths in der Zeit, von auf einander folgenden Vorstellungen oder Graden derselben, deren Grund „in dem nach allen seinen gegenwärtigen,

---

*) In welchem Sinne Leibniz das Wort Angeboren nehme, wenn er es von 35 gewissen Elementen der Erkenntniß braucht, wird hiernach beurtheilt werden können. Eine Abhandlung von Hißmann im Teutschen Mercur, October 1777, kann diese Beurtheilung erleichtern.

vergangenen und künftigen Veränderungen völlig bestimmten Dinge" enthalten sei, „und darum, sagt er, ist dieses Ding eine Kraft, darum ist es eine Substanz." Mehr verlangt ja aber die Kritik auch nicht, als die Darstellung des Begriffs von Kraft (welcher, beiläufig anzumerken, ganz etwas anderes ist als der, dem er die Realität sichern wollte, nämlich der Substanz)*) in der innern sinnlichen Anschauung, und die objective Realität einer Substanz als Sinnenwesen wird dadurch gesichert. Aber es war die Rede davon, ob jene Realität dem Begriffe von Kraft als reiner Kategorie, d. i. auch ohne ihre Anwendung auf Gegenstände sinnlicher Anschauung, mithin als gültig auch von übersinnlichen, d. i. bloßen Verstandeswesen, könne bewiesen werden: da denn alles Bewußtsein, welches auf Zeitbedingungen beruht, mithin auch jede Folge des Vergangenen, Gegenwärtigen und Künftigen sammt dem ganzen Gesetze der Continuität des veränderten Gemüthszustandes wegfallen muß, und so nichts übrig bleibt, wodurch das Accidens gegeben worden und was dem Begriffe von Kraft zum Belage dienen könnte. Nun nehme er also der Forderung gemäß den Begriff vom Menschen weg (in welchem schon der Begriff eines Körpers enthalten ist), imgleichen den von Vorstellungen, deren Dasein in der Zeit bestimmbar ist, mithin alles, was Bedingungen der äußeren sowohl als inneren Anschauung enthält (denn das muß er thun, wenn er den Begriff der Substanz und einer Ursache als reine Kategorien, d. i. als solche, die allenfalls auch zum Erkenntniß des Übersinnlichen dienen könnten, ihrer Realität nach sicheren will), so bleibt ihm vom Begriffe der

*) Der Satz: das Ding (die Substanz) ist eine Kraft, statt des ganz natürlichen: die Substanz hat eine Kraft, ist ein allen ontologischen Begriffen widerstreitender und in seinen Folgen der Metaphysik sehr nachtheiliger Satz. Denn dadurch geht der Begriff der Substanz im Grunde ganz verloren, nämlich der der Inhärenz in einem Subjecte, statt dessen alsdann der der Dependenz von einer Ursache gesetzt wird; recht so, wie es Spinoza haben wollte, welcher die allgemeine Abhängigkeit aller Dinge der Welt von einem Urwesen, als ihrer gemeinschaftlichen Ursache, indem er diese allgemeine wirkende Kraft selbst zur Substanz machte, eben dadurch jener ihre Dependenz in eine Inhärenz in der letzteren verwandelte. Eine Substanz hat wohl außer ihrem Verhältnisse als Subject zu den Accidenzen (und deren Inhärenz) noch das Verhältniß zu eben denselben, als Ursache zu Wirkungen; aber jenes ist nicht mit dem letzteren einerlei. Die Kraft ist nicht das, was den Grund der Existenz der Accidenzen enthält (denn den enthält die Substanz): sondern ist der Begriff von dem bloßen Verhältnisse der Substanz zu den letzteren, so fern sie den Grund derselben enthält, und dieses Verhältniß ist von dem der Inhärenz gänzlich unterschieden.

Substanz nichts anders übrig, als der eines Etwas, dessen Existenz nur als die eines Subjects, nicht aber eines bloßen Prädicats von einem andern gedacht werden muß: von dem der Ursache aber bleibt ihm nur der eines Verhältnisses von Etwas zu etwas Anderem im Dasein, nach welchem, wenn ich das erstere setze, das andere auch bestimmt und nothwendig gesetzt wird. Aus diesen Begriffen von beiden kann er nun schlechterdings kein Erkenntniß von dem so beschaffenen Dinge herausbringen, sogar nicht einmal, ob eine solche Beschaffenheit auch nur möglich sei, d. i. ob es irgend Etwas geben könne, woran sie angetroffen werde. Hieher darf jetzt die Frage nicht gezogen werden: ob *in Beziehung auf praktische Grundsätze* *a priori* wenn der Begriff von einem Dinge (als Noumen) zum Grunde liegt, alsdann die Kategorie der Substanz und der Ursache nicht objective Realität in Ansehung der reinen praktischen Bestimmung der Vernunft bekomme. Denn die Möglichkeit eines Dinges, was blos als Subject und nicht immer wiederum als Prädicat von einem Anderen existiren könne, oder der Eigenschaft, in Ansehung der Existenz Anderer das Verhältniß des Grundes, nicht umgekehrt das der Folge von eben denselben zu haben, muß zwar zu einem theoretischen Erkenntniß desselben durch eine diesen Begriffen correspondirende Anschauung belegt werden, weil dieser ohne das keine objective Realität beigelegt, mithin kein Erkenntniß eines solchen Objects zu Stande gebracht werden würde; allein wenn jene Begriffe nicht constitutive, sondern blos regulative Principien des Gebrauchs der Vernunft abgeben sollen (wie dieses allemal der Fall mit der Idee eines Noumens ist), so können sie auch als bloße logische Functionen zu Begriffen von Dingen, deren Möglichkeit unerweislich ist, ihren in praktischer Absicht unentbehrlichen Gebrauch für die Vernunft haben, weil sie alsdann nicht als objective Gründe der Möglichkeit der Noumenen, sondern als subjective Principien (des theoretischen oder praktischen Gebrauchs der Vernunft) in Ansehung der Phänomenen gelten. — Doch, wie gesagt, ist hier noch immer blos von den constitutiven Principien der Erkenntniß der Dinge die Rede, und ob es möglich sei, von irgend einem Objecte dadurch, daß ich blos durch Kategorien von ihm spreche, ohne diese durch Anschauung (welche bei uns immer sinnlich ist) zu belegen, ein Erkenntniß zu bekommen, wie Herr *Eberhard* meint, es aber durch alle seine gerühmte Fruchtbarkeit der dürren ontologischen Wüsten nicht zu bewerkstelligen vermag.

Zweiter Abschnitt.

Die Auflösung der Aufgabe: Wie sind synthetische Urtheile a priori möglich?

nach Herrn Eberhard.

Diese Aufgabe, in ihrer Allgemeinheit betrachtet, ist der Stein des Anstoßes, woran alle metaphysische Dogmatiker unvermeidlich scheitern müssen, um den sie daher so weit herumgehen, als es nur möglich ist: wie ich denn noch keinen Gegner der Kritik gefunden habe, der sich mit der Auflösung derselben, die für alle Fälle geltend wäre, befaßt hätte. Herr Eberhard, auf seinen Satz des Widerspruchs und den des zureichenden Grundes (den er doch nur als einen analytischen vorträgt) gestützt, wagt sich an diese Unternehmung; mit welchem Glück, werden wir bald sehen.

Herr Eberhard hat, wie es scheint, von dem, was die Kritik Dogmatism nennt, keinen deutlichen Begriff. So spricht er S. 262 von apodiktischen Beweisen, die er geführt haben will, und setzt hinzu: „Wenn der ein Dogmatiker ist, der mit Gewißheit Dinge an sich annimmt, so müssen wir uns, es koste, was es wolle, dem Schimpf unterwerfen Dogmatiker zu heißen", und dann sagt er S. 289, „daß die Leibnizische Philosophie eben so wohl eine Vernunftkritik enthalte, als die Kantische; denn sie gründe ihren Dogmatism auf eine genaue Zergliederung der Erkenntnißvermögen, was durch ein jedes möglich sei". Nun — wenn sie dieses wirklich thut, so enthält sie ja keinen Dogmatism in dem Sinne, worin unsere Kritik dieses Wort jederzeit nimmt.

Unter dem Dogmatism der Metaphysik versteht diese nämlich: das allgemeine Zutrauen zu ihren Principien ohne vorhergehende Kritik des Vernunftvermögens selbst blos um ihres Gelingens willen: unter dem Scepticism aber das ohne vorhergegangene Kritik gegen die reine Vernunft gefaßte allgemeine Mißtrauen blos um des Mißlingens ihrer Behauptungen willen*). Der Kriticism des Verfahrens mit allem, was

*) Das Gelingen im Gebrauche der Principien a priori ist die durchgängige Bestätigung derselben in ihrer Anwendung auf Erfahrung; denn da schenkt man

zur Metaphysik gehört, (der Zweifel des Aufschubs) ist dagegen die Maxime eines allgemeinen Mißtrauens gegen alle synthetische Sätze derselben, bevor nicht ein allgemeiner Grund ihrer Möglichkeit in den wesentlichen Bedingungen unserer Erkenntnißvermögen eingesehen worden.

5 Von dem gegründeten Vorwurfe des Dogmatism befreiet man sich also nicht dadurch, daß man, wie S. 262 geschieht, sich auf sogenannte apodiktische Beweise seiner metaphysischen Behauptungen beruft; denn das Fehlschlagen derselben, selbst wenn kein sichtbarer Fehler darin angetroffen wird (welches gewiß oben der Fall nicht ist), ist an ihnen
10 so gewöhnlich, und die Beweise vom Gegentheil treten ihnen oft mit nicht minder großer Klarheit in den Weg, daß der Sceptiker, wenn er gleich gar nichts wider das Argument hervorzubringen wüßte, doch sein non liquet dazwischen zu legen gar wohl berechtigt ist. Nur wenn der Beweis auf dem Wege geführt worden, wo eine zur Reife gekommene
15 Kritik vorher die Möglichkeit der Erkenntniß a priori und ihre allgemeine Bedingungen sicher angezeigt hat, kann sich der Metaphysiker vom Dogmatism, der bei allen Beweisen ohne jene doch immer blind ist, rechtfertigen, und der Kanon der Kritik für diese Art der Beurtheilung ist in der allgemeinen Auflösung der Aufgabe enthalten: wie ist ein syn-
20 thetisches Erkenntniß a priori möglich? Ist diese Aufgabe vorher noch nicht aufgelöset gewesen, so waren alle Metaphysiker bis auf

---

beinahe dem Dogmatiker seinen Beweis a priori. Das Mißlingen aber mit demselben, welches den Scepticism veranlaßt, findet nur in den Fällen statt, wo lediglich Beweise a priori verlangt werden können, weil die Erfahrung hierüber
25 nichts bestätigen oder widerlegen kann, und besteht darin, daß Beweise a priori von gleicher Stärke, die gerade das Gegentheil darthun, in der allgemeinen Menschenvernunft enthalten sind. Die erstern sind auch nur Grundsätze der Möglichkeit der Erfahrung und in der Analytik enthalten. Weil sie aber, wenn die Kritik sie nicht vorher als solche wohl gesichert hat, leicht für Grundsätze, welche weiter als
30 blos für Gegenstände der Erfahrung gelten, gehalten werden, so entspringt ein Dogmatism in Ansehung des Übersinnlichen. Die zweiten gehen auf Gegenstände, nicht wie jene durch Verstandesbegriffe, sondern durch Ideen, die nie in der Erfahrung gegeben werden können. Weil sich nun die Beweise, dazu die Principien lediglich für Erfahrungsgegenstände gedacht worden, in solchem Falle noth-
35 wendig widersprechen müssen: so muß, wenn man die Kritik vorbeigeht, welche die Grenzscheidung allein bestimmen kann, nicht allein ein Scepticism in Ansehung alles dessen, was durch bloße Ideen der Vernunft gedacht wird, sondern endlich ein Verdacht gegen alle Erkenntniß a priori entspringen, welcher denn zuletzt die allgemeine metaphysische Zweifellehre herbeiführt.

diesen Zeitpunkt vom Vorwurfe des blinden Dogmatisms oder Scepticisms nicht frei, sie mochten nun durch anderweitige Verdienste einen noch so großen Namen mit allem Rechte besitzen.

Dem Herrn Eberhard beliebt es anders. Er thut, als ob ein solcher warnender Ruf, der durch so viel Beispiele in der transscendentalen Dialektik gerechtfertigt wird, an den Dogmatiker gar nicht ergangen wäre, und nimmt lange vor der Kritik unseres Vermögens a priori synthetisch zu urtheilen einen von jeher sehr bestrittenen synthetischen Satz: nämlich daß Zeit und Raum und die Dinge in ihnen aus einfachen Elementen bestehen, als ausgemacht an, ohne auch nur wegen der Möglichkeit einer solchen Bestimmung des Sinnlichen durch Ideen des Übersinnlichen die mindeste vorhergehende kritische Untersuchung anzustellen, die sich ihm durch den Widerspruch der Mathematik gleichwohl aufdringen mußte, und giebt an seinem eigenen Verfahren das beste Beispiel von dem, was die Kritik den Dogmatism nennt, der aus aller Transscendentalphilosophie auf immer verwiesen bleiben muß, und dessen Bedeutung ihm, wie ich hoffe, jetzt an seinem eigenen Beispiele verständlicher sein wird.

Es ist nun, ehe man an die Auflösung jener Principal-Aufgabe geht, freilich unumgänglich nothwendig, einen deutlichen und bestimmten Begriff davon zu haben, was die Kritik erstlich unter synthetischen Urtheilen zum Unterschiede von den analytischen überhaupt verstehe: zweitens, was sie mit dem Ausdrucke von dergleichen Urtheilen, als Urtheilen a priori zum Unterschiede von empirischen, sagen wolle. — Das erstere hat die Kritik so deutlich und wiederholentlich dargelegt, als nur verlangt werden kann. Sie sind Urtheile, durch deren Prädicat ich dem Subjecte des Urtheils mehr beilege, als ich in dem Begriffe denke, von dem ich das Prädicat aussage, welches letztere also das Erkenntniß über das, was jener Begriff enthielt, vermehrt; dergleichen durch analytische Urtheile nicht geschieht, die nichts thun, als das, was schon in dem gegebenen Begriffe wirklich gedacht und enthalten war, nur als zu ihm gehörig klar vorzustellen und auszusagen. — Das zweite, nämlich was ein Urtheil *a priori* zum Unterschiede des empirischen sei, macht hier keine Schwierigkeit, weil es ein in der Logik längst bekannter und benannter Unterschied ist und nicht wie der erstere wenigstens (wie Herr Eberhard will) unter einem neuen Namen auftritt. Doch ist um des Herrn Eberhards willen hier nicht überflüssig anzumerken: daß ein Prädicat, welches durch einen Satz a priori einem Subjecte beigelegt wird, eben dadurch als dem letzteren *nothwendig* angehörig (von dem Begriffe desselben unabtrennlich) ausgesagt wird. Solche Prädicate werden auch zum Wesen (der inneren Möglichkeit des Begriffs) gehörige (ad essentiam*) pertinentia) Prädicate genannt, dergleichen folglich alle Sätze, die a priori gelten, enthalten müssen; die übrigen, die nämlich vom Begriffe (unbeschadet desselben) abtrennliche, heißen außerwesentliche Merkmale (extraessentialia). Die ersteren gehören nun zum Wesen entweder als Bestandstücke desselben (ut constitutiva), oder als darin zureichend gegründete Folgen aus demselben (ut rationata). Die ersteren heißen wesentliche Stücke (essentialia), die also kein Prädicat enthalten, welches aus anderen in demselben Begriffe enthaltenen abgeleitet werden könnte, und ihr Inbegriff macht das logische Wesen (essentia) aus; die zweiten werden Eigenschaften (attributa) genannt. Die außerwesentlichen Merkmale sind entweder innere (modi), oder Verhältnißmerkmale (relationes) und können in Sätzen a priori nicht zu Prädicaten dienen, weil sie vom Begriffe des Subjects abtrennlich und also nicht nothwendig mit ihm verbunden sind. — Nun ist klar, daß, wenn man nicht vorher schon irgend ein Kriterium eines synthetischen Satzes a priori gegeben hat, dadurch, daß man sagt, sein Prädicat sei ein Attribut, auf keinerlei Weise der Unterschied desselben von analytischen erhelle. Denn dadurch, daß es ein Attribut genannt wird, wird weiter nichts gesagt, als daß es als nothwendige Folge vom Wesen abgeleitet werden könne: ob analytisch nach dem Satze des Widerspruchs, oder synthetisch nach irgend einem andern Grundsatze, das bleibt dabei gänzlich unbestimmt. So ist in dem Satze: ein jeder Körper ist theilbar, das Prädicat ein Attribut, weil es von einem wesentlichen Stücke des Begriffs des Subjects, nämlich der Ausdehnung, als nothwendige Folge abgeleitet werden kann. Es ist aber ein solches Attribut, welches als nach dem Satze des Widerspruchs zu dem Begriffe des Körpers gehörig vorgestellt wird, mithin der Satz selber, unerachtet er ein Attribut vom Subjecte aussagt, dennoch analytisch. Dagegen ist die Beharrlichkeit auch ein Attribut der Substanz; denn sie ist ein schlechterdings nothwendiges Prädicat derselben, aber im Begriffe der Substanz selber nicht enthalten, kann also durch keine Analysis aus ihm (nach dem Satze des Widerspruchs) gezogen werden, und der Satz: eine jede Substanz ist beharrlich, ist ein synthetischer Satz. Wenn es also

---

*) Damit bei diesem Worte auch der geringste Schein einer *Erklärung im Cirkel* vermieden werde, kann man statt des Ausdrucks ad essentiam den an diesem Orte gleichlautenden ad internam possibilitatem pertinentia brauchen.

von einem Satze heißt: er habe zu seinem Prädicat ein Attribut des Subjects, so weiß niemand, ob jener analytisch oder synthetisch sei; man muß also hinzusetzen: er enthalte ein synthetisches Attribut, d. i. ein nothwendiges (obzwar abgeleitetes), mithin a priori kennbares Prädicat in einem synthetischen Urtheile. Also ist nach Herrn Eberhard die Erklärung synthetischer Urtheile a priori: sie sind Urtheile, welche synthetische Attribute von den Dingen aussagen. Herr Eberhard stürzt sich in diese Tautologie, um wo möglich nicht allein etwas Besseres und Bestimmteres von der Eigenthümlichkeit synthetischer Urtheile a priori zu sagen, sondern auch mit der Definition derselben zugleich ihr allgemeines Princip anzuzeigen, wornach ihre Möglichkeit beurtheilt werden kann, welches die Kritik nur durch mancherlei beschwerliche Bemühungen zu leisten vermochte. Nach ihm sind S. 315 „analytische Urtheile solche, deren Prädicate das Wesen, oder einige von den wesentlichen Stücken des Subjects aussagen; synthetische Urtheile aber, S. 316, wenn sie nothwendige Wahrheiten sind, haben Attribute zu ihren Prädicaten". Durch das Wort Attribut bezeichnete er die synthetischen Urtheile als Urtheile a priori (wegen der Nothwendigkeit ihrer Prädicate), aber zugleich als solche, die rationata des Wesens, nicht das Wesen selbst oder einige Stücke desselben aussagen, und giebt also Anzeige auf den Satz des zureichenden Grundes, vermittelst dessen sie allein vom Subjecte prädicirt werden können, und verließ sich darauf, man werde nicht bemerken, daß dieser Grund hier nur ein logischer Grund sein dürfe, nämlich der nichts weiter bezeichnet, als daß das Prädicat zwar nur mittelbar, aber immer doch dem Satze des Widerspruchs zufolge aus dem Begriffe des Subjects hergeleitet werde, wodurch er dann, unerachtet er ein Attribut aussagt, doch analytisch sein kann und also das Kennzeichen eines synthetischen Satzes nicht bei sich führt. Daß es ein synthetisches Attribut sein müsse, um den Satz, dem es zum Prädicate dient, der letzteren Classe beizählen zu können, hütete er sich sorgfältig herauszusagen, unerachtet es ihm wohl beigefallen sein muß, daß diese Einschränkung nothwendig sei: weil sonst die Tautologie gar zu klar in die Augen gefallen sein würde, und so brachte er ein Ding heraus, was dem Unerfahrenen neu und von Gehalt zu sein scheint, in der That aber bloßer leicht durchzusehender Dunst ist.

Man sieht nun auch, was sein Satz des zureichenden Grundes sagen will, den er oben so vortrug, daß man (vornehmlich nach dem Beispiele, das er dabei angeführt, zu urtheilen) glauben sollte, er hätte ihn vom

Realgrunde verstanden, da Grund und Folge realiter von einander unterschieden sind, und der Satz, der sie verbindet, auf die Weise ein synthetischer Satz ist. Keinesweges! vielmehr hat er sich wohlbedächtig damals schon auf die künftigen Fälle seines Gebrauchs vorgesehen und ihn so unbestimmt ausgesagt, damit er ihm gelegentlich eine Bedeutung geben könnte, wie es Noth thäte, mithin ihn auch bisweilen zum Princip analytischer Urtheile brauchen könnte, ohne daß der Leser es doch bemerkte. Ist denn der Satz: ein jeder Körper ist theilbar, darum weniger analytisch, weil sein Prädicat allererst aus dem unmittelbar zum Begriffe Gehörigen (dem wesentlichen Stücke), nämlich der Ausdehnung, durch Analysin gezogen werden kann? Wenn von einem Prädicate, welches nach dem Satze des Widerspruchs unmittelbar an einem Begriffe erkannt wird, ein anderes, welches gleichfalls nach dem Satze des Widerspruchs von diesem abgeleitet wird, gefolgert wird: ist alsdann das letztere weniger nach dem Satze des Widerspruchs von dem ersteren abgeleitet, als dieses?

Vor der Hand ist also erstlich die Hoffnung zur Erklärung synthetischer Sätze a priori durch Sätze, die Attribute ihres Subjects zu Prädicaten haben, zernichtet, wenn man nicht zu diesen, *daß sie synthetisch sind*, hinzusetzen und so eine offenbare Tautologie begehen will; zweitens dem Satze des zureichenden Grundes, wenn er ein besonderes Princip abgeben soll, Schranken gesetzt, daß er als ein solcher niemals anders, als so fern er eine synthetische Verknüpfung der Begriffe berechtigt, in der Transscendentalphilosophie zugelassen werde. Hiemit mag man nun den freudigen Ausruf des Verfassers S. 317 vergleichen. „So hätten wir also bereits die Unterscheidung der Urtheile in analytische und synthetische und zwar *mit der schärfsten Angabe ihrer Gränzbestimmung* (daß die erste blos auf die Essentialien, die zweite lediglich auf Attribute gehen) aus dem fruchtbarsten und einleuchtendsten Eintheilungsgrunde (dieses deutet auf seine oben gerühmte fruchtbare Felder der Ontologie) hergeleitet und mit der *völligsten Gewißheit*, daß die Eintheilung ihren Eintheilungsgrund gänzlich *erschöpft*."

Indessen scheint Herr Eberhard bei diesem triumphirenden Ausruf des Sieges doch nicht so ganz gewiß zu sein. Denn S. 318, nachdem er es für ganz ausgemacht angenommen, daß Wolff und Baumgarten dasselbe, was die Kritik nur unter einem anderen Namen auf die Bahn bringe, längst gekannt und ausdrücklich, obzwar anders, bezeichnet hätten, wird er auf einmal ungewiß, welche Prädicate in synthetischen Urtheilen ich wohl meinen möge, und nun wird eine Staubwolke von Distinctionen und Classificationen der Prädicate, die in Urtheilen vorkommen können, erregt, daß dafür die Sache, wovon die Rede ist, nicht mehr gesehen werden kann; alles, um zu beweisen, daß ich die synthetischen Urtheile, vornehmlich die a priori zum Unterschiede von den analytischen *anders habe definiren sollen*, als ich gethan habe. Die Rede ist hier auch gar noch nicht von meiner Art der Auflösung der Frage, wie dergleichen Urtheile möglich sind, sondern nur, was ich darunter *verstehe*, und daß, wenn ich in ihnen eine Art Prädicate annehme, sie (S. 319) zu weit, verstehe ich sie aber von einer anderen Art, sie (S. 320) zu enge sei. Nun ist aber klar, daß, wenn ein Begriff allererst aus der Definition hervorgeht, es unmöglich ist, daß er zu enge oder zu weit sei, denn er bedeutet alsdann nichts mehr, auch nichts weniger, als was die Definition von ihm sagt. Alles, was man dieser noch vorwerfen könnte, wäre: daß sie etwas an sich Unverständliches, was also zum Erklären gar nicht taugt, enthalte. Der größte Künstler im Verdunkeln dessen, was klar ist, kann aber gegen die Definition, welche die Kritik von *synthetischen* Sätzen giebt, nichts ausrichten: sie sind Sätze, deren Prädicat mehr in sich enthält, als im Begriffe des Subjects wirklich gedacht wird; mit anderen Worten, durch deren Prädicat etwas zu dem Gedanken des Subjects hinzugethan wird, was in demselben nicht enthalten war; *analytische* sind solche, deren Prädicat nur eben dasselbe enthält, was in dem Begriffe des Subjects dieser Urtheile gedacht war. Nun mag das Prädicat der ersteren Art Sätze, wenn sie Sätze a priori sind, ein Attribut (von dem Subject des Urtheils), oder wer weiß was anders sein, so darf diese Bestimmung, ja sie muß nicht in die Definition kommen, wenn es auch auf eine so belehrende Art, wie Herr Eberhard es ausgeführt hat, von dem Subjecte bewiesen wäre; das gehört zur Deduction der Möglichkeit der Erkenntniß der Dinge durch solche Art Urtheile, die allererst *nach* der Definition erscheinen muß. Nun findet er aber die Definition unverständlich, zu weit oder zu enge, weil sie dieser seiner vermeinten näheren Bestimmung des Prädicats solcher Urtheile nicht anpaßt.

Um eine ganz klare, einfache Sache so sehr als möglich in Verwirrung zu bringen, bedient sich Herr Eberhard allerlei Mittel, die aber eine für seine Absicht ganz widrige Wirkung thun.

S. 308 heißt es: „Die ganze Metaphysik enthält, wie Herr Kant behauptet, *lauter analytische Urtheile*" und führt als Belag seiner

Zumuthung eine Stelle aus den Prolegomenen S. 33 an. Er spricht dieses so aus, als ob ich es von der Metaphysik überhaupt sagte, da doch an diesem Orte schlechterdings nur von der bisherigen Metaphysik, so fern ihre Sätze auf gültige Beweise gegründet sind, die Rede ist. Denn von der Metaphysik an sich heißt es S. 36 der Proleg.: „Eigentlich metaphysische Urtheile sind insgesammt synthetisch." Aber auch von der bisherigen wird in den Prolegomenen unmittelbar nach der angeführten Stelle gesagt: „daß sie auch synthetische Sätze vortrage, die man ihr gerne einräumt, die sie aber niemals a priori bewiesen habe." Also nicht: daß die bisherige Metaphysik keine synthetische Sätze (denn sie hat deren mehr als zuviel) und unter diesen auch ganz wahre Sätze enthalte (die nämlich die Principien einer möglichen Erfahrung sind), sondern nur daß sie keinen derselben aus Gründen a priori bewiesen habe, wird an der gedachten Stelle behauptet, und um diese meine Behauptung zu widerlegen, hätte Herr Eberhard nur einen dergleichen apodiktisch bewiesenen Satz anführen dürfen; denn der vom zureichenden Grunde mit seinem Beweise S. 163—164 seines Magazins wird meine Behauptung wahrlich nicht widerlegen. Eben so angedichtet ist auch S. 314, „daß ich behaupte, die Mathematik sei die einzige Wissenschaft, die synthetische Urtheile a priori enthalte." Er hat die Stelle nicht angeführt, wo dieses von mir gesagt sein solle; daß aber vielmehr das Gegentheil von mir umständlich behauptet sei, müßte ihm der zweite Theil der transscendentalen Hauptfrage, wie reine Naturwissenschaft möglich sei, (Prolegom. S. 71 bis 124) unverfehlbar vor Augen stellen, wenn es ihm nicht beliebte gerade das Gegentheil davon zu sehen. S. 318 schreibt er mir die Behauptung zu, „die Urtheile der Mathematik ausgenommen, wären nur die Erfahrungsurtheile synthetisch", da doch die Kritik (erste Aufl. S. 158 bis 235) die Vorstellung eines ganzen Systems von metaphysischen und zwar synthetischen Grundsätzen aufstellt und sie durch Beweise a priori darthut. Meine Behauptung war: daß gleichwohl diese Grundsätze nur Principien der Möglichkeit der Erfahrung sind; er macht daraus, „daß sie nur Erfahrungsurtheile sind", mithin aus dem, was ich als Grund der Erfahrung nenne, eine Folge derselben. So wird alles, was aus der Kritik in seine Hände kommt, vorher verdreht und verunstaltet, um es einen Augenblick im falschen Lichte erscheinen zu lassen.

Noch ein anderes Kunststück, um in seinen Gegenbehauptungen ja nicht festgehalten zu werden, ist: daß er sie in ganz allgemeinen Ausdrücken und so abstract, als ihm nur möglich, vorträgt und sich hütet ein Beispiel anzuführen, daran man sicher erkennen könne, was er damit wolle. So theilt er S. 318 die Attribute in solche ein, die entweder a priori oder a posteriori erkannt werden, und sagt: es schiene ihm, ich verstehe unter meinen synthetischen Urtheilen „blos die nicht schlechterdings nothwendigen 5 Wahrheiten und von den schlechterdings nothwendigen die letztere Art Urtheile, deren nothwendige Prädicate nur a posteriori von dem menschlichen Verstande erkannt werden können." Dagegen scheint es mir, daß mit diesen Worten etwas Anderes habe gesagt werden sollen, als er wirklich gesagt hat; denn so, wie sie da stehen, ist darin ein offenbarer Wider- 10 spruch. Prädicate, die nur a posteriori und doch als nothwendig erkannt werden, imgleichen Attribute von solcher Art, die man nämlich nach S. 321 „aus dem Wesen des Subjects nicht herleiten kann", sind nach der Erklärung, die Herr Eberhard selbst oben von den letzteren angab, ganz undenkbare Dinge. Wenn nun darunter dennoch etwas gedacht und der 15 Einwurf, den Herr Eberhard von dieser wenigstens unverständlichen Distinction gegen die Brauchbarkeit der Definition, welche die Kritik von synthetischen Urtheilen gab, beantwortet werden soll, so müßte er von jener seltsamen Art von Attributen doch wenigstens ein Beispiel geben; so aber kann ich einen Einwurf nicht widerlegen, mit dem ich keinen Sinn 20 zu verbinden weiß. Er vermeidet, so viel er kann, Beispiele aus der Metaphysik anzuführen, sondern hält sich, so lange es möglich ist, an die aus der Mathematik, woran er auch seinem Interesse ganz gemäß verfährt. Denn er will dem harten Vorwurfe, daß die bisherige Metaphysik ihre synthetische Sätze a priori schlechterdings nicht beweisen könne (weil sie 25 solche, als von Dingen an sich selbst gültig, aus ihren Begriffen beweisen will), ausweichen und wählt daher immer Beispiele aus der Mathematik, deren Sätze auf strenge Beweise gegründet werden, weil sie Anschauung a priori zum Grunde legen, welche er aber durchaus nicht als wesentliche Bedingung der Möglichkeit aller synthetischen Sätze a priori gelten lassen 30 kann, wenn er nicht zugleich alle Hoffnung aufgeben will, sein Erkenntniß bis zum Übersinnlichen, dem keine uns mögliche Anschauung correspondirt, zu erweitern, und so seine fruchtverheißende Felder der Psychologie und Theologie unangebaut lassen will. Wenn man also seiner Einsicht, oder auch seinem Willen, in einer streitigen Sache Aufschluß zu verschaffen, nicht 35 sonderlich Beifall geben kann, so muß man doch seiner Klugheit Gerechtigkeit widerfahren lassen, keine auch nur scheinbare Vortheile unbenutzt zu lassen.

Trägt es sich aber zu, daß Herr Eberhard wie von ungefähr auf ein Beispiel aus der Metaphysik stößt, so verunglückt er damit jederzeit und zwar so, daß es gerade das Gegentheil von dem beweiset, was er dadurch hat bestätigen wollen. Oben hatte er beweisen wollen, daß es außer
5 dem Satze des Widerspruchs noch ein anderes Princip der Möglichkeit der Dinge geben müsse, und sagt doch, daß dieses aus dem Satze des Widerspruchs gefolgert werden müßte, wie er es denn auch wirklich davon abzuleiten versucht. Nun sagt er S. 319: „Der Satz: Alles Nothwendige ist ewig, alle nothwendige Wahrheiten sind ewige Wahrheiten,
10 ist augenscheinlich ein synthetischer Satz, und doch kann er a priori erkannt werden." Er ist aber augenscheinlich analytisch, und man kann aus diesem Beispiele hinreichend ersehen, welchen verkehrten Begriff sich Herr Eberhard von diesem Unterschiede der Sätze, den er doch so aus dem Grunde zu kennen vorgiebt, noch immer mache. Denn Wahrheit
15 wird er doch nicht als ein besonderes in der Zeit existirendes Ding ansehen wollen, dessen Dasein entweder ewig sei, oder nur eine gewisse Zeit daure. Daß alle Körper ausgedehnt sind, ist nothwendig und ewig wahr, sie selbst mögen nun existiren oder nicht, kurz oder lange, oder auch alle Zeit hindurch, d. i. ewig, existiren. Der Satz will nur sagen: sie hängen
20 nicht von der Erfahrung ab (die zu irgend einer Zeit angestellt werden muß) und sind also auf gar keine Zeitbedingung beschränkt, d. i. sie sind a priori als Wahrheiten erkennbar, welches mit dem Satze: sie sind als nothwendige Wahrheiten erkennbar, ganz identisch ist.

Eben so ist es auch mit dem S. 325 angeführten Beispiele bewandt,
25 wobei man zugleich ein Beispiel seiner Genauigkeit in Berufung auf Sätze der Kritik bemerken muß, indem er sagt: „Ich sehe nicht, wie man der Metaphysik alle synthetische Urtheile absprechen wolle." Nun hat die Kritik, weit gefehlt dieses zu thun, vielmehr (wie schon vorher gemeldet worden) ein ganzes und in der That vollständiges System solcher Urtheile
30 als wahrer Grundsätze aufgeführt; nur hat sie zugleich gezeigt, daß diese insgesammt nur die synthetische Einheit des Mannigfaltigen der Anschauung (als Bedingung der Möglichkeit der Erfahrung) aussagen und also auch lediglich auf Gegenstände, so fern sie in der Anschauung gegeben werden können, anwendbar sind. Das metaphysische Beispiel, was er
35 nun von synthetischen Sätzen a priori, doch mit der behutsamen Einschränkung: wenn die Metaphysik einen solchen Satz bewiese, anführt: „Alle endliche Dinge sind veränderlich, und: das unendliche Ding ist un-

veränderlich", ist in beiden analytisch. Denn realiter, d. i. dem Dasein nach, veränderlich ist das, dessen Bestimmungen in der Zeit einander folgen können; mithin ist nur das veränderlich, was nicht anders als in der Zeit existiren kann. Diese Bedingung aber ist nicht nothwendig mit dem Begriffe eines endlichen Dinges überhaupt (welches nicht alle Realität hat), sondern nur mit einem Dinge als Gegenstande der sinnlichen Anschauung verbunden. Da nun Herr Eberhard seine Sätze a priori als von dieser letzteren Bedingung unabhängig behaupten will, so ist sein Satz, daß alles Endliche als ein solches (d. i. um seines bloßen Begriffs willen, mithin auch als Noumenon) veränderlich sei, falsch. Also müßte der Satz: Alles Endliche ist als ein solches veränderlich, nur von der Bestimmung seines Begriffs, mithin logisch verstanden werden, da dann unter „veränderlich" dasjenige gemeint wird, was durch seinen Begriff nicht durchgängig bestimmt ist, mithin was auf mancherlei entgegengesetzte Art bestimmt werden kann. Alsdann aber wäre der Satz, daß endliche Dinge, d. i. alle außer dem allerrealsten, logisch (in Absicht auf den Begriff, den man sich von ihnen machen kann) veränderlich sind, ein analytischer Satz; denn es ist ganz identisch, zu sagen: ein endliches Ding denke ich mir dadurch, daß es nicht alle Realität habe, und zu sagen: durch diesen Begriff von ihm ist nicht bestimmt, welche oder wie viel Realität ich ihm beilegen solle; d. i. ich kann ihm bald dieses, bald jenes beilegen und dem Begriff von der Endlichkeit desselben unbeschadet die Bestimmung desselben auf mancherlei Weise veränderen. Eben auf dieselbe Art, nämlich logisch, ist das unendliche Wesen unveränderlich: weil, wenn darunter dasjenige Wesen verstanden wird, was vermöge des Begriffs von ihm nichts als Realität zum Prädicate haben kann, mithin durch denselben schon durchgängig (wohl zu verstehen, in Ansehung der Prädicate, von denen wir, ob sie wahrhaftig real sind oder nicht, gewiß sind) bestimmt ist, seinem Begriffe unbeschadet an die Stelle keines einzigen Prädicats desselben ein anderes gesetzt werden kann; aber da erhellt auch zugleich: daß dieser Satz ein blos analytischer Satz sei, der nämlich kein anderes Prädicat seinem Subjecte beilegt, als aus diesem durch den Satz des Widerspruchs entwickelt werden kann*). Wenn man

---

*) Zu den Sätzen, die blos in die Logik gehören, aber sich durch die Zweideutigkeit ihres Ausdrucks für in die Metaphysik gehörige einschleichen und so, ob sie gleich analytisch sind, für synthetisch gehalten werden, gehört auch der Satz: die Wesen der Dinge sind unveränderlich, d. i. man kann in dem, was wesentlich

mit bloßen Begriffen spielt, um deren objective Realität einem nichts zu thun ist, so kann man viel dergleichen täuschende Erweiterungen der Wissenschaft sehr leicht herausbringen, ohne Anschauung zu bedürfen, welches aber ganz anders lautet, so bald man auf vermehrte Erkenntniß
5 des Objects hinausgeht. Zu einer solchen, aber blos scheinenden Erweiterung gehört auch der Satz: Das unendliche Wesen (in jener metaphysischen Bedeutung genommen) ist selbst nicht **realiter** veränderlich, d. i. seine Bestimmungen folgen in ihm nicht in der Zeit (darum weil sein Dasein, als bloßen Noumens, ohne Widerspruch nicht in der Zeit gedacht
10 werden kann), welches eben so wohl ein blos analytischer Satz ist, wenn man die synthetischen Principien von Raum und Zeit als formalen Anschauungen der Dinge, als Phänomenen, voraussetzt. Denn da ist er mit dem Satze der Kritik: **Der Begriff des allerrealsten Wesens ist kein Begriff eines Phänomens**, identisch, und, weit gefehlt daß er das
15 Erkenntniß des unendlichen Wesens als synthetischer Satz erweitern sollte, so schließt er vielmehr seinen Begriff dadurch, daß er ihm die Anschauung abspricht, von aller Erweiterung aus. — Noch ist anzumerken, daß Herr Eberhard, indem er obbenannte Sätze aufstellt, behutsam hinzusetzt: „Wenn die Metaphysik sie beweisen kann." Ich habe den Beweisgrund
20 derselben sofort mit angezeigt, durch den sie, als ob er einen synthetischen Satz mit sich führte, zu täuschen pflegt, und der auch der einzige mögliche

---

zu ihrem Begriffe gehört, nichts ändern, ohne diesen Begriff selber zugleich mit aufzuheben. Dieser Satz, welcher in Baumgartens Metaphysik § 132 und zwar im Hauptstücke von dem Veränderlichen und Unveränderlichen steht, wo (wie es
25 auch recht ist) **Veränderung** durch die Existenz der Bestimmungen eines Dinges nach einander (ihre Succession), mithin durch die Folge derselben in der Zeit erklärt wird, lautet so, als ob dadurch ein Gesetz der Natur, welches unsern Begriff von den Gegenständen der Sinne (vornehmlich da von der Existenz in der Zeit die Rede ist) **erweiterte**, vorgetragen würde. Daher auch Lehrlinge dadurch et-
30 was Erhebliches gelernt zu haben glauben, und z. B. die Meinung einiger Mineralogen, als ob Kieselerde wohl nach und nach in Thonerde verwandelt werden könne, dadurch kurz und gut abfertigen, daß sie sagen: die Wesen der Dinge sind unveränderlich. Allein dieser metaphysische Sinnspruch ist ein armer identischer Satz, der mit dem Dasein der Dinge und ihren möglichen oder unmöglichen Ver-
35 änderungen gar nichts zu thun hat, sondern gänzlich zur Logik gehört und etwas einschärft, was ohnedem keinem Menschen zu leugnen einfallen kann, nämlich daß, wenn ich den Begriff von einem und demselben Object behalten will, ich nichts an ihm abändern, d. i. das Gegentheil von demjenigen, was ich durch jenen denke, nicht von ihm prädiciren müsse.

ist, um Bestimmungen (wie die des Unveränderlichen), die, auf das logische Wesen (des Begriffs) bezogen, eine gewisse Bedeutung haben, nachher vom Realwesen (der Natur des Objects) in ganz anderer Bedeutung zu brauchen. Der Leser darf sich daher nicht durch dilatorische Antworten (die am Ende doch auf den lieben Baumgarten auslaufen werden, der 5 auch Begriff für Sache nimmt) hinhalten lassen, sondern kann auf der Stelle selbst urtheilen.

Man sieht aus der ganzen Verhandlung dieser Nummer: daß Herr Eberhard von synthetischen Urtheilen a priori entweder schlechterdings keinen Begriff habe, oder, welches wahrscheinlicher ist, ihn absichtlich so 10 zu verwirren suche, damit der Leser über das, was er mit Händen greifen kann, zweifelhaft werde. Die zwei einzige metaphysische Beispiele, die er, ob sie gleich, genau besehen, analytisch sind, doch gerne für synthetisch möchte durchschlüpfen lassen, sind: alle nothwendige Wahrheiten sind *ewig* (hier hätte er eben so gut das Wort *unveränderlich* brauchen können), 15 und: das nothwendige Wesen ist *unveränderlich*. Die Armuth an Beispielen, indessen daß ihm die Kritik eine Menge derselben, die ächt synthetisch sind, darbot, läßt sich gar wohl erklären. Es war ihm daran gelegen, solche Prädicate für seine Urtheile zu haben, die er als Attribute des Subjects aus dessen bloßem Begriffe beweisen konnte. Da dieses nun, 20 wenn das Prädicat synthetisch ist, gar nicht angeht, so mußte er sich ein solches aussuchen, womit man schon in der Metaphysik gewöhnlich gespielt hat, indem man es bald in blos logischer Beziehung auf den Begriff des Subjects, bald in realer auf den Gegenstand betrachtete und doch darin einerlei Bedeutung zu finden glaubte, nämlich den Begriff des Veränder- 25 lichen und Unveränderlichen; welches Prädicat, wenn man die Existenz des Subjects desselben in die Zeit setzt, allerdings ein Attribut derselben und ein synthetisches Urtheil giebt, aber alsdann auch sinnliche Anschauung und das Ding selber, obwohl nur als Phänomen, voraussetzt, welches aber zur Bedingung synthetischer Urtheile anzunehmen ihm gar 30 nicht gelegen war. Anstatt nun das Prädicat *unveränderlich* als von Dingen (in ihrer Existenz) geltend zu brauchen, bedient er sich desselben bei Begriffen von Dingen, da alsdann freilich die Unveränderlichkeit ein Attribut aller Prädicate ist, so fern sie nothwendig zu einem gewissen Begriffe gehören; diesem Begriffe selbst mag nun irgend ein Gegenstand 35 correspondiren, oder er mag auch ein leerer Begriff sein. — Vorher hatte er schon mit dem Satze des Grundes eben dasselbe Spiel getrieben. Man sollte denken, er trage einen metaphysischen Satz vor, der etwas a priori von Dingen bestimme, und er ist ein blos logischer, der nichts weiter sagt, als: damit ein Urtheil ein Satz sei, muß es nicht blos als möglich (problematisch), sondern zugleich als gegründet (ob analytisch oder synthetisch, 5 ist einerlei) vorgestellt werden. Der metaphysische Satz der Causalität lag ihm ganz nahe; er hütete sich aber wohl ihn anzurühren (denn das Beispiel, welches er von dem letzteren anführt, paßt nicht zur Allgemeinheit jenes obersten vorgeblichen Grundsatzes aller synthetischen Urtheile). Die Ursache war: er wollte eine logische Regel, die gänzlich analytisch ist und 10 von aller Beschaffenheit der Dinge abstrahirt, für ein Naturprincip, um welches es der Metaphysik allein zu thun ist, durchschlüpfen lassen.

Herr Eberhard muß gefürchtet haben, daß der Leser dieses Blendwerk endlich doch durchschauen möchte, und sagt daher zum Schlusse dieser Nummer S. 331, daß „der Streit, ob ein Satz ein analytischer oder syn- 15 thetischer sei, in Rücksicht auf seine logische Wahrheit ein unerheblicher Streit sei", um ihn dem Leser einmal für allemal aus den Augen zu bringen. Aber vergeblich. Der bloße gesunde Menschenverstand muß an der Frage festhalten, so bald sie ihm einmal klar vorgelegt worden. Daß ich über einen gegebenen Begriff mein Erkenntniß erweitern könne, 20 lehrt mich die tägliche Vermehrung meiner Kenntnisse durch die sich immer vergrößernde Erfahrung. Allein wenn gesagt wird: daß ich sie über die gegebenen Begriffe hinaus auch ohne Erfahrung vermehren, d. i. a priori synthetisch urtheilen könne, und man setzte hinzu, daß hiezu nothwendig etwas mehr erfordert werde, als diese Begriffe zu haben, es gehöre noch 25 ein Grund dazu, um mehr, als ich in jenen schon denke, mit Wahrheit hinzu zu thun: so würde ich ihn auslachen, wenn er mir sagte, dieser Satz, ich müsse über meinen Begriff noch irgend einen Grund haben, um mehr zu sagen, als in ihm liegt, sei derjenige Grundsatz selbst, welcher zu jener Erweiterung schon hinreichend sei, indem ich mir nur vorstellen 30 dürfe, dieses Mehrere, was ich a priori als zum Begriffe eines Dinges gehörig, doch aber nicht in ihm enthalten denke, sei ein Attribut. Denn ich will wissen, was denn das für Grund sei, der mich außer dem, was meinem Begriffe wesentlich eigen ist, und was ich schon wußte, mit mehrerem und zwar nothwendig als Attribut zu einem Dinge Gehörigen, 35 aber doch nicht im Begriffe desselben Enthaltenen bekannt macht. Nun fand ich: daß die Erweiterung meiner Erkenntniß durch Erfahrung auf der empirischen (Sinnen-) Anschauung beruhte, in welcher ich Vieles antraf, was meinem Begriffe correspondirte, aber auch noch Mehreres, was in diesem Begriffe noch nicht gedacht war, als mit jenem verbunden lernen konnte. Nun begreife ich leicht, wenn man mich nur darauf führt: daß, wenn eine Erweiterung der Erkenntniß über meinen Begriff a priori stattfinden soll, so werde, wie dort eine empirische Anschauung, so zu dem letzteren Behuf eine reine Anschauung a priori erforderlich sein; nur bin ich verlegen, wo ich sie antreffen und wie ich mir die Möglichkeit derselben erklären soll. Jetzt werde ich durch die Kritik angewiesen, alles Empirische oder Wirklich-Empfindbare im Raum und der Zeit wegzulassen, mithin alle Dinge ihrer empirischen Vorstellung nach zu vernichten, und so finde ich, daß Raum und Zeit gleich als einzelne Wesen übrig bleiben, von denen die Anschauung vor allen Begriffen von ihnen und der Dinge in ihnen vorhergeht, bei welcher Beschaffenheit dieser ursprünglichen Vorstellungsarten ich sie mir nimmermehr anders, als bloße subjective (aber positive) Formen meiner Sinnlichkeit (nicht blos als Mangel der Deutlichkeit der Vorstellungen durch dieselbe), nicht als Formen der Dinge an sich selbst, also nur der Objecte aller sinnlichen Anschauung, mithin bloßer Erscheinungen denken müsse. Hiedurch wird mir nun klar, nicht allein wie synthetische Erkenntnisse a priori sowohl in der Mathematik als Naturwissenschaft möglich seien, indem jene Anschauungen a priori diese Erweiterung möglich und die synthetische Einheit, welche der Verstand allemal dem Mannigfaltigen derselben geben muß, um ein Object derselben zu denken, sie wirklich machen; sondern muß auch zugleich inne werden, daß, da der Verstand seinerseits nicht auch anschauen kann, jene synthetische Sätze a priori über die Grenzen der sinnlichen Anschauung hinaus nicht getrieben werden können: weil alle Begriffe über dieses Feld hinaus leer und ohne einen ihnen correspondirenden Gegenstand sein müssen; indem ich, um zu solchen Erkenntnissen zu gelangen, von meinem Vorrathe, den ich zur Erkenntniß der Gegenstände der Sinne brauche, einiges wegzulassen, was an jenen niemals wegzulassen ist, oder das andere so zu verbinden, als es niemals an jenem verbunden sein kann, und mir so Begriffe zu machen wagen müßte, von denen, obgleich in ihnen kein Widerspruch ist, ich doch niemals wissen kann, ob ihnen überhaupt ein Gegenstand correspondire, oder nicht, die also für mich völlig leer sind.

Nun mag der Leser, indem er das hier Gesagte mit dem, was Herr Eberhard von S. 316 an von seiner Exposition der synthetischen Urtheile rühmt, vergleicht, selbst urtheilen, *wer* unter uns beiden einen leeren Wörterkram statt Sachkenntniß zum öffentlichen Verkehr ausbiete.

Noch S. 316 ist der Charakter derselben, „daß sie bei *ewigen* Wahrheiten Attribute des Subjects, bei den *Zeitwahrheiten* zufällige Beschaffenheiten oder Verhältnisse zu ihren Prädicaten haben," und nun vergleicht er S. 316 mit diesem nach S. 317 *fruchtbarsten* und einleuchtendsten Eintheilungsgrunde den Begriff, den die Kritik von ihnen giebt, nämlich daß synthetische Urtheile solche sind, deren Princip nicht der Satz des Widerspruchs sei! „Aber welcher dann?" frägt Herr Eberhard unwillig und nennt darauf seine Entdeckung (vorgeblich aus Leibnizens Schriften gezogen), nämlich den Satz des Grundes, der also neben dem Satze des Widerspruchs, um den sich die *analytischen* Urtheile drehen, der zweite Thürangel ist, woran sich der menschliche Verstand bewegt, nämlich in seinen *synthetischen* Urtheilen.

Nun sieht man aus dem, was ich nur eben als das kurzgefaßte Resultat des analytischen Theils der Kritik des Verstandes angeführt habe, daß diese das Princip synthetischer Urtheile überhaupt, welches nothwendig aus ihrer Definition folgt, mit aller erforderlichen Ausführlichkeit darlege, nämlich: *daß sie nicht anders möglich sind, als unter der Bedingung einer dem Begriffe ihres Subjects untergelegten Anschauung*, welche, wenn sie Erfahrungsurtheile sind, empirisch, sind es synthetische Urtheile a priori, reine Anschauung a priori ist. Welche Folgen dieser Satz nicht allein zur Grenzbestimmung des Gebrauchs der menschlichen Vernunft, sondern selbst auf die Einsicht in die wahre Natur unserer Sinnlichkeit habe (denn dieser Satz kann unabhängig von der Ableitung der Vorstellungen des Raums und der Zeit bewiesen werden und so der Idealität der letzteren zum Beweise dienen, noch ehe wir sie aus deren inneren Beschaffenheit gefolgert haben), das muß ein jeder Leser leicht einsehen.

Nun vergleiche man damit das vorgebliche Princip, welches die Eberhard'sche Bestimmung der Natur synthetischer Sätze a priori bei sich führt. „Sie sind solche, welche von dem Begriffe eines Subjects die Attribute desselben aussagen," d. i. solche, die nothwendig, aber nur als Folgen zu demselben gehören, und weil sie, als solche betrachtet, auf irgend einen Grund bezogen werden müssen, so ist ihre Möglichkeit durch das Princip des Grundes begreiflich. Nun fragt man aber mit Recht, ob dieser Grund ihres Prädicats nach dem Satze des Widerspruchs im Subjecte zu suchen ist (in welchem Falle das Urtheil trotz dem Princip des Grundes immer nur analytisch sein würde), oder nach dem Satze des Widerspruchs aus dem Begriffe des Subjects nicht abgeleitet werden könne, in welchem Falle das Attribut allein synthetisch ist. Also unterscheidet weder der Name eines Attributs, noch der Satz des zureichenden Grundes 5 die synthetischen Urtheile von analytischen, sondern wenn die erstern als Urtheile a priori gemeint sind, so kann man nach dieser Benennung nichts weiter sagen, als daß das Prädicat derselben nothwendig im Wesen des Begriffs des Subjects auf irgend eine Art gegründet, mithin Attribut sei, aber nicht blos zufolge des Satzes des Widerspruchs. Wie es nun 10 aber als synthetisches Attribut mit dem Begriffe des Subjects in Verbindung komme, da es durch die Zergliederung desselben daraus nicht gezogen werden kann, ist aus dem Begriffe eines Attributs und dem Satze: daß irgend ein Grund desselben sei, nicht zu ersehen; und Herrn Eberhards Bestimmung ist also ganz leer. Die Kritik aber zeigt diesen Grund der 15 Möglichkeit deutlich an, nämlich: daß es die reine, dem Begriffe des Subjects untergelegte Anschauung sein müsse, an der es möglich, ja allein möglich ist, ein synthetisches Prädicat a priori mit einem Begriffe zu verbinden.

Was hierin entscheidet, ist, daß die Logik schlechterdings keine Aus- 20 kunft über die Frage geben kann: wie synthetische Sätze a priori möglich sind. Wollte sie sagen: Leitet aus dem, was das Wesen eures Begriffs ausmacht, die hinreichend dadurch bestimmten synthetischen Prädicate (die alsdann Attribute heißen werden) ab: so sind wir eben so weit wie vorher. Wie soll ich es anfangen, um mit meinem Begriffe über diesen Begriff 25 selbst hinaus zu gehen und mehr davon zu sagen, als in ihm gedacht worden? Die Aufgabe wird nie aufgelöset, wenn man die Bedingungen der Erkenntniß, wie die Logik thut, blos von Seiten des Verstandes in Anschlag bringt. Die Sinnlichkeit und zwar als Vermögen einer Anschauung a priori muß dabei mit in Betrachtung gezogen werden, und 30 wer in den Classificationen, die die Logik von Begriffen macht (indem sie, wie es auch sein muß, von allen Objecten derselben abstrahirt), Trost zu finden vermeint, wird Mühe und Arbeit verlieren. Herr Eberhard beurtheilt dagegen die Logik in dieser Absicht und nach den Anzeigen, die er von dem Begriffe der Attribute (und dem diesen ausschließlich an- 35 gehörenden Grundsatze synthetischer Urtheile a priori, dem Satze des zureichenden Grundes) hernimmt, für so reichhaltig und vielverheißend zum

Aufschlusse dunkeler Fragen in der Transscendentalphilosophie, daß er gar S. 322 eine neue Tafel der Eintheilung der Urtheile für die Logik entwirft (in welcher aber der Verfasser der Kritik seinen ihm darin angewiesenen Platz verbittet), wozu ihn Jacob Bernouilli durch eine
5 S. 320 angeführte vermeintlich neue Eintheilung derselben veranlaßt. Von dergleichen logischen Erfindung könnte man wohl, wie es einmal in einer gelehrten Zeitung hieß, sagen: Zu N. ist, leider! wiederum ein neues Thermometer erfunden worden. Denn so lange man sich noch immer mit den beiden festen Punkten der Eintheilung, dem Frost- und Siedepunkte
10 des Wassers, begnügen muß, ohne das Verhältniß der Wärme in einem von beiden zur absoluten Wärme bestimmen zu können, ist es einerlei, ob der Zwischenraum in 80 oder 100 Grade u. s. w. eingetheilt werde. So lange man also noch nicht im Allgemeinen belehrt wird, wie denn Attribute (versteht sich synthetische), die doch nicht aus dem Begriffe des Sub-
15 jects selbst entwickelt werden können, dazu kommen, nothwendige Prädicate desselben zu sein (S. 322. I, 2), oder wohl gar als solche mit dem Subjecte recipirt werden können, ist alle jene systematische Eintheilung, die die Möglichkeit der Urtheile zugleich angeben soll, welches sie doch in den wenigsten Fällen kann, eine ganz unnütze Last fürs Gedächtniß und möchte
20 wohl schwerlich in einem neueren System der Logik einen Platz erwerben, wie denn auch die bloße Idee von synthetischen Urtheilen a priori (welche Herr Eberhard sehr widersinnisch nichtwesentliche nennt) schlechterdings nicht für die Logik gehört.

Zuletzt noch etwas über die von Herrn Eberhard und anderen vor-
25 gebrachte Behauptung: daß die Unterscheidung der synthetischen von analytischen Urtheilen nicht neu, sondern längst bekannt (vermuthlich auch wegen ihrer Unwichtigkeit nur nachlässig behandelt) gewesen sei. Es kann dem, welchem es um Wahrheit zu thun ist, vornehmlich wenn er eine Unterscheidung von einer wenigstens bisher unversuchten Art braucht,
30 wenig daran gelegen sein, ob sie schon sonst von jemanden gemacht worden, und es ist auch schon das gewöhnliche Schicksal alles Neuen in Wissenschaften, wenn man ihm nichts entgegensetzen kann, daß man es doch wenigstens als längst bekannt bei Älteren antreffe. Allein wenn doch aus einer als neu vorgetragenen Bemerkung auffallende wichtige Folgen sofort
35 in die Augen springen, die unmöglich hätten übersehen werden können, wäre jene schon sonst gemacht gewesen: so müßte doch ein Verdacht wegen der Richtigkeit oder Wichtigkeit jener Eintheilung selbst entstehen, welcher

ihrem Gebrauche im Wege stehen könnte. Ist nun aber die letztere außer Zweifel gesetzt, und zugleich auch die Nothwendigkeit, mit der sich diese Folgen von selbst aufdringen, in die Augen fallend, so kann man mit der größten Wahrscheinlichkeit annehmen, sie sei noch nicht gemacht worden.

Nun ist die Frage, wie Erkenntniß a priori möglich sei, längstens, 5 vornehmlich seit Lockes Zeit aufgeworfen und behandelt worden; was war natürlicher, als daß, so bald man den Unterschied des Analytischen vom Synthetischen in demselben deutlich bemerkt hätte, man diese allgemeine Frage auf die besondere eingeschränkt haben würde: wie sind synthetische Urtheile a priori möglich? Denn so bald diese aufgeworfen worden, so 10 geht jedermann ein Licht auf, nämlich daß das Stehen und Fallen der Metaphysik lediglich auf der Art beruhe, wie die letztere Aufgabe aufgelöset würde; man hätte sicherlich alles dogmatische Verfahren mit ihr so lange eingestellt, bis man über diese einzige Aufgabe hinreichende Auskunft erhalten hätte; die Kritik der reinen Vernunft wäre das Losungs- 15 wort geworden, vor welchem auch die stärkste Posaune dogmatischer Behauptungen derselben nicht hätte aufkommen können. Da dieses nun nicht geschehen ist, so kann man nicht anders urtheilen, als daß der genannte Unterschied der Urtheile niemals gehörig eingesehen worden. Dieses war auch unvermeidlich, wenn sie ihn wie Herr Eberhard, der aus ihren 20 Prädicaten den bloßen Unterschied der Attribute vom Wesen und wesentlichen Stücken des Subjects macht, beurtheilten und ihn also zur Logik zählten, da diese es niemals mit der Möglichkeit des Erkenntnisses ihrem Inhalte nach, sondern blos mit der Form derselben, so fern es ein discursives Erkenntniß ist, zu thun hat, den Ursprung der Erkenntniß aber 25 a priori von Gegenständen zu erforschen ausschließlich der Transscendentalphilosophie überlassen muß. Diese Einsicht und bestimmte Brauchbarkeit konnte die genannte Eintheilung auch nicht erlangen, wenn sie für die Ausdrücke der analytischen und synthetischen so übel gewählte, als die der identischen und nichtidentischen Urtheile es sind, eingetauscht hätte. 30 Denn durch die letztern wird nicht die mindeste Anzeige auf eine besondere Art der Möglichkeit einer solchen Verbindung der Vorstellungen a priori gethan; an dessen Statt der Ausdruck eines synthetischen Urtheils (im Gegensatze des analytischen) sofort eine Hinweisung zu einer Synthesis a priori überhaupt bei sich führt und natürlicher Weise die Untersuchung, 35 welche gar nicht mehr logisch, sondern schon transscendental ist, veranlassen muß: ob es nicht Begriffe (Kategorien) gebe, die nichts als die reine synthetische Einheit eines Mannigfaltigen (in irgend einer Anschauung) zum Behuf des Begriffs eines Objects überhaupt aussagen, und die a priori aller Erkenntniß desselben zum Grunde liegen; und da diese nun blos das Denken eines Gegenstandes überhaupt betreffen, ob nicht auch zu einer solchen synthetischen Erkenntniß die Art, wie derselbe gegeben werden müsse, nämlich eine Form seiner Anschauung, eben so wohl a priori vorausgesetzt werde; da denn die darauf gerichtete Aufmerksamkeit jene logische Unterscheidung, die sonst keinen Nutzen haben kann, unverfehlbar in eine transscendentale Aufgabe würde verwandelt haben.

Es war also nicht blos eine Wortkünstelei, sondern ein Schritt näher zur Sachkenntniß, wenn die Kritik zuerst den Unterschied der Urtheile, die ganz auf dem Satze der Identität oder des Widerspruchs beruhen, von denen, die noch eines anderen bedürfen, durch die Benennung analytischer im Gegensatze mit synthetischen Urtheilen kennbar machte. Denn daß etwas außer dem gegebenen Begriffe noch als Substrat hinzu kommen müsse, was es möglich macht, mit meinen Prädicaten über ihn hinaus zu gehen, wird durch den Ausdruck der Synthesis klar angezeigt, mithin die Untersuchung auf die Möglichkeit einer Synthesis der Vorstellungen zum Behuf der Erkenntniß überhaupt gerichtet, welche bald dahin ausschlagen mußte, Anschauung, für das Erkenntniß a priori aber reine Anschauung als die unentbehrlichen Bedingungen derselben anzuerkennen; eine Leitung, die man von der Erklärung synthetischer Urtheile durch nicht identische nicht erwarten konnte: wie sie denn aus dieser auch niemals erfolgt ist. Um sich hievon zu versichern, darf man nur die Beispiele prüfen, die man bisher angeführt hat, um zu beweisen, daß die gedachte Unterscheidung schon ganz entwickelt, obzwar unter anderen Ausdrücken, in der Philosophie bekannt gewesen. Das erste (von mir selbst, aber nur als etwas dem Ähnliches angeführte) ist von Locke, welcher die von ihm sogenannten Erkenntnisse der Coexistenz und Relation, die erste in Erfahrungs-, die zweite in moralischen Urtheilen aufstellt; er benennt aber nicht das Synthetische der Urtheile im Allgemeinen; wie er denn auch aus diesem Unterschiede von den Sätzen der Identität nicht die mindesten allgemeinen Regeln für die reine Erkenntniß a priori überhaupt gezogen hat. Das Beispiel aus Reusch ist ganz für die Logik und zeigt nur die zwei verschiedenen Arten, gegebenen Begriffen Deutlichkeit zu verschaffen, an, ohne sich um die Erweiterung der Erkenntniß vornehmlich a priori in Ansehung der Objecte zu bekümmern. Das dritte von Crusius führt blos metaphysische Sätze an, die nicht durch den Satz des Widerspruchs bewiesen werden können. Niemand hat also diese Unterscheidung in ihrer Allgemeinheit zum Behuf einer Kritik der Vernunft überhaupt begriffen; denn sonst hätte die Mathematik mit ihrem großen Reichthum an synthetischem Erkenntniß a priori zum Beispiele oben an aufgestellt werden müssen, 5 deren Abstechung aber gegen die reine Philosophie und dieser ihre Armuth in Ansehung dergleichen Sätze (indessen daß sie an analytischen reich genug ist) eine Nachforschung wegen der Möglichkeit der ersteren unausbleiblich hätte veranlassen müssen. Indessen bleibt es eines jeden Urtheile überlassen, ob er sich bewußt ist, diesen Unterschied im Allgemeinen schon sonst 10 vor Augen gehabt und bei Anderen gefunden zu haben, oder nicht; wenn er nur darum die gedachte Nachforschung nicht als überflüssig und ihr Ziel als schon längst erreicht vernachlässigt.

* * *

Mit dieser Erörterung einer angeblich nur wiederhergestellten, älteren, die Metaphysik zu großen Ansprüchen berechtigenden Kritik der reinen 15 Vernunft mag es nun für jetzt und für immer genug sein. So viel erhellt daraus hinreichend, daß, wenn es eine solche gab, es wenigstens Herrn Eberhard nicht beschieden war sie zu sehen, zu verstehen, oder in irgend einem Punkte diesem Bedürfnisse der Philosophie, wenn auch nur durch die zweite Hand, abzuhelfen. — Die andern wackeren Männer, welche 20 bisher durch ihre Einwürfe das kritische Geschäfte im Gange zu erhalten bemüht gewesen, werden diese einzige Ausnahme von meinem Vorsatze (mich in gar keine förmliche Streitigkeit einzulassen) nicht so auslegen, als wenn ihre Argumente oder ihr philosophisches Ansehen mir von minderer Wichtigkeit zu sein geschienen hätten: es geschah für diesmal nur, 25 um ein gewisses Benehmen, das etwas Charakteristisches an sich hat und Herrn Eberhard eigen zu sein und Aufmerksamkeit zu verdienen scheint, bemerklich zu machen. Übrigens mag die Kritik der reinen Vernunft, wenn sie kann, durch ihre innere Festigkeit sich selbst weiterhin aufrecht erhalten. Verschwinden wird sie nicht, nachdem sie einmal in Umlauf ge- 30 kommen, ohne wenigstens ein festeres System der reinen Philosophie, als bisher vorhanden war, veranlaßt zu haben. Wenn man sich aber doch einen solchen Fall zum Versuche denkt, so giebt der jetzige Gang der Dinge hinreichend zu erkennen, daß die scheinbare Eintracht, welche jetzt noch

zwischen den Gegnern derselben herrscht, nur eine versteckte Zwietracht sei, indem sie in Ansehung des Princips, welches sie an jener ihre Stelle setzen wollen, himmelweit aus einander sind. Es würde daher ein belustigendes, zugleich auch belehrendes Spiel abgeben, wenn sie ihren
5 Streit mit ihrem gemeinschaftlichen Feinde auf einige Zeit bei Seite zu setzen, dafür aber sich vorher über die Grundsätze, welche sie dagegen annehmen wollten, zu einigen verabredeten; aber sie würden damit eben so wenig wie der, welcher die Brücke längs dem Strome statt quer über denselben zu schlagen meinte, jemals zu Ende kommen.

10 Bei der Anarchie, welche unter dem philosophirenden Volke unvermeidlicher Weise herrscht, weil es blos ein unsichtbares Ding, die Vernunft, für seinen alleinigen Oberherrn erkennt, ist es immer eine Nothhülfe gewesen, den unruhigen Haufen um irgend einen großen Mann, als den Vereinigungspunkt, zu versammlen. Allein diesen zu verstehen, war für
15 die, welche ihren eigenen Verstand nicht mitbrachten, oder ihn zu brauchen nicht Lust hatten, oder, ob es ihnen gleich an beidem nicht mangelte, sich doch anstellten, als ob sie den ihrigen nur von einem anderen zu Lehne trügen, eine Schwierigkeit, welche eine daurende Verfassung zu erzeugen bisher verhinderte und noch eine gute Zeit wenigstens sehr erschweren wird.

20 Des Herrn von Leibniz Metaphysik enthielt vornehmlich drei Eigenthümlichkeiten: 1. den Satz des zureichenden Grundes, und zwar so fern er blos die Unzulänglichkeit des Satzes des Widerspruchs zum Erkenntnisse nothwendiger Wahrheiten anzeigen sollte; 2. die Monadenlehre; 3. die Lehre von der vorherbestimmten Harmonie. Wegen dieser drei Principien
25 ist er von vielen Gegnern, die ihn nicht verstanden, gezwackt, aber auch (wie ein großer Kenner und würdiger Lobredner desselben bei einer gewissen Gelegenheit sagt) von seinen vorgeblichen Anhängern und Auslegern mißhandelt worden; wie es auch andern Philosophen des Alterthums ergangen ist, die wohl hätten sagen können: Gott bewahre uns nur vor
30 unseren Freunden; vor unseren Feinden wollen wir uns wohl selbst in Acht nehmen.

I. Ist es wohl glaublich, daß Leibniz seinen Satz des zureichenden Grundes objectiv (als Naturgesetz) habe verstanden wissen wollen, indem er eine große Wichtigkeit in diesem, als Zusatze zur bisherigen Philosophie
35 setzte? Er ist ja so allgemein bekannt und (unter gehörigen Einschränkungen) so augenscheinlich klar, daß auch der schlechteste Kopf damit nicht eine neue Entdeckung gemacht zu haben glauben kann; auch ist er von ihm miß-

verstehenden Gegnern darüber mit manchem Spotte angelassen worden. Allein dieser Grundsatz war Ihm blos ein subjectives, nämlich blos auf eine Kritik der Vernunft bezogenes, Princip. Denn was heißt das: über den Satz des Widerspruchs müssen noch andere Grundsätze hinzukommen? Es heißt so viel als: nach dem Satze des Widerspruchs kann nur das, was 5 schon in den Begriffen des Objects liegt, erkannt werden; soll nun noch etwas mehr von diesem gesagt werden, so muß etwas über diesen Begriff hinzukommen, und wie dieses hinzukommen könne, dazu muß noch ein besonderes, vom Satze des Widerspruchs unterschiedenes Princip gesucht werden, d. i. sie müssen ihren besonderen Grund haben. Da nun die 10 letztere Art Sätze (jetzt wenigstens) synthetisch heißen, so wollte Leibniz nichts weiter sagen, als: es muß über den Satz des Widerspruchs (als das Princip analytischer Urtheile) noch ein anderes Princip, nämlich das der synthetischen Urtheile, hinzukommen. Dieses war allerdings eine neue und bemerkenswürdige Hinweisung auf Untersuchungen, die in der Meta- 15 physik noch anzustellen wären (und die auch wirklich seit kurzem angestellt worden). Wenn nun sein Anhänger diese Hinweisung auf ein besonderes damals noch zu suchendes Princip für das (schon gefundene) Princip (der synthetischen Erkenntniß) selbst ausgiebt, womit Leibniz eine neue Entdeckung gemacht zu haben gemeint gewesen, setzt er ihn da nicht dem 20 Gespötte aus, indem er ihm eine Lobrede zu halten gedachte?

II. Ist es wohl zu glauben, daß Leibniz, ein so großer Mathematiker! die Körper aus Monaden (hiemit auch den Raum aus einfachen Theilen) habe zusammensetzen wollen? Er meinte nicht die Körperwelt, sondern ihr für uns unerkennbares Substrat, die intelligibele Welt, die 25 blos in der Idee der Vernunft liegt, und worin wir freilich alles, was wir darin als zusammengesetzte Substanz denken, uns als aus einfachen Substanzen bestehend vorstellen müssen. Auch scheint er mit Plato dem menschlichen Geiste ein ursprüngliches, obzwar jetzt nur verdunkeltes, intellectuelles Anschauen dieser übersinnlichen Wesen beizulegen, davon 30 er aber nichts auf die Sinnenwesen bezog, die er für auf eine besondere Art Anschauung, deren wir allein zum Behuf für uns möglicher Erkenntnisse fähig sind, bezogene Dinge, in der strengsten Bedeutung für bloße Erscheinungen, (specifisch eigenthümliche) Formen der Anschauung gehalten wissen will; wobei man sich durch seine Erklärung von der Sinnlichkeit als 35 einer verworrenen Vorstellungsart nicht stören lassen, sondern vielmehr eine andere, seiner Absicht angemessenere an deren Stelle setzen muß: weil

sonst sein System nicht mit sich selbst zusammenstimmt. Diesen Fehler nun für absichtliche, weise Vorsicht desselben aufzunehmen (wie Nachahmer, um ihrem Originale recht ähnlich zu werden, auch seine Geberden oder Sprachfehler nachmachen), kann ihnen schwerlich zum Verdienst
5 um die Ehre ihres Meisters angerechnet werden. Das Angeborensein gewisser Begriffe, als ein Ausdruck für ein Grundvermögen in Ansehung der Principien a priori unserer Erkenntniß, dessen er sich blos gegen Locke, der keinen anderen als empirischen Ursprung anerkennt, bedient, wird eben so unrecht verstanden, wenn man es nach dem Buch-
10 staben nimmt.

III. Ist es möglich zu glauben, daß Leibniz mit seiner vorherbestimmten Harmonie zwischen Seele und Körper ein Zusammenpassen zweier von einander ihrer Natur nach ganz unabhängiger und durch eigene Kräfte auch nicht in Gemeinschaft zu bringender Wesen verstanden haben
15 sollte? Das wäre ja gerade den Idealism angekündigt; denn warum soll man überhaupt Körper annehmen, wenn es möglich ist, alles, was in der Seele vorgeht, als Wirkung ihrer eigenen Kräfte, die sie auch ganz isolirt eben so ausüben würde, anzusehen? Seele und das uns gänzlich unbekannte Substrat der Erscheinungen, welche wir Körper nennen, sind
20 zwar ganz verschiedene Wesen, aber diese Erscheinungen selbst, als bloße auf des Subjects (der Seele) Beschaffenheit beruhende Formen ihrer Anschauung, sind bloße Vorstellungen, und da läßt sich die Gemeinschaft zwischen Verstande und Sinnlichkeit in demselben Subjecte nach gewissen Gesetzen a priori wohl denken und doch zugleich die nothwendige natürliche
25 Abhängigkeit der letzteren von äußeren Dingen, ohne diese dem Idealism preiszugeben. Von dieser Harmonie zwischen dem Verstande und der Sinnlichkeit, so fern sie Erkenntnisse von allgemeinen Naturgesetzen a priori möglich macht, hat die Kritik zum Grunde angegeben, daß ohne diese keine Erfahrung möglich ist, mithin die Gegenstände (weil sie theils ihrer An-
30 schauung nach den formalen Bedingungen unserer Sinnlichkeit, theils der Verknüpfung des Mannigfaltigen nach den Principien der Zusammenordnung in ein Bewußtsein, als Bedingung der Möglichkeit einer Erkenntniß derselben, gemäß sind) von uns in die Einheit des Bewußtseins gar nicht aufgenommen werden und in die Erfahrung hineinkommen, mithin für
35 uns nichts sein würden. Wir konnten aber doch keinen Grund angeben, warum wir gerade eine solche Art der Sinnlichkeit und eine solche Natur des Verstandes haben, durch deren Verbindung Erfahrung möglich wird;

noch mehr, warum sie, als sonst völlig heterogene Erkenntnißquellen, zu der Möglichkeit eines Erfahrungserkenntnisses überhaupt, hauptsächlich aber (wie die Kritik der Urtheilskraft darauf aufmerksam machen wird) zu der Möglichkeit einer Erfahrung von der Natur unter ihren mannigfaltigen besonderen und blos empirischen Gesetzen, von denen 5 uns der Verstand a priori nichts lehrt, doch so gut immer zusammenstimmen, als wenn die Natur für unsere Fassungskraft absichtlich eingerichtet wäre; dieses konnten wir nicht (und das kann auch niemand) weiter erklären. Leibniz nannte den Grund davon vornehmlich in Ansehung des Erkenntnisses der Körper und unter diesen zuerst unseres 10 eigenen, als Mittelgrundes dieser Beziehung, eine vorherbestimmte Harmonie, wodurch er augenscheinlich jene Übereinstimmung wohl nicht erklärt hatte, auch nicht erklären wollte, sondern nur anzeigte, daß wir dadurch eine gewisse Zweckmäßigkeit in der Anordnung der obersten Ursache unserer selbst sowohl als aller Dinge außer uns zu denken hätten 15 und diese zwar schon als in die Schöpfung gelegt (vorher bestimmt), aber nicht als Vorherbestimmung außer einander befindlicher Dinge, sondern nur der Gemüthskräfte in uns, der Sinnlichkeit und des Verstandes, nach jeder ihrer eigenthümlichen Beschaffenheit für einander, so wie die Kritik lehrt, daß sie zum Erkenntnisse der Dinge a priori im Gemüthe gegen 20 einander in Verhältniß stehen müssen. Daß dieses seine wahre, obgleich nicht deutlich entwickelte, Meinung gewesen sei, läßt sich daraus abnehmen, daß er jene vorherbestimmte Harmonie noch viel weiter als auf die Übereinstimmung zwischen Seele und Körper, nämlich noch auf die zwischen dem Reiche der Natur und dem Reiche der Gnaden (dem Reiche der 25 Zwecke in Beziehung auf den Endzweck, d. i. den Menschen unter moralischen Gesetzen) ausdehnt, wo eine Harmonie zwischen den Folgen aus unseren Naturbegriffen und denen aus dem Freiheitsbegriffe, mithin zweier ganz verschiedener Vermögen unter ganz ungleichartigen Principien in uns und nicht zweierlei verschiedene außer einander befindliche Dinge 30 in Harmonie gedacht werden sollen (wie es wirklich Moral erfordert), die aber, wie die Kritik lehrt, schlechterdings nicht aus der Beschaffenheit der Weltwesen, sondern, als eine für uns wenigstens zufällige Übereinstimmung, nur durch eine intelligente Weltursache kann begriffen werden.

So möchte denn wohl die Kritik der reinen Vernunft die eigentliche 35 Apologie für Leibniz selbst wider seine ihn mit nicht ehrenden Lobsprüchen erhebende Anhänger sein; wie sie es denn auch für verschiedene ältere

Philosophen sein kann, die mancher Geschichtschreiber der Philosophie bei allem ihnen ertheilten Lobe doch lauter Unsinn reden läßt, dessen Absicht er nicht erräth, indem er den Schlüssel aller Auslegungen reiner Vernunftproducte aus bloßen Begriffen, die Kritik der Vernunft selbst (als die gemeinschaftliche Quelle für alle), vernachlässigt und über dem Wortforschen dessen, was jene gesagt haben, dasjenige nicht sehen kann, was sie haben sagen wollen.

Über das Mißlingen

aller

philosophischen Versuche

in der

Theodicee.

Unter einer Theodicee versteht man die Vertheidigung der höchsten Weisheit des Welturhebers gegen die Anklage, welche die Vernunft aus dem Zweckwidrigen in der Welt gegen jene erhebt. — Man nennt dieses, die Sache Gottes verfechten; ob es gleich im Grunde nichts mehr als die Sache unserer anmaßenden, hiebei aber ihre Schranken verkennenden Vernunft sein möchte, welche zwar nicht eben die beste Sache ist, insofern aber doch gebilligt werden kann, als (jenen Eigendünkel bei Seite gesetzt) der Mensch als ein vernünftiges Wesen berechtigt ist, alle Behauptungen, alle Lehre, welche ihm Achtung auferlegt, zu prüfen, ehe er sich ihr unterwirft, damit diese Achtung aufrichtig und nicht erheuchelt sei.

Zu dieser Rechtfertigung wird nun erfordert, daß der vermeintliche Sachwalter Gottes entweder beweise: daß das, was wir in der Welt als zweckwidrig beurtheilen, es nicht sei; oder: daß, wenn es auch dergleichen wäre, es doch gar nicht als Factum, sondern als unvermeidliche Folge aus der Natur der Dinge beurtheilt werden müsse; oder endlich: daß es wenigstens nicht als Factum des höchsten Urhebers aller Dinge, sondern bloß der Weltwesen, denen etwas zugerechnet werden kann, d. i. der Menschen, (allenfalls auch höherer, guter oder böser, geistiger Wesen) angesehen werden müsse.

Der Verfasser einer Theodicee willigt also ein, daß dieser Rechtshandel vor dem Gerichtshofe der Vernunft anhängig gemacht werde, und macht sich anheischig, den angeklagten Theil als Sachwalter durch förmliche Widerlegung aller Beschwerden des Gegners zu vertreten: darf letztern also während des Rechtsganges nicht durch einen Machtspruch der Unstatthaftigkeit des Gerichtshofes der menschlichen Vernunft (exceptionem fori) abweisen, d. i. die Beschwerden nicht durch ein dem Gegner auferlegtes Zugeständniß der höchsten Weisheit des Welturhebers, welches sofort alle Zweifel, die sich dagegen regen möchten, auch ohne Untersuchung für grundlos erklärt, abfertigen; sondern muß sich auf die Einwürfe einlassen und, wie sie dem Begriff der höchsten Weisheit*) keinesweges Abbruch thun, durch Beleuchtung und Tilgung derselben begreiflich machen. — Doch auf eines hat er nicht nöthig sich einzulassen: nämlich daß er die höchste Weisheit Gottes aus dem, was die Erfahrung an dieser Welt lehrt, auch sogar beweise; denn hiermit würde es ihm auch schlechterdings nicht gelingen, weil Allwissenheit dazu erforderlich ist, um an einer gegebnen Welt (wie sie sich in der Erfahrung zu erkennen giebt) diejenige Vollkommenheit zu erkennen, von der man mit Gewißheit sagen könne, es sei überall keine größere in der Schöpfung und Regierung derselben möglich.

Das Zweckwidrige in der Welt aber, was der Weisheit ihres Urhebers entgegengesetzt werden könnte, ist nun dreifacher Art:

I. Das schlechthin Zweckwidrige, was weder als Zweck, noch als Mittel von einer Weisheit gebilligt und begehrt werden kann.

II. Das bedingt Zweckwidrige, welches zwar nie als Zweck, aber doch als Mittel mit der Weisheit eines Willens zusammen besteht.

Das *erste* ist das moralische Zweckwidrige, als das eigentliche Böse (die Sünde); das *zweite* das physische Zweckwidrige, das Übel (der

*) Obgleich der eigenthümliche Begriff einer *Weisheit* nur die Eigenschaft eines Willens vorstellt, zum höchsten Gut als dem *Endzweck* aller Dinge zusammen zu stimmen; hingegen *Kunst* nur das Vermögen im Gebrauch der tauglichsten Mittel zu *beliebigen Zwecken*: so wird doch Kunst, wenn sie sich als eine solche beweiset, welche Ideen adäquat ist, deren Möglichkeit alle Einsicht der menschlichen Vernunft übersteigt (z. B. wenn Mittel und Zwecke wie in organischen Körpern einander wechselseitig hervorbringen), als eine *göttliche Kunst* nicht unrecht auch mit dem Namen der Weisheit belegt werden können; doch, um die Begriffe nicht zu verwechseln, mit dem Namen einer *Kunstweisheit* des Welturhebers zum Unterschiede von der *moralischen* Weisheit desselben. Die Teleologie (auch durch sie die Physikotheologie) giebt reichliche Beweise der erstern in der Erfahrung. Aber von ihr gilt kein Schluß auf die moralische Weisheit des Welturhebers, weil Naturgesetz und Sittengesetz ganz ungleichartige Principien erfordern, und der Beweis der letztern Weisheit gänzlich a priori geführt, also schlechterdings nicht auf Erfahrung von dem, was in der Welt vorgeht, gegründet werden muß. Da nun der Begriff von Gott, der für die Religion tauglich sein soll (denn zum Behuf der Naturerklärung, mithin in speculativer Absicht brauchen wir ihn nicht), ein Begriff von ihm als einem moralischen Wesen sein muß; da dieser Begriff, so wenig als er auf Erfahrung gegründet, eben so wenig aus bloß transscendentalen Begriffen eines schlechthin nothwendigen Wesens, der gar für uns überschwenglich ist, herausgebracht werden kann: so leuchtet genugsam ein, daß der Beweis des Daseins eines solchen Wesens kein andrer als ein moralischer sein könne.

Schmerz). — Nun giebt es aber noch eine Zweckmäßigkeit in dem Verhältniß der Übel zu dem moralischen Bösen, wenn das letztere einmal da ist und nicht verhindert werden konnte oder sollte: nämlich in der Verbindung der Übel und Schmerzen als Strafen mit dem Bösen als Verbrechen; und von dieser Zweckmäßigkeit in der Welt fragt es sich, ob jedem in der Welt hierin sein Recht widerfährt. Folglich muß auch noch eine

IIIte Art des Zweckwidrigen in der Welt gedacht werden können, nämlich das Mißverhältniß der Verbrechen und Strafen in der Welt.

Die Eigenschaften der höchsten Weisheit des Welturhebers, wogegen jene Zweckwidrigkeiten als Einwürfe auftreten, sind also auch drei:

Erstlich die Heiligkeit desselben als Gesetzgebers (Schöpfers) im Gegensatze mit dem Moralisch-Bösen in der Welt.

Zweitens die Gütigkeit desselben als Regierers (Erhalters) im Contraste mit den zahllosen Übeln und Schmerzen der vernünftigen Weltwesen.

Drittens die Gerechtigkeit desselben als Richters in Vergleichung mit dem Übelstande, den das Mißverhältniß zwischen der Straflosigkeit der Lasterhaften und ihren Verbrechen in der Welt zu zeigen scheint*).

*) Diese drei Eigenschaften zusammen, deren eine sich keineswegs auf die andre, wie etwa die Gerechtigkeit auf Güte, und so das Ganze auf eine kleinere Zahl zurückführen läßt, machen den moralischen Begriff von Gott aus. Es läßt sich auch die Ordnung derselben nicht verändern (wie etwa die Gütigkeit zur obersten Bedingung der Weltschöpfung machen, der die Heiligkeit der Gesetzgebung untergeordnet sei), ohne der Religion Abbruch zu thun, welcher eben dieser moralische Begriff zum Grunde liegt. Unsre eigene reine (und zwar praktische) Vernunft bestimmt diese Rangordnung, indem, wenn sogar die Gesetzgebung sich nach der Güte bequemt, es keine Würde derselben und keinen festen Begriff von Pflichten mehr giebt. Der Mensch wünscht zwar zuerst glücklich zu sein; sieht aber doch ein und bescheidet sich (obzwar ungern), daß die Würdigkeit glücklich zu sein, d. i. die Übereinstimmung des Gebrauchs seiner Freiheit mit dem heiligen Gesetze, in dem Rathschluß des Urhebers die Bedingung seiner Gütigkeit sein und also nothwendig vorhergehen müsse. Denn der Wunsch, welcher den subjectiven Zweck (der Selbstliebe) zum Grunde hat, kann nicht den objectiven Zweck (der Weisheit), den das Gesetz vorschreibt, bestimmen, welches dem Willen unbedingt die Regel giebt. — Auch ist die Strafe in der Ausübung der Gerechtigkeit keineswegs als bloßes Mittel, sondern als Zweck in der gesetzgebenden Weisheit gegründet: die Übertretung wird mit Übeln verbunden, nicht damit ein anderes Gute herauskomme, sondern weil diese Verbindung an sich selbst, d. i. moralisch nothwendig und gut ist. Die Gerechtigkeit setzt zwar Güte des Gesetzgebers voraus (denn wenn sein

Es wird also gegen jene drei Klagen die Verantwortung auf die oben erwähnte dreifach verschiedene Art vorgestellt und ihrer Gültigkeit nach geprüft werden müssen.

I. Wider die Beschwerde gegen die Heiligkeit des göttlichen Willens aus dem Moralisch-Bösen, welches die Welt, sein Werk, verunstaltet, besteht 5 die erste Rechtfertigung darin:

a) Daß es ein solches schlechterdings Zweckwidrige, als wofür wir die Übertretung der reinen Gesetze unserer Vernunft nehmen, gar nicht gebe, sondern daß es nur Verstöße wider die menschliche Weisheit seien; daß die göttliche sie nach ganz andern, uns unbegreiflichen Regeln beurtheile, 10 wo, was wir zwar beziehungsweise auf unsre praktische Vernunft und deren Bestimmung mit Recht verwerflich finden, doch in Verhältniß auf göttliche Zwecke und die höchste Weisheit vielleicht gerade das schicklichste Mittel sowohl für unser besonderes Wohl, als das Weltbeste überhaupt sein mag; daß die Wege des Höchsten nicht unsre Wege seien (sunt Superis 15 sua iura), und wir darin irren, wenn, was nur relativ für Menschen in diesem Leben Gesetz ist, wir für schlechthin als ein solches beurtheilen und so das, was unsrer Betrachtung der Dinge aus so niedrigem Standpunkte als zweckwidrig erscheint, dafür auch, aus dem höchsten Standpunkte betrachtet, halten. — Diese Apologie, in welcher die Verantwortung ärger 20 ist als die Beschwerde, bedarf keiner Widerlegung und kann sicher der Verabscheuung jedes Menschen, der das mindeste Gefühl für Sittlichkeit hat, frei überlassen werden.

b) Die zweite vorgebliche Rechtfertigung würde zwar die Wirklichkeit des Moralisch-Bösen in der Welt einräumen, den Welturheber aber damit 25 entschuldigen, daß es nicht zu verhindern möglich gewesen: weil es sich

---

Willen nicht auf das Wohl seiner Unterthanen ginge, so würde dieser sie auch nicht verpflichten können ihm zu gehorchen); aber sie ist nicht Güte, sondern als Gerechtigkeit von dieser wesentlich unterschieden, obgleich im allgemeinen Begriffe der Weisheit enthalten. Daher geht auch die Klage über den Mangel einer Ge- 30 rechtigkeit, die sich im Loose, welches den Menschen hier in der Welt zu Theil wird, zeige, nicht darauf, daß es den Guten hier nicht wohl, sondern daß es den Bösen nicht übel geht (obzwar, wenn das erstere zu dem letztern hinzu kommt, der Contrast diesen Anstoß noch vergrößert). Denn in einer göttlichen Regierung kann auch der beste Mensch seinen Wunsch zum Wohlergehen nicht auf die gött- 35 liche Gerechtigkeit, sondern muß ihn jederzeit auf seine Güte gründen: weil der, welcher bloß seine Schuldigkeit thut, keinen Rechtsanspruch auf das Wohlthun Gottes haben kann.

auf den Schranken der Natur der Menschen, als endlicher Wesen, gründe. — Aber dadurch würde jenes Böse selbst gerechtfertigt werden; und man müßte, da es nicht als die Schuld der Menschen ihnen zugerechnet werden kann, aufhören es ein moralisches Böse zu nennen.

5 c) Die dritte Beantwortung: daß, gesetzt auch, es ruhe wirklich mit dem, was wir moralisch böse nennen, eine Schuld auf dem Menschen, doch Gott keine beigemessen werden müsse, weil er jenes als That der Menschen aus weisen Ursachen bloß zugelassen, keineswegs aber für sich gebilligt und gewollt oder veranstaltet hat, — läuft (wenn man auch an dem Be-
10 griffe des bloßen Zulassens eines Wesens, welches ganz und alleiniger Urheber der Welt ist, keinen Anstoß nehmen will) doch mit der vorigen Apologie (b) auf einerlei Folge hinaus: nämlich daß, da es selbst Gott unmöglich war dieses Böse zu verhindern, ohne anderweitigen höhern und selbst moralischen Zwecken Abbruch zu thun, der Grund dieses Übels (denn
15 so müßte man es eigentlich nun nennen) unvermeidlich in dem Wesen der Dinge, nämlich den nothwendigen Schranken der Menschheit als endlicher Natur, zu suchen sein müsse, mithin ihr auch nicht zugerechnet werden könne.

II. Auf die Beschwerde, die wider die göttliche Gütigkeit aus den Übeln, nämlich Schmerzen, in dieser Welt erhoben wird, besteht nun die
20 Rechtfertigung derselben gleichfalls

a) darin: daß in den Schicksalen der Menschen ein Übergewicht des Übels über den angenehmen Genuß des Lebens fälschlich angenommen werde, weil doch ein Jeder, so schlimm es ihm auch ergeht, lieber leben als todt sein will, und diejenigen Wenigen, die das letztere beschließen, so
25 lange sie es selbst aufschoben, selbst dadurch noch immer jenes Übergewicht eingestehen und, wenn sie zum letztern thöricht genug sind, auch alsdann bloß in den Zustand der Nichtempfindung übergehen, in welchem ebenfalls kein Schmerz gefühlt werden könne. — Allein man kann die Beantwortung dieser Sophisterei sicher dem Ausspruche eines jeden Menschen
30 von gesundem Verstande, der lange genug gelebt und über den Werth des Lebens nachgedacht hat, um hierüber ein Urtheil fällen zu können, überlassen, wenn man ihn fragt: ob er wohl, ich will nicht sagen auf dieselbe, sondern auf jede andre ihm beliebige Bedingungen (nur nicht etwa einer Feen-, sondern dieser unserer Erdenwelt) das Spiel des Lebens noch ein-
35 mal durchzuspielen Lust hätte.

b) Auf die zweite Rechtfertigung: daß nämlich das Übergewicht der schmerzhaften Gefühle über die angenehmen von der Natur eines thierischen Geschöpfes, wie der Mensch ist, nicht könne getrennt werden (wie etwa Graf Veri in dem Buche über die Natur des Vergnügens behauptet), — würde man erwidern: daß, wenn dem also ist, sich eine andre Frage einfinde, woher nämlich der Urheber unsers Daseins uns überhaupt ins Leben gerufen, wenn es nach unserm richtigen Überschlage für uns nicht wünschenswerth ist. Der Unmuth würde hier, wie jene indianische Frau dem Dschingischan, der ihr wegen erlittener Gewaltthätigkeit keine Genugthuung, noch wegen der künftigen Sicherheit verschaffen konnte, antworten: „Wenn du uns nicht schützen willst, warum eroberst du uns denn?"

c) Die dritte Auflösung des Knotens soll diese sein: daß uns Gott um einer künftigen Glückseligkeit willen, also doch aus Güte, in die Welt gesetzt habe, daß aber vor jener zu hoffenden überschwenglich großen Seligkeit durchaus ein mühe- und trübsalvoller Zustand des gegenwärtigen Lebens vorhergehen müsse, wo wir eben durch den Kampf mit Widerwärtigkeiten jener künftigen Herrlichkeit würdig werden sollten. — Allein daß diese Prüfungszeit (der die Meisten unterliegen, und in welcher auch der Beste seines Lebens nicht froh wird) vor der höchsten Weisheit durchaus die Bedingung der dereinst von uns zu genießenden Freuden sein müsse, und daß es nicht thunlich gewesen, das Geschöpf mit jeder Epoche seines Lebens zufrieden werden zu lassen, kann zwar vorgegeben, aber schlechterdings nicht eingesehen werden, und man kann also freilich diesen Knoten durch Berufung auf die höchste Weisheit, die es so gewollt hat, abhauen, aber nicht auflösen: welches doch die Theodicee verrichten zu können sich anheischig macht.

III. Auf die letzte Anklage, nämlich wider die Gerechtigkeit des Weltrichters,*) wird geantwortet:

---

*) Es ist merkwürdig, daß unter allen Schwierigkeiten, den Lauf der Weltbegebenheiten mit der Göttlichkeit ihres Urhebers zu vereinigen, keine sich dem Gemüth so heftig aufdringt, als die von dem Anschein einer darin mangelnden Gerechtigkeit. Trägt es sich zu (ob es zwar selten geschieht), daß ein ungerechter, vornehmlich Gewalt habender Bösewicht nicht ungestraft aus der Welt entwischt: so frohlockt der mit dem Himmel gleichsam versöhnte, sonst parteilose Zuschauer. Keine Zweckmäßigkeit der Natur wird ihn durch Bewunderung derselben so in Affect setzen und die Hand Gottes gleichsam daran vernehmen lassen. Warum? Sie ist hier moralisch und einzig von der Art, die man in der Welt einigermaßen wahrzunehmen hoffen kann.

a) Daß das Vorgeben von der Straflosigkeit der Lasterhaften in der Welt keinen Grund habe, weil jedes Verbrechen seiner Natur gemäß schon hier die ihm angemessene Strafe bei sich führe, indem die innern Vorwürfe des Gewissens den Lasterhaften ärger noch als Furien plagen. — Allein in diesem Urtheile liegt offenbar ein Mißverstand. Denn der tugendhafte Mann leiht hierbei dem lasterhaften seinen Gemüthscharakter, nämlich die Gewissenhaftigkeit in ihrer ganzen Strenge, welche, je tugendhafter der Mensch ist, ihn desto härter wegen der geringsten Übereilung, welche das sittliche Gesetz in ihm mißbilligt, bestraft. Allein wo diese Denkungsart und mit ihr die Gewissenhaftigkeit gar fehlt, da fehlt auch der Peiniger für begangene Verbrechen; und der Lasterhafte, wenn er nur den äußern Züchtigungen wegen seiner Frevelthaten entschlüpfen kann, lacht über die Ängstlichkeit der Redlichen sich mit selbsteigenen Verweisen innerlich zu plagen; die kleinen Vorwürfe aber, die er sich bisweilen machen mag, macht er sich entweder gar nicht durchs Gewissen, oder, hat er davon noch etwas in sich, so werden sie durch das Sinnenvergnügen, als woran er allein Geschmack findet, reichlich aufgewogen und vergütet. — — Wenn jene Anklage ferner

b) dadurch widerlegt werden soll: daß zwar nicht zu läugnen sei, es finde sich schlechterdings kein der Gerechtigkeit gemäßes Verhältniß zwischen Schuld und Strafen in der Welt, und man müsse im Laufe derselben oft ein mit schreiender Ungerechtigkeit geführtes und gleichwohl bis ans Ende glückliches Leben mit Unwillen wahrnehmen; daß dieses aber in der Natur liegende und nicht absichtlich veranstaltete, mithin nicht moralische Mißhelligkeit sei, weil es eine Eigenschaft der Tugend sei, mit Widerwärtigkeit zu ringen (wozu der Schmerz, den der Tugendhafte durch die Vergleichung seines eigenen Unglücks mit dem Glück des Lasterhaften leiden muß, mitgehört), und die Leiden den Werth der Tugend nur zu erheben dienen, mithin vor der Vernunft diese Dissonanz der unverschuldeten Übel des Lebens doch in den herrlichsten sittlichen Wohllaut aufgelöset werde: — so steht dieser Auflösung entgegen: daß, obgleich diese Übel, wenn sie als Wetzstein der Tugend vor ihr *vorhergehen* oder sie begleiten, zwar mit ihr als in moralischer Übereinstimmung stehend vorgestellt werden können, wenn wenigstens das Ende des Lebens noch die letztere krönt und das Laster bestraft; daß aber, wenn selbst dieses Ende, wie doch die Erfahrung davon viele Beispiele giebt, widersinnig ausfällt, dann das Leiden dem Tugendhaften, nicht *damit* seine Tugend rein sei, sondern *weil* sie es gewesen ist (dagegen aber den Regeln der klugen Selbstliebe zuwider war), zugefallen zu sein scheine; welches gerade das Gegentheil der Gerechtigkeit ist, wie sich der Mensch einen Begriff von ihr machen kann. Denn was die Möglichkeit betrifft, daß das Ende dieses Erdenlebens doch vielleicht nicht das Ende alles Lebens sein möge: so kann diese Möglichkeit nicht für *Rechtfertigung* der Vorsehung gelten, sondern ist bloß ein Machtspruch der moralisch-gläubigen Vernunft, wodurch der Zweifelnde zur Geduld verwiesen, aber nicht befriedigt wird.

c) Wenn endlich die dritte Auflösung dieses unharmonischen Verhältnisses zwischen dem moralischen Werth der Menschen und dem Loose, das ihnen zu Theil wird, dadurch versucht werden will, daß man sagt: in dieser Welt müsse alles Wohl oder Übel bloß als Erfolg aus dem Gebrauche der Vermögen der Menschen nach Gesetzen der Natur proportionirt ihrer angewandten Geschicklichkeit und Klugheit, zugleich auch den Umständen, darein sie zufälliger Weise gerathen, nicht aber nach ihrer Zusammenstimmung zu übersinnlichen Zwecken beurtheilt werden; in einer künftigen Welt dagegen werde sich eine andere Ordnung der Dinge hervorthun und jedem zu Theil werden, wessen seine Thaten hienieden nach moralischer Beurtheilung werth sind: — so ist diese Voraussetzung auch willkürlich. Vielmehr muß die Vernunft, wenn sie nicht als moralisch gesetzgebendes Vermögen diesem ihrem Interesse gemäß einen Machtspruch thut, nach bloßen Regeln des theoretischen Erkenntnisses es wahrscheinlich finden: daß der Lauf der Welt nach der Ordnung der Natur, so wie hier, also auch fernerhin unsre Schicksale bestimmen werde. Denn was hat die Vernunft für ihre theoretische Vermuthung anders zum Leitfaden, als das Naturgesetz? Und ob sie sich gleich, wie ihr vorher (Nr. b) zugemuthet worden, zur Geduld und Hoffnung eines künftig bessern verweisen ließe: wie kann sie erwarten, daß, da der Lauf der Dinge nach der Ordnung der Natur hier auch für sich selbst weise ist, er nach eben demselben Gesetze in einer künftigen Welt unweise sein würde? Da also nach derselben zwischen den innern Bestimmungsgründen des Willens (nämlich der moralischen Denkungsart) nach Gesetzen der Freiheit und zwischen den (größtentheils äußern) von unserm Willen unabhängigen Ursachen unsers Wohlergehens nach Naturgesetzen gar kein begreifliches Verhältniß ist: so bleibt die Vermuthung, daß die Übereinstimmung des Schicksals der Menschen mit einer göttlichen Gerechtigkeit nach den Begriffen, die wir uns von ihr machen, so wenig dort wie hier zu erwarten sei.

* *
*

Der Ausgang dieses Rechtshandels vor dem Gerichtshofe der Philosophie ist nun: daß alle bisherige Theodicee das nicht leiste, was sie verspricht, nämlich die moralische Weisheit in der Weltregierung gegen die Zweifel, die dagegen aus dem, was die Erfahrung an dieser Welt zu erkennen giebt, gemacht werden, zu rechtfertigen: obgleich freilich diese Zweifel als Einwürfe, so weit unsre Einsicht in die Beschaffenheit unsrer Vernunft in Ansehung der letztern reicht, auch das Gegentheil nicht beweisen können. Ob aber nicht noch etwa mit der Zeit tüchtigere Gründe der Rechtfertigung derselben erfunden werden könnten, die angeklagte Weisheit nicht (wie bisher) bloß ab instantia zu absolviren: das bleibt dabei doch noch immer unentschieden, wenn wir es nicht dahin bringen, mit Gewißheit darzuthun: daß unsre Vernunft zur *Einsicht des Verhältnisses, in welchem eine Welt, so wie wir sie durch Erfahrung immer kennen mögen, zu der höchsten Weisheit stehe,* schlechterdings unvermögend sei; denn alsdann sind alle fernere Versuche vermeintlicher menschlicher Weisheit, die Wege der göttlichen einzusehen, völlig abgewiesen. Daß also wenigstens eine negative Weisheit, nämlich die Einsicht der nothwendigen Beschränkung unsrer Anmaßungen in Ansehung dessen, was uns zu hoch ist, für uns erreichbar sei: das muß noch bewiesen werden, um diesen Proceß *für immer* zu endigen; und dieses läßt sich gar wohl thun.

Wir haben nämlich von einer *Kunstweisheit* in der Einrichtung dieser Welt einen Begriff, dem es für unser speculatives Vernunftvermögen nicht an objectiver Realität mangelt, um zu einer Physikotheologie zu gelangen. Eben so haben wir auch einen Begriff von einer *moralischen Weisheit,* die in eine Welt überhaupt durch einen vollkommensten Urheber gelegt werden könnte, an der sittlichen Idee unserer eigenen praktischen Vernunft. — Aber von der *Einheit in der Zusammenstimmung* jener Kunstweisheit mit der moralischen Weisheit in einer Sinnenwelt haben wir keinen Begriff und können auch zu demselben nie zu gelangen hoffen. Denn ein Geschöpf zu sein und als Naturwesen bloß dem Willen seines Urhebers zu folgen; dennoch aber als freihandelndes Wesen (welches seinen vom äußern Einfluß unabhängigen Willen hat, der dem erstern vielfältig zuwider sein kann) der Zurechnung fähig zu sein und seine eigne That doch auch zugleich als die Wirkung eines höhern Wesens anzusehen: ist eine Vereinbarung von Begriffen, die wir zwar in der Idee einer Welt, als des höchsten Guts, zusammen denken müssen; die aber nur der einsehen kann, welcher bis zur Kenntniß der übersinnlichen (intelligiblen) Welt durchdringt und die Art einsieht, wie sie der Sinnenwelt zum Grunde liegt: auf welche Einsicht allein der Beweis der moralischen Weisheit des Welturhebers in der letztern gegründet werden kann, da diese doch nur die Erscheinung jener erstern 5 Welt darbietet, — eine Einsicht, zu der kein Sterblicher gelangen kann.

* *
*

Alle Theodicee soll eigentlich Auslegung der Natur sein, sofern Gott durch dieselbe die Absicht seines Willens kund macht. Nun ist jede Auslegung des declarirten Willens eines Gesetzgebers entweder doctrinal oder authentisch. Die erste ist diejenige, welche jenen Willen aus 10 den Ausdrücken, deren sich dieser bedient hat, in Verbindung mit den sonst bekannten Absichten des Gesetzgebers herausvernünftelt; die zweite macht der Gesetzgeber selbst.

Die Welt, als ein Werk Gottes, kann von uns auch als eine göttliche Bekanntmachung der Absichten seines Willens betrachtet werden. Allein 15 hierin ist sie für uns oft ein verschlossenes Buch; jederzeit aber ist sie dies, wenn es darauf angesehen ist, sogar die Endabsicht Gottes (welche jederzeit moralisch ist) aus ihr, obgleich einem Gegenstande der Erfahrung, abzunehmen. Die philosophischen Versuche dieser Art Auslegung sind doctrinal und machen die eigentliche Theodicee aus, die man daher die 20 doctrinale nennen kann. — Doch kann man auch der bloßen Abfertigung aller Einwürfe wider die göttliche Weisheit den Namen einer Theodicee nicht versagen, wenn sie ein göttlicher Machtspruch, oder (welches in diesem Falle auf Eins hinausläuft) wenn sie ein Ausspruch derselben Vernunft ist, wodurch wir uns den Begriff von Gott als einem moralischen 25 und weisen Wesen nothwendig und vor aller Erfahrung machen. Denn da wird Gott durch unsre Vernunft selbst der Ausleger seines durch die Schöpfung verkündigten Willens; und diese Auslegung können wir eine authentische Theodicee nennen. Das ist aber alsdann nicht Auslegung einer vernünftelnden (speculativen), sondern einer machthabenden 30 praktischen Vernunft, die, so wie sie ohne weitere Gründe im Gesetzgeben schlechthin gebietend ist, als die unmittelbare Erklärung und Stimme Gottes angesehen werden kann, durch die er dem Buchstaben seiner Schöpfung einen Sinn giebt. Eine solche authentische Interpretation finde ich nun in einem alten heiligen Buche allegorisch ausgedrückt. 35

Hiob wird als ein Mann vorgestellt, zu dessen Lebensgenuß sich Alles vereinigt hatte, was man, um ihn vollkommen zu machen, nur immer ausdenken mag. Gesund, wohlhabend, frei, ein Gebieter über Andre, die er glücklich machen kann, im Schoße einer glücklichen Familie, unter
5 geliebten Freunden; und über das Alles (was das Vornehmste ist) mit sich selbst zufrieden in einem guten Gewissen. Alle diese Güter, das letzte ausgenommen, entriß ihm plötzlich ein schweres über ihn zur Prüfung verhängtes Schicksal. Von der Betäubung über diesen unerwarteten Umsturz allmählig zum Besinnen gelangt, bricht er nun in Klagen über
10 seinen Unstern aus; worüber zwischen ihm und seinen vorgeblich sich zum Trösten einfindenden Freunden es bald zu einer Disputation kommt, worin beide Theile, jeder nach seiner Denkungsart (vornehmlich aber nach seiner Lage), seine besondere Theodicee zur moralischen Erklärung jenes schlimmen Schicksals aufstellt. Die Freunde Hiobs bekennen sich zu dem
15 System der Erklärung aller Übel in der Welt aus der göttlichen Gerechtigkeit, als so vieler Strafen für begangene Verbrechen; und ob sie zwar keine zu nennen wußten, die dem unglücklichen Mann zu Schulden kommen sollten, so glaubten sie doch a priori urtheilen zu können, er müßte deren auf sich ruhen haben, weil es sonst nach der göttlichen Gerechtigkeit nicht
20 möglich wäre, daß er unglücklich sei. Hiob dagegen — der mit Entrüstung betheuert, daß ihm sein Gewissen seines ganzen Lebens halber keinen Vorwurf mache; was aber menschliche unvermeidliche Fehler betrifft, Gott selbst wissen werde, daß er ihn als ein gebrechliches Geschöpf gemacht habe — erklärt sich für das System des unbedingten göttlichen Rathschlus-
25 ses. „Er ist einig," sagt er, „er machts, wie er will*)."

In dem, was beide Theile vernünfteln oder übervernünfteln, ist wenig Merkwürdiges; aber der Charakter, in welchem sie es thun, verdient desto mehr Aufmerksamkeit. Hiob spricht, wie er denkt, und wie ihm zu Muthe ist, auch wohl jedem Menschen in seiner Lage zu Muthe sein würde; seine
30 Freunde sprechen dagegen, wie wenn sie ingeheim von dem Mächtigern, über dessen Sache sie Recht sprechen, und bei dem sich durch ihr Urtheil in Gunst zu setzen ihnen mehr am Herzen liegt als an der Wahrheit, behorcht würden. Diese ihre Tücke, Dinge zum Schein zu behaupten, von denen sie doch gestehen mußten, daß sie sie nicht einsahen, und eine Über-
35 zeugung zu heucheln, die sie in der That nicht hatten, sticht gegen Hiobs

*) Hiob XXIII, 13.

gerade Freimüthigkeit, die sich so weit von falscher Schmeichelei entfernt, daß sie fast an Vermessenheit gränzt, sehr zum Vortheil des letztern ab. „Wollt ihr," sagt er*), „Gott vertheidigen mit Unrecht? Wollt ihr seine Person ansehen? Wollt ihr Gott vertreten? Er wird euch strafen, wenn ihr Personen anseht heimlich! — Es kommt kein Heuchler vor Ihn." 5

Das letztere bestätigt der Ausgang der Geschichte wirklich. Denn Gott würdigt Hiob, ihm die Weisheit seiner Schöpfung vornehmlich von Seiten ihrer Unerforschlichkeit vor Augen zu stellen. Er läßt ihn Blicke auf die schöne Seite der Schöpfung thun, wo dem Menschen begreifliche Zwecke die Weisheit und gütige Vorsorge des Welturhebers in ein un- 10 zweideutiges Licht stellen; dagegen aber auch auf die abschreckende, indem er ihm Producte seiner Macht und darunter auch schädliche, furchtbare Dinge hernennt, deren jedes für sich und seine Species zwar zweckmäßig eingerichtet, in Ansehung anderer aber und selbst der Menschen zerstörend, zweckwidrig und mit einem allgemeinen durch Güte und Weisheit ange- 15 ordneten Plane nicht zusammenstimmend zu sein scheint; wobei er aber doch die den weisen Welturheber verkündigende Anordnung und Erhaltung des Ganzen beweiset, obzwar zugleich seine für uns unerforschliche Wege selbst schon in der physischen Ordnung der Dinge, wie vielmehr denn in der Verknüpfung derselben mit der moralischen (die unsrer Vernunft noch 20 undurchdringlicher ist) verborgen sein müssen. — Der Schluß ist dieser: daß, indem Hiob gesteht, nicht etwa frevelhaft, denn er ist sich seiner Redlichkeit bewußt, sondern nur unweislich über Dinge abgesprochen zu haben, die ihm zu hoch sind, und die er nicht versteht, Gott das Verdammungsurtheil wider seine Freunde fällt, weil sie nicht so gut (der Ge- 25 wissenhaftigkeit nach) von Gott geredet hätten als sein Knecht Hiob. Betrachtet man nun die Theorie, die jede von beiden Seiten behauptete: so möchte die seiner Freunde eher den Anschein mehrerer speculativen Vernunft und frommer Demuth bei sich führen; und Hiob würde wahrscheinlicher Weise vor einem jeden Gerichte dogmatischer Theologen, vor 30 einer Synode, einer Inquisition, einer ehrwürdigen Classis, oder einem jeden Oberconsistorium unserer Zeit (ein einziges ausgenommen), ein schlimmes Schicksal erfahren haben. Also nur die Aufrichtigkeit des Herzens, nicht der Vorzug der Einsicht, die Redlichkeit, seine Zweifel unverhohlen zu gestehen, und der Abscheu, Überzeugung zu heucheln, wo man sie doch 35

*) Hiob XIII, 7 bis 11; 16.

nicht fühlt, vornehmlich nicht vor Gott (wo diese List ohnedas ungereimt ist): diese Eigenschaften sind es, welche den Vorzug des redlichen Mannes in der Person Hiobs vor dem religiösen Schmeichler im göttlichen Richterausspruch entschieden haben.

5 Der Glauben aber, der ihm durch eine so befremdliche Auflösung seiner Zweifel, nämlich bloß die Überführung von seiner Unwissenheit, entsprang, konnte auch nur in die Seele eines Mannes kommen, der mitten unter seinen lebhaftesten Zweifeln sagen konnte (XXVII, 5, 6): „Bis daß mein Ende kommt, will ich nicht weichen von meiner Frömmigkeit" u. s. w.
10 Denn mit dieser Gesinnung bewies er, daß er nicht seine Moralität auf den Glauben, sondern den Glauben auf die Moralität gründete: in welchem Falle dieser, so schwach er auch sein mag, doch allein lauter und ächter Art, d. i. von derjenigen Art ist, welche eine Religion nicht der Gunstbewerbung, sondern des guten Lebenswandels gründet.

15 Schlußanmerkung.

Die Theodicee hat es, wie hier gezeigt worden, nicht sowohl mit einer Aufgabe zum Vortheil der Wissenschaft, als vielmehr mit einer Glaubenssache zu thun. Aus der authentischen sahen wir: daß es in solchen Dingen nicht so viel aufs Vernünfteln ankomme, als auf Aufrichtigkeit in Be-
20 merkung des Unvermögens unserer Vernunft und auf die Redlichkeit, seine Gedanken nicht in der Aussage zu verfälschen, geschehe dies auch in noch so frommer Absicht, als es immer wolle. — Dieses veranlaßt noch folgende kurze Betrachtung über einen reichhaltigen Stoff, nämlich über die Aufrichtigkeit als das Haupterforderniß in Glaubenssachen im Widerstreite
25 mit dem Hange zur Falschheit und Unlauterkeit, als dem Hauptgebrechen in der menschlichen Natur.

Daß das, was Jemand sich selbst oder einem Andern sagt, *wahr* sei: dafür kann er nicht jederzeit stehen (denn er kann irren); dafür aber kann und muß er stehen, daß sein Bekenntniß oder Geständniß
30 *wahrhaft* sei: denn dessen ist er sich unmittelbar bewußt. Er vergleicht nämlich im erstern Falle seine Aussage mit dem Object im logischen Urtheile (durch den Verstand); im zweiten Fall aber, da er sein Fürwahrhalten bekennt, mit dem Subject (vor dem Gewissen). Thut er das Bekenntniß in Ansehung des erstern, ohne sich des letztern bewußt zu sein:
35 so lügt er, weil er etwas anders vorgiebt, als wessen er sich bewußt ist. — Die Bemerkung, daß es solche Unlauterkeit im menschlichen Herzen gebe,

ist nicht neu (denn Hiob hat sie schon gemacht); aber fast sollte man glauben, daß die Aufmerksamkeit auf dieselbe für Sitten- und Religionslehrer neu sei: so wenig findet man, daß sie ungeachtet der Schwierigkeit, welche eine Läuterung der Gesinnungen der Menschen, selbst wenn sie pflichtmäßig handeln wollen, bei sich führt, von jener Bemerkung genugsamen Gebrauch 5 gemacht hätten. — Man kann diese Wahrhaftigkeit die formale Gewissenhaftigkeit nennen; die materiale besteht in der Behutsamkeit, nichts auf die Gefahr, daß es unrecht sei, zu wagen: da hingegen jene in dem Bewußtsein besteht, diese Behutsamkeit im gegebnen Falle angweandt zu haben. — Moralisten reden von einem irrenden Gewissen. Aber ein 10 irrendes Gewissen ist ein Unding; und gäbe es ein solches, so könnte man niemals sicher sein recht gehandelt zu haben, weil selbst der Richter in der letzten Instanz noch irren könnte. Ich kann zwar in dem Urtheile irren, in welchem ich glaube Recht zu haben: denn das gehört dem Verstande zu, der allein (wahr oder falsch) objectiv urtheilt; aber in dem Bewußtsein: 15 ob ich in der That glaube Recht zu haben (oder es bloß vorgebe), kann ich schlechterdings nicht irren, weil dieses Urtheil oder vielmehr dieser Satz bloß sagt: daß ich den Gegenstand so beurtheile.

In der Sorgfalt sich dieses Glaubens (oder Nichtglaubens) bewußt zu werden und kein Fürwahrhalten vorzugeben, dessen man sich nicht be- 20 wußt ist, besteht nun eben die formale Gewissenhaftigkeit, welche der Grund der Wahrhaftigkeit ist. Derjenige also, welcher sich selbst (und, welches in den Religionsbekenntnissen einerlei ist, vor Gott) sagt: er glaube, ohne vielleicht auch nur einen Blick in sich selbst gethan zu haben, ob er sich in der That dieses Fürwahrhaltens oder auch eines solchen Grades 25 desselben bewußt sei*), der lügt nicht bloß die ungereimteste Lüge (vor

---

*) Das Erpressungsmittel der Wahrhaftigkeit in äußern Aussagen, der Eid (tortura spiritualis), wird vor einem menschlichen Gerichtshofe nicht bloß für erlaubt, sondern auch für unentbehrlich gehalten: ein trauriger Beweis von der geringen Achtung der Menschen für die Wahrheit selbst im Tempel der öffentlichen 30 Gerechtigkeit, wo die bloße Idee von ihr schon für sich die größte Achtung einflößen sollte! Aber die Menschen lügen auch Überzeugung, die sie wenigstens nicht von der Art oder in dem Grade haben, als sie vorgeben, selbst in ihrem innern Bekenntnisse; und da diese Unredlichkeit (weil sie nach und nach in wirkliche Überredung ausschlägt) auch äußere schädliche Folgen haben kann, so kann jenes Er- 35 pressungsmittel der Wahrhaftigkeit, der Eid (aber freilich nur ein innerer, d. i. der Versuch, ob das Fürwahrhalten auch die Probe einer innern eidlichen Abhörung

einem Herzenskündiger), sondern auch die frevelhafteste, weil sie den Grund jedes tugendhaften Vorsatzes, die Aufrichtigkeit, untergräbt. Wie bald solche blinde und äußere Bekenntnisse (welche sehr leicht mit einem eben so unwahren innern vereinbart werden), wenn sie Erwerbmittel abgeben, allmählich eine gewisse Falschheit in die Denkungsart selbst des gemeinen Wesens bringen können, ist leicht abzusehen. — Während indeß diese öffentliche Läuterung der Denkungsart wahrscheinlicher Weise auf entfernte Zeiten ausgesetzt bleibt, bis sie vielleicht einmal unter dem Schutze der Denkfreiheit ein allgemeines Erziehungs- und Lehrprincip werden wird, mögen hier noch einige Zeilen auf die Betrachtung jener Unart, welche in der menschlichen Natur tief gewurzelt zu sein scheint, verwandt werden.

Es liegt etwas Rührendes und Seelenerhebendes in der Aufstellung eines aufrichtigen, von aller Falschheit und positiven Verstellung entfernten Charakters; da doch die Ehrlichkeit, eine bloße Einfalt und Gerad-

des Bekenntnisses aushalte), dazu gleichfalls sehr wohl gebraucht werden, die Vermessenheit dreister, zuletzt auch wohl äußerlich gewaltsamer Behauptungen, wo nicht abzuhalten, doch wenigstens stutzig zu machen. — Von einem menschlichen Gerichtshofe wird dem Gewissen des Schwörenden nichts weiter zugemuthet, als die Anheischigmachung: daß, wenn es einen künftigen Weltrichter (mithin Gott und ein künftiges Leben) giebt, er ihm für die Wahrheit seines äußern Bekenntnisses verantwortlich sein wolle; daß es einen solchen Weltrichter gebe, davon hat er nicht nöthig ihm ein Bekenntniß abzufordern, weil, wenn die erstere Betheurung die Lüge nicht abhalten kann, das zweite falsche Bekenntniß eben so wenig Bedenken erregen würde. Nach dieser innern Eidesdelation würde man sich also selbst fragen: Getrauest du dir wohl, bei allem, was dir theuer und heilig ist, dich für die Wahrheit jenes wichtigen oder eines andern dafür gehaltenen Glaubenssatzes zu verbürgen? Bei einer solchen Zumuthung wird das Gewissen aufgeschreckt durch die Gefahr, der man sich aussetzt, mehr vorzugeben, als man mit Gewißheit behaupten kann, wo das Dafürhalten einen Gegenstand betrifft, der auf dem Wege des Wissens (theoretischer Einsicht) gar nicht erreichbar ist, dessen Annehmung aber dadurch, daß sie allein den Zusammenhang der höchsten praktischen Vernunftprincipien mit denen der theoretischen Naturerkenntniß in einem System möglich (und also die Vernunft mit sich selbst zusammenstimmend) macht, über alles empfehlbar, aber immer doch frei ist. — Noch mehr aber müssen Glaubensbekenntnisse, deren Quelle historisch ist, dieser Feuerprobe der Wahrhaftigkeit unterworfen werden, wenn sie Andern gar als Vorschriften auferlegt werden: weil hier die Unlauterkeit und geheuchelte Überzeugung auf Mehrere verbreitet wird, und die Schuld davon dem, der sich für Anderer Gewissen gleichsam verbürgt (denn die Menschen sind mit ihrem Gewissen gerne passiv), zur Last fällt.

heit der Denkungsart (vornehmlich wenn man ihr die Offenherzigkeit erläßt), das Kleinste ist, was man zu einem guten Charakter nur immer fordern kann, und daher nicht abzusehen ist, worauf sich denn jene Bewunderung gründe, die wir einem solchen Gegenstande widmen: es müßte denn sein, daß die Aufrichtigkeit die Eigenschaft wäre, von der die mensch- 5 liche Natur gerade am weitesten entfernt ist. Eine traurige Bemerkung! Indem eben durch jene alle übrige Eigenschaften, sofern sie auf Grundsätzen beruhen, allein einen innern wahren Werth haben können. Ein contemplativer Misanthrop (der keinem Menschen Böses wünscht, wohl aber geneigt ist von ihnen alles Böse zu glauben) kann nur zweifelhaft 10 sein, ob er die Menschen hassens- oder ob er sie eher verachtungswürdig finden solle. Die Eigenschaften, um derentwillen er sie für die erste Begegnung qualificirt zu sein urtheilen würde, sind die, durch welche sie vorsätzlich schaden. Diejenige Eigenschaft aber, welche sie ihm eher der letztern Abwürdigung auszusetzen scheint, könnte keine andere 15 sein, als ein Hang, der an sich böse ist, ob er gleich Niemanden schadet: ein Hang zu demjenigen, was zu keiner Absicht als Mittel gebraucht werden soll, was also objectiv zu nichts gut ist. Das erstere Böse wäre wohl kein anderes, als das der Feindseligkeit (gelinder gesagt, Lieblosigkeit); das zweite kann kein anderes sein als Lügenhaftigkeit 20 (Falschheit, selbst ohne alle Absicht zu schaden). Die erste Neigung hat eine Absicht, deren Gebrauch doch in gewissen andern Beziehungen erlaubt und gut sein kann, z. B. die Feindseligkeit gegen unbesserliche Friedensstörer. Der zweite Hang aber ist der zum Gebrauch eines Mittels (der Lüge), das zu nichts gut ist, zu welcher Absicht es auch sei, weil es 25 an sich selbst böse und verwerflich ist. In der Beschaffenheit des Menschen von der ersten Art ist Bosheit, womit sich doch noch Tüchtigkeit zu guten Zwecken in gewissen äußern Verhältnissen verbinden läßt, und sie sündigt nur in den Mitteln, die doch auch nicht in aller Absicht verwerflich sind. Das Böse von der letztern Art ist Nichtswürdigkeit, wodurch 30 dem Menschen aller Charakter abgesprochen wird. — Ich halte mich hier hauptsächlich an der tief im Verborgnen liegenden Unlauterkeit, da der Mensch sogar die innern Aussagen vor seinem eignen Gewissen zu verfälschen weiß. Um desto weniger darf die äußere Betrugsneigung befremden; es müßte denn dieses sein, daß, obzwar ein jeder von der Falschheit 35 der Münze belehrt ist, mit der er Verkehr treibt, sie sich dennoch immer so gut im Umlaufe erhalten kann.

In Herrn de Lüc Briefen über die Gebirge, die Geschichte der Erde und Menschen erinnere ich mich folgendes Resultat seiner zum Theil anthropologischen Reise gelesen zu haben. Der menschenfreundliche Verfasser war mit der Voraussetzung der ursprünglichen Gutartigkeit unserer Gat-
5 tung ausgegangen und suchte die Bestätigung derselben da, wo städtische Üppigkeit nicht solchen Einfluß haben kann, Gemüther zu verderben: in Gebirgen, von den schweizerischen an bis zum Harze; und nachdem sein Glauben an uneigennützig hülfleistende Neigung durch eine Erfahrung in den erstern etwas wankend geworden, so bringt er doch am Ende diese
10 Schlußfolge heraus: daß der Mensch, was das Wohlwollen betrifft, gut genug sei (kein Wunder! denn dieses beruht auf eingepflanzter Neigung, wovon Gott der Urheber ist); wenn ihm nur nicht ein schlimmer Hang zur feinen Betrügerei beiwohnte (welches auch nicht zu verwundern ist; denn diese abzuhalten beruht auf dem Cha-
15 rakter, welchen der Mensch selber in sich bilden muß)! — Ein Resultat der Untersuchung, welches ein Jeder, auch ohne in Gebirge gereiset zu sein, unter seinen Mitbürgern, ja noch näher, in seinem eignen Busen, hätte antreffen können.

Über den Gemeinspruch:

Das mag in der Theorie richtig sein, taugt aber nicht für die Praxis.

Man nennt einen Inbegriff selbst von praktischen Regeln alsdann Theorie, wenn diese Regeln als Principien in einer gewissen Allgemeinheit gedacht werden, und dabei von einer Menge Bedingungen abstrahirt wird, die doch auf ihre Ausübung nothwendig Einfluß haben. Umgekehrt
5 heißt nicht jede Hantirung, sondern nur diejenige Bewirkung eines Zwecks Praxis, welche als Befolgung gewisser im Allgemeinen vorgestellten Principien des Verfahrens gedacht wird.

Daß zwischen der Theorie und Praxis noch ein Mittelglied der Verknüpfung und des Überganges von der einen zur anderen erfordert werde,
10 die Theorie mag auch so vollständig sein, wie sie wolle, fällt in die Augen; denn zu dem Verstandesbegriffe, welcher die Regel enthält, muß ein Actus der Urtheilskraft hinzukommen, wodurch der Praktiker unterscheidet, ob etwas der Fall der Regel sei oder nicht; und da für die Urtheilskraft nicht immer wiederum Regeln gegeben werden können, wonach sie sich in der
15 Subsumtion zu richten habe (weil das ins Unendliche gehen würde), so kann es Theoretiker geben, die in ihrem Leben nie praktisch werden können, weil es ihnen an Urtheilskraft fehlt: z. B. Ärzte oder Rechtsgelehrte, die ihre Schule gut gemacht haben, die aber, wenn sie ein Consilium zu geben haben, nicht wissen, wie sie sich benehmen sollen. — Wo aber diese Natur-
20 gabe auch angetroffen wird, da kann es doch noch einen Mangel an Prämissen geben; d. i. die Theorie kann unvollständig und die Ergänzung derselben vielleicht nur durch noch anzustellende Versuche und Erfahrungen geschehen, von denen der aus seiner Schule kommende Arzt, Landwirth oder Cameralist sich neue Regeln abstrahiren und seine Theorie vollständig
25 machen kann und soll. Da lag es dann nicht an der Theorie, wenn sie zur Praxis noch wenig taugte, sondern daran, daß nicht genug Theorie da war, welche der Mann von der Erfahrung hätte lernen sollen, und welche wahre Theorie ist, wenn er sie gleich nicht von sich zu geben und als Lehrer in allgemeinen Sätzen systematisch vorzutragen im Stande ist, folglich auf
30 den Namen eines theoretischen Arztes, Landwirths und dergl. keinen

Anspruch machen kann. — Es kann also Niemand sich für praktisch bewandert in einer Wissenschaft ausgeben und doch die Theorie verachten, ohne sich bloß zu geben, daß er in seinem Fache ein Ignorant sei: indem er glaubt, durch Herumtappen in Versuchen und Erfahrungen, ohne sich gewisse Principien (die eigentlich das ausmachen, was man Theorie nennt) 5 zu sammeln und ohne sich ein Ganzes (welches, wenn dabei methodisch verfahren wird, System heißt) über sein Geschäft gedacht zu haben, weiter kommen zu können, als ihn die Theorie zu bringen vermag.

Indeß ist doch noch eher zu dulden, daß ein Unwissender die Theorie bei seiner vermeintlichen Praxis für unnöthig und entbehrlich ausgebe, 10 als daß ein Klügling sie und ihren Werth für die Schule (um etwa nur den Kopf zu üben) einräumt, dabei aber zugleich behauptet: daß es in der Praxis ganz anders laute; daß, wenn man aus der Schule sich in die Welt begiebt, man inne werde, leeren Idealen und philosophischen Träumen nach gegangen zu sein; mit Einem Wort, daß, was in der Theorie sich 15 gut hören läßt, für die Praxis von keiner Gültigkeit sei. (Man drückt dieses oft auch so aus: dieser oder jener Satz gilt zwar in thesi, aber nicht in hypothesi.) Nun würde man den empirischen Maschinisten, welcher über die allgemeine Mechanik, oder den Artilleristen, welcher über die mathematische Lehre vom Bombenwurf so absprechen wollte, daß die 20 Theorie davon zwar fein ausgedacht, in der Praxis aber gar nicht gültig sei, weil bei der Ausübung die Erfahrung ganz andere Resultate gebe als die Theorie, nur belachen (denn wenn zu der ersten noch die Theorie der Reibung, zur zweiten die des Widerstandes der Luft, mithin überhaupt nur noch mehr Theorie hinzu käme, so würden sie mit der Erfahrung gar 25 wohl zusammen stimmen). Allein es hat doch eine ganz andere Bewandtniß mit einer Theorie, welche Gegenstände der Anschauung betrifft, als mit derjenigen, in welcher diese nur durch Begriffe vorgestellt werden (mit Objecten der Mathematik und Objecten der Philosophie): welche letzteren vielleicht ganz wohl und ohne Tadel (von Seiten der Vernunft) gedacht, 30 aber vielleicht gar nicht gegeben werden können, sondern wohl bloß leere Ideen sein mögen, von denen in der Praxis entweder gar kein, oder sogar ein ihr nachtheiliger Gebrauch gemacht werden würde. Mithin könnte jener Gemeinspruch doch wohl in solchen Fällen seine gute Richtigkeit haben.

Allein in einer Theorie, welche auf dem Pflichtbegriff gegründet 35 ist, fällt die Besorgniß wegen der leeren Idealität dieses Begriffs ganz weg. Denn es würde nicht Pflicht sein, auf eine gewisse Wirkung unsers

Willens auszugehen, wenn diese nicht auch in der Erfahrung (sie mag nun als vollendet, oder der Vollendung sich immer annähernd gedacht werden) möglich wäre; und von dieser Art der Theorie ist in gegenwärtiger Abhandlung nur die Rede. Denn von ihr wird zum Skandal der Philo-
5 sophie nicht selten vorgeschützt, daß, was in ihr richtig sein mag, doch für die Praxis ungültig sei: und zwar in einem vornehmen wegwerfenden Ton voll Anmaßung, die Vernunft selbst in dem, worin sie ihre höchste Ehre setzt, durch Erfahrung reformiren zu wollen; und in einem Weisheits-dünkel mit Maulwurfsaugen, die auf die letztere geheftet sind, weiter und
10 sicherer sehen zu können, als mit Augen, welche einem Wesen zu Theil geworden, das aufrecht zu stehen und den Himmel anzuschauen gemacht war.

Diese in unsern spruchreichen und thatleeren Zeiten sehr gemein gewordene Maxime richtet nun, wenn sie etwas Moralisches (Tugend- oder Rechtspflicht) betrifft, den größten Schaden an. Denn hier ist es um den
15 Kanon der Vernunft (im Praktischen) zu thun, wo der Werth der Praxis gänzlich auf ihrer Angemessenheit zu der ihr untergelegten Theorie beruht, und Alles verloren ist, wenn die empirischen und daher zufälligen Bedingungen der Ausführung des Gesetzes zu Bedingungen des Gesetzes selbst gemacht und so eine Praxis, welche auf einen nach *bisheriger* Er-
20 fahrung wahrscheinlichen Ausgang berechnet ist, die für sich selbst bestehende Theorie zu meistern berechtigt wird.

Die Eintheilung dieser Abhandlung mache ich nach den drei verschiedenen Standpunkten, aus welchen der über Theorien und Systeme so keck absprechende Ehrenmann seinen Gegenstand zu beurtheilen pflegt;
25 mithin in dreifacher Qualität: 1) als Privat-, aber doch *Geschäftsmann*, 2) als *Staatsmann*, 3) als *Weltmann* (oder Weltbürger überhaupt). Diese drei Personen sind nun darin einig, dem *Schulmann* zu Leibe zu gehen, der für sie alle und zu ihrem Besten Theorie bearbeitet: um, da sie es besser zu verstehen wähnen, ihn in seine Schule zu weisen
30 (illa se iactet in aula!), als einen Pedanten, der, für die Praxis verdorben, ihrer erfahrenen Weisheit nur im Wege steht.

Wir werden also das Verhältniß der Theorie zur Praxis in drei Nummern: *erstlich* in der *Moral* überhaupt (in Absicht auf das Wohl jedes *Menschen*), *zweitens* in der *Politik* (in Beziehung auf das Wohl
35 der *Staaten*), *drittens* in *kosmopolitischer* Betrachtung (in Absicht auf das Wohl der *Menschengattung* im Ganzen, und zwar so fern sie im Fortschreiten zu demselben in der Reihe der Zeugungen aller künftigen

Zeiten begriffen ist) vorstellig machen. — Die Betitelung der Nummern aber wird aus Gründen, die sich aus der Abhandlung selbst ergeben, durch das Verhältniß der Theorie zur Praxis in der Moral, dem Staatsrecht und dem Völkerrecht ausgedrückt werden.

I. 5

Von dem Verhältniß der Theorie zur Praxis in der Moral überhaupt.

(Zur Beantwortung einiger Einwürfe des Hrn. Prof. Garve*).

Ehe ich zu dem eigentlichen Streitpunkte über das, was im Gebrauche eines und desselben Begriffs bloß für die Theorie, oder für die Praxis gültig sein mag, komme: muß ich meine Theorie, so wie ich sie anderwärts 10 vorgestellt habe, mit der Vorstellung zusammen halten, welche Herr Garve davon giebt, um vorher zu sehen, ob wir uns einander auch verstehen.

A. Ich hatte die Moral vorläufig als zur Einleitung für eine Wissenschaft erklärt, die da lehrt, nicht wie wir glücklich, sondern der Glückseligkeit würdig werden sollen**). Hiebei hatte ich nicht verabsäumt anzu- 15 merken, daß dadurch dem Menschen nicht angesonnen werde, er solle, wenn es auf Pflichtbefolgung ankommt, seinem natürlichen Zwecke, der Glückseligkeit, entsagen; denn das kann er nicht, so wie kein endliches vernünftiges Wesen überhaupt; sondern er müsse, wenn das Gebot der Pflicht eintritt, gänzlich von dieser Rücksicht abstrahiren; er müsse sie durchaus 20 nicht zur Bedingung der Befolgung des ihm durch die Vernunft vor-

---

*) Versuche über verschiedne Gegenstände aus der Moral und Literatur, von Ch. Garve. Erster Theil, S. 111 bis 116. Ich nenne die Bestreitung meiner Sätze Einwürfe dieses würdigen Mannes gegen das, worüber er sich mit mir (wie ich hoffe) einzuverstehen wünscht; nicht Angriffe, die 25 als absprechende Behauptungen zur Vertheidigung reizen sollten: wozu weder hier der Ort, noch bei mir die Neigung ist.

**) Die Würdigkeit glücklich zu sein ist diejenige auf dem selbst eigenen Willen des Subjects beruhende Qualität einer Person, in Gemäßheit mit welcher eine allgemeine (der Natur sowohl als dem freien Willen) gesetzgebende Vernunft 30 zu allen Zwecken dieser Person zusammenstimmen würde. Sie ist also von der Geschicklichkeit sich ein Glück zu erwerben gänzlich unterschieden. Denn selbst dieser und des Talents, welches ihm die Natur dazu verliehen hat, ist er nicht werth, wenn er einen Willen hat, der mit dem, welcher allein sich zu einer allgemeinen Gesetzgebung der Vernunft schickt, nicht zusammen stimmt und darin nicht mit ent- 35 halten sein kann (d. i. welcher der Moralität widerstreitet).

geschriebenen Gesetzes machen; ja sogar, so viel ihm möglich ist, sich bewußt zu werden suchen, daß sich keine von jener hergeleitete Triebfeder in die Pflichtbestimmung unbemerkt mit einmische: welches dadurch bewirkt wird, daß man die Pflicht lieber mit Aufopferungen verbunden vorstellt, welche ihre Beobachtung (die Tugend) kostet, als mit den Vortheilen, die sie uns einbringt: um das Pflichtgebot in seinem ganzen, unbedingten Gehorsam fordernden, sich selbst genugsamen und keines andern Einflusses bedürftigen Ansehen sich vorstellig zu machen.

a. Diesen meinen Satz drückt Hr. Garve nun so aus: „ich hätte behauptet, daß die Beobachtung des moralischen Gesetzes ganz ohne Rücksicht auf Glückseligkeit der einzige Endzweck für den Menschen sei, daß sie als der einzige Zweck des Schöpfers angesehen werden müsse". (Nach meiner Theorie ist weder die Moralität des Menschen für sich, noch die Glückseligkeit für sich allein, sondern das höchste in der Welt mögliche Gut, welches in der Vereinigung und Zusammenstimmung beider besteht, der einzige Zweck des Schöpfers.)

B. Ich hatte ferner bemerkt, daß dieser Begriff von Pflicht keinen besondern Zweck zum Grunde zu legen nöthig habe, vielmehr einen andern Zweck für den Willen des Menschen herbei führe, nämlich: auf das höchste in der Welt mögliche Gut (die im Weltganzen mit der reinsten Sittlichkeit auch verbundene allgemeine, jener gemäße Glückseligkeit) nach allem Vermögen hinzuwirken: welches, da es zwar von einer, aber nicht von beiden Seiten zusammengenommen, in unserer Gewalt ist, der Vernunft den Glauben an einen moralischen Weltherrscher und an ein künftiges Leben in praktischer Absicht abnöthigt. Nicht, als ob nur unter der Voraussetzung beider der allgemeine Pflichtbegriff allererst „Halt und Festigkeit," d. i. einen sicheren Grund und die erforderliche Stärke einer Triebfeder, sondern damit er nur an jenem Ideal der reinen Vernunft auch ein Object bekomme*). Denn an sich ist Pflicht nichts anders, als

*) Das Bedürfniß, ein höchstes auch durch unsere Mitwirkung mögliches Gut in der Welt als den Endzweck aller Dinge anzunehmen, ist nicht ein Bedürfniß aus Mangel an moralischen Triebfedern, sondern an äußeren Verhältnissen, in denen allein diesen Triebfedern gemäß ein Object als Zweck an sich selbst (als moralischer Endzweck) hervorgebracht werden kann. Denn ohne allen Zweck kann kein Wille sein; obgleich man, wenn es bloß auf gesetzliche Nöthigung der Handlungen ankommt, von ihm abstrahiren muß und das Gesetz allein den Bestimmungsgrund desselben ausmacht. Aber nicht jeder Zweck ist moralisch (z. B.

Einschränkung des Willens auf die Bedingung einer allgemeinen, durch eine angenommene Maxime möglichen Gesetzgebung, der Gegenstand desselben oder der Zweck mag sein, welcher er wolle (mithin auch die Glückseligkeit); von welchem aber und auch von jedem Zweck, den man haben mag, hiebei ganz abstrahirt wird. Bei der Frage vom Princip der Moral kann also die Lehre vom höchsten Gut, als letzten Zweck eines durch sie bestimmten und ihren Gesetzen angemessenen Willens, (als episodisch) ganz übergangen und beiseite gesetzt werden; wie sich auch in der Folge zeigt, daß, wo es auf den eigentlichen Streitpunkt ankommt, darauf gar nicht, sondern bloß auf die allgemeine Moral Rücksicht genommen wird.

b. Hr. Garve bringt diese Sätze unter folgende Ausdrücke: „daß der Tugendhafte jenen Gesichtspunkt (der eigenen Glückseligkeit) nie aus den Augen verlieren könne, noch dürfe, — weil er sonst den Übergang in die unsichtbare Welt, den zur Überzeugung vom Dasein Gottes und von der Unsterblichkeit, gänzlich verlöre; die doch nach dieser Theorie durchaus

---

nicht der der eigenen Glückseligkeit), sondern dieser muß uneigennützig sein; und das Bedürfniß eines durch reine Vernunft aufgegebenen, das Ganze aller Zwecke unter einem Princip befassenden Endzwecks (eine Welt als das höchste auch durch unsere Mitwirkung mögliche Gut) ist ein Bedürfniß des sich noch über die Beobachtung der formalen Gesetze zu Hervorbringung eines Objects (das höchste Gut) erweiternden uneigennützigen Willens. — Dieses ist eine Willensbestimmung von besonderer Art, nämlich durch die Idee des Ganzen aller Zwecke, wo zum Grunde gelegt wird: daß, wenn wir zu Dingen in der Welt in gewissen moralischen Verhältnissen stehen, wir allerwärts dem moralischen Gesetz gehorchen müssen; und über das noch die Pflicht hinzukommt, nach allem Vermögen es zu bewirken, daß ein solches Verhältniß (eine Welt, den sittlichen höchsten Zwecken angemessen) existire. Hiebei denkt sich der Mensch nach der Analogie mit der Gottheit, welche, obzwar subjectiv keines äußeren Dinges bedürftig, gleichwohl nicht gedacht werden kann, daß sie sich in sich selbst verschlösse, sondern das höchste Gut außer sich hervorzubringen selbst durch das Bewußtsein ihrer Allgenugsamkeit bestimmt sei: welche Nothwendigkeit (die beim Menschen Pflicht ist) am höchsten Wesen von uns nicht anders als moralisches Bedürfniß vorgestellt werden kann. Beim Menschen ist daher die Triebfeder, welche in der Idee des höchsten durch seine Mitwirkung in der Welt möglichen Guts liegt, auch nicht die eigene dabei beabsichtigte Glückseligkeit, sondern nur diese Idee als Zweck an sich selbst, mithin ihre Verfolgung als Pflicht. Denn sie enthält nicht Aussicht in Glückseligkeit schlechthin, sondern nur einer Proportion zwischen ihr und der Würdigkeit des Subjects, welches es auch sei. Eine Willensbestimmung aber, die sich selbst und ihre Absicht, zu einem solchen Ganzen zu gehören, auf diese Bedingung einschränkt, ist nicht eigennützig.

nothwendig ist, *dem moralischen System Halt und Festigkeit zu geben*"; und beschließt damit, die Summe der mir zugeschriebenen Behauptung kurz und gut so zusammen zu fassen: „Der Tugendhafte strebt jenen Principien zu Folge unaufhörlich darnach, der Glückseligkeit würdig, aber, *in so fern* er wahrhaftig tugendhaft ist, nie darnach, glücklich zu sein." (Das Wort *in so fern* macht hier eine Zweideutigkeit, die vorher ausgeglichen werden muß. Es kann so viel bedeuten als: *in dem Actus*, da er sich als Tugendhafter seiner Pflicht unterwirft; und da stimmt dieser Satz mit meiner Theorie vollkommen zusammen. Oder: wenn er überhaupt nur tugendhaft ist und also selbst da, wo es nicht auf Pflicht ankommt und ihr nicht widerstritten wird, solle der Tugendhafte auf Glückseligkeit doch gar keine Rücksicht nehmen; und da widerspricht das meinen Behauptungen gänzlich.)

Diese Einwürfe sind also nichts als Mißverständnisse (denn für Mißdeutungen mag ich sie nicht halten), deren Möglichkeit befremden müßte, wenn nicht der menschliche Hang seinem einmal gewohnten Gedankengange auch in der Beurtheilung fremder Gedanken zu folgen und so jenen in diese hinein zu tragen ein solches Phänomen hinreichend erklärte.

Auf diese polemische Behandlung des obigen moralischen Princips folgt nun eine dogmatische Behauptung des Gegentheils. Hr. G. schließt nämlich analytisch so: „In der Ordnung der *Begriffe* muß das Wahrnehmen und Unterscheiden der Zustände, wodurch einem vor dem andern der *Vorzug* gegeben wird, vor der Wahl eines unter denselben und also vor der Vorausbestimmung eines gewissen Zwecks vorher gehen. Ein Zustand aber, den ein mit dem Bewußtsein seiner selbst und seines Zustandes begabtes Wesen dann, wenn dieser Zustand gegenwärtig ist und von ihm wahrgenommen wird, anderen Arten zu sein *vorzieht*, ist ein *guter* Zustand; und eine Reihe solcher guten Zustände ist der allgemeinste Begriff, den das Wort *Glückseligkeit* ausdrückt." — Ferner: „Ein Gesetz setzt Motive, Motive aber setzen einen vorher wahrgenommenen Unterschied eines schlechteren Zustandes von einem besseren voraus. Dieser wahrgenommene Unterschied ist das Element des Begriffs der Glückseligkeit u. s. w." Ferner: „*Aus der Glückseligkeit* im allgemeinsten Sinne des Worts *entspringen die Motive zu jedem Bestreben*; also auch zur Befolgung des moralischen Gesetzes. Ich muß erst überhaupt wissen, daß etwas gut ist, ehe ich fragen kann, ob die Erfüllung der moralischen Pflichten unter die Rubrik des Guten gehöre; der Mensch muß eine

Triebfeder haben, die ihn in Bewegung setzt, ehe man ihm ein Ziel vorstecken kann*), wohin diese Bewegung gerichtet werden soll."

Dieses Argument ist nichts weiter, als ein Spiel mit der Zweideutigkeit des Worts das Gute: da dieses entweder, als an sich und unbedingt gut, im Gegensatz mit dem an sich Bösen; oder, als immer nur bedingterweise gut, mit dem schlechteren oder besseren Guten verglichen wird, da der Zustand der Wahl des letzteren nur ein comparativ-besserer Zustand, an sich selbst aber doch böse sein kann. — Die Maxime einer unbedingten, auf gar keine zum Grunde gelegte Zwecke Rücksicht nehmenden Beobachtung eines kategorisch gebietenden Gesetzes der freien Willkür (d. i. der Pflicht) ist von der Maxime, dem als Motiv zu einer gewissen Handlungsweise uns von der Natur selbst untergelegten Zweck (der im Allgemeinen Glückseligkeit heißt) nachzugehen, wesentlich, d. i. der Art nach, unterschieden. Denn die erste ist an sich selbst gut, die zweite keineswegs; sie kann im Fall der Collision mit der Pflicht sehr böse sein. Hingegen wenn ein gewisser Zweck zum Grunde gelegt wird, mithin kein Gesetz unbedingt (sondern nur unter der Bedingung dieses Zwecks) gebietet, so können zwei entgegengesetzte Handlungen beide bedingterweise gut sein, nur eine besser als die andere (welche letztere daher comparativ-böse heißen würde); denn sie sind nicht der Art, sondern bloß dem Grade nach von einander unterschieden. Und so ist es mit allen Handlungen beschaffen, deren Motiv nicht das unbedingte Vernunftgesetz (Pflicht), sondern ein von uns willkürlich zum Grunde gelegter Zweck ist: denn dieser gehört zur Summe aller Zwecke, deren Erreichung Glückseligkeit genannt wird; und eine Handlung kann mehr, die andere weniger zu meiner Glückseligkeit beitragen, mithin besser oder schlechter sein als die andere. — Das Vorziehen aber eines Zustandes der Willensbestimmung vor dem andern ist bloß ein Actus der Freiheit (res merae facultatis, wie die Juristen sagen), bei welchem, ob diese (Willensbestimmung) an sich gut oder böse ist, gar nicht in Betrachtung gezogen wird, mithin in Ansehung beider gleichgeltend.

*) Das ist ja gerade dasjenige, worauf ich dringe. Die Triebfeder, welche der Mensch vorher haben kann, ehe ihm ein Ziel (Zweck) vorgesteckt wird, kann doch offenbar nichts andres sein, als das Gesetz selbst durch die Achtung, die es (unbestimmt, welche Zwecke man haben und durch dessen Befolgung erreichen mag) einflößt. Denn das Gesetz in Ansehung des Formalen der Willkür ist ja das einzige, was übrig bleibt, wann ich die Materie der Willkür (das Ziel, wie sie Hr. G. nennt) aus dem Spiel gelassen habe.

Ein Zustand, in Verknüpfung mit einem gewissen gegebenen Zwecke zu sein, den ich jedem anderen von derselben Art vorziehe, ist ein comparativ besserer Zustand, nämlich im Felde der Glückseligkeit (die nie anders als bloß bedingter Weise, sofern man ihrer würdig ist, von der Vernunft als gut anerkannt wird). Derjenige Zustand aber, da ich im Falle der Collision gewisser meiner Zwecke mit dem moralischen Gesetze der Pflicht diese vorzuziehen mir bewußt bin, ist nicht bloß ein besserer, sondern der allein an sich gute Zustand: ein Gutes aus einem ganz andern Felde, wo auf Zwecke, die sich mir anbieten mögen, (mithin auf ihre Summe, die Glückseligkeit) gar nicht Rücksicht genommen wird, und wo nicht die Materie der Willkür (ein ihr zum Grunde gelegtes Object), sondern die bloße Form der allgemeinen Gesetzmäßigkeit ihrer Maxime den Bestimmungsgrund derselben ausmacht. — Also kann keinesweges gesagt werden, daß jeder Zustand, den ich jeder andern Art zu sein vorziehe, von mir zur Glückseligkeit gerechnet werde. Denn zuerst muß ich sicher sein, daß ich meiner Pflicht nicht zuwider handle; nachher allererst ist es mir erlaubt, mich nach Glückseligkeit umzusehen, wie viel ich deren mit jenem meinem moralisch- (nicht physisch-) guten Zustande vereinigen kann*).

Allerdings muß der Wille Motive haben; aber diese sind nicht gewisse vorgesetzte, aufs physische Gefühl bezogene Objecte als Zwecke, sondern nichts als das unbedingte Gesetz selbst, für welches die Empfänglichkeit des Willens, sich unter ihm als unbedingter Nöthigung zu befinden, das moralische Gefühl heißt; welches also nicht Ursache, sondern Wirkung der Willensbestimmung ist, von welchem wir nicht die mindeste Wahrnehmung in uns haben würden, wenn jene Nöthigung in

*) Glückseligkeit enthält alles (und auch nichts mehr als), was uns die Natur verschaffen; Tugend aber das, was Niemand als der Mensch selbst sich geben oder nehmen kann. Wollte man dagegen sagen: daß durch die Abweichung von der letzteren der Mensch sich doch wenigstens Vorwürfe und reinen moralischen Selbsttadel, mithin Unzufriedenheit zuziehen, folglich sich unglücklich machen könne, so mag das allenfalls eingeräumt werden. Aber dieser reinen moralischen Unzufriedenheit (nicht aus den für ihn nachtheiligen Folgen der Handlung, sondern aus ihrer Gesetzwidrigkeit selbst) ist nur der Tugendhafte, oder der auf dem Wege ist es zu werden, fähig. Folglich ist sie nicht die Ursache, sondern nur die Wirkung davon, daß er tugendhaft ist; und der Bewegungsgrund tugendhaft zu sein konnte nicht von diesem Unglück (wenn man den Schmerz aus einer Unthat so nennen will) hergenommen sein.

uns nicht vorherginge. Daher das alte Lied: daß dieses Gefühl, mithin eine Lust, die wir uns zum Zweck machen, die erste Ursache der Willensbestimmung, folglich die Glückseligkeit (wozu jene als Element gehöre) doch den Grund aller objectiven Nothwendigkeit zu handeln, folglich aller Verpflichtung ausmache, unter die vernünftelnden *Tändeleien* gehört. Kann man nämlich bei Anführung einer Ursache zu einer gewissen Wirkung nicht aufhören zu fragen, so macht man endlich die Wirkung zur Ursache von sich selbst.

Jetzt komme ich auf den Punkt, der uns hier eigentlich beschäftigt: nämlich das vermeintlich in der Philosophie sich widerstreitende Interesse der Theorie und der Praxis durch Beispiele zu belegen und zu prüfen. Den besten Belag hiezu giebt Hr. G. in seiner genannten Abhandlung. Zuerst sagt er (indem er von dem Unterschiede, den ich zwischen einer Lehre finde, wie wir *glücklich*, und derjenigen, wie wir der Glückseligkeit *würdig* werden sollen, spricht): „Ich für mein Theil gestehe, daß ich diese Theilung der Ideen in meinem *Kopfe* sehr wohl begreife, daß ich aber diese Theilung der Wünsche und Bestrebungen in meinem *Herzen* nicht finde; daß es mir sogar unbegreiflich ist, wie irgend ein Mensch sich bewußt werden kann, sein Verlangen nach Glückseligkeit selbst rein abgesondert und also die Pflicht ganz uneigennützig ausgeübt zu haben."

Ich antworte zuvörderst auf das letztere. Nämlich ich räume gern ein, daß kein Mensch sich mit Gewißheit bewußt werden könne, seine Pflicht ganz uneigennützig *ausgeübt zu haben*: denn das gehört zur inneren Erfahrung, und es würde zu diesem Bewußtsein seines Seelenzustandes eine durchgängig klare Vorstellung aller sich dem Pflichtbegriffe durch Einbildungskraft, Gewohnheit und Neigung beigesellenden Nebenvorstellungen und Rücksichten gehören, die in keinem Falle gefordert werden kann; auch überhaupt kann das Nichtsein von Etwas (mithin auch nicht von einem ingeheim gedachten Vortheil) kein Gegenstand der Erfahrung sein. Daß aber der Mensch seine Pflicht ganz uneigennützig *ausüben solle* und sein Verlangen nach Glückseligkeit völlig vom Pflichtbegriffe absondern *müsse*, um ihn ganz rein zu haben: dessen ist er sich mit der größten Klarheit bewußt; oder, glaubte er nicht es zu sein, so kann von ihm gefordert werden, daß er es sei, so weit es in seinem Vermögen ist: weil eben in dieser Reinigkeit der wahre Werth der Moralität anzutreffen ist, und er muß es also auch können. Vielleicht mag nie ein Mensch seine erkannte und von ihm auch verehrte Pflicht ganz uneigennützig (ohne Bei-

mischung anderer Triebfedern) ausgeübt haben; vielleicht wird auch nie
einer bei der größten Bestrebung so weit gelangen. Aber so viel er bei
der sorgfältigsten Selbstprüfung in sich wahrnehmen kann, nicht allein
keiner solchen mitwirkenden Motive, sondern vielmehr der Selbstverläug-
5 nung in Ansehung vieler der Idee der Pflicht entgegenstehenden, mithin
der Maxime zu jener Reinigkeit hinzustreben sich bewußt zu werden: das
vermag er; und das ist auch für seine Pflichtbeobachtung genug. Hingegen die Begünstigung des Einflusses solcher Motive sich zur Maxime
zu machen, unter dem Vorwande, daß die menschliche Natur eine solche
10 Reinigkeit nicht verstatte (welches er doch auch nicht mit Gewißheit behaupten kann): ist der Tod aller Moralität.

Was nun das kurz vorhergehende Bekenntniß des Hrn. G. betrifft,
jene Theilung (eigentlich Sonderung) nicht in seinem Herzen zu finden:
so trage ich kein Bedenken, ihm in seiner Selbstbeschuldigung geradezu zu
15 widersprechen und sein Herz wider seinen Kopf in Schutz zu nehmen. Er,
der rechtschaffene Mann, fand sie wirklich jederzeit in seinem Herzen (in
seinen Willensbestimmungen); aber sie wollte sich nur nicht zum Behuf
der Speculation und zur Begreifung dessen, was unbegreiflich (unerklärlich)
ist, nämlich der Möglichkeit kategorischer Imperative (dergleichen die der
20 Pflicht sind), in seinem Kopf mit den gewohnten Principien psychologischer
Erklärungen (die insgesammt den Mechanism der Naturnothwendigkeit
zum Grunde legen) zusammen reimen*).

Wenn aber Hr. G. zuletzt sagt: „Solche feine Unterschiede der Ideen
verdunkeln sich schon im Nachdenken über particuläre Gegenstände;
25 aber sie verlieren sich gänzlich, wenn es aufs Handeln ankommt,

---

*) Hr. P. Garve thut (in seinen Anmerkungen zu Cicero's Buch von den
Pflichten S. 69. Ausg. von 1783) das merkwürdige und seines Scharfsinns werthe
Bekenntniß: „Die Freiheit werde nach seiner innigsten Überzeugung immer unauflöslich bleiben und nie erklärt werden". Ein Beweis von ihrer Wirklichkeit kann
30 schlechterdings nicht, weder in einer unmittelbaren noch mittelbaren Erfahrung,
angetroffen werden; und ohne allen Beweis kann man sie doch auch nicht annehmen. Da nun ein Beweis derselben nicht aus bloß theoretischen Gründen
(denn diese würden in der Erfahrung gesucht werden müssen), mithin aus bloß
praktischen Vernunftsätzen, aber auch nicht aus technisch-praktischen (denn die würden
35 wieder Erfahrungsgründe erfordern), folglich nur aus moralisch-praktischen geführt
werden kann: so muß man sich wundern, warum Hr. G. nicht zum Begriffe der
Freiheit seine Zuflucht nahm, um wenigstens die Möglichkeit solcher Imperativen
zu retten.

wenn sie auf Begierden und Absichten angewandt werden sollen. Je einfacher, schneller und von klaren Vorstellungen entblößter der Schritt ist, durch den wir von der Betrachtung der Motive zum wirklichen Handeln übergehen: desto weniger ist es möglich, das bestimmte Gewicht, welches jedes Motiv hinzu gethan hat, den Schritt so und nicht anders zu leiten, genau und sicher zu erkennen" — so muß ich ihm laut und eifrig widersprechen.

Der Begriff der Pflicht in seiner ganzen Reinigkeit ist nicht allein ohne allen Vergleich einfacher, klärer, für jedermann zum praktischen Gebrauch faßlicher und natürlicher, als jedes von der Glückseligkeit hergenommene, oder damit und mit der Rücksicht auf sie vermengte Motiv (welches jederzeit viel Kunst und Überlegung erfordert); sondern auch in dem Urtheile selbst der gemeinsten Menschenvernunft, wenn er nur an dieselbe, und zwar mit Absonderung, ja sogar in Entgegensetzung mit diesen an den Willen der Menschen gebracht wird, bei weitem kräftiger, eindringender und Erfolg versprechender, als alle von dem letzteren, eigennützigen Princip entlehnte Bewegungsgründe. — Es sei z. B. der Fall: daß jemand ein anvertrautes fremdes Gut (depositum) in Händen habe, dessen Eigenthümer todt ist, und daß die Erben desselben davon nichts wissen, noch je etwas erfahren können. Man trage diesen Fall selbst einem Kinde von etwa acht oder neun Jahren vor, und zugleich, daß der Inhaber dieses Depositums, (ohne sein Verschulden) gerade um diese Zeit in gänzlichen Verfall seiner Glücksumstände gerathen, eine traurige, durch Mangel niedergedrückte Familie von Frau und Kindern um sich sehe, aus welcher Noth er sich augenblicklich ziehen würde, wenn er jenes Pfand sich zueignete; zugleich sei er Menschenfreund und wohlthätig, jene Erben aber reich, lieblos und dabei im höchsten Grad üppig und verschwenderisch, so daß es eben so gut wäre, als ob dieser Zusatz zu ihrem Vermögen ins Meer geworfen würde. Und nun frage man, ob es unter diesen Umständen für erlaubt gehalten werden könne, dieses Depositum in eigenen Nutzen zu verwenden. Ohne Zweifel wird der Befragte antworten: Nein! und statt aller Gründe nur bloß sagen können: es ist unrecht, d. i. es widerstreitet der Pflicht. Nichts ist klärer als dieses; aber wahrlich nicht so: daß er seine eigene Glückseligkeit durch die Herausgabe befördere. Denn wenn er von der Absicht auf die letztere die Bestimmung seiner Entschließung erwartete, so könnte er z. B. so denken: „Giebst du das bei dir befindliche fremde Gut unaufgefordert den wahren Eigenthümern hin, so werden sie dich vermuthlich für deine Ehrlichkeit belohnen; oder geschieht das nicht, so wirst du dir einen ausgebreiteten guten Ruf, der dir sehr einträglich werden kann, erwerben. Aber alles dieses ist sehr ungewiß. Hingegen treten freilich auch manche Bedenklichkeiten ein: Wenn du das Anvertraute unterschlagen wolltest, um dich auf einmal aus deinen bedrängten Umständen zu ziehen, so würdest du, wenn du geschwinden Gebrauch davon machtest, Verdacht auf dich ziehen, wie und durch welche Wege du so bald zu einer Verbesserung deiner Umstände gekommen wärest; wolltest du aber damit langsam zu Werke gehen, so würde die Noth mittlerweile so hoch steigen, daß ihr gar nicht mehr abzuhelfen wäre". — Der Wille also nach der Maxime der Glückseligkeit schwankt zwischen seinen Triebfedern, was er beschließen solle; denn er sieht auf den Erfolg, und der ist sehr ungewiß; es erfordert einen guten Kopf, um sich aus dem Gedränge von Gründen und Gegengründen herauszuwickeln und sich in der Zusammenrechnung nicht zu betrügen. Dagegen wenn er sich fragt, was hier Pflicht sei: so ist er über die sich selbst zu gebende Antwort gar nicht verlegen, sondern auf der Stelle gewiß, was er zu thun habe. Ja, er fühlt sogar, wenn der Begriff von Pflicht bei ihm etwas gilt, einen Abscheu sich auch nur auf den Überschlag von Vortheilen, die ihm aus ihrer Übertretung erwachsen könnten, einzulassen, gleich als ob er hier noch die Wahl habe.

Daß also diese Unterschiede (die, wie eben gezeigt worden, nicht so fein sind, als Hr. G. meint, sondern mit der gröbsten und leserlichsten Schrift in der Seele des Menschen geschrieben sind) sich, wie er sagt, *gänzlich verlieren, wenn es aufs Handeln ankommt*: widerspricht selbst der eigenen Erfahrung. Zwar nicht derjenigen, welche die *Geschichte* der aus dem einen oder dem anderen Princip geschöpften Maximen darlegt: denn da beweiset sie leider, daß sie größtentheils aus dem letzteren (des Eigennutzes) fließen; sondern der Erfahrung, die nur innerlich sein kann, daß keine Idee das menschliche Gemüth mehr erhebt und bis zur Begeisterung belebt, als eben die von einer die Pflicht über alles verehrenden, mit zahllosen Übeln des Lebens und selbst den verführerischsten Anlockungen desselben ringenden und dennoch (wie man mit Recht annimmt, daß der Mensch es vermöge) sie besiegenden reinen moralischen Gesinnung. Daß der Mensch sich bewußt ist, er könne dieses, weil er es soll: das eröffnet in ihm eine Tiefe göttlicher Anlagen, die ihm gleichsam einen heiligen Schauer über die Größe und Erhabenheit seiner wahren Bestimmung fühlen läßt. Und wenn der Mensch öfters darauf aufmerksam gemacht und gewöhnt würde, die Tugend von allem Reichthum ihrer aus der Beobachtung der Pflicht zu machenden Beute von Vortheilen gänzlich zu entladen und sie in ihrer ganzen Reinigkeit sich vorzustellen; wenn es im Privat- und öffentlichen Unterricht Grundsatz würde davon beständig Gebrauch zu machen (eine Methode, Pflichten einzuschärfen, die fast jederzeit versäumt worden ist): so müßte es mit der Sittlichkeit der Menschen bald besser stehen. Daß die Geschichtserfahrung bisher noch nicht den guten Erfolg der Tugendlehren hat beweisen wollen, daran ist wohl eben die falsche Voraussetzung schuld: daß die von der Idee der Pflicht an sich selbst abgeleitete Triebfeder für den gemeinen Begriff viel zu fein sei, wogegen die gröbere, von gewissen in dieser, ja wohl auch in einer künftigen Welt aus der Befolgung des Gesetzes (ohne auf dasselbe als Triebfeder Acht zu haben) zu erwartenden Vortheilen hergenommene kräftiger auf das Gemüth wirken würde; und daß man dem Trachten nach Glückseligkeit vor dem, was die Vernunft zur obersten Bedingung macht, nämlich der Würdigkeit glücklich zu sein, den Vorzug zu geben bisher zum Grundsatz der Erziehung und des Kanzelvortrages gemacht hat. Denn *Vorschriften*, wie man sich glücklich machen, wenigstens seinen Nachtheil verhüten könne, sind keine *Gebote*. Sie binden niemanden schlechterdings; und er mag, nachdem er gewarnt worden, wählen, was ihm gut dünkt, wenn er sich gefallen läßt zu leiden, was ihn trifft. Die Übel, die ihm alsdann aus der Verabsäumung des ihm gegebenen Raths entspringen dürften, hat er nicht Ursache für Strafen anzusehen: denn diese treffen nur den freien, aber gesetzwidrigen Willen; Natur aber und Neigung können der Freiheit nicht Gesetze geben. Ganz anders ist es mit der Idee der Pflicht bewandt, deren Übertretung, auch ohne auf die ihm daraus erwachsenden Nachtheile Rücksicht zu nehmen, unmittelbar auf das Gemüth wirkt und den Menschen in seinen eigenen Augen verwerflich und strafbar macht.

Hier ist nun ein klarer Beweis, daß alles, was in der Moral für die Theorie richtig ist, auch für die Praxis gelten müsse. — In der Qualität eines Menschen, als eines durch seine eigene Vernunft gewissen Pflichten unterworfenen Wesens, ist also jedermann ein *Geschäftsmann*; und da er doch als Mensch der Schule der Weisheit nie entwächst, so kann er nicht etwa, als ein vermeintlich durch Erfahrung über das, was ein Mensch ist und was man von ihm fordern kann, besser Belehrter, den Anhänger der Theorie mit stolzer Verachtung zur Schule zurückweisen. Denn alle diese

Erfahrung hilft ihm nichts, um sich der Vorschrift der Theorie zu entziehen, sondern allenfalls nur zu lernen, wie sie besser und allgemeiner ins Werk gerichtet werden könne, wenn man sie in seine Grundsätze aufgenommen hat; von welcher pragmatischen Geschicklichkeit aber hier nicht,
5 sondern nur von letzteren die Rede ist.

II.

Vom Verhältniß der Theorie zur Praxis im Staatsrecht.

(Gegen Hobbes.)

Unter allen Verträgen, wodurch eine Menge von Menschen sich zu
10 einer Gesellschaft verbindet (pactum sociale), ist der Vertrag der Errichtung einer **bürgerlichen Verfassung** unter ihnen (pactum unionis civilis) von so eigenthümlicher Art, daß, ob er zwar in Ansehung der **Ausführung** Vieles mit jedem anderen (der eben sowohl auf irgend einen beliebigen gemeinschaftlich zu befördernden Zweck gerichtet ist) gemein hat,
15 er sich doch im Princip seiner Stiftung (constitutionis civilis) von allen anderen wesentlich unterscheidet. Verbindung Vieler zu irgend einem (gemeinsamen) Zwecke (den Alle **haben**) ist in allen Gesellschaftsverträgen anzutreffen; aber Verbindung derselben, die an sich selbst Zweck ist (den ein jeder **haben soll**), mithin die in einem jeden äußeren Verhältnisse der
20 Menschen überhaupt, welche nicht umhin können in wechselseitigen Einfluß auf einander zu gerathen, unbedingte und erste Pflicht ist: eine solche ist nur in einer Gesellschaft, so fern sie sich im bürgerlichen Zustande befindet, d. i. ein gemeines Wesen ausmacht, anzutreffen. Der Zweck nun, der in solchem äußern Verhältniß an sich selbst Pflicht und selbst die oberste
25 formale Bedingung (conditio sine qua non) aller übrigen äußeren Pflicht ist, ist das **Recht** der Menschen **unter öffentlichen Zwangsgesetzen**, durch welche jedem das Seine bestimmt und gegen jedes Anderen Eingriff gesichert werden kann.

Der Begriff aber eines äußeren Rechts überhaupt geht gänzlich aus
30 dem Begriffe der **Freiheit** im äußeren Verhältnisse der Menschen zu einander hervor und hat gar nichts mit dem Zwecke, den alle Menschen natürlicher Weise haben (der Absicht auf Glückseligkeit), und der Vorschrift der Mittel dazu zu gelangen zu thun: so daß auch daher dieser letztere sich in jenes Gesetze schlechterdings nicht als Bestimmungsgrund derselben
35 mischen muß. **Recht** ist die Einschränkung der Freiheit eines jeden auf

die Bedingung ihrer Zusammenstimmung mit der Freiheit von jedermann, in so fern diese nach einem allgemeinen Gesetze möglich ist; und das öffentliche Recht ist der Inbegriff der äußeren Gesetze, welche eine solche durchgängige Zusammenstimmung möglich machen. Da nun jede Einschränkung der Freiheit durch die Willkür eines Anderen Zwang heißt: 5 so folgt, daß die bürgerliche Verfassung ein Verhältniß freier Menschen ist, die (unbeschadet ihrer Freiheit im Ganzen ihrer Verbindung mit anderen) doch unter Zwangsgesetzen stehen: weil die Vernunft selbst es so will und zwar die reine, a priori gesetzgebende Vernunft, die auf keinen empirischen Zweck (dergleichen alle unter dem allgemeinen Namen Glück- 10 seligkeit begriffen werden) Rücksicht nimmt; als in Ansehung dessen, und worin ihn ein jeder setzen will, die Menschen gar verschieden denken, so daß ihr Wille unter kein gemeinschaftliches Princip, folglich auch unter kein äußeres, mit jedermanns Freiheit zusammenstimmendes Gesetz gebracht werden kann. 15

Der bürgerliche Zustand also, bloß als rechtlicher Zustand betrachtet, ist auf folgende Principien a priori gegründet:

1. Die Freiheit jedes Gliedes der Societät, als Menschen.
2. Die Gleichheit desselben mit jedem Anderen, als Unterthan.
3. Die Selbstständigkeit jedes Gliedes eines gemeinen Wesens, 20 als Bürgers.

Diese Principien sind nicht sowohl Gesetze, die der schon errichtete Staat giebt, sondern nach denen allein eine Staatserrichtung reinen Vernunftprincipien des äußeren Menschenrechts überhaupt gemäß möglich ist. Also: 25

1. Die Freiheit als Mensch, deren Princip für die Constitution eines gemeinen Wesens ich in der Formel ausdrücke: Niemand kann mich zwingen auf seine Art (wie er sich das Wohlsein anderer Menschen denkt) glücklich zu sein, sondern ein jeder darf seine Glückseligkeit auf dem Wege suchen, welcher ihm selbst gut dünkt, wenn er nur der Freiheit Anderer, 30 einem ähnlichen Zwecke nachzustreben, die mit der Freiheit von jedermann nach einem möglichen allgemeinen Gesetze zusammen bestehen kann, (d. i. diesem Rechte des Andern) nicht Abbruch thut. — Eine Regierung, die auf dem Princip des Wohlwollens gegen das Volk als eines Vaters gegen seine Kinder errichtet wäre, d. i. eine väterliche Regierung (im- 35 perium paternale), wo also die Unterthanen als unmündige Kinder, die nicht unterscheiden können, was ihnen wahrhaftig nützlich oder schädlich

ist, sich bloß passiv zu verhalten genöthigt sind, um, wie sie glücklich sein *sollen*, bloß von dem Urtheile des Staatsoberhaupts und, daß dieser es auch wolle, bloß von seiner Gütigkeit zu erwarten: ist der größte denkbare *Despotismus* (Verfassung, die alle Freiheit der Unterthanen, die alsdann gar keine Rechte haben, aufhebt). Nicht eine *väterliche*, sondern eine *vaterländische* Regierung (imperium non paternale, sed patrioticum) ist diejenige, welche allein für Menschen, die der Rechte fähig sind, zugleich in Beziehung auf das Wohlwollen des Beherrschers gedacht werden kann. *Patriotisch* ist nämlich die Denkungsart, da ein jeder im Staat (das Oberhaupt desselben nicht ausgenommen) das gemeine Wesen als den mütterlichen Schooß, oder das Land als den väterlichen Boden, aus und auf dem er selbst entsprungen, und welchen er auch so als ein theures Unterpfand hinterlassen muß, betrachtet, nur um die Rechte desselben durch Gesetze des gemeinsamen Willens zu schützen, nicht aber es seinem unbedingten Belieben zum Gebrauch zu unterwerfen sich für befugt hält. — Dieses Recht der Freiheit kommt ihm, dem Gliede des gemeinen Wesens, als Mensch zu, so fern dieser nämlich ein Wesen ist, das überhaupt der Rechte fähig ist.

2. Die *Gleichheit* als Unterthan, deren Formel so lauten kann: Ein jedes Glied des gemeinen Wesens hat gegen jedes andere Zwangsrechte, wovon nur das Oberhaupt desselben ausgenommen ist (darum weil er von jenem kein Glied, sondern der Schöpfer oder Erhalter desselben ist), welcher allein die Befugniß hat zu zwingen, ohne selbst einem Zwangsgesetze unterworfen zu sein. Es ist aber Alles, was *unter* Gesetzen steht, in einem Staate Unterthan, mithin dem Zwangsrechte gleich allen andern Mitgliedern des gemeinen Wesens unterworfen; einen Einzigen (physische oder moralische Person), das Staatsoberhaupt, durch das aller rechtliche Zwang allein ausgeübt werden kann, ausgenommen. Denn könnte dieser auch gezwungen werden, so wäre er nicht das Staatsoberhaupt, und die Reihe der Unterordnung ginge aufwärts ins Unendliche. Wären aber ihrer Zwei (zwangsfreie Personen), so würde keiner derselben unter Zwangsgesetzen stehen und Einer dem Andern kein Unrecht thun können: welches unmöglich ist.

Diese durchgängige Gleichheit der Menschen in einem Staat, als Unterthanen desselben, besteht aber ganz wohl mit der größten Ungleichheit der Menge und den Graden ihres Besitzthums nach, es sei an körperlicher oder Geistesüberlegenheit über Andere, oder an Glücksgütern außer ihnen und an Rechten überhaupt (deren es viele geben kann) respectiv auf Andere; so daß des Einen Wohlfahrt sehr vom Willen des Anderen abhängt (des Armen vom Reichen), daß der Eine gehorsamen muß (wie das Kind den Ältern, oder das Weib dem Mann) und der Andere ihm befiehlt, daß der Eine dient (als Taglöhner), der Andere lohnt, u. s. w. Aber dem Rechte nach (welches als der Ausspruch des allgemeinen Willens nur ein einziges sein kann, und welches die Form Rechtens, nicht die Materie oder das Object, worin ich ein Recht habe, betrifft) sind sie dennoch als Unterthanen alle einander gleich: weil keiner irgend jemanden anders zwingen kann, als durch das öffentliche Gesetz (und den Vollzieher desselben, das Staatsoberhaupt), durch dieses aber auch jeder andere ihm in gleicher Maße widersteht, niemand aber diese Befugniß zu zwingen (mithin ein Recht gegen andere zu haben) anders als durch sein eigenes Verbrechen verlieren und es auch von selbst nicht aufgeben, d. i. durch einen Vertrag, mithin durch eine rechtliche Handlung machen kann, daß er keine Rechte, sondern bloß Pflichten habe: weil er dadurch sich selbst des Rechts einen Contract zu machen berauben, mithin dieser sich selbst aufheben würde.

Aus dieser Idee der Gleichheit der Menschen im gemeinen Wesen als Unterthanen geht nun auch die Formel hervor: Jedes Glied desselben muß zu jeder Stufe eines Standes in demselben (die einem Unterthan zukommen kann) gelangen dürfen, wozu ihn sein Talent, sein Fleiß und sein Glück hinbringen können; und es dürfen ihm seine Mitunterthanen durch ein erbliches Prärogativ (als Privilegiaten für einen gewissen Stand) nicht im Wege stehen, um ihn und seine Nachkommen unter demselben ewig niederzuhalten.

Denn da alles Recht bloß in der Einschränkung der Freiheit jedes Anderen auf die Bedingung besteht, daß sie mit der meinigen nach einem allgemeinen Gesetze zusammen bestehen könne, und das öffentliche Recht (in einem gemeinen Wesen) bloß der Zustand einer wirklichen, diesem Princip gemäßen und mit Macht verbundenen Gesetzgebung ist, vermöge welcher sich alle zu einem Volk Gehörige als Unterthanen in einem rechtlichen Zustand (status iuridicus) überhaupt, nämlich der Gleichheit der Wirkung und Gegenwirkung einer dem allgemeinen Freiheitsgesetze gemäß einander einschränkenden Willkür, (welches der bürgerliche Zustand heißt) befinden: so ist das angeborne Recht eines jeden in diesem Zustande, (d. i. vor aller rechtlichen That desselben) in Ansehung der Befugniß jeden andern zu zwingen, damit er immer innerhalb den Gränzen der Einstimmung des Gebrauchs seiner Freiheit mit der meinigen bleibe, durchgängig gleich. Da nun Geburt keine That desjenigen ist, der geboren wird, mithin diesem dadurch keine Ungleichheit des rechtlichen Zustandes 5 und keine Unterwerfung unter Zwangsgesetze als bloß diejenige, die ihm als Unterthan der alleinigen obersten gesetzgebenden Macht mit allen anderen gemein ist, zugezogen wird: so kann es kein angebornes Vorrecht eines Gliedes des gemeinen Wesens als Mitunterthans vor dem anderen geben; und niemand kann das Vorrecht des Standes, den er im ge- 10 meinen Wesen inne hat, an seine Nachkommen vererben, mithin, gleichsam als zum Herrenstande durch Geburt qualificirt, diese auch nicht zwangsmäßig abhalten, zu den höheren Stufen der Unterordnung (des superior und inferior, von denen aber keiner imperans, der andere subiectus ist) durch eigenes Verdienst zu gelangen. Alles andere mag er vererben, was 15 Sache ist (nicht Persönlichkeit betrifft) und als Eigenthum erworben und auch von ihm veräußert werden kann, und so in einer Reihe von Nachkommen eine beträchtliche Ungleichheit in Vermögensumständen unter den Gliedern eines gemeinen Wesens (des Söldners und Miethers, des Gutseigenthümers und der ackerbauenden Knechte u. s. w.) hervorbringen; nur 20 nicht verhindern, daß diese, wenn ihr Talent, ihr Fleiß und ihr Glück es ihnen möglich macht, sich nicht zu gleichen Umständen zu erheben befugt wären. Denn sonst würde er zwingen dürfen, ohne durch anderer Gegenwirkung wiederum gezwungen werden zu können, und über die Stufe eines Mitunterthans hinausgehen. — Aus dieser Gleichheit kann auch kein Mensch, 25 der in einem rechtlichen Zustande eines gemeinen Wesens lebt, anders als durch sein eigenes Verbrechen, niemals aber weder durch Vertrag oder durch Kriegsgewalt (occupatio bellica) fallen; denn er kann durch keine rechtliche That (weder seine eigene, noch die eines anderen) aufhören, Eigner seiner selbst zu sein, und in die Klasse des Hausviehes eintreten, das man 30 zu allen Diensten braucht, wie man will, und es auch darin ohne seine Einwilligung erhält, so lange man will, wenn gleich mit der Einschränkung (welche auch wohl wie bei den Indiern bisweilen durch die Religion sanctionirt wird), es nicht zu verkrüppeln oder zu tödten. Man kann ihn in jedem Zustande für glücklich annehmen, wenn er sich nur bewußt ist, 35 daß es nur an ihm selbst (seinem Vermögen, oder ernstlichen Willen) oder an Umständen, die er keinem Anderen Schuld geben kann, aber nicht an dem unwiderstehlichen Willen Anderer liege, daß er nicht zu gleicher

Stufe mit Anderen hinaufsteigt, die als seine Mitunterthanen hierin, was das Recht betrifft, vor ihm nichts voraus haben*)

3. Die Selbstständigkeit (sibisufficientia) eines Gliedes des gemeinen Wesens als Bürgers, d. i. als Mitgesetzgebers. In dem Punkte der Gesetzgebung selbst sind Alle, die unter schon vorhandenen öffentlichen Gesetzen frei und gleich sind, doch nicht, was das Recht betrifft, diese Gesetze zu geben, alle für gleich zu achten. Diejenigen, welche dieses Rechts nicht fähig sind, sind gleichwohl als Glieder des gemeinen Wesens der Befolgung dieser Gesetze unterworfen und dadurch des Schutzes nach denselben theilhaftig; nur nicht als Bürger, sondern als Schutzgenossen. — Alles Recht hängt nämlich von Gesetzen ab. Ein öffentliches Gesetz aber, welches für Alle das, was ihnen rechtlich erlaubt oder unerlaubt sein soll, bestimmt, ist der Actus eines öffentlichen Willens, von dem alles Recht ausgeht, und der also selbst niemand muß Unrecht thun können. Hiezu aber ist kein anderer Wille, als der des gesammten Volks (da Alle über Alle, mithin ein jeder über sich selbst beschließt) möglich: denn nur sich

*) Wenn man mit dem Wort gnädig einen bestimmten (von gütig, wohlthätig, schützend u. dergl. noch unterschiedenen) Begriff verbinden will, so kann es nur demjenigen beigelegt werden, gegen welchen kein Zwangsrecht Statt hat. Also nur das Oberhaupt der Staatsverwaltung, der alles Gute, was nach öffentlichen Gesetzen möglich ist, bewirkt und ertheilt (denn der Souverän, der sie giebt, ist gleichsam unsichtbar; er ist das personificirte Gesetz selbst, nicht Agent), kann gnädiger Herr betitelt werden, als der Einzige, wider den kein Zwangsrecht Statt hat. So ist selbst in einer Aristokratie, wie z. B. in Venedig, der Senat der einzige gnädige Herr; die Nobili, welche ihn ausmachen, sind insgesammt, selbst den Doge nicht ausgenommen (denn nur der große Rath ist der Souverän), Unterthanen und, was die Rechtsausübung betrifft, allen anderen gleich, nämlich daß gegen jeden derselben ein Zwangsrecht dem Unterthan zukommt. Prinzen (d. i. Personen, denen ein Erbrecht auf Regierungen zukommt) werden aber nun zwar auch in dieser Aussicht und wegen jener Ansprüche (hofmäßig, par courtoisie) gnädige Herren genannt; ihrem Besitzstande nach aber sind sie doch Mitunterthanen, gegen die auch dem geringsten ihrer Diener vermittelst des Staatsoberhaupts ein Zwangsrecht zukommen muß. Es kann also im Staate nicht mehr als einen einzigen gnädigen Herrn geben. Was aber die gnädige (eigentlich vornehme) Frauen betrifft, so können sie so angesehen werden, daß ihr Stand zusammt ihrem Geschlecht (folglich nur gegen das männliche) sie zu dieser Betitelung berechtige und das vermöge der Verfeinerung der Sitten (Galanterie genannt), nach welcher das männliche sich desto mehr selbst zu ehren glaubt, als es dem schönen Geschlecht über sich Vorzüge einräumt.

selbst kann niemand unrecht thun. Ist es aber ein anderer, so kann der bloße Wille eines von ihm Verschiedenen über ihn nichts beschließen, was nicht unrecht sein könnte; folglich würde sein Gesetz noch ein anderes Gesetz erfordern, welches seine Gesetzgebung einschränkte, mithin kann kein besonderer Wille für ein gemeines Wesen gesetzgebend sein. (Eigentlich kommen, um diesen Begriff auszumachen, die Begriffe der äußeren Freiheit, Gleichheit und *Einheit* des Willens *Aller* zusammen, zu welcher letzteren, da Stimmgebung erfordert wird, wenn beide erstere zusammen genommen werden, Selbstständigkeit die Bedingung ist). Man nennt dieses Grundgesetz, das nur aus dem allgemeinen (vereinigten) Volkswillen entspringen kann, den *ursprünglichen Vertrag*.

Derjenige nun, welcher das Stimmrecht in dieser Gesetzgebung hat, heißt ein *Bürger* (citoyen, d. i. *Staatsbürger*, nicht Stadtbürger, bourgeois). Die dazu erforderliche Qualität ist außer der *natürlichen* (daß es kein Kind, kein Weib sei) die einzige: daß er *sein eigener Herr* (sui iuris) sei, mithin irgend ein *Eigenthum* habe (wozu auch jede Kunst, Handwerk oder schöne Kunst oder Wissenschaft gezählt werden kann), welches ihn ernährt; d. i. daß er in den Fällen, wo er von Andern erwerben muß, um zu leben, nur durch *Veräußerung* dessen, was sein*) ist, erwerbe, nicht durch Bewilligung, die er anderen giebt, von seinen Kräften Gebrauch zu machen, folglich daß er niemanden als dem gemeinen Wesen im eigentlichen Sinne des Worts *diene*. Hier sind nun Kunstverwandte und große (oder kleine) Gutseigenthümer alle einander gleich,

*) Derjenige, welcher ein opus verfertigt, kann es durch *Veräußerung* an einen anderen bringen, gleich als ob es sein Eigenthum wäre. Die praestatio operae aber ist keine Veräußerung. Der Hausbediente, der Ladendiener, der Taglöhner, selbst der Friseur sind bloß operarii, nicht artifices (in weiterer Bedeutung des Worts) und nicht Staatsglieder, mithin auch nicht Bürger zu sein qualificirt. Obgleich der, welchem ich mein Brennholz aufzuarbeiten, und der Schneider, dem ich mein Tuch gebe, um daraus ein Kleid zu machen, sich in ganz ähnlichen Verhältnissen gegen mich zu befinden scheinen, so ist doch jener von diesem, wie Friseur vom Perrückenmacher (dem ich auch das Haar dazu gegeben haben mag), also wie Taglöhner vom Künstler oder Handwerker, der ein Werk macht, das ihm gehört, so lange er nicht bezahlt ist, unterschieden. Der letztere als Gewerbtreibende verkehrt also sein Eigenthum mit dem Anderen (opus), der erstere den Gebrauch seiner Kräfte den er einem Anderen bewilligt (operam). — Es ist, ich gestehe es, etwas schwer die Erforderniß zu bestimmen, um auf den Stand eines Menschen, der sein eigener Herr ist, Anspruch machen zu können.

nämlich jeder nur zu einer Stimme berechtigt. Denn was die letztern betrifft, ohne einmal die Frage in Anschlag zu bringen: wie es doch mit Recht zugegangen sein mag, daß jemand mehr Land zu eigen bekommen hat, als er mit seinen Händen selbst benutzen konnte (denn die Erwerbung durch Kriegsbemächtigung ist keine erste Erwerbung); und wie es zuging, 5 daß viele Menschen, die sonst insgesammt einen beständigen Besitzstand hätten erwerben können, dadurch dahin gebracht sind, jenem bloß zu dienen, um leben zu können? so würde es schon wider den vorigen Grundsatz der Gleichheit streiten, wenn ein Gesetz sie mit dem Vorrecht des Standes privilegirte, daß ihre Nachkommen entweder immer große Gutseigen- 10 thümer (der Lehne) bleiben sollten, ohne daß sie verkauft oder durch Vererbung getheilt und also mehreren im Volk zu Nutze kommen dürften, oder auch selbst bei diesen Theilungen niemand als der zu einer gewissen willkürlich dazu angeordneten Menschenklasse Gehörige davon etwas erwerben könnte. Der große Gutsbesitzer vernichtigt nämlich so viel kleinere 15 Eigenthümer mit ihren Stimmen, als seinen Platz einnehmen könnten; stimmt also nicht in ihrem Namen und hat mithin nur Eine Stimme. — Da es also bloß von dem Vermögen, dem Fleiß und dem Glück jedes Gliedes des gemeinen Wesens abhängend gelassen werden muß, daß jeder einmal einen Theil davon und alle das Ganze erwerben, dieser Unterschied 20 aber bei der allgemeinen Gesetzgebung nicht in Anschlag gebracht werden kann: so muß nach den Köpfen derer, die im Besitzstande sind, nicht nach der Größe der Besitzungen die Zahl der Stimmfähigen zur Gesetzgebung beurtheilt werden.

Es müssen aber auch Alle, die dieses Stimmrecht haben, zu diesem 25 Gesetz der öffentlichen Gerechtigkeit zusammenstimmen; denn sonst würde zwischen denen, die dazu nicht übereinstimmen, und den ersteren ein Rechtstreit sein, der selbst noch eines höheren Rechtsprincips bedürfte, um entschieden zu werden. Wenn also das Erstere von einem ganzen Volk nicht erwartet werden darf, mithin nur eine Mehrheit der Stimmen und zwar nicht 30 der Stimmenden unmittelbar (in einem großen Volke), sondern nur der dazu Delegirten als Repräsentanten des Volks dasjenige ist, was allein man als erreichbar voraussehen kann: so wird doch selbst der Grundsatz, sich diese Mehrheit genügen zu lassen, als mit allgemeiner Zusammenstimmung, also durch einen Contract, angenommen, der oberste Grund 35 der Errichtung einer bürgerlichen Verfassung sein müssen.

Folgerung.

Hier ist nun ein ursprünglicher Contract, auf den allein eine bürgerliche, mithin durchgängig rechtliche Verfassung unter Menschen gegründet und ein gemeines Wesen errichtet werden kann. — Allein dieser
5 Vertrag (contractus originarius oder pactum sociale genannt), als Coalition jedes besondern und Privatwillens in einem Volk zu einem gemeinschaftlichen und öffentlichen Willen (zum Behuf einer bloß rechtlichen Gesetzgebung), ist keinesweges als ein Factum vorauszusetzen nöthig (ja als ein solches gar nicht möglich); gleichsam als ob allererst aus der Ge-
10 schichte vorher bewiesen werden müßte, daß ein Volk, in dessen Rechte und Verbindlichkeiten wir als Nachkommen getreten sind, einmal wirklich einen solchen Actus verrichtet und eine sichere Nachricht oder ein Instrument davon uns mündlich oder schriftlich hinterlassen haben müsse, um sich an eine schon bestehende bürgerliche Verfassung für gebunden zu achten.
15 Sondern es ist eine bloße Idee der Vernunft, die aber ihre unbezweifelte (praktische) Realität hat: nämlich jeden Gesetzgeber zu verbinden, daß er seine Gesetze so gebe, als sie aus dem vereinigten Willen eines ganzen Volks haben entspringen können, und jeden Unterthan, so fern er Bürger sein will, so anzusehen, als ob er zu einem solchen Willen mit zusammen
20 gestimmt habe. Denn das ist der Probirstein der Rechtmäßigkeit eines jeden öffentlichen Gesetzes. Ist nämlich dieses so beschaffen, daß ein ganzes Volk unmöglich dazu seine Einstimmung geben könnte (wie z. B. daß eine gewisse Klasse von Unterthanen erblich den Vorzug des Herrenstandes haben sollten), so ist es nicht gerecht; ist es aber nur möglich,
25 daß ein Volk dazu zusammen stimme, so ist es Pflicht, das Gesetz für gerecht zu halten: gesetzt auch, daß das Volk jetzt in einer solchen Lage, oder Stimmung seiner Denkungsart wäre, daß es, wenn es darum befragt würde, wahrscheinlicherweise seine Beistimmung verweigern würde*).

Aber diese Einschränkung gilt offenbar nur für das Urtheil des Ge-
30 setzgebers, nicht des Unterthans. Wenn also ein Volk unter einer gewissen jetzt wirklichen Gesetzgebung seine Glückseligkeit einzubüßen mit größter Wahrscheinlichkeit urtheilen sollte: was ist für dasselbe zu thun? soll

*) Wenn z. B. eine für alle Unterthanen proportionirte Kriegssteuer ausgeschrieben würde, so können diese darum, weil sie drückend ist, nicht sagen, daß
35 sie ungerecht sei, weil etwa der Krieg ihrer Meinung nach unnöthig wäre: denn das sind sie nicht berechtigt zu beurtheilen; sondern weil es doch immer möglich

es sich nicht widersetzen? Die Antwort kann nur sein: es ist für dasselbe nichts zu thun, als zu gehorchen. Denn die Rede ist hier nicht von Glückseligkeit, die aus einer Stiftung oder Verwaltung des gemeinen Wesens für den Unterthan zu erwarten steht; sondern allererst bloß vom Rechte, das dadurch einem jeden gesichert werden soll: welches das oberste Princip ist, von welchem alle Maximen, die ein gemeines Wesen betreffen, ausgehen müssen, und das durch kein anderes eingeschränkt wird. In Ansehung der ersteren (der Glückseligkeit) kann gar kein allgemein gültiger Grundsatz für Gesetze gegeben werden. Denn sowohl die Zeitumstände, als auch der sehr einander widerstreitende und dabei immer veränderliche Wahn, worin jemand seine Glückseligkeit setzt (worin er sie aber setzen soll, kann ihm niemand vorschreiben), macht alle feste Grundsätze unmöglich und zum Princip der Gesetzgebung für sich allein untauglich. Der Satz: Salus publica suprema civitatis lex est, bleibt in seinem unverminderten Werth und Ansehen; aber das öffentliche Heil, welches zuerst in Betrachtung zu ziehen steht, ist gerade diejenige gesetzliche Verfassung, die jedem seine Freiheit durch Gesetze sichert: wobei es ihm unbenommen bleibt, seine Glückseligkeit auf jedem Wege, welcher ihm der beste dünkt, zu suchen, wenn er nur nicht jener allgemeinen gesetzmäßigen Freiheit, mithin dem Rechte anderer Mitunterthanen Abbruch thut.

Wenn die oberste Macht Gesetze giebt, die zunächst auf die Glückseligkeit (die Wohlhabenheit der Bürger, die Bevölkerung u. dergl.) gerichtet sind: so geschieht dieses nicht als Zweck der Errichtung einer bürgerlichen Verfassung, sondern bloß als Mittel, den rechtlichen Zustand vornehmlich gegen äußere Feinde des Volks zu sichern. Hierüber muß das Staatsoberhaupt befugt sein selbst und allein zu urtheilen, ob dergleichen zum Flor des gemeinen Wesens gehöre, welcher erforderlich ist, um seine Stärke und Festigkeit sowohl innerlich, als wider äußere Feinde zu sichern; so aber das Volk nicht gleichsam wider seinen Willen glücklich

---

bleibt, daß er unvermeidlich und die Steuer unentbehrlich sei, so muß sie in dem Urtheile des Unterthans für rechtmäßig gelten. Wenn aber gewisse Gutseigenthümer in einem solchen Kriege mit Lieferungen belästigt, andere aber desselben Standes damit verschont würden: so sieht man leicht, ein ganzes Volk könne zu einem solchen Gesetz nicht zusammenstimmen, und es ist befugt, wider dasselbe wenigstens Vorstellungen zu thun, weil es diese ungleiche Austheilung der Lasten nicht für gerecht halten kann.

zu machen, sondern nur zu machen, daß es als gemeines Wesen existire*).
In dieser Beurtheilung, ob jene Maßregel klüglich genommen sei oder
nicht, kann nun zwar der Gesetzgeber irren, aber nicht in der, da er sich
selbst fragt, ob das Gesetz auch mit dem Rechtsprincip zusammen stimme
5 oder nicht; denn da hat er jene Idee des ursprünglichen Vertrags zum
unfehlbaren Richtmaße und zwar a priori bei der Hand (und darf nicht
wie beim Glückseligkeitsprincip auf Erfahrungen harren, die ihn von der
Tauglichkeit seiner Mittel allererst belehren müssen). Denn wenn es sich
nur nicht widerspricht, daß ein ganzes Volk zu einem solchen Gesetze zu-
10 sammen stimme, es mag ihm auch so sauer ankommen, wie es wolle: so
ist es dem Rechte gemäß. Ist aber ein öffentliches Gesetz diesem gemäß,
folglich in Rücksicht auf das Recht untadelig (irreprehensibel): so ist
damit auch die Befugniß zu zwingen und auf der anderen Seite das
Verbot sich dem Willen des Gesetzgebers ja nicht thätlich zu widersetzen
15 verbunden: d. i. die Macht im Staate, die dem Gesetze Effect giebt, ist
auch unwiderstehlich (irresistibel), und es existirt kein rechtlich be-
stehendes gemeines Wesen ohne eine solche Gewalt, die allen innern
Widerstand niederschlägt, weil dieser einer Maxime gemäß geschehen
würde, die, allgemein gemacht, alle bürgerliche Verfassung zernichten und
20 den Zustand, worin allein Menschen im Besitz der Rechte überhaupt sein
können, vertilgen würde.

Hieraus folgt: daß alle Widersetzlichkeit gegen die oberste gesetzgebende Macht, alle Aufwiegelung, um Unzufriedenheit der Unterthanen
thätlich werden zu lassen, aller Aufstand, der in Rebellion ausbricht, das
25 höchste und strafbarste Verbrechen im gemeinen Wesen ist: weil es dessen
Grundfeste zerstört. Und dieses Verbot ist unbedingt, so daß, es mag
auch jene Macht oder ihr Agent, das Staatsoberhaupt, sogar den ursprünglichen Vertrag verletzt und sich dadurch des Rechts Gesetzgeber zu
sein nach dem Begriff des Unterthans verlustig gemacht haben, indem sie
30 die Regierung bevollmächtigt, durchaus gewaltthätig (tyrannisch) zu verfahren, dennoch dem Unterthan kein Widerstand als Gegengewalt erlaubt
bleibt. Der Grund davon ist: weil bei einer schon subsistirenden bürger-

*) Dahin gehören gewisse Verbote der Einfuhr, damit die Erwerbmittel dem
Unterthanen zum Besten und nicht zum Vortheil der Auswärtigen und Aufmunte-
35 rung des Fleißes Anderer befördert werden, weil der Staat ohne Wohlhabenheit
des Volks nicht Kräfte genug besitzen würde, auswärtigen Feinden zu widerstehen,
oder sich selbst als gemeines Wesen zu erhalten.

lichen Verfassung das Volk kein zu Recht beständiges Urtheil mehr hat, zu bestimmen: wie jene solle verwaltet werden. Denn man setze: es habe ein solches und zwar dem Urtheile des wirklichen Staatsoberhaupts zuwider; wer soll entscheiden, auf wessen Seite das Recht sei? Keiner von beiden kann es als Richter in seiner eigenen Sache thun. Also müßte es noch ein Oberhaupt über dem Oberhaupte geben, welches zwischen diesem und dem Volk entschiede: welches sich widerspricht. — Auch kann nicht etwa ein Nothrecht (ius in casu necessitatis), welches ohnehin als ein vermeintes Recht, in der höchsten (physischen) Noth Unrecht zu thun, ein Unding ist*), hier eintreten und zur Hebung des die Eigenmacht des Volks einschränkenden Schlagbaums den Schlüssel hergeben. Denn das Oberhaupt des Staats kann eben so wohl sein hartes Verfahren gegen die Unterthanen durch ihre Widerspenstigkeit, als diese ihren Aufruhr durch Klage über ihr ungebührliches Leiden gegen ihn zu rechtfertigen meinen; und wer soll hier nun entscheiden? Wer sich im Besitz der obersten öffentlichen Rechtspflege befindet, und das ist gerade das Staatsoberhaupt, dieses kann es allein thun; und niemand im gemeinen Wesen kann also ein Recht haben, ihm diesen Besitz streitig zu machen.

---

*) Es giebt keinen Casus necessitatis, als in dem Fall, wo Pflichten, nämlich unbedingte und (zwar vielleicht große, aber doch) bedingte Pflicht, gegen einander streiten; z. B. wenn es auf Abwendung eines Unglücks vom Staat durch den Verrath eines Menschen ankommt, der gegen einen Andern in einem Verhältniß etwa wie Vater und Sohn stände. Diese Abwendung des Übels des Ersteren ist unbedingte, die des Unglücks des letzteren aber nur bedingte Pflicht (nämlich so fern er sich nicht eines Verbrechens wider den Staat schuldig gemacht hat). Die Anzeige, die der letztere von der Unternehmung des ersteren der Obrigkeit machen würde, thut er vielleicht mit dem größten Widerwillen, aber durch Noth (nämlich die moralische) gedrungen. — Wenn aber von einem, welcher einen andern Schiffbrüchigen von seinem Brett stößt, um sein eignes Leben zu erhalten, gesagt wird, er habe durch seine Noth (die physische) ein Recht dazu bekommen: so ist das ganz falsch. Denn mein Leben zu erhalten, ist nur bedingte Pflicht (wenn es ohne Verbrechen geschehen kann); einem Andern aber, der mich nicht beleidigt, ja gar nicht einmal in Gefahr das meinige zu verlieren bringt, es nicht zu nehmen, ist unbedingte Pflicht. Die Lehrer des allgemeinen bürgerlichen Rechts verfahren gleichwohl mit der rechtlichen Befugniß, die sie dieser Nothhülfe zugestehen, ganz consequent. Denn die Obrigkeit kann keine Strafe mit dem Verbot verbinden, weil diese Strafe der Tod sein müßte. Es wäre aber ein ungereimtes Gesetz, jemanden den Tod androhen, wenn er sich in gefährlichen Umständen dem Tode nicht freiwillig überlieferte.

Gleichwohl finde ich achtungswürdige Männer, welche diese Befugniß des Unterthans zur Gegengewalt gegen seinen Obern unter gewissen Umständen behaupten, unter denen ich hier nur den in seinen Lehren des Naturrechts sehr behutsamen, bestimmten und bescheidenen Achenwall
5 anführen will.*) Er sagt: „Wenn die Gefahr, die dem gemeinen Wesen aus längerer Duldung der Ungerechtigkeit des Oberhaupts droht, größer ist, als von Ergreifung der Waffen gegen ihn besorgt werden kann: alsdann könne das Volk jenem widerstehen, zum Behuf dieses Rechts von seinem Unterwerfungsvertrag abgehen und ihn als Tyrannen ent-
10 thronen." Und er schließt darauf: „Es kehre das Volk auf solche Art (beziehungsweise auf seinen vorigen Oberherrn) in den Naturzustand zurück".

Ich glaube gern, daß weder Achenwall, noch irgend einer der wackeren Männer, die hierüber mit ihm einstimmig vernünftelt haben, je in irgend einem vorkommenden Fall zu so gefährlichen Unternehmungen
15 ihren Rath oder Beistimmung würden gegeben haben; auch ist kaum zu bezweifeln, daß, wenn jene Empörungen, wodurch die Schweiz, die Vereinigten Niederlande, oder auch Großbritannien ihre jetzige für so glücklich gepriesene Verfassung errungen haben, mißlungen wären, die Leser der Geschichte derselben in der Hinrichtung ihrer jetzt so erhobenen Urheber
20 nichts als verdiente Strafe großer Staatsverbrecher sehen würden. Denn der Ausgang mischt sich gewöhnlich in unsere Beurtheilung der Rechtsgründe, obzwar jener ungewiß war, diese aber gewiß sind. Es ist aber klar, daß, was die letzteren betrifft — wenn man auch einräumt, daß durch eine solche Empörung dem Landesherrn (der etwa eine joyeuse entrée als
25 einen wirklichen zum Grunde liegenden Vertrag mit dem Volk verletzt hätte) kein Unrecht geschähe, — das Volk doch durch diese Art ihr Recht zu suchen im höchsten Grade Unrecht gethan habe: weil dieselbe (zur Maxime angenommen) alle rechtliche Verfassung unsicher macht und den Zustand einer völligen Gesetzlosigkeit (status naturalis), wo alles Recht aufhört, wenig-
30 stens Effect zu haben, einführt. — Nur will ich bei diesem Hange so vieler wohldenkenden Verfasser dem Volk (zu seinem eigenen Verderben) das Wort zu reden bemerken: daß dazu theils die gewöhnliche Täuschung, wenn vom Princip des Rechts die Rede ist, das Princip der Glückseligkeit ihren Urtheilen unterzuschieben, die Ursache sei; theils auch, wo kein Instrument
35 eines wirklich dem gemeinen Wesen vorgelegten, vom Oberhaupt desselben

*) Ius Naturae. Editio Vta. Pars posterior, §§ 203—206.

acceptirten und von beiden sanctionirten Vertrags anzutreffen ist, sie die Idee von einem ursprünglichen Vertrag, die immer in der Vernunft zum Grunde liegt, als Etwas, welches wirklich geschehen sein müsse, annahmen und so dem Volke immer die Befugniß zu erhalten meinten, davon bei einer groben, aber von ihm selbst dafür beurtheilten Verletzung nach seinem Gutdünken abzugehen*).

Man sieht hier offenbar, was das Princip der Glückseligkeit (welche eigentlich gar keines bestimmten Princips fähig ist) auch im Staatsrecht für Böses anrichtet, so wie es solches in der Moral thut, auch selbst bei der besten Meinung, die der Lehrer desselben beabsichtigt. Der Souverän will das Volk nach seinen Begriffen glücklich machen und wird Despot; das Volk will sich den allgemeinen menschlichen Anspruch auf eigene Glückseligkeit nicht nehmen lassen und wird Rebell. Wenn man zu allererst gefragt hätte, was Rechtens ist (wo die Principien a priori feststehen, und kein Empiriker darin pfuschen kann): so würde die Idee des Socialcontracts in ihrem unbestreitbaren Ansehen bleiben; aber nicht als Factum (wie Danton will, ohne welches er alle in der wirklich existirenden bürgerlichen Verfassung befindliche Rechte und alles Eigenthum für null und nichtig erklärt), sondern nur als Vernunftprincip der Beurtheilung aller öffentlichen rechtlichen Verfassung überhaupt. Und man würde einsehen: daß, ehe der allgemeine Wille da ist, das Volk gar kein Zwangsrecht gegen seinen Gebieter besitze, weil es nur durch diesen rechtlich zwingen kann; ist jener aber da, eben sowohl kein von ihm gegen diesen auszuübender Zwang Statt finde, weil es alsdann selbst der oberste Gebieter wäre; mithin dem Volk gegen das Staatsoberhaupt nie ein Zwangsrecht (Widersetzlichkeit in Worten oder Werken) zukomme.

---

*) Es mag auch immer der wirkliche Vertrag des Volks mit dem Oberherren verletzt sein: so kann dieses doch alsdann nicht sofort als gemeines Wesen, sondern nur durch Rottirung entgegenwirken. Denn die bisher bestandene Verfassung war vom Volk zerrissen; die Organisation aber zu einem neuen gemeinen Wesen sollte allererst noch geschehen. Hier tritt nun der Zustand der Anarchie mit allen ihren Greueln ein, die wenigstens dadurch möglich sind; und das Unrecht, welches hier geschieht, ist alsdann das, was eine jede Partei der andern im Volke zufügt: wie auch aus dem angeführten Beispiel erhellt, wo die aufrührerischen Unterthanen jenes Staats zuletzt einander mit Gewalt eine Verfassung aufdringen wollten, die weit drückender geworden wäre als die, welche sie verließen; nämlich von Geistlichen und Aristokraten verzehrt zu werden, statt daß sie unter einem Alle beherrschenden Oberhaupt mehr Gleichheit in Vertheilung der Staatsbürden erwarten konnten.

Wir sehen auch diese Theorie in der Praxis hinreichend bestätigt. In der Verfassung von Großbritannien, wo das Volk mit seiner Constitution so groß thut, als ob sie das Muster für alle Welt wäre, finden wir doch, daß sie von der Befugniß, die dem Volk, im Fall der Monarch den Contract von 1688 übertreten sollte, zusteht, ganz still schweigt; mithin sich gegen ihn, wenn er sie verletzen wollte, weil kein Gesetz hierüber da ist, ingeheim Rebellion vorbehält. Denn daß die Constitution auf diesen Fall ein Gesetz enthalte, welches die subsistirende Verfassung, von der alle besondern Gesetze ausgehen, (gesetzt auch der Contract sei verletzt) umzustürzen berechtigte, ist ein klarer Widerspruch: weil sie alsdann auch eine *öffentlich constituirte**) Gegenmacht enthalten müßte, mithin noch ein zweites Staatsoberhaupt, welches die Volksrechte gegen das erstere beschützte, sein müßte, dann aber auch ein drittes, welches zwischen Beiden, auf wessen Seite das Recht sei, entschiede. — Auch haben jene Volksleiter (oder, wenn man will, Vormünder), besorgt wegen einer solchen Anklage, wenn ihr Unternehmen etwa fehl schlüge, dem von ihnen weggeschreckten Monarchen lieber eine freiwillige Verlassung der Regierung *angedichtet*, als sich das Recht der Absetzung desselben angemaßt, wodurch sie die Verfassung in offenbaren Widerspruch mit sich selbst würden versetzt haben.

Wenn man mir nun bei diesen meinen Behauptungen den Vorwurf gewiß nicht machen wird, daß ich durch diese Unverletzbarkeit den Monarchen zu viel schmeichele: so wird man mir hoffentlich auch denjenigen ersparen, daß ich dem Volk zu Gunsten zu viel behaupte, wenn ich sage, daß dieses gleichfalls seine unverlierbaren Rechte gegen das Staatsoberhaupt habe, obgleich diese keine Zwangsrechte sein können.

Hobbes ist der entgegengesetzten Meinung. Nach ihm (de Cive, cap. 7, § 14) ist das Staatsoberhaupt durch Vertrag dem Volk zu nichts verbunden und kann dem Bürger nicht Unrecht thun (er mag über ihn verfügen, was er wolle). — Dieser Satz würde ganz richtig sein, wenn man unter Unrecht diejenige Läsion versteht, welche dem

---

*) Kein Recht im Staate kann durch einen geheimen Vorbehalt gleichsam heimtückisch verschwiegen werden; am wenigsten das Recht, welches sich das Volk als ein zur Constitution gehöriges anmaßt: weil alle Gesetze derselben als aus einem öffentlichen Willen entsprungen gedacht werden müssen. Es müßte also, wenn die Constitution Aufstand erlaubte, diese das Recht dazu, und auf welche Art davon Gebrauch zu machen sei, öffentlich erklären.

Beleidigten ein Zwangsrecht gegen denjenigen einräumt, der ihm Unrecht thut; aber so im Allgemeinen ist der Satz erschrecklich.

Der nicht-widerspenstige Unterthan muß annehmen können, sein Oberherr wolle ihm nicht Unrecht thun. Mithin da jeder Mensch doch seine unverlierbaren Rechte hat, die er nicht einmal aufgeben kann, wenn er auch wollte, und über die er selbst zu urtheilen befugt ist; das Unrecht aber, welches ihm seiner Meinung nach widerfährt, nach jener Voraussetzung nur aus Irrthum oder Unkunde gewisser Folgen aus Gesetzen der obersten Macht geschieht: so muß dem Staatsbürger und zwar mit Vergünstigung des Oberherrn selbst die Befugniß zustehen, seine Meinung über das, was von den Verfügungen desselben ihm ein Unrecht gegen das gemeine Wesen zu sein scheint, öffentlich bekannt zu machen. Denn daß das Oberhaupt auch nicht einmal irren, oder einer Sache unkundig sein könne, anzunehmen, würde ihn als mit himmlischen Eingebungen begnadigt und über die Menschheit erhaben vorstellen. Also ist die Freiheit der Feder — in den Schranken der Hochachtung und Liebe für die Verfassung, worin man lebt, durch die liberale Denkungsart der Unterthanen, die jene noch dazu selbst einflößt, gehalten (und dahin beschränken sich auch die Federn einander von selbst, damit sie nicht ihre Freiheit verlieren), — das einzige Palladium der Volksrechte. Denn diese Freiheit ihm auch absprechen zu wollen, ist nicht allein so viel, als ihm allen Anspruch auf Recht in Ansehung des obersten Befehlshabers (nach Hobbes) nehmen, sondern auch dem letzteren, dessen Wille bloß dadurch, daß er den allgemeinen Volkswillen repräsentirt, Unterthanen als Bürgern Befehle giebt, alle Kenntniß von dem entziehen, was, wenn er es wüßte, er selbst abändern würde, und ihn mit sich selbst in Widerspruch setzen. Dem Oberhaupte aber Besorgniß einzuflößen, daß durch Selbst- und Lautdenken Unruhen im Staate erregt werden dürften, heißt so viel, als ihm Mißtrauen gegen seine eigene Macht, oder auch Haß gegen sein Volk erwecken.

Das allgemeine Princip aber, wornach ein Volk seine Rechte negativ, d. i. bloß zu beurtheilen hat, was von der höchsten Gesetzgebung als mit ihrem besten Willen nicht verordnet anzusehen sein möchte, ist in dem Satz enthalten: Was ein Volk über sich selbst nicht beschließen kann, das kann der Gesetzgeber auch nicht über das Volk beschließen.

Wenn also z. B. die Frage ist: ob ein Gesetz, das eine gewisse einmal angeordnete kirchliche Verfassung für beständig fortdaurend anbe-

föhle, als von dem eigentlichen Willen des Gesetzgebers (seiner Absicht) ausgehend angesehen werden könne, so frage man sich zuerst: ob ein Volk es sich selbst zum Gesetz machen dürfe, daß gewisse einmal angenommene Glaubenssätze und Formen der äußern Religion für immer bleiben sollen;
5 also ob es sich selbst in seiner Nachkommenschaft hindern dürfe, in Religionseinsichten weiter fortzuschreiten, oder etwanige alte Irrthümer abzuändern. Da wird nun klar, daß ein ursprünglicher Contract des Volks, welcher dieses zum Gesetz machte, an sich selbst null und nichtig sein würde: weil er wider die Bestimmung und Zwecke der Menschheit streitet; mithin
10 ein darnach gegebenes Gesetz nicht als der eigentliche Wille des Monarchen, dem also Gegenvorstellungen gemacht werden können, anzusehen ist. — In allen Fällen aber, wenn etwas gleichwohl doch von der obersten Gesetzgebung so verfügt wäre, können zwar allgemeine und öffentliche Urtheile darüber gefällt, nie aber wörtlicher oder thätlicher Widerstand dagegen
15 aufgeboten werden.

Es muß in jedem gemeinen Wesen ein Gehorsam unter dem Mechanismus der Staatsverfassung nach Zwangsgesetzen (die aufs Ganze gehen), aber zugleich ein Geist der Freiheit sein, da jeder in dem, was allgemeine Menschenpflicht betrifft, durch Vernunft überzeugt zu sein verlangt,
20 daß dieser Zwang rechtmäßig sei, damit er nicht mit sich selbst in Widerspruch gerathe. Der erstere ohne den letzteren ist die veranlassende Ursache aller geheimen Gesellschaften. Denn es ist ein Naturberuf der Menschheit, sich vornehmlich in dem, was den Menschen überhaupt angeht, einander mitzutheilen; jene Gesellschaften also würden wegfallen, wenn
25 diese Freiheit begünstigt wird. Und wodurch anders können auch der Regierung die Kenntnisse kommen, die ihre eigene wesentliche Absicht befördern, als daß sie den in seinem Ursprung und in seinen Wirkungen so achtungswürdigen Geist der Freiheit sich äußern läßt?

* *
*

Nirgend spricht eine alle reine Vernunftprincipien vorbeigehende
30 Praxis mit mehr Anmaßung über Theorie ab, als in der Frage über die Erfordernisse zu einer guten Staatsverfassung. Die Ursache ist, weil eine lange bestandene gesetzliche Verfassung das Volk nach und nach an eine Regel gewöhnt, ihre Glückseligkeit sowohl als ihre Rechte nach dem Zustande zu beurtheilen, in welchem Alles bisher in seinem ruhigen Gange
35 gewesen ist; nicht aber umgekehrt diesen letzteren nach Begriffen, die ihnen

von beiden durch die Vernunft an die Hand gegeben werden, zu schätzen: vielmehr jenen passiven Zustand immer doch der gefahrvollen Lage noch vorzuziehen, einen bessern zu suchen (wo dasjenige gilt, was Hippokrates den Ärzten zu beherzigen giebt: iudicium anceps, experimentum periculosum). Da nun alle lange genug bestandenen Verfassungen, sie mögen Mängel haben, welche sie wollen, hierin bei aller ihrer Verschiedenheit einerlei Resultat geben, nämlich mit der, in welcher man ist, zufrieden zu sein: so gilt, wenn auf das Volkswohlergehen gesehen wird, eigentlich gar keine Theorie, sondern Alles beruht auf einer der Erfahrung folgsamen Praxis.

Giebt es aber in der Vernunft so etwas, als sich durch das Wort Staatsrecht ausdrücken läßt; und hat dieser Begriff für Menschen, die im Antagonism ihrer Freiheit gegen einander stehen, verbindende Kraft, mithin objective (praktische) Realität, ohne daß auf das Wohl- oder Übelbefinden, das ihnen daraus entspringen mag, noch hingesehen werden darf (wovon die Kenntniß bloß auf Erfahrung beruht): so gründet es sich auf Principien a priori (denn, was Recht sei, kann nicht Erfahrung lehren); und es giebt eine Theorie des Staatsrechts, ohne Einstimmung mit welcher keine Praxis gültig ist.

Hiewider kann nun nichts aufgebracht werden als: daß, obzwar die Menschen die Idee von ihnen zustehenden Rechten im Kopf haben, sie doch ihrer Herzenshärtigkeit halber unfähig und unwürdig wären darnach behandelt zu werden, und daher eine oberste bloß nach Klugheitsregeln verfahrende Gewalt sie in Ordnung halten dürfe und müsse. Dieser Verzweifelungssprung (salto mortale) ist aber von der Art, daß, wenn einmal nicht vom Recht, sondern nur von der Gewalt die Rede ist, das Volk auch die seinige versuchen und so alle gesetzliche Verfassung unsicher machen dürfe. Wenn nicht etwas ist, was durch Vernunft unmittelbar Achtung abnöthigt (wie das Menschenrecht), so sind alle Einflüsse auf die Willkür der Menschen unvermögend, die Freiheit derselben zu bändigen; aber wenn neben dem Wohlwollen das Recht laut spricht, dann zeigt sich die menschliche Natur nicht so verunartet, daß seine Stimme von derselben nicht mit Ehrerbietung angehört werde. (Tum pietate gravem meritisque si forte virum quem Conspexere, silent arrectisque auribus adstant. Virgil.)

III.

Vom Verhältniß der Theorie zur Praxis im Völkerrecht.

In allgemein philanthropischer, d. i. kosmopolitischer Absicht betrachtet*).

Gegen Moses Mendelssohn.

Ist das menschliche Geschlecht im Ganzen zu lieben; oder ist es ein Gegenstand, den man mit Unwillen betrachten muß, dem man zwar (um nicht Misanthrop zu werden) alles Gute wünscht, es doch aber nie an ihm erwarten, mithin seine Augen lieber von ihm abwenden muß? Die Beantwortung dieser Frage beruht auf der Antwort, die man auf eine andere geben wird: Sind in der menschlichen Natur Anlagen, aus welchen man abnehmen kann, die Gattung werde immer zum Bessern fortschreiten und das Böse jetziger und vergangener Zeiten sich in dem Guten der künftigen verlieren? Denn so können wir die Gattung doch wenigstens in ihrer beständigen Annäherung zum Guten lieben, sonst müßten wir sie hassen oder verachten; die Ziererei mit der allgemeinen Menschenliebe (die alsdann höchstens nur eine Liebe des Wohlwollens, nicht des Wohlgefallens sein würde) mag dagegen sagen, was sie wolle. Denn was böse ist und bleibt, vornehmlich das in vorsetzlicher wechselseitiger Verletzung der heiligsten Menschenrechte, das kann man — auch bei der größten Bemühung, Liebe in sich zu erzwingen — doch nicht vermeiden zu hassen: nicht gerade um Menschen Übels zuzufügen, aber doch so wenig wie möglich mit ihnen zu thun zu haben.

Moses Mendelssohn war der letzteren Meinung (Jerusalem, zweiter Abschnitt, S. 44 bis 47), die er seines Freundes Lessings Hypothese von einer göttlichen Erziehung des Menschengeschlechts entgegensetzt. Es ist ihm Hirngespinst: „daß das Ganze, die Menschheit hienieden, in der Folge der Zeiten immer vorwärts rücken und sich vervollkommnen solle. — Wir sehen," sagt er, „das Menschengeschlecht im Ganzen kleine Schwingungen machen; und es that nie einige Schritte vorwärts, ohne bald nachher mit gedoppelter Geschwindigkeit in seinen vorigen Zustand zurück zu gleiten." (Das ist so recht der Stein des Sisyphus; und man

---

*) Es fällt nicht sofort in die Augen, wie eine allgemein-philanthropische Voraussetzung auf eine weltbürgerliche Verfassung, diese aber auf die Gründung eines Völkerrechts hinweise, als einen Zustand, in welchem allein die Anlagen der Menschheit gehörig entwickelt werden können, die unsere Gattung liebenswürdig machen. — Der Beschluß dieser Nummer wird diesen Zusammenhang vor Augen stellen.

nimmt auf diese Art gleich dem Indier die Erde als den Büßungsort für alte, jetzt nicht mehr erinnerliche Sünden an.) — „Der Mensch geht weiter; aber die Menschheit schwankt beständig zwischen festgesetzten Schranken auf und nieder; behält aber, im Ganzen betrachtet, in allen Perioden der Zeit ungefähr dieselbe Stufe der Sittlichkeit, dasselbe Maß von Re- 5 ligion und Irreligion, von Tugend und Laster, von Glückseligkeit(?) und Elend." — Diese Behauptungen leitet er (S. 46) dadurch ein, daß er sagt: „Ihr wollt errathen, was für Absichten die Vorsehung mit der Menschheit habe? Schmiedet keine Hypothesen" (Theorie hatte er diese vorher genannt); „schauet nur umher auf das, was wirklich geschieht, und, 10 wenn Ihr einen Überblick auf die Geschichte aller Zeiten werfen könnt, auf das, was von jeher geschehen ist. Dieses ist Thatsache; dieses muß zur Absicht gehört haben, muß in dem Plane der Weisheit genehmigt, oder wenigstens mit aufgenommen worden sein."

Ich bin anderer Meinung. — Wenn es ein einer Gottheit würdiger 15 Anblick ist, einen tugendhaften Mann mit Widerwärtigkeiten und Versuchungen zum Bösen ringen und ihn dennoch dagegen Stand halten zu sehen: so ist es ein, ich will nicht sagen einer Gottheit, sondern selbst des gemeinsten, aber wohldenkenden Menschen höchst unwürdiger Anblick, das menschliche Geschlecht von Periode zu Periode zur Tugend hinauf Schritte 20 thun und bald darauf eben so tief wieder in Laster und Elend zurückfallen zu sehen. Eine Weile diesem Trauerspiel zuzuschauen, kann vielleicht rührend und belehrend sein; aber endlich muß doch der Vorhang fallen. Denn auf die Länge wird es zum Possenspiel; und wenn die Akteure es gleich nicht müde werden, weil sie Narren sind, so wird es doch der Zuschauer, der an 25 einem oder dem andern Act genug hat, wenn er daraus mit Grunde abnehmen kann, daß das nie zu Ende kommende Stück ein ewiges Einerlei sei. Die am Ende folgende Strafe kann zwar, wenn es ein bloßes Schauspiel ist, die unangenehmen Empfindungen durch den Ausgang wiederum gut machen. Aber Laster ohne Zahl (wenn gleich mit dazwischen eintreten- 30 den Tugenden) in der Wirklichkeit sich über einander thürmen zu lassen, damit dereinst recht viel gestraft werden könne: ist wenigstens nach unseren Begriffen sogar der Moralität eines weisen Welturhebers und Regierers zuwider.

Ich werde also annehmen dürfen: daß, da das menschliche Geschlecht 35 beständig im Fortrücken in Ansehung der Cultur, als dem Naturzwecke desselben, ist, es auch im Fortschreiten zum Besseren in Ansehung des

moralischen Zwecks seines Daseins begriffen sei, und daß dieses zwar bisweilen unterbrochen, aber nie abgebrochen sein werde. Diese Voraussetzung zu beweisen, habe ich nicht nöthig; der Gegner derselben muß beweisen. Denn ich stütze mich auf meine angeborne Pflicht, in jedem
5 Gliede der Reihe der Zeugungen — worin ich (als Mensch überhaupt) bin, und doch nicht mit der an mir erforderlichen moralischen Beschaffenheit so gut, als ich sein sollte, mithin auch könnte — so auf die Nachkommenschaft zu wirken, daß sie immer besser werde (wovon also auch die Möglichkeit angenommen werden muß), und daß so diese Pflicht von einem
10 Gliede der Zeugungen zum andern sich rechtmäßig vererben könne. Es mögen nun auch noch so viel Zweifel gegen meine Hoffnungen aus der Geschichte gemacht werden, die, wenn sie beweisend wären, mich bewegen könnten, von einer dem Anschein nach vergeblichen Arbeit abzulassen; so kann ich doch, so lange dieses nur nicht ganz gewiß gemacht werden
15 kann, die Pflicht (als das liquidum) gegen die Klugheitsregel aufs Unthunliche nicht hinzuarbeiten (als das illiquidum, weil es bloße Hypothese ist) nicht vertauschen; und so ungewiß ich immer sein und bleiben mag, ob für das menschliche Geschlecht das Bessere zu hoffen sei, so kann dieses doch nicht der Maxime, mithin auch nicht der nothwendigen Voraus-
20 setzung derselben in praktischer Absicht, daß es thunlich sei, Abbruch thun.

Diese Hoffnung besserer Zeiten, ohne welche eine ernstliche Begierde, etwas dem allgemeinen Wohl Ersprießliches zu thun, nie das menschliche Herz erwärmt hätte, hat auch jederzeit auf die Bearbeitung der Wohldenkenden Einfluß gehabt; und der gute Mendelssohn mußte doch auch
25 darauf gerechnet haben, wenn er für Aufklärung und Wohlfahrt der Nation, zu welcher er gehörte, so eifrig bemüht war. Denn selbst und für sich allein sie zu bewirken, wenn nicht Andere nach ihm auf derselben Bahn weiter fort gingen, konnte er vernünftiger Weise nicht hoffen. Bei dem traurigen Anblick nicht sowohl der Übel, die das menschliche Geschlecht aus
30 Natursachen drücken, als vielmehr derjenigen, welche die Menschen sich unter einander selbst anthun, erheitert sich doch das Gemüth durch die Aussicht, es könne künftig besser werden: und zwar mit uneigennützigem Wohlwollen, wenn wir längst im Grabe sein und die Früchte, die wir zum Theil selbst gesäet haben, nicht einernten werden. Empirische Beweisgründe
35 wider das Gelingen dieser auf Hoffnung genommenen Entschließungen richten hier nichts aus. Denn daß dasjenige, was bisher noch nicht gelungen ist, darum auch nie gelingen werde, berechtigt nicht einmal eine

pragmatische oder technische Absicht (wie z. B. die der Luftfahrten mit aërostatischen Bällen) aufzugeben; noch weniger aber eine moralische, welche, wenn ihre Bewirkung nur nicht demonstrativ-unmöglich ist, Pflicht wird. Überdem lassen sich manche Beweise geben, daß das menschliche Geschlecht im Ganzen wirklich in unserm Zeitalter in Vergleichung mit 5 allen vorigen ansehnlich moralisch zum selbst Besseren fortgerückt sei (kurzdaurende Hemmungen können nichts dagegen beweisen); und daß das Geschrei von der unaufhaltsam zunehmenden Verunartung desselben gerade daher kommt, daß, wenn es auf einer höheren Stufe der Moralität steht, es noch weiter vor sich sieht, und sein Urtheil über das, was man ist, in 10 Vergleichung mit dem, was man sein sollte, mithin unser Selbsttadel immer desto strenger wird, je mehr Stufen der Sittlichkeit wir im Ganzen des uns bekannt gewordenen Weltlaufs schon erstiegen haben.

Fragen wir nun: durch welche Mittel dieser immerwährende Fortschritt zum Besseren dürfte erhalten und auch wohl beschleunigt werden, so 15 sieht man bald, daß dieser ins unermeßlich Weite gehende Erfolg nicht sowohl davon abhängen werde, was *wir* thun (z. B. von der Erziehung, die wir der jüngeren Welt geben), und nach welcher Methode *wir* verfahren sollen, um es zu bewirken; sondern von dem, was die menschliche *Natur* in und mit uns thun wird, um uns in ein Gleis zu *nöthigen*, 20 in welches wir uns von selbst nicht leicht fügen würden. Denn von ihr, oder vielmehr (weil höchste Weisheit zu Vollendung dieses Zwecks erfordert wird) von der *Vorsehung* allein können wir einen Erfolg erwarten, der aufs Ganze und von da auf die Theile geht, da im Gegentheil die Menschen mit ihren *Entwürfen* nur von den Theilen ausgehen, wohl gar nur bei 25 ihnen stehen bleiben und aufs Ganze als ein solches, welches für sie zu groß ist, zwar ihre Ideen, aber nicht ihren Einfluß erstrecken können: vornehmlich da sie, in ihren Entwürfen einander widerwärtig, sich aus eigenem freien Vorsatz schwerlich dazu vereinigen würden.

So wie allseitige Gewaltthätigkeit und daraus entspringende Noth 30 endlich ein Volk zur Entschließung bringen mußte, sich dem Zwange, den ihm die Vernunft selbst als Mittel vorschreibt, nämlich dem öffentlicher Gesetze, zu unterwerfen und in eine *staatsbürgerliche* Verfassung zu treten: so muß auch die Noth aus den beständigen Kriegen, in welchen wiederum Staaten einander zu schmälern oder zu unterjochen suchen, sie 35 zuletzt dahin bringen, selbst wider Willen entweder in eine *weltbürgerliche* Verfassung zu treten; oder, ist ein solcher Zustand eines allgemeinen

Friedens (wie es mit übergroßen Staaten wohl auch mehrmals gegangen ist) auf einer andern Seite der Freiheit noch gefährlicher, indem er den schrecklichsten Despotismus herbei führt, so muß sie diese Noth doch zu einem Zustande zwingen, der zwar kein weltbürgerliches gemeines Wesen
5 unter einem Oberhaupt, aber doch ein rechtlicher Zustand der Föderation nach einem gemeinschaftlich verabredeten Völkerrecht ist.

Denn da die fortrückende Cultur der Staaten mit dem zugleich wachsenden Hange, sich auf Kosten der Andern durch List oder Gewalt zu vergrößern, die Kriege vervielfältigen und durch immer (bei bleibender
10 Löhnung) vermehrte, auf stehendem Fuß und in Disciplin erhaltene, mit stets zahlreicheren Kriegsinstrumenten versehene Heere immer höhere Kosten verursachen muß; indeß die Preise aller Bedürfnisse fortdaurend wachsen, ohne daß ein ihnen proportionirter fortschreitender Zuwachs der sie vorstellenden Metalle gehofft werden kann; kein Frieden auch so lange
15 dauert, daß das Ersparniß während demselben dem Kostenaufwand für den nächsten Krieg gleich käme, wowider die Erfindung der Staatsschulden zwar ein sinnreiches, aber sich selbst zuletzt vernichtendes Hülfsmittel ist: so muß, was guter Wille hätte thun sollen, aber nicht that, endlich die Ohnmacht bewirken: daß ein jeder Staat in seinem Inneren so organisirt
20 werde, daß nicht das Staatsoberhaupt, dem der Krieg (weil er ihn auf eines Andern, nämlich des Volks, Kosten führt) eigentlich nichts kostet, sondern das Volk, dem er selbst kostet, die entscheidende Stimme habe, ob Krieg sein solle oder nicht (wozu freilich die Realisirung jener Idee des ursprünglichen Vertrags nothwendig vorausgesetzt werden muß). Denn
25 dieses wird es wohl bleiben lassen, aus bloßer Vergrößerungsbegierde, oder um vermeinter, bloß wörtlicher Beleidigungen willen sich in Gefahr persönlicher Dürftigkeit, die das Oberhaupt nicht trifft, zu versetzen. Und so wird auch die Nachkommenschaft (auf die keine von ihr unverschuldete Lasten gewälzt werden), ohne daß eben Liebe zu derselben, sondern nur
30 Selbstliebe jedes Zeitalters die Ursache davon sein darf, immer zum Bessern selbst im moralischen Sinn fortschreiten können: indem jedes gemeine Wesen, unvermögend einem anderen gewaltthätig zu schaden, sich allein am Recht halten muß und, daß andere eben so geformte ihm darin zu Hülfe kommen werden, mit Grunde hoffen kann.

35 Dieses ist indeß nur Meinung und bloß Hypothese: ungewiß wie alle Urtheile, welche zu einer beabsichtigten Wirkung, die nicht gänzlich in unsrer Gewalt steht, die ihr einzig angemessene Natururfache angeben

wollen; und selbst als eine solche enthält sie in einem schon bestehenden Staat nicht ein Princip für den Unterthan sie zu erzwingen (wie vorher gezeigt worden), sondern nur für zwangsfreie Oberhäupter. Ob es zwar in der Natur des Menschen nach der gewöhnlichen Ordnung eben nicht liegt, von seiner Gewalt willkürlich nachzulassen, gleichwohl es aber in dringenden Umständen doch nicht unmöglich ist: so kann man es für einen den moralischen Wünschen und Hoffnungen der Menschen (beim Bewußtsein ihres Unvermögens) nicht unangemessenen Ausdruck halten, die dazu erforderlichen Umstände von der *Vorsehung* zu erwarten: welche dem Zwecke der *Menschheit* im Ganzen ihrer Gattung zu Erreichung ihrer endlichen Bestimmung durch freien Gebrauch ihrer Kräfte, so weit sie reichen, einen Ausgang verschaffen werde, welchem die Zwecke der *Menschen*, abgesondert betrachtet, gerade entgegen wirken. Denn eben die Entgegenwirkung der Neigungen, aus welchen das Böse entspringt, unter einander verschafft der Vernunft ein freies Spiel, sie insgesammt zu unterjochen und statt des Bösen, was sich selbst zerstört, das Gute, welches, wenn es einmal da ist, sich fernerhin von selbst erhält, herrschend zu machen.

* * *

Die menschliche Natur erscheint nirgend weniger liebenswürdig, als im Verhältnisse ganzer Völker gegen einander. Kein Staat ist gegen den andern wegen seiner Selbstständigkeit oder seines Eigenthums einen Augenblick gesichert. Der Wille einander zu unterjochen oder an dem Seinen zu schmälern ist jederzeit da; und die Rüstung zur Vertheidigung, die den Frieden oft noch drückender und für die innere Wohlfahrt zerstörender macht, als selbst den Krieg, darf nie nachlassen. Nun ist hierwider kein anderes Mittel, als ein auf öffentliche mit Macht begleitete Gesetze, denen sich jeder Staat unterwerfen müßte, gegründetes Völkerrecht (nach der Analogie eines bürgerlichen oder Staatsrechts einzelner Menschen) möglich; — denn ein daurender allgemeiner Friede durch die so genannte *Balance der Mächte in Europa* ist, wie *Swifts* Haus, welches von einem Baumeister so vollkommen nach allen Gesetzen des Gleichgewichts erbauet war, daß, als sich ein Sperling drauf setzte, es sofort einfiel, ein bloßes Hirngespinst. — Aber solchen Zwangsgesetzen, wird man sagen, werden sich Staaten doch nie unterwerfen; und der Vorschlag zu einem allgemeinen Völkerstaat, unter dessen Gewalt sich alle einzelne

Staaten freiwillig bequemen sollen, um seinen Gesetzen zu gehorchen, mag in der Theorie eines Abbé von St. Pierre, oder eines Rousseau noch so artig klingen, so gilt er doch nicht für die Praxis: wie er denn auch von großen Staatsmännern, mehr aber noch von Staatsoberhäuptern als eine pedantisch-kindische aus der Schule hervorgetretene Idee jederzeit ist verlacht worden.

Ich meinerseits vertraue dagegen doch auf die Theorie, die von dem Rechtsprincip ausgeht, wie das Verhältniß unter Menschen und Staaten sein soll, und die den Erdengöttern die Maxime anpreiset, in ihren Streitigkeiten jederzeit so zu verfahren, daß ein solcher allgemeiner Völkerstaat dadurch eingeleitet werde, und ihn also als möglich (in praxi), und daß er sein kann, anzunehmen; — zugleich aber auch (in subsidium) auf die Natur der Dinge, welche dahin zwingt, wohin man nicht gerne will (fata volentem ducunt, nolentem trahunt). Bei dieser letzteren wird dann auch die menschliche Natur mit in Anschlag gebracht: welche, da in ihr immer noch Achtung für Recht und Pflicht lebendig ist, ich nicht für so versunken im Bösen halten kann oder will, daß nicht die moralisch-praktische Vernunft nach vielen mißlungenen Versuchen endlich über dasselbe siegen und sie auch als liebenswürdig darstellen sollte. So bleibt es also auch in kosmopolitischer Rücksicht bei der Behauptung: Was aus Vernunftgründen für die Theorie gilt, das gilt auch für die Praxis.

Etwas

über den

Einfluß des Mondes

auf die Witterung.

Herr Hofrath Lichtenberg in Göttingen sagt in seiner aufgeweckten und gedankenreichen Manier irgendwo in seinen Schriften: „Der Mond sollte zwar nicht auf die Witterung Einfluß haben; er hat aber doch darauf Einfluß."

5 A. Der Satz: „Er sollte ihn nicht haben." Denn wir kennen nur zwei Vermögen, wodurch er in so großer Entfernung auf unsre Erde Einfluß haben kann: sein Licht*), welches er als ein von der Sonne erleuch-

*) Bei Gelegenheit der hier anzumerkenden Schwäche des Mondlichts in Vergleichung sogar nur mit dem eigenen strahlenden Licht eines Fixsterns, den 10 der Mond zu verdecken in Bereitschaft steht, sei es mir erlaubt, zu einer Beobachtung des um die genauere Kenntniß der Gestalt der Weltkörper so verdienten Hrn. O. A. Schröter in Lilienthal (Astronom. Abhandl. 1793, S. 193) eine muthmaßliche Erklärung hinzuzuthun. „Aldebaran (heißt es) verschwand nicht sofort durch Vorrückung des Mondes: und (indem Hr. S. beides, Mondrand und Alde- 15 baran, mit erwünschter Schärfe sah) war er reichlich 2 bis 3 Secunden lang vor dem Mondrande auf der Scheibe sichtbar: da er dann, ohne daß man einige Lichtabnahme noch einen veränderten Durchmesser an ihm bemerkte, so plötzlich verschwand, daß über dem Verschwinden selbst bei weitem keine ganze, sondern etwa nur eine halbe Secunde Zeit, wenigstens gewiß nicht viel darüber verstrich." 20 Diese Erscheinung ist meiner Meinung nach nicht einer optischen Täuschung, sondern der Zeit zuzuschreiben, die das Licht bedarf, um von dem Stern in der Weite des Mondes bis zur Erde zu kommen, welche etwa $1\frac{1}{5}$ Secunden beträgt, innerhalb welcher der Aldebaran schon durch den Mond verdeckt war. Ob nun über dem Besinnen, daß der Stern schon innerhalb der Mondsfläche (nicht bloß in 25 Berührung mit ihr) gesehen werde, imgleichen über der Wahrnehmung und dem Bewußtsein, daß er nun verschwunden sei, nicht die übrigen $\frac{4}{5}$ einer Secunde (die eigentlich nicht zur Beobachtung gehören) vergangen sein mögen, die wahre also und die vermeinte, obzwar unvermeidliche, Schein-Beobachtung zusammen nicht etwa die 2 Secunden (als so viel Hr. S. allenfalls einräumt) austragen: muß 30 dem eigenen Urtheil dieses scharfsichtigen und geübten Beobachters überlassen werden.

Nach anderweitigen bewundernswürdigen Entdeckungen eben desselben, die Structur der Mondfläche betreffend, scheint die uns zugekehrte Hälfte des Mondes ein einer ausgebrannten vulkanischen Schlacke ähnlicher und unbewohnbarer Körper

teter Körper reflectirt, und seine Anziehungskraft, die als Ursache der Schwere ihm mit aller Materie gemein ist. Von beiden können wir sowohl die Gesetze als auch durch ihre Wirkungen die Grade ihrer Wirksamkeit hinreichend angeben, um die Verändrungen, die sie zur Folge haben, aus jenen als Ursachen zu erklären; neue verborgene Kräfte aber zum Behuf gewisser Erscheinungen auszudenken, die mit den schon bekannten nicht in genugsam durch Erfahrung beglaubigter Verbindung stehen, ist ein Wagstück, das eine gesunde Naturwissenschaft nicht leichtlich einräumt. So wird sie z. B. sich der angeblichen Beobachtung, daß in den Mondschein gelegte Fische eher, als die im Schatten desselben liegenden faulen, sehr weigern: da jenes Licht, selbst durch die größten Brenngläser oder Brennspiegel zusammengedrängt, doch auf das allerempfindlichste Thermometer nicht die mindeste merkliche Wirkung thut; — für die Beobachtung aber des durch den Mondeseinfluß sehr beschleunigten Todes der Fieberkranken in Bengalen zur Zeit einer Sonnenfinsterniß doch einige Achtung haben: weil die Anziehung des Mondes (die sich zu dieser Zeit mit der der Sonne vereinigt) ihr Vermögen, auf die Körper der Erde sehr merklich zu wirken, durch andere Erfahrungen unzweideutig darthut.

---

zu sein. Wenn man aber annimmt, daß die Eruptionen der elastischen Materien aus dem Innern desselben, so lange er noch im Zustande der Flüssigkeit war, sich mehr nach der der Erde zugekehrten, als von ihr abgekehrten Seite gewandt haben (welches, da der Unterschied der Anziehungen der ersteren von der des Mittelpunkts des Mondes größer ist, als der zwischen der Anziehung des Mittelpunkts und der abgekehrten Seite, und elastische in einem Flüssigen aufsteigende Materien desto mehr sich ausdehnen, je weniger sie gedrückt werden, beim Erstarren dieses Weltkörpers auch größere Höhlungen im Inwendigen desselben auf der ersteren als der letzteren Hälfte hat zurück lassen müssen): so wird man sich gar wohl denken können, daß der Mittelpunkt der Schwere mit dem der Größe dieses Körpers nicht zusammentreffen, sondern zu der abgekehrten Seite hin liegen werde, welches dann zur Folge haben würde, daß Wasser und Luft, die sich etwa auf diesem Erdtrabanten befinden möchten, die erstere Seite verlassen und, indem sie auf die zweite abflossen, diese dadurch allein bewohnbar gemacht hätten. — Ob übrigens die Eigenschaft desselben, sich in derselben Zeit um seine Axe zu drehen, in welcher er seinen Kreislauf macht, aus der nämlichen Ursache (nämlich dem Unterschied der Anziehung beider Hälften bei einem Monde, der um seinen Planeten läuft, wegen seiner viel größeren Naheit zum letzteren, als der des Planeten zur Sonne) allen Monden als eigen angenommen werden dürfe: muß denen, die in der Attractionstheorie bewanderter sind, zu entscheiden überlassen werden.

Wenn es also darauf ankommt a priori zu entscheiden: ob der Mond auf Witterungen Einfluß habe oder nicht, so kann von dem Licht, welches er auf die Erde wirft, nicht die Rede sein; und es bleibt folglich nur seine Anziehungskraft (nach allgemeinen Gravitationsgesetzen) übrig, woraus 5 diese Wirkung auf die Atmosphäre erklärlich sein müßte. Nun kann seine unmittelbare Wirkung durch diese Kraft nur in der Vermehrung oder Verminderung der Schwere der Luft bestehen; diese aber, wenn sie merklich sein soll, muß sich am Barometer beobachten lassen. Also würde obiger Ausspruch (A) so lauten: Die mit den Mondsstellungen regelmäßig zu-10 sammenstimmenden Veränderungen des Barometerstandes lassen sich nicht aus der Attraction dieses Erdtrabanten begreiflich machen. Denn

1) läßt sich a priori darthun: daß die Mondesanziehung, sofern dadurch die Schwere unsrer Luft vermehrt oder vermindert werden mag, viel zu klein sei, als daß diese Veränderung am Barometer bemerkt werden 15 könnte (Lulof's Einleitung zur mathem. und physik. Kenntniß der Erdkugel, § 312): man mag sich nun die Luft bloß als flüssiges (nicht elastisches) Wesen denken, wo ihre Oberfläche bei der durch des Mondes Anziehung veränderten Richtung der Schwere derselben völlig Wasserpaß halten würde; oder zugleich, wie sie es wirklich ist, als elastische Flüssig-20 keit, wo noch die Frage ist, ob ihre gleichdichte Schichten in verschiednen Höhen auch da noch im Gleichgewicht bleiben würden, welches letztere zu erörteren aber hier nicht der Ort ist.

2) beweiset die Erfahrung diese Unzulänglichkeit der Mondesanziehung zur merklichen Veränderung der Luftschwere. Denn sie müßte sich 25 wie die Ebbe und Fluth in 24 Stunden zweimal am Barometer zeigen; wovon aber nicht die mindeste Spur wahrgenommen wird*).

---

*) Man muß sich nur richtige Begriffe von der Wirkung der Anziehungen des Mondes und der Sonne machen, sofern sie unmittelbaren Einfluß auf den Barometerstand haben mögen. Wenn das Meer (und so auch die Atmo-30 sphäre) fluthet, und so die Säulen dieses Flüssigen höher werden: so stellen sich Manche vor, das Gewicht derselben (so wie der Druck der Luft aufs Barometer) müsse nach der Theorie größer (mithin der Barometerstand höher) werden; aber es ist gerade umgekehrt. Die Säulen steigen nur darum, weil sie durch die äußere Anziehung leichter werden; da sie nun im offenen Meere niemals Zeit 35 genug bekommen die ganze Höhe zu erreichen, die sie vermöge jener Anziehungen annehmen würden, wenn Mond und Sonne in der Stellung ihres größten vereinigten Einflusses stehen bleiben: so muß an dem Orte der größten Fluth der Druck des Meeres (und so auch der Druck der Luft aufs Barometer) kleiner, mithin auch der

B. Der Gegensatz: „Der Mond hat gleichwohl einen (theils am Barometer bemerklichen, theils sonst sichtbaren) Einfluß auf die Witterung.“ — Die Witterung (temperies aëris) enthält zwei Stücke: Wind und Wetter. Das letztere ist entweder bloß sichtbar: als heller, theils reiner theils mit Wolken bestreueter theils bezogener Himmel; oder auch fühlbar: kalt oder warm, feucht oder trocken, im Einathmen erfrischend oder beklemmend. Denselben Wind begleitet nicht immer, doch oft die nämliche Witterung; ob eine locale, die Luftmischung und mit ihr die Witterung abändernde Ursache einen gewissen Wind, oder dieser die Witterung herbeiführe, ist nicht immer auszumachen: und mit demselben Barometerstande, wenn er auch mit der Mondsstellung nach einer gewissen Regel in Harmonie wäre, kann doch verschiedenes Wetter verbunden sein. — Indeß, wenn der Windwechsel sich nach dem Mondwechsel sowohl für sich, als auch in Verbindung mit dem Wechsel der vier Jahrszeiten richtet, so hat der Mond doch (direct oder indirect) Einfluß auf die Witterung: wenn sich gleich nach ihm das Wetter nicht bestimmen läßt, mithin die ausgefundenen Regeln mehr dem Seemann als dem Landmann brauchbar sein sollten. — Es zeigen sich aber zu dieser Behauptung wenigstens vorläufig hinreichende Analogien, welche, wenn sie gleich nicht astronomisch berechneten Kalendergesetzen gleich kommen, doch als Regeln, um auf jene bei künftigen meteorologischen Beobachtungen Rücksicht zu nehmen, Aufmerksamkeit verdienen. Nämlich:

1) Zur Zeit des neuen Lichts bemerkt man fast allemal wenigstens Bestrebungen der Atmosphäre, die Richtung des Windes zu verändern, die dahin ausschlagen, daß er entweder nach einigem Hin- und Her-

---

Barometerstand niedriger, zur Ebbezeit aber höher sein. — Sofern stimmen also die Regeln des Toaldo gar wohl mit der Theorie zusammen: daß nämlich das Barometer in den Syzygien im Fallen, in den Quadraturen aber im Steigen sei: wenn die letztere es nur begreiflich machen könnte, wie die Anziehungen jener Himmelskörper überhaupt auf den Barometerstand merklichen Einfluß haben können.

Was aber den außerordentlich hohen Stand der See in Meerengen und langen Busen, vornehmlich zur Zeit der Springfluth betrifft, so kommt dieser bei unsrer Aufgabe gar nicht in Anschlag: weil er nicht unmittelbar und hydrostatisch von der Anziehung, sondern nur mittelbar durch eine von jener Veränderung herrührende Strombewegung, also hydraulisch, bewirkt wird; und so mag es auch wohl mit den Winden beschaffen sein, wenn sie, durch jene Anziehung in Bewegung gesetzt, durch Vorgebirge, Seestraßen und ihnen allein offen bleibende Engen in einem Inselmeer zu streichen genöthigt werden.

wanken sich wieder in seine alte Stelle begiebt, oder (wenn er vornehmlich den Compaß in der Richtung der täglichen Sonnenbewegung ganz oder zum Theil durchgelaufen hat) eine Stelle einnimmt, in welcher er den Monat hindurch herrschend bleibt.

5 2) Vierteljährig, zur Zeit der Solstitien und Äquinoctien und des auf sie zunächst folgenden Neulichts, wird diese Bestrebung noch deutlicher wahrgenommen; und welcher Wind nach demselben die ersten zwei bis drei Wochen die Oberhand hat, der pflegt auch das ganze Quartal hindurch der herrschende zu sein.

10 Auf diese Regeln scheinen auch die Wettervorhersagungen im Kalender seit einiger Zeit Rücksicht genommen zu haben. Denn wie der gemeine Mann selbst bemerkt haben will, sie treffen jetzt doch besser ein, wie vor diesem: vermuthlich weil die Verfasser desselben jetzt auch den Toaldo hierbei zu Rathe ziehen mögen. So war es am Ende doch wohl gut, daß 15 der Anschlag, Kalender ohne Aberglauben (eben so wenig wie der rasche Entschluß eines Williams, öffentlichen Religionsvortrag ohne Bibel) in Gang zu bringen, keinen Erfolg hatte. Denn nun wird der Verfasser jenes Volksbuchs, um der Leichtgläubigkeit des Volks nicht bis zu dessen gänzlichem Unglauben und daraus folgendem Verlust seines zum 20 häufigen Absatz nöthigen Credits zu mißbrauchen, genöthigt, den bisher aufgefundenen obgleich noch nicht völlig gesicherten Regeln der Witterungen nachzugehen, ihnen allmählich mehr Bestimmung zu verschaffen und sie der Gewißheit einer Erfahrung wenigstens näher zu bringen: so daß das vorher aus Aberglauben blindlings Angenommene endlich wohl in einen 25 nicht bloß vernünftigen, sondern selbst über die Gründe vernünftelnden Glauben übergehen kann. — Daher mag den Zeichen: Gut pflanzen, Gut Bauholz fällen, ihr Platz im Kalender noch immer bleiben, weil, ob dem Monde, wie auf das Reich der organisirten Natur überhaupt, so insbesondere aufs Pflanzenreich nicht wirklich ein merklicher Einfluß 30 zustehe, so ausgemacht noch nicht ist, und philosophische Garten- und Forstkundige dadurch aufgefordert werden, auch diesem Bedürfniß des Publicums wo möglich Genüge zu thun. Nur die Zeichen, die den gemeinen Mann zur Pfuscherei an seiner Gesundheit verleiten können, müßten ohne Verschonen weggelassen werden.

35 Hier ist nun zwischen der Theorie, die dem Monde ein Vermögen abspricht, und der Erfahrung, die es ihm zuspricht, ein Widerstreit.

Ausgleichung dieses Widerstreits.

Die Anziehung des Mondes, also die einzige bewegende Kraft desselben, wodurch er auf die Atmosphäre und allenfalls auch auf Witterungen Einfluß haben kann, wirkt direct auf die Luft nach statischen Gesetzen, d. i. sofern diese eine wägbare Flüssigkeit ist. Aber hiedurch ist der Mond viel zu unvermögend, eine merkliche Veränderung am Barometerstande und, sofern die Witterung von der Ursache desselben unmittelbar abhängt, auch an dieser zu bewirken; mithin sollte (nach A) er sofern keinen Einfluß auf Witterung haben. — Wenn man aber eine weit über die Höhe der wägbaren Luft sich erstreckende (eben dadurch auch der Veränderung durch stärkere Mondesanziehung besser ausgesetzte), die Atmosphäre bedeckende imponderable Materie (oder Materien) annimmt, die, durch des Mondes Anziehung bewegt und dadurch mit der untern Luft zu verschiednen Zeiten vermischt oder von ihr getrennt, durch Affinität mit der letztern (also nicht durch ihr Gewicht) die Elasticität derselben theils zu verstärken, theils zu schwächen und so mittelbar (nämlich im ersteren Fall durch den bewirkten Abfluß der gehobenen Luftsäulen, im zweiten durch den Zufluß der Luft zu den erniedrigten) ihr Gewicht zu verändern vermag*): so wird man es möglich finden, daß der Mond indirect auf

*) Diese Erklärung geht zwar eigentlich nur auf die Correspondenz der Witterung mit dem Barometerstande (also auf A); und es bleibt noch übrig, die der Winde mit den Mondsaspecten und den Jahreszeiten (nach B) bei allerlei Wetter- und Barometerstande aus demselben Princip zu erklären (wobei immer wohl zu merken ist, daß schlechterdings nur vom Einfluß des Mondes und allenfalls auch dem viel kleineren der Sonne, aber nur durch ihre Anziehung, nicht durch die Wärme die Rede sei). Da ist nun befremdlich, daß der Mond in den genannten astronomischen Punkten über verschiedene, doch in einerlei Breite belegene Länder Wind und Wetter auf verschiedne Art stellt und vorherbestimmt. Weil aber verschiedene Tage, ja Wochen zu Feststellung und Bestimmung des herrschenden Windes erfordert werden, in welcher Zeit die Wirkungen der Mondesanziehung auf das Gewicht der Luft, mithin aufs Barometer einander aufheben müßten und also keine bestimmte Richtung desselben hervorbringen können: so kann ich mir jene Erscheinung nicht anders auf einige Art begreiflich machen, als daß ich mir viele außer und neben einander, oder auch innerhalb einander (sich einschließende) kreis- oder wirbelförmige, durch des Mondes Anziehung bewirkte, den Wasserhosen analogische Bewegungen jener über die Atmosphäre hinausreichenden imponderablen Materie denke: welche nach Verschiedenheit des Bodens (der Gebirge, der Gewässer, selbst der Vegetation auf demselben) und dessen chemischer Gegenwirkung den Einfluß derselben

Veränderung der Witterung (nach B), aber eigentlich nach **chemischen** Gesetzen Einfluß haben könne. — Zwischen dem Satz aber: der Mond hat **direct** keinen Einfluß auf die Witterung, und dem Gegensatz: er hat **indirect** einen Einfluß auf dieselbe, — ist kein Widerspruch.

5 Diese imponderable Materie wird vielleicht auch als **incoercibel** (unsperrbar) angenommen werden müssen, das ist als eine solche, die von andern Materien nicht anders als dadurch, daß sie mit ihnen in chemischer Verwandtschaft steht (dergleichen zwischen der magnetischen und dem alleinigen Eisen Statt findet), **gesperrt** werden kann, durch alle übrigen 10 aber frei hindurch wirkt: wenn man die **Gemeinschaft** der Luft der höheren (**jovialischen**), über die Region der Blitze hinaus liegenden Regionen mit der unterirdischen (**vulkanischen**), tief unter den Gebirgen befindlichen, die sich in manchen Meteoren nicht undeutlich offenbart, in Erwägung zieht. Vielleicht gehört dahin auch die Luftbeschaffenheit, 15 welche einige Krankheiten in gewissen Ländern zu gewisser Zeit **epidemisch** (eigentlich grassirend) macht, und die ihren Einfluß nicht bloß auf ein **Volk** von Menschen, sondern auch ein Volk von gewissen Arten von Thieren oder Gewächsen beweiset, deren Lebensprincip Hr. Dr. **Schäffer** in Regensburg in seiner scharfsinnigen Schrift **über die Sensibilität** 20 nicht **in ihnen**, sondern in einer sie durchdringenden, jener analogischen **äußeren** Materie setzt.

* * *

Dieses „Etwas" ist also nur klein und wohl wenig mehr, als das Geständniß der Unwissenheit: welches aber, seitdem uns ein **de Luc** bewiesen hat, daß wir, was eine Wolke und wie sie möglich sei, (eine Sache, 25 die vor 20 Jahren kinderleicht war) gar nicht einsehen, nicht mehr sonderlich auffallen und befremden kann. Geht es uns doch hiemit eben so, wie mit dem Katechism, den wir in unsrer Kindheit auf ein Haar inne hatten und zu verstehen glaubten, den wir aber, je älter und überlegender wir werden, desto weniger verstehen und deshalb noch einmal in die Schule 30 gewiesen zu werden wohl verdienten: wenn wir nur Jemanden (außer uns selbst) auffinden könnten, der ihn besser verstände.

auf die Atmosphäre in demselben Parallelzirkel verschieden machen können. Aber hier verläßt uns die Erfahrung zu sehr, um mit erträglicher Wahrscheinlichkeit auch nur zu **meinen**.

Wenn aber Hr. de Luc von seiner Wolke hofft, ihre fleißigere Beobachtung könne uns noch dereinst wichtige Aufschlüsse in der Chemie verschaffen: so ist daran wohl nicht zu denken, sondern dieses ward vermuthlich den Antiphlogistikern nur so in den Weg geworfen. Denn die Fabrik derselben liegt wohl in einer Region, wohin wir nicht gelangen können, um daselbst Experimente zu machen; und man kann vernünftigerweise viel eher erwarten, daß die Chemie für die Meteorologie, als daß diese für jene neue Aufschlüsse verschaffen werde.

Das

Ende aller Dinge.

Es ist ein vornehmlich in der frommen Sprache üblicher Ausdruck, einen sterbenden Menschen sprechen zu lassen: er gehe aus der Zeit in die Ewigkeit.

Dieser Ausdruck würde in der That nichts sagen, wenn hier unter
5 der Ewigkeit eine ins Unendliche fortgehende Zeit verstanden werden sollte; denn da käme ja der Mensch nie aus der Zeit heraus, sondern ginge nur immer aus einer in die andre fort. Also muß damit ein Ende aller Zeit bei ununterbrochener Fortdauer des Menschen, diese Dauer aber (sein Dasein als Größe betrachtet) doch auch als eine mit der Zeit
10 ganz unvergleichbare Größe (duratio Noumenon) gemeint sein, von der wir uns freilich keinen (als bloß negativen) Begriff machen können. Dieser Gedanke hat etwas Grausendes in sich: weil er gleichsam an den Rand eines Abgrunds führt, aus welchem für den, der darin versinkt, keine Wiederkehr möglich ist („Ihn aber hält am ernsten Orte, Der nichts zu-
15 „rücke läßt, Die Ewigkeit mit starken Armen fest." Haller); und doch auch etwas Anziehendes: denn man kann nicht aufhören, sein zurückgeschrecktes Auge immer wiederum darauf zu wenden (nequeunt expleri corda tuendo. Virgil.). Er ist furchtbar-erhaben: zum Theil wegen seiner Dunkelheit, in der die Einbildungskraft mächtiger als beim hellen
20 Licht zu wirken pflegt. Endlich muß er doch auch mit der allgemeinen Menschenvernunft auf wundersame Weise verwebt sein: weil er unter allen vernünftelnden Völkern, zu allen Zeiten, auf eine oder andre Art eingekleidet, angetroffen wird. — Indem wir nun den Übergang aus der Zeit in die Ewigkeit (diese Idee mag, theoretisch, als Erkenntniß-Erweiterung, be-
25 trachtet, objective Realität haben oder nicht), so wie ihn sich die Vernunft in moralischer Rücksicht selbst macht, verfolgen, stoßen wir auf das Ende aller Dinge als Zeitwesen und als Gegenstände möglicher Erfahrung: welches Ende aber in der moralischen Ordnung der Zwecke zugleich der Anfang einer Fortdauer eben dieser als übersinnlicher, folglich nicht unter
30 Zeitbedingungen stehender Wesen ist, die also und deren Zustand keiner andern als moralischer Bestimmung ihrer Beschaffenheit fähig sein wird.

Tage sind gleichsam Kinder der Zeit, weil der folgende Tag mit dem, was er enthält, das Erzeugniß des vorigen ist. Wie nun das letzte Kind seiner Eltern jüngstes Kind genannt wird: so hat unsre Sprache beliebt, den letzten Tag (den Zeitpunkt, der alle Zeit beschließt) den jüngsten Tag zu nennen. Der jüngste Tag gehört also annoch zur Zeit; denn 5 es geschieht an ihm noch irgend Etwas (nicht zur Ewigkeit, wo nichts mehr geschieht, weil das Zeitfortsetzung sein würde, Gehöriges): nämlich Ablegung der Rechnung der Menschen von ihrem Verhalten in ihrer ganzen Lebenszeit. Er ist ein Gerichtstag; das Begnadigungs- oder Verdammungs-Urtheil des Weltrichters ist also das eigentliche Ende aller Dinge 10 in der Zeit und zugleich der Anfang der (seligen oder unseligen) Ewigkeit, in welcher das Jedem zugefallne Loos so bleibt, wie es in dem Augenblick des Ausspruchs (der Sentenz) ihm zu Theil ward. Also enthält der jüngste Tag auch das jüngste Gericht zugleich in sich. — Wenn nun zu den letzten Dingen noch das Ende der Welt, so wie sie in ihrer jetzigen 15 Gestalt erscheint, nämlich das Abfallen der Sterne vom Himmel als einem Gewölbe, der Einsturz dieses Himmels selbst (oder das Entweichen desselben als eines eingewickelten Buchs), das Verbrennen beider, die Schöpfung eines neuen Himmels und einer neuen Erde zum Sitz der Seligen und der Hölle zu dem der Verdammten, gezählt werden sollten: 20 so würde jener Gerichtstag freilich nicht der jüngste Tag sein; sondern es würden noch verschiedne andre auf ihn folgen. Allein da die Idee eines Endes aller Dinge ihren Ursprung nicht von dem Vernünfteln über den physischen, sondern über den moralischen Lauf der Dinge in der Welt hernimmt und dadurch allein veranlaßt wird; der letztere auch allein auf 25 das Übersinnliche (welches nur am Moralischen verständlich ist), dergleichen die Idee der Ewigkeit ist, bezogen werden kann: so muß die Vorstellung jener letzten Dinge, die nach dem jüngsten Tage kommen sollen, nur als eine Versinnlichung des letztern sammt seinen moralischen, uns übrigens nicht theoretisch begreiflichen Folgen angesehen werden. 30

Es ist aber anzumerken, daß es von den ältesten Zeiten her zwei die künftige Ewigkeit betreffende Systeme gegeben hat: eines das der Unitarier derselben, welche allen Menschen (durch mehr oder weniger lange Büßungen gereinigt) die ewige Seligkeit, das andre das der Dualisten*),

*) Ein solches System war in der altpersischen Religion (des Zoroaster) auf 35 der Voraussetzung zweier im ewigen Kampf mit einander begriffenen Urwesen,

welche einigen Auserwählten die Seligkeit, allen übrigen aber die ewige Verdammniß zusprechen. Denn ein System, wornach Alle verdammt zu sein bestimmt wären, konnte wohl nicht Platz finden, weil sonst kein rechtfertigender Grund da wäre, warum sie überhaupt wären er-
5 schaffen worden; die Vernichtung Aller aber eine verfehlte Weisheit anzeigen würde, die, mit ihrem eignen Werk unzufrieden, kein ander Mittel weiß, den Mängeln desselben abzuhelfen, als es zu zerstören. — Den Dualisten steht indeß immer eben dieselbe Schwierigkeit, welche hinderte sich eine ewige Verdammung aller zu denken, im Wege: denn wozu, könnte
10 man fragen, waren auch die Wenigen, warum auch nur ein Einziger geschaffen, wenn er nur dasein sollte, um ewig verworfen zu werden? welches doch ärger ist als gar nicht sein.

Zwar, soweit wir es einsehen, soweit wir uns selbst erforschen können, hat das dualistische System (aber nur unter einem höchstguten Urwesen)
15 in praktischer Absicht für jeden Menschen, wie er sich selbst zu richten hat (obgleich nicht, wie er Andre zu richten befugt ist), einen überwiegenden Grund in sich: denn so viel er sich kennt, läßt ihm die Vernunft keine andre Aussicht in die Ewigkeit übrig, als die ihm aus seinem bisher geführten Lebenswandel sein eignes Gewissen am Ende des Lebens eröffnet.
20 Aber zum Dogma, mithin um einen an sich selbst (objectiv) gültigen, theoretischen Satz daraus zu machen, dazu ist es als bloßes Vernunfturtheil bei weitem nicht hinreichend. Denn welcher Mensch kennt sich selbst, wer kennt Andre so durch und durch, um zu entscheiden: ob, wenn er von den Ursachen seines vermeintlich wohlgeführten Lebenswandels alles, was
25 man Verdienst des Glücks nennt, als sein angebornes gutartiges Temperament, die natürliche größere Stärke seiner obern Kräfte (des Verstandes und der Vernunft, um seine Triebe zu zähmen), überdem auch noch die

---

dem guten Princip, Ormuzd, und dem bösen, Ahriman, gegründet. — Sonderbar ist es: daß die Sprache zweier weit von einander, noch weiter aber von dem
30 jetzigen Sitz der deutschen Sprache entfernten Länder in der Benennung dieser beiden Urwesen deutsch ist. Ich erinnere mich bei Sonnerat gelesen zu haben, daß in Ava (dem Lande der Burachmanen) das gute Princip Godeman (welches Wort in dem Namen Darius Codomannus auch zu liegen scheint) genannt werde; und da das Wort Ahriman mit dem arge Mann sehr gleich lautet, das jetzige
35 Persische auch eine Menge ursprünglich deutscher Wörter enthält: so mag es eine Aufgabe für den Alterthumsforscher sein, auch an dem Leitfaden der Sprachverwandtschaft dem Ursprunge der jetzigen Religionsbegriffe mancher Völker nachzugehn (Man s. Sonnerat's Reise, 4. Buch, 2. Kap., 2. B.).

Gelegenheit, wo ihm der Zufall glücklicherweise viele Versuchungen ersparte, die einen Andern trafen; wenn er dies Alles von seinem wirklichen Charakter absonderte (wie er das denn, um diesen gehörig zu würdigen, nothwendig abrechnen muß, weil er es als Glücksgeschenk seinem eignen Verdienst nicht zuschreiben kann); wer will dann entscheiden, sage ich, ob vor dem allsehenden Auge eines Weltrichters ein Mensch seinem innern moralischen Werthe nach überall noch irgend einen Vorzug vor dem andern habe, und es so vielleicht nicht ein ungereimter Eigendünkel sein dürfte, bei dieser oberflächlichen Selbsterkenntniß zu seinem Vortheil über den moralischen Werth (und das verdiente Schicksal) seiner selbst sowohl als Anderer irgend ein Urtheil zu sprechen? — Mithin scheint das System des Unitariers sowohl als des Dualisten, beides als Dogma betrachtet, das speculative Vermögen der menschlichen Vernunft gänzlich zu übersteigen und Alles uns dahin zurückzuführen, jene Vernunftideen schlechterdings nur auf die Bedingungen des praktischen Gebrauchs einzuschränken. Denn wir sehen doch nichts vor uns, das uns von unserm Schicksal in einer künftigen Welt jetzt schon belehren könnte, als das Urtheil unsers eignen Gewissens, d. i. was unser gegenwärtiger moralischer Zustand, so weit wir ihn kennen, uns darüber vernünftigerweise urtheilen läßt: daß nämlich, welche Principien unsers Lebenswandels wir bis zu dessen Ende in uns herrschend gefunden haben (sie seien die des Guten oder des Bösen), auch nach dem Tode fortfahren werden es zu sein; ohne daß wir eine Abänderung derselben in jener Zukunft anzunehmen den mindesten Grund haben. Mithin müßten wir uns auch der jenem Verdienste oder dieser Schuld angemessenen Folgen unter der Herrschaft des guten oder des bösen Princips für die Ewigkeit gewärtigen; in welcher Rücksicht es folglich weise ist, so zu handeln, als ob ein andres Leben und der moralische Zustand, mit dem wir das gegenwärtige endigen, sammt seinen Folgen beim Eintritt in dasselbe unabänderlich sei. In praktischer Absicht wird also das anzunehmende System das dualistische sein müssen; ohne doch ausmachen zu wollen, welches von beiden in theoretischer und bloß speculativer den Vorzug verdiene: zumal da das unitarische zu sehr in gleichgültige Sicherheit einzuwiegen scheint.

Warum erwarten aber die Menschen überhaupt ein Ende der Welt? und, wenn dieses ihnen auch eingeräumt wird, warum eben ein Ende mit Schrecken (für den größten Theil des menschlichen Geschlechts)? ... Der Grund des erstern scheint darin zu liegen, weil die Vernunft ihnen sagt, daß die Dauer der Welt nur sofern einen Werth hat, als die vernünftigen Wesen in ihr dem Endzweck ihres Daseins gemäß sind, wenn dieser aber nicht erreicht werden sollte, die Schöpfung selbst ihnen zwecklos zu sein scheint: wie ein Schauspiel, das gar keinen Ausgang hat und keine vernünftige Absicht zu erkennen giebt. Das letztere gründet sich auf der Meinung von der verderbten Beschaffenheit des menschlichen Geschlechts*), die bis zur Hoffnungslosigkeit groß sei; welchem ein Ende und zwar ein schreckliches Ende zu machen, die einzige der höchsten Weisheit und Gerechtigkeit (dem größten Theil der Menschen nach) anständige Maßregel sei. — Daher sind auch die Vorzeichen des jüngsten Tages (denn wo läßt es eine durch große Erwartungen erregte Einbildungskraft wohl an Zeichen und Wundern fehlen?) alle von der schrecklichen Art. Einige sehen sie in der überhandnehmenden Ungerechtigkeit, Unterdrückung der Armen durch übermüthige Schwelgerei der Reichen und dem allgemeinen

*) Zu allen Zeiten haben sich dünkende Weise (oder Philosophen), ohne die Anlage zum Guten in der menschlichen Natur einiger Aufmerksamkeit zu würdigen, sich in widrigen, zum Theil ekelhaften Gleichnissen erschöpft, um unsere Erdenwelt, den Aufenthalt für Menschen, recht verächtlich vorzustellen: 1) Als ein Wirthshaus (Karavanserai), wie jener Derwisch sie ansieht: wo jeder auf seiner Lebensreise Einkehrende gefaßt sein muß, von einem folgenden bald verdrängt zu werden. 2) Als ein Zuchthaus, welcher Meinung die brahmanischen, tibetanischen und andre Weisen des Orients (auch sogar Plato) zugethan sind: ein Ort der Züchtigung und Reinigung gefallner, aus dem Himmel verstoßner Geister, jetzt menschlicher oder Thier-Seelen. 3) Als ein Tollhaus: wo nicht allein Jeder für sich seine eignen Absichten vernichtet, sondern Einer dem Andern alles erdenkliche Herzeleid zufügt und obenein die Geschicklichkeit und Macht das thun zu können für die größte Ehre hält. Endlich 4) als ein Kloak, wo aller Unrath aus andern Welten hingebannt worden. Der letztere Einfall ist auf gewisse Art originell und einem persischen Witzling zu verdanken, der das Paradies, den Aufenthalt des ersten Menschenpaars, in den Himmel versetzte, in welchem Garten Bäume genug, mit herrlichen Früchten reichlich versehen, anzutreffen waren, deren Überschuß nach ihrem Genuß sich durch unmerkliche Ausdünstung verlor; einen einzigen Baum mitten im Garten ausgenommen, der zwar eine reizende, aber solche Frucht trug, die sich nicht ausschwitzen ließ. Da unsre ersten Eltern sich nun gelüsten ließen, ungeachtet des Verbots dennoch davon zu kosten: so war, damit sie den Himmel nicht beschmutzten, kein andrer Rath, als daß einer der Engel ihnen die Erde in weiter Ferne zeigte mit den Worten: „Das ist der Abtritt für das ganze Universum," sie sodann dahinführte, um das Benöthigte zu verrichten, und darauf mit Hinterlassung derselben zum Himmel zurückflog. Davon sei nun das menschliche Geschlecht auf Erden entsprungen.

Verlust von Treu und Glauben; oder in den an allen Erdenden sich entzündenden blutigen Kriegen u. s. w.: mit einem Worte, an dem moralischen Verfall und der schnellen Zunahme aller Laster sammt den sie begleitenden Übeln, dergleichen, wie sie wähnen, die vorige Zeit nie sah. Andre dagegen in ungewöhnlichen Naturveränderungen, an den Erdbeben, Stürmen und Überschwemmungen, oder Kometen und Luftzeichen.

In der That fühlen nicht ohne Ursache die Menschen die Last ihrer Existenz, ob sie gleich selbst die Ursache derselben sind. Der Grund davon scheint mir hierin zu liegen. — Natürlicherweise eilt in den Fortschritten des menschlichen Geschlechts die Cultur der Talente, der Geschicklichkeit und des Geschmacks (mit ihrer Folge, der Üppigkeit) der Entwicklung der Moralität vor; und dieser Zustand ist gerade der lästigste und gefährlichste für Sittlichkeit sowohl als physisches Wohl: weil die Bedürfnisse viel stärker anwachsen, als die Mittel sie zu befriedigen. Aber die sittliche Anlage der Menschheit, die (wie Horazens poena pede claudo) ihr immer nachhinkt, wird sie, die in ihrem eilfertigen Lauf sich selbst verfängt und oft stolpert, (wie man unter einem weisen Weltregierer wohl hoffen darf) dereinst überholen; und so sollte man selbst nach den Erfahrungsbeweisen des Vorzugs der Sittlichkeit in unserm Zeitalter in Vergleichung mit allen vorigen wohl die Hoffnung nähren können, daß der jüngste Tag eher mit einer Eliasfahrt, als mit einer der Rotte Korah ähnlichen Höllenfahrt eintreten und das Ende aller Dinge auf Erden herbeiführen dürfte. Allein dieser heroische Glaube an die Tugend scheint doch subjectiv keinen so allgemeinkräftigen Einfluß auf die Gemüther zur Bekehrung zu haben, als der an einen mit Schrecken begleiteten Auftritt, der vor den letzten Dingen als vorhergehend gedacht wird.

* * *

Anmerkung. Da wir es hier bloß mit Ideen zu thun haben (oder damit spielen), die die Vernunft sich selbst schafft, wovon die Gegenstände (wenn sie deren haben) ganz über unsern Gesichtskreis hinausliegen, die indeß, obzwar für das speculative Erkenntniß überschwenglich, darum doch nicht in aller Beziehung für leer zu halten sind, sondern in praktischer Absicht uns von der gesetzgebenden Vernunft selbst an die Hand gegeben werden, nicht etwa um über ihre Gegenstände, was sie an sich und ihrer Natur nach sind, nachzugrübeln, sondern wie wir sie zum Behuf der mo-

ralischen, auf den Endzweck aller Dinge gerichteten Grundsätze zu denken haben (wodurch sie, die sonst gänzlich leer wären, objective praktische Realität bekommen): — so haben wir ein freies Feld vor uns, dieses Product unsrer eignen Vernunft, den allgemeinen Begriff von einem Ende
5 aller Dinge, nach dem Verhältniß, das er zu unserm Erkenntnißvermögen hat, einzutheilen und die unter ihm stehenden zu klassificiren.

Diesem nach wird das Ganze 1) in das natürliche*) Ende aller Dinge nach der Ordnung moralischer Zwecke göttlicher Weisheit, welches wir also (in praktischer Absicht) wohl verstehen können, 2) in das my-
10 stische (übernatürliche) Ende derselben in der Ordnung der wirkenden Ursachen, von welchen wir nichts verstehen, 3) in das widernatürliche (verkehrte) Ende aller Dinge, welches von uns selbst dadurch, daß wir den Endzweck mißverstehen, herbeigeführt wird, eingetheilt und in drei Abtheilungen vorgestellt werden: wovon die erste so eben abgehandelt
15 worden, und nun die zwei noch übrigen folgen.

* *
*

In der Apokalypse (X, 5, 6) „hebt ein Engel seine Hand auf gen Himmel und schwört bei dem Lebendigen von Ewigkeit zu Ewigkeit, der den Himmel erschaffen hat u. s. w.: daß hinfort keine Zeit mehr sein soll."

20 Wenn man nicht annimmt, daß dieser Engel „mit seiner Stimme von sieben Donnern" (V. 3) habe Unsinn schreien wollen, so muß er damit gemeint haben, daß hinfort keine Veränderung sein soll; denn wäre in der Welt noch Veränderung, so wäre auch die Zeit da, weil jene nur in dieser Statt finden kann und ohne ihre Voraussetzung gar nicht denkbar ist.
25 Hier wird nun ein Ende aller Dinge als Gegenstände der Sinne vorgestellt, wovon wir uns gar keinen Begriff machen können: weil wir uns selbst unvermeidlich in Widersprüche verfangen, wenn wir einen einzigen Schritt aus der Sinnenwelt in die intelligible thun wollen; welches hier

---

*) Natürlich (formaliter) heißt, was nach Gesetzen einer gewissen Ordnung,
30 welche es auch sei, mithin auch der moralischen (also nicht immer bloß der physischen) nothwendig folgt. Ihm ist das Nichtnatürliche, welches entweder das Übernatürliche, oder das Widernatürliche sein kann, entgegengesetzt. Das Nothwendige aus Natururſachen würde auch als materialiter-natürlich (physisch-nothwendig) vorgestellt werden.

dadurch geschieht, daß der Augenblick, der das Ende der erstern ausmacht, auch der Anfang der andern sein soll, mithin diese mit jener in eine und dieselbe Zeitreihe gebracht wird, welches sich widerspricht.

Aber wir sagen auch, daß wir uns eine Dauer als unendlich (als Ewigkeit) denken: nicht darum weil wir etwa von ihrer Größe irgend einen bestimmbaren Begriff haben — denn das ist unmöglich, da ihr die Zeit als Maß derselben gänzlich fehlt —; sondern jener Begriff ist, weil, wo es keine Zeit giebt, auch kein Ende Statt hat, bloß ein negativer von der ewigen Dauer, wodurch wir in unserm Erkenntniß nicht um einen Fußbreit weiter kommen, sondern nur gesagt werden will, daß der Vernunft in (praktischer) Absicht auf den Endzweck auf dem Wege beständiger Veränderungen nie Genüge gethan werden kann: obzwar auch, wenn sie es mit dem Princip des Stillstandes und der Unveränderlichkeit des Zustandes der Weltwesen versucht, sie sich eben so wenig in Ansehung ihres theoretischen Gebrauchs genug thun, sondern vielmehr in gänzliche Gedankenlosigkeit gerathen würde; da ihr dann nichts übrig bleibt, als sich eine ins Unendliche (in der Zeit) fortgehende Veränderung im beständigen Fortschreiten zum Endzweck zu denken, bei welchem die Gesinnung (welche nicht wie jenes ein Phänomen, sondern etwas Übersinnliches, mithin nicht in der Zeit veränderlich ist) bleibt und beharrlich dieselbe ist. Die Regel des praktischen Gebrauchs der Vernunft dieser Idee gemäß will also nichts weiter sagen als: wir müssen unsre Maxime so nehmen, als ob bei allen ins Unendliche gehenden Verändrungen vom Guten zum Bessern unser moralischer Zustand der Gesinnung nach (der homo Noumenon, „dessen Wandel im Himmel ist") gar keinem Zeitwechsel unterworfen wäre.

Daß aber einmal ein Zeitpunkt eintreten wird, da alle Verändrung (und mit ihr die Zeit selbst) aufhört, ist eine die Einbildungskraft empörende Vorstellung. Alsdann wird nämlich die ganze Natur starr und gleichsam versteinert: der letzte Gedanke, das letzte Gefühl bleiben alsdann in dem denkenden Subject stehend und ohne Wechsel immer dieselben. Für ein Wesen, welches sich seines Daseins und der Größe desselben (als Dauer) nur in der Zeit bewußt werden kann, muß ein solches Leben, wenn es anders Leben heißen mag, der Vernichtung gleich scheinen: weil es, um sich in einen solchen Zustand hineinzudenken, doch überhaupt etwas denken muß, Denken aber ein Reflectiren enthält, welches selbst nur in der Zeit geschehen kann. — Die Bewohner der andern Welt werden daher so vorgestellt, wie sie nach Verschiedenheit ihres Wohnorts (dem Himmel oder der

Hölle) entweder immer dasselbe Lied, ihr Hallelujah, oder ewig eben dieselben Jammertöne anstimmen (XIX, 1—6.; XX, 15): wodurch der gänzliche Mangel alles Wechsels in ihrem Zustande angezeigt werden soll.

Gleichwohl ist diese Idee, so sehr sie auch unsre Fassungskraft übersteigt, doch mit der Vernunft in praktischer Beziehung nahe verwandt. Wenn wir den moralisch-physischen Zustand des Menschen hier im Leben auch auf dem besten Fuß annehmen, nämlich eines beständigen Fortschreitens und Annäherns zum höchsten (ihm zum Ziel ausgesteckten) Gut: so kann er doch (selbst im Bewußtsein der Unveränderlichkeit seiner Gesinnung) mit der Aussicht in eine ewig dauernde Veränderung seines Zustandes (des sittlichen sowohl als physischen) die Zufriedenheit nicht verbinden. Denn der Zustand, in welchem er jetzt ist, bleibt immer doch ein Übel vergleichungsweise gegen den bessern, in den zu treten er in Bereitschaft steht; und die Vorstellung eines unendlichen Fortschreitens zum Endzweck ist doch zugleich ein Prospect in eine unendliche Reihe von Übeln, die, ob sie zwar von dem größern Guten überwogen werden, doch die Zufriedenheit nicht Statt finden lassen, die er sich nur dadurch, daß der Endzweck endlich einmal erreicht wird, denken kann.

Darüber geräth nun der nachgrübelnde Mensch in die Mystik (denn die Vernunft, weil sie sich nicht leicht mit ihrem immanenten, d. i. praktischen, Gebrauch begnügt, sondern gern im Transscendenten etwas wagt, hat auch ihre Geheimnisse), wo seine Vernunft sich selbst, und was sie will, nicht versteht, sondern lieber schwärmt, als sich, wie es einem intellectuellen Bewohner einer Sinnenwelt geziemt, innerhalb den Gränzen dieser eingeschränkt zu halten. Daher kommt das Ungeheuer von System des Laokiun von dem höchsten Gut, das im Nichts bestehen soll: d. i. im Bewußtsein, sich in den Abgrund der Gottheit durch das Zusammenfließen mit derselben und also durch Vernichtung seiner Persönlichkeit verschlungen zu fühlen; von welchem Zustande die Vorempfindung zu haben, sinesische Philosophen sich in dunkeln Zimmern mit geschlossenen Augen anstrengen, dieses ihr Nichts zu denken und zu empfinden. Daher der Pantheism (der Tibetaner und andrer östlichen Völker) und der aus der metaphysischen Sublimirung desselben in der Folge erzeugte Spinozism: welche beide mit dem uralten Emanationssystem aller Menschenseelen aus der Gottheit (und ihrer endlichen Resorption in eben dieselbe) nahe verschwistert sind. Alles lediglich darum, damit die Menschen sich endlich doch einer ewigen Ruhe zu erfreuen haben möchten, welche denn ihr vermeintes seliges Ende aller Dinge ausmacht; eigentlich ein Begriff, mit dem ihnen zugleich der Verstand ausgeht und alles Denken selbst ein Ende hat.

* * *

Das Ende aller Dinge, die durch der Menschen Hände gehen, ist selbst bei ihren guten Zwecken *Thorheit*: das ist, Gebrauch solcher Mittel zu ihren Zwecken, die diesen gerade zuwider sind. *Weisheit*, d. i. praktische Vernunft in der Angemessenheit ihrer dem Endzweck aller Dinge, dem höchsten Gut, völlig entsprechenden Maßregeln, wohnt allein bei Gott; und ihrer Idee nur nicht sichtbarlich entgegen zu handeln, ist das, was man etwa menschliche Weisheit nennen könnte. Diese Sicherung aber wider Thorheit, die der Mensch nur durch Versuche und öftre Veränderung seiner Plane zu erlangen hoffen darf, ist mehr „ein Kleinod, welchem auch der beste Mensch nur nachjagen kann, ob er es etwa *ergreifen möchte*;" wovon er aber niemals sich die eigenliebige Überredung darf anwandeln lassen, viel weniger darnach verfahren, als ob er es *ergriffen habe*. — Daher auch die von Zeit zu Zeit veränderten, oft widersinnigen Entwürfe zu schicklichen Mitteln, um *Religion in einem ganzen Volk lauter und zugleich kraftvoll* zu machen; so daß man wohl ausrufen kann: Arme Sterbliche, bei euch ist nichts beständig, als die Unbeständigkeit!

Wenn es indeß mit diesen Versuchen doch endlich einmal so weit gediehen ist, daß das Gemeinwesen fähig und geneigt ist, nicht bloß den hergebrachten frommen Lehren, sondern auch der durch sie erleuchteten praktischen Vernunft (wie es zu einer Religion auch schlechterdings nothwendig ist) Gehör zu geben; wenn die (auf menschliche Art) Weisen unter dem Volk nicht durch unter sich genommene Abreden (als ein Klerus), sondern als Mitbürger Entwürfe machen und darin größtentheils übereinkommen, welche auf unverdächtige Art beweisen, daß ihnen um Wahrheit zu thun sei; und das Volk wohl auch im Ganzen (wenn gleich noch nicht im kleinsten Detail) durch das allgemein gefühlte, nicht auf Autorität gegründete Bedürfniß der nothwendigen Anbauung seiner moralischen Anlage daran Interesse nimmt: so scheint nichts rathsamer zu sein, als Jene nur machen und ihren Gang fortsetzen zu lassen, da sie einmal, was die *Idee* betrifft, der sie nachgehn, auf gutem Wege sind; was aber den Erfolg aus den zum besten Endzweck gewählten Mitteln betrifft, da dieser, wie er nach dem Laufe der Natur ausfallen dürfte, immer ungewiß bleibt, ihn der Vorsehung zu überlassen. Denn, man mag so schwergläubig sein, wie man will, so muß man doch, wo es schlechterdings unmöglich ist, den Erfolg aus gewissen nach aller menschlichen Weisheit (die, wenn sie ihren 5 Namen verdienen soll, lediglich auf das Moralische gehen muß) genommenen Mitteln mit Gewißheit voraus zu sehn, eine Concurrenz göttlicher Weisheit zum Laufe der Natur auf praktische Art glauben, wenn man seinen Endzweck nicht lieber gar aufgeben will. — Zwar wird man einwenden: Schon oft ist gesagt worden, der gegenwärtige Plan ist der beste; 10 bei ihm muß es von nun an auf immer bleiben, das ist jetzt ein Zustand für die Ewigkeit. „Wer (nach diesem Begriffe) gut ist, der ist immerhin gut, und wer (ihm zuwider) böse ist, ist immerhin böse" (Apokal. XXII, 11): gleich als ob die Ewigkeit und mit ihr das Ende aller Dinge schon jetzt eingetreten sein könne; — und gleichwohl sind seitdem immer neue 15 Plane, unter welchen der neueste oft nur die Wiederherstellung eines alten war, auf die Bahn gebracht worden, und es wird auch an mehr letzten Entwürfen fernerhin nicht fehlen.

Ich bin mir so sehr meines Unvermögens, hierin einen neuen und glücklichen Versuch zu machen, bewußt, daß ich, wozu freilich keine große 20 Erfindungskraft gehört, lieber rathen möchte: die Sachen so zu lassen, wie sie zuletzt standen und beinahe ein Menschenalter hindurch sich als erträglich gut in ihren Folgen bewiesen hatten. Da das aber wohl nicht die Meinung der Männer von entweder großem oder doch unternehmendem Geiste sein möchte: so sei es mir erlaubt, nicht sowohl, was sie zu thun, 25 sondern wogegen zu verstoßen sie sich ja in Acht zu nehmen hätten, weil sie sonst ihrer eignen Absicht (wenn sie auch die beste wäre) zuwider handeln würden, bescheidentlich anzumerken.

Das Christenthum hat außer der größten Achtung, welche die Heiligkeit seiner Gesetze unwiderstehlich einflößt, noch etwas Liebenswür- 30 diges in sich. (Ich meine hier nicht die Liebenswürdigkeit der Person, die es uns mit großen Aufopferungen erworben hat, sondern der Sache selbst: nämlich der sittlichen Verfassung, die Er stiftete; denn jene läßt sich nur aus dieser folgern.) Die Achtung ist ohne Zweifel das Erste, weil ohne sie auch keine wahre Liebe Statt findet; ob man gleich ohne Liebe 35 doch große Achtung gegen Jemand hegen kann. Aber wenn es nicht bloß auf Pflichtvorstellung, sondern auch auf Pflichtbefolgung ankommt, wenn man nach dem subjectiven Grunde der Handlungen fragt, aus welchem, wenn man ihn voraussetzen darf, am ersten zu erwarten ist, was der Mensch thun werde, nicht bloß nach dem objectiven, was er thun soll: so ist doch die Liebe, als freie Aufnahme des Willens eines Andern unter seine Maximen, ein unentbehrliches Ergänzungsstück der Unvollkommenheit der menschlichen Natur (zu dem, was die Vernunft durchs Gesetz vorschreibt, 5 genöthigt werden zu müssen): denn was Einer nicht gern thut, das thut er so kärglich, auch wohl mit sophistischen Ausflüchten vom Gebot der Pflicht, daß auf diese als Triebfeder ohne den Beitritt jener nicht sehr viel zu rechnen sein möchte.

Wenn man nun, um es recht gut zu machen, zum Christenthum noch 10 irgend eine Autorität (wäre es auch die göttliche) hinzuthut, die Absicht derselben mag auch noch so wohlmeinend und der Zweck auch wirklich noch so gut sein, so ist doch die Liebenswürdigkeit desselben verschwunden: denn es ist ein Widerspruch, Jemanden zu gebieten, daß er etwas nicht allein thue, sondern es auch gern thun solle. 15

Das Christenthum hat zur Absicht: Liebe zu dem Geschäft der Beobachtung seiner Pflicht überhaupt zu befördern, und bringt sie auch hervor, weil der Stifter desselben nicht in der Qualität eines Befehlshabers, der seinen Gehorsam fordernden Willen, sondern in der eines Menschenfreundes redet, der seinen Mitmenschen ihren eignen wohlverstandnen 20 Willen, d. i. wornach sie von selbst freiwillig handeln würden, wenn sie sich selbst gehörig prüften, ans Herz legt.

Es ist also die liberale Denkungsart — gleichweit entfernt vom Sklavensinn und von Bandenlosigkeit —, wovon das Christenthum für seine Lehre Effect erwartet, durch die es die Herzen der Menschen für 25 sich zu gewinnen vermag, deren Verstand schon durch die Vorstellung des Gesetzes ihrer Pflicht erleuchtet ist. Das Gefühl der Freiheit in der Wahl des Endzwecks ist das, was ihnen die Gesetzgebung liebenswürdig macht. — Obgleich also der Lehrer desselben auch Strafen ankündigt, so ist das doch nicht so zu verstehen, wenigstens ist es der eigenthümlichen Beschaffen- 30 heit des Christenthums nicht angemessen es so zu erklären, als sollten diese die Triebfedern werden, seinen Geboten Folge zu leisten: denn sofern würde es aufhören liebenswürdig zu sein. Sondern man darf dies nur als liebreiche, aus dem Wohlwollen des Gesetzgebers entspringende Warnung, sich vor dem Schaden zu hüten, welcher unvermeidlich aus der Übertretung 35 des Gesetzes entspringen müßte (denn: lex est res surda et inexorabilis. Livius), auslegen: weil nicht das Christenthum als freiwillig angenommene

Lebensmaxime, sondern das Gesetz hier droht: welches, als unwandelbar in der Natur der Dinge liegende Ordnung, selbst nicht der Willkür des Schöpfers, die Folge derselben so oder anders zu entscheiden, überlassen ist.

Wenn das Christenthum Belohnungen verheißt (z. B. „Seid fröhlich und getrost, es wird Euch im Himmel alles wohl vergolten werden"): so muß das nach der liberalen Denkungsart nicht so ausgelegt werden, als wäre es ein Angebot, um dadurch den Menschen zum guten Lebenswandel gleichsam zu dingen: denn da würde das Christenthum wiederum für sich selbst nicht liebenswürdig sein. Nur ein Ansinnen solcher Handlungen, die aus uneigennützigen Beweggründen entspringen, kann gegen den, welcher das Ansinnen thut, dem Menschen Achtung einflößen; ohne Achtung aber giebt es keine wahre Liebe. Also muß man jener Verheißung nicht den Sinn beilegen, als sollten die Belohnungen für die Triebfedern der Handlungen genommen werden. Die Liebe, wodurch eine liberale Denkart an einen Wohlthäter gefesselt wird, richtet sich nicht nach dem Guten, was der Bedürftige empfängt, sondern bloß nach der Gütigkeit des Willens dessen, der geneigt ist es zu ertheilen: sollte er auch etwa nicht dazu vermögend sein, oder durch andre Beweggründe, welche die Rücksicht auf das allgemeine Weltbeste mit sich bringt, an der Ausführung gehindert werden.

Das ist die moralische Liebenswürdigkeit, welche das Christenthum bei sich führt, die durch manchen äußerlich ihm beigefügten Zwang bei dem öftern Wechsel der Meinungen immer noch durchgeschimmert und es gegen die Abneigung erhalten hat, die es sonst hätte treffen müssen, und welche (was merkwürdig ist) zur Zeit der größten Aufklärung, die je unter Menschen war, sich immer in einem nur desto hellern Lichte zeigt.

Sollte es mit dem Christenthum einmal dahin kommen, daß es aufhörte liebenswürdig zu sein (welches sich wohl zutragen könnte, wenn es statt seines sanften Geistes mit gebieterischer Autorität bewaffnet würde): so müßte, weil in moralischen Dingen keine Neutralität (noch weniger Coalition entgegengesetzter Principien) Statt findet, eine Abneigung und Widersetzlichkeit gegen dasselbe die herrschende Denkart der Menschen werden; und der Antichrist, der ohnehin für den Vorläufer des jüngsten Tages gehalten wird, würde sein (vermuthlich auf Furcht und Eigennutz gegründetes), obzwar kurzes Regiment anfangen: alsdann aber, weil das Christenthum allgemeine Weltreligion zu sein zwar bestimmt, aber es zu werden von dem Schicksal nicht begünstigt sein würde, das (verkehrte) Ende aller Dinge in moralischer Rücksicht eintreten.

Zum ewigen Frieden.

Ein philosophischer Entwurf

von

Immanuel Kant.

Zum ewigen Frieden.

Ob diese satirische Überschrift auf dem Schilde jenes holländischen Gastwirths, worauf ein Kirchhof gemalt war, die **Menschen** überhaupt, oder besonders die Staatsoberhäupter, die des Krieges nie satt werden
5 können, oder wohl gar nur die Philosophen gelte, die jenen süßen Traum träumen, mag dahin gestellt sein. Das bedingt sich aber der Verfasser des Gegenwärtigen aus, daß, da der praktische Politiker mit dem theoretischen auf dem Fuß steht, mit großer Selbstgefälligkeit auf ihn als einen Schulweisen herabzusehen, der dem Staat, welcher von Erfahrungsgrund-
10 sätzen ausgehen müsse, mit seinen sachleeren Ideen keine Gefahr bringe, und den man immer seine eilf Kegel auf einmal werfen lassen kann, ohne daß sich der **weltkundige** Staatsmann daran kehren darf, dieser auch im Fall eines Streits mit jenem sofern consequent verfahren müsse, hinter seinen auf gut Glück gewagten und öffentlich geäußerten Meinungen nicht
15 Gefahr für den Staat zu wittern; — durch welche **Clausula salvatoria** der Verfasser dieses sich dann hiemit in der besten Form wider alle bösliche Auslegung ausdrücklich verwahrt wissen will.

Erster Abschnitt,

welcher die Präliminarartikel zum ewigen Frieden unter Staaten enthält.

20 1. „Es soll kein Friedensschluß für einen solchen gelten, der mit dem geheimen Vorbehalt des Stoffs zu einem künftigen Kriege gemacht worden."

Denn alsdann wäre er ja ein bloßer Waffenstillstand, Aufschub der Feindseligkeiten, nicht **Friede**, der das Ende aller Hostilitäten bedeutet,
25 und dem das Beiwort **ewig** anzuhängen ein schon verdächtiger Pleonasm ist. Die vorhandene, obgleich jetzt vielleicht den Paciscirenden selbst noch nicht bekannte, Ursachen zum künftigen Kriege sind durch den Friedensschluß insgesammt vernichtet, sie mögen auch aus archivarischen Docu-

menten mit noch so scharfsichtiger Ausspähungsgeschicklichkeit ausgeklaubt sein. — Der Vorbehalt (reservatio mentalis) alter allererst künftig auszudenkender Prätensionen, deren kein Theil für jetzt Erwähnung thun mag, weil beide zu sehr erschöpft sind, den Krieg fortzusetzen, bei dem bösen Willen, die erste günstige Gelegenheit zu diesem Zweck zu benutzen, gehört zur Jesuitencasuistik und ist unter der Würde der Regenten, so wie die Willfährigkeit zu dergleichen Deductionen unter der Würde eines Ministers desselben, wenn man die Sache, wie sie an sich selbst ist, beurtheilt. —

Wenn aber nach aufgeklärten Begriffen der Staatsklugheit in beständiger Vergrößerung der Macht, durch welche Mittel es auch sei, die wahre Ehre des Staats gesetzt wird, so fällt freilich jenes Urtheil als schulmäßig und pedantisch in die Augen.

2. „Es soll kein für sich bestehender Staat (klein oder groß, das gilt hier gleichviel) von einem andern Staate durch Erbung, Tausch, Kauf oder Schenkung erworben werden können."

Ein Staat ist nämlich nicht (wie etwa der Boden, auf dem er seinen Sitz hat) eine Habe (patrimonium). Er ist eine Gesellschaft von Menschen, über die Niemand anders, als er selbst zu gebieten und zu disponiren hat. Ihn aber, der selbst als Stamm seine eigene Wurzel hatte, als Pfropfreis einem andern Staate einzuverleiben, heißt seine Existenz als einer moralischen Person aufheben und aus der letzteren eine Sache machen und widerspricht also der Idee des ursprünglichen Vertrags, ohne die sich kein Recht über ein Volk denken läßt*). In welche Gefahr das Vorurtheil dieser Erwerbungsart Europa, denn die andern Welttheile haben nie davon gewußt, in unsern bis auf die neuesten Zeiten gebracht habe, daß sich nämlich auch Staaten einander heurathen könnten, ist jedermann bekannt, theils als eine neue Art von Industrie, sich auch ohne Aufwand von Kräften durch Familienbündnisse übermächtig zu machen, theils auch auf solche Art den Länderbesitz zu erweitern. — Auch die Verdingung der Truppen eines Staats an einen andern gegen einen nicht gemeinschaftlichen Feind ist dahin zu zählen; denn die Unterthanen werden dabei als nach Belieben zu handhabende Sachen gebraucht und verbraucht.

---

*) Ein Erbreich ist nicht ein Staat, der von einem andern Staate, sondern dessen Recht zu regieren an eine andere physische Person vererbt werden kann. Der Staat erwirbt alsdann einen Regenten, nicht dieser als ein solcher (d. i. der schon ein anderes Reich besitzt) den Staat.

3. „Stehende Heere (miles perpetuus) sollen mit der Zeit ganz aufhören."

Denn sie bedrohen andere Staaten unaufhörlich mit Krieg durch die Bereitschaft, immer dazu gerüstet zu erscheinen; reizen diese an, sich einander in Menge der Gerüsteten, die keine Grenzen kennt, zu übertreffen, und indem durch die darauf verwandten Kosten der Friede endlich noch drückender wird als ein kurzer Krieg, so sind sie selbst Ursache von Angriffskriegen, um diese Last loszuwerden; wozu kommt, daß, zum Tödten oder getödtet zu werden in Sold genommen zu sein, einen Gebrauch von Menschen als bloßen Maschinen und Werkzeugen in der Hand eines Andern (des Staats) zu enthalten scheint, der sich nicht wohl mit dem Rechte der Menschheit in unserer eigenen Person vereinigen läßt. Ganz anders ist es mit der freiwilligen periodisch vorgenommenen Übung der Staatsbürger in Waffen bewandt, sich und ihr Vaterland dadurch gegen Angriffe von außen zu sichern. — Mit der Anhäufung eines Schatzes würde es eben so gehen, daß er, von andern Staaten als Bedrohung mit Krieg angesehen, zu zuvorkommenden Angriffen nöthigte (weil unter den drei Mächten, der Heeresmacht, der Bundesmacht und der Geldmacht, die letztere wohl das zuverlässigste Kriegswerkzeug sein dürfte), wenn nicht die Schwierigkeit, die Größe desselben zu erforschen, dem entgegenstände.

4. „Es sollen keine Staatsschulden in Beziehung auf äußere Staatshändel gemacht werden."

Zum Behuf der Landesökonomie (der Wegebesserung, neuer Ansiedelungen, Anschaffung der Magazine für besorgliche Mißwachsjahre u. s. w.) außerhalb oder innerhalb dem Staate Hülfe zu suchen, ist diese Hülfsquelle unverdächtig. Aber als entgegenwirkende Maschine der Mächte gegen einander ist ein Creditsystem ins Unabsehliche anwachsender und doch immer für die gegenwärtige Forderung (weil sie doch nicht von allen Gläubigern auf einmal geschehen wird) gesicherter Schulden — die sinnreiche Erfindung eines handeltreibenden Volks in diesem Jahrhundert — eine gefährliche Geldmacht, nämlich ein Schatz zum Kriegführen, der die Schätze aller andern Staaten zusammengenommen übertrifft und nur durch den einmal bevorstehenden Ausfall der Taxen (der doch auch durch die Belebung des Verkehrs vermittelst der Rückwirkung auf Industrie und Erwerb noch lange hingehalten wird) erschöpft werden kann. Diese Leichtigkeit Krieg zu führen, mit der Neigung der Machthabenden dazu, welche der menschlichen Natur eingeartet zu sein scheint, verbunden, ist also ein großes Hinderniß des ewigen Friedens, welches zu verbieten um desto mehr ein

Präliminarartikel desselben sein müßte, weil der endlich doch unvermeidliche Staatsbankerott manche andere Staaten unverschuldet in den Schaden mit verwickeln muß, welches eine öffentliche Läsion der letzteren sein würde. Mithin sind wenigstens andere Staaten berechtigt, sich gegen einen solchen und dessen Anmaßungen zu verbünden. 5

5. „Kein Staat soll sich in die Verfassung und Regierung eines andern Staats gewaltthätig einmischen."

Denn was kann ihn dazu berechtigen? Etwa das Skandal, was er den Unterthanen eines andern Staats giebt? Es kann dieser vielmehr durch das Beispiel der großen Übel, die sich ein Volk durch seine Gesetzlosig- 10 keit zugezogen hat, zur Warnung dienen; und überhaupt ist das böse Beispiel, was eine freie Person der andern giebt, (als scandalum acceptum) keine Läsion derselben. — Dahin würde zwar nicht zu ziehen sein, wenn ein Staat sich durch innere Veruneinigung in zwei Theile spaltete, deren jeder für sich einen besondern Staat vorstellt, der auf das Ganze Anspruch 15 macht; wo einem derselben Beistand zu leisten einem äußern Staat nicht für Einmischung in die Verfassung des andern (denn es ist alsdann Anarchie) angerechnet werden könnte. So lange aber dieser innere Streit noch nicht entschieden ist, würde diese Einmischung äußerer Mächte Verletzung der Rechte eines nur mit seiner innern Krankheit ringenden, von keinem 20 andern abhängigen Volks, selbst also ein gegebenes Skandal sein und die Autonomie aller Staaten unsicher machen.

6. „Es soll sich kein Staat im Kriege mit einem andern solche Feindseligkeiten erlauben, welche das wechselseitige Zutrauen im künftigen Frieden unmöglich machen müssen: als da sind Anstellung der Meu- 25 chelmörder (percussores), Giftmischer (venefici), Brechung der Capitulation, Anstiftung des Verraths (perduellio) in dem bekriegten Staat etc."

Das sind ehrlose Stratagemen. Denn irgend ein Vertrauen auf die Denkungsart des Feindes muß mitten im Kriege noch übrig bleiben, weil 30 sonst auch kein Friede abgeschlossen werden könnte, und die Feindseligkeit in einen Ausrottungskrieg (bellum internecinum) ausschlagen würde; da der Krieg doch nur das traurige Nothmittel im Naturzustande ist (wo kein Gerichtshof vorhanden ist, der rechtskräftig urtheilen könnte), durch Gewalt sein Recht zu behaupten; wo keiner von beiden Theilen für einen 35 ungerechten Feind erklärt werden kann (weil das schon einen Richterausspruch voraussetzt), sondern der Ausschlag desselben (gleich als vor einem

so genannten Gottesgerichte) entscheidet, auf wessen Seite das Recht ist; zwischen Staaten aber sich kein Bestrafungskrieg (bellum punitivum) denken läßt (weil zwischen ihnen kein Verhältniß eines Obern zu einem Untergebenen statt findet). — Woraus denn folgt: daß ein Ausrottungs-
5 krieg, wo die Vertilgung beide Theile zugleich und mit dieser auch alles Rechts treffen kann, den ewigen Frieden nur auf dem großen Kirchhofe der Menschengattung statt finden lassen würde. Ein solcher Krieg also, mithin auch der Gebrauch der Mittel, die dahin führen, muß schlechterdings unerlaubt sein. — Daß aber die genannte Mittel unvermeidlich
10 dahin führen, erhellt daraus: daß jene höllische Künste, da sie an sich selbst niederträchtig sind, wenn sie in Gebrauch gekommen, sich nicht lange innerhalb der Grenze des Krieges halten, wie etwa der Gebrauch der Spione (uti exploratoribus), wo nur die Ehrlosigkeit Anderer (die nun einmal nicht ausgerottet werden kann) benutzt wird, sondern auch in den Friedens-
15 zustand übergehen und so die Absicht desselben gänzlich vernichten würden.

* *
*

Obgleich die angeführte Gesetze objectiv, d. i. in der Intention der Machthabenden, lauter Verbotgesetze (leges prohibitivae) sind, so sind doch einige derselben von der strengen, ohne Unterschied der Umstände geltenden Art (leges strictae), die sofort auf Abschaffung dringen (wie
20 Nr. 1, 5, 6), andere aber (wie Nr. 2, 3, 4), die zwar nicht als Ausnahmen von der Rechtsregel, aber doch in Rücksicht auf die Ausübung derselben, durch die Umstände, subjectiv für die Befugniß erweiternd (leges latae), und Erlaubnisse enthalten, die Vollführung aufzuschieben, ohne doch den Zweck aus den Augen zu verlieren, der diesen Aufschub, z. B. der
25 Wiedererstattung der gewissen Staaten nach Nr. 2 entzogenen Freiheit, nicht auf den Nimmertag (wie August zu versprechen pflegte, ad calendas graecas) auszusetzen, mithin die Nichterstattung, sondern nur, damit sie nicht übereilt und so der Absicht selbst zuwider geschehe, die Verzögerung erlaubt. Denn das Verbot betrifft hier nur die Erwer-
30 bungsart, die fernerhin nicht gelten soll, aber nicht den Besitzstand, der, ob er zwar nicht den erforderlichen Rechtstitel hat, doch zu seiner Zeit (der putativen Erwerbung) nach der damaligen öffentlichen Meinung von allen Staaten für rechtmäßig gehalten wurde*).

---

*) Ob es außer dem Gebot (leges praeceptivae) und Verbot (leges prohibi-
35 tivae) noch Erlaubnißgesetze (leges permissivae) der reinen Vernunft geben

Zweiter Abschnitt,

welcher die Definitivartikel zum ewigen Frieden unter Staaten enthält.

Der Friedenszustand unter Menschen, die neben einander leben, ist kein Naturstand (status naturalis), der vielmehr ein Zustand des Krieges

---

könne, ist bisher nicht ohne Grund bezweifelt worden. Denn Gesetze überhaupt enthalten einen Grund objectiver praktischer Nothwendigkeit, Erlaubniß aber einen der praktischen Zufälligkeit gewisser Handlungen; mithin würde ein *Erlaubnißgesetz* Nöthigung zu einer Handlung, zu dem, wozu jemand nicht genöthigt werden kann, enthalten, welches, wenn das Object des Gesetzes in beiderlei Beziehung einerlei Bedeutung hätte, ein Widerspruch sein würde. — Nun geht aber hier im Erlaubnißgesetze das vorausgesetzte Verbot nur auf die künftige Erwerbungsart eines Rechts (z. B. durch Erbschaft), die Befreiung aber von diesem Verbot, d. i. die Erlaubniß auf den gegenwärtigen Besitzstand, welcher letztere im Überschritt aus dem Naturzustande in den bürgerlichen als ein, obwohl unrechtmäßiger, dennoch *ehrlicher Besitz* (possessio putativa) nach einem Erlaubnißgesetz des Naturrechts noch fernerhin fortdauern kann, obgleich ein putativer Besitz, so bald er als ein solcher erkannt worden, im Naturzustande, imgleichen eine ähnliche Erwerbungsart im nachmaligen bürgerlichen (nach geschehenem Überschritt) verboten ist, welche Befugniß des fortdaurenden Besitzes nicht statt finden würde, wenn eine solche vermeintliche Erwerbung im bürgerlichen Zustande geschehen wäre; denn da würde er, als Läsion, sofort nach Entdeckung seiner Unrechtmäßigkeit aufhören müssen.

Ich habe hiemit nur beiläufig die Lehrer des Naturrechts auf den Begriff einer lex permissiva, welcher sich einer systematisch-eintheilenden Vernunft von selbst darbietet, aufmerksam machen wollen; vornehmlich da im Civilgesetze (statutarischen) öfters davon Gebrauch gemacht wird, nur mit dem Unterschiede, daß das Verbotgesetz für sich allein dasteht, die Erlaubniß aber nicht als einschränkende Bedingung (wie es sollte) in jenes Gesetz mit hinein gebracht, sondern unter die Ausnahmen geworfen wird. — Da heißt es dann: dies oder jenes wird verboten: *es sei denn* Nr. 1, Nr. 2, Nr. 3 und so weiter ins Unabsehliche, da Erlaubnisse nur zufälliger Weise, nicht nach einem Princip, sondern durch Herumtappen unter vorkommenden Fällen, zum Gesetz hinzukommen; denn sonst hätten die Bedingungen *in die Formel des Verbotsgesetzes* mit hineingebracht werden müssen, wodurch es dann zugleich ein Erlaubnißgesetz geworden wäre. — Es ist daher zu bedauern, daß die sinnreiche, aber unaufgelöst gebliebene Preisaufgabe des eben so weisen als scharfsinnigen Herrn *Grafen von Windischgrätz*, welche gerade auf das letztere drang, sobald verlassen worden. Denn die Möglichkeit einer solchen (der mathematischen ähnlichen) Formel ist der einzige ächte Probirstein einer consequent bleibenden Gesetzgebung, ohne welche das so genannte ius certum immer ein frommer Wunsch bleiben wird. — Sonst wird man bloß *generale* Gesetze (die im *Allgemeinen* gelten), aber keine universale (die *allgemein* gelten) haben, wie es doch der Begriff eines Gesetzes zu erfordern scheint.

ist, d. i. wenn gleich nicht immer ein Ausbruch der Feindseligkeiten, doch immerwährende Bedrohung mit denselben. Er muß also gestiftet werden; denn die Unterlassung der letzteren ist noch nicht Sicherheit dafür, und ohne daß sie einem Nachbar von dem andern geleistet wird (welches aber
5 nur in einem gesetzlichen Zustande geschehen kann), kann jener diesen, welchen er dazu aufgefordert hat, als einen Feind behandeln*).

Erster Definitivartikel zum ewigen Frieden.

Die bürgerliche Verfassung in jedem Staate soll republikanisch sein.

Die erstlich nach Principien der Freiheit der Glieder einer Ge-
10 sellschaft (als Menschen), zweitens nach Grundsätzen der Abhängigkeit aller von einer einzigen gemeinsamen Gesetzgebung (als Unterthanen) und

*) Gemeiniglich nimmt man an, daß man gegen Niemand feindlich verfahren dürfe, als nur wenn er mich schon thätig lädirt hat, und das ist auch ganz richtig, wenn beide im bürgerlich-gesetzlichen Zustande sind. Denn dadurch,
15 daß dieser in denselben getreten ist, leistet er jenem (vermittelst der Obrigkeit, welche über Beide Gewalt hat) die erforderliche Sicherheit. — Der Mensch aber (oder das Volk) im bloßen Naturstande benimmt mir diese Sicherheit und lädirt mich schon durch eben diesen Zustand, indem er neben mir ist, obgleich nicht thätig (facto), doch durch die Gesetzlosigkeit seines Zustandes (statu iniusto), wodurch ich
20 beständig von ihm bedroht werde, und ich kann ihn nöthigen, entweder mit mir in einen gemeinschaftlich-gesetzlichen Zustand zu treten, oder aus meiner Nachbarschaft zu weichen. — Das Postulat also, was allen folgenden Artikeln zum Grunde liegt, ist: Alle Menschen, die auf einander wechselseitig einfließen können, müssen zu irgend einer bürgerlichen Verfassung gehören.
25 Alle rechtliche Verfassung aber ist, was die Personen betrifft, die darin stehen,

1) die nach dem Staatsbürgerrecht der Menschen in einem Volke (ius civitatis,

2) nach dem Völkerrecht der Staaten in Verhältniß gegen einander (ius
30 gentium),

3) die nach dem Weltbürgerrecht, so fern Menschen und Staaten, in äußerem auf einander einfließendem Verhältniß stehend, als Bürger eines allgemeinen Menschenstaats anzusehen sind (ius cosmopoliticum). Diese Eintheilung ist nicht willkürlich, sondern nothwendig in Beziehung auf die Idee vom ewigen
35 Frieden. Denn wenn nur einer von diesen im Verhältnisse des physischen Einflusses auf den andern und doch im Naturstande wäre, so würde damit der Zustand des Krieges verbunden sein, von dem befreit zu werden hier eben die Absicht ist.)

drittens die nach dem Gesetz der *Gleichheit* derselben (als *Staatsbürger*) gestiftete Verfassung — die einzige, welche aus der Idee des ursprünglichen Vertrags hervorgeht, auf der alle rechtliche Gesetzgebung eines Volks gegründet sein muß — ist die *republikanische**). Diese ist also, was das Recht betrifft, an sich selbst diejenige, welche allen Arten der bürgerlichen Constitution ursprünglich zum Grunde liegt; und nun ist nur die Frage: ob sie auch die einzige ist, die zum ewigen Frieden hinführen kann.

---

*) *Rechtliche* (mithin äußere) *Freiheit* kann nicht, wie man wohl zu thun pflegt, durch die Befugniß definirt werden: alles zu thun, was man will, wenn man nur Keinem Unrecht thut. Denn was heißt *Befugniß*? Die Möglichkeit einer Handlung, so fern man dadurch Keinem Unrecht thut. Also würde die Erklärung so lauten: Freiheit ist die Möglichkeit der Handlungen, dadurch man Keinem Unrecht thut. Man thut Keinem Unrecht (man mag auch thun, was man will), wenn man nur Keinem Unrecht thut: folglich ist es leere Tautologie. — Vielmehr ist meine äußere (rechtliche) *Freiheit* so zu erklären: sie ist die Befugniß, keinen äußeren Gesetzen zu gehorchen, als zu denen ich meine Beistimmung habe geben können. — Eben so ist äußere (rechtliche) *Gleichheit* in einem Staate dasjenige Verhältniß der Staatsbürger, nach welchem Keiner den andern wozu rechtlich verbinden kann, ohne daß er sich zugleich dem Gesetz unterwirft, von diesem wechselseitig auf dieselbe Art auch verbunden werden zu *können*. (Vom Princip der *rechtlichen* Abhängigkeit, da dieses schon in dem Begriffe einer Staatsverfassung überhaupt liegt, bedarf es keiner Erklärung). — Die Gültigkeit dieser angebornen, zur Menschheit nothwendig gehörenden und unveräußerlichen Rechte wird durch das Princip der rechtlichen Verhältnisse des Menschen selbst zu höheren Wesen (wenn er sich solche denkt) bestätigt und erhoben, indem er sich nach eben denselben Grundsätzen auch als Staatsbürger einer übersinnlichen Welt vorstellt. — Denn was meine Freiheit betrifft, so habe ich selbst in Ansehung der göttlichen, von mir durch bloße Vernunft erkennbaren Gesetze keine Verbindlichkeit, als nur so fern ich dazu selber habe meine Beistimmung geben können (denn durchs Freiheitsgesetz meiner eigenen Vernunft mache ich mir allererst einen Begriff vom göttlichen Willen). Was in Ansehung des erhabensten Weltwesens außer Gott, welches ich mir etwa denken möchte (einen großen *Äon*), das Princip der Gleichheit betrifft, so ist kein Grund da, warum ich, wenn ich in meinem Posten meine Pflicht thue, wie jener Äon es in dem seinigen, mir bloß die Pflicht zu gehorchen, jenem aber das Recht zu befehlen zukommen solle. — Daß dieses Princip der *Gleichheit* nicht (so wie das der Freiheit) auch auf das Verhältniß zu Gott paßt, davon ist der Grund dieser, weil dieses Wesen das einzige ist, bei dem der Pflichtbegriff aufhört.

Was aber das Recht der Gleichheit aller Staatsbürger als Unterthanen betrifft, so kommt es in Beantwortung der Frage von der Zulässigkeit des

Nun hat aber die republikanische Verfassung außer der Lauterkeit ihres Ursprungs, aus dem reinen Quell des Rechtsbegriffs entsprungen zu sein, noch die Aussicht in die gewünschte Folge, nämlich den ewigen Frieden; wovon der Grund dieser ist. — Wenn (wie es in dieser Verfassung nicht anders sein kann) die Beistimmung der Staatsbürger dazu erfordert wird, um zu beschließen, ob Krieg sein solle, oder nicht, so ist nichts natürlicher, als daß, da sie alle Drangsale des Krieges über sich selbst beschließen müßten (als da sind: selbst zu fechten, die Kosten des Krieges aus ihrer eigenen Habe herzugeben; die Verwüstung, die er hinter sich läßt, kümmerlich zu verbessern; zum Übermaße des Übels endlich noch eine den Frieden selbst verbitternde, nie (wegen naher, immer neuer Kriege) zu tilgende Schuldenlast selbst zu übernehmen), sie sich sehr bedenken werden, ein so schlimmes Spiel anzufangen: da hingegen in einer Verfassung, wo der Unterthan nicht Staatsbürger, die also nicht republikanisch ist, es die unbedenklichste Sache von der Welt ist, weil das Oberhaupt nicht Staatsgenosse, sondern Staatseigenthümer ist, an seinen Tafeln, Jagden, Lustschlössern, Hoffesten u. d. gl. durch den Krieg nicht das Mindeste einbüßt, diesen also wie eine Art von Lustpartie aus unbedeutenden Ursachen beschließen und der Anständigkeit wegen dem dazu allezeit fertigen diplomatischen Corps die Rechtfertigung desselben gleichgültig überlassen kann.

* *
*

Damit man die republikanische Verfassung nicht (wie gemeiniglich geschieht) mit der demokratischen verwechsele, muß Folgendes bemerkt

---

Erbadels allein darauf an: ob der vom Staat zugestandene *Rang* (eines Unterthans vor dem andern) vor dem *Verdienst*, oder dieses vor jenem vorhergehen müsse. — Nun ist offenbar: daß, wenn der Rang mit der Geburt verbunden wird, es ganz ungewiß ist, ob das Verdienst (Amtsgeschicklichkeit und Amtstreue) auch folgen werde; mithin ist es eben so viel, als ob er ohne alles Verdienst dem Begünstigten zugestanden würde (Befehlshaber zu sein); welches der allgemeine Volkswille in einem ursprünglichen Vertrage (der doch das Princip aller Rechte ist) nie beschließen wird. Denn ein Edelmann ist darum nicht sofort ein *edler* Mann. — Was den *Amtsadel* (wie man den Rang einer höheren Magistratur nennen könnte, und den man sich durch Verdienste erwerben muß) betrifft, so klebt der Rang da nicht als Eigenthum an der Person, sondern am Posten, und die Gleichheit wird dadurch nicht verletzt: weil, wenn jene ihr Amt niederlegt, sie zugleich den Rang ablegt und unter das Volk zurücktritt. —

werden. Die Formen eines Staats (civitas) können entweder nach dem Unterschiede der Personen, welche die oberste Staatsgewalt inne haben, oder nach der Regierungsart des Volks durch sein Oberhaupt, er mag sein, welcher er wolle, eingetheilt werden; die erste heißt eigentlich die Form der Beherrschung (forma imperii), und es sind nur drei derselben 5 möglich, wo nämlich entweder nur Einer, oder Einige unter sich verbunden, oder Alle zusammen, welche die bürgerliche Gesellschaft ausmachen, die Herrschergewalt besitzen (Autokratie, Aristokratie und Demokratie, Fürstengewalt, Adelsgewalt und Volksgewalt). Die zweite ist die Form der Regierung (forma regiminis) und betrifft die auf die Constitution 10 (den Act des allgemeinen Willens, wodurch die Menge ein Volk wird) gegründete Art, wie der Staat von seiner Machtvollkommenheit Gebrauch macht: und ist in dieser Beziehung entweder republikanisch oder despotisch. Der Republikanism ist das Staatsprincip der Absonderung der ausführenden Gewalt (der Regierung) von der gesetz- 15 gebenden; der Despotism ist das der eigenmächtigen Vollziehung des Staats von Gesetzen, die er selbst gegeben hat, mithin der öffentliche Wille, sofern er von dem Regenten als sein Privatwille gehandhabt wird. — Unter den drei Staatsformen ist die der Demokratie im eigentlichen Verstande des Worts nothwendig ein Despotism, weil sie eine exekutive Gewalt 20 gründet, da alle über und allenfalls auch wider Einen (der also nicht mit einstimmt), mithin Alle, die doch nicht Alle sind, beschließen; welches ein Widerspruch des allgemeinen Willens mit sich selbst und mit der Freiheit ist.

Alle Regierungsform nämlich, die nicht repräsentativ ist, ist eigentlich eine Unform, weil der Gesetzgeber in einer und derselben Per- 25 son zugleich Vollstrecker seines Willens (so wenig wie das Allgemeine des Obersatzes in einem Vernunftschlusse zugleich die Subsumtion des Besondern unter jenem im Untersatze) sein kann; und wenn gleich die zwei andern Staatsverfassungen so fern immer fehlerhaft sind, daß sie einer solchen Regierungsart Raum geben, so ist es bei ihnen doch wenigstens 30 möglich, daß sie eine dem Geiste eines repräsentativen Systems gemäße Regierungsart annähmen, wie etwa Friedrich II. wenigstens sagte: er sei bloß der oberste Diener des Staats*), da hingegen die demokratische

*) Man hat die hohe Benennungen, die einem Beherrscher oft beigelegt werden (die eines göttlichen Gesalbten, eines Verwesers des göttlichen Willens auf 35 Erden und Stellvertreters desselben), als grobe, schwindlich machende Schmeicheleien oft getadelt; aber mich dünkt, ohne Grund. — Weit gefehlt, daß sie den Landes-

es unmöglich macht, weil Alles da Herr sein will. — Man kann daher sagen: je kleiner das Personale der Staatsgewalt (die Zahl der Herrscher), je größer dagegen die Repräsentation derselben, desto mehr stimmt die Staatsverfassung zur Möglichkeit des Republikanism, und sie kann hoffen, 5 durch allmähliche Reformen sich dazu endlich zu erheben. Aus diesem Grunde ist es in der Aristokratie schon schwerer als in der Monarchie, in der Demokratie aber unmöglich anders als durch gewaltsame Revolution zu dieser einzigen vollkommen rechtlichen Verfassung zu gelangen. Es ist aber an der Regierungsart*) dem Volk ohne alle Vergleichung 10 mehr gelegen, als an der Staatsform (wiewohl auch auf dieser ihre mehrere oder mindere Angemessenheit zu jenem Zwecke sehr viel ankommt). Zu jener aber, wenn sie dem Rechtsbegriffe gemäß sein soll, gehört das repräsentative System, in welchem allein eine republikanische Regierungsart möglich, ohne welches sie (die Verfassung mag sein, welche sie wolle) 15 despotisch und gewaltthätig ist. — Keine der alten sogenannten Republiken hat dieses gekannt, und sie mußten sich darüber auch schlechterdings in dem Despotism auflösen, der unter der Obergewalt eines Einzigen noch der erträglichste unter allen ist.

herrn sollten hochmüthig machen, so müssen sie ihn vielmehr in seiner Seele de- 20 müthigen, wenn er Verstand hat (welches man doch voraussetzen muß) und es bedenkt, daß er ein Amt übernommen habe, was für einen Menschen zu groß ist, nämlich das Heiligste, was Gott auf Erden hat, das Recht der Menschen, zu verwalten, und diesem Augapfel Gottes irgend worin zu nahe getreten zu sein jederzeit in Besorgniß stehen muß.

25 *) Mallet du Pan rühmt in seiner genietönenden, aber hohlen und sachleeren Sprache: nach vieljähriger Erfahrung endlich zur Überzeugung von der Wahrheit des bekannten Spruchs des Pope gelangt zu sein: „Laß über die beste Regierung Narren streiten; die bestgeführte ist die beste.“ Wenn das soviel sagen soll: die am besten geführte Regierung ist am besten geführt, so hat er nach Schwifts Aus- 30 druck eine Nuß aufgebissen, die ihn mit einer Made belohnte; soll es aber bedeuten, sie sei auch die beste Regierungsart, d. i. Staatsverfassung, so ist es grundfalsch; denn Exempel von guten Regierungen beweisen nichts für die Regierungsart. — Wer hat wohl besser regiert als ein Titus und Marcus Aurelius, und doch hinterließ der eine einen Domitian, der andere einen Commodus zu Nach- 35 folgern; welches bei einer guten Staatsverfassung nicht hätte geschehen können, da ihre Untauglichkeit zu diesem Posten früh genug bekannt war, und die Macht des Beherrschers auch hinreichend war, um sie auszuschließen.

Zweiter Definitivartikel zum ewigen Frieden.

Das Völkerrecht soll auf einen Föderalism freier Staaten gegründet sein.

Völker als Staaten können wie einzelne Menschen beurtheilt werden, die sich in ihrem Naturzustande (d. i. in der Unabhängigkeit von äußern Gesetzen) schon durch ihr Nebeneinandersein lädiren, und deren jeder um seiner Sicherheit willen von dem andern fordern kann und soll, mit ihm in eine der bürgerlichen ähnliche Verfassung zu treten, wo jedem sein Recht gesichert werden kann. Dies wäre ein Völkerbund, der aber gleichwohl kein Völkerstaat sein müßte. Darin aber wäre ein Widerspruch: weil ein jeder Staat das Verhältniß eines Oberen (Gesetzgebenden) zu einem Unteren (Gehorchenden, nämlich dem Volk) enthält, viele Völker aber in einem Staate nur ein Volk ausmachen würden, welches (da wir hier das Recht der Völker gegen einander zu erwägen haben, so fern sie so viel verschiedene Staaten ausmachen und nicht in einem Staat zusammenschmelzen sollen) der Voraussetzung widerspricht.

Gleichwie wir nun die Anhänglichkeit der Wilden an ihre gesetzlose Freiheit, sich lieber unaufhörlich zu balgen, als sich einem gesetzlichen, von ihnen selbst zu constituirenden Zwange zu unterwerfen, mithin die tolle Freiheit der vernünftigen vorzuziehen, mit tiefer Verachtung ansehen und als Rohigkeit, Ungeschliffenheit und viehische Abwürdigung der Menschheit betrachten, so, sollte man denken, müßten gesittete Völker (jedes für sich zu einem Staat vereinigt) eilen, aus einem so verworfenen Zustande je eher desto lieber herauszukommen: statt dessen aber setzt vielmehr jeder Staat seine Majestät (denn Volksmajestät ist ein ungereimter Ausdruck) gerade darin, gar keinem äußeren gesetzlichen Zwange unterworfen zu sein, und der Glanz seines Oberhaupts besteht darin, daß ihm, ohne daß er sich eben selbst in Gefahr setzen darf, viele Tausende zu Gebot stehen, sich für eine Sache, die sie nichts angeht, aufopfern zu lassen*), und der Unterschied der europäischen Wilden von den amerikanischen besteht hauptsächlich darin, daß, da manche Stämme der letzteren von ihren Feinden gänzlich sind gegessen worden, die ersteren ihre Überwundene besser zu benutzen wissen, als sie zu verspeisen, und lieber die Zahl ihrer Unter-

---

*) So gab ein bulgarischer Fürst dem griechischen Kaiser, der gutmüthigerweise seinen Streit mit ihm durch einen Zweikampf ausmachen wollte, zur Antwort: „Ein Schmid, der Zangen hat, wird das glühende Eisen aus den Kohlen nicht mit seinen Händen herauslangen."

thanen, mithin auch die Menge der Werkzeuge zu noch ausgebreitetern Kriegen durch sie zu vermehren wissen.

Bei der Bösartigkeit der menschlichen Natur, die sich im freien Verhältniß der Völker unverhohlen blicken läßt (indessen daß sie im bürgerlich-
5 gesetzlichen Zustande durch den Zwang der Regierung sich sehr verschleiert), ist es doch zu verwundern, daß das Wort Recht aus der Kriegspolitik noch nicht als pedantisch ganz hat verwiesen werden können, und sich noch kein Staat erkühnt hat, sich für die letztere Meinung öffentlich zu erklären; denn noch werden Hugo Grotius, Pufendorf, Vattel u. a. m. (lauter
10 leidige Tröster), obgleich ihr Codex, philosophisch oder diplomatisch abgefaßt, nicht die mindeste gesetzliche Kraft hat, oder auch nur haben kann (weil Staaten als solche nicht unter einem gemeinschaftlichen äußeren Zwange stehen), immer treuherzig zur Rechtfertigung eines Kriegsangriffs angeführt, ohne daß es ein Beispiel giebt, daß jemals ein Staat
15 durch mit Zeugnissen so wichtiger Männer bewaffnete Argumente wäre bewogen worden, von seinem Vorhaben abzustehen. — Diese Huldigung, die jeder Staat dem Rechtsbegriffe (wenigstens den Worten nach) leistet, beweist doch, daß eine noch größere, obzwar zur Zeit schlummernde, moralische Anlage im Menschen anzutreffen sei, über das böse Princip in ihm
20 (was er nicht ableugnen kann) doch einmal Meister zu werden und dies auch von andern zu hoffen; denn sonst würde das Wort Recht den Staaten, die sich einander befehden wollen, nie in den Mund kommen, es sei denn, bloß um seinen Spott damit zu treiben, wie jener gallische Fürst es erklärte: „Es ist der Vorzug, den die Natur dem Stärkern über den Schwächern
25 gegeben hat, daß dieser ihm gehorchen soll."

Da die Art, wie Staaten ihr Recht verfolgen, nie wie bei einem äußern Gerichtshofe der Proceß, sondern nur der Krieg sein kann, durch diesen aber und seinen günstigen Ausschlag, den Sieg, das Recht nicht entschieden wird, und durch den Friedensvertrag zwar wohl dem
30 diesmaligen Kriege, aber nicht dem Kriegszustande (immer zu einem neuen Vorwand zu finden) ein Ende gemacht wird (den man auch nicht geradezu für ungerecht erklären kann, weil in diesem Zustande jeder in seiner eigenen Sache Richter ist), gleichwohl aber von Staaten nach dem Völkerrecht nicht eben das gelten kann, was von Menschen im gesetzlosen
35 Zustande nach dem Naturrecht gilt, „aus diesem Zustande herausgehen zu sollen" (weil sie als Staaten innerlich schon eine rechtliche Verfassung haben und also dem Zwange anderer, sie nach ihren Rechtsbegriffen unter

eine erweiterte gesetzliche Verfassung zu bringen, entwachsen sind), indessen daß doch die Vernunft vom Throne der höchsten moralisch gesetzgebenden Gewalt herab den Krieg als Rechtsgang schlechterdings verdammt, den Friedenszustand dagegen zur unmittelbaren Pflicht macht, welcher doch ohne einen Vertrag der Völker unter sich nicht gestiftet oder gesichert werden kann: — so muß es einen Bund von besonderer Art geben, den man den Friedensbund (foedus pacificum) nennen kann, der vom Friedensvertrag (pactum pacis) darin unterschieden sein würde, daß dieser bloß einen Krieg, jener aber alle Kriege auf immer zu endigen suchte. Dieser Bund geht auf keinen Erwerb irgend einer Macht des Staats, sondern lediglich auf Erhaltung und Sicherung der Freiheit eines Staats für sich selbst und zugleich anderer verbündeten Staaten, ohne daß diese doch sich deshalb (wie Menschen im Naturzustande) öffentlichen Gesetzen und einem Zwange unter denselben unterwerfen dürfen. — Die Ausführbarkeit (objective Realität) dieser Idee der Föderalität, die sich allmählig über alle Staaten erstrecken soll und so zum ewigen Frieden hinführt, läßt sich darstellen. Denn wenn das Glück es so fügt: daß ein mächtiges und aufgeklärtes Volk sich zu einer Republik (die ihrer Natur nach zum ewigen Frieden geneigt sein muß) bilden kann, so giebt diese einen Mittelpunkt der föderativen Vereinigung für andere Staaten ab, um sich an sie anzuschließen und so den Freiheitszustand der Staaten gemäß der Idee des Völkerrechts zu sichern und sich durch mehrere Verbindungen dieser Art nach und nach immer weiter auszubreiten.

Daß ein Volk sagt: „Es soll unter uns kein Krieg sein; denn wir wollen uns in einen Staat formiren, d. i. uns selbst eine oberste gesetzgebende, regierende und richtende Gewalt setzen, die unsere Streitigkeiten friedlich ausgleicht" — das läßt sich verstehen. — — Wenn aber dieser Staat sagt: „Es soll kein Krieg zwischen mir und andern Staaten sein, obgleich ich keine oberste gesetzgebende Gewalt erkenne, die mir mein und der ich ihr Recht sichere," so ist es gar nicht zu verstehen, worauf ich dann das Vertrauen zu meinem Rechte gründen wolle, wenn es nicht das Surrogat des bürgerlichen Gesellschaftbundes, nämlich der freie Föderalism, ist, den die Vernunft mit dem Begriffe des Völkerrechts nothwendig verbinden muß, wenn überall etwas dabei zu denken übrig bleiben soll.

Bei dem Begriffe des Völkerrechts, als eines Rechts zum Kriege, läßt sich eigentlich gar nichts denken (weil es ein Recht sein soll, nicht nach allgemein gültigen äußern, die Freiheit jedes Einzelnen einschränkenden

Gesetzen, sondern nach einseitigen Maximen durch Gewalt, was Recht sei, zu bestimmen), es müßte denn darunter verstanden werden: daß Menschen, die so gesinnt sind, ganz recht geschieht, wenn sie sich unter einander aufreiben und also den ewigen Frieden in dem weiten Grabe finden, das alle Gräuel der Gewaltthätigkeit sammt ihren Urhebern bedeckt. — Für Staaten im Verhältnisse unter einander kann es nach der Vernunft keine andere Art geben, aus dem gesetzlosen Zustande, der lauter Krieg enthält, herauszukommen, als daß sie eben so wie einzelne Menschen ihre wilde (gesetzlose) Freiheit aufgeben, sich zu öffentlichen Zwangsgesetzen bequemen und so einen (freilich immer wachsenden) *Völkerstaat* (civitas gentium), der zuletzt alle Völker der Erde befassen würde, bilden. Da sie dieses aber nach ihrer Idee vom Völkerrecht durchaus nicht wollen, mithin, was in thesi richtig ist, in hypothesi verwerfen, so kann an die Stelle der positiven Idee *einer Weltrepublik* (wenn nicht alles verloren werden soll) nur das *negative* Surrogat eines den Krieg abwehrenden, bestehenden und sich immer ausbreitenden *Bundes* den Strom der rechtscheuenden, feindseligen Neigung aufhalten, doch mit beständiger Gefahr ihres Ausbruchs (Furor impius intus — fremit horridus ore cruento. *Virgil*)*).

Dritter Definitivartikel zum ewigen Frieden.

„Das **Weltbürgerrecht** soll auf Bedingungen der allgemeinen *Hospitalität* eingeschränkt sein."

Es ist hier wie in den vorigen Artikeln nicht von Philanthropie, sondern vom *Recht* die Rede, und da bedeutet *Hospitalität* (Wirth-

---

*) Nach einem beendigten Kriege, beim Friedensschlusse, möchte es wohl für ein Volk nicht unschicklich sein, daß nach dem Dankfeste ein Bußtag ausgeschrieben würde, den Himmel im Namen des Staats um Gnade für die große Versündigung anzurufen, die das menschliche Geschlecht sich noch immer zu Schulden kommen läßt, sich keiner gesetzlichen Verfassung im Verhältniß auf andere Völker fügen zu wollen, sondern stolz auf seine Unabhängigkeit lieber das barbarische Mittel des Krieges (wodurch doch das, was gesucht wird, nämlich das Recht eines jeden Staats, nicht ausgemacht wird) zu gebrauchen. — Die Dankfeste während dem Kriege über einen erfochtenen *Sieg*, die Hymnen, die (auf gut israelitisch) dem *Herrn der Heerschaaren* gesungen werden, stehen mit der moralischen Idee des Vaters der Menschen in nicht minder starkem Contrast: weil sie außer der Gleichgültigkeit wegen der Art, wie Völker ihr gegenseitiges Recht suchen (die traurig genug ist), noch eine Freude hineinbringen, recht viel Menschen oder ihr Glück zernichtet zu haben.

barkeit) das Recht eines Fremdlings, seiner Ankunft auf dem Boden eines andern wegen von diesem nicht feindselig behandelt zu werden. Dieser kann ihn abweisen, wenn es ohne seinen Untergang geschehen kann, so lange er aber auf seinem Platz sich friedlich verhält, ihm nicht feindlich begegnen. Es ist kein Gastrecht, worauf dieser Anspruch machen kann (wozu ein besonderer wohlthätiger Vertrag erfordert werden würde, ihn auf eine gewisse Zeit zum Hausgenossen zu machen), sondern ein Besuchsrecht, welches allen Menschen zusteht, sich zur Gesellschaft anzubieten vermöge des Rechts des gemeinschaftlichen Besitzes der Oberfläche der Erde, auf der als Kugelfläche sie sich nicht ins Unendliche zerstreuen können, sondern endlich sich doch neben einander dulden müssen, ursprünglich aber niemand an einem Orte der Erde zu sein mehr Recht hat, als der Andere. — Unbewohnbare Theile dieser Oberfläche, das Meer und die Sandwüsten, trennen diese Gemeinschaft, doch so, daß das Schiff, oder das Kameel (das Schiff der Wüste) es möglich machen, über diese herrenlose Gegenden sich einander zu nähern und das Recht der Oberfläche, welches der Menschengattung gemeinschaftlich zukommt, zu einem möglichen Verkehr zu benutzen. Die Unwirthbarkeit der Seeküsten (z. B. der Barbaresken), Schiffe in nahen Meeren zu rauben, oder gestrandete Schiffsleute zu Sklaven zu machen, oder die der Sandwüsten (der arabischen Beduinen), die Annäherung zu den nomadischen Stämmen als ein Recht anzusehen, sie zu plündern, ist also dem Naturrecht zuwider, welches Hospitalitätsrecht aber, d. i. die Befugniß der fremden Ankömmlinge, sich nicht weiter erstreckt, als auf die Bedingungen der Möglichkeit, einen Verkehr mit den alten Einwohnern zu versuchen. — Auf diese Art können entfernte Welttheile mit einander friedlich in Verhältnisse kommen, die zuletzt öffentlich gesetzlich werden und so das menschliche Geschlecht endlich einer weltbürgerlichen Verfassung immer näher bringen können.

Vergleicht man hiemit das inhospitale Betragen der gesitteten, vornehmlich handeltreibenden Staaten unseres Welttheils, so geht die Ungerechtigkeit, die sie in dem Besuche fremder Länder und Völker (welches ihnen mit dem Erobern derselben für einerlei gilt) beweisen, bis zum Erschrecken weit. Amerika, die Negerländer, die Gewürzinseln, das Cap 2c. waren bei ihrer Entdeckung für sie Länder, die keinem angehörten; denn die Einwohner rechneten sie für nichts. In Ostindien (Hindustan) brachten sie unter dem Vorwande blos beabsichtigter Handelsniederlagen fremde Kriegesvölker hinein, mit ihnen aber Unterdrückung der Eingebornen, Aufwiegelung der verschiedenen Staaten desselben zu weit ausgebreiteten Kriegen, Hungersnoth, Aufruhr, Treulosigkeit, und wie die Litanei aller Übel, die das menschliche Geschlecht drücken, weiter lauten mag.

5 China*) und Japan (Nipon), die den Versuch mit solchen Gästen gemacht hatten, haben daher weislich, jenes zwar den Zugang, aber nicht den Eingang, dieses auch den ersteren nur einem einzigen europäischen Volk, den Holländern, erlaubt, die sie aber doch dabei wie Gefangene von der Gemeinschaft mit den Eingebornen ausschließen. Das Ärgste hiebei 10 (oder, aus dem Standpunkte eines moralischen Richters betrachtet, das Beste) ist, daß sie dieser Gewaltthätigkeit nicht einmal froh werden, daß alle diese Handlungsgesellschaften auf dem Punkte des nahen Umsturzes stehen, daß die Zuckerinseln, dieser Sitz der allergrausamsten und ausgedachtesten Sklaverei, keinen wahren Ertrag abwerfen, sondern nur mittel- 15 bar und zwar zu einer nicht sehr löblichen Absicht, nämlich zu Bildung der Matrosen für Kriegsflotten und also wieder zu Führung der Kriege in Europa, dienen, und dieses Mächten, die von der Frömmigkeit viel Werks machen und, indem sie Unrecht wie Wasser trinken, sich in der Rechtgläubigkeit für Auserwählte gehalten wissen wollen.

---

20 *) Um dieses große Reich mit dem Namen, womit es sich selbst benennt, zu schreiben (nämlich China, nicht Sina, oder einen diesem ähnlichen Laut), darf man nur Georgii Alphab. Tibet. pag. 651—654, vornehmlich Nota b unten nachsehen. — Eigentlich führt es nach des Petersb. Prof. Fischer Bemerkung keinen bestimmten Namen, womit es sich selbst benennt; der gewöhnlichste ist noch der des Worts 25 Kin, nämlich Gold (welches die Tibetaner mit Ser ausdrücken), daher der Kaiser König des Goldes (des herrlichsten Landes von der Welt) genannt wird, welches Wort wohl im Reiche selbst wie Chin lauten, aber von den italiänischen Missionarien (des Gutturalbuchstabens wegen) wie Kin ausgesprochen sein mag. — Hieraus ersieht man dann, daß das von den Römern sogenannte Land der Serer 30 China war, die Seide aber über Groß-Tibet (vermuthlich durch Klein-Tibet und die Bucharei über Persien, so weiter) nach Europa gefördert worden, welches zu manchen Betrachtungen über das Alterthum dieses erstaunlichen Staats in Vergleichung mit dem von Hindustan bei der Verknüpfung mit Tibet und durch dieses mit Japan hinleitet; indessen daß der Name Sina oder Tschina, den die Nachbarn 35 diesem Lande geben sollen, zu nichts hinführt. — — Vielleicht läßt sich auch die uralte, obzwar nie recht bekannt gewordene Gemeinschaft Europens mit Tibet aus dem, was uns Hesychius hievon aufbehalten hat, nämlich dem Zuruf Κονξ Ὀμπαξ (Koux Ompax) des Hierophanten in den Eleusinischen Geheimnissen, erklären (S. Reise des jüngern Anacharsis, 5ter Theil, S. 447 u. f.). — Denn nach Georgii

Da es nun mit der unter den Völkern der Erde einmal durchgängig überhand genommenen (engeren oder weiteren) Gemeinschaft so weit gekommen ist, daß die Rechtsverletzung an einem Platz der Erde an allen gefühlt wird: so ist die Idee eines Weltbürgerrechts keine phantastische und überspannte Vorstellungsart des Rechts, sondern eine nothwendige Ergänzung des ungeschriebenen Codex sowohl des Staats- als Völkerrechts zum öffentlichen Menschenrechte überhaupt und so zum ewigen Frieden, zu dem man sich in der continuirlichen Annäherung zu befinden nur unter dieser Bedingung schmeicheln darf.

Erster Zusatz.

Von der Garantie des ewigen Friedens.

Das, was diese Gewähr (Garantie) leistet, ist nichts Geringeres, als die große Künstlerin Natur (natura daedala rerum), aus deren mechanischem Laufe sichtbarlich Zweckmäßigkeit hervorleuchtet, durch die Zwietracht der Menschen Eintracht selbst wider ihren Willen emporkommen zu lassen, und darum, gleich als Nöthigung einer ihren Wirkungsgesetzen

---

Alph. Tibet. bedeutet das Wort Concioa Gott, welches eine auffallende Ähnlichkeit mit Konx hat, Pah-cio (ib. p. 520), welches von den Griechen leicht wie pax ausgesprochen werden konnte, promulgator legis, die durch die ganze Natur vertheilte Gottheit (auch Cencresi genannt, p. 177). — Om aber, welches La Croze durch benedictus, gesegnet, übersetzt, kann, auf die Gottheit angewandt, wohl nichts anders als den Seliggepriesenen bedeuten, p. 507. Da nun P. Franz. Horatius von den tibetanischen Lamas, die er oft befrug, was sie unter Gott (Concioa) verständen, jederzeit die Antwort bekam: „Es ist die Versammlung aller Heiligen" (d. i. der seligen durch die lamaische Wiedergeburt nach vielen Wanderungen durch allerlei Körper endlich in die Gottheit zurückgekehrten, in Burchane, d. i. anbetungswürdige Wesen, verwandelten Seelen, p. 223), so wird jenes geheimnißvolle Wort Konx Ompax wohl das heilige (Konx), selige (Om) und weise (Pax), durch die Welt überall verbreitete höchste Wesen (die personificirte Natur) bedeuten sollen und, in den griechischen Mysterien gebraucht, wohl den Monotheism für die Epopten im Gegensatz mit dem Polytheism des Volks angedeutet haben; obwohl P. Horatius (a. a. O.) hierunter einen Atheism witterte. — Wie aber jenes geheimnißvolle Wort über Tibet zu den Griechen gekommen, läßt sich auf obige Art erklären und umgekehrt dadurch auch das frühe Verkehr Europens mit China über Tibet (vielleicht eher noch als mit Hindustan) wahrscheinlich machen.

nach uns unbekannten Ursache, *Schicksal*, bei Erwägung aber ihrer Zweckmäßigkeit im Laufe der Welt, als tiefliegende Weisheit einer höheren, auf den objectiven Endzweck des menschlichen Geschlechts gerichteten und diesen Weltlauf prädeterminirenden Ursache *Vorsehung**) genannt

---

*) Im Mechanism der Natur, wozu der Mensch (als Sinnenwesen) mit gehört, zeigt sich eine ihrer Existenz schon zum Grunde liegende Form, die wir uns nicht anders begreiflich machen können, als indem wir ihr den Zweck eines sie vorher bestimmenden Welturhebers unterlegen, dessen Vorherbestimmung wir die (göttliche) *Vorsehung* überhaupt und, sofern sie in den *Anfang* der Welt gelegt wird, die *gründende* (providentia conditrix; semel iussit, semper parent, *Augustin.*), im *Laufe* der Natur aber diesen nach allgemeinen Gesetzen der Zweckmäßigkeit zu erhalten, die *waltende Vorsehung* (providentia gubernatrix), ferner zu besonderen, aber von dem Menschen nicht vorherzusehenden, sondern nur aus dem Erfolg vermutheten Zwecken die *leitende* (providentia directrix), endlich sogar in Ansehung einzelner Begebenheiten als göttlicher Zwecke nicht mehr Vorsehung, sondern *Fügung* (directio extraordinaria) nennen, welche aber (da sie in der That auf Wunder hinweiset, obgleich die Begebenheiten nicht so genannt werden) als solche erkennen zu wollen, thörichte Vermessenheit des Menschen ist: weil aus einer einzelnen Begebenheit auf ein besonderes Princip der wirkenden Ursache (daß diese Begebenheit Zweck und nicht bloß naturmechanische Nebenfolge aus einem anderen, uns ganz unbekannten Zwecke sei) zu schließen ungereimt und voll Eigendünkel ist, so fromm und demüthig auch die Sprache hierüber lauten mag. — Eben so ist auch die Eintheilung der Vorsehung (*materialiter* betrachtet), wie sie auf *Gegenstände* in der Welt geht, in die *allgemeine* und *besondere* falsch und sich selbst widersprechend (daß sie z. B. zwar eine Vorsorge zur Erhaltung der Gattungen der Geschöpfe sei, die Individuen aber dem Zufall überlasse); denn sie wird eben in der Absicht allgemein genannt, damit kein einziges Ding als davon ausgenommen gedacht werde. — Vermuthlich hat man hier die Eintheilung der Vorsehung (*formaliter* betrachtet) nach der Art der Ausführung ihrer Absicht gemeint: nämlich in *ordentliche* (z. B. das jährliche Sterben und Wiederaufleben der Natur nach dem Wechsel der Jahreszeiten) und *außerordentliche* (z. B. die Zuführung des Holzes an die Eisküsten, das da nicht wachsen kann, durch die Meerströme für die dortigen Einwohner, die ohne das nicht leben könnten), wo, ob wir gleich die physisch-mechanische Ursache dieser Erscheinungen uns gut erklären können (z. B. durch die mit Holz bewachsene Ufer der Flüsse der temperirten Länder, in welche jene Bäume hineinfallen und etwa durch den Golfstrom weiter verschleppt werden), wir dennoch auch die teleologische nicht übersehen müssen, die auf die Vorsorge einer über die Natur gebietenden Weisheit hinweiset. — Nur was den in den Schulen gebräuchlichen Begriff eines göttlichen *Beitritts* oder Mitwirkung (concursus) zu einer Wirkung in der Sinnenwelt betrifft, so muß dieser wegfallen. Denn das Ungleichartige paaren wollen (gryphes iungere equis) und den, der selbst die vollständige Ursache der

wird, die wir zwar eigentlich nicht an diesen Kunstanstalten der Natur erkennen, oder auch nur daraus auf sie schließen, sondern (wie in aller Beziehung der Form der Dinge auf Zwecke überhaupt) nur hinzudenken können und müssen, um uns von ihrer Möglichkeit nach der Analogie menschlicher Kunsthandlungen einen Begriff zu machen, deren Verhältniß und Zusammenstimmung aber zu dem Zwecke, den uns die Vernunft unmittelbar vorschreibt, (dem moralischen) sich vorzustellen, eine Idee ist, die zwar in theoretischer Absicht überschwenglich, in praktischer aber (z. B. in Ansehung des Pflichtbegriffs vom ewigen Frieden, um jenen Mechanism der Natur dazu zu benutzen) dogmatisch und ihrer Realität nach wohl gegründet ist. — Der Gebrauch des Worts Natur ist auch, wenn es wie hier bloß um Theorie (nicht um Religion) zu thun ist, schicklicher für die Schranken der menschlichen Vernunft (als die sich in Ansehung des Verhältnisses der Wirkungen zu ihren Ursachen innerhalb den Grenzen möglicher Erfahrung halten muß) und bescheidener, als der Ausdruck einer für uns erkennbaren Vorsehung, mit dem man sich vermessenerweise ikarische Flügel ansetzt, um dem Geheimniß ihrer unergründlichen Absicht näher zu kommen.

Ehe wir nun diese Gewährleistung näher bestimmen, wird es nöthig sein, vorher den Zustand nachzusuchen, den die Natur für die auf ihrem großen Schauplatz handelnde Personen veranstaltet hat, der ihre Friedens-

---

Weltveränderungen ist, seine eigene prädeterminirende Vorsehung während dem Weltlaufe ergänzen zu lassen (die also mangelhaft gewesen sein müßte), z. B. zu sagen, daß nächst Gott der Arzt den Kranken zurecht gebracht habe, also als Beistand dabei gewesen sei, ist erstlich an sich widersprechend. Denn causa solitaria non iuvat. Gott ist der Urheber des Arztes sammt allen seinen Heilmitteln, und so muß ihm, wenn man ja bis zum höchsten, uns theoretisch unbegreiflichen Urgrunde hinaufsteigen will, die Wirkung ganz zugeschrieben werden. Oder man kann sie auch ganz dem Arzt zuschreiben, so fern wir diese Begebenheit als nach der Ordnung der Natur erklärbar in der Kette der Weltursachen verfolgen. Zweitens bringt eine solche Denkungsart auch um alle bestimmte Principien der Beurtheilung eines Effects. Aber in moralisch-praktischer Absicht (die also ganz aufs Übersinnliche gerichtet ist), z. B. in dem Glauben, daß Gott den Mangel unserer eigenen Gerechtigkeit, wenn nur unsere Gesinnung ächt war, auch durch uns unbegreifliche Mittel ergänzen werde, wir also in der Bestrebung zum Guten nichts nachlassen sollen, ist der Begriff des göttlichen concursus ganz schicklich und sogar nothwendig; wobei es sich aber von selbst versteht, daß niemand eine gute Handlung (als Begebenheit in der Welt) hieraus zu erklären versuchen muß, welches ein vorgebliches theoretisches Erkenntniß des Übersinnlichen, mithin ungereimt ist.

sicherung zuletzt nothwendig macht; — alsdann aber allererst die Art, wie sie diese leiste.

Ihre provisorische Veranstaltung besteht darin: daß sie 1) für die Menschen in allen Erdgegenden gesorgt hat, daselbst leben zu können; —
5 2) sie durch Krieg allerwärts hin, selbst in die unwirthbarste Gegenden getrieben hat, um sie zu bevölkern; 3) — durch eben denselben sie in mehr oder weniger gesetzliche Verhältnisse zu treten genöthigt hat. — Daß in den kalten Wüsten am Eismeer noch das Moos wächst, welches das Rennthier unter dem Schnee hervorscharrt, um selbst
10 die Nahrung, oder auch das Angespann des Ostjaken oder Samojeden zu sein; oder daß die salzichten Sandwüsten doch noch dem Kameel, welches zu Bereisung derselben gleichsam geschaffen zu sein scheint, um sie nicht unbenutzt zu lassen, enthalten, ist schon bewundernswürdig. Noch deutlicher aber leuchtet der Zweck hervor, wenn man gewahr wird,
15 wie außer den bepelzten Thieren am Ufer des Eismeeres noch Robben, Wallrosse und Wallfische an ihrem Fleische Nahrung und mit ihrem Thran Feurung für die dortigen Anwohner darreichen. Am meisten aber erregt die Vorsorge der Natur durch das Treibholz Bewunderung, was sie (ohne daß man recht weiß, wo es herkommt) diesen gewächslosen Gegenden zu-
20 bringt, ohne welches Material sie weder ihre Fahrzeuge und Waffen, noch ihre Hütten zum Aufenthalt zurichten könnten; wo sie dann mit dem Kriege gegen die Thiere gnug zu thun haben, um unter sich friedlich zu leben. —— Was sie aber dahin getrieben hat, ist vermuthlich nichts anders als der Krieg gewesen. Das erste Kriegswerkzeug aber unter
25 allen Thieren, die der Mensch binnen der Zeit der Erdbevölkerung zu zähmen und häuslich zu machen gelernt hatte, ist das Pferd (denn der Elephant gehört in die spätere Zeit, nämlich des Luxus schon errichteter Staaten), so wie die Kunst, gewisse für uns jetzt ihrer ursprünglichen Beschaffenheit nach nicht mehr erkennbare Grasarten, Getreide genannt,
30 anzubauen, ingleichen die Vervielfältigung und Verfeinerung der Obstarten durch Verpflanzung und Einpfropfung (vielleicht in Europa bloß zweier Gattungen, der Holzäpfel und Holzbirnen) nur im Zustande schon errichteter Staaten, wo gesichertes Grundeigenthum statt fand, entstehen konnte, — nachdem die Menschen vorher in gesetzloser Freiheit von dem
35 Jagd-*), Fischer- und Hirtenleben bis zum Ackerleben durchgedrungen

*) Unter allen Lebensweisen ist das Jagdleben ohne Zweifel der gesitteten Verfassung am meisten zuwider: weil die Familien, die sich da vereinzelnen

waren, und nun Salz und Eisen erfunden ward, vielleicht die ersten weit und breit gesuchten Artikel eines Handelsverkehrs verschiedener Völker, wodurch sie zuerst in ein friedliches Verhältniß gegen einander und so selbst mit Entfernteren in Einverständniß, Gemeinschaft und friedliches Verhältniß unter einander gebracht wurden. 5

Indem die Natur nun dafür gesorgt hat, daß Menschen allerwärts auf Erden leben könnten, so hat sie zugleich auch despotisch gewollt, daß sie allerwärts leben sollten, wenn gleich wider ihre Neigung, und selbst ohne daß dieses Sollen zugleich einen Pflichtbegriff voraussetzte, der sie hiezu vermittelst eines moralischen Gesetzes verbände, — sondern sie hat, 10 zu diesem ihrem Zweck zu gelangen, den Krieg gewählt. — Wir sehen nämlich Völker, die an der Einheit ihrer Sprache die Einheit ihrer Abstammung kennbar machen, wie die Samojeden am Eismeer einerseits und ein Volk von ähnlicher Sprache, zweihundert Meilen davon entfernt, im Altaischen Gebirge andererseits, wozwischen sich ein anderes, näm- 15 lich mongalisches, berittenes und hiemit kriegerisches Volk, gedrängt und so jenen Theil ihres Stammes weit von diesem in die unwirthbarsten Eisgegenden versprengt hat, wo sie gewiß nicht aus eigener Neigung sich hin verbreitet hätten*); — eben so die Finnen in der nordlichsten Gegend von Europa, Lappen genannt, von den jetzt eben so weit entfernten, aber 20 der Sprache nach mit ihnen verwandten Ungern durch dazwischen ein-

---

müssen, einander bald fremd und sonach, in weitläuftigen Wäldern zerstreut, auch bald feindselig werden, da eine jede zu Erwerbung ihrer Nahrung und Kleidung viel Raum bedarf. — Das Noachische Blutverbot, 1. M. IX, 4—6, (welches, öfters wiederholt, nachher gar den neuangenommenen Christen aus dem Heidenthum, 25 obzwar in anderer Rücksicht, von den Judenchristen zur Bedingung gemacht wurde, Apost.-Gesch. XV, 20. XXI, 25) scheint uranfänglich nichts anders, als das Verbot des Jägerlebens gewesen zu sein: weil in diesem der Fall, das Fleisch roh zu essen, oft eintreten muß, mit dem letzteren also das erstere zugleich verboten wird.

*) Man könnte fragen: Wenn die Natur gewollt hat, diese Eisküsten sollten 30 nicht unbewohnt bleiben, was wird aus ihren Bewohnern, wenn sie ihnen dereinst (wie zu erwarten ist) kein Treibholz mehr zuführte? Denn es ist zu glauben, daß bei fortrückender Cultur die Einsassen der temperirten Erdstriche das Holz, was an den Ufern ihrer Ströme wächst, besser benutzen, es nicht in die Ströme fallen und so in die See wegschwemmen lassen werden. Ich antworte: Die Anwohner des 35 Obstroms, des Jenissei, des Lena u. s. w. werden es ihnen durch Handel zuführen und dafür die Producte aus dem Thierreich, woran das Meer an den Eisküsten so reich ist, einhandeln, wenn sie (die Natur) nur allererst den Frieden unter ihnen erzwungen haben wird.

gedrungene gothische und sarmatische Völker getrennt; und was kann wohl anders die Eskimos (vielleicht uralte europäische Abenteurer, ein von allen Amerikanern ganz unterschiedenes Geschlecht) im Norden und die Pescheräs im Süden von Amerika bis zum Feuerlande hingetrieben
5 haben, als der Krieg, dessen sich die Natur als Mittels bedient, die Erde allerwärts zu bevölkern? Der Krieg aber selbst bedarf keines besondern Bewegungsgrundes, sondern scheint auf die menschliche Natur gepfropft zu sein und sogar als etwas Edles, wozu der Mensch durch den Ehrtrieb ohne eigennützige Triebfedern beseelt wird, zu gelten: so daß Kriegesmuth
10 (von amerikanischen Wilden sowohl, als den europäischen in den Ritterzeiten) nicht bloß, wenn Krieg ist (wie billig), sondern auch, daß Krieg sei, von unmittelbarem großem Werth zu sein geurtheilt wird, und er oft, bloß um jenen zu zeigen, angefangen, mithin in dem Kriege an sich selbst eine innere Würde gesetzt wird, sogar daß ihm auch wohl Philosophen,
15 als einer gewissen Veredelung der Menschheit, eine Lobrede halten uneingedenk des Ausspruchs jenes Griechen: „Der Krieg ist darin schlimm, daß er mehr böse Leute macht, als er deren wegnimmt." — So viel von dem, was die Natur für ihren eigenen Zweck in Ansehung der Menschengattung als einer Thierklasse thut.

20 Jetzt ist die Frage, die das Wesentliche der Absicht auf den ewigen Frieden betrifft: Was die Natur in dieser Absicht beziehungsweise auf den Zweck, den dem Menschen seine eigene Vernunft zur Pflicht macht, mithin zu Begünstigung seiner moralischen Absicht thue, und wie sie die Gewähr leiste, daß dasjenige, was der Mensch nach Freiheitsgesetzen thun
25 sollte, aber nicht thut, dieser Freiheit unbeschadet auch durch einen Zwang der Natur, daß er es thun werde, gesichert sei, und zwar nach allen drei Verhältnissen des öffentlichen Rechts, des Staats-, Völker- und weltbürgerlichen Rechts. — Wenn ich von der Natur sage: sie will, daß dieses oder jenes geschehe, so heißt das nicht soviel als: sie
30 legt uns eine Pflicht auf, es zu thun (denn das kann nur die zwangsfreie praktische Vernunft), sondern sie thut es selbst, wir mögen wollen oder nicht (fata volentem ducunt, nolentem trahunt).

1. Wenn ein Volk auch nicht durch innere Mißhelligkeit genöthigt würde, sich unter den Zwang öffentlicher Gesetze zu begeben, so würde es
35 doch der Krieg von außen thun, indem nach der vorher erwähnten Naturanstalt ein jedes Volk ein anderes es drängende Volk zum Nachbar vor sich findet, gegen das es sich innerlich zu einem Staat bilden muß, um

als Macht gegen diesen gerüstet zu sein. Nun ist die republikanische Verfassung die einzige, welche dem Recht der Menschen vollkommen angemessen, aber auch die schwerste zu stiften, vielmehr noch zu erhalten ist, dermaßen daß viele behaupten, es müsse ein Staat von Engeln sein, weil Menschen mit ihren selbstsüchtigen Neigungen einer Verfassung von so sublimer Form nicht fähig wären. Aber nun kommt die Natur dem verehrten, aber zur Praxis ohnmächtigen allgemeinen, in der Vernunft gegründeten Willen und zwar gerade durch jene selbstsüchtige Neigungen zu Hülfe, so daß es nur auf eine gute Organisation des Staats ankommt (die allerdings im Vermögen der Menschen ist), jener ihre Kräfte so gegen einander zu richten, daß eine die anderen in ihrer zerstörenden Wirkung aufhält, oder diese aufhebt: so daß der Erfolg für die Vernunft so ausfällt, als wenn beide gar nicht da wären, und so der Mensch, wenn gleich nicht ein moralisch-guter Mensch, dennoch ein guter Bürger zu sein gezwungen wird. Das Problem der Staatserrichtung ist, so hart wie es auch klingt, selbst für ein Volk von Teufeln (wenn sie nur Verstand haben) auflösbar und lautet so: „Eine Menge von vernünftigen Wesen, die insgesammt allgemeine Gesetze für ihre Erhaltung verlangen, deren jedes aber ingeheim sich davon auszunehmen geneigt ist, so zu ordnen und ihre Verfassung einzurichten, daß, obgleich sie in ihren Privatgesinnungen einander entgegen streben, diese einander doch so aufhalten, daß in ihrem öffentlichen Verhalten der Erfolg eben derselbe ist, als ob sie keine solche böse Gesinnungen hätten." Ein solches Problem muß auflöslich sein. Denn es ist nicht die moralische Besserung der Menschen, sondern nur der Mechanism der Natur, von dem die Aufgabe zu wissen verlangt, wie man ihn an Menschen benutzen könne, um den Widerstreit ihrer unfriedlichen Gesinnungen in einem Volk so zu richten, daß sie sich unter Zwangsgesetze zu begeben einander selbst nöthigen und so den Friedenszustand, in welchem Gesetze Kraft haben, herbeiführen müssen. Man kann dieses auch an den wirklich vorhandenen, noch sehr unvollkommen organisirten Staaten sehen, daß sie sich doch im äußeren Verhalten dem, was die Rechtsidee vorschreibt, schon sehr nähern, obgleich das Innere der Moralität davon sicherlich nicht die Ursache ist (wie denn auch nicht von dieser die gute Staatsverfassung, sondern vielmehr umgekehrt von der letzteren allererst die gute moralische Bildung eines Volks zu erwarten ist), mithin der Mechanism der Natur durch selbstsüchtige Neigungen, die natürlicherweise einander auch äußerlich entgegen wirken, von der Vernunft zu einem Mittel gebraucht werden kann, dieser ihrem eigenen Zweck, der rechtlichen Vorschrift, Raum zu machen und hiemit auch, soviel an dem Staat selbst liegt, den inneren sowohl als äußeren Frieden zu befördern und zu sichern. — Hier heißt es also: Die Natur will unwiderstehlich, daß das Recht zuletzt die Obergewalt erhalte. Was man nun hier verabsäumt zu thun, das macht sich zuletzt selbst, obzwar mit viel Ungemächlichkeit. — „Biegt man das Rohr zu stark, so brichts; und wer zu viel will, der will nichts." Bouterwek.

2. Die Idee des Völkerrechts setzt die Absonderung vieler von einander unabhängiger benachbarter Staaten voraus; und obgleich ein solcher Zustand an sich schon ein Zustand des Krieges ist (wenn nicht eine föderative Vereinigung derselben dem Ausbruch der Feindseligkeiten vorbeugt): so ist doch selbst dieser nach der Vernunftidee besser als die Zusammenschmelzung derselben durch eine die andere überwachsende und in eine Universalmonarchie übergehende Macht, weil die Gesetze mit dem vergrößerten Umfange der Regierung immer mehr an ihrem Nachdruck einbüßen, und ein seelenloser Despotism, nachdem er die Keime des Guten ausgerottet hat, zuletzt doch in Anarchie verfällt. Indessen ist dieses das Verlangen jedes Staats (oder seines Oberhaupts), auf diese Art sich in den dauernden Friedenszustand zu versetzen, daß er wo möglich die ganze Welt beherrscht. Aber die Natur will es anders. — Sie bedient sich zweier Mittel, um Völker von der Vermischung abzuhalten und sie abzusondern, der Verschiedenheit der Sprachen und der Religionen*), die zwar den Hang zum wechselseitigen Hasse und Vorwand zum Kriege bei sich führt, aber doch bei anwachsender Cultur und der allmähligen Annäherung der Menschen zu größerer Einstimmung in Principien zum Einverständnisse in einem Frieden leitet, der nicht wie jener Despotism (auf dem Kirchhofe der Freiheit) durch Schwächung aller Kräfte, sondern durch ihr Gleichgewicht im lebhaftesten Wetteifer derselben hervorgebracht und gesichert wird.

*) Verschiedenheit der Religionen: ein wunderlicher Ausdruck! gerade als ob man auch von verschiedenen Moralen spräche. Es kann wohl verschiedene Glaubensarten historischer, nicht in die Religion, sondern in die Geschichte der zu ihrer Beförderung gebrauchten, ins Feld der Gelehrsamkeit einschlagender Mittel und eben so verschiedene Religionsbücher (Zendavesta, Vedam, Koran u. s. w.) geben, aber nur eine einzige für alle Menschen und in allen Zeiten gültige Religion. Jene also können wohl nichts anders als nur das Vehikel der Religion, was zufällig ist und nach Verschiedenheit der Zeiten und Örter verschieden sein kann, enthalten.

3. So wie die Natur weislich die Völker trennt, welche der Wille jedes Staats und zwar selbst nach Gründen des Völkerrechts gern unter sich durch List oder Gewalt vereinigen möchte: so vereinigt sie auch andererseits Völker, die der Begriff des Weltbürgerrechts gegen Gewaltthätigkeit und Krieg nicht würde gesichert haben, durch den wechselseitigen Eigennutz. Es ist der Handelsgeist, der mit dem Kriege nicht zusammen bestehen kann, und der früher oder später sich jedes Volks bemächtigt. Weil nämlich unter allen der Staatsmacht untergeordneten Mächten (Mitteln) die Geldmacht wohl die zuverlässigste sein möchte, so sehen sich Staaten (freilich wohl nicht eben durch Triebfedern der Moralität) gedrungen, den edlen Frieden zu befördern und, wo auch immer in der Welt Krieg auszubrechen droht, ihn durch Vermittelungen abzuwehren, gleich als ob sie deshalb im beständigen Bündnisse ständen; denn große Vereinigungen zum Kriege können der Natur der Sache nach sich nur höchst selten zutragen und noch seltener glücken. — — Auf die Art garantirt die Natur durch den Mechanism der menschlichen Neigungen selbst den ewigen Frieden; freilich mit einer Sicherheit, die nicht hinreichend ist, die Zukunft desselben (theoretisch) zu weissagen, aber doch in praktischer Absicht zulangt und es zur Pflicht macht, zu diesem (nicht bloß schimärischen) Zwecke hinzuarbeiten.

Zweiter Zusatz.

Geheimer Artikel zum ewigen Frieden.

Ein geheimer Artikel in Verhandlungen des öffentlichen Rechts ist objectiv, d. i. seinem Inhalte nach betrachtet, ein Widerspruch; subjectiv aber, nach der Qualität der Person beurtheilt, die ihn dictirt, kann gar wohl darin ein Geheimniß statt haben, daß sie es nämlich für ihre Würde bedenklich findet, sich öffentlich als Urheberin desselben anzukündigen.

Der einzige Artikel dieser Art ist in dem Satze enthalten: Die Maximen der Philosophen über die Bedingungen der Möglichkeit des öffentlichen Friedens sollen von den zum Kriege gerüsteten Staaten zu Rathe gezogen werden.

Es scheint aber für die gesetzgebende Autorität eines Staats, dem man natürlicherweise die größte Weisheit beilegen muß, verkleinerlich zu sein, über die Grundsätze seines Verhaltens gegen andere Staaten bei Unterthanen (den Philosophen) Belehrung zu suchen; gleichwohl aber sehr rathsam es zu thun. Also wird der Staat die letztere stillschweigend (also indem er ein Geheimniß daraus macht) dazu auffordern, welches soviel heißt als: er wird sie frei und öffentlich über die allgemeine Maximen der Kriegsführung und Friedensstiftung reden lassen (denn 5 das werden sie schon von selbst thun, wenn man es ihnen nur nicht verbietet), und die Übereinkunft der Staaten unter einander über diesen Punkt bedarf auch keiner besonderen Verabredung der Staaten unter sich in dieser Absicht, sondern liegt schon in der Verpflichtung durch allgemeine (moralisch-gesetzgebende) Menschenvernunft. — Es ist aber hiemit nicht ge-10 meint: daß der Staat den Grundsätzen des Philosophen vor den Aussprüchen des Juristen (des Stellvertreters der Staatsmacht) den Vorzug einräumen müsse, sondern nur daß man ihn höre. Der letztere, der die Wage des Rechts und neben bei auch das Schwert der Gerechtigkeit sich zum Symbol gemacht hat, bedient sich gemeiniglich des letzteren, nicht 15 um etwa blos alle fremde Einflüsse von dem ersteren abzuhalten, sondern wenn die eine Schale nicht sinken will, das Schwert mit hinein zu legen (vae victis), wozu der Jurist, der nicht zugleich (auch der Moralität nach) Philosoph ist, die größte Versuchung hat, weil es seines Amts nur ist, vorhandene Gesetze anzuwenden, nicht aber, ob diese selbst nicht einer Ver-20 besserung bedürfen, zu untersuchen, und rechnet diesen in der That niedrigeren Rang seiner Facultät, darum weil er mit Macht begleitet ist (wie es auch mit den beiden anderen der Fall ist), zu den höheren. — Die philosophische steht unter dieser verbündeten Gewalt auf einer sehr niedrigen Stufe. So heißt es z. B. von der Philosophie, sie sei die Magd der 25 Theologie (und eben so lautet es von den zwei anderen). — Man sieht aber nicht recht, „ob sie ihrer gnädigen Frauen die Fackel vorträgt oder die Schleppe nachträgt."

Daß Könige philosophiren, oder Philosophen Könige würden, ist nicht zu erwarten, aber auch nicht zu wünschen: weil der Besitz der Gewalt 30 das freie Urtheil der Vernunft unvermeidlich verdirbt. Daß aber Könige oder königliche (sich selbst nach Gleichheitsgesetzen beherrschende) Völker die Classe der Philosophen nicht schwinden oder verstummen, sondern öffentlich sprechen lassen, ist Beiden zu Beleuchtung ihres Geschäfts unentbehrlich und, weil diese Classe ihrer Natur nach der Rottirung und Clubben-35 verbündung unfähig ist, wegen der Nachrede einer Propagande verdachtlos.

Anhang.

I.

Über die Mißhelligkeit zwischen der Moral und der Politik in Absicht auf den ewigen Frieden.

Die Moral ist schon an sich selbst eine Praxis in objectiver Bedeutung, als Inbegriff von unbedingt gebietenden Gesetzen, nach denen wir handeln sollen, und es ist offenbare Ungereimtheit, nachdem man diesem Pflichtbegriff seine Autorität zugestanden hat, noch sagen zu wollen, daß man es doch nicht könne. Denn alsdann fällt dieser Begriff aus der Moral von selbst weg (ultra posse nemo obligatur); mithin kann es keinen Streit der Politik als ausübender Rechtslehre mit der Moral als einer solchen, aber theoretischen (mithin keinen Streit der Praxis mit der Theorie) geben: man müßte denn unter der letzteren eine allgemeine Klugheitslehre, d. i. eine Theorie der Maximen verstehen, zu seinen auf Vortheil berechneten Absichten die tauglichsten Mittel zu wählen, d. i. läugnen, daß es überhaupt eine Moral gebe.

Die Politik sagt: „Seid klug wie die Schlangen"; die Moral setzt (als einschränkende Bedingung) hinzu: „und ohne Falsch wie die Tauben." Wenn beides nicht in einem Gebote zusammen bestehen kann, so ist wirklich ein Streit der Politik mit der Moral; soll aber doch durchaus beides vereinigt sein, so ist der Begriff vom Gegentheil absurd, und die Frage, wie jener Streit auszugleichen sei, läßt sich gar nicht einmal als Aufgabe hinstellen. Obgleich der Satz: Ehrlichkeit ist die beste Politik, eine Theorie enthält, der die Praxis, leider! sehr häufig widerspricht: so ist doch der gleichfalls theoretische: Ehrlichkeit ist besser denn alle Politik, über allen Einwurf unendlich erhaben, ja die unumgängliche Bedingung der letzteren. Der Grenzgott der Moral weicht nicht dem Jupiter (dem Grenzgott der Gewalt); denn dieser steht noch unter dem Schicksal, d. i. die Vernunft ist nicht erleuchtet genug, die Reihe der vorherbestimmenden Ursachen zu übersehen, die den glücklichen oder schlimmen Erfolg aus dem Thun und Lassen der Menschen nach dem Mechanism der Natur mit Sicherheit vorher verkündigen (obgleich ihn dem Wunsche gemäß hoffen) lassen. Was man aber zu thun habe, um im Gleise der Pflicht (nach Regeln der Weisheit) zu bleiben, dazu und hiemit zum Endzweck leuchtet sie uns überall hell genug vor.

Nun gründet aber der Praktiker (dem die Moral bloße Theorie ist) seine trostlose Absprechung unserer gutmüthigen Hoffnung (selbst bei eingeräumtem Sollen und Können) eigentlich darauf: daß er aus der Natur des Menschen vorher zu sehen vorgiebt, er werde dasjenige nie wollen, 5 was erfordert wird, um jenen zum ewigen Frieden hinführenden Zweck zu Stande zu bringen. — Freilich ist das Wollen aller einzelnen Menschen, in einer gesetzlichen Verfassung nach Freiheitsprincipien zu leben (die distributive Einheit des Willens Aller), zu diesem Zweck nicht hinreichend, sondern daß Alle zusammen diesen Zustand wollen (die col- 10 lective Einheit des vereinigten Willens), diese Auflösung einer schweren Aufgabe, wird noch dazu erfordert, damit ein Ganzes der bürgerlichen Gesellschaft werde, und da also über diese Verschiedenheit des particularen Wollens Aller noch eine vereinigende Ursache desselben hinzukommen muß, um einen gemeinschaftlichen Willen herauszubringen, welches Keiner von 15 Allen vermag: so ist in der Ausführung jener Idee (in der Praxis) auf keinen andern Anfang des rechtlichen Zustandes zu rechnen, als den durch Gewalt, auf deren Zwang nachher das öffentliche Recht gegründet wird; welches dann freilich (da man ohnedem des Gesetzgebers moralische Gesinnung hiebei wenig in Anschlag bringen kann, er werde nach geschehener 20 Vereinigung der wüsten Menge in ein Volk diesem es nun überlassen, eine rechtliche Verfassung durch ihren gemeinsamen Willen zu Stande zu bringen) große Abweichungen von jener Idee (der Theorie) in der wirklichen Erfahrung schon zum voraus erwarten läßt.

Da heißt es dann: wer einmal die Gewalt in Händen hat, wird sich 25 vom Volk nicht Gesetze vorschreiben lassen. Ein Staat, der einmal im Besitz ist, unter keinen äußeren Gesetzen zu stehen, wird sich in Ansehung der Art, wie er gegen andere Staaten sein Recht suchen soll, nicht von ihrem Richterstuhl abhängig machen, und selbst ein Welttheil, wenn er sich einem andern, der ihm übrigens nicht im Wege ist, überlegen fühlt, wird das 30 Mittel der Verstärkung seiner Macht durch Beraubung oder gar Beherrschung desselben nicht unbenutzt lassen; und so zerrinnen nun alle Plane der Theorie für das Staats-, Völker- und Weltbürgerrecht in sachleere, unausführbare Ideale, dagegen eine Praxis, die auf empirische Principien der menschlichen Natur gegründet ist, welche es nicht für zu niedrig hält, aus 35 der Art, wie es in der Welt zugeht, Belehrung für ihre Maximen zu ziehen, einen sicheren Grund für ihr Gebäude der Staatsklugheit zu finden allein hoffen könne.

Freilich, wenn es keine Freiheit und darauf gegründetes moralisches Gesetz giebt, sondern alles, was geschieht oder geschehen kann, bloßer Mechanism der Natur ist, so ist Politik (als Kunst, diesen zur Regierung der Menschen zu benutzen) die ganze praktische Weisheit und der Rechtsbegriff ein sachleerer Gedanke. Findet man diesen aber doch unumgänglich nöthig mit der Politik zu verbinden, ja ihn gar zur einschränkenden Bedingung der letztern zu erheben, so muß die Vereinbarkeit beider eingeräumt werden. Ich kann mir nun zwar einen moralischen Politiker, d. i. einen, der die Principien der Staatsklugheit so nimmt, daß sie mit der Moral zusammen bestehen können, aber nicht einen politischen Moralisten denken, der sich eine Moral so schmiedet, wie es der Vortheil des Staatsmanns sich zuträglich findet.

Der moralische Politiker wird es sich zum Grundsatz machen: wenn einmal Gebrechen in der Staatsverfassung oder im Staatenverhältniß angetroffen werden, die man nicht hat verhüten können, so sei es Pflicht, vornehmlich für Staatsoberhäupter, dahin bedacht zu sein, wie sie sobald wie möglich gebessert und dem Naturrecht, so wie es in der Idee der Vernunft uns zum Muster vor Augen steht, angemessen gemacht werden könne: sollte es auch ihrer Selbstsucht Aufopferungen kosten. Da nun die Zerreißung eines Bandes der staats- oder weltbürgerlichen Vereinigung, ehe noch eine bessere Verfassung an die Stelle derselben zu treten in Bereitschaft ist, aller hierin mit der Moral einhelligen Staatsklugheit zuwider ist, so wäre es zwar ungereimt, zu fordern, jenes Gebrechen müsse sofort und mit Ungestüm abgeändert werden; aber daß wenigstens die Maxime der Nothwendigkeit einer solchen Abänderung dem Machthabenden innigst beiwohne, um in beständiger Annäherung zu dem Zwecke (der nach Rechtsgesetzen besten Verfassung) zu bleiben, das kann doch von ihm gefordert werden. Ein Staat kann sich auch schon republikanisch regieren, wenn er gleich noch der vorliegenden Constitution nach despotische Herrschermacht besitzt: bis allmählig das Volk des Einflusses der bloßen Idee der Autorität des Gesetzes (gleich als ob es physische Gewalt besäße) fähig wird und sonach zur eigenen Gesetzgebung (welche ursprünglich auf Recht gegründet ist) tüchtig befunden wird. Wenn auch durch den Ungestüm einer von der schlechten Verfassung erzeugten Revolution unrechtmäßigerweise eine gesetzmäßigere errungen wäre, so würde es doch auch alsdann nicht mehr für erlaubt gehalten werden müssen, das Volk wieder auf die alte zurück zu führen, obgleich während derselben jeder, der sich damit gewaltthätig oder arglistig bemengt, mit Recht den Strafen des Aufrührers unterworfen sein würde. Was aber das äußere Staatenverhältniß betrifft, so kann von einem Staat nicht verlangt werden, daß er seine, obgleich despotische, Verfassung (die aber doch die stärkere in Beziehung auf äußere Feinde ist) ablegen solle, so lange er Gefahr läuft, von andern Staaten sofort verschlungen zu werden; mithin muß bei jenem Vorsatz doch auch die Verzögerung der Ausführung bis zu besserer Zeitgelegenheit erlaubt sein*).

Es mag also immer sein: daß die despotisirende (in der Ausübung fehlende) Moralisten wider die Staatsklugheit (durch übereilt genommene oder angepriesene Maßregeln) mannigfaltig verstoßen, so muß sie doch die Erfahrung bei diesem ihrem Verstoß wider die Natur nach und nach in ein besseres Gleis bringen; statt dessen die moralisirende Politiker durch Beschönigung rechtswidriger Staatsprincipien unter dem Vorwande einer des Guten nach der Idee, wie sie die Vernunft vorschreibt, nicht *fähigen* menschlichen Natur, so viel an ihnen ist, das Besserwerden *unmöglich machen* und die Rechtsverletzung verewigen.

Statt der Praxis, deren sich diese staatskluge Männer rühmen, gehen sie mit *Praktiken* um, indem sie blos darauf bedacht sind, dadurch, daß sie der jetzt herrschenden Gewalt zum Munde reden (um ihren Privatvortheil nicht zu verfehlen), das Volk und wo möglich die ganze Welt preis zu geben; nach der Art ächter Juristen (vom Handwerke, nicht von der *Gesetzgebung*), wenn sie sich bis zur Politik versteigen. Denn da dieser ihr Geschäfte nicht ist, über Gesetzgebung selbst zu vernünfteln, sondern die gegenwärtige Gebote des Landrechts zu vollziehen, so muß ihnen jede jetzt vorhandene gesetzliche Verfassung und, wenn diese höhern Orts abgeändert wird, die nun folgende immer die beste sein; wo dann alles so in

*) Dies sind Erlaubnißgesetze der Vernunft, den Stand eines mit Ungerechtigkeit behafteten öffentlichen Rechts noch so lange beharren zu lassen, bis zur völligen Umwälzung alles entweder von selbst gereift, oder durch friedliche Mittel der Reife nahe gebracht worden: weil doch irgend eine *rechtliche*, obzwar nur in geringem Grade rechtmäßige, Verfassung besser ist als gar keine, welches letztere Schicksal (der Anarchie) eine *übereilte* Reform treffen würde. — Die Staatsweisheit wird sich also in dem Zustande, worin die Dinge jetzt sind, Reformen dem Ideal des öffentlichen Rechts angemessen zur Pflicht machen; Revolutionen aber, wo sie die Natur von selbst herbei führt, nicht zur Beschönigung einer noch größeren Unterdrückung, sondern als Ruf der Natur benutzen, eine auf Freiheitsprincipien gegründete gesetzliche Verfassung, als die einzige dauerhafte, durch gründliche Reform zu Stande zu bringen.

seiner gehörigen mechanischen Ordnung ist. Wenn aber diese Geschicklichkeit, für alle Sättel gerecht zu sein, ihnen den Wahn einflößt, auch über Principien einer Staatsverfassung überhaupt nach Rechtsbegriffen (mithin a priori, nicht empirisch) urtheilen zu können; wenn sie darauf groß thun, Menschen zu kennen (welches freilich zu erwarten ist, weil sie mit vielen zu thun haben), ohne doch den Menschen, und was aus ihm gemacht werden kann, zu kennen (wozu ein höherer Standpunkt der anthropologischen Beobachtung erfordert wird), mit diesen Begriffen aber versehen, ans Staats- und Völkerrecht, wie es die Vernunft vorschreibt, gehen: so können sie diesen Überschritt nicht anders, als mit dem Geist der Chicane thun, indem sie ihr gewohntes Verfahren (eines Mechanisms nach despotisch gegebenen Zwangsgesetzen) auch da befolgen, wo die Begriffe der Vernunft einen nur nach Freiheitsprincipien gesetzmäßigen Zwang begründet wissen wollen, durch welchen allererst eine zu Recht beständige Staatsverfassung möglich ist; welche Aufgabe der vorgebliche Praktiker mit Vorbeigehung jener Idee empirisch, aus Erfahrung, wie die bisher noch am besten bestandene, mehrentheils aber rechtswidrige Staatsverfassungen eingerichtet waren, lösen zu können glaubt. — Die Maximen, deren er sich hiezu bedient (ob er sie zwar nicht laut werden läßt), laufen ungefähr auf folgende sophistische Maximen hinaus.

1. Fac et excusa. Ergreife die günstige Gelegenheit zur eigenmächtigen Besitznehmung (entweder eines Rechts des Staats über sein Volk, oder über ein anderes benachbarte); die Rechtfertigung wird sich weit leichter und zierlicher nach der That vortragen und die Gewalt beschönigen lassen (vornehmlich im ersten Fall, wo die obere Gewalt im Innern sofort auch die gesetzgebende Obrigkeit ist, der man gehorchen muß, ohne darüber zu vernünfteln), als wenn man zuvor auf überzeugende Gründe sinnen und die Gegengründe darüber noch erst abwarten wollte. Diese Dreustigkeit selbst giebt einen gewissen Anschein von innerer Überzeugung der Rechtmäßigkeit der That, und der Gott bonus eventus ist nachher der beste Rechtsvertreter.

2. Si fecisti, nega. Was du selbst verbrochen hast, z. B. um dein Volk zur Verzweiflung und so zum Aufruhr zu bringen, das läugne ab, daß es deine Schuld sei; sondern behaupte, daß es die der Widerspenstigkeit der Unterthanen, oder auch bei deiner Bemächtigung eines benachbarten Volks die Schuld der Natur des Menschen sei, der, wenn er dem

Andern nicht mit Gewalt zuvorkommt, sicher darauf rechnen kann, daß dieser ihm zuvorkommen und sich seiner bemächtigen werde.

3. Divide et impera. Das ist: sind gewisse privilegirte Häupter in deinem Volk, welche dich blos zu ihrem Oberhaupt (primus inter pares) gewählt haben, so veruneinige jene unter einander und entzweie sie mit dem Volk: stehe nun dem letztern unter Vorspiegelung größerer Freiheit bei, so wird alles von deinem unbedingten Willen abhängen. Oder sind es äußere Staaten, so ist Erregung der Mißhelligkeit unter ihnen ein ziemlich sicheres Mittel, unter dem Schein des Beistandes des Schwächeren einen nach dem andern dir zu unterwerfen.

Durch diese politische Maximen wird nun zwar niemand hintergangen; denn sie sind insgesammt schon allgemein bekannt; auch ist es mit ihnen nicht der Fall sich zu schämen, als ob die Ungerechtigkeit gar zu offenbar in die Augen leuchtete. Denn weil sich große Mächte nie vor dem Urtheil des gemeinen Haufens, sondern nur eine vor der andern schämen, was aber jene Grundsätze betrifft, nicht das Offenbarwerden, sondern nur das *Mißlingen* derselben sie beschämt machen kann (denn in Ansehung der Moralität der Maximen kommen sie alle unter einander überein), so bleibt ihnen immer die *politische Ehre* übrig, auf die sie sicher rechnen können, nämlich die der *Vergrößerung ihrer Macht*, auf welchem Wege sie auch erworben sein mag*).

*　　*
*

Aus allen diesen Schlangenwendungen einer unmoralischen Klugheitslehre, den Friedenszustand unter Menschen aus dem kriegerischen des Naturzustandes herauszubringen, erhellt wenigstens so viel: daß die

*) Wenn gleich eine gewisse in der menschlichen Natur gewurzelte Bösartigkeit von *Menschen*, die in einem Staat zusammen leben, noch bezweifelt und statt ihrer der Mangel einer noch nicht weit genug fortgeschrittenen Cultur (die Rohigkeit) zur Ursache der gesetzwidrigen Erscheinungen ihrer Denkungsart mit einigem Scheine angeführt werden möchte, so fällt sie doch im äußeren Verhältniß der *Staaten* gegen einander ganz unverdeckt und unwidersprechlich in die Augen. Im Innern jedes Staats ist sie durch den Zwang der bürgerlichen Gesetze verschleiert, weil der Neigung zur wechselseitigen Gewaltthätigkeit der Bürger eine größere Gewalt, nämlich die der Regierung, mächtig entgegenwirkt und so nicht allein dem Ganzen einen moralischen Anstrich (causae non causae) giebt, sondern auch dadurch, daß dem Ausbruch gesetzwidriger Neigungen ein Riegel vorgeschoben wird, die Entwickelung der moralischen Anlage zur unmittel-

Menschen eben so wenig in ihren Privatverhältnissen, als in ihren öffentlichen dem Rechtsbegriff entgehen können und sich nicht getrauen, die Politik öffentlich bloß auf Handgriffe der Klugheit zu gründen, mithin dem Begriffe eines öffentlichen Rechts allen Gehorsam aufzukündigen (welches vornehmlich in dem des Völkerrechts auffallend ist), sondern ihm an sich alle gebührende Ehre widerfahren lassen, wenn sie auch hundert Ausflüchte und Bemäntelungen aussinnen sollten, um ihm in der Praxis auszuweichen und der verschmitzten Gewalt die Autorität anzudichten, der Ursprung und der Verband alles Rechts zu sein. — Um dieser Sophisterei (wenn gleich nicht der durch sie beschönigten Ungerechtigkeit) ein Ende zu machen und die falsche Vertreter der Mächtigen der Erde zum Geständnisse zu bringen, daß es nicht das Recht, sondern die Gewalt sei, der sie zum Vortheil sprechen, von welcher sie, gleich als ob sie selbst hiebei was zu befehlen hätten, den Ton annehmen, wird es gut sein, das Blendwerk aufzudecken, womit man sich und andere hintergeht, das oberste Princip, von dem die Absicht auf den ewigen Frieden ausgeht, ausfindig zu machen und zu zeigen: daß alles das Böse, was ihm im Wege ist, davon herrühre: daß der politische Moralist da anfängt, wo der moralische Politiker billigerweise endigt, und, indem er so die Grundsätze dem Zweck unterordnet (d. i. die Pferde hinter den Wagen spannt), seine eigene Absicht vereitelt, die Politik mit der Moral in Einverständniß zu bringen.

Um die praktische Philosophie mit sich selbst einig zu machen, ist nöthig, zuvörderst die Frage zu entscheiden: ob in Aufgaben der praktischen

---

baren Achtung fürs Recht wirklich viel Erleichterung bekommt. — Denn ein jeder glaubt nun von sich, daß er wohl den Rechtsbegriff heilig halten und treu befolgen würde, wenn er sich nur von jedem andern eines Gleichen gewärtigen könnte, welches letztere ihm die Regierung zum Theil sichert; wodurch dann ein großer Schritt zur Moralität (obgleich noch nicht moralischer Schritt) gethan wird, diesem Pflichtbegriff auch um sein selbst willen, ohne Rücksicht auf Erwiederung, anhänglich zu sein. — Da ein jeder aber bei seiner guten Meinung von sich selber doch die böse Gesinnung bei allen anderen voraussetzt, so sprechen sie einander wechselseitig ihr Urtheil: daß sie alle, was das Factum betrifft, wenig taugen (woher es komme, da es doch der Natur des Menschen, als eines freien Wesens, nicht Schuld gegeben werden kann, mag unerörtert bleiben). Da aber doch auch die Achtung für den Rechtsbegriff, deren der Mensch sich schlechterdings nicht entschlagen kann, die Theorie des Vermögens, ihm angemessen zu werden, auf das feierlichste sanctionirt, so sieht ein jeder, daß er seinerseits jenem gemäß handeln müsse, Andere mögen es halten, wie sie wollen.

Vernunft vom *materialen Princip* derselben, dem *Zweck* (als Gegenstand der Willkür), der Anfang gemacht werden müsse, oder vom *formalen*, d. i. demjenigen (bloß auf Freiheit im äußern Verhältniß gestellten), darnach es heißt: handle so, daß du wollen kannst, deine Maxime solle ein allgemeines Gesetz werden (der Zweck mag sein, welcher er wolle).

Ohne alle Zweifel muß das letztere Princip vorangehen: denn es hat als Rechtsprincip unbedingte Nothwendigkeit, statt dessen das erstere nur unter Voraussetzung empirischer Bedingungen des vorgesetzten Zwecks, nämlich der Ausführung desselben, nöthigend ist, und wenn dieser Zweck (z. B. der ewige Friede) auch Pflicht wäre, so müßte doch diese selbst aus dem formalen Princip der Maximen äußerlich zu handeln abgeleitet worden sein. — Nun ist das erstere Princip, das des *politischen Moralisten* (das Problem des Staats-, Völker- und Weltbürgerrechts), eine bloße *Kunstaufgabe* (problema technicum), das zweite dagegen, als Princip des *moralischen Politikers*, welchem es eine *sittliche Aufgabe* (problema morale) ist, im Verfahren von dem anderen himmelweit unterschieden, um den ewigen Frieden, den man nun nicht bloß als physisches Gut, sondern auch als einen aus Pflichtanerkennung hervorgehenden Zustand wünscht, herbeizuführen.

Zur Auflösung des ersten, nämlich des Staats-Klugheitsproblems, wird viel Kenntniß der Natur erfordert, um ihren Mechanism zu dem gedachten Zweck zu benutzen, und doch ist alle diese ungewiß in Ansehung ihres Resultats, den ewigen Frieden betreffend; man mag nun die eine oder die andere der drei Abtheilungen des öffentlichen Rechts nehmen. Ob das Volk im Gehorsam und zugleich im Flor besser durch Strenge, oder Lockspeise der Eitelkeit, ob durch Obergewalt eines Einzigen, oder durch Vereinigung mehrerer Häupter, vielleicht auch bloß durch einen Dienstadel, oder durch Volksgewalt im Innern und zwar auf lange Zeit gehalten werden könne, ist ungewiß. Man hat von allen Regierungsarten (die einzige ächt-republikanische, die aber nur einem moralischen Politiker in den Sinn kommen kann, ausgenommen) Beispiele des Gegentheils in der Geschichte. — Noch ungewisser ist ein auf Statute nach Ministerialplanen vorgeblich errichtetes *Völkerrecht*, welches in der That nur ein Wort ohne Sache ist und auf Verträgen beruht, die in demselben Act ihrer Beschließung zugleich den geheimen Vorbehalt ihrer Übertretung enthalten. — Dagegen dringt sich die Auflösung des zweiten, nämlich des *Staatsweisheitsproblems*, so zu sagen von selbst auf, ist jedermann einleuchtend und macht alle Künstelei zu Schanden, führt dabei gerade zum Zweck; doch mit der Erinnerung der Klugheit, ihn nicht übereilterweise mit Gewalt herbei zu ziehen, sondern sich ihm nach Beschaffenheit der günstigen Umstände unablässig zu nähern.

Da heißt es denn: „Trachtet allererst nach dem Reiche der reinen praktischen Vernunft und nach seiner Gerechtigkeit, so wird euch euer Zweck (die Wohlthat des ewigen Friedens) von selbst zufallen." Denn das hat die Moral Eigenthümliches an sich und zwar in Ansehung ihrer Grundsätze des öffentlichen Rechts (mithin in Beziehung auf eine a priori erkennbare Politik), daß, je weniger sie das Verhalten von dem vorgesetzten Zweck, dem beabsichtigten, es sei physischem oder sittlichem, Vortheil, abhängig macht, desto mehr sie dennoch zu diesem im Allgemeinen zusammenstimmt; welches daher kommt, weil es gerade der a priori gegebene allgemeine Wille (in einem Volk, oder im Verhältniß verschiedener Völker unter einander) ist, der allein, was unter Menschen Rechtens ist, bestimmt; diese Vereinigung des Willens Aller aber, wenn nur in der Ausübung consequent verfahren wird, auch nach dem Mechanism der Natur zugleich die Ursache sein kann, die abgezweckte Wirkung hervorzubringen und dem Rechtsbegriffe Effect zu verschaffen. — So ist es z. B. ein Grundsatz der moralischen Politik: daß sich ein Volk zu einem Staat nach den alleinigen Rechtsbegriffen der Freiheit und Gleichheit vereinigen solle, und dieses Princip ist nicht auf Klugheit, sondern auf Pflicht gegründet. Nun mögen dagegen politische Moralisten noch so viel über den Naturmechanism einer in Gesellschaft tretenden Menschenmenge, welcher jene Grundsätze entkräftete und ihre Absicht vereiteln werde, vernünfteln, oder auch durch Beispiele schlecht organisirter Verfassungen alter und neuer Zeiten (z. B. von Demokratien ohne Repräsentationssystem) ihre Behauptung dagegen zu beweisen suchen, so verdienen sie kein Gehör; vornehmlich da eine solche verderbliche Theorie das Übel wohl gar selbst bewirkt, was sie vorhersagt, nach welcher der Mensch mit den übrigen lebenden Maschinen in eine Classe geworfen wird, denen nur noch das Bewußtsein, daß sie nicht freie Wesen sind, beiwohnen dürfte, um sie in ihrem eigenen Urtheil zu den elendesten unter allen Weltwesen zu machen.

Der zwar etwas renommistisch klingende, sprüchwörtlich in Umlauf gekommene, aber wahre Satz: fiat iustitia, pereat mundus, das heißt zu deutsch: „Es herrsche Gerechtigkeit, die Schelme in der Welt mögen auch insgesammt darüber zu Grunde gehen," ist ein wackerer, alle durch Arg-

list oder Gewalt vorgezeichnete krumme Wege abschneidender Rechtsgrund-
satz; nur daß er nicht mißverstanden und etwa als Erlaubniß, sein eigenes
Recht mit der größten Strenge zu benutzen (welches der ethischen Pflicht
widerstreiten würde), sondern als Verbindlichkeit der Machthabenden,
5 niemanden sein Recht aus Ungunst oder Mitleiden gegen Andere zu
weigern oder zu schmälern, verstanden wird; wozu vorzüglich eine nach
reinen Rechtsprincipien eingerichtete innere Verfassung des Staats, dann
aber auch die der Vereinigung desselben mit andern benachbarten oder
auch entfernten Staaten zu einer (einem allgemeinen Staat analogischen)
10 gesetzlichen Ausgleichung ihrer Streitigkeiten erfordert wird. — Dieser
Satz will nichts anders sagen als: die politische Maximen müssen nicht
von der aus ihrer Befolgung zu erwartenden Wohlfahrt und Glückseligkeit eines jeden Staats, also nicht vom Zweck, den sich ein jeder derselben
zum Gegenstande macht, (vom Wollen) als dem obersten (aber empirischen)
15 Princip der Staatsweisheit, sondern von dem reinen Begriff der Rechtspflicht (vom Sollen, dessen Princip a priori durch reine Vernunft gegeben
ist) ausgehen, die physische Folgen daraus mögen auch sein, welche sie
wollen. Die Welt wird keinesweges dadurch untergehen, daß der bösen
Menschen weniger wird. Das moralisch Böse hat die von seiner Natur
20 unabtrennliche Eigenschaft, daß es in seinen Absichten (vornehmlich in
Verhältniß gegen andere Gleichgesinnte) sich selbst zuwider und zerstörend ist und so dem (moralischen) Princip des Guten, wenn gleich durch
langsame Fortschritte, Platz macht.

* *
*

Es giebt also objectiv (in der Theorie) gar keinen Streit zwischen
25 der Moral und der Politik. Dagegen subjectiv (in dem selbstsüchtigen
Hange der Menschen, der aber, weil er nicht auf Vernunftmaximen gegründet ist, noch nicht Praxis genannt werden muß) wird und mag er
immer bleiben, weil er zum Wetzstein der Tugend dient, deren wahrer
Muth (nach dem Grundsatze: tu ne cede malis, sed contra audentior ito)
30 in gegenwärtigem Falle nicht sowohl darin besteht, den Übeln und Aufopferungen mit festem Vorsatz sich entgegenzusetzen, welche hiebei übernommen werden müssen, sondern dem weit gefährlichern lügenhaften und
verrätherischen, aber doch vernünftelnden, die Schwäche der menschlichen
Natur zur Rechtfertigung aller Übertretung vorspiegelnden bösen Princip
35 in uns selbst in die Augen zu sehen und seine Arglist zu besiegen.

In der That kann der politische Moralist sagen: Regent und Volk, oder Volk und Volk thun einander nicht Unrecht, wenn sie einander gewaltthätig oder hinterlistig befehden, ob sie zwar überhaupt darin Unrecht thun, daß sie dem Rechtsbegriffe, der allein den Frieden auf ewig begründen könnte, alle Achtung versagen. Denn weil der eine seine Pflicht gegen den andern übertritt, der gerade eben so rechtswidrig gegen jenen gesinnt ist, so geschieht ihnen beiderseits ganz recht, wenn sie sich unter einander aufreiben, doch so, daß von dieser Race immer noch genug übrig bleibt, um dieses Spiel bis zu den entferntesten Zeiten nicht aufhören zu lassen, damit eine späte Nachkommenschaft an ihnen dereinst ein warnendes Beispiel nehme. Die Vorsehung im Laufe der Welt ist hiebei gerechtfertigt; denn das moralische Princip im Menschen erlöscht nie, die pragmatisch zur Ausführung der rechtlichen Ideen nach jenem Princip tüchtige Vernunft wächst noch dazu beständig durch immer fortschreitende Cultur, mit ihr aber auch die Schuld jener Übertretungen. Die Schöpfung allein: daß nämlich ein solcher Schlag von verderbten Wesen überhaupt hat auf Erden sein sollen, scheint durch keine Theodicee gerechtfertigt werden zu können (wenn wir annehmen, daß es mit dem Menschengeschlechte nie besser bestellt sein werde noch könne); aber dieser Standpunkt der Beurtheilung ist für uns viel zu hoch, als daß wir unsere Begriffe (von Weisheit) der obersten, uns unerforschlichen Macht in theoretischer Absicht unterlegen könnten. — Zu solchen verzweifelten Folgerungen werden wir unvermeidlich hingetrieben, wenn wir nicht annehmen, die reine Rechtsprincipien haben objective Realität, d. i. sie lassen sich ausführen; und darnach müsse auch von Seiten des Volks im Staate und weiterhin von Seiten der Staaten gegen einander gehandelt werden; die empirische Politik mag auch dagegen einwenden, was sie wolle. Die wahre Politik kann also keinen Schritt thun, ohne vorher der Moral gehuldigt zu haben, und obzwar Politik für sich selbst eine schwere Kunst ist, so ist doch Vereinigung derselben mit der Moral gar keine Kunst; denn diese haut den Knoten entzwei, den jene nicht aufzulösen vermag, sobald beide einander widerstreiten. — Das Recht der Menschen muß heilig gehalten werden, der herrschenden Gewalt mag es auch noch so große Aufopferung kosten. Man kann hier nicht halbieren und das Mittelding eines pragmatisch-bedingten Rechts (zwischen Recht und Nutzen) aussinnen, sondern alle Politik muß ihre Kniee vor dem erstern beugen, kann aber dafür hoffen, obzwar langsam, zu der Stufe zu gelangen, wo sie beharrlich glänzen wird.

II.

Von der Einhelligkeit der Politik mit der Moral nach dem transscendentalen Begriffe des öffentlichen Rechts.

Wenn ich von aller Materie des öffentlichen Rechts (nach den verschiedenen empirisch-gegebenen Verhältnissen der Menschen im Staat oder auch der Staaten unter einander), so wie es sich die Rechtslehrer gewöhnlich denken, abstrahire, so bleibt mir noch die Form der Publicität übrig, deren Möglichkeit ein jeder Rechtsanspruch in sich enthält, weil ohne jene es keine Gerechtigkeit (die nur als öffentlich kundbar gedacht werden kann), mithin auch kein Recht, das nur von ihr ertheilt wird, geben würde.

Diese Fähigkeit der Publicität muß jeder Rechtsanspruch haben, und sie kann also, da es sich ganz leicht beurtheilen läßt, ob sie in einem vorkommenden Falle statt finde, d. i. ob sie sich mit den Grundsätzen des Handelnden vereinigen lasse oder nicht, ein leicht zu brauchendes, a priori in der Vernunft anzutreffendes Kriterium abgeben, im letzteren Fall die Falschheit (Rechtswidrigkeit) des gedachten Anspruchs (praetensio iuris) gleichsam durch ein Experiment der reinen Vernunft sofort zu erkennen.

Nach einer solchen Abstraction von allem Empirischen, was der Begriff des Staats- und Völkerrechts enthält (dergleichen das Bösartige der menschlichen Natur ist, welches den Zwang nothwendig macht), kann man folgenden Satz die transscendentale Formel des öffentlichen Rechts nennen:

„Alle auf das Recht anderer Menschen bezogene Handlungen, deren Maxime sich nicht mit der Publicität verträgt, sind unrecht."

Dieses Princip ist nicht bloß als ethisch (zur Tugendlehre gehörig), sondern auch als juridisch (das Recht der Menschen angehend) zu betrachten. Denn eine Maxime, die ich nicht darf lautwerden lassen, ohne dadurch meine eigene Absicht zugleich zu vereiteln, die durchaus verheimlicht werden muß, wenn sie gelingen soll, und zu der ich mich nicht öffentlich bekennen kann, ohne daß dadurch unausbleiblich der Widerstand Aller gegen meinen Vorsatz gereizt werde, kann diese nothwendige und allgemeine, mithin a priori einzusehende Gegenbearbeitung Aller gegen mich nirgend wovon anders, als von der Ungerechtigkeit her haben, womit sie jedermann bedroht. — Es ist ferner bloß negativ, d. i. es dient nur, um vermittelst desselben, was gegen Andere nicht recht ist, zu erkennen. — Es ist gleich einem Axiom unerweislich-gewiß und überdem leicht anzuwenden, wie aus folgenden Beispielen des öffentlichen Rechts zu ersehen ist.

1. Was das Staatsrecht (ius civitatis), nämlich das innere, betrifft: so kommt in ihm die Frage vor, welche Viele für schwer zu be- 5 antworten halten, und die das transscendentale Princip der Publicität ganz leicht auflöset: „Ist Aufruhr ein rechtmäßiges Mittel für ein Volk, die drückende Gewalt eines so genannten Tyrannen (non titulo, sed exercitio talis) abzuwerfen?" Die Rechte des Volks sind gekränkt, und ihm (dem Tyrannen) geschieht kein Unrecht durch die Entthronung; daran ist kein 10 Zweifel. Nichts desto weniger ist es doch von den Unterthanen im höchsten Grade unrecht, auf diese Art ihr Recht zu suchen, und sie können eben so wenig über Ungerechtigkeit klagen, wenn sie in diesem Streit unterlägen und nachher deshalb die härteste Strafe ausstehen müßten.

Hier kann nun Vieles für und dawider vernünftelt werden, wenn 15 man es durch eine dogmatische Deduction der Rechtsgründe ausmachen will; allein das transscendentale Princip der Publicität des öffentlichen Rechts kann sich diese Weitläuftigkeit ersparen. Nach demselben frägt sich vor Errichtung des bürgerlichen Vertrags das Volk selbst, ob es sich wohl getraue, die Maxime des Vorsatzes einer gelegentlichen Empörung öffent- 20 lich bekannt zu machen. Man sieht leicht ein, daß, wenn man es bei der Stiftung einer Staatsverfassung zur Bedingung machen wollte, in gewissen vorkommenden Fällen gegen das Oberhaupt Gewalt auszuüben, so müßte das Volk sich einer rechtmäßigen Macht über jenes anmaßen. Alsdann wäre jenes aber nicht das Oberhaupt, oder, wenn beides zur Bedingung 25 der Staatserrichtung gemacht würde, so würde gar keine möglich sein, welches doch die Absicht des Volks war. Das Unrecht des Aufruhrs leuchtet also dadurch ein, daß die Maxime desselben dadurch, daß man sich öffentlich dazu bekennte, seine eigene Absicht unmöglich machen würde. Man müßte sie also nothwendig verheimlichen. — Das letztere 30 wäre aber von Seiten des Staatsoberhaupts eben nicht nothwendig. Er kann frei heraus sagen, daß er jeden Aufruhr mit dem Tode der Rädelsführer bestrafen werde, diese mögen auch immer glauben, er habe seinerseits das Fundamentalgesetz zuerst übertreten; denn wenn er sich bewußt ist, die unwiderstehliche Obergewalt zu besitzen (welches auch in jeder 35 bürgerlichen Verfassung so angenommen werden muß, weil der, welcher nicht Macht genug hat, einen jeden im Volk gegen den andern zu schützen, auch nicht das Recht hat, ihm zu befehlen), so darf er nicht sorgen, durch die Bekanntwerdung seiner Maxime seine eigene Absicht zu vereiteln, womit auch ganz wohl zusammenhängt, daß, wenn der Aufruhr dem Volk gelänge, jenes Oberhaupt in die Stelle des Unterthans zurücktreten, eben sowohl keinen Wiedererlangungsaufruhr beginnen, aber auch nicht zu befürchten haben müßte, wegen seiner vormaligen Staatsführung zur Rechenschaft gezogen zu werden.

2. *Was das Völkerrecht betrifft.* — Nur unter Voraussetzung irgend eines rechtlichen Zustandes (d. i. derjenigen äußeren Bedingung, unter der dem Menschen ein Recht wirklich zu Theil werden kann) kann von einem Völkerrecht die Rede sein: weil es als ein öffentliches Recht die Publication eines jedem das Seine bestimmenden allgemeinen Willens schon in seinem Begriffe enthält, und dieser status iuridicus muß aus irgend einem Vertrage hervorgehen, der nicht eben (gleich dem, woraus ein Staat entspringt) auf Zwangsgesetze gegründet sein darf, sondern allenfalls auch der einer *fortwährend-freien* Association sein kann, wie der oben erwähnte der Föderalität verschiedener Staaten. Denn ohne irgend einen *rechtlichen Zustand*, der die verschiedene (physische oder moralische) Personen thätig verknüpft, mithin im Naturstande kann es kein anderes als blos ein Privatrecht geben. — Hier tritt nun auch ein Streit der Politik mit der Moral (diese als Rechtslehre betrachtet) ein, wo dann jenes Kriterium der Publicität der Maximen gleichfalls seine leichte Anwendung findet, doch nur so: daß der Vertrag die Staaten nur in der Absicht verbindet, unter einander und zusammen gegen andere Staaten sich im Frieden zu erhalten, keinesweges aber um Erwerbungen zu machen. — Da treten nun folgende Fälle der Antinomie zwischen Politik und Moral ein, womit zugleich die Lösung derselben verbunden wird.

a) „Wenn einer dieser Staaten dem andern etwas versprochen hat: es sei Hülfleistung, oder Abtretung gewisser Länder, oder Subsidien u. d. gl., frägt sich, ob er sich in einem Fall, an dem des Staats Heil hängt, vom Worthalten dadurch los machen kann, daß er sich in einer doppelten Person betrachtet wissen will, erstlich als *Souverän*, da er Niemanden in seinem Staat verantwortlich ist; dann aber wiederum bloß als oberster *Staatsbeamte*, der dem Staat Rechenschaft geben müsse: da denn der Schluß dahin ausfällt, daß, wozu er sich in der ersteren Qualität verbindlich gemacht hat, davon werde er in der zweiten losgesprochen." — Wenn nun aber ein Staat (oder dessen Oberhaupt) diese seine Maxime laut werden ließe, so würde natürlicherweise entweder ein jeder Andere ihn fliehen, oder sich mit Anderen vereinigen, um seinen Anmaßungen zu widerstehen, welches beweiset, daß Politik mit aller ihrer Schlauigkeit auf diesen Fuß (der Offenheit) ihren Zweck selber vereiteln, mithin jene Maxime unrecht sein müsse. 5

b) „Wenn eine bis zur furchtbaren Größe (potentia tremenda) angewachsene benachbarte Macht Besorgniß erregt: kann man annehmen, sie werde, weil sie kann, auch unterdrücken wollen, und giebt das den mindermächtigen ein Recht zum (vereinigten) Angriffe derselben, auch ohne vorhergegangene Beleidigung?" – Ein Staat, der seine Maxime hier be- 10 jahend verlautbaren wollte, würde das Übel nur noch gewisser und schneller herbeiführen. Denn die größere Macht würde den kleineren zuvorkommen, und was die Vereinigung der letzteren betrifft, so ist das nur ein schwacher Rohrstab gegen den, der das divide et impera zu benutzen weiß. — Diese Maxime der Staatsklugheit, öffentlich erklärt, vereitelt 15 also nothwendig ihre eigene Absicht und ist folglich ungerecht.

c) „Wenn ein kleinerer Staat durch seine Lage den Zusammenhang eines größeren trennt, der diesem doch zu seiner Erhaltung nöthig ist, ist dieser nicht berechtigt, jenen sich zu unterwerfen und mit dem seinigen zu vereinigen?" — Man sieht leicht, daß der größere eine solche Maxime ja 20 nicht vorher müsse laut werden lassen; denn entweder, die kleinern Staaten würden sich frühzeitig vereinigen, oder andere Mächtige würden um diese Beute streiten, mithin macht sie sich durch ihre Offenheit selbst unthunlich; ein Zeichen, daß sie ungerecht ist und es auch in sehr hohem Grade sein kann; denn ein kleines Object der Ungerechtigkeit hindert nicht, daß die 25 daran bewiesene Ungerechtigkeit sehr groß sei.

3. Was das Weltbürgerrecht betrifft, so übergehe ich es hier mit Stillschweigen: weil wegen der Analogie desselben mit dem Völkerrecht die Maximen desselben leicht anzugeben und zu würdigen sind.

* * *

Man hat hier nun zwar an dem Princip der Unverträglichkeit der 30 Maximen des Völkerrechts mit der Publicität ein gutes Kennzeichen der Nichtübereinstimmung der Politik mit der Moral (als Rechtslehre). Nun bedarf man aber auch belehrt zu werden, welches denn die Bedingung ist, unter der ihre Maximen mit dem Recht der Völker übereinstimmen. Denn es läßt sich nicht umgekehrt schließen: daß, welche Maximen die 35

Publicität vertragen, dieselbe darum auch gerecht sind, weil, wer die entschiedene Obermacht hat, seiner Maximen nicht hehl haben darf. — Die Bedingung der Möglichkeit eines Völkerrechts überhaupt ist: daß zuvörderst ein rechtlicher Zustand existire. Denn ohne diesen giebts kein
5 öffentliches Recht, sondern alles Recht, was man sich außer demselben denken mag (im Naturzustande), ist bloß Privatrecht. Nun haben wir oben gesehen: daß ein föderativer Zustand der Staaten, welcher bloß die Entfernung des Krieges zur Absicht hat, der einzige mit der Freiheit derselben vereinbare rechtliche Zustand sei. Also ist die Zusammenstimmung
10 der Politik mit der Moral nur in einem föderativen Verein (der also nach Rechtsprincipien a priori gegeben und nothwendig ist) möglich, und alle Staatsklugheit hat zur rechtlichen Basis die Stiftung des ersteren in ihrem größt-möglichen Umfange, ohne welchen Zweck alle ihre Klügelei Unweisheit und verschleierte Ungerechtigkeit ist. — Diese Afterpolitik hat nun
15 ihre Casuistik trotz der besten Jesuiterschule — die reservatio mentalis: in Abfassung öffentlicher Verträge mit solchen Ausdrücken, die man gelegentlich zu seinem Vortheil auslegen kann, wie man will (z. B. den Unterschied des status quo de fait und de droit); — den Probabilismus: böse Absichten an Anderen zu erklügeln, oder auch Wahrscheinlichkeiten ihres
20 möglichen Übergewichts zum Rechtsgrunde der Untergrabung anderer, friedlicher Staaten zu machen; — endlich das peccatum philosophicum (peccatillum, bagatelle): das Verschlingen eines kleinen Staats, wenn dadurch ein viel größerer zum vermeintlich größern Weltbesten gewinnt, für eine leicht-verzeihliche Kleinigkeit zu halten*).

25 Den Vorschub hiezu giebt die Zweizüngigkeit der Politik in Ansehung der Moral, einen oder den andern Zweig derselben zu ihrer Absicht zu benutzen. — Beides, die Menschenliebe und die Achtung fürs Recht der Menschen, ist Pflicht; jene aber nur bedingte, diese dagegen unbedingte, schlechthin gebietende Pflicht, welche nicht übertreten zu haben derjenige
30 zuerst völlig versichert sein muß, der sich dem süßen Gefühl des Wohlthuns

*) Die Belege zu solchen Maximen kann man in des Herrn Hofr. Garve Abhandlung: „Über die Verbindung der Moral mit der Politik, 1788," antreffen. Dieser würdige Gelehrte gesteht gleich zu Anfange, eine genugthuende Antwort auf diese Frage nicht geben zu können. Aber sie dennoch gut zu heißen, obzwar mit
35 dem Geständniß, die dagegen sich regende Einwürfe nicht völlig heben zu können, scheint doch eine größere Nachgiebigkeit gegen die zu sein, die sehr geneigt sind, sie zu mißbrauchen, als wohl rathsam sein möchte, einzuräumen.

überlassen will. Mit der Moral im ersteren Sinne (als Ethik) ist die Politik leicht einverstanden, um das Recht der Menschen ihren Oberen preis zu geben: aber mit der in der zweiten Bedeutung (als Rechtslehre), vor der sie ihre Kniee beugen müßte, findet sie es rathsam, sich gar nicht auf Vertrag einzulassen, ihr lieber alle Realität abzustreiten und alle Pflichten 5 auf lauter Wohlwollen auszudeuten; welche Hinterlist einer lichtscheuen Politik doch von der Philosophie durch die Publicität jener ihrer Maximen leicht vereitelt werden würde, wenn jene es nur wagen wollte, dem Philosophen die Publicität der seinigen angedeihen zu lassen.

In dieser Absicht schlage ich ein anderes, transscendentales und beja- 10 hendes Princip des öffentlichen Rechts vor, dessen Formel diese sein würde:

„Alle Maximen, die der Publicität bedürfen (um ihren Zweck nicht zu verfehlen), stimmen mit Recht und Politik vereinigt zusammen."

Denn wenn sie nur durch die Publicität ihren Zweck erreichen können, so müssen sie dem allgemeinen Zweck des Publicums (der Glückseligkeit) 15 gemäß sein, womit zusammen zu stimmen (es mit seinem Zustande zufrieden zu machen), die eigentliche Aufgabe der Politik ist. Wenn aber dieser Zweck nur durch die Publicität, d. i. durch die Entfernung alles Mißtrauens gegen die Maximen derselben, erreichbar sein soll, so müssen diese auch mit dem Recht des Publicums in Eintracht stehen; denn in 20 diesem allein ist die Vereinigung der Zwecke Aller möglich. — Die weitere Ausführung und Erörterung dieses Princips muß ich für eine andere Gelegenheit aussetzen; nur daß es eine transscendentale Formel sei, ist aus der Entfernung aller empirischen Bedingungen (der Glückseligkeitslehre), als der Materie des Gesetzes, und der bloßen Rücksicht auf die 25 Form der allgemeinen Gesetzmäßigkeit zu ersehen.

* *
*

Wenn es Pflicht, wenn zugleich gegründete Hoffnung da ist, den Zustand eines öffentlichen Rechts, obgleich nur in einer ins Unendliche fortschreitenden Annäherung wirklich zu machen, so ist der ewige Friede, der auf die bisher fälschlich so genannte Friedensschlüsse (eigentlich Waffen- 30 stillstände) folgt, keine leere Idee, sondern eine Aufgabe, die, nach und nach aufgelöst, ihrem Ziele (weil die Zeiten, in denen gleiche Fortschritte geschehen, hoffentlich immer kürzer werden) beständig näher kommt.

Von
einem neuerdings erhobenen
vornehmen Ton
in der Philosophie.

Der Namen der Philosophie ist, nachdem er seine erste Bedeutung: einer wissenschaftlichen Lebensweisheit, verlassen hatte, schon sehr früh als Titel der Ausschmückung des Verstandes nicht gemeiner Denker in Nachfrage gekommen, für welche sie jetzt eine Art von Enthüllung eines Geheimnisses vorstellte. — Den Asceten in der Makarischen Wüste hieß ihr Mönchsthum die Philosophie. Der Alchemist nannte sich philosophus per ignem. Die Logen alter und neuer Zeiten sind Adepten eines Geheimnisses durch Tradition, von welchem sie uns mißgünstigerweise nichts aussagen wollen (philosophus per initiationem). Endlich sind die neuesten Besitzer desselben diejenigen, welche es in sich haben, aber unglücklicherweise es nicht aussagen und durch Sprache allgemein mittheilen können (philosophus per inspirationem). Wenn es nun ein Erkenntniß des Übersinnlichen (das in theoretischer Absicht allein ein wahres Geheimniß ist) gäbe, welches zu enthüllen in praktischer Absicht dem menschlichen Verstande allerdings möglich ist: so würde doch ein solches aus demselben, als einem Vermögen der Erkenntniß durch Begriffe, demjenigen weit nachstehen, welches als ein Vermögen der Anschauung unmittelbar durch den Verstand wahrgenommen werden könnte; denn der discursive Verstand muß vermittelst der ersteren viele Arbeit zu der Auflösung und wiederum der Zusammensetzung seiner Begriffe nach Principien verwenden und viele Stufen mühsam besteigen, um im Erkenntniß Fortschritte zu thun, statt dessen eine intellectuelle Anschauung den Gegenstand unmittelbar und auf einmal fassen und darstellen würde. — Wer sich also im Besitz der letztern zu sein dünkt, wird auf den erstern mit Verachtung herabsehen; und umgekehrt ist die Gemächlichkeit eines solchen Vernunftgebrauchs eine starke Verleitung ein dergleichen Anschauungsvermögen dreist anzunehmen, imgleichen eine darauf gegründete Philosophie bestens zu empfehlen: welches sich auch aus dem natürlichen selbstsüchtigen Hange der Menschen, dem die Vernunft schweigend nachsieht, leicht erklären läßt.

Es liegt nämlich nicht bloß in der natürlichen Trägheit, sondern auch in der Eitelkeit der Menschen (einer mißverstandenen Freiheit), daß die, welche zu leben haben, es sei reichlich oder kärglich, in Vergleichung mit denen, welche arbeiten müssen, um zu leben, sich für Vornehme halten. — Der Araber oder Mongole verachtet den Städter und dünkt sich vornehm in Vergleichung mit ihm: weil das Herumziehen in den Wüsten mit seinen Pferden und Schafen mehr Belustigung als Arbeit ist. Der Waldtunguse meint seinem Bruder einen Fluch an den Hals zu werfen, wenn er sagt: „Daß du dein Vieh selber erziehen magst wie der Buräte!" Dieser giebt die Verwünschung weiter ab und sagt: „Daß du den Acker bauen magst wie der Russe!" Der Letztere wird vielleicht nach seiner Denkungsart sagen: „Daß du am Weberstuhl sitzen magst, wie der Deutsche!" — Mit einem Wort: Alle dünken sich vornehm nach dem Maße, als sie glauben, nicht arbeiten zu dürfen; und nach diesem Grundsatz ist es neuerdings so weit gekommen, daß sich eine vorgebliche Philosophie, bei der man nicht arbeiten, sondern nur das Orakel in sich selbst anhören und genießen darf, um die ganze Weisheit, auf die es mit der Philosophie angesehen ist, von Grunde aus in seinen Besitz zu bringen, unverhohlen und öffentlich ankündigt: und dies zwar in einem Tone, der anzeigt, daß sie sich mit denen, welche — schulmäßig — von der Kritik ihres Erkenntnißvermögens zum dogmatischen Erkenntniß langsam und bedächtig fortzuschreiten sich verbunden halten, in Eine Linie zu stellen gar nicht gemeint sind, sondern — geniemäßig — durch einen einzigen Scharfblick auf ihr Inneres alles das, was Fleiß nur immer verschaffen mag, und wohl noch mehr zu leisten im Stande sind. Mit Wissenschaften, welche Arbeit erfordern, als Mathematik, Naturwissenschaft, alte Geschichte, Sprachkunde u. s. w., selbst mit der Philosophie, sofern sie sich auf methodische Entwicklung und systematische Zusammenstellung der Begriffe einzulassen genöthigt ist, kann mancher wohl auf pedantische Art stolz thun; aber keinem andern, als dem Philosophen der Anschauung, der nicht durch die herculische Arbeit des Selbsterkenntnisses sich von unten hinauf, sondern, sie überfliegend, durch eine ihm nichts kostende Apotheose von oben herab demonstrirt, kann es einfallen vornehm zu thun: weil er da aus eigenem Ansehen spricht und Keinem deshalb Rede zu stehen verbunden ist.

Und nun zur Sache selbst!

Plato, eben so gut Mathematiker als Philosoph, bewunderte an den Eigenschaften gewisser geometrischer Figuren, z. B. des Zirkels, eine Art von *Zweckmäßigkeit*, d. i. Tauglichkeit zur Auflösung einer Mannigfaltigkeit von Problemen, oder Mannigfaltigkeit der Auflösung eines und desselben Problems (wie etwa in der Lehre von geometrischen Örtern) aus einem Princip, gleich als ob die Erfordernisse zur Construction gewisser Größenbegriffe *absichtlich* in sie gelegt seien, obgleich sie als nothwendig a priori eingesehen und bewiesen werden können. Zweckmäßigkeit ist aber nur durch Beziehung des Gegenstandes auf einen Verstand als Ursache denkbar.

Da wir nun mit unserm Verstande, als einem Erkenntnißvermögen *durch Begriffe*, das Erkenntniß nicht über unsern Begriff a priori erweitern können (welches doch in der Mathematik wirklich geschieht): so mußte Plato *Anschauungen* a priori für uns Menschen annehmen, welche aber nicht in *unserm* Verstande ihren ersten *Ursprung* hätten (denn unser Verstand ist nicht ein Anschauungs-, nur ein discursives oder Denkungsvermögen), sondern in einem solchen, der zugleich der Urgrund aller Dinge wäre, d. i. dem göttlichen Verstande, welche Anschauungen *direct* dann Urbilder (Ideen) genannt zu werden verdienten. Unsere Anschauung aber dieser göttlichen Ideen (denn eine Anschauung a priori mußten wir doch haben, wenn wir uns das Vermögen synthetischer Sätze a priori in der reinen Mathematik begreiflich machen wollten) sei uns nur *indirect*, als der Nachbilder (ectypa), gleichsam der Schattenbilder aller Dinge, die wir a priori synthetisch erkennen, mit unserer Geburt, die aber zugleich eine Verdunklung dieser Ideen durch Vergessenheit ihres Ursprungs bei sich geführt habe, zu Theil geworden: als eine Folge davon, daß unser Geist (nun Seele genannt) in einen Körper gestoßen worden, von dessen Fesseln sich allmählich loszumachen, jetzt das edle Geschäft der Philosophie sein müsse*).

---

*) Plato verfährt mit allen diesen Schlüssen wenigstens consequent. Ihm schwebte ohne Zweifel, obzwar auf eine dunkle Art, die Frage vor, die nur seit Kurzem deutlich zur Sprache gekommen: „Wie sind synthetische Sätze a priori möglich?" Hätte er damals auf das rathen können, was sich allererst späterhin vorgefunden hat: daß es allerdings *Anschauungen* a priori, aber nicht des menschlichen Verstandes, sondern sinnliche (unter dem Namen des Raumes und der Zeit) gäbe, daß daher alle Gegenstände der Sinne von uns bloß als Erscheinungen und selbst ihre Formen, die wir in der Mathematik a priori bestimmen können, nicht die der Dinge an sich selbst, sondern (subjective) unserer Sinnlichkeit

Wir müssen aber auch nicht den Pythagoras vergessen, von dem uns nun freilich zu wenig bekannt ist, um über das metaphysische Princip seiner Philosophie etwas Sicheres auszumachen. — Wie bei Plato die Wunder der Gestalten (der Geometrie), so erweckten bei Pythagoras die Wunder der Zahlen (der Arithmetik), d. i. der Anschein einer gewissen Zweckmäßigkeit und eine in die Beschaffenheit derselben gleichsam absichtlich gelegte Tauglichkeit zur Auflösung mancher Vernunftaufgaben der Mathematik, wo Anschauung a priori (Raum und Zeit) und nicht bloß ein discursives Denken vorausgesetzt werden muß, die Aufmerksamkeit, als auf eine Art der Magie, lediglich um sich die Möglichkeit nicht bloß der Erweiterung unserer Größenbegriffe überhaupt, sondern auch der besonderen und gleichsam geheimnißreichen Eigenschaften derselben begreiflich zu machen. — Die Geschichte sagt, daß ihn die Entdeckung des Zahlverhältnisses unter den Tönen und des Gesetzes, nach welchem sie allein eine Musik ausmachen, auf den Gedanken gebracht habe: daß, weil in diesem Spiel der Empfindungen die Mathematik (als Zahlenwissenschaft) eben sowohl das Princip der Form desselben (und zwar, wie es scheint, a priori, seiner Nothwendigkeit wegen) enthält, uns eine, wenn gleich nur dunkle, Anschauung einer Natur, die durch einen über sie herrschenden Verstand nach Zahlgleichungen geordnet worden, beiwohne; welche Idee dann, auf die Himmelskörper angewandt, auch die Lehre von der Harmonie der Sphären hervorbrachte. Nun ist nichts die Sinne belebender als die Musik; das belebende Princip im Menschen aber ist die Seele; und da Musik nach Pythagoras bloß auf wahrgenommenen Zahlverhältnissen beruht, und (welches wohl zu merken) jenes belebende Princip im Menschen, die Seele, zugleich ein freies, sich selbst bestimmendes Wesen ist: so läßt sich seine Definition derselben: anima est numerus se ipsum movens, vielleicht verständlich machen und einigermaßen rechtfertigen, wenn man an-

sind, die also für alle Gegenstände möglicher Erfahrung, aber auch nicht einen Schritt weiter gelten: so würde er die reine Anschauung (deren er bedurfte, um sich das synthetische Erkenntniß a priori begreiflich zu machen) nicht im göttlichen Verstande und dessen Urbildern aller Wesen als selbstständiger Objecte gesucht und so zur Schwärmerei die Fackel angesteckt haben. — Denn das sah er wohl ein: daß, wenn er in der Anschauung, die der Geometrie zum Grunde liegt, das Object an sich selbst empirisch anschauen zu können behaupten wollte, das geometrische Urtheil und die ganze Mathematik bloße Erfahrungswissenschaft sein würde; welches der Nothwendigkeit widerspricht, die (neben der Anschaulichkeit) gerade das ist, was ihr einen so hohen Rang unter allen Wissenschaften zusichert.

nimmt, daß er durch dieses Vermögen sich selbst zu bewegen ihren Unterschied von der Materie, als die an sich leblos und nur durch etwas Äußeres bewegbar ist, mithin die Freiheit habe anzeigen wollen.

Es war also die Mathematik, über welche Pythagoras sowohl als Plato philosophirten, indem sie alles Erkenntniß a priori (es möchte nun Anschauung oder Begriff enthalten) zum Intellectuellen zählten und durch diese Philosophie auf ein Geheimniß zu stoßen glaubten, wo kein Geheimniß ist: nicht weil die Vernunft alle an sie ergehende Fragen beantworten kann, sondern weil ihr Orakel verstummt, wenn die Frage bis so hoch gesteigert worden, daß sie nun keinen Sinn mehr hat. Wenn z. B. die Geometrie einige schön genannte Eigenschaften des Zirkels (wie man im Montucla nachsehen kann) aufstellt, und nun gefragt wird: woher kommen ihm diese Eigenschaften, die eine Art von ausgedehnter Brauchbarkeit und Zweckmäßigkeit zu enthalten scheinen? so kann darauf keine andere Antwort gegeben werden als: Quaerit delirus, quod non respondet Homerus. Der, welcher eine mathematische Aufgabe philosophisch auflösen will, widerspricht sich hiemit selbst; z. B.: Was macht, daß das rationale Verhältniß der drei Seiten eines rechtwinkligen Dreiecks nur das der Zahlen 3, 4, 5 sein kann? Aber der über eine mathematische Aufgabe Philosophirende glaubt hier auf ein Geheimniß zu stoßen und eben darum etwas Überschwenglich-Großes zu sehen, wo er nichts sieht, und setzt gerade darin, daß er über eine Idee in sich brütet, die er weder sich verständlich machen noch Andern mittheilen kann, die ächte Philosophie (philosophia arcani), wo denn das Dichtertalent Nahrung für sich findet im Gefühl und Genuß zu schwärmen: welches freilich weit einladender und glänzender ist als das Gesetz der Vernunft, durch Arbeit sich einen Besitz zu erwerben; — wobei aber auch Armuth und Hoffart die belachenswerthe Erscheinung geben die Philosophie in einem vornehmen Ton sprechen zu hören.

Die Philosophie des Aristoteles ist dagegen Arbeit. Ich betrachte ihn aber hier nur (so wie beide vorige) als Metaphysiker, d. i. Zergliederer aller Erkenntniß a priori in ihre Elemente, und als Vernunftkünstler sie wieder daraus (den Kategorieen) zusammenzusetzen; dessen Bearbeitung, soweit sie reicht, ihre Brauchbarkeit behalten hat, ob sie zwar im Fortschreiten verunglückte, dieselben Grundsätze, die im Sinnlichen gelten, (ohne daß er den gefährlichen Sprung, den er hier zu thun hatte, bemerkte) auch aufs Übersinnliche auszudehnen, bis wohin seine Kategorieen nicht zulangen: wo es nöthig war das Organ des Denkens in sich selbst, die Vernunft, nach den zwei Feldern derselben, dem theoretischen und praktischen, vorher einzutheilen und zu messen, welche Arbeit aber späteren Zeiten aufbehalten blieb.

Jetzt wollen wir doch den neuen Ton im Philosophiren (bei dem man der Philosophie entbehren kann) anhören und würdigen. 5

Daß vornehme Personen philosophiren, wenn es auch bis zu den Spitzen der Metaphysik hinauf geschähe, muß ihnen zur größten Ehre angerechnet werden, und sie verdienen Nachsicht bei ihrem (kaum vermeidlichen) Verstoß wider die Schule, weil sie sich doch zu dieser auf den Fuß 10 der bürgerlichen Gleichheit herablassen*). — Daß aber sein wollende Philosophen vornehm thun, kann ihnen auf keine Weise nachgesehen werden, weil sie sich über ihre Zunftgenossen erheben und deren unveräußerliches Recht der Freiheit und Gleichheit in Sachen der bloßen Vernunft verletzen.

*) Es ist doch ein Unterschied zwischen Philosophiren und den Philosophen 15 machen. Das letztere geschieht im vornehmen Ton, wenn der Despotism über die Vernunft des Volks (ja wohl gar über seine eigene) durch Fesselung an einen blinden Glauben für Philosophie ausgegeben wird. Dahin gehört dann z. B. „der Glaube an die Donnerlegion zu Zeiten des Mark Aurel", imgleichen „an das dem Apostaten Julian zum Possen unter dem Schutt von Jerusalem durch 20 ein Wunder hervorgebrochene Feuer", welcher für die eigentliche ächte Philosophie ausgegeben und das Gegentheil derselben „der Köhlerunglaube" genannt wird (gerade als ob die Kohlbrenner tief in ihren Wäldern dafür berüchtigt wären in Ansehung der ihnen zugetragenen Märchen sehr ungläubisch zu sein): wozu dann auch die Versicherung kommt, daß es mit der Philosophie seit schon zweitausend 25 Jahren ein Ende habe, weil „der Stagirit für die Wissenschaft soviel erobert habe, daß er wenig Erhebliches mehr den Nachfolgern zu erspähen überlassen hat". So sind die Gleichmacher der politischen Verfassung nicht bloß diejenigen, welche nach Rousseau wollen, daß die Staatsbürger insgesammt einander gleich seien, weil ein Jeder Alles ist; sondern auch diejenigen, welche wollen, daß Alle einander 30 gleichen, weil sie außer Einem insgesammt nichts seien, und sind Monarchisten aus Neid: die bald den Plato, bald den Aristoteles auf den Thron erheben, um bei dem Bewußtsein ihres eigenen Unvermögens selbst zu denken die verhaßte Vergleichung mit andern zugleich Lebenden nicht auszustehen. Und so macht (vornehmlich durch den letzteren Ausspruch) der vornehme Mann dadurch den Philosophen, 35 daß er allem ferneren Philosophiren durch Obscuriren ein Ende macht. — — Man kann dieses Phänomen nicht besser in seinem gehörigen Lichte darstellen, als durch die Fabel von Voß (Berl. Monatsschr. Novemb. 1795, letztes Blatt), ein Gedicht, das allein eine Hekatombe werth ist.

Das Princip, durch Einfluß eines höheren Gefühls philosophiren zu wollen, ist unter allen am meisten für den vornehmen Ton gemacht; denn wer will mir mein Gefühl streiten? Kann ich nun noch glaubhaft machen, daß dieses Gefühl nicht bloß subjectiv in mir sei, sondern einem
5 Jeden angesonnen werden könne, mithin auch objectiv und als Erkenntnißstück, also nicht etwa bloß als Begriff vernünftelt, sondern als Anschauung (Auffassung des Gegenstandes selbst) gelte: so bin ich in großem Vortheil über alle die, welche sich allererst rechtfertigen müssen, um sich der Wahrheit ihrer Behauptungen berühmen zu dürfen. Ich kann daher in dem Tone
10 eines Gebieters sprechen, der der Beschwerde überhoben ist den Titel seines Besitzes zu beweisen (beati possidentes). — Es lebe also die Philosophie aus Gefühlen, die uns gerade zur Sache selbst führt! Weg mit der Vernünftelei aus Begriffen, die es nur durch den Umschweif allgemeiner Merkmale versucht, und die, ehe sie noch einen Stoff hat, den sie unmittelbar
15 ergreifen kann, vorher bestimmte Formen verlangt, denen sie jenen Stoff unterlegen könne! Und gesetzt auch, die Vernunft könne sich über die Rechtmäßigkeit des Erwerbs dieser ihrer hohen Einsichten gar nicht weiter erklären, so bleibt es doch ein Factum: „Die Philosophie hat ihre fühlbaren Geheimnisse*)."

---

20 *) Ein berühmter Besitzer derselben drückt sich hierüber so aus: „So lange die Vernunft, als Gesetzgeberin des Willens, zu den Phänomenen (versteht sich hier, freien Handlungen der Menschen) sagen muß: du gefällst mir — du gefällst mir nicht, solange muß sie die Phänomene als Wirkungen von Realitäten ansehen;" woraus er dann folgert: daß ihre Gesetzgebung nicht bloß einer Form,
25 sondern einer Materie (Stoffs, Zwecks) als Bestimmungsgrundes des Willens bedürfe, d. i. ein Gefühl der Lust (oder Unlust) an einem Gegenstande müsse vorhergehen, wenn die Vernunft praktisch sein soll. — — Dieser Irrthum, der, wenn man ihn einschleichen ließe, alle Moral vertilgen und nichts als die Glückseligkeits-Maxime, die eigentlich gar kein objectives Princip haben kann (weil sie
30 nach Verschiedenheit der Subjecte verschieden ist), übrig lassen würde; dieser Irrthum, sage ich, kann nur durch folgenden Probirstein der Gefühle sicher ans Licht gestellt werden. Diejenige Lust (oder Unlust), die nothwendig vor dem Gesetz vorhergehen muß, damit die That geschehe, ist pathologisch; diejenige aber, vor welcher, damit diese geschehe, das Gesetz nothwendig vorhergehen muß, ist
35 moralisch. Jene hat empirische Principien (die Materie der Willkür), diese ein reines Princip a priori zum Grunde (bei dem es lediglich auf die Form der Willensbestimmung ankommt). — Hiemit kann auch der Trugschluß (fallacia causae non causae) leicht aufgedeckt werden, da der Eudämonist vorgiebt: die Lust (Zufriedenheit), die ein rechtschaffener Mann im Prospect hat, um sie im Bewußt-

Mit dieser vorgegebenen Fühlbarkeit eines Gegenstandes, der doch bloß in der reinen Vernunft angetroffen werden kann, hat es nun folgende Bewandtniß. — Bisher hatte man nur von **drei** Stufen des Fürwahrhaltens bis zum Verschwinden desselben in völlige Unwissenheit gehört: dem Wissen, Glauben und Meinen*). Jetzt wird eine neue angebracht, 5

---

sein seines wohlgeführten Lebenswandels dereinst zu fühlen, (mithin die Aussicht auf seine künftige **Glückseligkeit**) sei doch die eigentliche **Triebfeder**, seinen Lebenswandel wohl (dem Gesetze gemäß) zu führen. Denn da ich ihn doch vorher als rechtschaffen und dem Gesetz gehorsam, d. i. als einen, bei dem **das Gesetz vor der Lust** vorhergeht, annehmen muß, um künftig im Bewußtsein seines wohl- 10 geführten Lebenswandels eine Seelenlust zu fühlen: so ist es ein leerer Zirkel im Schließen, um die letztere, die eine **Folge** ist, zur **Ursache** jenes Lebenswandels zu machen.

Was aber gar den **Synkretism** einiger Moralisten betrifft: die **Eudämonie**, wenn gleich nicht ganz, doch zum **Theil** zum objectiven Princip der Sittlichkeit 15 zu machen (wenn man gleich, daß jene unvermerkt auch subjectiv auf die mit der Pflicht übereinstimmende Willensbestimmung des Menschen mit Einfluß habe, einräumt): so ist das doch der gerade Weg ohne alles Princip zu sein. Denn die sich einmengenden, von der Glückseligkeit entlehnten Triebfedern, ob sie zwar zu eben denselben **Handlungen**, als die aus reinen moralischen Grundsätzen fließen, 20 hinwirken, verunreinigen und schwächen doch zugleich die moralische **Gesinnung** selbst, deren Werth und hoher Rang eben darin besteht, unangesehen derselben, ja mit Überwindung aller ihrer Anpreisungen keinem andern als dem Gesetz seinen Gehorsam zu beweisen.

*) Man bedient sich des mittelsten Worts im theoretischen Verstande auch 25 bisweilen als gleichbedeutend mit dem etwas für **wahrscheinlich** halten; und da muß wohl bemerkt werden, daß von dem, was über alle mögliche Erfahrungsgränze hinausliegt, weder gesagt werden kann, es sei **wahrscheinlich**, noch es sei **unwahrscheinlich**, mithin auch das Wort Glaube in Ansehung eines solchen Gegenstandes in **theoretischer Bedeutung** gar nicht Statt findet. — Unter dem 30 Ausdruck: dieses oder jenes ist **wahrscheinlich**, versteht man ein Mittelding (des Fürwahrhaltens) zwischen Meinen und Wissen; und da geht es ihm so wie allen andern Mitteldingen: daß man daraus machen kann, **was man will**. — Wenn aber jemand z. B. sagt: es ist wenigstens **wahrscheinlich**, daß die Seele nach dem Tode lebe, so weiß er nicht, **was er will**. Denn wahrscheinlich heißt 35 dasjenige, was, für wahr gehalten, mehr als die Hälfte der Gewißheit (des zureichenden Grundes) auf seiner Seite hat. Die Gründe also müssen insgesammt ein partiales Wissen, einen Theil der **Erkenntniß** des Objects, worüber geurtheilt wird, enthalten. Ist nun der Gegenstand gar kein Object einer uns möglichen Erkenntniß (dergleichen die Natur der Seele, als lebender Substanz auch außer 40 der Verbindung mit einem Körper, d. i. als Geist, ist): so kann über die Mög-

die gar nichts mit der Logik gemein hat, die kein Fortschritt des Verstandes, sondern Vorempfindung (praevisio sensitiva) dessen sein soll, was gar kein Gegenstand der Sinne ist: d. i. **Ahnung** des Übersinnlichen.

---

lichkeit derselben weder wahrscheinlich noch unwahrscheinlich, sondern gar nicht ge-
5 urtheilt werden. Denn die vorgeblichen Erkenntnißgründe sind in einer Reihe, die sich dem zureichenden Grunde, mithin dem Erkenntniß selbst gar nicht nähert, indem sie auf etwas Übersinnliches bezogen werden, von dem als einem solchen kein theoretisches Erkenntniß möglich ist.

Eben so ist es mit dem Glauben an ein **Zeugniß** eines Andern, das etwas
10 Übersinnliches betreffen soll, bewandt. Das Fürwahrhalten eines Zeugnisses ist immer etwas Empirisches; und die Person, der ich auf ihr Zeugniß glauben soll, muß ein Gegenstand einer Erfahrung sein. Wird sie aber als ein übersinnliches Wesen genommen: so kann ich von ihrer Existenz selber, mithin daß es ein solches Wesen sei, welches mir dieses bezeugt, durch keine Erfahrung belehrt werden (weil
15 das sich selbst widerspricht), auch nicht aus der subjectiven Unmöglichkeit mir die Erscheinung eines mir gewordenen inneren Zurufs anders als aus einem übernatürlichen Einfluß erklären zu können darauf schließen (zufolge dem, was eben von der Beurtheilung nach Wahrscheinlichkeit gesagt worden). Also giebt es keinen theoretischen Glauben an das Übersinnliche.

20 In praktischer (moralisch-praktischer) Bedeutung aber ist ein Glaube an das Übersinnliche nicht allein möglich, sondern er ist sogar mit dieser unzertrennlich verbunden. Denn die Summe der Moralität in mir, obgleich übersinnlich, mithin nicht empirisch, ist dennoch mit unverkennbarer Wahrheit und Autorität (durch einen kategorischen Imperativ) gegeben, welche aber einen Zweck gebietet, der,
25 theoretisch betrachtet, ohne eine darauf hinwirkende Macht eines Weltherrschers, durch meine Kräfte allein, unausführbar ist (das höchste Gut). An ihn aber moralisch-praktisch **glauben**, heißt nicht seine Wirklichkeit vorher theoretisch für wahr annehmen, damit man, jenen gebotenen Zweck zu verstehen, Aufklärung und, zu bewirken, Triebfedern bekomme: denn dazu ist das Gesetz der Vernunft schon für
30 sich objectiv hinreichend; sondern um nach dem Ideal jenes Zwecks so zu handeln, als ob eine solche Weltregierung wirklich wäre: weil jener Imperativ (der nicht das Glauben, sondern das Handeln gebietet) auf Seiten des Menschen Gehorsam und Unterwerfung seiner **Willkür** unter dem Gesetz, von Seiten des ihm einen Zweck gebietenden **Willens** aber zugleich ein dem Zweck angemessenes Vermögen (das
35 nicht das menschliche ist) enthält, zu dessen Behuf die menschliche Vernunft zwar die Handlungen, aber nicht den Erfolg der Handlungen (die Erreichung des Zwecks) gebieten kann, als der nicht immer oder ganz in der Gewalt des Menschen ist. Es ist also in dem kategorischen Imperativ der der Materie nach praktischen Vernunft, welcher zum Menschen sagt: ich will, daß deine Handlungen zum Endzweck
40 aller Dinge zusammenstimmen, schon die Voraussetzung eines gesetzgebenden Willens, der alle Gewalt enthält, (des göttlichen) zugleich gedacht und bedarf es nicht besonders aufgedrungen zu werden.

Daß hierin nun ein gewisser mystischer Takt, ein Übersprung (salto mortale) von Begriffen zum Undenkbaren, ein Vermögen der Ergreifung dessen, was kein Begriff erreicht, eine Erwartung von Geheimnissen, oder vielmehr Hinhaltung mit solchen, eigentlich aber Verstimmung der Köpfe zur Schwärmerei liege: leuchtet von selbst ein. Denn Ahnung ist dunkle Vorerwartung und enthält die Hoffnung eines Aufschlusses, der aber in Aufgaben der Vernunft nur durch Begriffe möglich ist, wenn also jene transscendent sind und zu keinem eigenen Erkenntniß des Gegenstandes führen können, nothwendig ein Surrogat derselben, übernatürliche Mittheilung (mystische Erleuchtung), verheißen müssen: was dann der Tod aller Philosophie ist.

Plato der Akademiker ward also, obzwar ohne seine Schuld (denn er gebrauchte seine intellectuellen Anschauungen nur rückwärts, zum Erklären der Möglichkeit eines synthetischen Erkenntnisses a priori, nicht vorwärts, um es durch jene im göttlichen Verstande lesbare Ideen zu erweitern), der Vater aller Schwärmerei mit der Philosophie. — Ich möchte aber nicht gern den (neuerlich ins Deutsche übersetzten) Plato den Briefsteller mit dem ersteren vermengen. Dieser will außer „den vier zur Erkenntniß gehörigen Dingen, dem Namen des Gegenstandes, der Beschreibung, der Darstellung und der Wissenschaft, noch ein fünftes [Rad am Wagen], nämlich noch den Gegenstand selbst und sein wahres Sein." — „Dieses unveränderliche Wesen, das sich nur in der Seele und durch die Seele anschauen läßt, in dieser aber wie von einem springenden Funken Feuers sich von selbst ein Licht anzündet, will er [als exaltirter Philosoph] ergriffen haben; von welchem man gleichwohl nicht reden könne, weil man sofort seiner Unwissenheit überführt werden würde, am wenigsten zum Volk: weil jeder Versuch dieser Art schon gefährlich sein würde, theils dadurch daß diese hohen Wahrheiten einer plumpen Verachtung ausgesetzt, theils [was hier das einzige Vernünftige ist] daß die Seele zu leeren Hoffnungen und zum eiteln Wahn der Kenntniß großer Geheimnisse gespannt werden dürfte."

Wer sieht hier nicht den Mystagogen, der nicht bloß für sich schwärmt, sondern zugleich Klubbist ist und, indem er zu seinen Adepten im Gegensatz von dem Volke (worunter alle Uneingeweihte verstanden werden) spricht, mit seiner vorgeblichen Philosophie vornehm thut! — Es sei mir erlaubt, einige neuere Beispiele davon anzuführen.

In der neueren mystisch-platonischen Sprache heißt es: „Alle Philo-

sophie der Menschen kann nur die Morgenröthe zeichnen; die Sonne muß geahnt werden." Aber niemand kann doch eine Sonne ahnen, wenn er nicht sonst schon eine gesehen hat; denn es könnte wohl sein, daß auf unserem Glob regelmäßig auf die Nacht Tag folgte (wie in der Mosaischen Schö-
5 pfungsgeschichte), ohne daß man wegen des beständig bezogenen Himmels jemals eine Sonne zu sehen bekäme, und alle Geschäfte gleichwohl nach diesem Wechsel (des Tages und der Jahreszeit) ihren gehörigen Gang nähmen. Indeß würde in einem solchen Zustande der Dinge ein wahrer Philosoph eine Sonne zwar nicht ahnen (denn das ist nicht seine Sache),
10 aber doch vielleicht darauf rathen können, um durch Annehmung einer Hypothese von einem solchen Himmelskörper jenes Phänomen zu erklären, und es auch so glücklich treffen können. — Zwar in die Sonne (das Übersinnliche) hinein sehen, ohne zu erblinden, ist nicht möglich; aber sie in der Reflexe (der die Seele moralisch erleuchtenden Vernunft) und
15 selbst in praktischer Absicht hinreichend zu sehen, wie der ältere Plato that, ist ganz thunlich: wogegen die Neuplatoniker „uns sicher nur eine Theater-sonne geben," weil sie uns durch Gefühle (Ahnungen), d. i. bloß das Subjective, was gar keinen Begriff von dem Gegenstande giebt, täuschen wollen, um uns mit dem Wahn einer Kenntniß des Objectiven hinzuhalten,
20 was aufs Überschwengliche angelegt ist. — In solchen bildlichen Ausdrücken, die jenes Ahnen verständlich machen sollen, ist nun der platonisirende Gefühlsphilosoph unerschöpflich: z. B. „der Göttin Weisheit so nahe zu kommen, daß man das Rauschen ihres Gewandes vernehmen kann;" aber auch in Preisung der Kunst des Afterplato, „da er den Schleier
25 der Isis nicht aufheben kann, ihn doch so dünne zu machen, daß man unter ihm die Göttin ahnen kann." Wie dünne, wird hiebei nicht gesagt; vermuthlich doch noch so dicht, daß man aus dem Gespenst machen kann, was man will: denn sonst wäre es ein Sehen, welches ja vermieden werden sollte.

30 Zu ebendemselben Behuf werden nun beim Mangel scharfer Beweise „Analogieen, Wahrscheinlichkeiten" (von denen schon oben geredet worden) und „Gefahr vor Entmannung der durch metaphysische*) Sublimation so

---

*) Was der Neuplatoniker bisher gesprochen hat, ist, was die Behandlung seines Thema betrifft, lauter Metaphysik und kann also nur die formalen Princi-
35 pien der Vernunft angehen. Sie schiebt aber auch eine Hyperphysik, d. i. nicht etwa Principien der praktischen Vernunft, sondern eine Theorie von der Natur des Übersinnlichen (von Gott, dem menschlichen Geist), unvermerkt mit unter und

feinnervig gewordenen Vernunft, daß sie in dem Kampf mit dem Laster schwerlich werde bestehen können," als Argumente aufgeboten; da doch eben in diesen Principien a priori die praktische Vernunft ihre sonst nie geahnte Stärke recht fühlt und vielmehr durchs untergeschobene Empirische (welches eben darum zur allgemeinen Gesetzgebung untauglich ist) ent- 5 mannt und gelähmt wird.

---

will diese „nicht so gar fein" gesponnen wissen. Wie gar nichts aber eine Philosophie, die hier die Materie (das Object) der reinen Vernunftbegriffe betrifft, sei, wenn sie (wie in der transscendentalen Theologie) nicht von allen empirischen Fäden sorgfältig abgelöset worden, mag durch folgendes Beispiel erläutert werden. 10

Der transscendentale Begriff von Gott, als dem allerrealsten Wesen, kann in der Philosophie nicht umgangen werden, so abstract er auch ist; denn er gehört zum Verbande und zugleich zur Läuterung aller concreten, die nachher in die angewandte Theologie und Religionslehre hineinkommen mögen. Nun fragt sich: soll ich mir Gott als Inbegriff (complexus, aggregatum) aller Realitäten, oder 15 als obersten Grund derselben denken? Thue ich das erstere, so muß ich von diesem Stoff, woraus ich das höchste Wesen zusammensetze, Beispiele anführen, damit der Begriff derselben nicht gar leer und ohne Bedeutung sei. Ich werde ihm also etwa Verstand, oder auch einen Willen u. d. g. als Realitäten beilegen. Nun ist aber aller Verstand, den ich kenne, ein Vermögen zu denken, d. 20 i. ein discursives Vorstellungsvermögen, oder ein solches, was durch ein Merkmal, das mehreren Dingen gemein ist (von deren Unterschiede ich also im Denken abstrahiren muß), mithin nicht ohne Beschränkung des Subjects möglich ist. Folglich ist ein göttlicher Verstand nicht für ein Denkungsvermögen anzunehmen. Ich habe aber von einem andern Verstande, der etwa ein Anschauungsvermögen wäre, 25 nicht den mindesten Begriff; folglich ist der von einem Verstande, den ich in dem höchsten Wesen setze, völlig sinnleer. — Ebenso: wenn ich in ihm eine andere Realität, einen Willen, setze, durch den er Ursache aller Dinge außer ihm ist, so muß ich einen solchen annehmen, bei welchem seine Zufriedenheit (acquiescentia) durchaus nicht vom Dasein der Dinge außer ihm abhängt; denn das wäre Ein- 30 schränkung (negatio). Nun habe ich wiederum nicht den mindesten Begriff, kann auch kein Beispiel von einem Willen geben, bei welchem das Subject nicht seine Zufriedenheit auf dem Gelingen seines Wollens gründete, der also nicht von dem Dasein des äußeren Gegenstandes abhinge. Also ist der Begriff von einem Willen des höchsten Wesens, als einer ihm inhärirenden Realität, sowie der vorige 35 entweder ein leerer, oder (welches noch schlimmer ist) ein anthropomorphistischer Begriff, der, wenn er, wie unvermeidlich ist, ins Praktische gezogen wird, alle Religion verdirbt und sie in Idololatrie verwandelt. — Mache ich mir aber vom ens realissimum den Begriff als Grund aller Realität, so sage ich: Gott ist das Wesen, welches den Grund alles dessen in der Welt enthält, wozu wir Menschen 40 einen Verstand anzunehmen nöthig haben (z. B. alles Zweckmäßigen in

Endlich setzt die allerneueste deutsche Weisheit ihren Anruf durchs Gefühl zu philosophiren (nicht etwa wie die um verschiedene Jahre ältere, durch Philosophie das sittliche Gefühl in Bewegung und Kraft zu versetzen) auf eine Probe aus, bei der sie nothwendig verlieren muß.
5 Ihre Ausforderung lautet: „Das sicherste Kennzeichen der Ächtheit der „Menschenphilosophie ist nicht das, daß sie uns gewisser, sondern das, daß

---

derselben); er ist das Wesen, von welchem das Dasein aller Weltwesen seinen Ursprung hat, nicht aus der Nothwendigkeit seiner Natur (per emanationem), sondern nach einem Verhältnisse, wozu wir Menschen einen freien Willen
10 annehmen müssen, um uns die Möglichkeit desselben verständlich zu machen. Hier kann uns nun, was die Natur des höchsten Wesens (objectiv) sei, ganz unerforschlich und ganz außer der Sphäre aller uns möglichen theoretischen Erkenntniß gesetzt sein und doch (subjectiv) diesen Begriffen Realität in praktischer Rücksicht (auf den Lebenswandel) übrig bleiben; in Beziehung auf welche auch allein eine
15 Analogie des göttlichen Verstandes und Willens mit dem des Menschen und dessen praktischer Vernunft angenommen werden kann, ungeachtet theoretisch betrachtet dazwischen gar keine Analogie Statt findet. Aus dem moralischen Gesetz, welches uns unsere eigene Vernunft mit Autorität vorschreibt, nicht aus der Theorie der Natur der Dinge an sich selbst geht nun der Begriff von Gott hervor, welchen
20 uns selbst zu machen die praktische reine Vernunft nöthigt.

Wenn daher Einer von den Kraftmännern, welche neuerdings mit Begeisterung eine Weisheit verkündigen, die ihnen keine Mühe macht, weil sie diese Göttin beim Zipfel ihres Gewandes erhascht und sich ihrer bemächtigt zu haben vorgeben, sagt: er verachte denjenigen, der sich seinen Gott zu machen denkt, so gehört das zu
25 den Eigenheiten ihrer Kaste, deren Ton (als besonders Begünstigter) vornehm ist. Denn es ist für sich selbst klar: daß ein Begriff, der aus unserer Vernunft hervorgehen muß, von uns selbst gemacht sein müsse. Hätten wir ihn von irgend einer Erscheinung (einem Erfahrungsgegenstande) abnehmen wollen, so wäre unser Erkenntnißgrund empirisch und zur Gültigkeit für jedermann, mithin zu der apodiktischen
30 praktischen Gewißheit, die ein allgemein verbindendes Gesetz haben muß, untauglich. Vielmehr müßten wir eine Weisheit, die uns persönlich erschiene, zuerst an jenen von uns selbst gemachten Begriff als das Urbild halten, um zu sehen, ob diese Person auch dem Charakter jenes selbst gemachten Urbildes entspreche; und selbst alsdann noch, wenn wir nichts an ihr antreffen, was diesem widerspricht, ist es
35 doch schlechterdings unmöglich die Angemessenheit mit demselben anders als durch übersinnliche Erfahrung (weil der Gegenstand übersinnlich ist) zu erkennen: welches sich widerspricht. Die Theophanie macht also aus der Idee des Plato ein Idol, welches nicht anders als abergläubisch verehrt werden kann; wogegen die Theologie, die von Begriffen unsrer eigenen Vernunft ausgeht, ein Ideal aufstellt,
40 welches uns Anbetung abzwingt, da es selbst aus den heiligsten von der Theologie unabhängigen Pflichten entspringt.

sie uns *besser* mache." — Von dieser Probe kann nicht verlangt werden, daß das (durchs Geheimnißgefühl bewirkte) Besserwerden des Menschen von einem dessen Moralität auf der Probirkapelle untersuchenden Münzwardein attestirt werde; denn den Schrot guter Handlungen kann zwar Jeder leicht wägen, aber wie viel auf die Mark Fein sie in der Gesinnung enthalten, wer kann darüber ein *öffentlich geltendes* Zeugniß ablegen? Und ein solches müßte es doch sein, wenn dadurch bewiesen werden soll, daß jenes Gefühl überhaupt bessere Menschen mache, wogegen die wissenschaftliche Theorie unfruchtbar und thatlos sei. Den Probirstein hiezu kann also keine Erfahrung liefern, sondern er muß allein in der praktischen Vernunft als a priori gegeben gesucht werden. Die innere Erfahrung und das Gefühl (welches an sich empirisch und hiemit zufällig ist) wird allein durch die Stimme der Vernunft (dictamen rationis), die zu Jedermann deutlich spricht und einer wissenschaftlichen Erkenntniß fähig ist, aufgeregt; nicht aber etwa durchs Gefühl eine besondere praktische Regel für die Vernunft eingeführt, welches unmöglich ist: weil jene sonst nie allgemeingültig sein könnte. Man muß also a priori einsehen können, welches Princip bessere Menschen machen könne und werde, wenn man es nur deutlich und unablässig an ihre Seele bringt und auf den mächtigen Eindruck Acht giebt, den es auf sie macht.

Nun findet jeder Mensch in seiner Vernunft die Idee der Pflicht und zittert beim Anhören ihrer ehernen Stimme, wenn sich in ihm Neigungen regen, die ihn zum Ungehorsam gegen sie versuchen. Er ist überzeugt: daß, wenn auch die letztern insgesammt vereinigt sich gegen jene verschwören, die Majestät des Gesetzes, welches ihm seine eigene Vernunft vorschreibt, sie doch alle unbedenklich überwiegen müsse, und sein Wille also auch dazu vermögend sei. Alles dieses kann und muß dem Menschen, wenn gleich nicht wissenschaftlich, doch deutlich vorgestellt werden, damit er sowohl der Autorität seiner ihm gebietenden Vernunft, als auch ihrer Gebote selbst gewiß sei; und ist so fern Theorie. — Nun stelle ich den Menschen auf, wie er sich selbst fragt: Was ist das in mir, welches macht, daß ich die innigsten Anlockungen meiner Triebe und alle Wünsche, die aus meiner Natur hervorgehen, einem Gesetze aufopfern kann, welches mir keinen Vortheil zum Ersatz verspricht und keinen Verlust bei Übertretung desselben androht; ja das ich nur um desto inniglicher verehre, je strenger es gebietet und je weniger es dafür anbietet? Diese Frage regt durch das Erstaunen über die Größe und Erhabenheit der inneren Anlage in der

Menschheit und zugleich die Undurchdringlichkeit des Geheimnisses, welches sie verhüllt (denn die Antwort: es ist die *Freiheit*, wäre tautologisch, weil diese eben das Geheimniß selbst ausmacht), die ganze Seele auf. Man kann nicht satt werden sein Augenmerk darauf zu richten und in sich selbst eine Macht zu bewundern, die keiner Macht der Natur weicht; und diese Bewunderung ist eben das aus Ideen erzeugte Gefühl, welches, wenn über die Lehren der Moral von Schulen und Kanzeln noch die Darstellung dieses Geheimnisses eine besondere, oft wiederholte Beschäftigung der Lehrer ausmachte, tief in die Seele eindringen und nicht ermangeln würde die Menschen moralisch *besser* zu machen.

Hier ist nun das, was Archimedes bedurfte, aber nicht fand: ein fester Punkt, woran die Vernunft ihren Hebel ansetzen kann, und zwar, ohne ihn weder an die gegenwärtige, noch eine künftige Welt, sondern bloß an ihre innere Idee der Freiheit, die durch das unerschütterliche moralische Gesetz als sichere Grundlage darliegt, anzulegen, um den menschlichen Willen selbst beim Widerstande der ganzen Natur durch ihre Grundsätze zu bewegen. Das ist nun das Geheimniß, welches nur nach langsamer Entwickelung der Begriffe des Verstandes und sorgfältig geprüften Grundsätzen, also nur durch Arbeit, *fühlbar* werden kann. — Es ist nicht empirisch (der Vernunft zur Auflösung aufgestellt), sondern a priori (als wirkliche Einsicht innerhalb der Gränze unserer Vernunft) gegeben und erweitert sogar das Vernunfterkenntniß, aber nur in praktischer Rücksicht, bis zum Übersinnlichen: nicht etwa durch ein *Gefühl*, welches Erkenntniß begründete (das mystische), sondern durch ein deutliches *Erkenntniß*, welches auf Gefühl (das moralische) hinwirkt. — Der Ton des sich dünkenden Besitzers dieses wahren Geheimnisses kann nicht vornehm sein: denn nur das dogmatische oder historische Wissen bläht auf. Das durch Kritik seiner eigenen Vernunft herabgestimmte des Ersteren nöthigt unvermeidlich zur Mäßigung in Ansprüchen (Bescheidenheit); die Anmaßung des letzteren aber, die Belesenheit im Plato und den Classikern, die nur zur Cultur des Geschmacks gehört, kann nicht berechtigen mit ihr den Philosophen machen zu wollen.

Die Rüge dieses Anspruchs schien mir jetziger Zeit nicht überflüssig zu sein, wo Ausschmückung mit dem Titel der Philosophie eine Sache der Mode geworden, und der Philosoph der *Vision* (wenn man einen solchen einräumt) wegen der Gemächlichkeit die Spitze der Einsicht durch einen kühnen Schwung ohne Mühe zu erreichen unbemerkt einen großen Anhang um sich versammeln könnte (wie denn Kühnheit ansteckend ist): welches die Polizei im Reiche der Wissenschaften nicht dulden kann.

Die wegwerfende Art über das Formale in unserer Erkenntniß (welches doch das hauptsächlichste Geschäft der Philosophie ist) als eine Pedanterei unter dem Namen „einer Formgebungsmanufactur“ abzusprechen bestätigt diesen Verdacht, nämlich einer geheimen Absicht: unter dem Aushängeschilde der Philosophie in der That alle Philosophie zu verbannen und als Sieger über sie vornehm zu thun (pedibus subiecta vicissim Obteritur, nos exaequat victoria coelo. *Lucret.*). — Wie wenig aber dieser Versuch unter Beleuchtung einer immer wachsamen Kritik gelingen könne, ist aus folgendem Beispiel zu ersehen.

In der Form besteht das Wesen der Sache (forma dat esse rei, hieß es bei den Scholastikern), sofern dieses durch Vernunft erkannt werden soll. Ist diese Sache ein Gegenstand der Sinne, so ist es die Form der Dinge in der Anschauung (als Erscheinungen), und selbst die reine Mathematik ist nichts anders als eine Formenlehre der reinen Anschauung; sowie die Metaphysik als reine Philosophie ihr Erkenntniß zuoberst auf Denkformen gründet, unter welche nachher jedes Object (Materie der Erkenntniß) subsumirt werden mag. Auf diesen Formen beruht die Möglichkeit alles synthetischen Erkenntnisses a priori, welches wir zu haben doch nicht in Abrede ziehen können. — Den Übergang aber zum Übersinnlichen, wozu uns die Vernunft unwiderstehlich treibt, und den sie nur in moralisch-praktischer Rücksicht thun kann, bewirkt sie auch allein durch solche (praktische) Gesetze, welche nicht die Materie der freien Handlungen (ihren Zweck), sondern nur ihre Form, die Tauglichkeit ihrer Maximen zur Allgemeinheit einer Gesetzgebung überhaupt, zum Princip machen. In beiden Feldern (des Theoretischen und Praktischen) ist es nicht eine plan- oder gar fabrikenmäßig (zum Behuf des Staats) eingerichtete willkürliche Formgebung, sondern eine vor aller das gegebene Object handhabenden Manufactur, ja ohne einen Gedanken daran vorhergehende fleißige und sorgsame Arbeit des Subjects, sein eigenes (der Vernunft) Vermögen aufzunehmen und zu würdigen; hingegen wird der Ehrenmann, der für die Vision des Übersinnlichen ein Orakel eröffnet, nicht von sich ablehnen können es auf eine mechanische Behandlung der Köpfe angelegt und ihr den Namen der Philosophie nur ehrenhalber beigegeben zu haben.

Aber wozu nun aller dieser Streit zwischen zwei Parteien, die im Grunde eine und dieselbe gute Absicht haben, nämlich die Menschen weise und rechtschaffen zu machen? Es ist ein Lärm um nichts, Veruneinigung aus Mißverstande, bei der es keiner Aussöhnung, sondern nur einer 5 wechselseitigen Erklärung bedarf, um einen Vertrag, der die Eintracht fürs künftige noch inniglicher macht, zu schließen.

Die verschleierte Göttin, vor der wir beiderseits unsere Kniee beugen, ist das moralische Gesetz in uns in seiner unverletzlichen Majestät. Wir vernehmen zwar ihre Stimme und verstehen auch gar wohl ihr Gebot; 10 sind aber beim Anhören im Zweifel, ob sie von dem Menschen aus der Machtvollkommenheit seiner eigenen Vernunft selbst, oder ob sie von einem Anderen, dessen Wesen ihm unbekannt ist, und welches zum Menschen durch diese seine eigene Vernunft spricht, herkomme. Im Grunde thäten wir vielleicht besser uns dieser Nachforschung gar zu überheben, da sie bloß 15 speculativ ist, und, was uns zu thun obliegt (objectiv), immer dasselbe bleibt, man mag eines oder das andere Princip zum Grunde legen: nur daß das didaktische Verfahren, das moralische Gesetz in uns auf deutliche Begriffe nach logischer Lehrart zu bringen, eigentlich allein *philosophisch*, dasjenige aber, jenes Gesetz zu personificiren und aus der mora- 20 lisch gebietenden Vernunft eine verschleierte Isis zu machen (ob wir dieser gleich keine andere Eigenschaften beilegen, als die nach jener Methode gefunden werden), eine *ästhetische* Vorstellungsart eben desselben Gegenstandes ist; deren man sich wohl hinten nach, wenn durch erstere die Principien schon ins Reine gebracht worden, bedienen kann, um durch sinnliche, 25 obzwar nur analogische, Darstellung jene Ideen zu beleben, doch immer mit einiger Gefahr in schwärmerische Vision zu gerathen, die der Tod aller Philosophie ist. —

Jene Göttin also *ahnen* zu können, würde ein Ausdruck sein, der nichts mehr bedeutete als: durch sein moralisches *Gefühl* zu Pflichtbe- 30 griffen geleitet zu werden, ehe man noch die Principien, wovon jenes abhängt, sich hat *deutlich* machen können; welche Ahnung eines Gesetzes, sobald es durch schulgerechte Behandlung in klare Einsicht übergeht, das eigentliche Geschäft der Philosophie ist, ohne welche jener Ausspruch der Vernunft die Stimme eines *Orakels**), welches allerlei Auslegungen 35 ausgesetzt ist, sein würde.

---

*) Diese Geheimnißkrämerei ist von ganz eigener Art. Die Adepten derselben haben dessen kein Hehl, daß sie ihr Licht beim Plato angezündet haben;

Übrigens, „wenn," ohne diesen Vorschlag zum Vergleich anzunehmen, wie Fontenelle bei einer andern Gelegenheit sagte, „Hr. N. doch durchaus an die Orakel glauben will, so kann es ihm Niemand wehren."

---

und dieser vorgebliche Plato gesteht frei: daß, wenn man ihn fragt, worin es denn bestehe (was dadurch aufgeklärt werde), er es nicht zu sagen wisse. Aber desto besser! Denn da versteht es sich von selbst, daß er, ein anderer Prometheus, den Funken dazu unmittelbar dem Himmel entwandt habe. So hat man gut im vornehmen Ton reden, wenn man von altem erblichen Adel ist und sagen kann: „In unsern altklugen Zeiten pflegt bald Alles, was aus Gefühl gesagt oder gethan wird, für Schwärmerei gehalten zu werden. Armer Plato, wenn du nicht das Siegel des Alterthums auf dir hättest, und wenn man, ohne dich gelesen zu haben, einen Anspruch auf Gelehrsamkeit machen könnte, wer würde dich in dem prosaischen Zeitalter, in welchem das die höchste Weisheit ist, nichts zu sehen, als was vor den Füßen liegt, und nichts anzunehmen, als was man mit Händen greifen kann, noch lesen wollen?" — Aber dieser Schluß ist zum Unglück nicht folgerecht; er beweist zu viel. Denn Aristoteles, ein äußerst prosaischer Philosoph, hat doch gewiß auch das Siegel des Alterthums auf sich und nach jenem Grundsatze den Anspruch darauf gelesen zu werden! — Im Grunde ist wohl alle Philosophie prosaisch; und ein Vorschlag jetzt wiederum poetisch zu philosophiren möchte wohl so aufgenommen werden, als der für den Kaufmann: seine Handelsbücher künftig nicht in Prose, sondern in Versen zu schreiben.

Ausgleichung

eines

auf Mißverstand beruhenden

mathematischen Streits.

In einer Abhandlung der Berl. Monatsschr. (Mai 1796, S. 395, 396) hatte ich unter andern Beispielen von der Schwärmerei, zu welcher Versuche über mathematische Gegenstände zu philosophiren verleiten können, auch dem pythagorischen Zahlenmystiker die Frage in
5 den Mund gelegt: „Was macht, daß das rationale Verhältniß der drei Seiten eines rechtwinkligen Dreiecks nur das der Zahlen 3, 4, 5 sein kann?" — Ich hatte also diesen Satz für wahr angenommen; Hr. Doctor und Professor Reimarus aber widerlegt ihn und beweist (B. Monatsschr., August, Nr. 6): daß mehrere Zahlen als die genannten in gedachtem
10 Verhältnisse stehen können.

Nichts scheint also klarer zu sein, als daß wir uns in einem wirklichen mathematischen Streit (dergleichen überhaupt beinahe unerhört ist) begriffen finden. Es ist aber bloßer Mißverstand mit dieser Entzweiung. Der Ausdruck wird von jedem der Beiden in anderer Bedeutung genommen;
15 sobald man sich also gegen einander verständigt hat, verschwindet der Streit, und beide Theile haben recht. — Satz und Gegensatz stehen nun so im Verhältnisse:

R. sagt (wenigstens denkt er sich seinen Satz so): „In der unendlichen Menge aller möglichen Zahlen (zerstreut gedacht) giebt es, was
20 die Seiten des rechtwinkligen Dreiecks betrifft, mehr rationale Verhältnisse, als das der Zahlen 3, 4, 5."

K. sagt (wenigstens denkt er sich den Gegensatz so): „In der unendlichen Reihe aller in der natürlichen Ordnung (von 0 an durch continuirliche Vermehrung mit 1) fortschreitenden Zahlen giebt es
25 unter den einander unmittelbar folgenden (also verbunden gedacht) kein rationales Verhältniß jener Seiten als nur das der Zahlen 3, 4, 5."

Beide Sätze haben strenge Beweise für sich; und keiner von beiden (vermeintlichen) Gegnern hat das Verdienst der erste Erfinder dieser Beweise zu sein.

Also kommt es nur darauf an: auszumachen, auf wem die Schuld dieses Mißverstandes hafte. — Wäre das Thema rein mathematisch, so würde sie K. tragen müssen; denn der Satz drückt die genannte Eigenschaft der Zahlen (ohne an eine Reihe derselben zu denken) allgemein aus. Allein hier soll es ja nur zum Beispiel des Unfugs dienen, welchen die pythagorische Mystik der Zahlen mit der Mathematik treibt, wenn man über deren Sätze philosophiren will; und da konnte wohl vorausgesetzt werden, man werde jenen Gegensatz in der Bedeutung nehmen, in welcher ein Mystiker etwas Sonderbares und Ästhetisch-Merkwürdiges unter den Zahleigenschaften zu finden glauben konnte: dergleichen eine auf drei einander zunächst verwandte Zahlen in der unendlichen Reihe derselben eingeschränkte Verbindung ist; wenn gleich die Mathematik hierin nichts zu bewundern antrifft.

Daß also Hr. Reimarus mit dem Beweise eines Satzes, den, soviel ich weiß, noch niemand bezweifelt hat, unnöthigerweise bemüht worden, wird er mir hoffentlich nicht zur Schuld anrechnen.

Verkündigung

des

nahen Abschlusses

eines Tractats

zum

ewigen Frieden

in der Philosophie

von

Immanuel Kant,

Professor zu Königsberg.

Erster Abschnitt.

Frohe Aussicht zum nahen ewigen Frieden.

Von der untersten Stufe der lebenden Natur des Menschen bis zu seiner höchsten, der Philosophie.

5 Chrysipp sagt in seiner stoischen Kraftsprache*): „Die Natur hat dem Schwein statt Salzes eine Seele beigegeben, damit es nicht verfaule." Das ist nun die unterste Stufe der Natur des Menschen vor aller Cultur, nämlich der bloß thierische Instinct. — Es ist aber, als ob der Philosoph hier einen Wahrsagerblick in die physiologischen Systeme unse-
10 rer Zeit geworfen habe; nur daß man jetzt statt des Worts Seele das der Lebenskraft zu brauchen beliebt hat (woran man auch Recht thut: weil von einer Wirkung gar wohl auf eine Kraft, die sie hervorbringt, aber nicht sofort auf eine besonders zu dieser Art Wirkung geeignete Substanz geschlossen werden kann), das **Leben** aber in der Einwir-
15 kung reizender Kräfte (dem Lebensreiz) und dem Vermögen auf reizende Kräfte zurückzuwirken (dem Lebensvermögen) setzt und denjenigen Menschen gesund nennt, in welchem ein proportionirlicher Reiz weder eine übermäßige noch eine gar zu geringe Wirkung hervorbringt: indem widrigenfalls die animalische Operation der Natur in eine chemische
20 übergehen werde, welche Fäulniß zur Folge hat, so daß nicht (wie man sonst glaubte) die Fäulniß aus und nach dem Tode, sondern der Tod aus der vorhergehenden Fäulniß erfolgen müsse. — Hier wird nun die Natur im Menschen noch vor seiner Menschheit, also in ihrer Allgemeinheit, sowie sie im Thier thätig ist, um nur Kräfte zu entwickeln, die nachher der
25 Mensch nach Freiheitsgesetzen anwenden kann, vorgestellt; diese Thätigkeit aber und ihre Erregung ist nicht praktisch, sondern nur noch mechanisch.

*) *Cicer.* de nat. deor. lib. 2, sect. 160.

A.

Von den physischen Ursachen der Philosophie des Menschen.

Abgesehen von der den Menschen vor allen anderen Thieren auszeichnenden Eigenschaft des Selbstbewußtseins, welcher wegen er ein vernünftiges Thier ist (dem auch wegen der Einheit des Bewußtseins 5 nur eine Seele beigelegt werden kann); so wird der Hang: sich dieses Vermögens zum Vernünfteln zu bedienen, nachgerade methodisch und zwar bloß durch Begriffe zu vernünfteln, d. i. zu philosophiren; darauf sich auch polemisch mit seiner Philosophie an Andern zu reiben, d. i. zu disputiren und, weil das nicht leicht ohne Affect geschieht, zu Gunsten 10 seiner Philosophie zu zanken, zuletzt in Masse gegen einander (Schule gegen Schule als Heer gegen Heer) vereinigt offenen Krieg zu führen; — dieser Hang, sage ich, oder vielmehr Drang wird als eine von den wohlthätigen und weisen Veranstaltungen der Natur angesehen werden müssen, wodurch sie das große Unglück lebendigen Leibes zu verfaulen 15 von den Menschen abzuwenden sucht.

Von der physischen Wirkung der Philosophie.

Sie ist die Gesundheit (status salubritatis) der Vernunft, als Wirkung der Philosophie. — Da aber die menschliche Gesundheit (nach dem Obigen) ein unaufhörliches Erkranken und Wiedergenesen ist, so ist 20 es mit der bloßen Diät der praktischen Vernunft (etwa einer Gymnastik derselben) noch nicht abgemacht, um das Gleichgewicht, welches Gesundheit heißt und auf einer Haaresspitze schwebt, zu erhalten; sondern die Philosophie muß (therapeutisch) als Arzeneimittel (materia medica) wirken, zu dessen Gebrauch dann Dispensatorien und Ärzte (welche letztere 25 aber auch allein diesen Gebrauch zu verordnen berechtigt sind) erfordert werden: wobei die Polizei darauf wachsam sein muß, daß zunftgerechte Ärzte und nicht bloße Liebhaber sich anmaßen anzurathen, welche Philosophie man studiren solle, und so in einer Kunst, von der sie nicht die ersten Elemente kennen, Pfuscherei treiben. 30

Ein Beispiel von der Kraft der Philosophie als Arzeneimittels gab der stoische Philosoph Posidonius durch ein an seiner eigenen Person gemachtes Experiment in Gegenwart des großen Pompejus (Cicer. tusc. quaest. lib. 2, sect. 61): indem er durch lebhafte Bestreitung der epikurischen Schule einen heftigen Anfall der Gicht überwältigte, sie in die Füße 35 herabdemonstrirte, nicht zu Herz und Kopf hingelangen ließ und so von der unmittelbaren physischen Wirkung der Philosophie, welche die Natur durch sie beabsichtigt (die leibliche Gesundheit), den Beweis gab, indem er über den Satz declamirte, daß der Schmerz nichts Böses sei*).

5 Von dem Schein der Unvereinbarkeit der Philosophie mit dem beharrlichen Friedenszustande derselben.

Der Dogmatism (z. B. der Wolffischen Schule) ist ein Polster zum Einschlafen und das Ende aller Belebung, welche letztere gerade das Wohlthätige der Philosophie ist. — Der Skepticism, welcher, wenn er 10 vollendet daliegt, das gerade Widerspiel des ersteren ausmacht, hat nichts, womit er auf die regsame Vernunft Einfluß ausüben kann: weil er Alles ungebraucht zur Seite legt. — Der Moderatism, welcher auf die Halbscheid ausgeht, in der subjectiven Wahrscheinlichkeit den Stein der Weisen zu finden meint und durch Anhäufung vieler isolirten Gründe 15 (deren keiner für sich beweisend ist) den Mangel des zureichenden Grundes zu ersetzen wähnt, ist gar keine Philosophie; und mit diesem Arzeneimittel (der Doxologie) ist es wie mit Pesttropfen oder dem venedigschen Theriak bewandt: daß sie wegen des gar zu vielen Guten, was in ihnen rechts und links aufgegriffen wird, zu nichts gut sind.

20 *) Im Lateinischen läßt sich die Zweideutigkeit in den Ausdrücken: das Übel (malum) und das Böse (pravum), leichter als im Griechischen verhüten. — In Ansehung des Wohlseins und der Übel (der Schmerzen) steht der Mensch (so wie alle Sinnenwesen) unter dem Gesetz der Natur und ist bloß leidend; in Ansehung des Bösen (und Guten) unter dem Gesetz der Freiheit. Jenes enthält das, was 25 der Mensch leidet; dieses, was er freiwillig thut. — In Ansehung des Schicksals ist der Unterschied zwischen rechts und links (fato vel dextro vel sinistro) ein bloßer Unterschied im äußeren Verhältniß des Menschen. In Ansehung seiner Freiheit aber und dem Verhältniß des Gesetzes zu seinen Neigungen ist es ein Unterschied im Inneren desselben. — Im ersteren Fall wird das Gerade dem 30 Schiefen (rectum obliquo), im zweiten das Gerade dem Krummen, Verkrüppelten (rectum pravo s. varo, obtorto) entgegengesetzt.

Daß der Lateiner ein unglückliches Ereigniß auf die linke Seite stellt, mag wohl daher kommen, weil man mit der linken Hand nicht so gewandt ist einen Angriff abzuwehren, als mit der rechten. Daß aber bei den Augurien, wenn der 35 Auspex sein Gesicht dem so genannten Tempel (in Süden) zugekehrt hatte, er den Blitzstrahl, der zur Linken geschah, für glücklich ausgab: scheint zum Grunde zu haben, daß der Donnergott, der dem Auspex gegenüber gedacht wurde, seinen Blitz alsdann in der Rechten führt.

Von der wirklichen Vereinbarkeit der kritischen Philosophie mit einem beharrlichen Friedenszustande derselben.

Kritische Philosophie ist diejenige, welche nicht mit den Versuchen Systeme zu bauen oder zu stürzen, oder gar nur (wie der Moderatism) ein Dach ohne Haus zum gelegentlichen Unterkommen auf Stützen zu stellen, sondern von der Untersuchung der Vermögen der menschlichen Vernunft (in welcher Absicht es auch sei) Eroberung zu machen anfängt und nicht so ins Blaue hinein vernünftelt, wenn von Philosophemen die Rede ist, die ihre Beläge in keiner möglichen Erfahrung haben können. — Nun giebt es doch Etwas in der menschlichen Vernunft, was uns durch keine Erfahrung bekannt werden kann und doch seine Realität und Wahrheit in Wirkungen beweiset, die in der Erfahrung dargestellt, also auch (und zwar nach einem Princip a priori) schlechterdings können geboten werden. Dieses ist der Begriff der Freiheit und das von dieser abstammende Gesetz des kategorischen, d. i. schlechthin gebietenden, Imperativs. — Durch dieses bekommen Ideen, die für die bloß speculative Vernunft völlig leer sein würden, ob wir gleich durch diese zu ihnen, als Erkenntnißgründen unseres Endzwecks, unvermeidlich hingewiesen werden, eine obzwar nur moralisch-praktische Realität: nämlich uns so zu verhalten, als ob ihre Gegenstände (Gott und Unsterblichkeit), die man also in jener (praktischen) Rücksicht postuliren darf, gegeben wären.

Diese Philosophie, welche ein immer (gegen die, welche verkehrterweise Erscheinungen mit Sachen an sich selbst verwechseln) bewaffneter, eben dadurch auch die Vernunftthätigkeit unaufhörlich begleitender bewaffneter Zustand ist, eröffnet die Aussicht zu einem ewigen Frieden unter den Philosophen durch die Ohnmacht der theoretischen Beweise des Gegentheils einerseits und durch die Stärke der praktischen Gründe der Annehmung ihrer Principien andererseits; — zu einem Frieden, der überdem noch den Vorzug hat, die Kräfte des durch Angriffe in scheinbare Gefahr gesetzten Subjects immer rege zu erhalten und so auch die Absicht der Natur zu continuirlicher Belebung desselben und Abwehrung des Todesschlafs durch Philosophie zu befördern.

* *
*

Aus diesem Gesichtspunkt betrachtet, muß man den Ausspruch eines nicht bloß in seinem eigentlichen (dem mathematischen) Fache, sondern

auch in vielen anderen vorzüglichen, mit einem thatenreichen, immer noch blühenden Alter bekrönten Mannes nicht für den eines Unglücksboten, sondern als einen Glückwunsch auslegen, wenn er den Philosophen einen über vermeinten Lorbern gemächlich ruhenden Frieden gänzlich abspricht*):
5 indem ein solcher freilich die Kräfte nur erschlaffen und den Zweck der Natur in Absicht der Philosophie, als fortwährenden Belebungsmittels zum Endzweck der Menschheit, nur vereiteln würde; wogegen die streitbare Verfassung noch kein Krieg ist, sondern diesen vielmehr durch ein entschiedenes Übergewicht der praktischen Gründe über die Gegengründe
10 zurückhalten und so den Frieden sichern kann und soll.

B.

Hyperphysische Grundlage des Lebens des Menschen zum Behuf einer Philosophie desselben.

Vermittelst der Vernunft ist der Seele des Menschen ein **Geist**
15 (Mens, νοῦς) beigegeben, damit er nicht ein bloß dem Mechanism der Natur und ihren technisch-praktischen, sondern auch ein der Spontaneität der Freiheit und ihren moralisch-praktischen Gesetzen angemessenes Leben führe. Dieses Lebensprincip gründet sich nicht auf Begriffen des Sinnlichen, welche insgesammt zuvörderst (vor allem praktischen Ver-
20 nunftgebrauch) Wissenschaft, d. i. theoretisches Erkenntniß, voraussetzen, sondern es geht zunächst und unmittelbar von einer Idee des Übersinnlichen aus, nämlich der Freiheit, und vom moralischen kategorischen Imperativ, welcher diese uns allererst kund macht; und begründet so eine Philosophie, deren Lehre nicht etwa (wie Mathematik)
25 ein gutes Instrument (Werkzeug zu beliebigen Zwecken), mithin bloßes Mittel, sondern die sich zum Grundsatze zu machen an sich selbst Pflicht ist.

Was ist Philosophie, als Lehre, die unter allen Wissenschaften das größte Bedürfniß der Menschen ausmacht?

30 Sie ist das, was schon ihr Name anzeigt: Weisheitsforschung.

*) Auf ewig ist der Krieg vermieden,
Befolgt man, was der Weise spricht;
Dann halten alle Menschen Frieden,
Allein die Philosophen nicht.

35 Kästner.

Weisheit aber ist die Zusammenstimmung des Willens zum Endzweck (dem höchsten Gut); und da dieser, sofern er erreichbar ist, auch Pflicht ist und umgekehrt, wenn er Pflicht ist, auch erreichbar sein muß, ein solches Gesetz der Handlungen aber moralisch heißt: so wird Weisheit für den Menschen nichts anders als das innere Princip des Willens der Befol- 5 gung moralischer Gesetze sein, welcherlei Art auch der Gegenstand desselben sein mag; der aber jederzeit übersinnlich sein wird: weil ein durch einen empirischen Gegenstand bestimmter Wille wohl eine technisch-praktische Befolgung einer Regel, aber keine Pflicht (die ein nicht physisches Verhältniß ist) begründen kann. 10

Von den übersinnlichen Gegenständen unserer Erkenntniß.

Sie sind Gott, Freiheit und Unsterblichkeit. — 1) **Gott**, als das allverpflichtende Wesen; 2) **Freiheit**, als Vermögen des Menschen die Befolgung seiner Pflichten (gleich als göttlicher Gebote) gegen alle Macht der Natur zu behaupten; 3) **Unsterblichkeit**, als ein Zustand, in 15 welchem dem Menschen sein Wohl oder Weh in Verhältniß auf seinen moralischen Werth zu Theil werden soll. — Man sieht, daß sie zusammen gleichsam in der Verkettung der drei Sätze eines zurechnenden Vernunftschlusses stehen; und da ihnen, eben darum weil sie Ideen des Übersinnlichen sind, keine objective Realität in theoretischer Rücksicht gegeben 20 werden kann, so wird, wenn ihnen gleichwohl eine solche verschafft werden soll, sie ihnen nur in praktischer Rücksicht, als Postulaten*) der moralisch-praktischen Vernunft, zugestanden werden können.

Unter diesen Ideen führt also die mittlere, nämlich die der Freiheit, weil die Existenz derselben in dem kategorischen Imperativ ent- 25 halten ist, der keinem Zweifel Raum läßt, die zwei übrigen in ihrem Gefolge bei sich; indem er, das oberste Princip der Weisheit, folglich auch den Endzweck des vollkommensten Willens (die höchste mit der Moralität zusammenstimmende Glückseligkeit) voraussetzend, bloß die Bedingungen

---

*) Postulat ist ein a priori gegebener, keiner Erklärung seiner Möglichkeit 30 (mithin auch keines Beweises) fähiger praktischer Imperativ. Man postulirt also nicht Sachen, oder überhaupt das Dasein irgend eines Gegenstandes, sondern nur eine Maxime (Regel) der Handlung eines Subjects. — Wenn es nun Pflicht ist zu einem gewissen Zweck (dem höchsten Gut) hinzuwirken, so muß ich auch berechtigt sein anzunehmen: daß die Bedingungen da sind, unter denen allein diese Leistung 35 der Pflicht möglich ist, obzwar dieselben übersinnlich sind, und wir (in theoretischer Rücksicht) kein Erkenntniß derselben zu erlangen vermögend sind.

enthält, unter welchen allein diesem Genüge geschehen kann. Denn das Wesen, welches diese proportionirte Austheilung allein zu vollziehen vermag, ist Gott; und der Zustand, in welchem diese Vollziehung an vernünftigen Weltwesen allein jenem Endzweck völlig angemessen verrichtet
5 werden kann, die Annahme einer schon in ihrer Natur begründeten Fortdauer des Lebens, d. i. die Unsterblichkeit. Denn wäre die Fortdauer des Lebens darin nicht begründet, so würde sie nur Hoffnung eines künftigen, nicht aber ein durch Vernunft (im Gefolge des moralischen Imperativs) nothwendig vorauszusetzendes künftiges Leben bedeuten.

10 Resultat.

Es ist also bloßer Mißverstand oder Verwechselung moralisch-praktischer Principien der Sittlichkeit mit theoretischen, unter denen nur die ersteren in Ansehung des Übersinnlichen Erkenntniß verschaffen können, wenn noch ein Streit über das, was Philosophie als Weisheitslehre sagt,
15 erhoben wird; und man kann von dieser, weil wider sie nichts Erhebliches mehr eingewandt wird und werden kann, mit gutem Grunde

den nahen Abschluß eines Tractats zum ewigen Frieden in der Philosophie verkündigen.

Zweiter Abschnitt.

20 Bedenkliche Aussicht zum nahen ewigen Frieden in der Philosophie.

Herr Schlosser, ein Mann von großem Schriftstellertalent und einer (wie man zu glauben Ursache hat) für die Beförderung des Guten gestimmten Denkungsart, tritt, um sich von der zwangsmäßigen, unter Autorität stehenden Gesetzverwaltung in einer doch nicht unthätigen Muße
25 zu erholen, unerwarteterweise auf den Kampfplatz der Metaphysik: wo es der Händel mit Bitterkeit weit mehr giebt, als in dem Felde, das er eben verlassen hatte. — Die kritische Philosophie, die er zu kennen glaubt, ob er zwar nur die letzten aus ihr hervorgehenden Resultate angesehen hat, und die er, weil er die Schritte, die dahin führen, nicht mit sorg-
30 fältigem Fleiße durchgegangen war, nothwendig mißverstehen mußte, empörte ihn; und so ward er flugs Lehrer „eines jungen Mannes, der (seiner Sage nach) die kritische Philosophie studiren wollte", ohne selbst vorher die Schule gemacht zu haben, um diesen ja davon abzurathen.

Es ist ihm nur darum zu thun, die Kritik der reinen Vernunft wo möglich aus dem Wege zu räumen. Sein Rath ist wie die Versicherung jener guten Freunde, die den Schafen antrugen: wenn diese nur die Hunde abschaffen wollten, mit ihnen wie Brüder in beständigem Frieden zu leben. — Wenn der Lehrling diesem Rathe Gehör giebt, so ist er ein Spielzeug 5 in der Hand des Meisters, „seinen Geschmack (wie dieser sagt) durch die Schriftsteller des Alterthums (in der Überredungskunst, durch subjective Gründe des Beifalls, statt Überzeugungsmethode, durch objective) fest zu machen." Dann ist er sicher: jener werde sich Wahrheitsschein (verisimilitudo) für Wahrscheinlichkeit (probabilitas) und diese in Ur- 10 theilen, die schlechterdings nur a priori aus der Vernunft hervorgehen können, sich für Gewißheit aufheften lassen. „Die rauhe, barbarische Sprache der kritischen Philosophie" wird ihm nicht behagen; da doch vielmehr ein schöngeisterischer Ausdruck, in die Elementarphilosophie getragen, daselbst für barbarisch angesehen werden muß. — Er bejammert 15 es, daß „allen Ahnungen, Ausblicken aufs Übersinnliche, jedem Genius der Dichtkunst die Flügel abgeschnitten werden sollen" (wenn es die Philosophie angeht!).

Die Philosophie in demjenigen Theile, der die Wissenslehre enthält (in dem theoretischen), und der, ob sie zwar größtentheils auf Be- 20 schränkung der Anmaßungen im theoretischen Erkenntniß gerichtet ist, doch schlechterdings nicht vorbeigegangen werden kann, sieht sich in ihrem praktischen eben sowohl genöthigt zu einer Metaphysik (der Sitten) als einem Inbegriff bloß formaler Principien des Freiheitsbegriffs zurückzugehen, ehe noch vom Zweck der Handlungen (der Materie des Wollens) 25 die Frage ist. — Unser antikritischer Philosoph überspringt diese Stufe, oder er verkennt sie vielmehr so gänzlich, daß er den Grundsatz, welcher zum Probirstein aller Befugniß dienen kann: Handle nach einer Maxime, nach der du zugleich wollen kannst, sie solle ein allgemeines Gesetz werden, völlig mißversteht und ihm eine Bedeutung 30 giebt, welche ihn auf empirische Bedingungen einschränkt und so zu einem Kanon der reinen moralisch-praktischen Vernunft (dergleichen es doch einen geben muß) untauglich macht; wodurch er sich in ein ganz anderes Feld wirft, als wohin jener Kanon ihn hinweiset, und abenteuerliche Folgerungen herausbringt. 35

Es ist aber offenbar: daß hier nicht von einem Princip des Gebrauchs der Mittel zu einem gewissen Zweck (denn alsdann wäre es ein pragma-

tisches, nicht ein moralisches Princip) die Rede sei; daß nicht, wenn die Maxime meines Willens, zum allgemeinen Gesetz gemacht, der Maxime des Willens eines Anderen, sondern wenn sie sich selbst widerspricht (welches ich aus dem bloßen Begriffe, a priori, ohne alle Erfahrungs-
5 verhältnisse, z. B. „ob Gütergleichheit oder ob Eigenthum in meine Maxime aufgenommen werde," nach dem Satz des Widerspruchs beurtheilen kann), dieses ein unfehlbares Kennzeichen der moralischen Unmöglichkeit der Handlung sei. — Bloße Unkunde, vielleicht auch etwas böser Hang zur Schikane konnte diesen Angriff hervorbringen, welcher
10 indeß der

Verkündigung eines ewigen Friedens in der Philosophie

nicht Abbruch thun kann. Denn ein Friedensbund, der so beschaffen ist: daß, wenn man sich einander nur versteht, er auch sofort (ohne Kapitulation) geschlossen ist, kann auch für geschlossen, wenigstens dem Abschluß
15 nahe angekündigt werden.

* * *

Wenn auch Philosophie bloß als Weisheitslehre (was auch ihre eigentliche Bedeutung ist) vorgestellt wird, so kann sie doch auch als Lehre des Wissens nicht übergegangen werden: sofern dieses (theoretische) Erkenntniß die Elementarbegriffe enthält, deren sich die reine Vernunft be-
20 dient; gesetzt, es geschähe auch nur, um dieser ihre Schranken vor Augen zu legen. Es kann nun kaum die Frage von der Philosophie in der ersteren Bedeutung sein: ob man frei und offen gestehen solle, was und woher man das in der That von ihrem Gegenstande (dem sinnlichen und übersinnlichen) wirklich wisse, oder in praktischer Rücksicht (weil die An-
25 nehmung desselben dem Endzweck der Vernunft beförderlich ist) nur voraussetze.

Es kann sein, daß nicht Alles wahr ist, was ein Mensch dafür hält (denn er kann irren); aber in Allem, was er sagt, muß er wahrhaft sein (er soll nicht täuschen): es mag nun sein, daß sein Bekenntniß bloß
30 innerlich (vor Gott) oder auch ein äußeres sei. — Die Übertretung dieser Pflicht der Wahrhaftigkeit heißt die Lüge; weshalb es äußere, aber auch eine innere Lüge geben kann: so daß beide zusammen vereinigt, oder auch einander widersprechend sich ereignen können.

Eine Lüge aber, sie mag innerlich oder äußerlich sein, ist zwiefacher
35 Art: 1) wenn man das für wahr ausgiebt, dessen man sich doch als un-

wahr bewußt ist, 2) wenn man etwas für gewiß ausgiebt, wovon man sich doch bewußt ist subjectiv ungewiß zu sein.

Die Lüge („vom Vater der Lügen, durch den alles Böse in die Welt gekommen ist") ist der eigentliche faule Fleck in der menschlichen Natur; so sehr auch zugleich der Ton der Wahrhaftigkeit (nach dem Beispiel 5 mancher chinesischen Krämer, die über ihre Laden die Aufschrift mit goldenen Buchstaben setzen: „Allhier betrügt man nicht") vornehmlich in dem, was das Übersinnliche betrifft, der gewöhnliche Ton ist. — Das Gebot: du sollst (und wenn es auch in der frömmsten Absicht wäre) nicht lügen, zum Grundsatz in die Philosophie als eine Weisheitslehre 10 innigst aufgenommen, würde allein den ewigen Frieden in ihr nicht nur bewirken, sondern auch in alle Zukunft sichern können.

Über
ein vermeintes Recht
aus
Menschenliebe zu lügen.

Über ein vermeintes Recht aus Menschenliebe zu lügen.

In der Schrift: Frankreich im Jahr 1797, Sechstes Stück, Nr. I: Von den politischen Gegenwirkungen, von **Benjamin Constant**, ist Folgendes S. 123 enthalten.

> „Der sittliche Grundsatz: es sei eine Pflicht die Wahrheit zu sagen, würde, wenn man ihn unbedingt und vereinzelt nähme, jede Gesellschaft zur Unmöglichkeit machen. Den Beweis davon haben wir in den sehr unmittelbaren Folgerungen, die ein deutscher Philosoph aus diesem Grundsatze gezogen hat, der so weit geht zu behaupten: daß die Lüge gegen einen Mörder, der uns fragte, ob unser von ihm verfolgter Freund sich nicht in unser Haus geflüchtet, ein Verbrechen sein würde*)."

Der französische Philosoph widerlegt S. 124 diesen Grundsatz auf folgende Art: „Es ist eine Pflicht die Wahrheit zu sagen. Der Begriff von Pflicht ist unzertrennbar von dem Begriff des Rechts. Eine Pflicht ist, was bei einem Wesen den Rechten eines anderen entspricht. Da, wo es keine Rechte giebt, giebt es keine Pflichten. Die Wahrheit zu sagen, ist also eine Pflicht; aber nur gegen denjenigen, welcher ein Recht auf die Wahrheit hat. Kein Mensch aber hat Recht auf eine Wahrheit, die Anderen schadet."

Das πρωτον ψευδος liegt hier in dem Satze: „**Die Wahrheit zu sagen ist eine Pflicht, aber nur gegen denjenigen, welcher ein Recht auf die Wahrheit hat.**"

---

*) „J. D. **Michaelis** in Göttingen hat diese seltsame Meinung noch früher vorgetragen als **Kant**. Daß **Kant** der Philosoph sei, von dem diese Stelle redet, hat mir der Verfasser dieser Schrift selbst gesagt."

K. Fr. **Cramer** †).

†) Daß dieses wirklich an irgend einer Stelle, deren ich mich aber jetzt nicht mehr besinnen kann, von mir gesagt worden, gestehe ich hiedurch.

J. **Kant**.

Zuerst ist anzumerken, daß der Ausdruck: ein Recht auf die Wahrheit haben, ein Wort ohne Sinn ist. Man muß vielmehr sagen: der Mensch habe ein Recht auf seine eigene Wahrhaftigkeit (veracitas), d. i. auf die subjective Wahrheit in seiner Person. Denn objectiv auf eine Wahrheit ein Recht haben, würde so viel sagen als: es komme wie überhaupt 5 beim Mein und Dein auf seinen Willen an, ob ein gegebener Satz wahr oder falsch sein solle; welches dann eine seltsame Logik abgeben würde.

Nun ist die erste Frage: ob der Mensch in Fällen, wo er einer Beantwortung mit Ja oder Nein nicht ausweichen kann, die Befugniß (das Recht) habe unwahrhaft zu sein. Die zweite Frage ist: ob er 10 nicht gar verbunden sei in einer gewissen Aussage, wozu ihn ein ungerechter Zwang nöthigt, unwahrhaft zu sein, um eine ihn bedrohende Missethat an sich oder einem Anderen zu verhüten.

Wahrhaftigkeit in Aussagen, die man nicht umgehen kann, ist formale Pflicht des Menschen gegen Jeden*), es mag ihm oder einem Andern 15 daraus auch noch so großer Nachtheil erwachsen; und ob ich zwar dem, welcher mich ungerechterweise zur Aussage nöthigt, nicht Unrecht thue, wenn ich sie verfälsche, so thue ich doch durch eine solche Verfälschung, die darum auch (obzwar nicht im Sinn des Juristen) Lüge genannt werden kann, im wesentlichsten Stücke der Pflicht überhaupt Unrecht: d. i. ich 20 mache, so viel an mir ist, daß Aussagen (Declarationen) überhaupt keinen Glauben finden, mithin auch alle Rechte, die auf Verträgen gegründet werden, wegfallen und ihre Kraft einbüßen; welches ein Unrecht ist, das der Menschheit überhaupt zugefügt wird.

Die Lüge also, bloß als vorsetzlich unwahre Declaration gegen einen 25 andern Menschen definirt, bedarf nicht des Zusatzes, daß sie einem Anderen schaden müsse; wie die Juristen es zu ihrer Definition verlangen (mendacium est falsiloquium in praeiudicium alterius). Denn sie schadet jederzeit einem Anderen, wenn gleich nicht einem andern Menschen, doch der Menschheit überhaupt, indem sie die Rechtsquelle unbrauchbar macht. 30

Diese gutmüthige Lüge kann aber auch durch einen Zufall (casus) strafbar werden nach bürgerlichen Gesetzen; was aber bloß durch den

---

*) Ich mag hier nicht den Grundsatz bis dahin schärfen, zu sagen: „Unwahrhaftigkeit ist Verletzung der Pflicht gegen sich selbst.“ Denn dieser gehört zur Ethik; hier aber ist von einer Rechtspflicht die Rede. — Die Tugendlehre sieht 35 in jener Übertretung nur auf die Nichtswürdigkeit, deren Vorwurf der Lügner sich selbst zuzieht.

Zufall der Straffälligkeit entgeht, kann auch nach äußeren Gesetzen als Unrecht abgeurtheilt werden. Hast du nämlich einen eben jetzt mit Mordsucht Umgehenden *durch eine Lüge* an der That verhindert, so bist du für alle Folgen, die daraus entspringen möchten, auf rechtliche Art verantwortlich. Bist du aber strenge bei der Wahrheit geblieben, so kann dir die öffentliche Gerechtigkeit nichts anhaben; die unvorhergesehene Folge mag sein, welche sie wolle. Es ist doch möglich, daß, nachdem du dem Mörder auf die Frage, ob der von ihm Angefeindete zu Hause sei, ehrlicherweise mit Ja geantwortet hast, dieser doch unbemerkt ausgegangen ist und so dem Mörder nicht in den Wurf gekommen, die That also nicht geschehen wäre; hast du aber gelogen und gesagt, er sei nicht zu Hause, und er ist auch wirklich (obzwar dir unbewußt) ausgegangen, wo denn der Mörder ihm im Weggehen begegnete und seine That an ihm verübte: so kannst du mit Recht als Urheber des Todes desselben angeklagt werden. Denn hättest du die Wahrheit, so gut du sie wußtest, gesagt: so wäre vielleicht der Mörder über dem Nachsuchen seines Feindes im Hause von herbeigelaufenen Nachbarn ergriffen und die That verhindert worden. Wer also *lügt*, so gutmüthig er dabei auch gesinnt sein mag, muß die Folgen davon, selbst vor dem bürgerlichen Gerichtshofe, verantworten und dafür büßen, so unvorhergesehen sie auch immer sein mögen: weil Wahrhaftigkeit eine Pflicht ist, die als die Basis aller auf Vertrag zu gründenden Pflichten angesehen werden muß, deren Gesetz, wenn man ihr auch nur die geringste Ausnahme einräumt, schwankend und unnütz gemacht wird.

Es ist also ein heiliges, unbedingt gebietendes, durch keine Convenienzen einzuschränkendes Vernunftgebot: in allen Erklärungen *wahrhaft* (ehrlich) zu sein.

Wohldenkend und zugleich richtig ist hiebei Hrn. Constants Anmerkung über die Verschreiung solcher strenger und sich vorgeblich in unausführbare Ideen verlierender, hiemit aber verwerflicher Grundsätze. — „Jedesmal (sagt er S. 123 unten) wenn ein als wahr bewiesener Grundsatz unanwendbar scheint, so kommt es daher, daß wir den *mittlern Grundsatz* nicht kennen, der das Mittel der Anwendung enthält." Er führt (S. 121) die Lehre von der *Gleichheit* als den ersten die gesellschaftliche Kette bildenden Ring an: „Daß (S. 122) nämlich kein Mensch anders als durch solche Gesetze gebunden werden kann, zu deren Bildung er mit beigetragen hat. In einer sehr ins Enge zusammengezogenen Gesellschaft kann dieser Grundsatz auf unmittelbare Weise angewendet werden und bedarf, um ein gewöhnlicher zu werden, keines mittleren Grundsatzes. Aber in einer sehr zahlreichen Gesellschaft muß man einen neuen Grundsatz zu demjenigen noch hinzufügen, den wir hier anführen. Dieser mittlere Grundsatz ist: daß die Einzelnen zur Bildung der Gesetze entweder in eigener Person oder durch Stellvertreter beitragen können. Wer den ersten Grundsatz auf eine zahlreiche Gesellschaft anwenden wollte, ohne den mittleren dazu zu nehmen, würde unfehlbar ihr Verderben zuwege bringen. Allein dieser Umstand, der nur von der Unwissenheit oder Ungeschicklichkeit des Gesetzgebers zeugte, würde nichts gegen den Grundsatz beweisen." — Er beschließt S. 125 hiemit: „Ein als wahr anerkannter Grundsatz muß also niemals verlassen werden: wie anscheinend auch Gefahr dabei sich befindet." [Und doch hatte der gute Mann den unbedingten Grundsatz der Wahrhaftigkeit wegen der Gefahr, die er für die Gesellschaft bei sich führe, selbst verlassen: weil er keinen mittleren Grundsatz entdecken konnte, der diese Gefahr zu verhüten diente, und hier auch wirklich keiner einzuschieben ist.]

Wenn man die Namen der Personen, sowie sie hier aufgeführt werden, beibehalten will: so verwechselte „der französische Philosoph" die Handlung, wodurch Jemand einem Anderen schadet (nocet), indem er die Wahrheit, deren Geständniß er nicht umgehen kann, sagt, mit derjenigen, wodurch er diesem Unrecht thut (laedit). Es war bloß ein Zufall (casus), daß die Wahrhaftigkeit der Aussage dem Einwohner des Hauses schadete, nicht eine freie That (in juridischer Bedeutung). Denn aus seinem Rechte, von einem Anderen zu fordern, daß er ihm zum Vortheil lügen solle, würde ein aller Gesetzmäßigkeit widerstreitender Anspruch folgen. Jeder Mensch aber hat nicht allein ein Recht, sondern sogar die strengste Pflicht zur Wahrhaftigkeit in Aussagen, die er nicht umgehen kann: sie mag nun ihm selbst oder Andern schaden. Er selbst thut also hiemit dem, der dadurch leidet, eigentlich nicht Schaden, sondern diesen verursacht der Zufall. Denn Jener ist hierin gar nicht frei, um zu wählen: weil die Wahrhaftigkeit (wenn er einmal sprechen muß) unbedingte Pflicht ist. — Der „deutsche Philosoph" wird also den Satz (S. 124): „Die Wahrheit zu sagen ist eine Pflicht, aber nur gegen denjenigen, welcher ein Recht auf die Wahrheit hat," nicht zu seinem Grundsatze annehmen: erstlich wegen der undeutlichen Formel desselben, indem Wahrheit kein Besitzthum ist, auf welchen dem Einen das Recht verwilligt, Anderen aber verweigert werden könne; dann aber vornehmlich, weil die

Pflicht der Wahrhaftigkeit (als von welcher hier allein die Rede ist) keinen Unterschied zwischen Personen macht, gegen die man diese Pflicht haben, oder gegen die man sich auch von ihr lossagen könne, sondern weil es unbedingte Pflicht ist, die in allen Verhältnissen gilt.

Um nun von einer Metaphysik des Rechts (welche von allen Erfahrungsbedingungen abstrahirt) zu einem Grundsatze der Politik (welcher diese Begriffe auf Erfahrungsfälle anwendet) und vermittelst dieses zur Auflösung einer Aufgabe der letzteren dem allgemeinen Rechtsprincip gemäß zu gelangen: wird der Philosoph 1) ein Axiom, d. i. einen apodiktisch gewissen Satz, der unmittelbar aus der Definition des äußern Rechts (Zusammenstimmung der Freiheit eines Jeden mit der Freiheit von Jedermann nach einem allgemeinen Gesetze) hervorgeht, 2) ein Postulat (des äußeren öffentlichen Gesetzes, als vereinigten Willens Aller nach dem Princip der Gleichheit, ohne welche keine Freiheit von Jedermann Statt haben würde, 3) ein Problem geben, wie es anzustellen sei, daß in einer noch so großen Gesellschaft dennoch Eintracht nach Principien der Freiheit und Gleichheit erhalten werde (nämlich vermittelst eines repräsentativen Systems); welches dann ein Grundsatz der Politik sein wird, deren Veranstaltung und Anordnung nun Decrete enthalten wird, die, aus der Erfahrungserkenntniß der Menschen gezogen, nur den Mechanism der Rechtsverwaltung, und wie dieser zweckmäßig einzurichten sei, beabsichtigen. — — Das Recht muß nie der Politik, wohl aber die Politik jederzeit dem Recht angepaßt werden.

„Ein als wahr anerkannter (ich setze hinzu: a priori anerkannter, mithin apodiktischer) Grundsatz muß niemals verlassen werden, wie anscheinend auch Gefahr sich dabei befindet,“ sagt der Verfasser. Nur muß man hier nicht die Gefahr (zufälligerweise) zu schaden, sondern überhaupt Unrecht zu thun verstehen: welches geschehen würde, wenn ich die Pflicht der Wahrhaftigkeit, die gänzlich unbedingt ist und in Aussagen die oberste rechtliche Bedingung ausmacht, zu einer bedingten und noch andern Rücksichten untergeordneten mache und, obgleich ich durch eine gewisse Lüge in der That niemanden Unrecht thue, doch das Princip des Rechts in Ansehung aller unumgänglich nothwendigen Aussagen überhaupt verletze (formaliter, obgleich nicht materialiter, Unrecht thue): welches viel schlimmer ist als gegen irgend Jemanden eine Ungerechtigkeit begehn, weil eine solche That nicht eben immer einen Grundsatz dazu im Subjecte voraussetzt.

Der, welcher die Anfrage, die ein Anderer an ihn ergehen läßt: ob er in seiner Aussage, die er jetzt thun soll, wahrhaft sein wolle oder nicht, nicht schon mit Unwillen über den gegen ihn hiemit geäußerten Verdacht, er möge auch wohl ein Lügner sein, aufnimmt, sondern sich die Erlaubniß ausbittet sich erst auf mögliche Ausnahmen zu besinnen, ist schon ein Lügner (in potentia): weil er zeigt, daß er die Wahrhaftigkeit nicht für Pflicht an sich selbst anerkenne, sondern sich Ausnahmen vorbehält von einer Regel, die ihrem Wesen nach keiner Ausnahme fähig ist, weil sie sich in dieser geradezu selbst widerspricht.

Alle rechtlich-praktische Grundsätze müssen strenge Wahrheit enthalten, und die hier sogenannten mittleren können nur die nähere Bestimmung ihrer Anwendung auf vorkommende Fälle (nach Regeln der Politik), aber niemals Ausnahmen von jenen enthalten: weil diese die Allgemeinheit vernichten, derentwegen allein sie den Namen der Grundsätze führen.

Über

die Buchmacherei.

Zwei Briefe

an

Herrn Friedrich Nicolai

von

Immanuel Kant.

Erster Brief.

An Herrn Friedrich Nicolai, den Schriftsteller.

Die gelehrte Reliquien des vortrefflichen (oft auch ins Komisch-Burleske malenden) Mösers fielen in die Hände seines vieljährigen Freundes, des Herrn Friedrich Nicolai. Es war ein Theil einer fragmentarischen Abhandlung *Mösers* mit der Aufschrift: *Über Theorie und Praxis*, welche jenem in der Handschrift mitgetheilt worden, und wie Herr Nicolai annimmt, daß Möser selbst sie würde mitgetheilt haben, wenn er sie noch ganz beendigt hätte, und wobei angemerkt wird: daß Möser nicht allein Royalist, sondern auch, wenn man es so nennen will, ein Aristokrat oder ein Vertheidiger des Erbadels zur Verwunderung und zum Ärgerniß vieler neueren Politiker in Deutschland gewesen sei. — Unter andern habe man (S. Kants metaphysische Anfangsgründe der Rechtslehre, erste Auflage, Seite 192) behaupten wollen: daß nie ein Volk aus freiem und überlegtem Entschlusse eine solche Erblichkeit einräumen würde. Wogegen denn Möser in seiner bekannten launichten Manier eine Erzählung dichtet: da Personen in sehr hohen Ämtern *gleich als Vice-Könige doch eigentlich als wahre Unterthanen des Staats* auftreten und zwölf Fälle angeführt werden, in deren sechs ersteren die Söhne des verstorbenen Beamten *übergangen* werden, dafür es mit den Unterthanen schlecht steht; dagegen man sie in den sechs letztern *wählt*, wobei das Volk sich besser befindet; — woraus dann klar erhelle: daß ein ganzes Volk seine eigne Erbunterthänigkeit unter einem höheren Mitunterthanen *gar wohl* beschließen und handgreifliche *Praxis* diese, so wie manche andere luftige *Theorie* zur Belustigung der Leser als Spreu wegblasen werde.

So ist es mit der auf den Vortheil des Volks *berechneten* Maxime immer bewandt: daß, so klug es sich auch durch Erfahrung geworden zu sein dünken möchte, wen es sich zum subalternen Herrscher *wählen wollte*: es kann und wird sich dabei oft häßlich *verrechnen*, weil die

Erfahrungsmethode klug zu sein (das pragmatische Princip) schwerlich eine andere Leitung haben wird, als es durch Schaden zu werden. — Nun ist aber hier jetzt von einer sicheren, durch die Vernunft vorgezeichneten Leitung die Rede, welche nicht wissen will, wie das Volk wählen wird, um seinen jedesmaligen Absichten zu gnügen, sondern, wie es unbedingt wählen soll: jene mögen für dasselbe zuträglich sein oder nicht (das moralische Princip); d. i. es ist davon die Frage: was und wie, wenn das Volk zu wählen aufgefordert wird, nach dem Rechtsprincip von ihm beschlossen werden muß. Denn diese ganze Aufgabe ist als eine zur Rechtslehre (in jenen metaph. Anf. d. R.-L. S. 192) gehörige Frage, ob der Souverain einen Mittelstand zwischen ihm und den übrigen Staatsbürgern zu gründen berechtigt sei, zu beurtheilen, und da ist alsdann der Ausspruch: daß das Volk keine solche untergeordnete Gewalt vernunftmäßig beschließen kann und wird, weil es sich sonst den Launen und dem Gutdünken eines Unterthans, der doch selbst regiert zu werden bedarf, unterwerfen würde, welches sich widerspricht. — Hier ist das Princip der Beurtheilung nicht empirisch, sondern ein Princip a priori; wie alle Sätze, deren Assertion zugleich Nothwendigkeit bei sich führt, welche auch allein Vernunfturtheile (zum Unterschiede der Verstandesurtheile) abgeben. Dagegen ist empirische Rechtslehre, wenn sie zur Philosophie und nicht zum statutarischen Gesetzbuch gezählt wird, ein Widerspruch mit sich selbst.*)

Das war nun gut; aber — wie die alten Muhmen im Märchenton zu erzählen pflegen — auch nicht allzugut. Die Fiction nimmt nun einen anderen Gang.

Nachdem nämlich in den sechs folgenden Gouvernements das Volk nun zur allgemeinen Freude den Sohn des vorigen gewählt hatte, so

*) Nach dem Princip der Eudämonie (der Glückseligkeitslehre), worin keine Nothwendigkeit und Allgemeingültigkeit angetroffen wird (indem es jedem Einzelnen überlassen bleibt, zu bestimmen, was er nach seiner Neigung zur Glückseligkeit zählen will) wird das Volk allerdings eine solche erbliche Gouvernementsverfassung wählen dürfen; — nach dem eleutheronomischen aber (von der ein Theil die Rechtslehre ist) wird es keinen subalternen äußeren Gesetzgeber statuiren: weil es sich hiebei als selbst gesetzgebend und diesen Gesetzen zugleich unterthan betrachten und die Praxis sich daher (in Sachen der reinen Vernunft) schlechterdings nach der Theorie richten muß. — Es ist unrecht so zu decretiren, es mag auch noch so gebräuchlich und sogar in vielen Fällen dem Staat nützlich sein; welches letztere doch niemals gewiß ist.

traten, wie die visionäre Geschichte weiter sagt, theils durch die während der Zeit allmählich fortrückende leidige Aufklärung, theils auch weil eine jede Regierung für das Volk ihre Lasten hat, wo die Austauschung der alten gegen eine neue vor der Hand Erleichterung verspricht, nunmehr
5 Demagogen im Volke auf, und da wurde decretirt, wie folgt:

Nämlich im siebenten Gouvernement erwählte nun zwar das Volk den Sohn des vorigen Herzogs. Dieser aber war in Cultur und Luxus mit dem Zeitalter schon fortgerückt und hatte wenig Lust, durch gute Wirthschaft die Wohlhabenheit desselben zu erhalten, desto mehr aber zu
10 genießen. Er ließ daher das alte Schloß verfallen, um Lust- und Jagdhäuser zu festlichen Vergnügungen und Wildhetzen, zur eigenen und des Volks Ergötzlichkeit und Geschmack einzurichten. Das herrliche Theater sammt dem alten silbernen Tafelservice wurden, jenes in große Tanzsäle, dieses in geschmackvolleres Porcelaine verwandelt; unter dem Vorwande,
15 daß das Silber als Geld im Lande einen besseren Umlauf des Handels verspreche. — Im achten fand der nun gut eingegraste, vom Volk bestätigte Regierungserbe es selbst mit Einwilligung des Volks gerathener, das bis dahin gebräuchliche Primogeniturrecht abzuschaffen; denn diesem müsse es doch einleuchten: daß der Erstgeborne darum doch nicht zugleich
20 der Weisestgeborne sei. — Im neunten würde sich das Volk doch bei der Errichtung gewisser im Personal wechselnden Landescollegien besser, als bei der Ansetzung der Regierung mit alten, bleibenden Räthen, die zuletzt gemeiniglich den Despoten spielen, und glücklicher finden; des vorgeschlagenen Erbpastors nicht zu gedenken: als wodurch sich die
25 Obscurantenzunft der Geistlichen verewigen müßte. — Im zehnten wie im eilften, hieß es, ist die Anekelung der Mißheurathen eine Grille der alten Lehnsverfassung zum Nachtheil der durch die Natur geadelten, und es ist vielmehr ein Beweis der Aufkeimung edler Gefühle im Volk, wenn es — wie bei den Fortschritten in der Aufklärung unausbleib-
30 lich ist — Talent und gute Denkungsart über die Musterrolle des anerbenden Ranges wegsetzt; — — so wie im zwölften man zwar die Gutmüthigkeit der alten Tante, dem jungen, unmündigen, zum künftigen Herzog muthmaßlich bestimmten Kinde, ehe es noch versteht, was das sagen wolle, belächeln wird; es aber zum Staatsprincip zu machen, un-
35 gereimte Zumuthung sein würde. Und so verwandlen sich des Volks Launen, wenn es beschließen darf, sich selbst einen erblichen Gouverneur zu geben, der doch selbst noch Unterthan bleibt, in Mißgestaltungen, die

ihrer Absicht (auf Glückseligkeit) so sehr entgegen sind, daß es heißen wird: Turpiter atrum desinit in piscem mulier formosa superne.

Man kann also jede aufs Glückseligkeitsprincip gegründete Verfassung, selbst wenn man a priori mit Sicherheit angeben könnte, das Volk werde sie jeder anderen vorziehen, ins Lächerliche *parodiren*; und, indem man die Rückseite der Münze aufwirft, von der Wahl des Volks, das sich einen Herren geben will, dasselbe sagen, was jener Grieche vom Heurathen sagte: „Was du auch immer thun magst — es wird dich gereuen."

Herr Friedrich Nicolai also ist mit seiner Deutung und Vertheidigung in der vorgeblichen Angelegenheit eines *Andern* (nämlich Mösers) verunglückt. — Es wird aber schon besser gehen, wenn wir ihn mit seiner eigenen beschäftigt sehen werden.

Zweiter Brief.

An Herrn Friedrich Nicolai, den Verleger.

Die *Buchmacherei* ist kein unbedeutender Erwerbszweig in einem der Cultur nach schon weit fortgeschrittenen gemeinen Wesen: wo die Leserei zum beinahe unentbehrlichen und allgemeinen Bedürfniß geworden ist. — Dieser Theil der *Industrie* in einem Lande aber gewinnt dadurch ungemein: wenn jene *fabrikenmäßig* getrieben wird; welches aber nicht anders als durch einen den Geschmack des Publicums und die Geschicklichkeit jedes dabei anzustellenden Fabrikanten zu *beurtheilen* und zu *bezahlen* vermögenden **Verleger** geschehen kann. — Dieser bedarf aber zu Belebung seiner Verlagshandlung eben nicht den inneren Gehalt und Werth der von ihm verlegten Waare in Betrachtung zu ziehen: wohl aber den Markt, *worauf*, und die Liebhaberei des Tages, *wozu* die allenfalls ephemerischen Producte der Buchdruckerpresse in lebhaften Umlauf gebracht und, wenn gleich nicht dauerhaften, doch geschwinden Abgang finden können.

Ein erfahrner Kenner der Buchmacherei wird als Verleger nicht erst darauf warten, daß ihm von schreibseligen, allezeit fertigen Schriftstellern ihre eigene Waare zum Verkauf angeboten wird; er sinnt sich als Director einer Fabrik die Materie sowohl als die Façon aus, welche muthmaßlich — es sei durch ihre Neuigkeit oder auch Scurrilität des Witzes, damit das lesende Publicum etwas zum Angaffen und zum Belachen bekomme,

— welche, sage ich, die größte Nachfrage, oder allenfalls auch nur die schnellste Abnahme haben wird; wo dann gar nicht darnach gefragt wird: wer oder wie viel an einer dem Persifliren geweihten, sonst vielleicht dazu wohl nicht geeigneten Schrift gearbeitet haben mögen, der Tadel einer
5 solchen Schrift aber alsdann doch nicht auf seine (des Verlegers) Rechnung fällt, sondern den gedungenen Buchmacher treffen muß.

Der, welcher in Fabrikationen und Handel ein mit der Freiheit des Volks vereinbares öffentliches Gewerbe treibt, ist allemal ein guter Bürger; es mag verdrießen, wen es wolle. Denn der Eigennutz, der dem
10 Polizeigesetze nicht widerspricht, ist kein Verbrechen; und Herr Nicolai als Verleger gewinnt in dieser Qualität wenigstens sicherer, als in der eines Autors: weil das Verächtliche der Verzerrungen seines aufgestellten Sempronius Gundibert und Consorten als Harlekin nicht den trifft, der die Bude aufschlägt, sondern der darauf die Rolle des Narren spielt.

* *
*

15 Wie wird es nun aber mit der leidigen Frage über Theorie und Praxis in Betreff der Autorschaft des Herrn Friedrich Nicolai: durch welche die gegenwärtige Censur eigentlich ist veranlaßt worden, und die auch mit jener in enger Verbindung steht? — Der jetzt eben vorgestellte Fall der Verlagsklugheit im Gegensatz mit der der Verlagsgründ-
20 lichkeit (der Überlegenheit des Scheins über die Wahrheit) kann nach denselben Grundsätzen, wie der in der Möserschen Dichtung abgeurtheilt werden; nur daß man statt des Worts Praxis, welches eine offene und ehrliche Behandlung einer Aufgabe bedeutet, das der Praktiken (mit langgezogener Penultima) braucht und so alle Theorie in den Augen eines
25 Geschäftsmannes kindisch und lächerlich zu machen sucht; welches dann nach dem Grundsatze: die Welt will betrogen sein, — so werde sie dann betrogen! — auch seinen Zweck nicht verfehlen wird.

Was aber die völlige Unwissenheit und Unfähigkeit dieser spöttisch nachäffenden Philosophen, über Vernunfturtheile abzusprechen, klar be-
30 weiset, ist: daß sie gar nicht zu begreifen scheinen, was Erkenntniß a priori (von ihnen sinnreich das Vonvornerkenntniß genannt) zum Unterschiede vom empirischen eigentlich sagen wolle. Die Kritik der r. V. hat es ihnen zwar oft und deutlich genug gesagt: daß es Sätze sind, die mit dem Bewußtsein ihrer inneren Nothwendigkeit und absoluten Allgemein-

heit (apodiktische) ausgesprochen, mithin nicht wiederum als von der Erfahrung abhängig anerkannt werden, die also an sich nicht so oder auch anders sein können; weil sonst die Eintheilung der Urtheile nach jenem possierlichen Beispiel ausfallen würde: „Braun waren Pharaons Kühe; doch auch von andern Farben." Aber niemand ist blinder, als der nicht 5 sehen will, und dieses Nichtwollen hat hier ein Interesse, nämlich durch die Seltsamkeit des Spectakels, wo Dinge, aus der natürlichen Lage gerückt, auf dem Kopf stehend vorgestellt werden, viel Neugierige herbei zu ziehen, um durch eine Menge von Zuschauern (wenigstens auf kurze Zeit) den Markt zu beleben und so im litterärischen Gewerbe die Handels- 10 industrie nicht einschlummern zu lassen; welches dann doch auch seinen, wenn gleich nicht eben beabsichtigten Nutzen hat, nämlich vom zuletzt anekelnden Possenspiel sich hernach desto ernstlicher zur gründlichen Bearbeitung der Wissenschaften anzuschicken.

I. Kant. 15

Vorrede

zu

Reinhold Bernhard Jachmanns

Prüfung der Kantischen Religionsphilosophie.

Prospectus zum inliegenden Werk.

Philosophie als Lehre einer Wissenschaft kann so wie jede andere Doctrin zu allerlei beliebigen Zwecken als Werkzeug dienen, hat aber in dieser Hinsicht nur einen bedingten Werth. — Wer dieses oder jenes
5 Product beabsichtigt, muß so oder so dabei zu Werke gehen, und wenn man hiebei nach Principien verfährt, so wird sie auch eine praktische Philosophie heißen können und hat ihren Werth, wie jede andere Waare und Arbeit, womit Verkehr getrieben werden kann.

Aber Philosophie in buchstäblicher Bedeutung des Worts, als Weis-
10 heitslehre, hat einen unbedingten Werth; denn sie ist die Lehre vom Endzweck der menschlichen Vernunft, welcher nur ein einziger sein kann, dem alle andere Zwecke nachstehen oder untergeordnet werden müssen, und der vollendete praktische Philosoph (ein Ideal) ist der, welcher diese Forderung an ihm selbst erfüllt.

15 Ob nun Weisheit von oben herab dem Menschen (durch Inspiration) eingegossen, oder von unten hinauf durch innere Kraft seiner praktischen Vernunft erklimmt werde, das ist die Frage.

Der, welcher das erstere als passives Erkenntnißmittel behauptet, denkt sich das Unding der Möglichkeit einer übersinnlichen Erfahrung,
20 welches im geraden Widerspruch mit sich selbst ist, (das Transscendente als immanent vorzustellen) und fußt sich auf eine gewisse Geheimlehre, Mystik genannt, welche das gerade Gegentheil aller Philosophie ist und doch eben darin, daß sie es ist, (wie der Alchemist) den großen Fund setzt, aller Arbeit vernünftiger, aber mühsamer Naturforschung überhoben, sich
25 im süßen Zustande des Genießens selig zu träumen.

Diese Afterphilosophie auszutilgen, oder, wo sie sich regt, nicht aufkommen zu lassen, hat der Verfasser gegenwärtigen Werks, mein ehemaliger fleißiger und aufgeweckter Zuhörer, jetzt sehr geschätzter Freund, in vorliegender Schrift mit gutem Erfolg beabsichtigt. Es hat dieselbe der An-
30 preisung meinerseits keinesweges bedurft, sondern ich wollte blos das Siegel der Freundschaft gegen den Verfasser zum immerwährenden Andenken diesem Buche beifügen.

Königsberg, J. Kant.

den 14. Januar 1800.

Nachschrift

zu

Christian Gottlieb Mielckes

Littauisch-deutschem und deutsch-littauischem Wörterbuch.

Nachschrift eines Freundes.

Daß der preußische Littauer es sehr verdiene, in der Eigenthümlichkeit seines Charakters und, da die Sprache ein vorzügliches Leitmittel zur Bildung und Erhaltung desselben ist, auch in der Reinigkeit der letzteren
5 sowohl im Schul- als Kanzelunterricht erhalten zu werden, ist aus obiger Beschreibung desselben zu ersehen. Ich füge zu diesem noch hinzu: daß er, von Kriecherei weiter als die ihm benachbarte Völker entfernt, gewohnt ist mit seinen Obern im Tone der Gleichheit und vertraulichen Offenherzigkeit zu sprechen; welches diese auch nicht übel nehmen oder das
10 Händedrücken spröde verweigern, weil sie ihn dabei zu allem Billigen willig finden. Ein von allem Hochmuth einer gewissen benachbarten Nation, wenn jemand unter ihnen vornehmer ist, ganz unterschiedener Stolz, oder vielmehr Gefühl seines Werths, welches Muth andeutet und zugleich für seine Treue die Gewähr leistet.

15 Aber auch abgesehen von dem Nutzen, den der Staat aus dem Beistande eines Volks von solchem Charakter ziehen kann: so ist auch der Vortheil, den die Wissenschaften, vornehmlich die alte Geschichte der Völkerwanderungen, aus der noch unvermengten Sprache eines uralten, jetzt in einem engen Bezirk eingeschränkten und gleichsam isolirten Völker-
20 stammes ziehen können, nicht für gering zu halten und darum, ihre Eigenthümlichkeit aufzubewahren, an sich schon von großem Werth. **Büsching** beklagte daher sehr den frühen Tod des gelehrten Professors Thunmann in Halle, der auf diese Nachforschungen mit etwas zu großer Anstrengung seine Kräfte verwandt hatte. — Überhaupt, wenn auch nicht
25 an jeder Sprache eine eben so große Ausbeute zu erwarten wäre, so ist es doch zur Bildung eines jeden Völkleins in einem Lande, z. B. im preußischen Polen, von Wichtigkeit, es im Schul- und Kanzelunterricht nach dem Muster der reinsten (polnischen) Sprache, sollte diese auch nur außerhalb Landes geredet werden, zu unterweisen und diese nach und
30 nach gangbar zu machen: weil dadurch die Sprache der Eigenthümlichkeit des Volks angemessener und hiemit der Begriff desselben aufgeklärter wird.

J. Kant.

Nachtrag.

Recension

von

Silberschlags Schrift:

Theorie der am 23. Juli 1762 erschienenen Feuerkugel.

Magdeburg, Stendal u. Leipzig.

Hechtel und Compagnie haben verlegt: „Theorie der am 23. Julii 1762 erschienenen Feuerkugel, abgehandelt von Johann Esaias Silberschlag, Pastore an der Heiligen Geistkirche zu Magdeburg und Mitgliede 5 der Königl. Preuß. Akademie der Wissenschaften zu Berlin. Mit Kupfern. 1764. 135 Quartseiten." Dieser ungeheure Feuerballen erleuchtete beinahe den vierten Theil von Deutschland mit einem Glanze, der das Licht des Vollmondes weit übertraf, und zwar zu der Zeit, als er in der scheinbaren Größe einer Sternschnuppe zuerst entdeckt wurde, nach den Beob- 10 achtungen des gelehrten Verfassers wenigstens 19 deutsche Meilen über die Erdfläche erhaben. Das prächtige Meteor durchstrich mit einer Schnelligkeit, gegen die der Flug einer Kanonenkugel nicht in Vergleichung kommt, in etwa zwei Minuten einen Raum von beinahe 80000 Toisen horizontal von dem Verticalpunkt über Röcke unweit Leipzig bis seitwärts Potsdam 15 und Falkenreh und barst in einer Höhe von vier deutschen Meilen nach einem Fall von 15 Meilen mit einem Knalle, der spät gehört wurde und den Donner übertraf. Die Größe dieser Feuerkugel war allen diesen Erscheinungen gemäß und hielt nach unseres Verfassers geometrischer Bestimmung im Durchmesser wenigstens 3036 Pariser Fuß, d. i. mehr als 20 die Hälfte von dem Viertheil einer deutschen Meile. Ein jeder Zuschauer der Welt, der einiger edlen Empfindung fähig ist, muß es dem gelehrten und würdigen Herrn Verfasser Dank wissen, daß er durch seine Nachforschung und Betrachtungen unseres noch wenig gekannten Luftkreises diese Riesengeburt (glänzend und erschrecklich wie bisweilen kolossische 25 Menschen, aber auch eben so schnell verschlungen im weiten Abgrunde des Nichts) hat der Vergessenheit entreißen wollen. Die Naturforscher aber werden in den vortrefflichen Betrachtungen und Anmerkungen unseres scharfsinnigen Verfassers vielfältigen Anlaß zu neuem Unterricht und zur Erweiterung ihrer Natureinsicht antreffen. Diese Schrift besteht aus zwei 30 Haupttheilen, deren der erstere von dem Dunstkreise, der zweite von der

Feuerkugel handelt, dem noch Beilagen von eingelaufenen Nachrichten und Wahrnehmungen angehängt sind. Da der gelehrte Herr Pastor in der gemeinen Theorie vom Dunstkreise keine Befriedigung findet, so trägt er seine eigene Gedanken davon vor und sieht sich genöthigt, einen den Naturforschern ungewöhnlichen Schwung bis auf die Höhen der Metaphysik zu 5 nehmen. Er sucht durch Gründe, welche von viel Bedeutung, aber nicht gnugsam ausgewickelt scheinen, darzuthun: daß die Gegenwart der körperlichen Substanzen im Raume eigentlich eine Sphäre der Wirksamkeit sei, die ihren dynamischen Umkreis und Mittelpunkt hat. Aus der Verschiedenheit dieser Sphären und der Kräfte, die darin wirken, nach dem Unter- 10 schiede der Substanzen leitet er die Spannkraft, die Verdichtung, die Zitterung der Luft und des Äthers, den Schall, den Ton, Licht, Farben und Wärme, imgleichen auch die Anziehung der Materien her. Alles dieses wird im ersten Abschnitte des ersten Theils auf die Luft und ihre Veränderungen angewandt. Im zweiten Abschnitte wird das Luftmeer als 15 ein Dunstkreis betrachtet und außer verschiedenen beträchtlichen Anmerkungen über Dämpfe, Nebel, Wolken und Regen eine neue Eintheilung der Luftregionen vorgetragen. Die erste ist die Staub-Atmosphäre, darauf folgt die wässerichte, die schon weit höher reicht, dann die schleimichte und phosphorescirende, welche öhlichte, harzige und gummichte Theile enthält 20 und die Werkstatt der Sternschnuppen, der Feuerkugeln und fliegenden Drachen ist; zuletzt die geistige Atmosphäre, welche sich bis an die Grenze des Luftkreises ausbreitet, worin die weit erstreckte Luftfeuer, wie die Nordlichter, erzeugt werden. Allenthalben trifft man neue und sehr wahrscheinliche Vermuthungen an, welche wohl verdienen mit den Erscheinungen, die 25 schon bekannt sind, oder noch beobachtet werden sollten, mehrmals verglichen zu werden. Der zweite Theil handelt in drei Abschnitten von der Bahn, der Erzeugung und dem Nutzen dieses Meteors. Die drei Kupferplatten erläutern die Theorie, die Gestalt und den Weg, den dieser Feuerklumpe genommen hat. Die rühmliche Achtsamkeit des würdigen 30 Herrn Pastors auf die an Wundern reiche Natur giebt der studirenden Jugend, die sich zu geistlichen Ämtern geschickt macht, einen Wink, das vor ihren Augen weit aufgeschlagene große Buch der Schöpfung bei Zeiten lesen zu lernen und auch anderen den Verstand der darin enthaltenen Geheimnisse dereinst erleichtern zu können. Kostet in der Kanterischen Buch- 35 handlung allhier wie auch in Elbing und Mitau 3 fl.

Anhang.

Kraus' Recension

von

Ulrich's Eleutheriologie.

Jena, in der Cröckerschen Buchh.: Eleutheriologie oder über Freiheit und Nothwendigkeit, von Johann August Heinrich Ulrich. Zum Gebrauch der Vorlesungen in den Michaelsferien. 1788. 7½ B. 8. (6 gr.)

5 Der Unterschied des Physischen und des Moralischen am Menschen, in so fern er einerseits, als Unterthan der Natur, den unabänderlichen Einfluß ihrer Ursachen fühlt und, nach ihren bestimmten Gesetzen alle Handlungen vorher zu berechnen und hinterher zu erklären, durch seinen Verstand selbst angewiesen ist, und andererseits, als Gebieter über die 10 Natur, sich eine von ihr unabhängige Selbstthätigkeit zutrauet und sich eigene Gesetze giebt, nach welchen trotz allem fremden Einflusse die künftigen Handlungen einzurichten, er für ein unerlaßliches Gebot erkennt und die vergangenen laut Aussprüchen eines Richters in seinem Inneren unerbittlich billigt oder verdammt: dieser Unterschied ist der gemeinsten 15 Vernunft geläufig; und freilich, sie müßte — welches sie weder kann noch darf — sie müßte aufhören, das, was ist und geschieht, von dem, was sein und geschehen soll, zu unterscheiden, wenn sie denselben verkennen, oder bezweifeln wollte. Hingegen der Zusammenhang dieses Physischen und Moralischen im Menschen, in so fern er eben dieselben Handlungen nicht nur 20 nach Verhältnissen der bestimmten Naturnothwendigkeit, sondern auch in Beziehung auf eine unbedingte Selbstthätigkeit und zwar beides zusammen gedenken soll, überschreitet alle Fassung seines Geistes, der, je nachdem er es versucht, diese Handlungen entweder gemäß dem Bedürfnisse des Verstandes als durch Natur bestimmt, oder gemäß dem Erfordernisse der Mo- 25 ralität als durch Freiheit hervorgebracht anzunehmen, bald einsieht, daß er im ersteren Fall das Wesen der Sittlichkeit und im andern den Gebrauch des Verstandes aufgeben müsse, und sonach, da keines von beiden sich aufgeben läßt, gewahr wird, daß hier ein Geheimniß vor ihm liege. Was bleibt nun in Absicht dieses Geheimnisses für das Nachdenken übrig?

Nichts als zuerst den wesentlichen Unterschied des Natürlichen und Sittlichen in das hellste Licht und gegen alle Zweifel und Einsprüche des sich dawider sträubenden Vorwitzes in völlige Gewißheit und Sicherheit zu setzen und alsdann durch kritische Erforschung unsers gesammten Erkenntnißvermögens befriedigenden Aufschluß darüber zu suchen, warum der Zu- 5
sammenhang jener beiden Verknüpfungen unbegreiflich sei, und (obschon sich nicht ergründen läßt, auf welche Weise Natur und Freiheit im Menschen zusammenhängen) in wiefern dennoch sich ohne Widerspruch gedenken lasse, daß beide wirklich in ihm vereinigt Statt haben. Das scheint allerdings sehr wenig zu sein und ist freilich auch weniger, als lüsterne Wißbegierde ver- 10
langt, obzwar wohl so viel, als die Zwecke des Lebens nur immer erfordern mögen. Wenn nun aber vollends bei den Untersuchungen, die uns jenen Aufschluß gewährten, es sich offenbarte und auswiese, daß eben durch die Begränzung ihres Wissens die Vernunft, die sonst in ihren Speculationen über das Theoretische und Praktische mit sich selbst zerfällt, in Absicht auf 15
beides zur vollkommensten Harmonie gelangte, und eben durch die Erörterung seines Unvermögens, Natur und Sittlichkeit mit einander zu paaren, unser Geist die erfreulichsten Blicke in eine von der Sinnenwelt unterschiedene Verstandeswelt und die erwünschtesten Aussichten über seine Bestimmung und Würde gewönne: so wäre es in der That Kurzsichtigkeit, 20
wenn man über die Begränzung unseres Wissens und über das Unvermögen unseres Geistes Klage erheben, und Unverstand, wenn man sich weigern wollte, zu gestehen, was gleichwohl unläugbar ist, daß nämlich das wichtigste und anziehendste aller Probleme der Vernunft für uns hienieden unauflöslich sei. Indessen mag man dies alles noch so klar zeigen, 25
so wird man darum nicht weniger von Zeit zu Zeit noch immer Versuche, das Problem zu lösen, zum Vorschein kommen sehn; denn so ist es nun einmal mit dem Menschen bewandt, daß er in Sachen des Nachdenkens vornehmlich über dunkele und eben darum reizende Gegenstände zu allem eher als zur Erkenntniß seiner Unwissenheit gelangt und zu allem leichter 30
als zum Geständnisse seiner Unfähigkeit sich überwindet; und so muß es wohl sein, da dergleichen Versuche nicht etwa wie ähnliche, welche überschwängliche Erfindungen in der Mathematik betreffen, von Anfängern und Stümpern in der Wissenschaft, sondern oftmals von Männern herrühren, deren Einsichten und Kenntnisse kaum argwöhnen lassen, daß sie, welches gleich- 35
wohl immer der Fall ist, den eigentlichen Fragepunkt der Aufgabe mißverstehen, oder eine Bemäntelung der Schwierigkeiten für eine wirkliche

Auflösung derselben verkennen würden; wovon auf alle Weise die gegenwärtige Schrift einen Beleg abgiebt. Der eben so scharfsinnige als gelehrte Verfasser derselben bemüht sich darin das System der durchgängigen Naturnothwendigkeit aller menschlichen Kraftäußerungen unter dem Namen des Determinismus als das einzig richtige darzustellen und in Absicht der Sittlichkeit nicht nur als mit ihr verträglich zu erklären, sondern auch als ihr förderlich anzupreisen. Neue auch nur Wendungen und Methoden, geschweige Gründe und Beweise hierüber verlangen, hieße den Gegenstand der Bearbeitung, an welchem seit Jahrtausenden der menschliche Geist sich versucht und erschöpft hat, mißkennen. So wie daher einerseits, was die Richtigkeit dieser Lehre selbst betrifft, alles wie gewöhnlich darauf hinausläuft, daß, was nur irgend durch den äußern oder innern Sinn sich wahrnehmen läßt, in so fern es durch den Verstand begriffen werden soll, auch dem Erfordernisse des Verstandes gemäß mit Ausschließung des Ungefährs nothwendige Bestimmung haben und sonach der Mensch als Naturwesen auch unter Naturgesetzen stehen müsse (ein Satz, der allerdings unwiderleglich ist, aber nur noch immer den Fragepunkt zurückläßt, ob denn der Mensch durchaus nur als Naturwesen anzusehen sei): so läuft andererseits über das Verhältniß der physischen Nothwendigkeit zu der Moralität alles wiederum und, gewisse logische Förmlichkeiten abgerechnet, namentlich fast ganz so, wie in dem bekannten Versuche einer Sittenlehre für alle Menschen auf einen Fatalismus hinaus, der den ächten Begriffen von Verpflichtung und Zurechnung weiter keinen Bestand läßt. Das wird keinen Sachkundigen befremden; aber was uns denn doch befremdet hat, ist theils die Insinuation des Vf. S. 8 „sich keine Zurückhaltung und absichtlich klügelnde Zweideutigkeit oder Unbestimmtheit erlaubt zu haben"; theils die Zuversicht, womit er in der an die Lieblinge seiner Seele, das heißt, seine werthesten Zuhörer, gerichteten Dedication „nichts mehr wünscht, als daß sie in dieser seiner Lehre alle die Beruhigung und Zufriedenheit finden möchten, die er selbst davon erfahren habe, und sie auffordert, durch ihr Beispiel zu zeigen, daß richtig (zu verstehen, so wie er hier dargestellt ist) gefaßter Determinismus die Sittlichkeit nicht aufhebe, sondern stütze". In der That macht beides, verglichen mit dem Vortrage und Inhalt der Schrift, mit einander zum Theil einen wunderlichen Contrast, und es wird gewiß wohlgethan sein, diesen durch folgende Beleuchtung des Hauptgedankens für den Leser in näheren Augenschein zu setzen. Da nämlich das Sollen ein

Können, mithin das von allem, was wirklich geschieht, unabhängige Sollen ein ebenmäßig von allem, was wirklich geschieht, unabhängiges Können, oder sittliche Verbindlichkeit ursprüngliche Selbstthätigkeit voraussetzt, die nun eigentlich dasjenige ist, was man unter Freiheit zu denken hat und doch nicht zu begreifen weiß: so sucht der Vf., um dieser Unbegreiflichkeit auszuweichen, umgekehrt einen Übergang von dem Können zu dem Sollen zu finden. Nun giebt es allerdings ein Können, das auch wohl Freiheit heißt und doch ganz verständlich ist: so fern nämlich der Mensch nicht wie die Maschine durch Stoß, oder wie das Thier durch Gefühl, sondern durch Gedanken wirksam ist; und so fern alle Gedanken, die dem Menschen vermittelst des inneren Sinnes nur irgend gegenwärtig werden und zur Wahrnehmung sich anbieten mögen, in Rücksicht ihres Entstehens, Ausbleibens, Wiederkommens, der Zunahme und Abnahme ihrer Klarheit, Lebhaftigkeit und Wirksamkeit, kurz in Rücksicht ihrer Erscheinung und Abwechselung eben sowohl wie alle andere Phänomene der Sinnenwelt sich müssen begreifen und erklären lassen. Und das ist es auch, wovon der Vf. ausgeht, wenn er die Freiheit unter andern (S. 59) durch die Verbesserlichkeit unserer praktischen Erkenntniß erklärt und bei dem Aufzählen der Ursachen, wovon die Erwerbung und Entwickelung der praktischen Erkenntniß abhänge, z. E. theils der Gelegenheit, des Unterrichts der Erfahrung, theils des vorsätzlichen Nachdenkens, der vorsätzlichen Aufmerksamkeit, Übung u. s. w., in Absicht des letzteren freimüthig überall, besonders S. 62, hinzufügt: „daß alles dies Vorsätzliche selbst wieder von tausenderlei Umständen abhänge, die in der gesammten Verknüpfung (der physischen Ursachen) liegen". Dies Geständniß erheischt freilich sein System durchaus, indem alles Psychologische in Absicht der Erklärbarkeit als Gegenstand der Wahrnehmung sich an die Reihe des Mechanischen, Chemischen, Organischen anschließt und damit als eben so viel besondere Nebenarten die Hauptgattung des Physischen bildet. Aber nun der Übergang von dieser Namenfreiheit, die nichts als Naturnothwendigkeit ist, zu der davon ganz abgeschnittenen Moralität, oder von diesem abhängigen Können zu dem absoluten Sollen? — Der Übergang? Ja, statt den zu zeigen, worauf doch eben alles ankam, klagt der Vf. S. 17, „der Begriff des absoluten Sollens (der freilich der eigentliche Plagegeist für den empirischen Moralisten ist) sei einer der schwersten in der ganzen Moral, dessen Untersuchung er sich auf eine andere Zeit vorbehalte;" bittet S. 38 seine Zuhörer, „sich an dasjenige zu erinnern, was sie in den moralischen

Vorlesungen bei der mühsamen Entwickelung der Idee von Pflicht über das absolute Sollen gehört haben" und wovon leider der Leser nichts weiß; feilscht und dingt die Richtigkeit seiner Lehre wenigstens auf Halbscheid in Absicht des Zukünftigen, wenn gleich nicht in Absicht des Vergangenen,
5 zu retten; bis am Ende die Wahrheitsliebe ihm noch unter den Verbesserungen und Zusätzen auf der vorletzten Seite die naive Frage ablockt: „Was wäre es denn nun, wenn alles Sittliche sich zuletzt auf etwas Physisches zurückbringen ließe?" — Was es denn wäre? — Nun wohl weiter nichts, als daß es denn zuletzt gar nichts Sittliches gäbe und mit dem
10 Unterschiede des Physischen und Moralischen zugleich der Unterschied dessen, was ist oder geschieht, und dessen, was sein oder geschehen soll, verschwände. Das ist ja aber eben die Theorie, in Rücksicht welcher der Vf. die Lieblinge seiner Seele aufgefordert hat, sie durch ihren Wandel zu widerlegen. Doch wie gesagt, der Vf. thut unter andern auch Anträge auf
15 Halbscheid. „Der Mensch soll (heißt es S. 63. 82 etc.) anders oder besser werden; auch kann er es werden; nur kein Mensch kann schon jetzt anders oder besser sein, als er ist." Also nur schon jetzt und bis jetzt nicht. Wie aber, wenn aus dem fortfließenden Jetzt das Immer entstände, wie aus dem fortfließenden Punkt die Linie entsteht, und von jeder
20 Stelle der zukünftigen und vergangenen Zeit das Jetzt eben so gälte, wie von jeder Stelle der Linie, hinauf und hinab betrachtet, der Punkt gilt? In der That, wenn alles Künftige so gut dereinst gegenwärtig sein wird, als alles Vergangene bereits gegenwärtig gewesen ist: so muß das menschliche Thun und Lassen, wenn es allemal bis jetzt durch Nothwendigkeit
25 bestimmt ist, auf gleiche Weise auch für alle Folgezeiten ins Unendliche hin bestimmt sein; als welche Folgezeiten das zur Grenze der Nothwendigkeit angenommene Jetzt der Reihe nach ins Unendliche hin durchwandern muß. Oder wenn der Vf. das läugnen wollte, so müßte er behaupten, daß z. B. das Thun und Lassen der Jenenser im verflossenen Jahr jetzt nach
30 dem Ende des Jahres durchaus nothwendig so, wie es war, vor dem Anfange desselben aber nicht nothwendig so, wie es war, und auf gleiche Weise alle Handlungen aller Menschen in aller Zeitfolge zwar zurück, von B nach A gesehen, unmöglich anders, aber vorwärts, von A nach B gesehen, ganz anders möglich gewesen seien: welchem nach einerlei Ur-
35 theil über einerlei Sache, objectiv genommen, zugleich wahr und falsch wäre: eine Unbegreiflichkeit, die größer ist, als diejenige, welche durch Umgehung der sittlichen Freiheit vermieden werden sollte, und in die nicht etwa

nur der Vf. aus Versehen gerathen ist, sondern auf demselben Wege trotz aller Vorsicht jedermann unabänderlicher Weise am Ende sich verwickeln muß. Und so zeigt es sich denn nach aufgehobenem Blendwerke, welches mit dem Jetzt und Schon und Einst gespielt wird, augenscheinlich, daß der Hauptgedanke des Vf. schlechterdings unhaltbar und seine Schrift 5 trotz der Zuversicht, die er darauf gesetzt hat, nichts als ein überflüssiger Beitrag zu dem Beweise des an sich klaren Satzes ist: daß Freiheit, so wie sie der Sittlichkeit zum Grunde liegt, sich nicht begreifen lasse und so, wie sie sich begreifen läßt, nicht der Sittlichkeit zur Grundlage dienen könne; sondern vielmehr dahin abzwecke, die ganze moralische Verstandes- 10 welt, die auf persönlicher Selbstmacht beruht, in eine physische Sinnenwelt zu verwandeln, wo alles nach einer anderswoher bestimmten und unabänderlichen Naturnothwendigkeit fortgeht, und wo (so fern (S. 90) niemand zu dem jedesmaligen Zustande seines sittlichen Werths oder Unwerths durch seine vorsätzliche Bemühungen eigentlich etwas beigetragen 15 hat, oder hat beitragen können) weder ein Mensch, als welcher nur Ursache, nicht Urheber ist, an seinem oder anderer Thun und Lassen, noch sogar die Gottheit, als welche in allem ihr Werk und nur sich selbst handeln sieht, an uns insgesammt das mindeste zu tadeln finden kann, und wo nicht mehr von Pflichten und Verbindlichkeiten, sondern nur von Thaten 20 und Begebenheiten, nicht mehr von Verdienst und Schuld, von Tugend und Laster, sondern nur von Glück und Unglück, Vergnügen und Leiden die Rede sein darf; in eine Welt, in Absicht welcher nichts übrig bleibt als die schwindelnde Vernunft durch die Phantasie, diese leidige Trösterin, in den wilden Traum von einer Vorsehung einwiegen zu lassen, welche an 25 der Naturkette der nothwendigen Ursachen, unter deren Erfolgen manche kraft eines wohlthätigen Wahnes uns freie Handlungen zu sein scheinen, alle Menschen und alle vernünftige Wesen oder Personen als lauter wirkliche Automate, die einen später auf dem Umwege so genannter Laster, die andern früher auf dem Richtwege vermeintlicher Tugend, zu einem ge- 30 meinsamen äußersten Ziele der Glückseligkeit mechanisch hinbewegt. Wie ein System dieser Art (obwohl nicht leicht ein Mann von Nachdenken sein mag, dem es nicht irgend einmal durch den Kopf gegangen) völlige Zufriedenheit gewähren könne, ist an sich sonderbar; vollends aber auf Seiten des Vf. befremdlich, weil er selbst eine erhebliche Bedenklichkeit dagegen 35 geäußert hat. In dem polemischen Theile nämlich seiner Schrift, der wider die Kantische Theorie der Freiheit gerichtet ist (eine Theorie, würdig

eines ächten Weltweisen, der auf wissenschaftliche Gewißheit dringt, wo sie nur irgend zu haben ist, aber auch Unwissenheit redlich anerkennt, wo ihr gar nicht abgeholfen werden kann, und von welcher die ersten Grundzüge zum Eingange dieser Recension vorgelegt sind), gesteht Herr U. gerade zu
5 (S. 33), daß diese Theorie unwiderleglich sein würde, wenn man den Satz als ausgemacht zugestände, daß die Zeit eine bloß subjective Form der Erscheinungen sei; woraus ganz klar das Bedenken hervorgeht, daß, wenn man weder diesen Satz selbst umstoßen, noch den Beweis, worauf derselbe ruht, entkräften könnte, diese Theorie ihre Richtigkeit haben und so-
10 nach die Zufriedenheit, welche das derselben entgegengesetzte System dem H. U. abgewonnen, bloße Täuschung gewesen sein müsse. Gegen diese Besorgniß kann er sich nur dadurch sichern, daß er die völlige Unstatthaftigkeit jenes Satzes oder eigentlich des dadurch ausgedrückten Gedankens einleuchtend darthue; für welches Unternehmen, wenn es ihm ge-
15 lingt, ihm die Gegner sowohl als die Kenner der Kantischen Philosophie und der Urheber selbst danken würden; jene, weil sie eben dadurch ein Mittel bekämen, sich über die, wie es bisher schien, nur mittelst jenes Satzes auflöslichen Antinomien der Vernunft hinwegzusetzen und sich mit Hoffnung eines vollkommenen Sieges zu schmeicheln; diese, weil sie davon
20 unerwartete Aufschlüsse über die menschliche Erkenntniß gewönnen, dergleichen ihnen willkommener sind denn Systeme, als welche sie nur lieben, so fern ihnen dadurch unentbehrliche und erwünschte Aufschlüsse gewährt werden. Allein wider jenen Satz ist es nicht mit bloßen Gegenerklärungen (wie hier S. 33: „Derselbe sei, man sage, was man wolle, durch alles
25 noch nicht erwiesen und dasjenige, was darüber so oft auch von ihm gesagt worden, noch nicht beantwortet") oder mit bloßen Einwendungen ausgerichtet, zumal wenn letztere entweder auf eiteln Mißverstand hinauslaufen, oder nur die Erläuterung des Satzes und nicht den Satz selber treffen: von welchen beiden Arten von Einwürfen hier mehrere vorgebracht
30 sind. So heißt es unter andern (S. 34): „Wie will man bei Behauptung einer ursprünglichen Selbstthätigkeit des reinen Vernunftvermögens der Frage ausweichen, warum dies Vermögen bei gewissen Handlungen angewandt werde, bei andern nicht, da doch entweder ein Grund einmal der Anwendung, das andere mal der Unterlassung vorhanden sein müsse oder
35 nicht, und mithin im ersten Fall Nothwendigkeit, im andern Zufall eintrete?" Denn dieser und allen ähnlichen Fragen, welche voraussetzen, man solle von der Freiheit, nicht nur, daß sie wirklich, sondern auch

wie sie beschaffen sei, wissen, wird ganz getreulich durch das Geständniß ausgewichen, daß man in Absicht des letztern nichts wissen könne, weil Freiheit sich nicht durch sinnliche Wahrnehmung offenbart, obgleich man von ihren Erfolgen, in so fern diese sich unserer Wahrnehmung anbieten, wie von allen andern Phänomenen, die in der Zeit erfolgen, be- 5 stimmende Gründe angeben kann und in diesem Betracht also jener Frage nicht auszuweichen braucht. Eben so ist es mit dem andern Einwurf (S. 38) bewandt, wo es heißt: daß von Kant selbst zugestanden werde, unsere Vernunft sei nicht ohne Hindernisse praktisch und mithin unsere Selbstthätigkeit nicht ohne Hemmungen wirksam: denn diese Hemmungen 10 und Hindernisse, welche uns durch sinnliche Wahrnehmung gegenwärtig werden, gelten wieder nur von dem, was sich überhaupt an uns sinnlich wahrnehmen, nicht aber von dem, was, einer solchen Wahrnehmung entnommen, sich bloß gedenken läßt. Und auf gleiche Weise verhält es sich mit mehreren Einwürfen, welche Erläuterungen eines Begriffs ver- 15 langen, von dem im gesammten Gebiete der Erfahrung nichts Ähnliches anzutreffen sein kann, und von dessen Gegenstand, der Freiheit, die speculative Philosophie (mit Verzicht auf Einsichten in die Beschaffenheit desselben) sich begnügen muß, erkennen zu können, daß derselbe weder an sich selbst noch in Verbindung mit der Naturnothwendigkeit seiner Phä- 20 nomene, d. i. unserer Handlungen, widersprechend, sondern als zusammenbestehend im Menschen nach der zwiefachen Weise seines Daseins in der Zeitfolge und außer aller Zeitbestimmung gedenkbar sei.

Anmerkungen

Anzeige des Lambert'schen Briefwechsels

Herausgeber: Paul Menzer.

Einleitung.

Die Anzeige erschien im 10. Stück der „Königsbergschen gelehrten und politischen Zeitungen“ vom 4. Februar 1782. Die Verfasserschaft Kants ist bezeugt durch seinen Brief an Joh. Bernoulli vom 22. Februar 1782 (X, 262 bz. 280 [1]). Sie gerieth in Vergessenheit und wurde erst durch Wardas Abdruck in Nr. 310 der Königsberger Hartungschen Zeitung vom 6. Juni 1909 wieder bekannt.

Sachliche Erläuterungen.

3 2 seiner Zeit] am 12. November 1781 im 91. Stück.

3 3 Joh. Bernoulli] Mathematiker und Astronom (1744—1807).

3 6.7 Lambert'schen Briefwechsel] Joh. Heinr. Lamberts deutscher gelehrter Briefwechsel, Berlin-Dessau. Der 1. Band erschien 1781, der 2te 1782 und der letzte 1785.

3 10 Abhandlungen] Der Titel lautet richtig: J. H. Lamberts logische und philosophische Abhandlungen. Zum Druck befördert von Joh. Bernoulli. Berlin-Dessau. 2 Bde. 1782/7.

4 8 Sammlung] Sie erschien zu Berlin in 18 Bänden vom Jahre 1781 bis 1787.

Paul Menzer.

---

1) Bei den angeführten Briefstellen bedeutet die erste Zahl die erste Auflage, die zweite Zahl die zweite Auflage des betreffenden Bandes der Ausgabe.

Nachricht an Ärzte.

Herausgeber: Heinrich Maier.

Einleitung.

Die „Nachricht" erschien in der Beilage zum 31. Stück der Königsbergschen gelehrten und politischen Zeitungen vom 18. April 1782. Sie betrifft die Influenza epidemie des Frühjahrs 1782. Die Übersetzung des Fothergill'schen Aufsatzes ist von Kants Freund und Kollegen Christian Jacob Kraus angefertigt, vgl. den Brief des letzteren an Kant X 264 bz. 282.

Die „Nachricht" wurde sammt dem Fothergill'schen Aufsatz, wohl nicht ohne Kants Wissen, von dem Königsberger Schriftsteller L. von Baczko in der Zeitschrift „Preussisches Magazin zum Unterricht und Vergnügen", Heft 1, S. 132—138, wieder abgedruckt (vgl. E. Ebstein, Ein vergessenes Dokument I. Kants zur Geschichte der Influenza, Deutsche medizin. Wochenschr. 1907 N. 47 S. 1957). Doch kam die Arbeit in Vergessenheit, bis R. Reicke in dem Aufsatz: I. Kant's Nachricht an Ärzte über die Frühlingsepidemie des Jahres 1782, Neue Preussische Provinzialblätter, 3. F., Bd. VI, 1860, S. 184—190, wieder auf sie aufmerksam machte.

Drucke: 1. Königsbergsche gelehrte und politische Zeitungen, 31. Stück, 18. April 1782.

2. Preußisches Magazin zum Unterricht und Vergnügen, Heft 1, Königsberg und Leipzig 1783, S. 132—138.

Ausserdem ist die Übersetzung aus Fothergill abgedruckt bei Joh. Dan. Metzger, Beitrag zur Geschichte der Frühlingsepidemie im Jahre 1782, Königsberg und Leipzig 1782, S. 48—53.

Sachliche Erläuterungen.

621 Russels Beschreibung] in der: Naturgeschichte von Aleppo (Alex Russell, The natural history of Aleppo and parts adjacent, London 1756).

6 23. 24 Briefe aus Petersburg] Diese scheinen von Kant besorgt worden und an ihn gerichtet gewesen zu sein (vgl. Johann Daniel Metzger, a. a. O. S. 38f.). Sicher ist, dass sich Kant nach dem Erscheinen seiner „Nachricht“ um Mittheilungen aus Russland über die Epidemie bemüht hat (vgl. den Brief von Chr. G. Arndt und den von Berens, X 263. 264 bz. 281. 282; ferner Metzger a. a. O. S. 38f., und die im „Neuen Magazin für Ärzte“, V, Leipzig 1783, S. 260f. enthaltenen, von Ebstein a. a. O. S. 1958f. wiedergegebenen Briefe von v. Asch und Kant).

6 25. 26 dieselbe Krankheit — herrschte] hiezu vgl. die Briefe Lichtenbergs an Dieterich aus London vom 12. und 16. Nov. 1775 (G. Ch. Lichtenbergs vermischte Schriften, Göttingen 1867, 7. Bd., S. 137—139).

6 29 D. Fothergill] John Fothergill, ein bekannter Londoner Arzt, geb. 1712 zu Carr End in Yorkshire, gest. 1780 zu London.

6 31 Aus dem rc.] Gentleman's Magazine, v. XLVI, 1776, S. 65b. Über die Übersetzung schreibt der Übersetzer Chr. Jac. Kraus an Kant: Ew. Wohlgebohrn werden mir die harte Wortfügungen in der Übersetzung zu gut halten . . . (X 264).

7 22—26 Gegen — gesund] Das Original lautet hier: Those who were seized at first with very copious defluctions from the nose and the fauces, or had a plentiful an spontaneous discharge of black bilious stools, or made large quantities of a high coloured urine, or sweated profusely, of their own accord, a night or two after the seizure, soonest grew well.

Lesarten.

8 31 Bitte, wenn] Bitte, daß, wenn A ||

Heinrich Maier.

Recension von Schulz's Versuch einer Anleitung zur Sittenlehre.

Herausgeber: Heinrich Maier.

Einleitung.

Die Schrift, deren ersten Theil Kant hier bespricht, ist betitelt: Versuch einer Anleitung zur Sittenlehre für alle Menschen, ohne Unterschied der Religionen, nebst einem Anhange von den Todesstrafen. Erster Theil. Berlin 1783. (Der 2. Theil kam ebenfalls 1783, der 3. und 4. dagegen erst 1790 heraus.) Das Werk ist anonym erschienen. Der Verfasser war der Prediger Johann Heinrich Schulz in Gielsdorf, genannt Zopfschulz, der nachher, in der Ära des Ministeriums Wöllner, seines Amtes entsetzt wurde. Die Kant'sche Recension ist in dem „Räsonnirenden Bücherverzeichnis", Königsberg 1783, Nr. 7, veröffentlicht.

Drucke: 1. — Räsonnirendes Bücherverzeichnis, 1783, Königsberg, Hartung, Nr. 7, S. 93—104.

2. Kants Urtheil über Schulz's fatalistische Moral in: L. E. Borowski, Darstellung des Lebens und Charakters J. Kants, Königsberg, 1804, S. 238—250.

3. Urtheil über Schulzens fatalistische Moral, Immanuel Kant's vermischte Schriften 4. Bd. Königsberg 1807 (Tieftrunk), S. 371—378.

Sachliche Erläuterungen.

12 35 Priestley] The doctrine of philosophical necessity, London 1777, vgl. Kritik der praktischen Vernunft V 98 32.

13 1 mehrere Geistliche dieses Landes] Wen Kant hier im Auge hat, habe ich nicht feststellen können. Bekannt ist, daß Priestley mit einigen englischen Geistlichen — so mit Rich. Price, mit John Palmer — eine freundschaftliche Polemik über die Freiheitsfrage gehabt hat. Sollten an unserer Stelle diese

Geistlichen gemeint sein? Zuzutrauen ist Kant, der über die Einzelheiten der Controverse schwerlich genau unterrichtet war, eine solche Verwechslung wohl.

13₂ Herr Prof. Ehlers] Martin Ehlers, Professor der Philosophie zu Kiel, Über die Lehre von der menschlichen Freiheit und über die Mittel, zu einer hohen Stufe moralischer Freiheit zu gelangen. Dessau (1782), bes. S. 56.

Lesarten.

10₂ Religion] der Titel der Schulz'schen Schrift hat: Religionen || 11₃₂ also] fehlt Tieftrunk || 12₁ dem] den Tieftrunk || 12₉ oder] und Tieftrunk || 12₃₀ Wegen] Wegen, als sonst geschieht Tieftrunk || 12₃₂.₃₃ gemeine] allgemeine Tieftrunk || 13₁ dieses Landes] in England Tieftrunk || 13₂₅.₂₆ unter — Gebote] unter der allein ich die Gebote Tieftrunk || 14₆ da] dann Tieftrunk ||

Heinrich Maier.

Idee zu einer allgemeinen Geschichte in weltbürgerlicher Absicht.

Herausgeber: Heinrich Maier.

Einleitung.

Was zu dem Aufsatz den äusseren Anlass gegeben hat, sagt Kant selbst in der Anmerkung zum Titel (Titelblatt S. 15). Die Stelle, auf die hier Bezug genommen ist, findet sich S. 95 der Gothaischen Gelehrten Zeitungen 1784 (12. Stück, 11. Februar). Hier wird in einem Abschnitt der „kurzen Nachrichten" zunächst mitgetheilt, dass der „Oberhofprediger Schulze" damit beschäftigt sei, Kants Kritik der reinen Vernunft durch Übersetzung in eine populäre Schreibart allgemein verständlich zu machen. In einem 2. Theil des Abschnitts wird dann fortgefahren: „Eine Lieblingsidee des Hrn. Prof. Kant ist, dass der Endzweck des Menschengeschlechts die Erreichung der vollkommensten Staatsverfassung sei, und er wünscht, dass ein philosophischer Geschichtschreiber es unternehmen möchte, uns in dieser Rücksicht eine Geschichte der Menschheit zu liefern, und zu zeigen, wie weit die Menschheit in den verschiedenen Zeiten diesem Endzweck sich genähert, oder von demselben entfernt habe, und was zu Erreichung desselben noch zu thun sei."

Veröffentlicht ist der Aufsatz im 11. Stück der Berlinischen Monatsschrift, November 1784.

Drucke: 1. Berlinische Monatsschrift, 1784, IV S. 385—411.

2. J. Kants kleine Schriften, Neuwied 1793, S. 1—33.

3. J. Kants zerstreute Aufsätze, Frankfurt und Leipzig 1793, S. 1—25.

4. J. Kants sämmtliche kleine Schriften, Königsberg und Leipzig (Voigt, Jena) 1797/8, III S. 131—158.

5. J. Kants vermischte Schriften 2. Bd., Halle 1799 (Tieftrunk), S. 661—686.

Sachliche Erläuterungen.

24₂₉ Abbé von St. Pierre] Abbé Charles-Irenée Castel de St. Pierre (1658—1743): Projet de paix perpétuelle, Utrecht 1713.

24₂₉ Rousseau] J. J. Rousseau: Extrait du projet de paix perpétuelle de M. l'Abbé de St. Pierre, 1760.

29₃₆ Das erste Blatt im Thucydides (sagt Hume) . .] D. Hume, Essays moral, political and literary, v. I, ess. XI, Green and Grose, London 1898 III. 414.

35₆ Sapere aude!] Horaz, Ep. I 2, 40.

Lesarten.

25₂ alter] Schöndörffer aller A. ||

Heinrich Maier.

Beantwortung der Frage: Was ist Aufklärung?

Herausgeber: Heinrich Maier.

Einleitung.

Im Septemberheft der Berlinischen Monatsschrift 1784 (9. Stück, 4. Bd. S. 193—200) hatte Mendelssohn eine Abhandlung „Über die Frage: was heisst Aufklärung?" veröffentlicht. Das gleiche Thema behandelt der vorliegende Aufsatz, der im Decemberheft derselben Zeitschrift (1784, 12. Stück) erschienen ist. Dass übrigens Kant, als er denselben niederschrieb, Mendelssohn's Arbeit noch nicht kannte, zeigt die am Schluss angefügte Note (42 4 ff.).

Drucke: 1. Berlinische Monatsschrift, 1784, IV S. 481—494.

2. J. Kants kleine Schriften, Neuwied 1793, S. 34—50.

3. J. Kants zerstreute Aufsätze, Frankfurt und Leipzig 1793, S. 25—37.

4. J. Kants sämmtliche kleine Schriften, Königsberg und Leipzig (Voigt, Jena) 1797/8, III S. 159—172.

5. J. Kants vermischte Schriften 2. Bd. Halle 1799 (Tieftrunk), S. 687—700

Sachliche Erläuterungen.

42 4 Büsching'sche wöchentliche Nachrichten] Wöchentliche Nachrichten von neuen Landcharten, geographischen, statistischen und historischen Büchern und Schriften, herausgeg. von Ant. Friedr. Büsching, 12. Jahrg. 1784, Berlin 1785, S. 291 f.

42 6 Mendelssohn] vgl. die Einleitung.

Lesarten.

37 28 seinen] seinem Tieftrunk || 41 10 d. i.] Buchenau die A || .

Heinrich Maier.

Recensionen von Herders Ideen.

Herausgeber: Heinrich Maier.

Einleitung.

Am 10. Juli 1784 lud Chr. Gottfr. Schütz im Auftrag einer „typographischen Gesellschaft“ Kant zur Mitarbeit an einer „neuen Allgemeinen Litteraturzeitung“, die mit „künftigem Jahr ihren Anfang nehmen“ solle, ein und bot ihm die Recension von Herders „Ideen zur Philosophie der Geschichte der Menschheit“, deren erster Theil im selben Jahr erschienen war, an (X 371 bz. 394). Kant nahm an und erklärte sich bereit, Herders Buch, wie Schütz sich ausdrückt, gleichsam zur Probe zu recensiren. Schütz bat, ihm das Manuskript vor dem 1. November zukommen zu lassen (X 373 bz. 396). Die projectirte Zeitschrift, die Jenaer Allg. Litteraturzeitung, trat wirklich, von Schütz redigirt, im Januar 1785 ins Leben. Und schon in der 4. Nummer, am 6. Januar 1785, erschien die Recension des Herder'schen Werkes — anonym, doch war über den Verfasser Niemand im Zweifel.

Am 18. Februar 1785 schreibt Schütz an Kant voll Befriedigung; „Ich darf Ihnen sagen, dass diese Recension, da sie mit in die Probebogen kam, gewiss sehr viel zu dem Beyfall beygetragen, den die A. L. Z. erhalten hat.“ Er bemerkt weiter: „Hr. *Herder* soll indessen sehr empfindlich darüber gewesen seyn“, und fährt dann fort: „Ein junger Convertit Nahmens *Reinhold*, der sich in *Wielands* Hause zu Weimar aufhält, und bereits im *Mercur* eine gräuliche Posaune über *Herders* Werke angestimmt hatte, will gar eine *(si diis placet)* Widerlegung Ihrer Recension in dem Februarstück des d. Mercur einrücken. Ich sende Ihnen dis Blatt sobald ichs erhalte zu. Gern höchst gern würden es die Unternehmer [sc. der A. L. Z.] sehn, wenn Sie sodann darauf antworten wollten. Scheints Ihnen aber der Mühe nicht werth, so will ich schon für eine *Replic* sorgen“ (X 374 f. bz. 398 f.). Schütz war recht berichtet. Im Februarheft des „Teutschen Merkur“, 1875, erschien anonym — doch hat sich später K. L. Reinhold selbst als Verfasser bekannt (in einem Brief an Kant vom 12. October 1787, X 475 bz. 497) — ein „Schreiben des Pfarrers zu *** an den H. des T. M. Über eine Recension von Herders Ideen zur Philosophie der Geschichte der Menschheit“. Kant entschloss sich, selbst zu erwidern. „Im Anhang zum Märzmonat" der A. L. Z. 1785 erschienen die „Erinnerungen des Recensenten der Herder'schen Ideen zu einer Philosophie der Geschichte der Menschheit .. über ein im Febr. des Teutschen Merkur gegen diese Recension gerichtetes Schreiben."

Am 13. September 1785 schreibt Kant an Schütz: „Entschuldigen Sie mich ferner, werthester Freund, wenn ich nichts zur A. L. Z. innerhalb einer geraumen Zeit liefern kann .... Doch würde ich allenfalls den zweiten Theil von Herder's Ideen zur Recension übernehmen" (X 383 bz. 406f.), und eine Woche später am 20. September, richtet Schütz an Kant die Bitte, „den 2. Theil von *Herder* der bereits heraus ist noch zu recensiren, und zwar wo möglich spätstens in 6 Wochen" ihm „die Rec. zu senden" (X 385 bz. 408). Doch stand das Buch Kant, wie es scheint, zunächst nicht zu Gebote; am 8. November sandte Schütz ihm ein Exemplar und wiederholte zugleich die Bitte um rasche Zusendung der Recension (X 397f. bz. 421, vgl. den Eingang des Briefes vom 13. Nov. X 398 bz. 421). Indessen konnte diese bereits in Nr. 271 der Allg. Litteraturzeitung, die auf den 15. November datiert ist, gedruckt werden.

Damit schied Kant von dem Werke Herders. An die späteren Theile hat er nicht mehr die Hand gelegt. „Herder's Ideen, dritten Theil," schreibt er am 25. Juni 1787, „zu recensiren, wird nun wohl ein Anderer übernehmen, und sich, daß er ein Anderer sey, erklären müssen; denn mir gebricht die Zeit dazu, weil ich alsbald zur Grundlage der Kritik des Geschmacks gehen muß" (X 467 bz. 490).

Drucke:

der Recensionen:

1. Rezension des 1. Theils: Allg. Litteraturzeitung 1785, Nr. 4 und Beilage, I 17a—20b, 21a—22b.

Rec. des 2. Theils, ebendas. Nr. 271, IV 153a—156b.

2. Beide Recensionen: J. Kants sämmtliche kleine Schriften, Königsberg und Leipzig (Voigt, Jena) 1797/8 III 207—238.

3. Beide Recensionen: J. Kants Vermischte Schriften 4. Bd. Halle 1807 (Tieftrunk), S. 383—414.

der Erinnerungen:

Erinnerungen des Recensenten der Herderschen Ideen zu einer Philosophie der Geschichte der Menschheit (Nr. 4 und Beil. der Allg. Lit.-Zeit.) über ein im Februar des Teutschen Merkur gegen diese Recension gerichtetes Schreiben. Anhang zum Märzmonat der Allg. Litteraturzeitung, 1785, I, letztes Blatt.

Sachliche Erläuterungen.

Kants Citate sind bekanntlich nirgends genau. Das gilt ganz besonders von diesen Recensionen. Die Anführungszeichen besagen hier nur, dass die Gedanken und großenteils, aber nicht durchweg, auch die Worte dem citirten

Autor angehören, bezw. an der citirten Stelle zu finden sind. — Zu bemerken ist noch, daß im Folgenden für die in Anführungszeichen eingeschlossenen Stellen die Seitenzahlen des Herder'schen Werks nach den von Kant benutzten ersten Originalausgaben angegeben sind.

46 4—15] Herder, Ideen zur Philosophie der Geschichte der Menschheit, Riga und Leipzig 1785 I S. 13f.

46 16—26] a. a. O. S. 18—20.

46 29—31] a. a. O. S. 23.

46 33. 34] a. a. O. S. 29.

47 2—9] eine sehr freie, wenig genaue Wiedergabe der Gedanken des 6. und 7. Abschnitts des 1. Buchs. Räthselhaft ist der Satz 5—7: aber die vielen — Himmelsstriche. Auch die Vergleichung mit der Vorlage I S. 45 giebt kein Licht. Vergleicht man aber S. 45, S. 46, S. 49f., S. 54f., so wird der Verdacht bestärkt, daß hier der Kant'sche Text in Unordnung gerathen ist. Jedenfalls ist der Sinn der Vorlage durch den Satz ganz und gar nicht ausgedrückt. Versehen und Flüchtigkeiten Kants scheinen mit einer Verwirrung im Druck Hand in Hand gegangen zu sein.

47 18—32] Herder I S. 88—93.

47 20 Diese] bezieht sich auf eine ausgelassene Stelle der Herder'schen Vorlage.

47 32. 33] Herder I S. 94.

47 37—48 5] a. a. O. S. 106.

48 6—11] ein Aggregat frei wiedergegebener Herder'scher Gedanken (a. a. O. S. 119. 124f. 125. 134).

48 21—23] a. a. O. S. 177.

48 28—32] a. a. O. S. 180.

48 34. 35] a. a. O. S. 185.

49 4—7 „blick also — knüpfte] a. a. O. S. 205.

49 7. 8 Über die — Auge] a. a. O. S. 216.

49 8—11 Mit dem — statt] frei reproducirt aus S. 216, 217, 223.

49 11—14 Theoretisch — worden] a. a. O. S. 229.

49 14. 15] a. a. O. S. 231.

49 15. 16] a. a. O. S. 238.

49 16—18 Seine — anders] Herder I S. 238f.

49 18—26 Er ist — hervor] a. a. O. S. 244—260.

49 26—31] a. a. O. S. 265.

49 32—50 11] a. a. O. S. 265—270.

50 6—9 Dieses — Weltschöpfung] Verständlich wird der Satz von der Herder'schen Vorlage S. 269 aus: Was dies für die Unsterblichkeit thue? Alles; und nicht für die Unsterblichkeit unsrer Seele allein, sondern für die Fortdauer...

50 12] a. a. O. S. 270.

50 12—16] a. a. O. S. 273.

50 16—22] a. a. O. S. 274. 275. 276.

50 22—27] a. a. O. S. 277

50 28—33] a. a. O. S. 279 f.

50 35—37 Das — sollten] a. a. O. S. 287.

51 2—11] a. a. O. S. 289—293.

51 3 ihr] nemlich: der Seele. Herder: da ists unleugbar, daß der Gedanke, jv, die erste Wahrnehmung, damit sich die Seele einen äußeren Gegenstand vorstellt, ganz ein andres Ding sei, als was ihr der Sinn zuführet (S. 289).

51 8 ihren] geht nach dem Zusammenhang auf: Der Gedanke 2, bei Herder dagegen auf: Associationen unserer Gedanken S. 290 f.

51 9 Das] in der Herder'schen Vorlage mit 3. eingeführt.

51 13—19] Herder I S. 299. S. 304 f.

51 20.21 Der jetzige — Welten] Überschrift des 6. Abschnitts des 5. Buches, S. 308.

51 21—25 Wenn — Schöpfung] a. a. O. S. 308.

51 26.27 Er — Wesens] a. a. O. S. 310.

51 27—29 Das — Krone] a. a. O. S. 311.

51 29—31 Unsere — Theilnehmer] a. a. O. S. 313.

51 32—34 Es — möchte] a. a. O. S. 313.

51 34.35 so — unerklärlich] a. a. O. S. 314.

51 35—52 4 Auch — hineinglauben] a. a. O. S. 314 f.

52 7—15] Herder I S. 315—318.

57 12—20 Die — darf] oben S. 54 16—23, hiezu s. Teutsch. Merkur 1785, I S. 164.

57 23.24 Die — zurück] T. Merk. a. a. O. S. 165.

58 1—3 daß — aushebt] T. Merk. a. a. O. S. 166.

58 30—59 4] Herder II S. 69 f.

59 10 physiologisch-pathologische] vgl. Lesarten.

65 9.10 Es mag — haben] Der böse Mann ist natürlich Kant selbst, vgl. Idee zu einer allg. Geschichte in weltbürgerl. Absicht 23 5 ff.

Lesarten.

46 7 keimen] H. Maier (nach dem Herder'schen Original) kommen A Tieftrunk || 46 20 der] A (wie Herder) die Tieftrunk || 47 19 ihm] H. Maier (nach Herder) ihnen A Tieftrunk || 47 21 Seegeschöpfen] Hartenstein und Herder'sches Original Seen Geschöpfe A lebenden Geschöpfen Tieftrunk || Pflanzen] A und Herder den Pflanzen Tieftrunk || 47 26 in ihr] an ihm Herder'sches Original || 48 1 Pflanzenleben lebendigen] Hartenstein (und Herder) Pflanzenleben, lebendigen A Pflanzenleben, lebendiger Tieftrunk || 49 33 Hauptform — nahete] H. Maier (nach Herder) Hauptformen — naheten A Tieftrunk || 50 1 Säuren] H. Maier (nach Herder) Säure A Tieftrunk || 50 32 Bewegung und des] H. Maier (nach Herder) Bewegung des A Tieftrunk (sinnlos) || 50 33 niedern] H. Maier (nach Herder) mindern A Tieftrunk || 51 2 Der] 1. der Tieftrunk. Die Zahl fehlt in A und bei

Herder || 51 30 können] Hartenstein (und Herder) konnten A Tieftrunk || 51 33 im] Hartenstein (und Herder) vom A von Tieftrunk || 53 14 vollkommenerer] A vollkommener Tieftrunk || 55 14 Organisation und der] H. Maier Organisationen und die A Tieftrunk || 59 8 auf die] H. Maier (nach Herder) an A (offenbar verschrieben, vgl. das folgende an Körper) — in Tieftrunk || 59 10 physiologisch-pathologische] H. Maier (nach Herder) physiologische, pathologische A Physiologie, Pathologie Tieftrunk. Zu physiologisch-pathologische ist zu ergänzen: Klimatologie; es stehen sich gegenüber die physiologisch-pathologische Klimatologie und die Kl. aller menschlichen Denk- und Empfindungskräfte || 59 25 an] A (und Herder) und Tieftrunk || 59 27 Ausbreitung] bei Herder heißt es: Ausartung, was Kant wohl für einen Druckfehler gehalten hat || 59 31 zuwirke] A (und Herder) zuwinke Tieftrunk || 59 37 Triebe und] A Triebe zur Tieftrunk || 63 1 welches] H. Maier welche A Tieftrunk || 64 12 S. 260] S. 160 A || 64 19.20 für die Zeit sparte] bei Herder heißt es: den Zeiten ersparte || 64 24 es] Tieftrunk er A.

Heinrich Maier.

Über die Vulkane im Monde.

Herausgeber: Max Frischeisen-Köhler.

Einleitung.

Der Aufsatz erschien in der Berlinischen Monatsschrift, herausgegeben von F. Gedike und J. E. Biester, 5ter Band, März 1785, Berlin, bei Haude und Spener S. 199—213.

Drucke: 1. Berlinische Monatsschrift, 1785, V S. 199—213.

2. J. Kants kleine Schriften, Neuwied 1793, S. 58—61.

3. J. Kants zerstreute Aufsätze, Frankfurt und Leipzig 1793, S. 37—50.

4. J. Kants sämmtliche kleine Schriften, Königsberg und Leipzig (Voigt, Jena) 1797/8, Bd. III, S. 173—188.

5. J. Kants vermischte Schriften 3. Bd. Halle 1799 (Tieftrunk), S. 1—16.

Sachliche Erläuterungen.

69 1.2 The Gentlemans Magazine, vol. LIV for August 1784. London. S. 563/4. Aepinus (E. U. Theodor Hoch), deutsch-russischer Physiker, 1724—1828. O. S. Pallas, 1741—1811, berühmter Naturforscher und Reisender.

69 12 Beccaria] Giacomo Battista Beccaria 1716—1781, seit 1748 Professor der Physik zu Turin.

69 19 Hooke] Der Titel von Hookes (1635—1703) Werk lautet: Micrographia, or some physiological descriptions of minute bodies 1665.

69 24 Don Ulloa] Don Antonio de Ulloa, 1716—1795, bekannt durch seine Betheiligung an der Gradmessung zu Peru.

69 30 Schriften der Gesellschaft naturforschender Freunde Bd. II, S. 1 ff. Berlin, 1781. Dort Hamiltons Werk, Campi Phlegraci, genannt.

70 24 della Torre] Giovanni Maria della Torre, Pater und Director der Kgl. Bibliothek zu Neapel. Von ihm: Geschichte der Naturbegebenheiten des Vesuv von den ältesten Zeiten bis zum Jahre 1779. Altenburg 1783.

72₃₃ Beccaria] Beccarias Annahme in Gentlemans Magazine 1784, S. 564, erste Spalte, Anmerkung.

74₂ Buffon] G. L. Leclerc de Buffon (1707—1788). Histoire naturelle vol. I. 1749. Théorie de la Terre und Epoques de la nature 1778, deutsch Epochen der Natur, übersetzt aus dem Französischen. St. Petersburg. 1781. Bd. II, S. 21ff.

74₂₀ Buffon] a. a. O. Bd. I, S. 68ff.

74₂₇.₂₈ Crawford] Adair Crawford, 1749—1795, Arzt und Professor der Chemie in London. Sein Hauptwerk: Experiments and observations on animal heat and the inflammation of combustible bodies... u. s. w. London 1779.

75₃₀ Wilson] Alexander Wilson, 1714—1786, Professor der Astronomie in Glasgow. Von ihm: Observations of Solar spots, Philosophical Transactions, London, 1774.

75₃₁ Huygens]: Systema Saturninus, sive de causis mirandorum Saturni phaenomenorum et comite ejus planeta nova. Hagae 1659.

Lesarten.

69₁ 1784] 1783 A || 72₆ aus] auf A || 75₃₁ Huygen A.

Max Frischeisen-Köhler.

Von der Unrechtmäßigkeit des Büchernachdrucks.

Herausgeber: Heinrich Maier.

Einleitung.

Der Aufsatz behandelt ein in jenen Jahren viel erörtertes Thema (vgl. z. B. M. Ehlers, Über die Unzulässigkeit des Büchernachdrucks, Dessau und Leipzig 1784).

Am 31. Dezember 1784 geht er, zugleich mit der Abhandlung „Über die Vulkane im Monde", an Biester ab (s. den Brief Kants an den letzteren XIII 140 f.). Veröffentlicht wurde er im 5. Stück der Berlinischen Monatsschrift, Mai, 1785. In einem Brief vom 5. Juni 1785 nimmt Biester auf ihn Bezug (X 380 bz. 404).

Drucke: 1. — Berlinische Monatsschrift 1785, V S. 403—417.

2. J. Kants zerstreute Aufsätze, Frankfurt und Leipzig 1793, S. 50—64.

3. J. Kants sämmtliche kleine Schriften, Königsberg und Leipzig (Voigt, Jena), 1797/8, III S. 189—206.

4. J. Kants vermischte Schriften 3. Bd., Halle 1799 (Tieftrunk), S. 17—32

Sachliche Erläuterungen.

86 4.5 Lipperts Daktyliothek] Philipp Daniel Lippert 1702—1785, Dactyliotheca universalis Leipzig 1755—62, später auch deutsch erschienen.

Heinrich Maier.

Bestimmung des Begriffs einer Menschenrace.

Herausgeber: Heinrich Maier.

Einleitung.

Der Aufsatz erschien im 11. Stück der Berlinischen Monatsschrift (November) 1785 (hierzu vgl. Biesters Brief vom 3. Dez. 1785, 1. Absatz, X 406 bz. 429 f.). Veranlasst war er, wie es scheint, durch Beurtheilungen, die Kants frühere Abhandlung über die Menschenracen (II 427 ff.) erfahren hatte.

Drucke: 1. — Berlinische Monatsschrift 1785, VI S. 390—417.

2. J. Kants zerstreute Aufsätze, Frankfurt und Leipzig 1793, S. 64—89.

3. J. Kants frühere noch nicht gesammelte kleine Schriften, Lintz (Zeitz, Webel) 1795, S. 107—128.

4. J. Kants sämmtliche kleine Schriften, Königsberg und Leipzig (Voigt, Jena) 1797/8, III S. 531—558.

5. J. Kants vermischte Schriften 2. Bd., Halle 1799 (Tieftrunk), S. 633—660.

Sachliche Erläuterungen.

91 18. 31] s. II 427 ff.

92 10 Missionar Demanet] Abbé Demanet, ehemaliger Missionar in Afrika, Neue Geschichte des französischen Afrika, aus dem Französischen übersetzt, Leipzig 1778, 1. Bd Vorr. S. 18 ff., 2. Bd. S. 155 ff.

92 29 Reise Carterets] Hauptmann Carteret's Fahrt um die Welt von 1766—69 (in: Histor. Bericht von den sämmtl., durch Engländer geschehenen Reisen um die Welt. Aus dem Englischen. 3. Bd., Leipzig 1776, S. 162 ff.). Die 32—34 citirte Bemerkung findet sich hier allerdings nicht. S. hierzu die Anmerkung zu 177 34.

101 3 Herr Pallas] Pet. Sim. Pallas (1741—1811), deutscher Naturforscher, machte als Mitglied der Petersburger Akademie im Auftrag der russischen Re-

gierung grosse Reisen in bisher wenig bekannt gewesenen Theilen des russischen Reiches: Sammlung historischer Nachrichten über die mongolischen Völkerschaften. T. I, Petersburg 1776.

103 11 Phlogiston] der Stoff, den die Stahl'sche Phlogistontheorie als Ursache des Verbrennungsprozesses betrachtete.

103 16 Lind] James Lind, 1716—1794, ein englischer Arzt. Die Schrift Lind's die Kant hier im Auge hat, ist: An essay on Diseases incidental to Europeans in hot climates, London 1768, die 6 Auflagen erlebt hat und auch in deutscher Übersetzung (Riga u. Leipzig 1773 u. ö.) erschienen ist.

103 32 Abt Fontana] Abbé Felice Fontana, italienischer Naturforscher, 1730—1803: Recherches sur la nature de l'air déphlogistiqué et de l'air nitreux, Paris 1776.

103 32.33 Ritter Landriani] Graf Marsiglio Landriani, italienischer Naturforscher, gest. 1815 zu Wien: Richerche fisiche intorno alla salubrità dell' aria, Mailand 1775, deutsch: M. Landriani, Physikalische Untersuchungen über die Gesundheit der Luft, Basel 1778.

105 4 Zigeuner] Der Beweis für die indische Abstammung der Zigeuner war von Rüdiger und Grellmann aus ihrer Sprache geführt worden. Die neueren Forschungen (von Pott und Miklosich) haben die Annahme bestätigt.

105 15 König Johann II] geb. 1455, gest. 1495, ist u. a. auch dadurch bekannt geworden, dass er die aus Castilien vertriebenen Juden in seinem Lande aufnahm.

Heinrich Maier.

Muthmaßlicher Anfang der Menschengeschichte.

Herausgeber: Heinrich Maier.

Einleitung.

Die Abhandlung erschien im Januarheft der Berlinischen Monatsschrift, 1786. Am 8. November 1785 hatte J. E. Biester Kant für die Übersendung des Aufsatzes gedankt (X 393 bz. 417, vgl. 406 bz. 429f. und 410 bz. 433).

Drucke: 1. Berlinische Monatsschrift 1786, VII S. 1—27.
2. J. Kants kleine Schriften, Neuwied 1793, S. 69—103.
3. J. Kants zerstreute Aufsätze, Frankfurt und Leipzig 1793, S. 90—115.
4. J. Kants sämmtliche kleine Schriften, Königsberg und Leipzig (Voigt, Jena) 1797/8, III S. 245—274.
5. J. Kants vermischte Schriften 3. Bd., Halle 1799 (Tieftrunk), S. 33—60.

Sachliche Erläuterungen.

117 36.37 der griechische Philosoph] Wen Kant hiemit meint, habe ich nicht ermitteln können.

Heinrich Maier.

Recension von Gottlieb Hufeland's Versuch über den Grundsatz des Naturrechts.

Herausgeber: Heinrich Maier.

Einleitung.

Am 11. October 1785 hatte Dr. Gottlieb Hufeland von Jena Kant seine Schrift: Versuch über den Grundsatz des Naturrechts, nebst einem Anhange, Leipzig 1785, mit einem Begleitbrief zugesandt (X 388f. bz. 412f.), und Schütz, der Redacteur der Jenaer Allgl. Litteraturzeitung, hatte ihn gebeten, das Buch in der letzteren zu besprechen (X 398f. bz. 422, vgl. 384 bz. 408 und 407 bz. 430). Kant entsprach der Bitte, und die Recension erschien am 18. April 1786, in Nr. 92 der A. L. Z. Vgl. auch die briefliche Antwort Kants an Hufeland vom 7. April 1786 (XIII 173).

Drucke: 1. Allg. Litteraturzeitung 1786, II S. 113—116.

2. J. Kants sämmtliche kleine Schriften, Königsberg und Leipzig (Voigt, Jena) 1797/8, III S. 239—244.

3. J. Kants vermischte Schriften 4. Bd., Halle 1807 (Tieftrunk), S. 414—419.

Sachliche Erläuterungen.

128 23 Hobbes] Eine genau entsprechende Stelle findet sich bei Hobbes nicht; vermuthlich handelt es sich hier nur um eine Folgerung, die Kant aus Hobbes' bekannten naturrechtlichen Anschauungen gezogen hat.

Heinrich Maier.

Was heißt: Sich im Denken orientiren?

Herausgeber: Heinrich Maier.

Einleitung.

Der Anlass zu diesem Aufsatz lag in dem Jacobi-Mendelssohn'schen Streit, der auch nach des letzteren Tod weitergeführt wurde. Am 8. November 1785, dann wieder am 6. März 1786 und schliesslich, noch dringender, am 11. Juni 1786 hatte Biester, einer der Redacteure der Berlinischen Monatsschrfit, Kant aufgefordert, seinerseits in dieser Sache das Wort zu ergreifen, zumal da Jacobi sich auf Kant als seinen Gesinnungsgenossen berufen habe (X 394. 410. bz. 417f. 433. X 429—434 bz. 453—458). Kant, dem noch Mendelssohn selbst seine Entrüstung über Jacobis Vorgehen ausgesprochen hatte (Br. vom 16. October 1785) trug sich lange mit dem Gedanken, etwas gegen die *Jacobi*'sche Grille in die Berlin M. S. einzurücken (Br. an Herz vom 7. Apr. 1786, X 419 bz. 442). Jetzt entsprach er Biesters Wunsch, indem er ihm die Abhandlung: **Was heißt: Sich im Denken orientiren?** für seine Zeitschrift schickte. Erschienen ist dieselbe im October 1786. Am 8. August dankt Biester für den „trefflichen Aufsatz über die Jacobi- und Mendelssohn'sche Streitigkeit" (X 439 bz. 462f.). Vgl. auch den Brief Hamanns an Jacobi vom 12. Juli 1786 (Fr. H. Jacobi's Werke IV, 3 S. 259).

Drucke: 1. Berlinische Monatsschrift 1786, VIII S. 304—330.

2. J. Kants kleine Schriften, Neuwied 1793, S. 104—138.

3. J. Kants zerstreute Aufsätze, Frankfurt und Leipzig 1793, S. 122—147.

4. J. Kants sämmtliche kleine Schriften, Königsberg und Leipzig (Voigt, Jena) 1797/8, III S. 275—304.

5. J. Kants vermischte Schriften 3. Bd., Halle 1799 (Tieftrunk), S. 61—88.

Sachliche Erläuterungen.

133 20 Morgenstunden] Morgenstunden oder Vorlesungen über das Daseyn Gottes. 1. Th. Berlin 1785.

133 21 Brief an Lessings Freunde] An die Freunde Lessings. Ein Anhang zu Herrn Jacobi's Briefwechsel über die Lehre des Spinoza, Berlin 1786 (erst nach des Verfassers Tod erschienen).

134 4.5 Mendelssohn- und Jacobi'sche Streitigkeit] Über die Entstehung dieses Handels giebt Mendelssohn selbst in dem oben erwähnten Brief an Kant Aufschluss, wozu der Eingang der Schrift „An die Freunde Lessings" zu vergleichen ist. Jacobi hatte in einer durch Elise Reimarus vermittelten brieflichen Auseinandersetzung mit Mendelssohn (unter Berufung auf die bekannte Wolfenbüttler Unterredung) „Lessing zum erklärten Spinozisten zu machen" versucht. Für Mendelssohn war das der Anlass zur Veröffentlichung der „Morgenstunden" gewesen. Sofort nach deren Erscheinen nun gab Jacobi den Briefwechsel zwischen ihm, Elise Reimarus und Mendelssohn heraus (Über die Lehre des Spinoza, in Briefen an den Herrn Moses Mendelssohn, Breslau 1785). Mendelssohn betrachtete dies als eine Herausforderung und entgegnete in der Broschüre „An die Freunde Lessings" (Erl. zu 133 21), deren Erscheinen er indessen nicht mehr erlebte. Jacobis Antwort hierauf war die Schrift: Wider Mendelssohns Beschuldigungen in dessen Schreiben an die Freunde Lessings, Leipzig 1786.

134 6.36 Die Resultate 2c.] Die Schrift erschien anonym. Ihr Verfasser war Thomas Wizenmann, ein Freund Jacobis. Über ihn s. die Erl. zur Kritik der praktischen Vernunft V 508. Wizenmann erwiderte auf Kants Angriff im „Deutschen Museum", 1787, I S. 116—156 („An den Herrn Professor Kant von dem Verfasser der Resultate Jacobi'scher und Mendelssohn'scher Philosophie").

143 19.20 gedachte Gelehrte — finden] Hierzu vgl. Jacobi, Über die Lehre des Spinoza, Fr. H. Jacobis Werke IV 1 S. 176, 3. S. 192, 16; s. auch: Wider Mendelssohns Beschuldigungen, ebenda IV 2 S. 256 ff.

143 38 ein anderer Gelehrter] Wen Kant damit meint, ist nicht sicher festzustellen. Nach dem Brief von Biester v. 11. Juni 1787 (X 433 f. bz. 457) hatte Kant die Absicht, sich gegen Angriffe der Herren Feder und Tittel „beiläufig" zu vertheidigen. Und es ist nicht unmöglich, dass der andere Gelehrte, von dem an unserer Stelle die Rede ist, Tittel ist (vgl. Adickes' Bibliography Nr. 297). Wahrscheinlicher ist indessen, dass Kants Abwehr sich gegen Meiners' Vorrede zu seinem „Grundriss der Seelen-Lehre", Lemgo 1786, die einen scharfen Angriff auf Kant enthält, richtet.

Lesarten.

139 17.18 Gutes, was] Gutes, auf das, was? H. Maier || 145 30.31 durch äußere Zeugnisse] Hartenstein durch Zeugnisse äußere A Tieftrunk ||

Heinrich Maier.

Einige Bemerkungen zu L. H. Jakob's Prüfung der Mendelssohn'schen Morgenstunden.

Herausgeber: Heinrich Maier.

Einleitung.

Schon Ende November 1785 hatte Kant in einem Brief an den Redacteur der Jenaer Allg. Litteraturzeitung Chr. Gottfr. Schütz (X 405 f. bz. 428 f.) sein Urtheil über Mendelssohns Morgenstunden ausgesprochen. Schütz hatte am Schluss einer (offenbar von ihm selbst verfassten) Besprechung des Mendelssohn'schen Buches (in Nr. 1 und 7 des Jahrganges 1786 der Allg. Litteraturzeitung, 2. und 9. Januar) diese Äusserung Kants abgedruckt (Allg. Litteraturzeitung 1786 I S. 55 f. Vgl. auch die hierauf anspielende Notiz in dem Brief von Schütz an Kant vom Febr. 1786 X 408 bz. 431). Eine weitere Auseinandersetzung mit den Morgenstunden hatte Kant offenbar nicht in Aussicht genommen. Da fragte der Hallenser Magister Ludwig Heinrich Jakob in einem Brief vom 26. März 1786 (X 412—415 bz. 435—438) bei Kant an, ob die Zeitungsnotiz, er gedenke das Buch Mendelssohns zu widerlegen, richtig sei; andernfalls würde er selbst sich an eine Auseinandersetzung mit demselben vom Standpunkt der Kant'schen Kritik aus machen. Kant dementirte am 26. Mai d. J. jene Nachricht, die „durch Misverstand in die Gothaische Zeitung gekommen" sei (Gothaer Gel. Zeitungen, 25. Jan. 1786, S. 56); er bestärkte Jakob in seiner Absicht und stellte ihm einen Beitrag zu der geplanten Arbeit in Aussicht, nämlich eine Berichtigung einer auf S. 116 der Morgenstunden sich findenden Bemerkung, auf die Jakob (X 413 f. bz. 436 f.) ihn aufmerksam gemacht hatte (Brief Kants an L. H. Jakob, X 427 f. bz. 450 f.). Schon am 17. Juli d. J. meldete Jakob, seine Arbeit sei fertig; zugleich bat er Kant um den versprochenen Beitrag (X 434—438 bz. 458—462). Kant schickte ihm denselben im August (die Abhandlung ist auf den 4. August 1786 datirt). Das Buch Jakobs erschien dann im October 1786 (vgl. den Dankbrief vom 25. Oct. d. J., X 444 f. bz. 467 f., der die Übersendung der fertigen Schrift an Kant begleitete). Der Titel lautet: „Prüfung der Mendelssohnschen Morgenstunden oder aller spekulativen Beweise für das Daseyn Gottes in Vorlesungen von L. H. Jakob, Doctor der Philosophie in Halle. Nebst einer Abhandlung von Herrn Professor Kant. Leipzig 1786." Abgedruckt ist die Kant'sche Abhandlung hinter der Vorrede Jakobs, XLIX—LX. Jakob fügte ihr die Fussnote bei: „Als ich dem Herrn Professor Kant meinen Entschluss, die Prüfung der Mendelssohnschen Morgenstunden herauszugeben, meldete, und ich in meinem Briefe unter andern der Stelle in den Morgenstunden S. 116 erwähnte, hatte Herr Professor Kant sogleich die Güte, mir eine Berichtigung dieser Stelle zu meinem Buche zu versprechen, welche er mir nachher in diesem Aufsatz, worin noch weit mehr enthalten ist, zusendete; wofür ich ihm hier öffentlich meinen verbindlichsten Dank abstatte."

Drucke: 1. L. H. Jakob, Prüfung der Mendelssohnschen Morgenstunden, S. XLIX—LX: Einige Bemerkungen von Herrn Professor Kant.

2. J. Kants zerstreute Aufsätze, Frankfurt und Leipzig 1793, S. 115—122.

3. J. Kants sämmtliche kleine Schriften, Königsberg und Leipzig (Jena, Voigt) 1797/8, III S. 305—314.

4. J. Kants vermischte Schriften 3. Bd., Halle 1799 (Tieftrunk), S. 89—98.

Sachliche Erläuterungen.

151 1.2 die letzte — Schrift] Gemeint sind die „Morgenstunden". Die Broschüre: An Lessings Freunde, ist erst nach Mendelssohns Tod erschienen.

152 30—32 Mendelssohn] Berl. Monatsschrift, Juli 1783, 7. Stück, II S. 4—11: Über Freiheit und Nothwendigkeit, M. Mendelssohn an Nicolai (eingeleitet ist der kurze Aufsatz durch ein Schreiben: K. an Nicolai, worin K. den Wunsch ausspricht, über Freiheit und Nothwendigkeit u. a. die Ansicht Mendelssohns zu erfahren).

152 35 Hume] Diesen Ausdruck habe ich bei Hume nicht finden können.

154 30 er] sc. der Begriff der Realität.

Lesarten.

153 19 Naturwissenschaft] Naturwissenschaften A ||

Heinrich Maier.

Über den Gebrauch teleologischer Principien in der Philosophie.

Herausgeber: Heinrich Maier.

Einleitung.

Dieser Aufsatz hat einen doppelten Anlass und Zweck. Einmal nämlich hatte Georg Forster (Johann Georg Adam Forster, der „jüngere", Sohn des Naturforschers und Geographen Johann Reinhold F., geb. 1754, zugleich mit dem Vater Theilnehmer an der Weltreise Cooks 1772—75, später Professor der Naturgeschichte an der Universität zu Wilna, seit 1788 in Mainz verheirathet mit Therese Heyne, Parteigänger der französischen Revolution, † 1794 zu Paris) in einer Abhandlung: „Noch etwas über die Menschenracen. An Herrn Dr. Biester", die im October- und Novemberheft des Teutschen Merkur (T. M. 1786, 4. Vierteljahr S. 57—86. S. 150—166) erschienen war, Einwände gegen Kants Bestimmung des Begriffs einer Menschenrace, aber auch gegen den Aufsatz über den Muthmaßlichen Anfang der Menschengeschichte gerichtet, und Kant hatte den Wunsch, zu entgegnen. Sodann hatte der Jenenser Philosoph Carl Leonhard Reinhold, Wielands Schwiegersohn, sich in einem Brief vom 12. October 1787 Kant als den Verfasser der im Teutschen Merkur erschienenen „Briefe über die Kantische Philosophie" zu erkennen gegeben und ihn zugleich um ein öffentliches Zeugniss darüber, dass er Kants Gedanken verstanden habe, gebeten (X 474—478 bz. 497—500). Kant ist geneigt, auf diesen Wunsch einzugehen, und schickt Reinhold, dem Mitherausgeber des Teutschen Merkur (Hauptredacteur war Wieland), die Abhandlung Über den Gebrauch teleologischer Principien in der Philosophie. Wie er in dem Begleitbrief vom 28. December 1787 ausspricht, soll durch dieselbe beiderlei Absicht zugleich erreicht werden: einerseits die Auseinandersetzung mit Forster, andererseits die öffentliche Bestätigung der genauen Übereinkunft der Ideen Reinholds mit den seinigen (X 487 f. bz. 513). Abgedruckt ist der Aufsatz im Teutschen Merkur, Januar und Februar 1788 (vgl. hierüber auch die Briefe Reinholds an Kant vom 19. Januar 1788 und vom 1. März 1788, X S. 496 f. bz. 523 f. S. 502 bz. 529 f., ferner den Brief Kants an Reinhold vom 7. März 1788, X 505 f. bz. 531 f.).

Drucke: 1. Teutscher Merkur v. J. 1788, Erstes Vierteljahr Nr. 1 S. 36 bis 52 und Nr. 2, S. 107—136.

2. J. Kants kleine Schriften, Neuwied 1793, S. 139—199.

3. J. Kants zerstreute Aufsätze, Frankfurt und Leipzig 1793, S. 148—193.

4. J. Kants sämmtliche kleine Schriften, Königsberg und Leipzig (Jena, Voigt) 1797/8, III S. 337—384.

5. J. Kants vermischte Schriften 3. Bd., Halle 1799 (Tieftrunk), S. 99—144.

Sachliche Erläuterungen.

160 9.10 zwei meiner Versuche] die beiden Abhandlungen: Bestimmung des Begriffs einer Menschenrace, und: Muthmaßlicher Anfang der Menschengeschichte. Vgl. Forster a. a. O. S. 59.

160 12.13 In einer — in der andern] Hier herrscht im Kant'schen Text eine beträchtliche Verwirrung. Der Autor hat im vorhergehenden Satz von zwei seiner Versuche (vgl. die Erl. zu 160 9.10) gesprochen. Jetzt dagegen stellt er sich an, als wäre von zwei Beurtheilungen die Rede gewesen. In Wirklichkeit hat er zwei Beurtheilungen seiner zwei Versuche im Auge (vgl. 11 f. mit 9 f.). Der eine Beurtheiler ist Forster, als der andere ist, wie aus 183 10 hervorgeht, Reinhold gedacht. Des letzteren „Briefe über die Kantische Philosophie" als eine Beurtheilung jener beiden Aufsätze einzuführen, ist freilich mehr als gezwungen. K. will aber auf diese Weise die beiden Zwecke seiner Abhandlung von vornherein verbinden.

161 18 des Linnéischen Princips 2c.] Von der Beschaffenheit der Befruchtungsorgane geht bekanntlich Linnés Systematisirung der Pflanzen aus.

162 4 des berühmten Linné seine] sc. Erdtheorie; hierzu vgl. II 456, Erl. zu 8 5.

163 9 Sterne] Tristram Shandy's Leben und Meinungen, 4. Buch (in der Erzählung des Slawkenbergius).

166 5 Lord Shaftesbury] Vermuthlich hat Kant die Stelle Characteristics, Ess. on the freedom of wit and humor p. 4, s. 3 (3. Abs.: Now, the variety etc., Ausg. von 1790 I 124 f.) dunkel in Erinnerung. Vgl. Advice to an author p. 1, s. 3 (11. Abs., a. a. O. I 174), Misc. refl. 5, ch. 1, N. 28 gegen den Schluß (a. a. O. III 217 ff.), ibid. ch. 3 (a a. O. III 267), ferner Inquiry conc. virtue or merit B. I, P. II, s. I Anfang (a. a. O. II 9 f.).

168 3 Buffon] in der deutschen Bearbeitung, die Kant wohl benutzt hat, Allg. Historie der Natur III 1, 1756, S. 112.

169 25.31 Sömmering] Th. Sömmering, Über die körperliche Verschiedenheit des Negers vom Europäer, Frankfurt und Mainz 1785. Das Buch ist Georg Forster gewidmet.

169 34 D. Schott] Sömmering citirt von Schott die Schrift: Treatise on the Synochus atrabiliosa which raged at Senegal, London 1782.

169 36 Lind] vgl. Erl. zu 103 16.

174 8 Sprengels Beiträge 5. Theil] Im 5. Theil der „Beiträge zur Völker-

und Länderkunde“ (herausg. von M. C. Sprengel), 1786, findet sich S. 267—292 ein Aufsatz „Anmerkungen über Ramsays Schrift von der Behandlung der Negersklaven in den westindischen Zuckerinseln“, der zu der Schrift des ehemaligen englischen Geistlichen auf der Insel St. Kitts, James Ramsay: Essay on the treatment and conversion of African sclaves in the British Sugar Colonies, London 1783, kritisch Stellung nimmt.

174 31 Marsden] vgl. VI 523 ad 304 8; der Aufsatz in Sprengels Beiträgen, 6. Theil, 1786, S. 193 ff., ist betitelt: Von den Rejangs auf Sumatra nach Marsdens Geschichte dieser Insel, dritte und letzte Lieferung.

175 27 Don Ulloa] vgl. II 507 ad 380 25.

175 31 einer der neuern Seereisenden] Wer hier gemeint ist, wird sich schwer ermitteln lassen; wie flüchtig übrigens Kant solche Reminiscenzen behandelt hat, zeigt das Missgeschick, das ihm mit der Notiz aus Carterets Reisebeschreibung begegnet ist (vgl. die Erl. zu 177 34).

177 20 Capt. Forrester] Kapitän Thomas Forrest's Reise nach Neuguinea und den molukkischen Inseln, Auszug aus dem Engl. (Ebeling's Neue Sammlung von Reisebeschreibungen, 3. Th. Hamburg 1782, S. 1 ff.) S. 83.

177 34 Carterets Nachricht] Was Kant 92 32—34 aus Carteret über die Farbe der Einwohner von Frevilleiland mitgetheilt hatte, findet sich allerdings, wie Forster a. a. O. S. 67 richtig hervorhebt, in Carterets Reisebeschreibung nicht. Hier wird diesen Leuten S. 196 vielmehr Kupferfarbe zugeschrieben.

178 15 O. C. R. Büsching] Oberconsistorialrath Ant. Friedr. Büsching (1724 bis 1793), Director des Gymnasiums zum grauen Kloster zu Berlin. Die Rec. steht in den von ihm herausgegebenen „Wöchentlichen Nachrichten“, 13. Jahrg. 44. Stück, S. 358. Sie bezieht sich auf den Aufsatz: Bestimmung des Begriffs etc. Die von Kant angezogene Stelle lautet: „Übrigens ist und bleibet Herr Kant auch hierin mit sich selbst übereinstimmig, dass ihm die Natur die vernünftige Grundursach ist, welche Zwecke hat, Anlagen zur Erreichung derselben machet, vorausorget u. s. w. Er ist also in einem besonderen Verstande ein Naturalist.“

180 31 Bonnet] Ch. Bonnet, der Genfer Naturforscher und Philosoph, 1720 bis 1793. Die Idee der Verwandtschaft aller Naturwesen ist am vollkommensten durchgeführt in seinem Werke: „Contemplation de la nature“, 2 vol., Amsterdam 1764—65.

180 32 Blumenbach ꝛc.] Die Stelle steht im 1. Abschnitt (nicht: Vorrede) § 7 von Joh. Friedr. Blumenbachs Handbuch der Naturgeschichte, Göttingen 1779.

182 4. 5 wie der sel. Mendelssohn mit andern glaubte] vgl. „Über die Evidenz in metaphys. Wissenschaften“, 3. Abschn. und: Morgenstunden, XI ff.

183 33 Leipz. gel. Zeitung ꝛc.] Neue Leipziger gelehrte Zeitungen auf das Jahr 1787, Leipzig, 94. Stück, S. 1489—1492. Der besprochene Einwand findet sich S. 1491 f.

Lesarten.

Von dem Aufsatz ist ein Manuscript erhalten, das sich im Besitz der Berliner Königlichen Bibliothek befindet. Dasselbe umfasst acht Quartbogen von je zwei auf beiden Seiten beschriebenen Blättern (auf dem letzten Bogen ist die 4. Seite leer). Der grössere Theil (nämlich Bogen 1, 2 und ein Theil von Bogen 3, in unserer Ausgabe S. 159—165 35, ferner Bogen 4, 5 und theilweise 6, in unserer Ausgabe S. 168 12—177 25 Haraforas) ist von einem Abschreiber geschrieben und von Kant durchcorrigirt und da und dort durch neu beigefügte Noten ergänzt, der kleinere (der Rest von Bogen 3, der Rest von 6, ferner Bogen 7 und 8, in unserer Ausgabe S. 165 36—168 11, ferner S. 177 25—184 29) ist von Kants Hand. Dass wir hier die Druckvorlage vor uns haben, ist zweifellos. Auf Bogen 4, d. i. da, wo der in das Februarheft des T. Merkur eingerückte Theil des Aufsatzes beginnt (in unserer Ausgabe S. 168 12), findet sich unter dem Text von der Hand des Herausgebers — dass die Theilung durch Wieland vorgenommen worden ist, ergibt sich aus dem Brief Reinholds an Kant vom 19. Januar 1788, X 497 — die Notiz: „Fortsetzung der Abhandlung von dem Gebrauch teleologischer Principien in der Philosophie". Ferner findet sich auf Bogen 3 ein Setzerzeichen und gegen den Schluss der Handschrift auf dem Rand eine Bemerkung des Correctors: „NB. diese Zeilen fehlen auf dem abgesetzten Bogen gänzlich". Anzufügen ist noch, dass die Druckrevision für den 1. Theil (S. 159 bis 168 11) von Reinhold besorgt wurde, während dies infolge eines Versehens des Buchdruckers für den 2. Theil unterblieb (X 497. 502). Dass übrigens Kant mit der Correctheit des Drucks zufrieden war, zeigt eine Stelle aus einem Brief an Reinhold (X 505 f.)

159 5 oder auf dem] auf dem fehlt H || 162 31 hinter] H unter A || 162 24 schon] H fehlt A || 163 10 seinen launichten Einfällen] H seinem launichten Einfalle A || 164 10 Racen] H Race A || 164 11 Abartungen] H Abartung A || 164 11 *classificae*] H *classifica* A || 164 12 *varietates natirae*] H *varietas nativa* A || 164 12 welche] H welcher A || 164 14 enthalten] H enthalten würde A || 164 15 so lange] H nur noch A || 164 22 blos die H] blos der A || 167 5 innere] H (innere A || 167 11 Vermischungen] H Vermischung A || 168 34 Eintheilung] H Einleitung A || 169 16 doch] H noch A || 169 27 verwischen] H vermischen A || 169 28 Mann sich] Mann, sich H Mann, der sich A || 169 29 seines] H ihres A || 169 32 Negers] A Negern H (nach dem Original Sömmerings) || 169 33 den] H (nach Sömmering) der A || 170 1 seinem Boden] H dem Klima A || 170 6 zum] H zu ihrem A || 170 6 derselben] H fehlt A || 170 14 würden] H werden A || 170 25 Gradfolge] H Grundfolge A || 170 25 der braunen] H des Braunen A || 170 30 hat] H habe A || 170 32. 33 unausbleiblich] H unausbleiblichen A || 170 34 phlogisticirten] H phlogistisirten A || 170 35 wird,] H wird, und A || 172 18 nun] H nun noch A || 172 19 warten] H erwarten A || 172 22 etwa] H fehlt A || 172 28 Falle, daß] H Falle wo A || 173 21 nun] H nun, A || 173 33 getragen] H getragen habe A || 174 8 S. 287—292] S. 286—287 H A || 174 20 als Dreschen] als dreschen H als beim Dreschen A || 174 22 arbeiten] Arbeiten H A || 175 4 so] Zus. H. Maier || 175 7 gewesen,] H gewesen, und A || 175 9 Erde, mit] H Erde, nur mit A || 175 9 Art,] H Art A || 175 16 nach] H in A || 175 30 (was] H . Was A || 175 32 vermischt)] H vermischt A || 176 3 wozu] H (wozu A || 176 3 findet,] H findet) A ||

176 33 den] H fehlt A || 176 37 aufzeigen kann] H fehlt A || 177 7 der letzteren als Wirkungen] H des letzteren aus der Wirkung A (unnöthige Correctur) || 177 11 classifischen] A classischen H (Schreibfehler) || 178 35 seinem] A ihrem H || 179 12 nur] H nur eine A || 179 27 seinem] A ihrem H || 179 3 welche] A die H || 179 35 hervorbrachte (S. 158)] H (S. 158) hervorbrachte A || 180 1 Erzeugungssystem] H Erziehungssystem A || 180 29 keine Benennung] H keinen Namen A || 181 19 ihm oder seiner] H. Maier ihr oder ihrer H A Tieftrunk ihr oder in ihrer Hartenstein. Der Relativsatz die in ihr oder ihrer Ursache lägen ist eine erst nachträglich beigefügte Randbemerkung. Kant hat hier offenbar statt Wesens 18 etwas wie „Substanz“ im Sinn (vgl. die Note 180**, die gleichfalls nachträglich beigeschrieben ist) || 181 36 (das] H (denn das A || 182 5 eine solche Wirkung] A solche Wirkungen H (verschrieben) || 182 12 die] H fehlt A || 182 12 nun] H nun eine A || 183 16—17 Verdienstes des ungenannten — Verfassers] H. Maier Verdienstes, das der ungenannte und mir bis vor kurzem unbekannte Verfasser H A. Im Anfang der Periode hatte Kant eine Wendung wie sich erworben hat in Aussicht genommen. Indessen gestaltet sich der weitere Verlauf, der für ein solches Verbum keinen Raum mehr ließ, so als ob der Anfang hiesse: des — Verfassers | 183 25 und] H und der A || 184 1 und] H und hatte A ||

Heinrich Maier.

Über eine Entdeckung, nach der alle neue Kritik der reinen Vernunft durch eine ältere entbehrlich gemacht werden soll.

Herausgeber: Heinrich Maier.

Einleitung.

Die Abhandlung ist eine Entgegnung auf einen Angriff, den der bekannte Wolffianer Joh. Aug. Eberhard in seinem „Philosophischen Magazin“ gegen Kant gerichtet hatte. Das „Philosophische Magazin“ (Halle, Gebauer) war, wie die „vorläufige Nachricht“ zum ersten Band (I S. 1ff.) zeigt, recht eigentlich zum Zweck der Auseinandersetzung mit der Kant'schen Philosophie gegründet. Schon im Jahre 1788 waren die beiden ersten „Stücke“ der neuen Zeitschrift erschienen, die dann mit zwei weiteren, im J. 1789 hinzugekommenen den 1. Band bildeten. Es folgten diesem ersten in den nächsten Jahren (1789/90, 1790/91, 1791/92) noch drei weitere Bände. Schon im Jahre 1792 aber ging das Magazin wieder ein. Zwar setzte Eberhard an seine Stelle das „Philosoph. Archiv“, das von 1792 ab bei Matzdorf, Berlin, erschien. Aber auch dieses brachte es nur auf 2 Bände.

Der weitaus grösste Theil des Inhalts der vier Bände des „Phil. Mag.“ stammt aus der Feder des Herausgebers, Joh. Aug. Eberhard. Gelegentliche Mitarbeiter waren Maaß, Flatt, Schwab, Klügel, Kästner u. a.

Der erste Anstoss zu der Abrechnung Kants mit Eberhard kam von Reinhold. In einem Brief vom 9. April 1789 schreibt dieser an Kant (XI 18): „... Ich bitte, und beschwöre Sie ..., nicht etwa sich mit Widerlegung und Erörterung — kurz vorher ist die Rede von den Fechterstreichen der Eberharde, Weishaupte, Flatte u. s. w. — zu befassen, denn die würden vergebens seyn und ihre Zeit ist zu heilig; sondern nur um die einfache öffentliche Erklärung, zu der Sie als bester Ausleger des Sinnes ihrer Worte so ganz befugt sind: Dass man (z. B. Eberhard u. s. w.) Sie nicht verstanden habe.“ R.

schlägt vor, Kant möge diese Erklärung nur in eine ostensible Stelle seines nächsten Briefes an ihn einkleiden, die dann in die Jenaer Allg. Literaturzeitung und, mit einigen begleitenden Gedanken von ihm (Reinhold), in den nächsten Merkur eingerückt werden könnte. Kant antwortet am 12. Mai 1789 (XI 33ff.). Er geht mit Eifer auf die Anregung ein, bemerkt aber sofort: „Daß Hr. Eberhard, wie mehrere andere, mich nicht verstanden habe, ist das mindeste, was man sagen kan", und fährt dann fort: „aber, daß er es sich auch recht angelegen seyn lassen, mich nicht zu verstehen und unverständlich zu machen, können zum Theil folgende Bemerkungen darthun". Kant ärgert sich über die ganze Art, wie Eberhard im ersten Stück des Magazins auftritt, und wünscht, „daß dieser übermüthige Charlatanston ihm ein wenig vorgerückt würde". Vorerst liegen ihm nur die drei ersten Stücke des Magazins vor, aber er meint, diese „machen für sich schon so ziemlich ein Ganzes aus". Interesse hat er indessen lediglich für die Beiträge Eberhards, und auch aus diesen hebt er zunächst nur einen, den Aufsatz „Über die Unterscheidung der Urtheile in analytische und synthetische“ (Phil. Mag. 3. Stück, IV S. 307—332), heraus: „Die Wiederlegung der einzigen 4ten Numer des 3ten Stücks kan schon den ganzen Mann, seiner Einsicht sowohl als Charakter nach, kennbar machen". Hierüber nun macht er im folgenden (S. 34—39) „einige Anmerkungen", „damit derjenige, welcher sich bemühen will, ihn [Eberhard] zurecht zu weisen, die Hinterlist nicht übersehe, womit dieser in keinem Stücke aufrichtige Mann alles, sowohl worinn er selbst schwach, als wo sein Gegner stark ist, in ein zweydeutiges Licht zu stellen aus dem Grunde versteht". Diese Anmerkungen überlässt er dem Adressaten zu freier Benutzung, mit dem Anfügen, er werde über zwei Posttage einen Nachtrag, das 2. Stück betreffend, zuzuschicken die Ehre haben (a. a. O. S. 39). Schon eine Woche später folgt dieser Nachtrag in einem Briefe vom 19. Mai d. J., der mit den Worten beginnt: „Ich füge zu meinen d. 12ten h. überschickten Bemerkungen ... noch diejenige hinzu, welche die zwey ersten Stücke des phil. Magaz. betreffen ...“ Auch diese Bemerkungen (a. a. O. S. 40—47) beziehen sich ausschliesslich auf Eberhard'sche Aufsätze, und zwar auf die folgenden: Phil. Mag. 1. Stück II: „Über die Schranken der menschlichen Erkenntnis“, S. 9—29, 2. Stück II: „Über die logische Wahrheit oder die transcendentale Gültigkeit der menschlichen Erkenntnis“, S. 150—174. Dann werden noch zwei Aufsätze des dritten Stücks berührt, die der vorige Brief ignorirt hatte: II „Über das Gebiet des reinen Verstandes“, S. 263—289, III „Über den wesentlichen Unterschied der Erkenntnis durch die Sinne und den Verstand“. S. 290—306. Schliesslich bemerkt K., er würde sich „namentlich in einen Streit" mit Eberhard „einlassen", müsse dies aber, da er alle seine Zeit nothwendig brauche, um seinen Plan zu Ende zu bringen, da zudem das Alter mit seinen Schwächen schon merklich eintrete, seinen Freunden überlassen und empfehlen. Daraufhin berichtet Reinhold am 14. Juni d. J. (XI 57f. bz. 59f.), er habe die Recension des 3. und 4. Stücks des Phil. Magazins für die Jenaer Allg. Litteraturzeitung — die beiden ersten Stücke waren hier schon durch Rehberg besprochen worden (A. L. Z. 1789 I S. 713—716) — übernommen; er habe sich dabei in der Hauptsache auf die Kritik der Abhandlung Eberhards über die synthetischen Urtheile beschränkt und hierfür die Bemerkungen in Kants erstem Brief verwerthet; den Inhalt des zweiten behalte er „als Corps de Reserve vor, um auf die unausbleibliche Antikritik des H: E. damit hervorzurücken, und seinem Magazine damit den Rest zu geben". Die angekündigte Recension erschien in den Nummern 174—176 der Allg. Litteraturzeitung 1789 (II S. 577—597). Eberhards Erwiderung erfolgte, nachdem sie schon im 2. Stück des 2. Bandes, in einem „Vorbericht", datirt auf den 24. Sept. 1789, angekündigt worden war, im 3. Stück dieses Bandes (Nr. 1, S. 257—284, ferner Nr. 2, S. 285—315). Schon die vorläufige Erklärung Eberhards übrigens hatte eine „Gegenerklärung" des Recensenten hervorgerufen (A. L. Z. Intelligenzbl. 731 f.), die ihrerseits von Eberhard mit einer „Nachschrift betr. die Gegenerklärung des Rec. in dem I.-Bl. der A. L. Z." (Phil. Mag. II S. 244—250) beantwortet worden war. Inzwischen hatte aber Kant in einem Brief vom 21. Sept. 1789 (XI 86 f. bz. 88 f.) Reinhold mitgetheilt, dass er ihm „in Kurzem einen Aufsatz über den ersten Band des Eberhard'schen Magaz. zuschicken werde", den er „binnen diesen Michaelisferien fertig mache", und ihn ersucht, „vor Empfang deßelben in dieser Sache noch zu ruhen". Zugleich hatte er den Adressaten gebeten, ihm das 1. Stück des 2. Bandes des Phil. Mag., auf das er wegen der Fortsetzung der Abhandlung Klügels (betitelt: „Grundsätze der reinen Mechanik") neugierig sei, wenn es heraus sei, durch den Buchhändler de la Garde in Berlin besorgen zu lassen. Am 2. October 1789 bestellt er selbst bei de la Garde die beiden ersten Stücke des 2. Bandes des Mag. (XI 89 bz. 91) und wiederholt am 15. October d. J. die Bestellung (XI 95 bz. 98). In einem Brief vom 1. Decbr. an Reinhold kommt er auf seine Arbeit gegen Eberhard zurück. „Ich habe", schreibt er hier, „etwas über E b e r h a r d unter der Feder. Dieses und die C r i t i k d e r U r t h e i l s k r a f t werden hoffentlich Ihnen um Ostern zu Handen kommen" (XI 109 bz. 111). Wiederholt ist dann in den folgenden Monaten in dem Briefwechsel zwischen Kant und seinem Verleger de la Garde von dem 3. und dem 4. Stück des 2. Bandes des Phil. Mag., die jener zu erhalten wünscht, die Rede: die beiden ersten Stücke sind ihm, wie er am 9. Febr. 1790 schreibt, bereits zugekommen (XI 130. 131. 141. 144. 145 bz. 133. 134. 143. 146. 147).

Zur Ostermesse des Jahres 1790 erschien die Streitschrift gegen Eberhard, gleichzeitig mit der Kritik der Urtheilskraft (vgl. den Brief Kants an seinen zur Leipziger Messe gereisten Verleger, den Königsberger Buchhändler Nicolovius, vom 29. April 1790, XIII 267 f., ferner zwei Stellen aus einem Brief von Kiesewetter an Kant XI 161. 163. bz. 164 f. 167). Auch in der Streitschrift beschränkt sich Kant auf eine Auseinandersetzung mit den im 1. Band des Phil. Mag. enthaltenen Aufsätzen Eberhards (vgl. den Brief an Reinhold XI 86 f. bz. 89). Im Wesentlichen ist sie eine Ausführung der Gedanken, die Kant in den beiden oben erwähnten Briefen an Reinhold (vom 12. und 19. Mai 1789) angemerkt hatte. Nur dass jetzt auch das 4. Stück des 1. Bandes des Magazins herangezogen wird.

In dem erwähnten Brief an Nicolovius vom 29. April 1790 (vgl. den Brief vom 10. Mai 1790, XIII 273) bittet Kant den Adressaten, die in der Streitschrift etwa vorhandenen Druckfehler aufsuchen zu lassen oder am liebsten selbst aufzusuchen und ein Verzeichniss derselben in das Intelligenzblatt der Allg. Litteraturzeitung einzurücken. Vornehmlich ist es Kant um Berichtigung eines Fehlers zu thun: in 188 25 soll statt προτερον gesetzt werden: πρωτερον. Die Ausführung des Auftrags (Intell.-Bl. der A. L. Z. 1790, S. 832) war recht mangelhaft. Nic. rechnete aber wohl damit, dass die 1. Auflage demnächst vergriffen sein werde und eine neue in Bälde veranstaltet werden müsse. Thatsächlich erschien schon das Jahr darauf die 2. Auflage, in der nun wirklich eine grosse Zahl von Fehlern berichtigt sind — sonderbarerweise aber kehrt der wieder, an dessen Verbesserung Kant nach jenem Brief so viel lag. Vermuthlich hat der Autor sich bezüglich dieses Punktes schliesslich eines anderen besonnen. Denn dass es ein nochmaliges Versehen war, wenn in der 2. Auflage das προτερον stehen blieb, ist nicht wohl anzunehmen.

Dass Kant der Polemik Eberhards und des Magazins gegen seine Philosophie auch fernerhin gespannte Aufmerksamkeit widmete, zeigen gelegentliche Bemerkungen in seinen Briefen (so XI 175 f. 191 bz. 183 f. 200 f.). Und mittelbar hat er auch später noch gegen das Magazin zur Feder gegriffen. An der Schultz'schen Recension des 2. Bandes des Phil. Mag. (Allg. Litteraturzeitung 1790 III S. 807 ff.) hat Kant, wie aus den Briefen vom 29. Juni und 2. August 1790 (vgl. die vom 15. und 16. August) hervorgeht, auch unmittelbaren Antheil; er hat dem Recensenten kritische Beiträge zur Verfügung gestellt, die sich theils gegen Eberhard, theils gegen Aufsätze Kästners richten. Dagegen ist die 2. Auflage der Streitschrift, obwohl Eberhard inzwischen begonnen hatte, sich mit ihr auseinanderzusetzen (vom 2. Stück des 3. Bandes ab, das, wie das dritte, noch im J. 1790 erschien), inhaltlich nicht verändert.

Drucke: 1. Über eine Entdeckung, nach der alle neue Critik der reinen Vernunft durch eine ältere entbehrlich gemacht werden soll, Königsberg 1790, bey Friedrich Nicolovius.

2. Dasselbe, 2. Aufl., Königsberg 1791.

3. Dasselbe, Neueste Auflage. Grätz 1796 (Nachdruck).

Sachliche Erläuterungen.

187 15 *argumentum ad verecundiam*, (wie es Locke nennt)] Essay concerning human understanding, IV c. 17, § 19.

189 25—27 *Si non — grandine*] Quinctilian, Institutiones oratoriae V 12,5.

191 5 Borelli] J. A. Borelli, italienischer Mediziner, Naturforscher und Mathematiker, 1608—1679, Herausgeber der Bücher V—VII von Apollonius' conica (nach Abr. des Echelles' lateinischer Übers. aus dem Arabischen), 1661.

191 6 Apollonius Conica] Apollonius Pergaeus, Conicorum libri VIII.

191 27—29 Das Unglück — verstand] Eberhard citirt S. 159, Note eine Stelle aus „Jo. Alph. Borelli Admonitio vor seiner Ausgabe von Apollonii Con. Sect. XXII". Hierzu s. aber die Berichtigung in Phil. Mag. III 205 ff. E. bemerkt hier, dass die Admonitio nicht Borelli, sondern dem Jesuiten Claud. Richardus zugehöre, und freut sich, dass dieser Irrthum seinem Kritiker Kant entgangen war.

197 8 der bekannte Baumgartensche Beweis] Alex. Gottl. Baumgarten, Metaphysica (ed. I 1739) § 20.

199 9 sie] Man erwartet: ihn. Doch hat Kant im Sinne: solche Begriffe.

202 16 Keil in seiner *introductio in veram physicam*] Jo. Keill, Introductio ad veram physicam, seu lectiones physicae ed. II, London, 1705, lect. III. Vgl. I 580, Erl. zu 484 24 und zu 486 10.

205 13.14 Newtons kleine Blättchen] s. Newtons Optik, 2. Buch, 3. Theil.

218 34 Scioppius] der bekannte Philologe Kaspar Schoppe, geb. 1576 zu Neumarkt in der Oberpfalz, gest. 1649 zu Padua.

222 7—9 „Die Gründe — erschaffen"] Bei Eberhard lautet die Stelle: „Das also, zusammengenommen, sind die Gründe der allgemeinen noch unbestimmten Bilder von Raum und Zeit, mit diesen ist die Seele erschaffen."

223 36 Abhandlung von Hißmann] Hißmann, Bemerkungen für den Geschichtschreiber philos. Systeme; über Dutens Untersuchungen; und über die angeborenen Begriffe des Plato, Descartes und Leibniz, T. Merkur 1777, 4. Viertelj. S. 22—52.

232 9.10 sie — zu enge sei] eine summarische und keineswegs adäquate, ja unrichtige Characteristik der Ausführungen Eberhards S. 318—320, die übrigens ihrerseits sehr wenig durchsichtig sind. Was Eberhard sagen will, ist offenbar das: Kant scheint als synthetische Urtheile blos die nicht schlechterdings nothwendigen Wahrheiten und von den schlechterdings nothwendigen Wahrheiten diejenigen, deren nothwendige Prädikate a posteriori erkannt werden, zu betrachten. Diese Umgrenzung des Begriffs der synth. Urtheile aber ist zu eng. Denn auch Sätze, deren nothwendige Prädikate sich a priori erkennen lassen, können synthet. Urtheile sein, so z. B. der Satz: alles Nothwendige ist ewig (S. 318 f.). Indessen kann man die von Kant versuchte Fassung des Begriffs der synth. Urtheile einmal gelten lassen, da bei der Definition neuer Kunstwörter doch der Willkür ein weiter Spielraum bleiben muss. Wenn aber Kant nur die erwähnten Urtheile, d. h. diejenigen, deren Prädikate Affectionen des Subjects sind, welche nicht im Wesen des Subjects allein gegründet sind oder doch vom menschlichen Verstand nicht daraus erkannt werden können, synthetische nennen will, so hätte seine Definition bestimmter (weniger weit) gefasst werden müssen. Synth. Urtheile sind nach der Kantschen Definition solche, die unsere Erkenntniss erweitern. Allein Erweiterungsurtheile können auch diejenigen sein, die eine (nothwendige) Affection des Subjects aus dessen Begriff a priori ableiten, also ein nothwendiges Prädicat a priori erkennen.

233 1 Prolegomenen S. 33] IV 271 16 f.

233 5 S. 36 der Proleg.] IV 273 12

233 24 Proleg. S. 71—124] IV 294 3—326 30.

233 27. 28 Kritik (erste Aufl. S. 158—235)] IV 111 3—154 34.

235 35. 36 Einschränkung — beweise] Bei Eberhard, S. 325 lautet die Einschränkung: „wenn sich die Sätze . . . a priori beweisen lassen".

237 23 Baumgartens Metaphysik § 132] Alex. Gottl. Baumgarten, Metaphysica. Der Satz lautet: Essentiae rerum . . sunt absolute et interne immutabiles (p. I, c. 2, s. 2: Mutabile et immutabile § 132).

243 4 Jacob Bernoulli] Es scheint der ältere Jacob Bernouilli (geb. 1654 zu Basel, Prof. der Mathematik daselbst, † 1705) zu sein, auf den sich Eberh. an der hier angegebenen Stelle beruft. Wo aber die fragliche Äußerung Jac. Bernouillis steht, gibt Eb. nicht an. Vgl. aber z. B. die Abh.: Parallelismus ratiocinii logici et algebraici, Basel 1685.

245 28 Locke] Kant hatte Proleg. § 3, IV 270 15 ff. in Lockes Versuch über den menschlichen Verstand einen Wink zu der Eintheilung der Urtheile in analytische und synthetische gefunden, speciell Ess. IV c. 3, § 9 f.

245 34 Reusch] Joh. Peter Reusch, Wolffianer, 1691—1758: Systema logicum, 1. ed. 1734; Systema metaphysicum, 1. ed. 1734.

245 37 Crusius] Auf dessen „Weg zur Gewissheit und Zuverlässigkeit der menschlichen Erkenntniss" (Leipzig 1746), § 260 hatte Eberhard I S. 311 nach dem Vorgang des Kantianers C. Chr. Erhard Schmid (Wörterbuch . . .) hingewiesen.

247 26 ein großer Kenner rc.] Mich. Hißmann, Versuch über das Leben des Freih. von Leibnitz, Münster 1783, S. 58—60, S. 69 f.

Lesarten.

Für die Herstellung des Textes empfiehlt es sich, von der ersten Auflage auszugehen. Indessen sind auch die Abänderungen der zweiten, die wenn nicht von Kant selbst, so doch zweifellos mit seinem Wissen und seiner Billigung vorgenommen worden sind, zu berücksichtigen. Sie sind zum grössten Theil Verbesserungen des Textes und nur in wenigen Fällen (so 222 14, 235 8, 243 23) Verschlechterungen.

188 25 προτερον] hiezu s. Einleitung || 190 18 die Mathematiker] H. Maier (nach Eberhards Original) die fehlt A || 193 8 die Zusatz Hartenstein || 194 30 keines] Hartenstein keiner A || so] A so zu Cassirer || 195 12 daß er] H. Maier daß A || 196 24 also] Zus. H. Maier (nach Eberhard) || 197 23 S. 164] S. 161 A (Druckfehler) || 200 5 nicht] fehlt A^1 || 200 7 mit] H. Maier (nach Eberhard) als A || 202 29 müßte] A^2 müsse A^1 || 203 12 von] A^2 Cassirer vom A^1 || 204 4 letztere] letztern A || 207 6 und] A^2 vom A^1 || 210 2 giebt] A^2 geben A^1 || 210 13 von] A^2 vom A^1 || 214 10 braucht] Einfügung von betreffen unnöthig, da dieses aus 7. 8 zu ergänzen ist || 216 33 in der sinnlichen] A^2 in sinnlichen A^1 || 216 37 sinnliche) Anschauung] A^2 sinnliche Anschauung) A^1 || 217 10 von] A in Hartenstein (sinnstörende Änderung) || 218 28 der] Hartenstein oder A || 219 33 nichts] Hartenstein nicht A || 220 19 in] A^2 fehlt A^1 || 220 30 stetige] Hartenstein stetiger A || 221 10 S. 377] 370 A || 222 1 sind] seyn A || 222 14 mit] A^1 fehlt A^2 || 222 37 der

letzteren] geht aut dem bestimmten Begriffe, ist aber nicht zu ändern || 223 25 Prädicabile] Prädicable A || 225 24 Functionen] Hartenstein Functionen, die A || 225 26 Absicht] A² Absicht und zwar A¹ || 225 34 es] A² fehlt A¹ || 226 20.21 Erkenntnißvermögen, was] bei Eberhard heisst es: Erkenntnißvermögen, indem sie genau anzugeben sucht, was || 229 1 dem Begriffe] H. Maier den Begriffen A || 229 13 außerwesentlichen] H. Maier außerordentlichen A || 230 13 Prädicate] H. Maier (nach Eberhard) Prädicat A || 230 29 es || H. Maier er A || 231 6 ihn] A² fehlt A¹ || 231 14 das] H. Maier der A || 234 18 gab,] gab, herleitet,? das zu erwartende herleitet im Text einzufügen empfiehlt sich nicht, da Kant schwerlich geschrieben hätte: gab, herleitet, beantwortet werden soll || 235 8 S. 319] A¹ S. 329 A² (Druckfehler) || 236 2 ist das] Hartenstein ist, daß A || 236 20 Realität ich ihm] A² ich ihm Realität A¹ || 237 20 derselben] H. Maier (derselben geht auf Metaphysik 19) desselben A || 238 27 derselben] A desselben Hartenstein || 239 26 dieser] daß dieser A; der weitere Verlauf der Periode setzt aber die Lesung dieser voraus || 240 14 anders, als] zu erwarten ist doppeltes als oder anders, denn als; ein Zusatz ist aber überflüssig, vgl. 280 32 || 241 6 S. 316] S. 317 A || 243 23 die] A¹ fehlt A² || 247 16 beidem] A² beiden A¹ || 247 25 auch] A² fehlt A¹ || 248 36 lassen Zus. H. Maier || 249 3 Geberde-] A Geberden? H. Maier || 251 2 ihnen] A² ihm A¹ ||

Heinrich Maier.

Über das Mißlingen aller philosophischen Versuche in der Theodicee.

Herausgeber: Heinrich Maier.

Einleitung.

Schon im December 1789 (Brief vom 29. Dec. d. J., XI 116 f. bz. 119) hatte Kant an Biester geschrieben: „Ich habe verschiedene Stücke für Ihr periodisches Werk angefangen und bin immer durch dazwischen kommende nicht auszuweichende Stöhrungen unterbrochen und an der Vollendung derselben gehindert worden .... Allein ich habe jetzt eine Arbeit von etwa nur einem Monate zu vollenden;" — gemeint ist die Streitschrift gegen Eberhard, nicht die Kritik der Urtheilskraft (vgl. XI 88. 95. 109) — „alsdann will ich einige Zeit ausruhen und diese mit einigen Ausarbeitungen, im Falle sie Ihrer Monatsschrift anständig sind, ausfüllen." Vermuthlich hatte dann Biester, der im Sommer 1791 eine Reise nach „Polen und Preussen" gemacht und auf derselben auch Kant in Königsberg besucht hatte (vgl. die Stelle in dem Brief von de la Garde an Kant vom 5. Juli 1791, XI 258 bz. 270, und den Aufsatz im Augustheft der Berl. Monatsschr.: Einige Briefe über Polen und Preussen, B. M., 18. Bd., S. 162ff.) Kant mündlich an sein Versprechen gemahnt. Indessen ist der Aufsatz: Über das Mißlingen etc., schwerlich eine der schon im Decbr. 1789 angefangenen Arbeiten. Er ist vielmehr zweifellos aus der Vorarbeit zu der Schrift Die Religion innerhalb ... hervorgegangen. Erschienen ist er im Septemberheft der B. M. 1791.

Drucke: 1. — Berlinische Monatsschrift 1791, XVIII S. 194—225.

2. J. Kants kleine Schriften, Neuwied 1793, S. 200—239.

3. J. Kants zerstreute Aufsätze, Frankfurt und Leipzig 1793, S. 194—220.

4. J. Kants sämmtliche kleine Schriften, Königsberg und Leipzig (Jena, Voigt) 1797/8, III S. 385—416.

5. J. Kants vermischte Schriften 3. Bd., Halle 1799 (Tieftrunk), S. 145—176.

Sachliche Erläuterungen.

260₂ Graf Veri] vgl. VII 232₄ und die Erl. hierzu.

266₃₂ ein einziges] Gemeint ist das aufgeklärte Berliner Oberconsistorium, das auch unter König Friedrich Wilhelm II. seine liberale Richtung festhielt. Ihm wurde in der Ära Wöllner die geistliche Immediat-Examinationscommission gegenübergestellt.

271₁ de Lüc] Jean André de Luc geb. zu Genf 1727, eine Zeit lang Professor der Philosophie und Geologie in Göttingen, gest. 1817 zu Windsor: Lettres physiques et morales sur les montagnes et sur l'histoire de la terre et de l'homme 1778—80.

Lesarten.

257₁₈ Welt zu] Hartenstein Welt sich zu A || 257₃₈ moralisch nothwendig und] H. Maier moralisch und nothwendig A Tieftrunk || 262₂₉.₃₀ weise — unweise] unweise — weise Hartenstein (sinnwidrige Änderung) || 266₅ Ihn] Ihm A || 266₂₇ jede] H. Maier jeder A (ohne Zweifel Versehen: dem Schreiber schwebt vor: jeder von beiden Theilen) || 267₈ XXVII] XVII A ||

Heinrich Maier.

Über den Gemeinspruch: Das mag in der Theorie richtig sein, taugt aber nicht für die Praxis.

Herausgeber: Heinrich Maier.

Einleitung.

Den nächsten Anstoss zu diesem Aufsatz hat zweifellos der Passus S. 111 bis 116 in Garve's Schrift: Versuche über verschiedene Gegenstände aus der Moral, der Litteratur und dem gesellschaftlichen Leben, I 1792, der sich mit Kants Ethik beschäftigt, gegeben. Erschienen ist er im Septemberheft der Berlin. Monatsschrift 1793. Der Herausgeber dankt in einem Brief vom 5. Oktober 1793 (XI 440f. bz. 456f.) dem Autor für die Überlassung der Arbeit.

Drucke: 1. — Berlinische Monatsschrift 1793, XXII S. 201—284.

2. J. Kants politische Meinungen, oder über die Redensart: Dies mag zwar theoretisch wahr sein, ist aber in Praxi nicht anwendbar, 1794 (Nachdruck). Dasselbe 1796.

3. Anhang zu den Zerstreuten Aufsätzen von Herrn Professor Kant. Frankfurt und Leipzig 1794, S. 25—91.

4. Zwo Abhandlungen über moralische und politische Gegenstände, Frankfurt und Leipzig 1795, (Nachdruck) S. 1—120, (enthält außerdem noch den Aufsatz: das Ende aller Dinge). Zweite Aufl.: Königsberg und Leipzig 1796.

5. J. Kants neue kleine Schriften, 1795 (Nachdruck) S. 39—110.

6. J. Kants sämmtliche kleine Schriften Königsberg und Leipzig (Jena, Voigt) 1797/8, III S. 417—490.

7. J. Kants vermischte Schriften, 3. Bd., Halle 1799 (Tieftrunk), S. 177—248.

Sachliche Erläuterungen.

277 23. 24 der — Ehrenmann] ist, wie es scheint, E. Burke, dessen „Betrachtungen über die französische Revolution“, 1792 von Fr. Gentz ins Deutsche übersetzt, Kant vermuthlich gelesen hat (vgl. Wittichen, Kant und Burke, Hist. Zeitschr. Bd. 93, S. 253ff.).

277 30 *illa — aula*] Vergil, Aeneïs I 140.

278 7. 22. 23 Einwürfe des Herrn Prof. Garve 2c.]. Der genaue Titel von

Garve's Buch lautet: Versuche über verschiedene Gegenstände aus der Moral, der Litteratur und dem gesellschaftlichen Leben, 1. Theil Breslau 1792. Der Passus S. 111—116 ist eine Anmerkung zu S. 81 der ersten Abhandlung (über die Geduld).

$285_{26.27}$ Anmerkungen — 1783] Der Titel des Buchs lautet: Philosophische Anmerkungen und Abhandlungen zu Ciceros Büchern von den Pflichten von Chr. Garve, Breslau. Die Ausgabe von 1783 ist die erste Auflage. Die 2. Auflage ist 1784 erschienen. Die 28. 29 citirte Bemerkung findet sich in den „Anmerkungen zu dem ersten Buch".

$301_{4.36}$ Achenwall] Die citirten Sätze stehen thatsächlich in den §§ 203 bis 205 von Gottfr. Achenwalls Buch. Der Satz 10—11 findet sich in § 205. Zu Achenwall und seiner Bedeutung für die Kant'sche Rechtsphilosophie vgl. VI 520. 528.

302_{17} Danton] Eine so oder ähnlich lautende Bemerkung Dantons hat sich nicht nachweisen lassen. Es ist auch nicht wahrscheinlich, dass Danton sich in dieser Weise ausgesprochen hat. Vermuthlich liegt eine Verwechslung (mit Robespierre?) vor, ob dieselbe nun Kant selbst oder der Zeitungsnotiz, auf die diese Reminiscenz zurückgeht, zur Last fällt.

$306_{33.34}$ *Tum — Virgil*] Verg. Aen. 1, 151—152:

Tum, pietate gravem ac meritis si forte virum quem
Conspexere, silent arrectisque auribus adstant.

$307_{4.22.23}$ Moses Mendelssohn—Jerusalem] Jerusalem, oder über religiöse Macht und Judenthum, Berlin 1783.

308_{6} Glückseligkeit (?)] Das Fragezeichen stammt von Kant, nicht von Mendelssohn.

312_{30} Swifts Haus]. Ich habe die Stelle nicht gefunden; in der „Reise nach Laputa" (Gullivers Reisen) steht sie nicht.

313_{2} Abbé von St. Pierre] vgl. die Erl. zu 24_{20}.

313_{2} Rousseau] vgl. die Erläuterung zu 24_{20}.

Lesarten.

279_{17} B] Die Numerirung 278_{13} A. — 279_{9} a. — 279_{17} B. — 280_{11} b. — ist die von A gegebene und die allein sinngemässe. In den späteren Drucken ist sie in Verwirrung gerathen. Richtig Schubert. || 280_{32} als] vgl. 240_{14} || 281_{1} moralischen] Zus. H. Maier (nach Garve) || 286_{14} diesen] A geht auf jedes — Motiv 10. 11 (nachlässiger Plural) diesem Tieftrunk || 287_{32} verführerischsten] A verführerischen Tieftrunk || 288_{12} gröbere] Hartenstein gröbern A || 290_{11} werden] Hartenstein worden A || 291_{36} nach Zus. Tieftrunk || 294_{20} der] A vgl. er 291_{2} das Tieftrunk || 299_{7} ihn] Tieftrunk ihm A || 301_{26} ihr] geht auf Volk, aber nicht zu ändern || 313_{2} Abbé] H. Maier (vgl. 24_{29}) Abt A und die späteren Drucke ||

Heinrich Maier.

Etwas über den Einfluß des Mondes auf die Witterung.

Herausgeber: Max Frischeisen-Köhler.

Einleitung.

Der Aufsatz erschien in der Berlinischen Monatsschrift, 23. Bd. Januar bis Junius 1794.

Drucke: — Berlinische Monatsschrift 1794, XXIII S. 392—407.

2. Neue kleine Schriften von J. Kant. Aus der Berliner Monathschrift abgedruckt. 1795 S. 25—39.

3. J. Kants sämmtliche kleine Schriften, Königsberg und Leipzig (Jena, Voigt) 1797/8 IV, 1. Abth. S. 81—98.

4. J. Kants vermischte Schriften 3 Bd., Halle 1799 (Tieftrunk), S. 279—291.

Sachliche Erläuterungen.

317 12 Schröter] Joh. Hieronymus Schröter, Astronom, 1745—1816. Astronomisches Jahrbuch für das Jahr 1796 herausgegeben von J. E. Bode, Berlin 1793, S. 192 ff. Aldebarans Bedeckung vom Monde u. s. v. vom Oberamtmann Schröter.

319 15 J. Lulofs Einleitung zu der mathematischen und physikalischen Kenntniss der Erdkugel. Aus dem Holländischen übersetzt von Abraham Gotthelf Kästner. Göttingen und Leipzig 1755. Vgl. E. zu I, 444 2.

320 27 Regeln des Toaldo] Giuseppe Toaldo, Professor der Astronomie und Meteorologie zu Padua, 1719—1727. Von ihm Novae tabulae barometri aestusque maris, Patavii 1773, sowie das „Kleine System vom Einfluss des Mondes auf die Wetterveränderung" in seiner „Witterungslehre für den Feldbau. Eine von der K. Sozietät der Wissenschaften zu Montpellier gekrönte Preisschrift. Aus dem Italienischen übersetzt von Joh. Gottlieb Steudel. Dritte Auflage. Berlin 1786". §§ 129 ff.

321 16 Williams] David Williams, 1738—1816, bekannt durch seine zahlreichen kirchlichen und pädagogischen Reformvorschläge. An Essay on public worship . . . London 1773. Vgl. ferner Liturgy on the universal principles of religion and morality London 1776 und Lectures ib. 1779.

323 18 Schäffer] Joh. Chr. Gottlieb Schäffer, Arzt in Regensburg, 1752 bis 1826 „Über Sensibilität als Lebensprincip in der organischen Natur", Frankfurt am Mayn 1793.

323 23 de Luc] Jean André de Luc, Schweizer Physiker und Meteorologe, 1727—1817. Vgl. „Neue Ideen über die Meteorologie. Aus dem Französischen übersetzt". Berlin und Stettin 1787 und 1788.

Max Frischeisen-Köhler.

Das Ende aller Dinge.

Herausgeber: Heinrich Maier.

Einleitung.

In einem Brief vom 4. März 1794 versichert Biester, entgegen einem umlaufenden Gerücht, dass er nicht daran denke, die Berlinische Monatsschrift aufzugeben, und bittet Kant für dieselbe um neue Beiträge (XI 471—473 bz. 490—492). Kant schickt ihm mit einem Brief vom 10. April d. J. „Etwas . . ., was, wie Swifts Tonne, dazu dienen kann, dem beständigen Lärm über einerley Sache eine augenblickliche Diversion zu machen" — gemeint ist damit der Aufsatz „Etwas über den Einfluß des Mondes auf die Witterung", der dann im Maiheft der Berl. M. S. erschien. Im selben Brief stellt er Biester noch einen weiteren Beitrag in Aussicht: „Die Abhandlung, die ich Ihnen zunächst zuschicken werde, wird zum Titel haben „Das Ende aller Dinge", welche theils kläglich theils lustig zu lesen seyn wird" (XI 477 f. bz. 496 f.). Schon am 18. Mai sendet Kant den versprochenen Aufsatz ab und bemerkt dazu: „Ich eile, hochgeschätzter Freund! Ihnen die versprochene Abhandlung zu überschicken, ehe noch das Ende Ihrer und meiner Schriftstellerey eintritt. Sollte es mittlerweile schon eingetreten seyn, so bitte ich solche an Hrn. *Professor* und *Diaconus Ehrhard Schmidt* in *Jena* für sein philosophisches Journal zu schicken" (XI 481 f. bz. 500 f.). Die Arbeit erschien im Juniheft der B. M. S. (vgl. auch den Brief Kants an Biester vom 29. Juni 1794, XI 494 f. bz. 513 f., und den Brief Biesters an Kant vom 17. Dec. 1794, XI 516 f. bz. 535 f.).

Drucke: 1. Berlinische Monatsschrift 1794, XXIII S. 495—522.

2. I. Kant, Zwo Abhandlungen über moralische und politische Gegenstände. Frankfurt und Leipzig 1795 (2. Aufl. Königsberg und Leipzig 1796), S. 120—158 (Nachdruck).

3. I. Kants neue kleine Schriften, 1795 (Nachdruck), S. 1—24.

4. I. Kants sämmtliche kleine Schriften, Königsberg und Leipzig (Jena, Voigt), 1797/8, III S. 491—516.

5. I. Kants Vermischte Schriften, 3. Bd., Halle 1799 (Tieftrunk), S. 249—274.

Sachliche Erläuterungen.

327 14.15 „Ihn — fest." Haller] „Unvollkommenes Gedicht über die Ewigkeit" 1736, Hallers Gedichte herausg. v. Ludw. Hirzel (Bibl. älterer Schriftwerke der deutschen Schweiz, B. 3. 1882) S. 151 (vgl. II 40 31—34):

Ihn aber hält am ernsten Orte,
Der nichts zu uns zurücke lässt,
Die Ewigkeit mit starken Armen fest.

32717.18 *nequeunt — tuendo.* Virgil] Aeneis VIII 265:

nequeunt expleri corda tuendo
terribilis oculos.

328 17.18 das Entweichen — Buchs] Offenbarung Johannis 6, 14.

329 31.38 Sonnerat] Sonnerat (französischer Naturforscher und Forschungsreisender, 1749—1814): Reise nach Ostindien und China auf Befehl des Königs unternommen v Jahr 1774 bis 1781, deutsch Zürich 1783 in 2 Bänden. Im 2. Band, 4. Buch, 2. Kap. S. 38 f. ist als einer der Götter der Papuaner und Barmanen Godemann angeführt.

332 15 Horazens *poena pede claudo*] Horaz, od. III, 2 32:

Raro antecedentem scelestum
Deseruit pede Poena claudo.

vgl. VI 489 34-36.

335 25.26 Laokiun] Der chinesische Philosoph, der uns unter dem Namen Lao-tszé bekannt ist, wird von früheren Autoren häufig Lao-kiun (auch Lao-giün) genannt. Dieser Name erklärt sich wohl daraus, dass Lao-tszé aus dem Dorfe K'üh-jen stammte. Lao-tszé, ein älterer Zeitgenosse des Confucius, hat seine Anschauungen über das höchste Wesen und das höchste Gut in dem Buch „Tao-tě-king“ niedergelegt.

336 11—13 ein — möchte] Philipper 3, 12—14.

338 36.37 *lex — inexorabilis. Livius.*] Livius II 34: leges rem surdam, inexorabilem esse, salubriorem melioremque inopi quam potenti.

339 4.5 „Seid — werden“] Ev. Matth. 5, 12.

Lesarten.

329 38 4. Buch, 2. Kap., 2 B.] H. Maier Buch 2., Kap. 2. B. A Buch 2, Kap. 2 Tieftrunk vgl. die sachlichen Erläuterungen. Vielleicht ist übrigens mit Cassirer das B. als Anfangsbuchstabe von Biester zu deuten und die ganze Klammer (Man s. — B.) als Zusatz des Herausgebers Biester zu streichen || 331 31 Überschuß] A Überfluß Tieftrunk || 339 20 Das ist die] A Daß die Tieftrunk || 339 25 zeigt.] A zeigt, ihm auch nur in der Folge die Herzen der Menschen erhalten könne, ist nie aus der Acht zu lassen Tieftrunk || 339 30—37 gegen — eintreten.] von dieser Stelle hat sich die ursprüngliche, von fremder Hand geschriebene und von Kant durchcorrigirte Reinschrift erhalten. Kant scheint dieses letzte Stück der Reinschrift nicht in die Druckerei gegeben, sondern die Partie für den Druck neu geschrieben zu haben. Über die Gestalt des Blattes vgl. Reicke, Lose Blätter E 59 (Altpreuss. Monatsschr. 30. Bd. 1893. S. 297. 301). Die Abweichungen der H von A sind die folgenden: 339 32 ohnehin] ohnedem H || 339 33 obzwar kurzes fehlt H || 35.36 zwar bestimmt — würde] beabsichtigt, dann aber durch das Schicksal nicht begünstigt werden würde ||

Heinrich Maier.

Zum ewigen Frieden.

Herausgeber: Heinrich Maier.

Einleitung.

In einem Schreiben vom 13. Aug. 1795 bietet Kant dem Königsberger Verleger Nicolovius eine Abhandlung zum Verlag an, die zur Michaelismesse dieses Jahres unter dem Titel: „Zum ewigen Frieden. Ein philosophischer Entwurf von Immanuel Kant" erscheinen solle (XII 35). Die Arbeit erschien zu dem in Aussicht genommenen Termin.

Was den äusseren Anlass zur Abfassung der Schrift gegeben hat, wissen wir nicht. Wahrscheinlich ist immerhin, dass der Basler Friede von 1795 von Einfluss gewesen ist. Die Idee eines ewigen Friedens scheint in jener Zeit in der Luft gelegen zu haben. Wenigstens berichtet Herder — worauf Kehrbach mit Recht hingewiesen hat — eben damals, dass viel von Entwürfen zum ewigen Frieden gesprochen werde. Wenn dagegen Schubert die unmittelbare Inspiration zu der Abhandlung auf die Lektüre von St. Pierre's Projet de paix perpétuelle zurückführt, so lässt sich dies nicht beweisen. Nur das steht fest (vgl. 313 2), dass Kant die Schrift von St. Pierre — und zwar seit langem (vgl. 24 29) — gekannt hat.

Noch im selben Jahr veranstaltete Nicolovius einen Abdruck der 1. Auflage (vgl. die Ausgabe von Kehrbach, Vorrede S. XX—XXI); diesem scheint das Verzeichniss von Druckfehlern und Ergänzungen, das den Exemplaren der 1. Auflage theilweise angeheftet ist, beigegeben worden zu sein, wenn dasselbe nicht schon vorher separat erschienen war. Im Jahr 1796 folgt eine „neue, vermehrte Auflage", in der die in dem erwähnten Druckfehlerverzeichniss enthaltenen Änderungen in dem Text aufgenommen sind und überdies dem Zusatz zum zweiten Abschnitt ein zweiter Zusatz (S. 368 21—369 36) beigefügt ist.

In einem Brief vom 5. November 1795 regte Kants Schüler Kiesewetter eine französische Übersetzung der Schrift an. Er schreibt, er wolle sie einem seiner Freunde, einem hoffnungsvollen jungen Mann, einem Kenner und Verehrer der kritischen Philosophie, der vor kurzem nach Paris gegangen sei, um dort kritische Philosophie zu lehren, schicken, damit er sie übersetze und dort bekannt mache (XII 47). Dieser „junge Mann" ist vielleicht der „neu angekommene

Kantianer", mit dem Karl Theremin, wie er am 2. Jan. 1796 von Paris an seinen Bruder Anton Ludwig, Prediger in Memel, schreibt (XII 59 bz. 59f.), in Sieyès' Hause zusammengetroffen war, und wohl auch identisch mit dem Herrn v. Bielefels, von dem A. L. Theremin am 6. Febr. d. J. an Kant berichtet (XII 58), er habe in Paris einen Anfang mit Vorlesungen über Kantische Philosophie gemacht. (Hierzu vgl. indessen jetzt Menzer XIII 419.) Die beiden Theremin suchten einen brieflichen Verkehr zwischen Kant und Sieyès zu vermitteln (hierzu vgl. XIII 424 und O. Brandt, Untersuchungen über Sieyès, Hist. Zeitschr. 126, S. 424ff.) und auch sonst Wege zu finden, die Philosophie Kants in Frankreich bekannt zu machen. Darauf spielt auch ein Brief des Verlegers de la Garde vom 20. Dezember 1796 an, der davon spricht, ein gewisser Theremin habe es übernommen, eine französische Übersetzung der Kantischen Werke zu bearbeiten (XII 141). Inzwischen war in Bern eine französische Übersetzung des Schriftchens „Zum ewigen Frieden" unter dem Titel: Projets de paix perpétuelle, 1795, erschienen, die indessen Kants Beifall nicht fand. Dagegen war die nach der 2. Auflage bearbeitete, von Nicolovius verlegte Übertragung: Projet de paix perpétuelle. Essai philosophique par Emmanuel Kant. Traduit de l'Allemand avec un nouveau supplément de l'auteur 1796, von Kant autorisirt (le nouveau supplément ist jener 2. Zusatz in der 2. Aufl.). Welche Wirkung diese in Paris gehabt hat, zeigt ein Brief Kiesewetters vom 25. Nov. 1798 (XII 263f. bz. 265f.).

Wir haben für die Abhandlung Zum ewigen Frieden noch handschriftliches Material, nämlich 1. Vorarbeiten (Reicke F 9), von denen einzelne Partien, auch diese freilich stark umgearbeitet, in die Reinschrift herübergenommen sind (S. 350_{40-41} und 351_{23-35}, ferner 357_{32}—360_{9}). Für die Herstellung des Textes sind dieselben nicht von Nutzen gewesen. 2. Ein Fragment der Reinschrift, H^1 (umfassend S. 362_{19} bis 368_{20}), von Reicke (F 8) beschrieben und edirt: „ein Doppelblatt in gr. 4°, mit Rand, ... als fünfte Lage von ihm [Kant] selbst am Rande oben mit ‚5' bezeichnet, mit 46, 41, 42 und 41 Zeilen. Die auf feinem Brief-(Post-)papier schön und deutlich geschriebene und bereits zum Theil mit Interpunktion versehene Schrift enthält S. 52—65 der 1. Ausg. von 1795". 3. Die Abschrift, die als Druckvorlage diente, H^2, aus dem Nachlass Reicke's in den Besitz der Königsberger Bibliothek übergegangen, „umfasst 12 Bogen in fol., ist von dem" Leipziger „Censor, Prof. der Moral und Politik Arndt vorn auf dem Titelblatt und an 6 anderen Stellen mit dem Imprimatur versehen und von dem Setzer bei jedem neuen Druckbogen mit Rothstift markirt. Kant hat sie sorgfältig korrigirt und durch Randbemerkungen und zuletzt noch durch einen 2. Anhang auf 6 Seiten vermehrt" (Reicke). Den von Kant's Hand der Abschrift zugefügten 2. Anhang s. oben S. 381 — S. 386. Der Titel lautet auf dem Titelblatt der Abschrift, von Kant selbst geschrieben, nur: „Zum ewigen Frieden von Immanuel Kant."

Drucke: 1. Zum ewigen Frieden. Ein philosophischer Entwurf von Immanuel Kant. Königsberg bey Friedrich Nicolovius 1795.

2. Abdruck von 1. (mit angehängtem Druckfehlerverzeichniß?).

3. Zum ewigen Frieden. Ein philosophischer Entwurf von Immanuel Kant. Neue vermehrte Auflage. Königsberg bey Friedrich Nicolovius 1796.

4. Projet de paix perpétuelle. Essai philosophique par Emanuel Kant. Traduit de l'Allemand avec un nouveau supplément de l'auteur. Königsberg 1796 chez Frédéric Nicolovius.

Ferner einige Nachdrucke der 1. Aufl.:

5. in Frankfurt und Leipzig 1796,

6. ebenda 1797.

Sachliche Erläuterungen.

345 28. 29 Erfindung eines handeltreibenden Volks] Gemeint ist das englische Volk.

347 26. 27 (wie August — graecas)] Sueton, Augustus 87.

348 34. 35 Preisaufgabe des — Grafen von Windischgrätz] Reichsgraf Joseph Niklas Windisch-Graetz, 1744—1802, selbst Schriftsteller (vgl. XIII 246f.), stellte die Preisfrage: wie Contractformeln zu entwerfen seien, die gar keiner doppelten Auslegung fähig wären, und vermöge deren jeder Streit über irgend eine Eigenthumsveränderung unmöglich würde, so daß über irgend eine nach diesen Formeln abgefasste Rechtsurkunde durchaus kein Process entstehen könnte.

353 25 Mallet du Pan] Jacques M. d. Pan, geborener Schweizer, 1749 bis 1800, Publicist und als solcher unversöhnlicher Gegner der französischen Revolution. Die Schrift, die Kant im Auge hat, ist: M. d. P. über die französische Revolution und die Ursachen ihrer Dauer, übers. von Friedr. Gentz, Berlin 1794. Hier ist am Schluss von einer „Maxime" die Rede, die den Verfasser „seit fünfzehn Jahren geleitet, und die uns ein englischer Dichter in zwei Versen vorgetragen" habe:

„For forms of government let fools contest,
Whatever is best administer'd, is best*.
*Über Regierungsformen lasst Thoren mit einander streiten;
Die beste ist die, welche am besten verwaltet wird."

Die Verse finden sich bei Pope, Essay on man, ep. III v. 303—304.

355 9 Hugo Grotius, Pufendorf, Vattel] H. Grotius (1583—1645): De jure belli et pacis, Paris 1625: Samuel v. Pufendorf (geb. 1632, † 1694 als Historiograph zu Berlin): De jure naturae et gentium l. VIII, Lund 1672; Emer de Vattel, sächsischer Diplomat und publicistischer Schriftsteller, 1714—1767: Le droit des gens, Leyden 1758.

357 18 *Furor — cruento. Virgil*] Aeneis I 294—296:

Furor impius intus
saeva sedens super arma et centum vinctus aënis
post tergum nodis fremet horridus ore cruento.

359 22. 39 *Georgii Alphab. Tibet.*] Alphabetum Tibetanum missionum apostoicarum commodo editum etc., hierzu vgl. VI 504, Erl. zu 108 33.

359 23 Prof. Fischer] Johann Eberhard Fischer, Historiker und Alterthumsforscher, geb. zu Esslingen 1697, Theilnehmer an der 2. Kamtschatkischen Expedition (1733—1743), † 1771 als Professor der Geschichte und Mitglied der Akademie zu Petersburg. Die citirte Bemerkung findet sich in der Schrift Quaestiones Petropolitanae, Göttingen und Gotha 1770 (III De variis nominibus imperii Sinarum § 2, S. 81).

359 39 Reise des 2c.] Reise des jüngeren Anacharsis durch Griechenland. Aus dem Französischen des Herrn Abbé Barthélemy übers. von Biester, 5. Theil, Berlin 1793.

360 20 La Croze] Mathurin Veyssière de Lacroze, geb. 1661 zu Nantes, mit 17 Jahren in den Benediktinerorden eingetreten, † 1739 zu Berlin als Mitglied der K. preuß. Societät der Wissenschaften. Er ist, wie auch der Missionar Pater Franc. Horatius, von Georgi an den angegebenen Stellen citirt.

361 10.11 *semel — parent* Augustin] Ein Satz dieser Art hat sich bei Augustin nicht ermitteln lassen. Das Wort scheint indessen überhaupt kein Citat, sondern nur eine pointirte Formulirung des bekannten augustinischen Gedankens zu sein. Fraglich ist dann freilich immer noch, ob Kant dieselbe selbst geprägt oder von einem anderen (von wem?) übernommen hat. Der Wortlaut erinnert an Seneca's „semper paret, semel jussit" (De provid. c. 5), das Leibniz in seiner Théodicée, Abrégé de la controverse, Erdmann S. 628b, wieder aufgenommen hat.

361 42 *gryphes — equis*] Virgil, Eclog. VIII 27: jungentur jam gryphes equis.

365 16 Ausspruch jenes Griechen] vgl. VI 34 37 und die Erl. hiezu.

365 32 *fata — trahunt*] Seneca, epist. mor. lib. XVIII Ep. 4.

367 6.7 „Biegt — nichts". Bouterwek] vgl. XI 417; die hier citirten Verse selbst habe ich nicht auffinden können.

369 26.27 „ob sie — nachträgt"] vgl. VII 28 7 ff.

379 29 *tu — ito*] Aeneïs VI 95.

385 31.32 des Herrn Hofr. Garve Abhandlung: „Über 2c.] Der Titel der Abhandlung lautet genauer: Abhandlung über die Verbindung der Moral mit der Politik oder einige Betrachtungen über die Frage, inwiefern es möglich sei, die Moral des Privatlebens bei der Regierung der Staaten zu beobachten. Breslau 1788.

385 33 Dieser — Anfange] Die Abh. beginnt (§ 1) mit den Worten: „Eine genugthuende Antwort dieser Frage ist über meinen Horizont."

Lesarten.

Für die Herstellung des Textes wurden auch das erhaltene Fragment der Reinschrift (H[1]) und die Abschrift, die als Druckvorlage diente, (H[2]) benutzt. Eine von Reicke besorgte Collationirung der letzteren mit der ersten Ausgabe hat schon Kehrbach für seine Edition (1881) verwerthen können. Später hat Reicke das

Fragment der Reinschrift mit grosser Sorgfalt publicirt (Lose Blätter aus Kants Nachlass, F8) und dabei H[1] nicht bloss mit A[1], sondern auch mit H[2] verglichen. — Von den beiden Drucken der ersten Auflage (Aa[1], Ab[1]) hat, wie Kehrbach nachgewiesen hat, der 2. für die 2. Auflage als MS. gedient. Jedoch sind in dieser ausserdem die „Verbesserungen zum ewigen Frieden" verwertet.

344 1 Ausspähungsgeschicklichkeit] A Auffspähungsgeschicklichkeit H[2] || 344 8 desselben] H[2] A[1.2], geht auf Theil in 3. Die Emendation derselben ist ausgeschlossen, da Kant ein derselben des Abschreibers in desselben corrigirt hat || 344 33 handhabende] A handhabenden H[2] || 345 11 läßt] A[2] läßt* und hiezu unter dem Text die Note So antwortete ein bulgarischer Fürst dem griechischen Kaiser, der den Zwist mit ihm nicht durch Vergießung des Blutes seiner Unterthanen, sondern gutmüthigerweise durch einen Zweikampf abmachen wollte: „ein Schmid, der Zangen hat, wird das glühende Eisen aus den Kohlen nicht mit den [den fehlt H[2]] Händen herausnehmen". H[2] A[1]; im Druckfehlerverzeichniss und in A[2] ist* und die Note, die hier 354 33-36 untergebracht ist und auch in H[2] und A[1] an dieser Stelle mit kleinen Änderungen wiederholt wird, gestrichen || 345 18. 19 dürfte), — entgegenstände.] H. Maier dürfte; — entgegenstände). H[2] A || 347 22-23 erweiternd — enthalten] Der Text ist nicht zu heilen. In H[2] ist ursprünglich geschrieben und diese Erlaubnisse sind; Kant hat dann diese gestrichen und das sind durch enthalten ersetzt, ohne die neue Wendung mit dem Vorhergehenden in Einklang zu bringen || 347 27 mithin] mithin nicht Hartenstein (unnöthige Änderung; das nicht ist aus 26 nicht auf zu ergänzen) || 348 24 statutarischen] Schubert, Hartenstein statuarischen H[2] A || 348 29 da] H. Maier die H[2] A wo die Hartenstein || 350 12-14 Erklärung — Man] Druckfehlerverzeichniss und A[2] Erklärung einer Befugniß so lauten: Man H[2] A[1] || 351 19 und] A fehlt H[2] || wegen dem] A wegen der dem H[2] || 351 30 wird] A fehlt H[2] || 353 36 diesem] A diesen H[2] || 355 6 doch] Druckfehlerverz. und A[2] doch sehr H[2] A[1] || 355 18 daß] A fehlt H[2] || 355 20 zu] A fehlt H[2] || 357 29 auf] A und H[2] || 358 11 dulden] Hartenstein dulden zu H[2] A || 358 32 beweisen] fehlt H[2] || 359 16 Kriegsflotten] A Kriegsflotte H[2] || 359 17 Mächten] H[2] Aa[1] möchten Ab[1] A[2] || 360 10 Erster] A[2] fehlt H[2] A[1] || 360 33 über] Druckfehlerverz. und A[2] über die H[2] A[1] || 361 12 der] A in der H[2] || 361 34 könnten] Schubert, Hartenstein [vgl. 363 21] konnten H[2] A || 361 37 wir] fehlt H[2] || 362 39 vorgebliches] H[2] Druckfehlerverz. A[2] vergebliches A[1] || 363 1 macht] H[2] A machte H[1] || 363 5-6 Gegenden] fehlt H[1] || 363 7 zu treten genöthigt] H[2] A gebracht H[1] || 363 11 dem] H[1.2] A[1.2] das Schubert, Hartenstein, Kehrbach (sinnlos) || 363 13 enthalten] H[2] A fehlt H[1] Futter geben? H. Maier. Die Stelle ist nicht wohl heilbar. enthalten ist erst in H[2] eingefügt, wobei dem Schreiber die Wendung das dem Kameel — unentbehrliche Futter enthalten vorschwebte, vgl. Reicke || 363 14 aber fehlt H[1] || der fehlt H[1] || 363 15 wie] H[2] A daß H[1] || 363 30 anzubauen fehlt H[1] || 363 31 in Europa fehlt H[1] || 363 34 vorher fehlt H[1] || 364 1 ersten] H[1] Hartenstein ersteren H[2] A || 364 2 Völker] H[1] Völker wurden H[2] A (von Kant versehentlich in H[2] eingefügt) || 364 4 Einverständniß,] Einverständniß und H[1] ||

364 4.5 und friedliches — einander fehlt H¹ || 364 13 einerseits fehlt H¹ || 364 15 andererseits fehlt H¹ || 364 17 weit von diesem] so weit H¹ || 364 18.19 wo sie — hätten fehlt H¹ || 364 35 werden] H² A würden H¹ || Ich antworte fehlt H¹ || 364 36 werden] H² A würden H¹ || 365 6 bevölkern?] A bevölkern. — H¹ bevölkern? — H² || 365 9 zu gelten fehlt H¹ || 365 12 oft fehlt H¹ || 365 14 ihm auch wohl Philosophen || Philosophen ihm auch wohl H¹ || 365 20 Frage, die] Frage nach dem was H¹ || 365 25 dieser] dieser moralischen H¹ || 365 26 gesichert] bevestigt H¹ || 365 36 ein jedes — Volk] ein jedes ein anderes drängende Volk H¹ || 366 3 vielmehr] A² vielmehr aber H² A¹; aber im Druckfehlerverz. gestrichen || 366 5 mit] nach H¹ || von so] in solcher H¹ || 366 6 sublimer] sublimen H¹ || 366 8 jene] diese H¹ || 366 9 so daß] weil H¹ || 366 13 so fehlt H¹ || 366 15-17 ist — so] (selbst, so hart wie es auch klingt, für ein Volk von Teufeln, wenn sie nur Verstand haben) ist H¹ || 366 19 auszunehmen geneigt ist] ausnehmen will H¹ || 366 19.20 und ihre Verfassung einzurichten fehlt H¹ || 366 22 eben derselbe] so H¹ || böse Gesinnungen fehlt H¹ || 366 23-29 Denn — müssen fehlt H¹ || 366 29 Man kann dieses] wie man es H¹ || 366 30 noch fehlt H¹ || schon sehr fehlt H¹ || 366 32 sicherlich fehlt H¹ || 367 2 sowohl als] und H¹ || 367 3 Hier heißt es also] Denn was den ersteren betrifft so heißt es hier auch H¹ || 367 4 zuletzt fehlt H¹ || 367 5 hier fehlt H¹ || 367 5.6 obzwar mit viel Ungemächlichkeit fehlt H¹ || 367 14.15 vergrößerten] vergrößten H A || 367 17 verfällt fehlt H¹ || dieses] A² dieses doch H¹·² A¹; doch ist im Druckfehlerverz. gestrichen || 367 17.18 das Verlangen] der Wille H¹ || 367 23 Vorwand] Vorschub H¹ || 367 28 ihr Gleichgewicht im] den H¹ || 367 32.33 Glaubensarten — Mittel] H² A die Moral vortragende Bücher H¹ || 367 34 Koran] H¹ Koram H² A || 368 2 unter] mit H¹ || 368 4 Völker] Völker durch wechselseitigen Eigennutz H¹ || 368 5.6 durch — Eigennutz fehlt H¹ || 368 7 bemächtigt. Weil nämlich] bemächtigt und weil H¹ || 368 16 Mechanism der] H¹ in den H² A vgl. Reicke || 368 20 hinzuarbeiten] hinzuarbeiten H¹ || 369 8.9 moralisch-] H. Maier moralische A || 370 8.9 man es] es man es H² || 371 20 nun] H² nur A || 373 20 preis zu] Preis H² || 375 26 von] A an H² || 375 35 gesetzwidriger] gesetzwidrigen H² || 376 38 müsse] A müssen H² || 380 32 der Menschen] H. Maier dem H² A || 383 19 Naturstande] Naturzustande Hartenstein || 383 30 frägt sich] so fragt sich Hartenstein || 384 8 den] H² der A || 384 12 den] H² Aa¹ der Ab¹ A² || 385 31 Hofr.] Prof. H² || 386 3 Rechtslehre] Ab¹ A² Rechtlehre H² Aa¹ ||

Heinrich Maier.

Von einem neuerdings erhobenen vornehmen Ton in der Philosophie.

Herausgeber: Heinrich Maier.

Einleitung.

Der Aufsatz, im Maiheft 1796 der Berliner Monatsschrift erschienen, richtet sich vorwiegend gegen die Schrift: Platos Briefe über die syrakusanische Staatsrevolution, nebst einer historischen Einleitung und Anmerkungen Königsberg 1795 von J. G. Schlosser, und zwar speciell gegen einige der von Schlosser seiner Übersetzung beigefügten Noten (bes. S. 180—184 und S. 191—192 der Schlosserschen Schrift). Doch sind auch andere Vertreter der mystischen Richtung Schlossers, wie Graf Leop. Stolberg, gestreift. Der Kant'sche Aufsatz hat dann noch ein literarisches Nachspiel gehabt. Hierüber s. die Einleitung zu dem Aufsatz: Verkündigung des nahen Abschlusses, unten S. 515.

Drucke: 1. Berlinische Monatsschrift 1796, XXVII S. 387—426.

2. Abdruck im Anhang von J. G. Schlossers Schreiben an einen jungen Mann, der die kritische Philosophie studiren wollte, Lübeck und Leipzig 1797, S. 124—168.

3. J. Kants sämmtliche kleine Schriften, Königsberg und Leipzig (Jena, Voigt), 1797/8 III S. 569—608.

4. J. Kants vermischte Schriften 3. Bd., Halle 1799 (Tieftrunk), S. 301—334.

Sachliche Erläuterungen.

391 1 ff. Plato ꝛc.] s. J. G. Schlosser, Platos Briefe ... nebst einer historischen Einleitung und Anmerkungen, Königsberg 1795, S. 184 ff. und hiezu vgl. das Vorhergehende.

391 36.37 als Erscheinungen] Hinter Erscheinungen ist so etwas wie „erkannt werden" zu ergänzen. Der Text selbst aber ist nicht entsprechend zu ändern.

393 12 Montucla] M. Montucla, Histoire des Mathématiques, Paris 1758 (t. III 1802).

393 15.16 *Quaerit — Homerus*] ein mittelalterlicher Mönchsvers.

394 19-21 „der Glaube — Feuer"] Friedrich Leopold Graf zu Stolberg, Reise in Deutschland, der Schweiz, Italien und Sizilien, 2. Theil, Königsberg und Leipzig 1794, S. 238—240.

394 22 „der Köhlerunglaube"] Friedr. Leop. Graf zu Stolberg, a. a. O., II S. 240.

394 26.27 „der Stagirit — hat"] frei citirt aus Fr. Leop. Graf zu Stolberg

Auserlesene Gespräche des Platon, übers., 1. Theil Einl. (Ges. Werke der Brüder Stolberg, 17. Band S. V f.).

395 18.19 „Die — Geheimnisse"] J. G. Schlosser, a. a. O. S. 194, Note.

395 20-24 Ein berühmter — ansehen"] J. G. Schlosser a. a. O. S. 182, Note.

397 7-10 wenn also — müssen] Die Textverwirrung lässt sich hier nicht wohl durch Emendationen heilen. Möglich ist die Cassirer'sche Änderung (s. Lesarten). Augenscheinlich aber schließt Kant den Satz, als ob er in 7 geschrieben hätte: wird also, wenn jene — jene geht auf das vorausgehende Aufgaben der Vernunft. — transscendent sind . . . .

398 17.18 den (neuerlich ins Deutsche übersetzten) Plato den Briefsteller] Der Übersetzer ist eben J. G. Schlosser.

398 18-22] J. G. Schlosser a. a. O. S. 180 ff.

398 22-31] ibid. S. 178 f.

398 37-399 2] ibid. S. 191, Note.

399 16.17] ibid.

399 22.23.24-26] ibid. S. 184, Note.

399 31–400 2] ibid. S. 182 f., Note.

401 2.3 die um verschiedene Jahre ältere] d. i. die Kant'sche.

401 5–402 1] J. G. Schlosser, a. a. O. S. 184, Note.

401 21 Einer von den Kraftmännern] Gemeint ist natürlich J. G. Schlosser, Graf Stolberg oder einer ihrer Gesinnungsgenossen. Doch hat sich die Stelle, auf die sich 24 bezieht, nicht ermitteln lassen.

404 5 „einer Formgebungsmanufaktur"] J. G. Schlosser, a. a. O. S. 183, Note.

404 8.9 *pedibus — coelo. Lucret.*] de rerum natura I 78 f.:

> quare religio pedibus subjecta vicissim
> obteritur, nos exaequat victoria caelo.

406 2 Fontenelle] Vermuthlich ist das Citat eine Reminiscenz an eine Stelle im „Anhang zu der Historie von Orakeln des Herrn von Fontenelle", der „Bernhards von Fontenelle Historie der heidnischen Orakel, übers. von J. Chr. Gottsched, Leipzig 1730, angefügt ist. Hier ist S. 305 mit Berufung auf das „Leben Vanini" erzählt, Herr v. Fontenelle habe in Bezug auf seinen Gegner P. Baltus bemerkt: „wenn der P. Baltus die Orackel durchaus vor teuflisch halten wolle, so möchte er es seinetwegen immer thun". Möglich ist immerhin, dass Kant Gottsched's Quelle selbst gekannt hat: La vie et les sentimens de Lucilio Vanini, Rotterdam 1717 (Autor: Durand), wo die Bemerkung Fontenelle's, S. 172 lautet: Si le P. Baltus veut croire aux Oracles des Payens, à lui permis.

406 8-15] J. G. Schlosser a. a. O. S. 90, Note.

Lesarten.

396 41 die] fehlt A || 398 10 verheißen] wird verheißen Cassirer vgl. die sachlichen Erläuterungen ||

Heinrich Maier.

Ausgleichung eines auf Mißverstand beruhenden mathematischen Streits.

Herausgeber: Heinrich Maier.

Einleitung.

Der jüngere Reimarus hatte im Augustheft der Berl. Monatsschr. (28. Bd. S. 145—149) einen kleinen Artikel, betitelt: Über die rationalen Verhältnisse der drei Seiten eines rechtwinkligen Dreiecks" veröffentlicht, in dem er die Bemerkung Kants in dem Aufsatz: „Von einem neuerdings erhobenen vornehmen Ton in der Philosophie" (oben S. 393), „daß das rationale Verhältnis der drei Seiten eines rechtwinkligen Dreiecks nur das der Zahlen 3, 4, 5 sein könne", beanstandet. Dagegen wendet sich die kurze Bemerkung Kants im Octoberheft 1796 der Berl. Monatsschrift.

Drucke: 1. Berlinische Monatsschrift 1796, XXVIII S. 368—370.

2. J. Kants sämmtliche kleine Schriften, Königsberg und Leipzig (Jena, Voigt) 1797/8 III S. 609—612.

3. J. Kants vermischte Schriften 3. Bd., Halle 1799 (Tieftrunk), S. 335—338.

Sachliche Erläuterungen.

409 1 Abhandlung] Von einem neuerdings erhobenen vornehmen Ton in der Philosophie.

409 5-7 „Was — kann?"] VIII 393 17-19.

409 7.8 Hr. Doctor und Professor Reimarus] Joh. Alb. Heinrich R., Sohn des bekannten Herm. Sam. Reimarus, geb. 1729 zu Hamburg, † 1814 zu Ranzau in Holstein, Mediciner, war seit 1796 Professor der Naturlehre am Gymnasium seiner Vaterstadt.

Heinrich Maier.

Verkündigung des nahen Abschlusses eines Tractats zum ewigen Frieden in der Philosophie.

Herausgeber: Heinrich Maier.

Einleitung.

In seinem ‚Schreiben an einen jungen Mann, der die kritische Philosophie studiren wollte', Lübeck und Leipzig, 1797 (übrigens schon vor dem 7. December 1796 erschienen, wie ein Brief von L. H. Jakob zeigt, XII 134; das Vorwort ist vom 1. August 1796) hatte J. G. Schlosser auf den Angriff, den Kant in dem Aufsatz „Von einem neuerdings erhobenen vornehmen Ton in der Philosophie" gegen ihn gerichtet hatte, erwidert. Mit diesem Schreiben rechnete Kant in dem vorliegenden Aufsatz ab. Derselbe erschien in dem — erst im Juli des darauffolgenden Jahres herausgekommenen — Decemberheft des Jahrgangs 1796 der Berlinischen Monatsschrift, mit dem diese ihr Erscheinen einstellte (vgl. den Brief Biester's an Kant vom 5. August 1797, XII 191 bz. 193). Schlosser verfaßte hierauf ein „zweites Schreiben an einen jungen Mann, der die kritische Philosophie studiren wollte, veranlasst durch den angehängten Aufsatz des Herrn Professor Kant über den Philosophenfrieden", Lübeck und Leipzig, 1798. Indessen reagirte Kant selbst hierauf nicht mehr.

Drucke: 1. Berlinische Monatsschrift 1796, XXVIII S. 485—504.

2. Separat erschienen 1798 (Ulm, Wohler). Nachdruck.

3. J. Kants sämmtliche kleine Schriften, Königsberg und Leipzig (Jena, Voigt) 1797/8 IV S. 1—20.

4. J. G. Schlosser, Zweites Schreiben an einen jungen Mann, Lübeck und Leipzig 1798 S. 142—167.

5. J. Kants vermischte Schriften 3. Bd., Halle 1799 (Tieftrunk), S. 339—356

Sachliche Erläuterungen.

413 5-7 Chrysipp — faule."] Cicero, de natura deorum II c. 63 s. 160: Sus vero quid habet praeter escam? cui quidem, ne putesceret, animam ipsam pro sale datam dicit esse Chrysippus.

415₄ **Satz — daß der Schmerz nichts Böses sei]** Der Ausruf des Posidonius lautet bei Cicero (Tusc. disput. l. II c 25. s. 61): Nihil agis, dolor! quamvis sis molestus, nunquam te esse confitebor malum. Vgl. **Kritik der prakt. Vernunft** V 60₂₆ ff.

417₂.₃₁₋₃₅ **Auf ewig — nicht. Kästner]** Das citirte Sinngedicht ist betitelt: Vom ewigen Frieden, Abr. Gotthelf Kästner's zum Theil noch ungedruckte Sinngedichte und Einfälle, zweite mit Genehmigung des Verf. veranstaltete Sammlung, Frankfurt und Leipzig 1800 (Herausgeber: K. W. Justi), N. 60, S. 65.

419₂₁ **Herr Schlosser]** s. Einleitung.

419₃₁.₃₂ „eines — wollte"] s. den Titel des ersten „Schreibens" von J. G. Schlosser (Einleitung).

420₆₋₉ „seinen — machen"] J. G. Schlosser, Schreiben an etc. S. 2.

420₁₂₋₁₃ „Die — Philosophie."] J. G. Schlosser, a. a. O. S. 6.

420₁₆.₁₇ „allen — sollen"] ibid. S. 24.

422₃.₄ „vom Vater der Lügen — ist"] Ev. Joh. 8₄₄; doch hat sich damit, wie es scheint, in Kants Erinnerung eine andere Stelle vermengt, nämlich Römer 5, 12.

Heinrich Maier.

Über ein vermeintes Recht aus Menschenliebe zu lügen.

Herausgeber: Heinrich Maier.

Einleitung.

In der Zeitschrift: „Frankreich im Jahr 1797. Aus den Briefen deutscher Männer in Paris", Zweiter Band, Altona 1797, deren Herausgeber K. Fr. Cramer gewesen zu sein scheint, war die Übersetzung einer politischen Broschüre von Benj. Constant: Von den politischen Gegenwirkungen (Des réactions politiques, erschienen im Mai 1796), abgedruckt (5.—8. Stück, S. 3—27, 99—127, 200—213, 291—298). Hier findet sich (im 6. Stück, S. 123) die Ausführung Constant's gegen die Kant in dem Aufsatz **Über ein vermeintes Recht aus Menschenliebe zu lügen** zu Felde zieht. Gedruckt ist der letztere im Septemberheft der Berliner Blätter 1797, einer Zeitschrift, die Biester nach dem Eingehen der Berlin. Monatsschrift in eben diesem Jahr begründet hatte (vgl. den Brief von Biester vom 20. Sept. 1797 XII 200f. bz. 202f. und hierzu den vom 5. August d. J. XII 191 bz. 193)

Drucke: 1. Berlinische Blätter, herausgegeben von Biester, 1. Jahrg. 1797 (Blatt 10. Mittwoch den 6. September 1797) S. 301—314.

2. J. Kants sämmtliche kleine Schriften, Königsberg und Leipzig (Jena, Voigt), 1797/8 IV S. 21—32.

3. J. Kants vermischte Schriften 3. Bd., Halle 1799 (Tieftrunk), S. 357—368.

Sachliche Erläuterungen.

425 2 Frankreich ꝛc.] vgl. die Einleitung.

425 3 Benjamin Constant] Henri Benjamin Constant de Rebecque, der bekannte französische Politiker und Schriftsteller, geb. 1767 zu Lausanne, gest. 1830 zu Paris.

425 24 J. D. Michaelis] vgl. VII 343, Erl. zu 8 24.25. Die Stelle, auf die K. Fr. Cramer anspielt, steht in J. D. Michaelis' Moral, herausg. v. C. Fr. Stäudlin, 1792, 2. Theil S. 160. 163.

425 27 K. Fr. Cramer] geb. zu Quedlinburg 1752, seit 1775 Professor der griechischen und dei orientalischen Sprachen und der Homiletik an der Universität Kiel, 1794 wegen seiner öffentlich kundgegebenen Sympathie für die französische Revolution seines Amtes entsetzt, später Buchhändler in Paris, † 1807.

425 28.29 Daß — hiedurch] Eine solche Stelle ist in Kants bisherigen Schriften nicht zu finden; vgl. übrigens VI 430. 481.

Lesarten.

427 37 auf] im Original: auf eine || 428 1 um] fehlt im Original || 428 2 Aber in] im Original: Allein in verschieden verknüpften Umständen, in ||

Heinrich Maier.

Über die Buchmacherei.

Herausgeber: Heinrich Maier.

Einleitung.

Schon lange hatte Fr. Nicolai die Anhänger der kritischen Philosophie durch seine Angriffe gereizt, und erst kürzlich hatte er in Schillers Musenalmanach vom Jahr 1797 den bekannten scharfen Denkzettel erhalten. Jetzt greift auch Kant zur Feder. Der unmittelbare Anlass hiezu war ein doppelter. Nicolai hatte im 2. Theil der von ihm herausgegebenen Vermischten Schriften von Justus Möser (Berlin und Stettin 1798), S. 86—105, aus Mösers Nachlass ein Fragment eines Aufsatzes „Über Theorie und Praxis“ veröffentlicht, in dem Möser Kants Abhandlung „Über den Gemeinspruch: Das mag in der Theorie richtig sein, taugt aber nicht für die Praxis“ kritisch beleuchten und insbesondere die Behauptung Kants, „wie es unmöglich sei, daß ein großes Volk einer gewissen Klasse von Unterthanen den Vorzug des Herrenstandes erblich einräumen sollte“, widerlegen wollte. Kant scheint sich über die Ausführungen Mösers sehr geärgert und den Herausgeber Nicolai mehr als billig für dieselben verantwortlich gemacht zu haben. Dazu war indessen ein Zweites gekommen. Im gleichen Jahr 1798 erschien in Nicolais Verlag der Roman: Leben und Meinungen Sempronius Gundibert's eines deutschen Philosophen. Nebst zwey Urkunden der neuesten deutschen Philosophie. Berlin und Stettin 1798 (auf dem Titelblatt der Satz: Der lächerliche Despotismus — fühlen kann, Kr. d. r. V. 2. Aufl. S. XXXV, III 21 20 ff). Hier wird in recht plumper Weise versucht, die Kantische Philosophie lächerlich zu machen; insbesondere spielt schon in der Einleitung, weiterhin aber auch im Roman selbst die Übertragung der Termini a priori und a posteriori in die Ausdrücke von vorne und von hinten eine grosse Rolle. Der Roman ist ein würdiger Nachfolger seines Vorgängers (Geschichte eines dicken Mannes, worin drei Heiraten und drei Körbe nebst viel Liebe. Berlin und Stettin 1794). Die Entrüstung über dieses neueste Machwerk scheint den nächsten Anstoss zu den zwei Briefen „Über die Buchmacherei“ gegeben zu haben. Von diesen richtet sich der erste gegen das Möser'sche Fragment. Der zweite hat den Sempronius Gundibert im Auge; er lässt zunächst die Möglichkeit offen, dass Nicolai nur der Verleger des Buchs sei, und wendet sich gegen diesen, rechnet dann aber auch ernstlich mit Nicolais Urheberschaft oder doch damit, dass dieser einen erheblichen Antheil an der Schrift habe.

Drucke: 1. Über die Buchmacherei. Zwei Briefe an Herrn Friedrich Nicolai von Immanuel Kant. Königsberg bey Fr. Nicolovius 1798.

2. J. Kants sämmtliche kleine Schriften, Königsberg und Leipzig (Jena, Voigt), 1797/8 IV S. 139—152.

3. J. Kants vermischte Schriften (Tieftrunk) 1799 III S. 375—388.

Sachliche Erläuterungen.

433 6.7 Abhandlung Mösers — Praxis] Vermischte Schriften von Justus Möser, herausg. von Fr. Nicolai, 2. Theil, Berlin und Stettin 1798 S. 86 ff.

433 13.14 S. Kants — 192] VI 329. Allein Mösers Polemik richtet sich gegen die Abh.: Über den Gemeinspruch, speciell gegen VIII 297.

434 32 nach dem eleutheronomischen aber (von der . .] nach dem eleuth. sc. Princip (28) = nach dem Princip der Eleutheronomie. Auf dieses „Eleutheronomie" geht der in 32.

436 2 *Turpiter — superne*] Horaz, epistolarum l. II 3,3 f. (vgl. VII 247 37):

.., ut turpiter atrum
Desinat in piscem mulier formosa superne.

436 7-9 jener Grieche ꝛc.] Joh. Stobaei Anthol. l. duo post., rec. Hense, v. II 520 7: Σωκρατης ἐρωτηθεις τινες μεταμελονται των ἀνθρωπων εἰπεν· οἱ γημαντες.

437 13 Sempronius Gundibert] vgl. die Einleitung. Kant setzt in diesem Zusammenhang voraus oder fingirt doch die Voraussetzung, dass Nicolai nur der Verleger, nicht der Autor des Sempronius sei.

Lesarten.

433 21 sie in den] H. Maier nun die A || 433 29 wen] Hartenstein wenn A || 434 32 der] s. sachl. Erläuterungen || 435 1 visionäre] fiktionäre? H. Maier || 435 29 es] Hartenstein es sich A || 435 33 Kinde] hinter Kinde fehlt etwas wie: zu huldigen. Die Stelle ist aber nicht zu heilen || 437 23 Praktiken] Hartenstein Praktiker A ||

Heinrich Maier.

Vorrede zu Reinhold Bernhard Jachmanns Prüfung der Kantischen Religionsphilosophie.

Herausgeber: Heinrich Maier.

Einleitung.

Die Schrift Jachmanns, zu der Kant diese Vorrede geliefert hat, ist betitelt: „Prüfung der Kantischen Religionsphilosophie in Hinsicht auf die ihr beygelegte Ähnlichkeit mit dem reinen Mystizism. Mit einer Einleitung von Immanuel Kant. Königsberg bey Fr. Nikolovius. 1800". Veranlasst war dieselbe durch eine Dissertation von C. A. Wilmans: De similitudine inter Mysticismum purum et Kantianam religionis doctrinam, Halis Saxonum 1797. Kant selbst hatte auf diesen Versuch einst im „Streit der Fakultäten" Bezug genommen: hier ist im letzten Anhang zum 1. Abschnitt der Brief, den Wilmans bei Übersendung seiner Arbeit an Kant gerichtet hatte, abgedruckt, und Kant nimmt in einer Fussnote zu Wilmans' Ausführungen kurz Stellung, VII 69 ff.

Ein Neudruck der Vorrede ist zu Kants Lebzeiten nicht erschienen; ja sie war verschollen, bis Reicke (Kantiana, Beitr. zu Imm. Kants Leben und Schriften, Königsberg 1860, S. 81 f., Separatabdruck aus den Neuen Preussischen Provinzial-Blättern) wieder auf sie aufmerksam machte. Den ersten (ausführlicheren) Entwurf zu der Arbeit hat A. Warda in der Altpr. Monatsschrift 1899, 36. B. S. 349—351 (vgl. hierzu S. 342 ff.) veröffentlicht.

Heinrich Maier.

Nachschrift zu Christian Gottlieb Mielckes Littauisch-deutschem und deutsch-littauischem Wörterbuch.

Herausgeber: Heinrich Maier.

Einleitung.

Der Titel des Wörterbuchs, zu dem Kant die vorliegende Nachschrift geliefert hat, lautet: Littauisch-deutsches und Deutsch-littauisches Wörterbuch, worin das vom Pfarrer Ruhig zu Walterkehmen ehemals herausgegebene zwar zum Grunde gelegt, aber mit sehr vielen Wörtern, Redensarten und Sprüchwörtern zur Hälfte vermehret und verbessert worden von Christian Gottlieb Mielcke, Cantor in Pillckallen. Nebst einer Vorrede des Verfassers, des Herrn Prediger Jenisch in Berlin und des Herrn Kriegs- und Domänenrats Heilsberg, auch einer Nachschrift des Herrn Professor Kant. Königsberg 1800. Im Druck und Verlag der Hartung'schen Hofbuchdruckerei.

Auch diese „Nachschrift", die als „Nachschrift eines Freundes" eingeführt ist und hinter der Vorrede von Heilsberg steht, ist erst durch Reicke (Kantiana, 1860 S. 82 f.) wieder ans Licht gezogen worden.

Sachliche Erläuterungen.

445 5.6 obiger Beschreibung] in der Vorrede von Heilsberg.

445 22.23 Büsching — Thunmann] Hans Erich Thunmann, geb. 1746 zu Thoresund in der schwedischen Provinz Södermannland, von 1772 ab, als Nachfolger von Klotz, Professor der Beredsamkeit und Philosophie zu Halle, gestorben 1778. Er hat u. a. geschrieben: Untersuchungen über die Geschichte der östlichen europäischen Völker, I. Theil, Leipzig 1774. Über ihn s. Büschings Wöchentliche Nachrichten, 7. Jahrg. 1779 S. 1—32, ferner 13. Jahrg. 1785 S. 233 ff.

Lesarten.

445 11 Hochmuth einer] H. Maier Hochmuth oder einer A. Möglich ist übrigens auch, dass Kant geschrieben hat: Hochmuth, der einer, wobei der Satzschluss „anhängt" oder dgl. wegblieb ||

Heinrich Maier.

Nachtrag.

Recension von Silberschlags Schrift: Theorie der am 23. Juli 1762 erschienenen Feuerkugel.

Herausgeber: Paul Menzer.

Die Recension erschien in den „Königsbergschen Gelehrten und Politischen Zeitungen“ am 23. März 1764, 15. Stück. Auf sie machte A. Warda in Nr. 416 der Königsberger Hartungschen Zeitung vom 5. September 1905 zuerst wieder aufmerksam. Kants Verfasserschaft ist gesichert durch folgende ungedruckte Stelle aus dem Briefe Hamanns an J. G. Lindner vom 16. März 1764: „Kants Recension von Silberschlags Erklärung der vor einigen Jahren erschienenen Sonnenkugel ist das letzte Stück von ihm und kommt vielleicht im nächsten Stück“.

Johann Esaias S. lebte vom Jahre 1716—1791. Er war protestantischer Theologe, trieb daneben aber naturwissenschaftliche Studien. Im Jahre 1760 wurde er zum auswärtigen Mitglied der Berliner Akademie der Wissenschaften und im Jahre 1769 zum Oberconsistorialrath und Direktor der Realschule daselbst ernannt.

Paul Menzer.

Anhang.

Kraus' Recension von Ulrich's Eleutheriologie.

Herausgeber: Paul Menzer.

Einleitung.

Die Recension ist als Anhang zu den Werken abgedruckt worden, da ihr Verfasser nach seinem eigenen Zeugniss einen kleinen Aufsatz Kants für sie benutzt hat. (Vgl. R. Reicke, Kantiana, Königsberg 1860, S. 53.) Auf Grund dieses Zeugnisses hat Vaihinger unter dem Titel „Ein bisher unbekannter Aufsatz von Kant über die Freiheit" die Besprechung im 16. Band der Philosophischen Monatshefte (1880) S. 193—208 zum Abdruck gebracht und eine Reconstruction des Kantischen Beitrages versucht. Auf eine solche wird hier verzichtet, doch dürfte Vaihingers Ansicht, dass vornehmlich der Anfang der Recension auf Kant zurückzuführen sei, das Richtige treffen. Die losen Blätter D 5 und D 9 bestätigen die Beschäftigung Kant's mit Ulrich's Schrift. (Vgl. auch X, 500 u. 504 f.) Die Recension erschien in der Allgemeinen Literaturzeitung am 25. April 1788 (Nr. 100). Sie wurde wieder abgedruckt in den „Nachgelassenen philosophischen Schriften von Chr. Jac. Kraus, Königsberg 1812" S. 417—434.

Sachliche Erläuterungen.

455 22 Versuche einer Sittenlehre] Vgl. Kants Besprechung oben S. 9 ff.

459 24 Die Citate sind meist ungenau und geben oft nur den Sinn wieder. An dieser Stelle sei der Originaltext gegeben: „Aber eben jener Satz ist, man sage, was man wolle, durch alles, was Kant, und andere darüber gesagt, noch nicht erwiesen, und dasjenige, was darüber so oft, auch von mir gesagt worden, noch nicht beantwortet."

Lesarten.

Die Abweichungen des Druckes in den „Nachgelassenen Schriften" sind ohne Belang und meist als Druckfehler anzusehen. Sie werden deshalb hier nicht aufgeführt.

Paul Menzer.

Orthographie, Interpunction und Sprache.

Die zahlreichen, theils in Zeitschriften, theils in Einzeldrucken erschienenen Abhandlungen unseres Bandes fassen wir am besten in grössere Gruppen zusammen, soweit sprachliche Rücksichten es zulassen oder erfordern. —

Den Anfang mögen die Schriften machen, welche in der **Berlinischen Monatsschrift** und ihrer Fortsetzung, den **Berliner Blättern,** erschienen sind. Sie wurden mit Ausnahme der Verkündigung des nahen Abschlusses u. s. w., für die ein Sonderdruck zu Rathe gezogen werden konnte, mit den Vermischten Schriften der Renger'schen Buchhandlung und des Verlages von Nicolovius verglichen.

Die **Orthographie** der genannten Zeitschriften steht im Allgemeinen den Grundsätzen unserer Ausgabe näher als diejenige der Nachdrucke und bietet nicht sehr erhebliche Abweichungen. Es handelt sich in der Hauptsache um den Consonantismus, in zweiter Linie erst um die Vocale, Anfangsbuchstaben und Wörterverbindungen. Meist sind es nur einige Wörter, die aber häufig gebraucht werden und daher das Schriftbild wesentlich beeinflussen. Je nach dem Inhalt der Abhandlungen treten naturgemäss bald diese, bald jene stärker hervor und schaffen dadurch Abwechselung. — Vocale. aa ist häufig in Maaß, anmaaßend und findet sich in dem vereinzelt vorkommenden Schaafe. Auch Merkmaal lässt sich belegen. ee bieten Mühseeligkeit, Verheelung, doch sind diese Formen in der Minderzahl, und die Jahrgänge der Zeitschrift weichen von einander ab, ohne dass eine geschichtliche Entwickelung vorläge. Sonst fällt noch die Schreibung nemlich oder auch nehmlich auf neben unserm nämlich. Andere Fälle anzuführen lohnt nicht, da sie nicht als typisch angesprochen werden können. — Consonanten. Hier drängen sich die Schreibungen des harten Gaumenlautes besonders störend hervor, die uns in allen Drucken gleichmässig oft zu Eingriffen nöthigen und den Schriftsatz des Berliner Verlages beherrschen: so k in Zwek, Nachdruk, gedrukt, schrekt, Rüksicht, zurük; Konkurrenz, Kompaß, kultivirt, Subjekt, Instinkt, Deduktion u. v. a.; kk in Bedrükkung, Stükke, Zwekke, ausgewikkelt, entdekken u. s. w. Neben massenhaften Belegen der Art tritt das f zurück in: Hofnung, Begrif, eröfnen; z in: Prinzip, Prozeß, exzentrisch, personifiziren, Disputazion, Inquisizion, Nazion, Gravitazion, Deklarazion, Attrakzion, Resorpzion; g in mögte (neben möchte), wässerigt; h in Wohlfarth, zerstöhrten, ausspühlen, willkührlich; s in misfällt, Gewisheit, Beschlus; m in Numer, nimt, samt; n in Kentniß; nn in Göttinn, Gesetzgeberinn, worinn, Innbegriff; ss in Aeusserung, fleissig, grosser, schliessen, lässt, müssten. — Der Gebrauch der Anfangsbuchstaben weicht von dem unsrigen mehrfach ab. Verhältnissmässig selten finden wir die Majuskel bei zusammengesetzten Adjectiven oder Adverbien, deren erster Bestandtheil ein Substantiv ist: Geschichtskundig, Zeitlebens; häufiger bei adjectivischen Attributen, ohne dass aber die Stärke der Betonung den schwankenden Brauch erklärte: das Moralische Gefühl

u. a. Wiederum sind auch zuweilen substantivirte Adjective oder Verben klein geschrieben: das gewünschte, etwas gewisses u. s. w. — Zusammensetzung. Vereinzelt tauchen auf: so wohl, so gar, so fort, ob zwar, gegen über, in Geheim, seiner Seits. — Zum Schluss seien noch die Schreibungen der Eigennamen Jakobi, Wolf, Arihman erwähnt.

Die **Interpunction** wurde wenig geändert. Am häufigsten noch musste Komma gestrichen werden, so vor und hinter adverbialen Bestimmungen, zwischen gleichartigen Satztheilen, die durch und verbunden sind, zwischen Conjunctionen, die demselben Satz angehören: oder, wenn; sondern, daß; und, ob. Häufig war es auch einzufügen, besonders zwischen Haupt- und Nebensatz. — Sonst nöthigt fast nur das Semikolon zu Eingriffen: zwischen Haupt- und Nebensatz desselben Satzgefüges, wo es je nach der Gedankenverbindung durch Komma oder Kolon ersetzt wurde; manchmal auch vor Satztheilen, die durch und angeschlossen sind und daher überhaupt kein Zeichen vor sich dulden. — Wesentliche Unterschiede zwischen den Abhandlungen unserer Zeitschrift ergaben sich nicht.

Sprache. Laute. Vocale. Stammsilben weisen wenige Bildungen auf, die der Sprache des späteren Kant widersprechen: kömmt neben kommt (beide häufig), Reichstäge, öberſten; Verstoße (Plur.), anhangen neben anhängen. — alsdenn neben herrschendem alsdann, würken (1 mal). — Recht oft ist das e der Ableitungssilben bewahrt; so im Superlativ: schmaleste, allerrealeste, reineste; im Ind. Imperf.: vorstellete, einsperreten, anrührete, zierete, säumete; im Conj. Imperf.: einbüßete; in der unflectirten Form des Part. Perf.: erfüllet, bewähret, gehemmet, vergönnet, gewarnet, bemühet, gehasset, bevollmächtiget, gesetzet; in der flectirten Form: erfülleten, vergönnete, entferneten, geahnete, Uneingeweihete. — Häufig finden wir auch Flexions-e in der 3. Pers. Sing. Präs.: hemmet, räumet, kennet, quälet, fället, erhellet, drohet, leihet, zeiget, schicket, setzet. — Erhaltend wirken auf das e der Nebensilben, wie wir schon oft beobachteten, besonders Liquiden und Resonanten, daneben h. Immerhin überwiegt auch bei ihnen Synkope. — Consonanten. Nur vereinzelt finden sich Foderung, erfodert, Auctorität, Pflichtsbegriff, jemal, niemal. — Flexion. Die Form sind ist überall durchgedrungen, dagegen hält sich neben seien (z. B. 258 9) 3 mal noch sein (z. B. 258 15). 2 mal steht der Nom. Sing. Gedanken. — Wortbildung. Die Berliner Zeitschrift hält an den Formen itzig, itzt fest, während die Vermischten Schriften mit der Kantischen Sprache der 90er Jahre übereinstimmen. Einzelfälle sind demohngeachtet, ohngefähr, mehrmalen und die volksetymologische Umdeutung Handthierung. — Syntax. Zahlwörter und Fürwörter, auch Adjective lassen bei attributivem Gebrauch ein Schwanken zwischen starker und schwacher Flexion erkennen, wenn auch selten: mit allen dem, nach allem seinen Vermögen, diesem ihren Interesse, mit jenem meinen . . Zustande, unser moralische Zustand; vgl. auch: von allem diesen. Ebenfalls selten steht denen = den, im Sinne von denjenigen. — Erwähnt sei noch: über vermeinte Lorbern ruhen (417 4). —

Mehr als die Berlinische Monatsschrift nöthigt die **Jenaische Allgemeine Literaturzeitung** zu Eingriffen. Trotz des geringen Umfanges der Herder-Recensionen und der Kritik von Hufeland's Schrift sind besonders hinsichtlich der **Orthographie** zahlreiche Änderungen zu erwähnen. Charakteristisch ist unter den Vocalen namentlich das ey, welches der vorher besprochenen Zeitschrift fehlt. Hier tritt es regelmässig auf in Meynung, Freyheit, Unpartheylichkeit, beyde, zweyte, zweydeutig, bey, mancherley u. a. aa bieten Maas, Schaam, Schaaf, e nemlich, ie Maschiene. — Consonanten. Hier herrscht ziemliches Durcheinander. Neben alterthümlichen Schreibungen stehen die uns genehmen. Erstere seien angeführt: Climate, Cänon, Jnstinkt; Mannichfaltigkeit; Zerstöhrung, Öhl, Rahme, Unpartheylichkeit, offenbahren, gebohren, obwol, vornemlich, Blüte; sämtlich, insgesamt, Jnnbegrif, darinn, worinn; Maasstab, Schooskind, Befugnis, Erlaubnis, misleiten, äussere, aussen; Verwandschaft, Muskelreitz, zulezt, jezt. — Anfangsbuchstaben. Manche geographische Bezeichnungen erfordern nach unserm Brauch die Majuskel: rothe Meer, persische Meerbusen, bei andern ist sie nicht zu begründen: Asiatischer Rücken der Erde, Afrikanische Nationen. Regellos stehen bald kleine, bald grosse Anfangsbuchstaben hinter Kolon und Fragezeichen. Von andern Fällen unbegründeten Schwankens sehe ich ab. — Zusammensetzung. Neben häufigem so gar (= sogar) stehen Schriftungethüme wie künstlichbauend, physischgeographische.

Interpunction. Auch hier that wie bei der Orthographie Regelung noth. Komma fehlt öfter zwischen unverbundenen gleichartigen Satztheilen, vor und hinter, auch vor oder hinter Appositionen, vor Nebensätzen. — Es steht vor und nebst gleichartigen Satztheilen, auch dahinter, vor und hinter adverbialen Bestimmungen oder an einer der beiden Stellen.

Sprache. Ältere Formen sind selten und erinnern uns meist an die Berlin. Monatsschr.: kömmt, alsdenn; Ursach, einhüllete, sparete (Ind. Imp.), auszierete (Conj. Imp.), bewähret, climatisiret, bevollmächtiget (Part. Perf.), erfülleten (dgl.), fället, lebet, schließet; erfodern, siebende; seyn=seien; Mannigfaltigheit, hierinnen; denen = den. Die heute üblichen Formen wechseln damit. —

Zu einer dritten, grösseren Gruppe können die **Königsberger Drucke** zusammengefasst werden. Ich führe sie an und füge in Klammern die von mir gebrauchten Abkürzungen bei. Es sind theils kleinere Veröffentlichungen wie die Anzeige des Lambert'schen Briefwechsels (Lamb.), die Nachricht an Ärzte (Ärzte), die Recension von Schulz's Versuch u. s. w. (Schulz), Über die Buchmacherey (Buchm.), die Vorrede zu Jachmann's Schrift (Jachm.), die Nachschrift zu Mielcke's Wörterbuch (Mielcke); theils grössere Arbeiten: Über eine Entdeckung u. s. w. (Entd.) und Zum ewigen Frieden (Fried.). Abweichungen zwischen ihnen sind hin und wieder zu beobachten, am meisten in der Orthographie (besonders in Entd.), am wenigsten in der Interpunction. Das Gesammtbild der

Sprache hängt natürlich auch von Thema und Wortschatz ab. Stärkere Eigenheiten werden durch Bezeichnung des Druckes hervorgehoben werden.

Orthographie. Vocale. Am regelmässigsten ist wie gewöhnlich ey verwendet. Wir finden es in allen Drucken, soweit der Wortschatz Gelegenheit zur Beobachtung bietet, in Feyerlichkeit, Wortkünsteley, Buchmacherey, Leserey, Liebhaberey, Barbarey, Schwärmerey, Policey; frey, beyde, zwey, zweyte, drey; sey, seyn, verschleyert; bey, einerley; meynen aber nur in Entd. und Fried. (daneben meinte in Entd.). — Störende Doppelvocale sind selten: schaal (Lamb.), Haabe, heel (Fried.), seelig (Schulz, Jachm.). queer (Entd.). — Sonst fallen noch auf: Merzmonat (Lamb.), westwerts (Ärzte), nemlich (Lamb. und regelmässig in Entd.), wieder=gegen, vereinzelt (Ärzte, Fried.). — Consonanten. Unsere Änderungen beschränken sich auf einige von ihnen. h fehlt in vornemlich (Lamb., Schulz, Entd.), wol (Entd., hin und wieder auch wohl), Künheit, allmälig (Schulz); häufiger steht es störend: Nahme, Willkühr, Mährchen, Abentheurer, Wohlfarth, spühren, stöhren, mahlen, verliehren, gebohren (besonders Entd.). — Die k-Laute machen wieder Schwierigkeiten. Entd. liebt c (auch Buchm.): Critik (Buchm. Critic, 1 mal, wohl Druckfehler), Cosmologie, Microscop, Categorie, characteristisch, apodictisch, practisch (vgl. auch Schulz), Punct (dgl.); Fried. bietet k in Wörtern lateinischer Abkunft: Dokument, Deduktion, Produkt, doch überwiegt c: Casuistik, Credit u. s. w. — Stärker schwankt die Schreibung der s-Laute. Deutlich bevorzugt wird nur s in Fried.: Verhältnis u. s. w. (Buchm. Erkenntniß und -nis neben einander), Gewisheit (auch ß), mislich (auch Entd., Buchm.), gemäs (vgl. muthmaslich Buchm.). Entd. setzt manchmal ſ statt s, was sonst in unsern Drucken nicht vorkommt: Dogmatiſm, Coſmologie, diſcurſiv. Sonst findet sich ſſ für ß hier und da, am häufigsten bei Schulz: Entſchlieſſung, groſſe, bloſſes, büſſen, auſſer. — Vereinfachung und Verdoppelung von Consonanten erregt weniger Anstoss, als es in anderen Drucken der Fall war. Ich führe an: Begrif, betrift (Schulz), Eingrif, gleichfals (Ärzte), Bekantschaft (nur selten), gesamt (Entd.), andrerseits darinn, hierinn in verschiedenen Drucken, aber spärlich. Zu den Seltenheiten gehören auch jezt (Schulz), reitzen (Fried.), bekandt (eine auffallende Schreibung, mehrfach in Entd.), zuförderst (Fried.), launigt (Buchm.). — Anfangsbuchstaben. Entd. setzt gern die Minuskel: bei substantivirten Adjectiven (das . . unterste) und am Beginn directer Rede hinter Kolon. Letzteres geschieht auch in Fried., wo uns sonst mehrfach der grosse Anfangsbuchstabe auffällt (Europäische Abentheurer, Beziehungsweise, Preis geben). In allen Fällen überwiegt aber die uns zusagende Schreibung. — Zusammensetzung. Es fielen nur auf: hinter her, hinten nach, dagegen moralischgut (Schulz), ob zwar, ob gleich, in Geheim (Fried.), so gar, so fort (Entd., auch Fried., Buchm.). — Eigennamen. Geändert wurden: Leibnitz, Wolf, Euclides (Entd.), Puffendorf, Vattell, Lhama, Jenisey (Fried.).

Interpunction. Meist handelt es sich für uns darum, Kommata zu streichen, selten sind sie einzusetzen. Die Drucke stimmen in der Behandlung der Hauptsache nach überein. Adverbiale Bestimmungen werden oft in Kommas eingeschlossen, gleichartige Satztheile trotz eines verbindenden und durch das Zeichen von einander getrennt. Ob die Bestimmung kleineren oder grösseren Umfang hat, spielt dabei keine Rolle.

Dasselbe gilt für Appositionen, die durch als in engen Zusammenhang mit dem Satzganzen gebracht und von uns daher nur bei grösserem grammatischem Gewicht abgetrennt werden. Es kommt aber in den genannten Fällen auch öfter vor, dass an einer Stelle ein Komma fehlt bezw. (bei gleichartigen Satztheilen) dahinter gesetzt ist, letzteres auch nach Anknüpfung durch mithin, oder, eben so wie. Öfter schiebt sich das lästige Zeichen zwischen Artikel und adjectivisches Attribut oder zwischen dieses und das folgende Substantiv, ja, sogar zwischen ein Genitiv-Attribut und sein Beziehungswort, zwischen Subject und Prädicat, Object und Prädicat, zwischen denn und wenn, doch und wenn, nicht allein und daß u. a. oder tritt recht überflüssig noch zu einer Klammer hinzu. Wenn auch die Belege in jedem der letztgenannten Fälle nicht sehr zahlreich sind, so hemmen sie doch im Ganzen. — Zu ergänzen war das Komma dagegen nur selten und nur in einigen Drucken, besonders Schulz, Fried., Buchm., am wenigsten in Entd. Es fehlt noch am ersten bei Appositionen, namentlich dahinter, bei Infinitiven, vor Hauptsätzen, die durch und angeknüpft sind, auch vor Nebensätzen. — Von sonstigen Zeichen ist Semikolon in stärkerem Masse gebraucht, als uns statthaft scheint, besonders vor Causalsätzen, die durch weil eingeleitet sind. Es wurde je nach grammatischer Construction und Gedankenfolge durch Kolon, Punkt oder Komma ersetzt. Am meisten fällt es in Fried., dann in Schulz, Entd., Buchm. auf. Dass auch der umgekehrte Fall, wenngleich seltener, sich findet, sei der Vollständigkeit halber erwähnt.

Sprache. Von den aufzuführenden Formen sind viele nur 1 mal belegt. Treten sie öfter auf, so wird das durch einen Zusatz hervorgehoben. — Laute. Vocale. Umlaut fehlt: ausgedrucktes (Schulz, Entd.), abhangen (Entd.), ist gesetzt: kömmt (Schulz, Fried.). alsdenn ist die herrschende, wenn auch nicht die alleinige Form in Entd., dagegen in Schulz, Fried. je nur 1 mal belegt. Fried. bietet die Form Gulfstrom. — Vocale der Ableitungs- bezw. Flexionssilben sind vereinzelt noch erhalten; im Superlativ kläresten, 2 mal allerrealesten (Entd.), schnelleste (Buchm.), reineste (Mielcke), in der unflectirten Form des Part. Perf. beygesellet, authorisiret, angehöret, gemeinet 2 mal (Entd.), bemühet (Entd., Schulz), angeführet, erkühnet, gesinnet, genöthiget (Fried.), beendiget, veranlasset (Buchm.), in der flectirten entferneten, Gleichgesinnete (Fried.), geweiheten, eingegrasete (Buchm.), im Ind. Imp. fehleten (Schulz), beruhete (Entd.), im Conj. Imp. führete (Entd., Fried.), in der 3. Pers. Sing. Präs. gehöret, leihet, bejahet, erkennet, bedienet (Entd.), erhellet (Entd. 2 mal, Fried.), siehet (Lamb.), fußet (Jachm.), gehet, irret (Schulz). Vgl. das Adverb nunmehro (Entd., Buchm.). — Consonanten. Entd. hat regelmässig erfodern (selten r), Caussalität. — Flexion. seyn steht Entd. je 1 mal=sind und seien. entferntetsten und Peterburg (Ärzte) sind wohl nur Druckfehler. — Wortbildung. mehrmalen steht in Entd., ohngefähr in Fried. — Syntax. Auch hier begegnen wir nur einzelnen Fällen: in fremden

Namen, mit nicht minder großen Klarheit (Entd.), derer=der (Entd.), für m. Dat.=vor m. Dat. (Entd., gleich darauf aber vor), vor=für (Ärzte, Schulz 4 mal), denn=dann (Entd., Lamb.). —

Den Schluss mögen die Bemerkungen zur Prüfung der Mendelssohn'schen **Morgenstunden** 1786 (Morg.) die Abhandlung Über den Gebrauch teleologischer **Principien** 1788 (Princ.) und die Anzeige der Schrift von **Silberschlag** 1764 (Silb.) bilden. Im Wesentlichen handelt es sich dabei um die zweite Schrift, die im Teutschen Mercur erschienen ist. Die beiden andern werden, wo es erforderlich scheint, besonders angeführt werden. Die Recension der Abhandlung Silberschlag's gehört zwar der Zeit an, in welche die Schriften von Bd. II unserer Ausgabe fallen, und enthält daher manches, was uns an eine frühere Stufe sprachlicher Entwickelung gemahnt, ist aber so kurz, dass sie im Allgemeinen wenig von den andern abweicht und daher mit ihnen zusammen besprochen werden kann.

Orthographie. Vocale. Sehr verbreitet und regelmässig ist wieder ey und zwar in allen 3 Abhandlungen: Freyheit, befreyen, zwey, zweyte, drey, beyde, sey, seyn, Schwärmerey, Vernünfteley, zweierley, bey und in Princ. auch Meynung, doch nicht immer. Vereinzelt findet sich e statt ä: seitwerts (Silb.), nemlich (Princ., Morg.). Dagegen hat Princ. eine Vorliebe für ie in wieder=gegen: Wiederspruch, wiederstreiten u. s. w und in Fremdwörtern: copieren, reproducieren, personificierte u. s. w. (daneben Widerspruch, zuwider; organisirten). — Consonanten. Sehr ungleichmässig ist die Behandlung in Princ. Da sind zunächst die k-Laute: Character—Charakter, Clima—Klima, Punct—Punkt. c überwiegt: Critik, Categorie, practisch (vgl. Silb.: Academie, Canonenkugel, colossisch). Wiederum stört k in lateinischen Fremdwörtern: Faktum, Produkt, spekulativ. Dem Drucke eigenthümlich ist ck in Werck, Aufmercksamkeit, Erdbevölckerung, Critick (manchmal), gewirckt, denckt, eingeschränckt und wiederum k: zwekłos, dekt, rükende (neben ck). — Auch bei h herrscht kein fester Brauch: Warheit—Wahrheit, allmälig—allmählig, vornemlich—vornehmlich. In manchen Wörtern ist es allerdings beliebt: gebähren, gebohren, Nahme, Öhl, Strohm, gemahlt, Gebieth (vgl. Morg.: willkührlich). — Ebenso stört die schwankende Behandlung der s-Laute: Weisse, kreissen, reissen, ausser, äussern — Schooße, anmaßen. Ebenso verhält sich Morg., während Belege für ss aus Silb. fehlen. Die beiden andern Drucke lieben ss besonders bei ausser und seinen Verbindungen, was wir auch früher mehrfach beobachten konnten. Hin und wieder erregt auch ein ß unsern Anstoss: Beweißgründe, ansäßig (Princ.), viel häufiger s, s: Misverstand, mislich, Anlas, läst, müste, Befugnis (oft = niß). Vgl. dazu Silb.: Anlas, gemäs. Auch in der Abneigung gegen ff sind beide Drucke verwandt: Begrif, vortreflich, trift, eröfnet, verschaft. Sonst seien noch erwähnt: darinn, worinn (Silb., Morg.), Verwandschaft, launigt, sumpfigt (Princ.) und neben einander samt—sammt, jezt—jetzt, Prinzip—Princip (Princ.). Nur Morg. bietet i statt j: obiectiv, subiectiv. — Über Anfangsbuchstaben ist wenig zu sagen. Wir erwarten die Majuskel bei adjectivischen Attributen, die zu Namen gehören: stiller Ocean, teutscher Mercur (Princ.), heilige Geistkirche (Silb.), bei substantivirten Adjectiven, wo sie auch in der Regel gesetzt ist: nichts zweckmäßiges; die Minuskel in Väterliche . . Mütterliche Namen, Willkührliche Handlungen, Circassische Weiber. Doch sind das alles nur vereinzelte Schreibungen. — Wortverbindung. Hier sind nur aus Princ. Fälle anzuführen: Natur-Wege, Natur-Farbe, Geheime-Rath und sehr häufig: so gar, so wohl, so fort, ob zwar. — Zu ändern war die Schreibung der Eigennamen: Caffern, Madagascar, Strasburgisch, Egypten Potsdamm. —

Die **Interpunction** bietet das herkömmliche Bild, dessen Züge in den Drucken mit geringen Abweichungen wiederkehren: Verwendung des Kommas bei adverbialen Bestimmungen, vor und bei folgendem Satztheil, hinter oder, aber und Satztheil, zwischen und obzwar, dadurch daß, nicht als ob, sondern weil, zumal da, sondern wo u. s. w. (besonders in Princ.), bei Klammern, seltener, aber namentlich in dem ältesten der drei Drucke auch zwischen Substantiv und zugehörigem Genitiv-Attribut, Subject und anderen Prädicatsbestimmungen, vor und hinter Object. — Komma fehlt selten: zwischen Haupt- und Nebensatz, bei Appositionen, vor aber, vor und nebst folgendem Satze, bei Infinitiven mit um . . zu. — Semikolon steht öfter in Princ. und Morg. zwischen zusammengehörigem Haupt- und Nebensatze, namentlich vor weil, so. Kolon war nur selten in Princ. durch Semikolon zu ersetzen.

Sprache. Laute. Wir beobachten nirgends eine vorherrschende Bildung. Die Einzelfälle führe ich in der üblichen Reihenfolge an: zusammenhangende, wohlausgedruckt (Princ.), Würkung, würkt (Princ., Morg.; in beiden mehr wirken), zeigt=zeugt (Morg., 152 6), alsdenn (Princ., Morg., daneben alsdann); Part. Perf. in Princ.: bedrohet, gewähret und besonders in dem ältesten Druck: gehöret, entdecket, angehänget, genöthiget, erzeuget; Ind. Imp. in Princ.. anführete, paßeten und in Silb. das späteren Drucken ganz fremd gewordene unorganische e des Ind. Imp.: hielte; Ind. Präs. nur in Silb.: siehet, suchet (nur 2 Fälle, sonst Synkope); Adjectiv: nichts nachtheiligers (Morg.); Adverb.: so ferne (Princ.). — fodert 2 mal in Princ. (sonst r: erfordern u. s. w.). — Flexion. seyn steht Morg. 153 3=seien. — Wortbildung. Zu erwähnen sind nur aus Silb.: ohnweit, mehrmalen, darinnen. — Syntax. Zur Flexion adjectivischer Attribute bieten sich einige Beispiele aus Silb.: aus zween Hauptttheilen, aus Princ.: auf zweyen Wegen (2 mal), von spanischen Blute, aus gemeinschaftlichen Stamme (je 1 mal; meist starke Flexion: von ziemlichem Umfange) Vgl. jeder anderer (1 mal Morg.), von allen=von allem (1 mal Princ.). — denen steht=den je 1 mal in Silb. und Princ. (in letzterem Falle sicher unbetont). — Zur Verwendung der Präpositionen führe ich an aus Silb.: von vier deutsche Meilen, aus Princ.: vor jetzt (je 1 mal). —

Ewald Frey.

Nachwort

Band VIII der Akademieausgabe ist zuerst 1912, im Neudruck 1923 erschienen. Die vorliegende Studienausgabe enthält den vollständigen Text mit den Anmerkungen.

Zum „Gebrauch teleologischer Prinzipien" findet sich eine Vorarbeit in XXIII 73–76, zur Schrift gegen Eberhard in XX 353–423. Ein Loses Blatt zum Aufsatz: Über das Mißlingen aller philosophischen Versuche in der Theodizee bringt XXIII 83–86. Vorarbeiten zum „Gemeinspruch" XXIII 125–144, zum „Einfluß des Mondes auf die Witterung" XIII 145–148, zum „Ende aller Dinge" XXIII 149–152, zum „Ewigen Frieden" XXIII 153–192 (hier auch ein Reinschriftfragment), zum „Vornehmen Ton" XXIII 193–196 und zum „mathematischen Streit" XXIII 197–206. Die Vorrede zum Jachmann-Prospekt hat Kant mehrmals entworfen: Zu dem Entwurf XXIII 465–468 tritt, nach Feststellung von D. Henrich (1966), XXII 370, Zeile 8–19.

Die von Rink nach Kants Tode herausgegebene sog. Preisschrift über die Fortschritte der Metaphysik in XX 253–332.

Der von Kant geschriebene Anhang zu S. Th. Sömmering, Über das Organ der Seele, Königsberg 1796, ist im dritten Band des Briefwechsels (XII 31–35) abgedruckt.

Eine lateinische Rede Kants: De Medicina Corporis, quae Philosophorum est (1788), ist in XV 939–953 enthalten.